夏咸淳 主编

中国智慧全书

上海社会科学院出版社

主　编　夏咸淳
编　委　（按姓氏笔画排序）
　　　　刘海琴　李道桐　郑小宁
　　　　程维荣　赫崇政　戴云云

前言
Preface

中华民族是勤劳勇敢又聪明机智的民族。历史上曾出现过无数聪颖过人、足智多谋的人物,其人其事载于各种史籍。司马迁《史记》描绘了春秋战国秦汉时代众多智者群像,如晏婴、范蠡、孙武、孙膑、樗里子、甘罗、毛遂、冯骧、蔺相如、张良、陈平、东方朔,等等。秦惠王之弟樗里子滑稽多智,秦人谓之"智囊",这一名词约出现于公元前 330 年,在中外历史上当是最早的了。司马迁赞扬蔺相如智勇双全,陈平"常出奇计,救纠纷之难,振国家之患",对战国苏秦、张仪、范雎、蔡泽等纵横捭阖之士虽有讥贬,但也肯定他们"其智有过人者"。后世大凡思想活泼的人士大都认同司马迁尚智的文化观念。民间口头文学、通俗小说、戏曲评书也都喜爱讲说搬演智慧人物故事,姜子牙、张良、诸葛亮、刘伯温,还有聪明伶俐的小红娘,机智滑黠的孙悟空等,都是智慧的化身,家喻户晓,为老百姓所津津乐道。推崇智慧,是中国传统文化的一大亮点,精英文化和通俗文化皆如此。中国智慧渗透并表现于政治、法律、军事、外交、经济、科技、文学、艺术、宗教、哲学等社会生活和意识形态各个领域。当历史转折转型,或者国家强盛开放之时,往往就是民族智慧开启迸发之日,如周秦、汉魏、隋唐、明清之际。

中国人不但爱讲智慧故事,还重视对智慧作学理性探究。其言论大多不成系统,鲜见宏篇专论,常常是零碎的,甚至是点评式的三言两语,却精警深邃,如龙睛凤目,光焰烛人醒世。此类言论在明代中后期特多,主要观点有:

智如光。日、月、星、火炬都能发光,照见万物,世界有光则明,无光则暗。人之智犹如日月星炬之光,有智方能明察物象事理,明辨是非真伪,行动有指南,做事有准星,不至于犯大错误或少犯错误,知错而能改。"夫智如日月,皎若星辰,照见大地,物物赋事。"(李贽语)"赋事",成事也。人若无智光烛照,等于在黑暗中胡乱摸索,非常危险。"无智之士,如走落日、死月、熄炬之下",

不是碰壁，就是摔跤，以至送命，"堕于深渊，则毕其命而已矣"（张明弼语）。

智如水。"人有智，犹地有水。""智犹水然，藏于地中者性，凿而出之者学。"（冯梦龙语）土地含水分，是土地之属性；人有灵智，是为人之属性。土地不含水，"则为焦土"；人无灵智，"则为行尸"。灵智是人的本性、潜能，必须通过后天的学习、实践，加以开发（所谓"凿"），使之汩汩流淌，才能放射其光焰，发挥其能量。而艰难困苦环境的"淬砺磨炼"，对智慧的增长，特别对大智慧之人的锻铸尤其重要，"心机震撼之后，灵机逼极而通，而智慧生焉"（袁中道语）。

智有正邪之别。智慧作为人的一种潜能，人人皆有，本属中性，而用智者品行、动机、效果不同，便有了正智、邪智的分别。君子用智，出于公心，为国为民，是为正智；小人用智，出于私心，为一己或小集团朋党私利，是谓邪智。正智利国益民，邪智祸国殃民。汉人刘向有云："夫权谋有正有邪，君子之权谋正，小人之权谋邪。夫正者其权谋公，故其为百姓尽心也诚；彼邪者好私尚利，故其为百姓也诈。夫诈则乱，诚则平。"（《说苑》）小人耍阴谋，施诡计，巧于伪装，或能得计于一时，但最后还是要暴露的，"无奸不破，无伪不穷"，"为贪心所蔽，利令智昏"（冯梦龙语），落得身败名裂、丧命灭家的可耻下场。对邪智奸谋也要重视之，研究之，识破之，揭露之，并以良谋善策战而胜之。若掉以轻心，则易中其计，贻害无穷。"人或忠厚太过，既无亿逆之念，又无先觉之明，卒坠于口蜜腹剑，而至于颠踬者有之。"俞琳特别提醒善良忠厚的人们对"口蜜腹剑"的奸佞要百倍警惕，多存戒心。

智有大小之分。大智慧固然可贵，小智术也不可弃，在关键时刻，特定场合，小智术也能发挥大作用。齐国孟尝君好客，食客数千人，有夜能学狗吠者，晨能学鸡鸣者，均收留之，门下宾客皆以为耻，后孟尝君被囚于秦，卒赖此二人脱身还齐。王安石曾讥笑孟尝君"特鸡鸣狗盗之雄耳"，冯梦龙反驳说，"尔时舍鸡鸣狗盗都用不着也"。谁知在危急时刻，鸡鸣狗盗小智末技竟派大用场呢？一隙之光，一点萤火，聚集起来也能照明，用智者应有海纳百川的心胸，"我怀海若，取喻行潦"（冯梦龙语）。"虽知星星爝火，不足与日月争光，而当阴翳暝暝，腐草流萤，掩映其际，亦自灼灼可人，断难泯灭矣。"张岱是多么爱护珍惜人的智慧呵！

智慧的反面是愚蠢，但是智与愚的分野不是绝对的、截然不相关的。智含愚,愚含智。智者千虑,必有一失;愚者千虑,必有一得。大智若愚,大愚似智。智化为愚,愚化为智。大智小智,正智狡智,相互转化,"大可小,小可大","狡可正,正可狡"(冯梦龙语)。这便是智和愚的辩证法。

前贤关于智慧的论述,思想精深,内涵丰富。以上所述,九牛一毛,要略而已。详细梳理,深入研究,以为当世之用,这是一个重大课题,姑名之曰"中国智慧论"。全民智慧的发挥与否,关系着国家和民族的兴衰。十九世纪末,"百日维新"前夕,当积贫积弱的晚清时代,梁启超毅然上《请变通科举折》,大声疾呼世界已进入"竞智"时代,中国应立即废止愚民政策和科举制度:"夫当诸国竞智之时,吾独愚其士人,愚其民,愚其王公,以与智敌,是自掩其耳目,断刖其手足,以与乌获、离娄搏,岂非自求败亡哉?""人皆智而我独愚,人皆练而我独暗,岂能立国乎?"当今中国和世界已发生翻天覆地的变化,和平发展,合作共赢,是世界大势主潮,同时各国各地区的竞争也是复杂的,全方位的。硬实力,软实力,说到底,是智力的角逐。中国优秀传统文化可为经济、文化和社会持续健康发展提供精神和智力支撑,中华智慧乃是实现民族伟大复兴的一大法宝。

这本《中国智慧全书》取材于二十四史及野乘笔记,凡六百余篇,时代上起先秦下迄晚清,皆关乎智人智事。在忠实原材料的基础上,适当进行文学加工,使具故事性、可读性,是故事新编,而非古文今译,也算一种"文化快餐"吧。希望今天的读者能从中受到中华智慧的熏陶,获得有益的启迪。此序权充导读。

夏咸淳

二〇一七年岁末

目 录
Contents

前言 ································· 夏咸淳　1

先秦两汉

1　失信喻理 / 3
2　黄泉相见 / 4
3　砍柴诱敌 / 5
4　祭坛埋锦 / 5
5　以绨败敌 / 6
6　生还管仲 / 7
7　先见之明 / 7
8　木匠论书 / 9
9　借驹讽谏 / 9
10　猜测战事 / 10
11　不念旧恶 / 11
12　烤肉中的头发 / 12
13　稷之马将败 / 12
14　计赚由余 / 13
15　犒军救国 / 14
16　老臣哭秦师 / 15
17　唇亡齿寒 / 16
18　煽风遮灶 / 17
19　吞药 / 18
20　夜宴绝缨 / 18
21　乐官谏葬马 / 19
22　寝丘请田 / 20
23　换位脱君 / 20
24　闻哭知奸 / 21
25　伐树留树 / 22
26　悟解三叹 / 23
27　水清无鱼 / 24
28　百金换人 / 24
29　南橘北枳 / 25
30　三条罪状 / 26
31　智救烛邹 / 26
32　二桃杀三士 / 27
33　赵襄子罢长夜之饮 / 28
34　谁之过 / 29
35　圣人受窘 / 29
36　掣肘书吏 / 30
37　东野毕御马 / 31
38　嗜鱼拒鱼 / 32

39	三令五申 / 32	70	老臣说赵太后 / 61
40	急流勇退 / 34	71	千金买骨 / 62
41	珠宝失窃案 / 35	72	神童出使 / 63
42	知子莫如父 / 36	73	请宅求田 / 64
43	惧室美 / 37	74	谑谏秦君 / 65
44	恭贺贤君 / 37	75	木罂渡军 / 66
45	徙辕搬豆 / 38	76	智斗楚霸王 / 67
46	伏尸受箭 / 39	77	井陉破赵 / 68
47	河伯娶妇 / 39	78	深宫搜档案 / 69
48	辞婚 / 41	79	纳言免祸 / 70
49	瓜田纠纷 / 41	80	封仇安众 / 71
50	赛马 / 42	81	请四皓保太子 / 72
51	围魏救赵 / 43	82	智渡黄河 / 74
52	计杀庞涓 / 44	83	力保陈平 / 74
53	运鼎 / 45	84	离间楚君臣 / 75
54	丑女见齐王 / 46	85	秘计解围 / 76
55	笑断帽带 / 47	86	韬晦护刘氏 / 77
56	巧使激将法 / 48	87	义救季布 / 78
57	巧斥诬陷 / 49	88	计擒淮阴侯 / 79
58	秦宫献策 / 50	89	献郡免祸 / 79
59	计破合纵 / 51	90	各有所主 / 80
60	以善褒善 / 52	91	面折汉文帝 / 81
61	将计就计 / 53	92	当众辱赵同 / 82
62	劝阻奔燕 / 53	93	嫁侍女 / 83
63	完璧归赵 / 54	94	正言除奸 / 84
64	渑池会 / 55	95	阻武帝徙乳母 / 85
65	将相和 / 56	96	托雁寻苏武 / 86
66	弹剑试主 / 57	97	"善哉"和"瞿所" / 87
67	焚券市义 / 58	98	田叔相鲁 / 87
68	狡兔三窟 / 59	99	疑兵解围 / 88
69	巧破匈奴 / 60	100	装死脱身 / 89

101	审讯争田案 / 90		118	难得糊涂 / 106
102	明辨忠奸 / 91		119	威震鄯善 / 106
103	丙吉识大体 / 92		120	斩巫 / 107
104	妙计锄奸 / 93		121	大度不记仇 / 108
105	朱博守左冯翊 / 95		122	诈死逃生 / 109
106	裁缣断讼 / 96		123	绛帐授徒 / 110
107	巧断妯娌争儿案 / 96		124	太医治病 / 110
108	韬晦渡难关 / 97		125	增灶却敌 / 111
109	邯郸使者 / 97		126	举火破匈奴 / 112
110	焚烧书信 / 98		127	先见之明 / 112
111	木牍释疑 / 99		128	三屈新郎 / 113
112	从容退敌 / 100		129	超然免祸 / 114
113	智斩来使 / 101		130	智破贼兵 / 115
114	设计避难 / 102		131	父子之间 / 115
115	奇兵定济南 / 103		132	单骑闯重围 / 116
116	易服败强敌 / 104		133	明断尸案 / 117
117	智惩恶奴 / 105		134	藏书避祸 / 118

魏晋南北朝

1	董仙杏林 / 121		12	一言保储 / 131
2	辨琴 / 122		13	两全之策 / 132
3	智讽陈韪 / 122		14	反败为胜说奥妙 / 133
4	望梅止渴 / 123		15	巧破匿名信 / 134
5	割发代首 / 124		16	拒绝增兵 / 135
6	夜袭乌巢 / 125		17	竹筐装绢 / 135
7	"憨厚"的太子 / 126		18	死牛诗与煮豆诗 / 137
8	火堆退敌 / 127		19	称象 / 138
9	丑妇功夫 / 128		20	智救库吏 / 139
10	不可求情 / 129		21	解谜 / 139
11	年少识真奸 / 130		22	勘破杀人案 / 140

23	迟到免祸 / 142	54	宗典救主 / 173
24	汗流不出 / 142	55	胡笳却敌 / 174
25	特殊疗法 / 143	56	拥戴晋王 / 175
26	水转百戏 / 144	57	王导卖绢 / 176
27	惊雷失箸 / 145	58	太阳与长安孰近 / 176
28	七擒七纵 / 146	59	温峤装醉 / 177
29	空城计 / 148	60	顾荣施炙 / 178
30	死诸葛吓走生仲达 / 149	61	谢安买扇 / 179
31	智拒曹兵 / 150	62	淝水之战 / 180
32	空寨计 / 151	63	装睡自救 / 182
33	一言简刑 / 152	64	东床坦腹 / 183
34	反嘲吴主 / 153	65	先发制人 / 183
35	妙对难题 / 153	66	顾和捉虱 / 185
36	假指挥吓走真强盗 / 154	67	废物利用 / 185
37	探营借箭 / 155	68	以毒攻毒 / 186
38	吴主断案 / 156	69	顾恺之捐款 / 187
39	火烧赤壁 / 157	70	戴逵改画 / 188
40	白衣渡江 / 158	71	择夫 / 188
41	彝陵之战 / 159	72	红绳谏主 / 189
42	冷静退兵 / 161	73	道安进谏 / 189
43	"诸葛瑾之驴" / 162	74	集木造船 / 190
44	敏应对吴主开怀 / 163	75	赛跑辨贼 / 191
45	焚猪断案 / 164	76	折箭教子 / 192
46	装病诛曹爽 / 164	77	特殊教子法 / 192
47	攻心求 / 165	78	唱筹量沙 / 193
48	计破铁链阵 / 167	79	兵入长安 / 194
49	不尝苦李 / 168	80	谢瞻远见 / 195
50	佯醉远祸 / 169	81	巧妙补台 / 196
51	欲擒故纵破疑案 / 169	82	代陛下赐剑 / 196
52	破叛军 / 170	83	妙法治偷 / 197
53	祖逖夺粮 / 172	84	帝中第一 / 198

85	观画祛病 / 199		100	巧断拐骗案 / 213
86	精明的县太爷 / 200		101	诱擒骗马贼 / 214
87	还香炉 / 200		102	拳殴贺拔允 / 215
88	改诗鉴人 / 201		103	学长寿 / 216
89	鸡笼山大辩论 / 202		104	拷羊皮 / 217
90	妙笔招降 / 203		105	易帜迷敌 / 217
91	画牛见意 / 205		106	菜叶书字 / 218
92	奇袭王僧辩 / 205		107	巧抓盗鞋人 / 219
93	巧计识贼 / 206		108	悬瓜拒礼 / 220
94	智破慕容宝 / 208		109	判牛 / 221
95	计除尔朱荣 / 209		110	鞭主脱险 / 222
96	平定穆泰之乱 / 209		111	巧破盗金案 / 223
97	刀鞘辨奸 / 210		112	诈术破案 / 224
98	智答齐使 / 211		113	计留追兵 / 225
99	智破抢绢案 / 212		114	以盗捕盗 / 226

隋 唐 五 代

1	参断公务 / 229		14	见微知著 / 238
2	麻痹看守 / 229		15	验刀破案 / 239
3	懈怠陈军 / 230		16	露伤辨诬 / 240
4	自辩死罪 / 231		17	智羞滕王 / 241
5	竹筒传军情 / 232		18	直言谏太宗 / 241
6	泣辞娶妇 / 233		19	因势利导 / 242
7	递解因徒 / 233		20	为国释恩行 / 242
8	骂阵激隋将 / 234		21	一言胜兵十万 / 243
9	避锐待机 / 235		22	割肉藏珠 / 244
10	计破吐谷浑 / 235		23	魏徵可爱 / 244
11	辨诬 / 236		24	护法 / 244
12	单骑降胡兵 / 237		25	确是真迹 / 245
13	巧谏唐高祖 / 238		26	留妪破命案 / 246

27	假佛牙 / 247	58	开仓济民 / 269
28	妙语解颐 / 247	59	死后胜张说 / 270
29	断牛案 / 248	60	城头设宴退敌兵 / 270
30	悬筐除瓦砾 / 249	61	脱靴 / 271
31	破突厥 / 249	62	避名讳巧改韵 / 272
32	将计就计 / 250	63	押送皇绢 / 272
33	严惩恶霸 / 250	64	脱身计 / 273
34	作偈显智 / 251	65	会见卢杞 / 274
35	智慧化行昌 / 253	66	不究盗墓人 / 274
36	笑谈癫狂 / 253	67	智收二将 / 275
37	怒逐俗汉 / 254	68	隔河引马 / 276
38	说法惊师 / 254	69	草人借箭 / 276
39	妙对师问 / 255	70	计斩刘龙仙 / 278
40	智难宣鉴 / 256	71	单骑入郭营 / 278
41	巧破谎言 / 256	72	神童 / 279
42	解说佛经 / 257	73	叛军必败 / 280
43	赦砍树者 / 258	74	一言释君怒 / 280
44	打赌 / 259	75	解除粮荒 / 281
45	摔琴 / 260	76	君臣一体 / 281
46	巧断反书案 / 260	77	闻哭知隐情 / 282
47	巧制木僧 / 261	78	善察盗贼 / 283
48	吊丧感娑葛 / 261	79	高价买漕船 / 283
49	识破盗贼 / 262	80	戏言释臣恐 / 284
50	智挫"二张" / 263	81	智杀李辅国 / 284
51	妙语斥佞者 / 264	82	智灭二盗 / 285
52	助夫脱险 / 264	83	将计就计 / 286
53	为兄洗冤 / 265	84	智安郭子仪 / 286
54	马腹藏身 / 266	85	装哑免祸 / 287
55	磨砖启马祖 / 267	86	哭市献计 / 288
56	为民做主 / 267	87	罪己诏 / 288
57	不置家产 / 268	88	巧拒礼品 / 289

89	不敢祝贺 / 289		110	笔谏 / 303
90	平抑米价 / 290		111	弃罐疏堵 / 303
91	助夫守项城 / 290		112	降米价 / 304
92	慧眼识奸 / 291		113	镇服禁军 / 304
93	计除叛镇 / 291		114	腰笏引舟 / 305
94	既往不咎 / 292		115	焚诏减税 / 306
95	失印得印 / 293		116	禁绝圣水 / 306
96	放驴寻鞍 / 293		117	巧断失金案 / 307
97	裹绿头巾 / 294		118	妙棋折王子 / 308
98	怒斥道士 / 294		119	惩治国舅 / 309
99	胆识过人 / 295		120	羊群攻城 / 309
100	不宜论政 / 296		121	妙治逃兵 / 310
101	种树启治道 / 296		122	惩治群盗 / 311
102	处境危险 / 297		123	白面糊墙 / 312
103	执法震豪强 / 298		124	装病杀延寿 / 312
104	教子廉洁 / 299		125	赋诗讽钱镠 / 313
105	捕捉凶犯 / 299		126	计擒孙儒 / 313
106	巧筹军款 / 300		127	智擒陈夜叉 / 314
107	雪夜袭蔡州 / 301		128	一字救千人 / 314
108	教子行大义 / 302		129	改画钟馗 / 315
109	据理力争 / 302		130	伶人救县令 / 316

宋 金 元

1	以愚困智 / 319		8	智守空城 / 324
2	安得两处吃饭 / 320		9	树木布疑兵 / 325
3	杯酒释兵权 / 320		10	石狮子打鬼 / 326
4	夜袭滁州 / 321		11	善待李母 / 327
5	撤军避主忌 / 322		12	画幛 / 328
6	寻印窘县令 / 323		13	列阵焚草 / 329
7	持重安梓州 / 324		14	易宅息讼 / 330

15	拔茶植桑 / 331		46	岁赐 / 355
16	少年告状 / 331		47	舟浮铁牛出 / 355
17	推敌入井 / 332		48	灌水取球 / 356
18	斜塔 / 333		49	砸缸救人 / 357
19	冰城 / 333		50	妙语劝富弼 / 358
20	斩死囚吓船夫 / 334		51	巧谏罢征民车 / 358
21	一举而三役济 / 335		52	分流减洪 / 359
22	危言促亲征 / 335		53	修龙船 / 360
23	荐李及 / 336		54	智辨张三翁 / 360
24	计惩叛逆 / 337		55	画闽人说话 / 361
25	敌疲我打 / 338		56	妙对 / 361
26	西夏小子 / 339		57	钉壁藏珍 / 362
27	旧案 / 340		58	獐旁是鹿,鹿旁是獐 / 362
28	实话直说 / 341		59	巧言救贤才 / 363
29	不动声色 / 342		60	识奸捉真凶 / 363
30	墨茶惊八王 / 342		61	妙析伪契 / 364
31	通州赈灾 / 343		62	观牙断子 / 365
32	伪怯擒盗 / 344		63	无牛黄可取 / 366
33	壮言稳军心 / 345		64	巴巴地讨来都焦了 / 367
34	信结诸羌 / 345		65	三十六髻 / 367
35	反间斩野利 / 346		66	铜磬闹鬼 / 368
36	黄昏退敌 / 347		67	血衣 / 369
37	五百户 / 348		68	针刺胎儿 / 370
38	巧识窃贼 / 348		69	半月诗 / 370
39	剪发平宫变 / 349		70	实数 / 371
40	杭州赈荒 / 350		71	彻底清 / 371
41	山神庙掷钱 / 351		72	平抑物价 / 372
42	美颜膏 / 351		73	巧讽皇帝 / 373
43	以饮食断案 / 352		74	反间除刘豫 / 373
44	保州兵变 / 353		75	处变不惊 / 374
45	何必刻意求深 / 354		76	竹筒困金兵 / 375

77	临安商人 / 376		85	儒将除暴 / 382
78	如何取得他三秦 / 376		86	向里飞 / 383
79	二胜环 / 377		87	巧拒恶媒 / 384
80	在钱眼内坐 / 378		88	巧计灭汪罕 / 385
81	采石大捷 / 379		89	陷阱 / 385
82	烛泪辨盗 / 380		90	既是钟神，何故投拜 / 386
83	筹瓦 / 381		91	铜锤击权奸 / 387
84	樊恼自取 / 382		92	卖畚箕 / 388

明　清

1	江东桥 / 391		21	桌围藏吏 / 408
2	对策定王业 / 392		22	火灾之后 / 409
3	计破陈友谅 / 393		23	巡河南 / 410
4	智消千人狱 / 393		24	保境安民 / 411
5	日记破案 / 394		25	井中尸首 / 412
6	破竹忘刀 / 395		26	弹劾严世蕃 / 412
7	船队遇险 / 396		27	智擒假锦衣 / 413
8	吴江医生 / 397		28	逐猴 / 414
9	贵妃有孕 / 397		29	木偶 / 415
10	治理苏州 / 398		30	捕蝗 / 416
11	五窍壶 / 399		31	治巫 / 417
12	状告门达 / 400		32	三江口大闸 / 417
13	装病救冤民 / 401		33	知县救灾 / 418
14	审石追纸 / 402		34	治伤释狱 / 419
15	阿丑 / 403		35	捕盗 / 419
16	病后吐舌 / 404		36	逼债 / 421
17	熟蹄与五更啼 / 405		37	借猴破倭 / 422
18	摔跤比赛 / 405		38	鹊聒 / 423
19	巧拒索贿 / 406		39	巧惩胡公子 / 423
20	佯狂脱险 / 407		40	巧勘床下贼 / 425

41	瓜田纠纷 / 425	72	书额打钟庵 / 452
42	智斗倭寇 / 426	73	毡帽救同乡 / 453
43	助夫 / 427	74	偕使实勘免徭役 / 454
44	放粮 / 428	75	诓兵释夫 / 455
45	建祭堂 / 429	76	智擒王昌 / 456
46	巧治刁学生 / 430	77	巧判冒婚案 / 457
47	头肠蹄卖千金 / 430	78	欲擒故纵 / 458
48	遇盗免难 / 431	79	依法镇乱卒 / 460
49	取珠灯 / 432	80	智擒鳌拜 / 461
50	驱恶少 / 433	81	纵马识凶手 / 462
51	五千铜钱 / 434	82	谋绝粮道困平凉 / 463
52	门上女尸 / 434	83	夺刀杀贼报夫仇 / 464
53	山路上的骡队 / 435	84	县衙主婚断邪念 / 465
54	尤老板 / 436	85	巧革门税 / 466
55	张一包 / 437	86	微服私访惩县令 / 467
56	富家女儿 / 438	87	设诈辨真盗 / 468
57	借词救人 / 438	88	约民负粟救饥荒 / 469
58	识破奸计 / 439	89	断食诱捕凶手 / 470
59	秀才赶考 / 440	90	定计拈阄查钱粮 / 471
60	传艺 / 441	91	拜师 / 472
61	饮酒观画救陈秀 / 442	92	闻雁声设埋伏 / 473
62	面讥洪承畴 / 444	93	用兵有玄机 / 474
63	手掌上的"赢"字 / 445	94	智判雷击案 / 475
64	反间袁崇焕 / 445	95	巧救妇婴 / 476
65	智献破城计 / 446	96	开方医贫 / 477
66	谋划攻心策 / 447	97	作诗巧解围 / 478
67	谋攻山海关 / 448	98	巧释亲仇 / 479
68	巧探洪承畴 / 449	99	急难显智能 / 480
69	深谋远虑获"向导" / 450	100	真假卖身契 / 481
70	巧治怪病 / 451	101	巧借言辞惩恶霸 / 482
71	冰水治疫病 / 451	102	急中生智答乾隆 / 482

103	问佛字遇对手 / 483	134	指点石兽沉落处 / 513
104	语激未婚夫 / 484	135	下棋寄毛驴 / 514
105	率民就讯陈冤情 / 485	136	戏盗玉狮马 / 515
106	凭年号识伪契 / 487	137	智择新郎 / 516
107	智辨真假皇孙 / 488	138	巧断争妻案 / 517
108	察情惩淫妇 / 489	139	大白鹅招供 / 518
109	游宴赋诗袭强贼 / 490	140	戏富翁救灾民 / 519
110	明断兄弟财产案 / 491	141	鼻烟治恶兵 / 520
111	治本息私斗 / 492	142	解救妇女惩淫僧 / 521
112	擒盗却追徒 / 493	143	试真情断坟主 / 522
113	庙中擒奸 / 494	144	三天闲聊审大盗 / 524
114	智断拾银案 / 495	145	设计擒凶犯 / 525
115	智救落水人 / 496	146	豆浆治胖子 / 526
116	避而不见 / 497	147	契约蛙洞 / 527
117	兵少旗多 / 498	148	当票 / 528
118	焚烧名册 / 499	149	戏女治痘症 / 529
119	开城门诱捕马贼 / 499	150	宝刀未老 / 529
120	锐眼识伪情 / 500	151	智赚酒饭 / 530
121	审筐抓窃贼 / 501	152	审马褂 / 532
122	赔鸡还米 / 502	153	明断无头案 / 532
123	低价赎土地 / 503	154	木蛋杀蛇 / 533
124	见鹤得路 / 504	155	打簸箕 / 534
125	清晨袭豪民 / 505	156	审石追银 / 535
126	七岁识凶僧 / 506	157	添笔救人命 / 536
127	执法不失其情 / 507	158	柜中秘密 / 537
128	投钱水中判窃案 / 508	159	细断血案 / 538
129	智杀二贼 / 509	160	巧破诬陷案 / 538
130	公堂质奸僧 / 510	161	断句判产 / 539
131	智识赌徒拒借贷 / 511	162	成全婚事 / 540
132	以情测奸妇 / 511	163	泰山遇假盗 / 541
133	巧锯河中树 / 512	164	驱散香气 / 542

先秦两汉

1. 失信喻理

周武王率领各部落大军攻入朝歌,推翻了暴虐黑暗的纣王。

听说朝歌郊外住着一位年长的贤者,武王前去拜访。在一个山清水秀的地方,有几间草屋,这就是贤者的家。武王叩门,门开处,只见站着一位鹤发童颜的长者。武王连忙稽首施礼:"不才姬发,久闻长者大名,如雷贯耳,特来拜访,得见尊颜,三生有幸!"长者连忙还礼:"老夫不知大王驾到,有失远迎,万望恕罪!"

两人先到屋内,分主宾坐定,寒暄一番,又谈了些年景收成。武王把谈话引入正题:"想当年,商朝武功烈烈,版图至于大海,何等强盛,天下无不宾服;而周不过蕞尔小国,局促西方一隅。然而姬发率军吊民伐罪,却得以翦灭殷商,纣王焚死鹿台。这固然因为得民心者得天下,失民心者失天下,但是周为什么能得民心,商又为什么失民心呢?姬发愚鲁,乞请长者指教!"

长者听了,道:"今日时辰不早,大王若要问为何殷商灭亡,明天中午再来如何?"

武王愣了一下,只好起身告辞,回去了。

第二天,武王和他弟弟周公旦一起来了,中午时分,到了长者家门口。他们叩门却无人应答。武王推开门,只见庭院静寂,阒无一人,屋内点着一炷香,烟雾袅袅,主人分明离开这里时间不长。兄弟俩又叫了几声长者,仍然没有回答,他们只好走出门外,坐在石头上等。

等了好久,太阳都恹恹地西沉了,武王垂头丧气地说:"唉,约好中午碰面,不知长者为什么避而不见?"

周公还在思索着,忽然,他眼睛一亮:"我已经明白其中的道理了。"

"什么道理?"

"这位长者是个真正的君子!过去,他生活在商朝,却无法劝谏纣王;现在,商朝灭亡了,他又不愿意直接批评已经自焚的纣王。约定了时间而不见,言而无信,这不已经明白不过地告诉我们商朝灭亡的原因了吗?"

武王恍然大悟,连连点头:"真是贤人!真是贤人!"兄弟俩一边议论,一边高兴地回去了。(《吕氏春秋》 程维荣)

2. 黄泉相见

郑武公的夫人姜氏偏爱小儿子段,厌恶长子寤生。寤生被立为国君以后,姜氏请求将段封到一个叫制的地方,庄公不干,将他的弟弟封到了京。段在京暗中聚集兵马,准备偷袭都城。消息传来,有人劝庄公趁早除掉段,庄公不听。直到忍无可忍之时,庄公才发兵讨伐段,段被打得溃不成军,狼狈出逃。事后,庄公想起母亲姜氏怂恿与帮助段的种种行径,十分生气,将她从都城迁置到了城颍。庄公还当着别人的面对姜氏发誓道:"除非到了黄泉,我决不再与你相见!"可是说出这话不久,庄公便感到有些后悔。

有个在外地任职的叫颍考叔的官员听说此事后,暗暗痛心,决定劝说庄公母子俩重归于好。于是,他找了个机会来都城见庄公,献上了礼物。庄公将颍考叔平素最喜欢的酒肉赏赐给他。颍考叔喝着酒,却把肉置于一旁,庄公不解地问他为什么。

颍考叔说:"小人有老母,吃遍了小人呈献给她的食物,却从来没有尝过主君赏赐的肉是什么滋味,所以小人想把肉留着给她吃。"

庄公一听,触动了心思,长叹一声:"唉,你可以把好吃的留给母亲,寡人这辈子却再也见不着母亲了!"

颍考叔故作惊讶地问:"这话从何说起?主君母亲姜氏不是好好的吗?"

庄公就把事情的原委告诉了他,又后悔不迭地说:"你想,寡人已经发誓要到黄泉,就是死了才与她相见,有那么多人都听到的,寡人还能破誓吗?"

"噢,原来是这么回事。"颍考叔好像刚刚明白过来,说,"这有何难,小人有一个主意,可以让主君与母亲相见。"

"什么主意?"

"既然主君发誓要到黄泉才与母亲见面,何不真的往地下挖一条隧道,一直挖到黄泉,再另挖一个出口,然后你们母子俩分别从两端进入隧道相见。这样一来,别人还有什么闲话可说?"

庄公大喜,决定立即照此去做。隧道挖好以后,庄公擎着火把钻了进去。那一头,早已痛悔莫及、盼望着与长子见面的姜氏也钻了进去。借助闪烁的火光,两人终于在隧道深处遇见了,不禁抱头痛哭一场,随后又破涕为笑。庄公一高兴,就在隧道中唱了起来:"隧道之中,其乐融融。"姜氏走出洞口后,也满心欢喜地唱道:"隧道之外,其乐开怀。"从此,母子俩和好起来了。

有个君子评论说:"颍考叔不但自己爱戴母亲,而且有办法感化郑庄公,是真

正的孝子!"(《左传》 程维荣)

3. 砍柴诱敌

公元前700年,楚武王因为绞国与其作对,亲率军队讨伐绞国。楚军长驱直入,攻到绞国都城,驻扎在南门。绞军困兽犹斗,凭借坚固的城墙和深沟壕堑,顽强抵抗。

大夫屈瑕对武王说:"绞国不过是巴掌大的小国,人又浅薄,浅薄则缺乏智谋。臣以为,不妨派一些人冒充砍柴者,并且不派士卒保护,以便引诱绞人上钩。"原来,当时的军队每驻扎一地,为了埋锅造饭,必定让一些随军的役夫外出砍柴,同时派出携带兵器的吏卒保护。屈瑕的建议就是利用这个习惯,迷惑对方,寻机破敌。

武王听从了屈瑕的建议,派出士兵装扮成砍柴者。绞军见后,果然出城追赶过来,一下就俘虏了三十个人。第二天,楚国砍柴者又出现了,绞军大队人马又争相出城追赶。砍柴者朝山沟里逃去,绞军紧追不舍,没想到在一个地势险要处中了楚军埋伏,檑木飞滚,箭如雨下,绞军死伤不计其数。侥幸活着的人只恨爹娘少生了两条腿,来不及逃进南门,只好沿着山脚朝城北方向逃去,不料又遭到另一支楚军的迎头痛击。

绞国国君眼看形势危急,只得答应楚国的条件,订立了城下之盟。(《左传》 程维荣)

4. 祭坛埋锦

郑国国君郑桓公是一位精明强干的国君,他在治理好自己国家之后,谋求向外发展。他计划先袭击向来与郑国不睦的邻国——郐(kuài)。但要是硬攻的话,恐难很快收效;即使暗中偷袭,也未必就能克敌制胜,因为郐国有不少豪杰、良臣和谋士。

怎样才能尽快取得胜利呢?郑桓公左思右想,又听取了一些大臣的计谋,定下了一种分两步进行的周密方案。

第一步是派人秘密调查郐国的豪杰、良臣和谋士,把他们的名字都记录了下来,并且将郐国好的田地写在他们的名字下面,表示已经行了贿赂;又在他们的名字下面写上官爵名称,表示已经实行了收买。然后将这些郐国的豪杰、能臣和谋士的名录煞有介事地绣在一块大锦缎上,带到外城门外的祭坛上,由郑桓公亲

自主祭,将鸡血和猪血喷洒在上面,用以表示正式订立盟约,决不毁约。举行完仪式,他便命人将这份名录埋在祭坛旁边,以待来日取用。

郑桓公导演这出"戏"的真正目的,是要引起邻国的内乱。他派人化装后潜入邻国,将郑桓公举行祭祀的事透露给邻国人。一传十,十传百,消息很快便传到邻国国王的耳朵里去了。他便派人悄悄地潜到祭坛边,挖出了那份名录。

邻国国王一看这份名录,极为震怒,以为这些豪杰、能臣和谋士果然背叛了自己,图谋不轨,便马上命令身边的卫队迅速出动,按名录上的人名,抓一个杀一个,很快便将自己手下的良臣杀光了。

直到最后"一网打尽"了"叛党",邻国国王才有些后悔起来,疑心自己是否中了郑国的"反间计",但为时已晚。因为当郑桓公闻知自己的"反间计"成功了,便立即按原定方案,迈出了第二步:夜袭邻国。

结果自然可想而知。邻国因为没有了豪杰、能臣和谋士,一击而溃,很快便被郑国占领了。(《韩非子》 苏航)

5. 以绨败敌

齐桓公问管仲:"鲁、梁两国对于齐来说,好比田边的庄稼、蜂身上的尾螯,包裹着牙齿的嘴唇。现在我想攻打鲁、梁两国,您看怎样办比较好?"管仲对齐桓公说:"鲁、梁两国的老百姓都以织绨(tí,丝织品)为生,您自己先穿绨做的衣服,然后命令左右大臣们也穿这种衣服。那么老百姓一见朝廷提倡,便会争相模仿而穿这种衣服。见此情景,您马上下令,让齐国人不准织绨。因为市场缺货,那么一定要向鲁、梁两国进口绨,受出口的刺激,鲁、梁两国的百姓就会放弃农作转而大力发展织绨业了。"桓公说:"这主意很好。"于是,他就在泰山南麓用绨制起衣服来。十日后,衣服做成,他便穿了起来。

管仲碰到鲁、梁两国的商人便说:"你们若为我们织绨一千匹,便可得三百斤金子的回报;若提供一万匹,就可得三千斤金子。若是这样,那么,贵国不必向老百姓征收赋税,就可国库充足,何乐而不为?"消息传到鲁、梁国君耳里,他们觉得这样很合算,便让老百姓都来从事织绨业。

过了一年多,管仲派人到鲁、梁,发现他们两国的老百姓都在为织绨贩绨而忙忙碌碌,弄得道路扬尘,一片混乱。管仲见事已至此,便对齐桓公说:"鲁、梁可以拿下来了!"桓公说:"接下来怎么办?"管仲说:"您现在应该穿帛衣,让全国人民都不穿绨服,并且与鲁、梁两国停止通商贸易。"齐桓公说:"好的。"过了十个月,管仲又命人到鲁、梁,见两国的百姓都在挨饿,国家无法向他们征收赋税。

鲁、梁两国的国君不得已，只好命令百姓放弃织绨改种农物，然而至少三个月内是没有收成的。因为粮荒，粮价奇贵，是齐国的一百倍。两年后，两国有过半的人逃荒跑到齐国。第三年，鲁、梁两国国君只好向齐国称臣。(《管子》 知周)

6. 生还管仲

齐桓公从莒返回齐国执政，任命鲍叔牙为宰相。鲍叔牙推辞道："我是个平庸的臣子，大王待我很好，使我不致挨饿受冻，这是拜大王所赐呀。如果您要让我来治理国家，这不是我的能力所能担当的，而要论治国高手，管仲是最当之无愧的。"齐桓公问道："既然如此，那么怎么才能把他罗致过来呢？"鲍叔牙说："您可派人到鲁国去请。"当时，管仲正随公子纠在鲁国避难。齐桓公说："鲁国的谋臣施伯如果知道我要用管仲，一定不肯放管仲投我。"鲍叔牙说："您如果要使齐国安定，就要从速把管仲请来，否则就来不及了。"于是，桓公就派鲍叔牙出使鲁国。

鲍叔牙到鲁国后对鲁国国君说："公子纠是齐桓公的亲弟弟，兄弟不和，您可以把他杀了。"鲁君就把公子纠杀了。鲍叔牙又对鲁君说："管仲是桓公的仇敌，请您把他交给桓公亲手处决，这样我们国君才会觉得出了一口恶气。"鲁君觉得鲍叔牙的话很在理，就答应了。

施伯见此，就劝鲁君道："齐王要管仲，并不是要杀他，而是要重用他。管仲是天下很贤明智慧的人，有大才干。他如帮助楚国，那么楚国就能威震天下；如帮助晋国，晋国就能威震天下；如帮助戎狄，戎狄也能威震天下。现在齐国要罗致他，那么他一定会成为鲁国长时期的大患。齐桓公不是要管仲吗？那好，您就把他杀了，然后把他的尸首交还齐国吧。"鲁君说"好"，便要杀管仲。鲍叔牙闻讯，向鲁君进言道："在齐国杀管仲，是为了警示齐国的臣民；在鲁国杀管仲，是为了警示鲁国的臣民。我国的国君希望能得到活的管仲，以便把管仲示众，作为对群臣的警告。如果管仲不能活着到齐，那就是您和我国的敌人相勾结，这本不是我国所愿意看到的。我也不能带着一具死尸回去。"

于是，鲁国国君只好不杀管仲，就让鲍叔牙将管仲捆住，装进囚车，生还齐国。(《管子》 知周)

7. 先见之明

管仲为齐国出了大力，使齐桓公登上了诸侯国盟主的宝座。

时光如梭,管仲由于积劳成疾变得又瘦又老。听说相国得了重病,快不行了,齐桓公连忙亲自前去探问。当见到躺在病榻上的管仲时,他回想起管仲为辅佐自己而奔波操劳的一生,便忍不住悲从中来,热泪盈眶,说:"哎呀,相国你怎么病得这么厉害呢?如果你要去了,那我可怎么办才好?你……你还有什么要告诉我的吗?"

管仲见国君动了感情,双眼不知不觉也溢满了泪水,努力地抬起头来,有气无力却又情真意切地对齐桓公说:"国君,我……大概要不行了。临走之前,我想对您说一句话,就是今后一定要警惕易牙、竖刁、常之巫和卫公子等几个人,要疏远他们才是啊!"

齐桓公听了这话,感到好生奇怪,忍不住问道:"易牙曾舍其子以救我,难道还要怀疑他吗?"管仲回答说:"人之常情没有不爱自己的儿子的,对儿子尚且能够舍去,何况对于君主呢?"

齐桓公又追问道:"竖刁对自身施行了阉割之术,以充当贴身服侍我的宦官,难道他也值得怀疑吗?"管仲回答说:"作为人没有不爱自己的身体的,对自己的身体尚且能够忍心损害,何况对于君主呢?"

齐桓公叹了一口气,心犹不甘地说:"依相国看来,常之巫这位常常为我解除病苦的名医,也很值得怀疑了?"管仲回答说:"人的生老病死有其自身的必然性,如果总是把活命的希望寄托在医生身上,那这医生就会仗此胡作非为了。"

齐桓公稍稍点了点头,但停了一下又问道:"卫公子启方这个人对我可是一片忠心,他跟从我十五年了,他丧父的时候都没有离开我回家奔丧,难道这样的人我也应该怀疑他吗?"管仲这时已经很虚弱了,但仍挣扎着轻声说:"君主,您想,他……对他的父亲尚且能够这样忍心,丢开不管,对您……又怎么可能始终忠诚呢?"

齐桓公对管仲是极为信任的,管仲的遗言引起了他的重视。他又思虑了好一会儿,对着眼看就要去世的管仲:"你说的有道理,我就照你说的去做吧!"

果然,在管仲去世不久,齐桓公便疏远了易牙、竖刁、常之巫、卫公子启方等人,将他们驱逐出了宫廷。但他对这几个人也已经依赖惯了,没有这几个人在身边侍候,反而吃不香甜,睡不安稳,宫内事务也乱了套,加之自己又得了病,无法顾及朝政,便觉得管仲的遗言说得不对,于是下诏将易牙、竖刁等人重新召回宫中。不到一年,齐桓公又得了比较重的病,原来给他治病的常之巫不仅不给他好好治病,反而有意耽误他的病,并且在外面放风说:"齐桓公很快就要死了。"在这同时,易牙、竖刁、常之巫等人联合起来,控制了宫廷内外的联系,将宫门堵了起来,又筑起高墙把齐桓公封闭起来,连齐桓公想喝口水也不给。卫公子启方还控

制了宫廷卫队,不仅不保护齐桓公,反而去捕杀那些忠于齐桓公的大臣。

当齐桓公知道了易牙、竖刁等人犯上作乱的真相时,想起了管仲的临终遗言,情不自禁地哭了起来,说:"哎!都怪我不听管仲的遗言!他是多么有先见之明啊!"(《智囊》 苏航)

8. 木匠论书

齐桓公坐在堂上聚精会神地读书,有一个叫作扁的木匠正在堂下削凿木头。因为他擅长制作车轮,所以人们都叫他轮扁。轮扁干了好一阵,汗水涔涔,随手放下锥子、凿子,喘了几口气。他见桓公还在读书,就走上堂来,问道:"您在读的书里都说些什么?"

桓公抬起头,也斜了一眼轮扁,道:"都是圣人说的话。"那神态、那语调分明含有"你一个干粗活的木匠,懂什么"的意思。

轮扁好像没在意,又问:"圣人还活在世上吗?"

"已经死了。"

"如此看来,您正在读的,不过是古人的糟粕而已。"

桓公发怒了,吼道:"寡人读书,你一个木匠竟敢横加指责,也不想想自己肩膀上长着几颗脑袋!如果你能解释清楚倒也罢了,要是回答不上来,寡人左右新磨了斧钺,正要试试有多锋利呢!"

轮扁镇静自若地说:"让臣以木匠之事打比方吧。削制车轮时,如果榫头做得小了,必然松滑而不牢固;做得大了,则根本安不进去。那么做多少尺寸才松紧适宜呢?完全是通过长期摸索、积累经验、心领神会的事情,臣无法教给儿子,儿子也不可能从臣这里继承下去。正由于此,所以木匠难免活到七十岁还要辛苦砍削。同样道理,古人早已死去,古人之道只能意会不可言传,您所读的,实在不过是古人丢弃的糟粕而已!"

桓公听了,愣在那里,嗫嚅了半天,还是说不出话来。(《庄子》 程维荣)

9. 借驹讽谏

齐桓公带人外出打猎,在追逐麋鹿时进入了一条山谷,只见两边峭壁耸立,怪石嶙峋。桓公正在茫然,忽然看见一位老人从山谷深处踽踽而来。待他走近后,桓公勒马问道:"乞请长者赐教,这条山谷叫什么名字?"左右告诉老人:"这是当今君侯。"

老人连忙施礼道:"老夫叩见主君,这条山谷叫愚公之谷。"

"哦,为什么会有这个名称呢?"

"因为老夫在这里居住了大半辈子,生性愚鲁而不开窍,远近皆知,所以这条山谷也被称作愚公之谷。"

桓公扫视了一下老人,只见他身板硬朗,鹤发童颜,双目炯炯有神。桓公问:"看长者的模样,决非懵懂无识之辈,为什么别人要这般称呼你呢?"

老人听后,深深地叹了口气,说:"老夫曾经弄了一头雌牛,待其长大后,就牵到市场上出卖,随后买进一匹小马驹。老夫回家路上,忽遇一个恶少,他说:'我见你成天牵进牵出的是雌牛,现在牵的怎么是马驹?难道牛会生马?这驹想必是你拐骗而来!'他不由分说地夺过缰绳,牵着马驹就跑。老夫追去,怎奈年高气短,力不从心,眼睁睁地看着马驹被夺走了。清平世界,荡荡乾坤,竟然有这等事情。老夫伤心至极,大哭一场。别人知道后,以为老夫连一匹马驹都看不住,愚鲁之极,因此送予愚公诨号。"

桓公听了,不胜唏嘘,又问:"既然如此,为什么不告到官府?"

老人摇了摇头,道:"时已不早,主君恕罪,老夫告辞了。"说完,转身飘然而去。

桓公回到宫里,将事情告诉相国管仲。管仲失声叫道:"这是我的过错啊!倘若唐尧在位,皋陶为大理,还会有抢夺别人马驹的事情吗?愚公深知审判不公,决狱不正,所以不去告官,而以这种方式进谏。从今以后,请让我好好地整顿一下国政吧!"

孔子听说此事后,对学生们说:"桓公为春秋霸主,管仲为一代贤相,尚有以智为愚的人,尚有不肯告官,宁肯辗转讽谏、针砭时弊的人,何况民风浇薄的衰世呢?"(《孔子集语》 程维荣)

10. 猜测战事

齐桓公与管仲关起门来谋划伐莒之事,事情还未定,全国上下都已经知道了这件事。桓公非常恼怒,对管仲说:"这是怎么回事?"管仲说:"齐国一定有非常高明的人。"桓公说:"那天有个侍者为我俩送食物时朝我们脸上看了几眼,大概是这个人泄的密。"于是,桓公下令仍请这位侍者来服侍自己,其他人不得将他替换。

不一会儿,这位叫东郭邮的侍者来到桓公面前。桓公对他说:"是你把我要伐莒的事说出去的吧?"那人一点也没否认地说:"不错,是我传出去的。"桓公说:

"我并没有说过'伐莒'这两个字,你怎么知道我要伐莒?"那人说:"我听说君子长于谋划,小人长于猜测。你要伐莒,这是我猜出来的。"桓公说:"你怎么猜的呢?"东郭邮说:"通常寻欢作乐的人,脸上总显得喜气洋洋;悲哀伤感的人,脸上总是显得深沉肃穆;神完气足且摩拳擦掌的,大概就是兴师动戈准备打仗的先兆了。那天我见你们在说话,口张开而没闭合,估计你们在说'莒'字;又见你们举手指的地方,正是莒国的方向。而且我观察过小国家当中不服齐国的,只有莒国,所以我猜你们在谋划伐莒之事。"

桓公听后说:"对啊!你这是以别人不经意不显著的举止来判断出别人明确的意图。你请坐,我再和你一起商量商量。"(《管子》 知周)

11. 不念旧恶

重耳在外面整整度过了十九年的政治避难生活,终于回到晋国,当了国君,他就是历史上有名的晋文公。晋文公尽管掌握了政权,但是国内仍有许多大臣不拥护他,老百姓也对他心存疑虑。

有一天,一个叫里凫(fú)须的小官吏求见晋文公,说自己有办法使晋国安定。晋文公听说是里凫须求见,非常恼火,派人答复他说:"你还有什么脸面来见我,还大言不惭地说自己有办法使晋国安定!"

原来当年重耳逃亡在外时,里凫须是随员之一,专管财务。当重耳一行人途经曹国时,里凫须把重耳的金银财宝席卷一空,逃走了。重耳和他的随从因为无钱买粮而几乎饿死,后来亏得介子推割下自己大腿上的肉给重耳吃,才使重耳免于一死。现在里凫须居然还敢自己找上门来,晋文公能不恼火吗?

里凫须听说晋文公不愿接见他,就问侍从:"国君正在洗头吗?"侍从说:"没有。"里凫须接着说:"我听说洗头的人,他的心是倒置的。人心倒置了,说话就违背常理。现在既然国君并没有在洗头,为什么他说的话这样违背常理呢?"使者把这些话向晋文公报告。于是晋文公就接见了里凫须。里凫须仰脸对晋文公说:"国君离开祖国整整十九年,以致大臣和百姓对您心存疑惧,这是不难理解的。而我在国君最最困难的时候,盗走了您的全部金银财宝,几乎使您饿死,罪该万死。这件事人人皆知。现在国君如果能赦免我的罪过,并且让我陪国君同乘一辆车,在国都中转一圈,使百姓都能看到,这样,对您怀有恐惧心的大臣和百姓,都会知道国君是宽容大度、不记前仇的。人心安定后,国家自然就会安定了。"

果然,当看到晋文公和里凫须同乘一辆车时,人们议论纷纷,都说晋文公真

是不记前仇的贤君,里凫须犯了那样重的罪,还照样录用他、信任他,那么犯有小过失的人还担心什么呢?

从此以后,晋国国内十分安定。(《韩诗外传》 戴云云)

12. 烤肉中的头发

晋文公有一次就餐,侍者端上一大盘香气四溢的烤肉,这是文公平时最喜欢的,他当即食欲大开,用手抓起烤肉,嚼得津津有味。

忽然,文公发现盘子里沾着一根长长的头发,顿时生起气来。他派人把厨者叫到跟前,厉声责备道:"你想把寡人吃得哽住吗?为什么会有这根头发,嗯?"他越说火气越大:"你得说个清楚,否则,寡人饶不了你!"

那厨者已经替文公做了好几年的饭菜,历来小心谨慎,不敢有半点的疏忽。他做梦也没想到盘子里居然会出现头发,连忙分辩说:"主君,小人实在不知道……"

"你还想抵赖!"文公满脸怒气,眼睛瞪得老大,沾满油水的双手捏成拳头不停地挥舞,仿佛要把厨者一把抓过来吞下去,"来人,给这家伙戴上镣铐,打入死牢!"

旁边应声冲出两个武士就来抓厨者。

"主君,小人有话要说!"厨者叫着,拼命地挣脱武士。他意识到不能硬顶,就换了一种口气:"小人知道自己已经犯下三条死罪:第一,小人磨刀磨得像干将(传说中的利剑)那样锃亮锋利,能够把满盘烤肉切得方方正正,却切不断一根头发;第二,小人用细木杆把烤肉一块块串好,摆放得整整齐齐,还是没有看见头发;第三,小人把炉灶烧旺,炭木都已经烧得通红,肉已经烤得嫩烂,一根细细的头发居然还没有熔化掉。小人犯下了这三条罪,所以不敢怀疑是别人把头发放进盘中栽赃诬陷。"

文公听了,这才明白过来,对武士说:"且慢!"他派人在殿堂内外仔细察访,终于查明侍者因与厨者不和,偷偷在盘中放了一根头发,然后端给文公,以陷害厨者。文公得知真情,当即下令严惩侍者。(《韩非子》 程维荣)

13. 稷之马将败

住在东郭的居民中,有个叫稷(jì)的人,特别擅长驾驭马车,堪称是赶马车的好把式。有人鼓动他说:"你驾车的技巧这样高明,为何不去求见鲁庄公呢?他也许会录用你当他的御马官呢!"

稷听了这话,觉得有一定道理,便赶上马车前去求见鲁庄公。

鲁庄公慨然应诺,答应亲自去观看稷驾马车的表演。只见稷驾起马车来,无论是前进还是后退,都非常轻松自如,而且像拉紧的绳子那样直;无论是向左旋转还是向右旋转,马都听从使唤,旋转的车辙都像圆规那样圆。在庄公看来,稷驾车的技艺简直到了非常完美的地步。趁着自己的兴头,他吩咐手下,传令让稷驾车再向左向右旋转一百次,即可停下来复命,以领封赏。

稷听了国王的这个命令,心中暗自高兴,仿佛自己已经一步登天,可以自由出入宫廷了,猛一扬鞭,又将马车赶上了大路。

恰巧颜阖(hé)碰见了这种情形,他看了看扬扬自得的稷和气喘吁吁的马,便进见鲁庄公,说道:"主公,稷之马将败矣。"庄公还在想着怎样奖赏稷的事,没有听清颜阖的话,便随口问道:"你说的是什么?"颜阖只好重复着说:"主公,我是说这回稷驾马车必会失败,既走不好,也拐不好,连一般的马夫也不如。"

庄公听了这话,便默不作声,显然有些不高兴。可是不一会儿,稷的马果然败倒而回,显得狼狈不堪。庄公对稷叹了一口气,转而对颜阖说:"你怎么事先就知道稷的马将要败倒呢?"

颜阖说:"当时我看到,稷驾驭的马匹已经累得够呛,力气快要用尽了,而您还要他驾着马车继续那么多的表演,况且稷当时有得意忘形之态,只知挥鞭驱马,所以我预计他肯定要失败而回。"

庄公听了,点头称赞道:"贤卿果然有先见之明!"(《庄子》 苏航)

14. 计赚由余

秦穆公三十四年(前626),西戎使臣由余访秦。此人才略过人,本是晋国后裔,能操一口流利的晋语,经常出访东方各诸侯国,颇受戎王器重。

秦国以大礼相迎,穆公亲自接待,并陪同由余参观嵯峨宏丽的宫殿,一座座武库和粮仓。由余很快就察觉到,穆公在夸示秦国的富强和实力,企图慑服西戎。

穆公一边走一边指指点点作介绍,由余显得很平静,淡淡地说:"这些建筑确实宏伟壮丽,但不知耗费了多少民力,苦了多少百姓。臣听说,有国有家者皆以谦俭昌盛,未闻以骄奢兴隆的。"

此人果然不凡,没想到西戎还有这样的能人。穆公暗生敬佩之心,改变了傲慢态度,转而求教说:"那就请先生谈谈俭与奢的道理,寡人洗耳恭听。"

由余接过话题,纵论天下古今,由三皇五帝说到平民百姓,以大量的史实和

雄辩的辞令,说明习俗俭奢与国家兴衰的关系,令穆公十分心折。

会见结束,穆公立即将内史王廖召进内宫,道出自己心中的忧虑,他说:"寡人听说,邻国的圣贤便是我国的忧患。如今西戎出了由余这样的杰出人才,对我国会构成极大威胁。寡人为此而担心,不知先生有何良策。"王廖考虑再三,沉吟许久,方才提出对策。穆公转忧为喜,决定依计而行。

经过几天紧张周密的准备,王廖奉使入戎,作为一次礼节性的回访。随带两队女乐,共十八人,个个生得如花似玉,能歌善舞。戎王一见,顿时傻了眼,笑得合不拢嘴。他在黄沙衰草中滚了大半辈子,哪里见过如此娇嫩的美人儿,听过如此迷人的音乐!他心醉了,神魂颠倒了,从此,不理政事,不习弓马,放牧废弃了,牛羊成群地死去,他依旧逍遥复逍遥。

由余留在秦国,受到格外的礼遇,被穆公软磨硬拖,早已误了归国的期限,一时难以脱身。穆公劝他就此留秦为官,许以高爵厚禄,但均遭拒绝,最后只有放他回国。

由余使秦一年多光景,西戎局势急转直下,政令武备都已废弛,戎王醉生梦死,整日沉溺于酒色之中。大臣无人敢谏,甚而陪戎王一同享乐。由余心急如焚,屡屡进谏。戎王对他出使逾期不归本已心存芥蒂,如今还要喋喋不休,因而愈觉反感,由余的话一句也听不进。由余在西戎一筹莫展,想到秦国正是用人之时,穆公礼贤下士,有霸王之气,于是愤而离戎,投奔秦国去了。穆公真是求之不得,出郊迎接,拜他为上卿。

穆公三十七年(前623),秦国采用由余的方略,大举讨伐西戎,降伏十二部,拓地千余里。这样,秦国不再有后顾之忧,可以并力向东与诸侯争霸了。(《史记》《韩非子》《吕氏春秋》《韩诗外传》 夏咸淳)

15. 犒军救国

公元前628年,秦穆公意欲做中原的霸主,便图谋偷袭郑国,派孟明视为大将,率领三百辆兵车前去攻占郑国。

孟明视率军昼伏夜行,沿途尽可能不惊动人,以免走漏消息。就这样走了一千来里地,眼看离郑国已经不太远了,突然有人在前面拦住去路说:"郑国的使臣求见!"士兵赶紧报告了孟明视。孟明视闻报大吃一惊,便亲自接见这位郑国的使臣:"您贵姓?为何来到了这里?"那个使臣恭敬地行了一个礼,然后说道:"我叫弦高,是郑国派来迎接将军的使者。我们的国君听说将军要到敝国来,赶快派我带上十二头肥牛送给将军,先犒(kào)劳将士们一顿。等到了郑国,我们的国君再亲自犒劳你们。我们的国君说,敝国蒙贵国派人保护着北门,已经非常感激,现在贵国又派将军来帮助我们,更是欢迎。我们自己也格外小心,军队始终在集结待命,随时准备迎击来犯的敌人。请将军放心!"

孟明视听了这些话,只好说:"谢谢贵国国君的好意,可是我们并不是到贵国去的,不必费心!"弦高表示不信,孟明视就偷偷地对他说:"我们是来征伐滑国的,请你回去吧!"弦高听了这话,仍是客气地送上肥牛,告别了孟明视,回去了。

孟明视于次日下令攻打滑国,他手下的两位副将西乞术和白乙丙感到莫名其妙,便来询问。孟明视对他们说:"咱们悄悄地来到这里,离本国已有千里之遥。原来打算乘郑国没做准备,突然打进去,速战速决。现在郑国派使臣这么远地跑来犒军,说明他们已经知道我们来了,做好准备了。你们想,再按原计划行事,怎么行得通呢? 现在,倒不如趁滑国这个小国家不注意的时候,把它灭了,多带些财物回去,也总算没白跑一趟。"

原来,弦高并不是郑国派来的使臣,他只是郑国的一个牛贩子。他在贩牛的途中听到了秦国发兵攻打郑国的消息,心想:"本国近来忙着为老国君送葬,新国君肯定没有做打仗的准备。我作为郑国人,总该想个办法才是。"他急中生智,忽然想起了冒充使者这个办法。这一招果然很灵验。秦军灭了滑国之后,抢了一些金银财宝,就回国去了。在这同时,弦高还派人赶回郑国通知国君,让国内做好准备,以防万一。

事后,郑国新国君对弦高重重地奖赏了一番,以表彰他"犒军救国"的机智和功绩。然而弦高却恳切辞谢,说自己只是做了自己应该做的事情。(《左传》 苏航)

16. 老臣哭秦师

当秦军决定不顾千里迢迢,远袭郑国的时候,作为秦国元老大臣的蹇(jiǎn)叔已经预见到了这种劳师袭远的失败后果,便竭力阻拦,他劝谏秦穆公说:"劳师动众,去袭击远方的郑国,臣还从未听说过谁会采取这种战略。秦师千里奔波势必劳顿疲惫,而郑国却以逸待劳很容易防守。何况千里行军,要不走漏消息也极困难。我看还是不要出兵为宜。"

无奈秦穆公一心想当中原的霸主,觉得总待在大西北不是个办法,于是不听蹇叔的劝谏,仍派秦将孟明视等率军出征。蹇叔赶到东城门外为秦军送行,老泪纵横,说道:"唉,我今天亲眼看着你们出征,却不会看到你们返回来了! 可悲可叹!"他的悲苦之状不仅没有打动秦穆公改变主张,反而被他生气地训斥起来:"你懂什么! 你都一百岁了。你若活到中寿而不是长寿,那你的墓上早长出大

树了。"

塞叔听到秦穆公这样说，知道再也无法挽回，更加悲痛，哭着对队伍中自己的两个儿子西乞术、白乙丙说道："儿啊！我这个在主公眼里是个'老不死'的人，却明明白白地知道你们出征必败的命运。晋国是郑国的盟国，早就想打我们秦国了，他们肯定会利用这次机会，在殽（xiáo）地截击你们。你们就要死在那里了，到时候我只有来收你们尸骨的份！"

秦穆公早就不耐烦了，让人把塞叔拉开，命令秦军立即出发。

后来，果然不出塞叔所料，秦军在殽地中了晋军的埋伏，全军覆没。这也就是历史上有名的"秦晋殽之战"。（《左传》 苏航）

17. 唇亡齿寒

晋、虞、虢（guó）分别是周天子分封的三个诸侯国。其中，晋国最为强大，虞、虢势力弱小。晋国和虞国毗邻，虞国则和虢国相接。晋献公依靠其强大的兵力，久有吞并两个小国之意。他首先和虞交好以离间虞、虢的关系，进而求取大军通过虞的地盘灭得虢国，然后乘机再将虞国吞并。僖公二年，晋国曾途经虞国向虢国用兵，但未达到目的。僖公五年晋献公又一次试图借虞国之路兴兵讨伐虢国，实现其称霸的野心。

当晋献公派遣的使臣向虞公提出借路的要求后，虞公未多考虑便答应了。大夫宫之奇听说此事，连忙向虞公进谏，认为此事绝对不可。他劝阻虞公说："虢国是虞国的外围，倘若虢国被灭，则虞国不能自保。晋国的野心不能纵容，我们不能随便引进外国军队。让晋国大军通过我国地盘，一次已经很过分了，难道还可以再来第二次吗？俗话说，'辅车相依，唇亡齿寒'，这不正是说虞、虢两国互相依存的关系吗？臣请大王思量。"虞公不以为然地说："晋国和我是同一宗族，难道还会加害于我吗？"宫之奇回答说："太伯、虞仲都是太王的儿子，只因太伯不听话，所以没有继位。虢仲、虢叔是王季的儿子，他们做过文王的卿士，对王室有功，受勋的记录还藏在盟府。晋国今要灭掉虢国，难道对虞国还有什么可爱惜的吗？更何况虞国能比桓叔、庄伯更为亲近吗？桓叔、庄伯这两个家族有什么罪过？但却遭杀戮，不就是因为他们过于亲近的缘故吗？亲近的人因为受宠而威胁到王室，尚且遭到杀害，更何况一个国家呢？臣请大王再思！"虞公听了这番话，仍不以为意，颇为自信地说："我祭祀的祭品丰盛而清洁，神灵必定依从我，有神灵保佑，可使虞国安然无恙。"宫之奇回答说："微臣听说，鬼神并不是亲近哪一个人，而只是依从德行。所以《周书》这样说：'皇天对人不分亲疏，只是对有德行的人才加以辅助。祭祀的黍稷并无芳香,唯有美德才具有芳香。百姓的祭品大都一样,唯有有德行的人的祭品才是神所享受的。'可见神灵所凭借依从的,就在于德行了。假使晋国吞并了虞国,并且修明道德,将芳香的祭品奉献于神灵,神灵难道还会吐出来吗?臣请大王三思!"虞公面露愠色,对宫之奇说:"请不必再多说了,我意已决。"于是签发了同意晋国军队借路的文书,并派人送使者离开虞国。

宫之奇对执迷不悟的虞公彻底失望了。他召集他的族人匆匆离开虞国。临行前他感叹地说:"虞国看来是过不了今年的腊祭了,就这一次,晋国再也用不着劳师发兵了。"

八月的一天,晋献公率军包围了上阳,问大夫卜偃说:"我这次用兵能成功吗?"卜偃说:"一定能。"晋献公又问:"什么时候呢?"卜偃应对说:"童谣是这样说的:'丙子日的清晨,当尾星消失在天边时,我军奋起、破虢夺旗。鹑火星光亮耀眼,天策星失去光华,鹑火星悬挂中天,此时大军出动,虢公丧国,就要逃跑了。'这日子恐怕就在九月十月之交吧!"晋献公一听,点头称是。

果然不出卜偃所料,晋献公于九十月之间率大军征讨虢国,将虢国一举歼灭。虢公丑连忙逃往京城。晋国军队班师回国,驻军于虞国,并乘机吞并了它。晋献公将虞公和大夫井伯俘获,并将井伯作为秦穆姬的陪嫁侍从。

虞公没有听取宫之奇的劝说,一再允许晋军进入虞国灭虢,最终自己也被晋国所灭。正所谓"唇亡齿寒",落了个可悲的下场。(《左传》 田和平)

18. 煽风遮灶

卫灵公沉湎于酒色,不理朝政。佞臣弥子瑕深受灵公的宠幸,权势煊赫,为所欲为,正直的大臣都敢怒而不敢言。

一天,灵公正在宫殿里搂着宠姬饮酒,宦官来报,说是殿门外有个侏儒请求晋见,赶也赶不走。

"侏儒?"灵公乐了,对宠姬说,"寡人活了一把年纪,还没见过侏儒是什么样呢,何不开开眼界?"他转身吩咐宦官:"好,宣他进殿!"

一会儿,只见一个身高不满三尺,衣着鲜丽的侏儒一摇一摆地走了进来,灵公和宠姬见了,哈哈大笑。那侏儒走到灵公面前稽首行礼:"草民叩见主君,谢主君隆恩!"

"你从哪里来,是干什么的?"灵公问。"草民自幼习艺,如今专在江湖上以杂耍、说逗为生。"侏儒答。"那好,你给寡人表演一下,让寡人也乐乐。"灵公道。

"草民遵命。"侏儒略一思索,说,"草民昨夜做了一个梦,今晨醒来,发觉梦的

内容和真实情况一模一样。"

"哦,"灵公和宠姬饶有兴趣地问,"什么梦? 快说出来。"

"草民梦见的是灶头,醒来发觉那灶头就像是主君。"侏儒道。

"胡说!"灵公瞪眼喝道,"寡人听说臣下梦见太阳就想到国君,哪有把灶头比作国君之理? 你不怕犯下诽谤罪吗?"

"陛下,"侏儒说,"太阳普照天下,任何东西都挡不住它的光芒。国君统治一国,任何人都不能壅塞他的视听,所以国君可以喻作太阳。而那灶头,哪怕柴火再旺,只要有一个人在前面煽风,也足以挡住后面的人。如今或许真有一个臣下擅断朝政、横行国中也未可知,草民梦见灶头,又有什么值得大惊小怪呢?"

灵公怔住了,呆呆地坐在那里,连侏儒退出去也没发觉。过了好久,灵公好像清醒过来,用拳头使劲捶着案头,喊道:"来人! 传寡人旨意,把那弥子瑕撤职!"宦官答应一声,执行命令去了。(《韩非子》 程维荣)

19. 吞药

一次,有人给楚王献来据说吃了可以长生不老的药。守门卫士接过药,兴冲冲地送到宫中。楚王的一个侍臣好奇地端详着药,随口问道:"这药可以吃吗?"卫士回答:"当然可以吃。"侍臣一听,捧起药,仰着脖子就全部吞了下去。

楚王得知后怒道:"竟然有人抢吃寡人的长生不老药,难道他不怕遭受斧钺之诛吗?"楚王立即命令将那个侍臣抓来,要将其处死。侍臣连呼冤枉。

"冤枉? 你还说冤枉? 你不知道那是献给寡人的药?"

侍臣争辩说:"臣问卫士'这药可以吃吗',他回答'当然可以吃',臣就吞了药,所以臣是没有罪的。要说有罪的话,罪在卫士。况且,别人献上不死药,臣吃了却遭杀身之祸,这岂不成了催命之药? 看来别人是欺骗了大王。与其杀无罪的臣下,将大王受骗的经过公之于众,还不如积点阴德,免臣一死。"

楚王听了,沉思半晌,放掉了侍臣。(《韩非子》 程维荣)

20. 夜宴绝缨

一天,楚庄王举行盛大的宴会,朝中文武大臣,不论职位高低,都被邀请参加。君臣开怀畅饮,一直欢饮到暮色苍茫,兴致仍很高。就在这时,大殿上的灯烛熄灭了。在黑暗中,一位美人觉得有人在拉自己的衣袖。美人的左袖被扯住,就用右手把那人的帽缨扯下来攥(zuàn)在手里,那人吓得赶快松了手。美人拿着帽缨摸黑走到庄王跟前,悄悄地对庄王说:"刚才有人暗中拉我的衣袖,我已把那人的帽缨扯断了。请大王赶快命人点上灯烛,看看是谁竟然这样大胆。"

楚庄王听了美人的这番话,立即下令说:"今晚我们君臣要喝个痛快,既然这样,你们就不必穿戴得那么整齐,大家都把帽缨摘下,免得受拘束。"等大臣们把帽缨摘去后,楚庄王才命人点灯,继续饮酒。

这样一来,美人就无法知道她手中的帽缨是谁的了。事后她问楚王为什么要这样做,楚庄王说:"酒后失态,不必大惊小怪。今天要让群臣尽情狂欢,不能为了区区小事而扫了大家的兴。"

不久,楚国遭到吴国大规模的攻伐。在抵御吴国侵略的战争中,有一位将领作战特别勇敢,他五次参战五次冲入敌阵,打退了敌人的进攻,最终砍下了敌军统帅的头颅献给楚庄王。楚庄王接见了这位勇敢的将领,问他:"寡人并没有给过你特别的恩宠,你为什么能这样奋不顾身地打仗呢?"谁知这位将领回答说:"微臣就是先前在宴会上被美人扯断帽缨的人,当时就应该受酷刑处死,而大王却没有这样做。所以说微臣蒙受大王的恩德已经很久了,现在能有机会报效大王,当然应该万死不辞了。"(《韩诗外传》 戴云云)

21. 乐官谏葬马

楚庄王在位时,喜欢养马。群马中有一匹马特别受到他的宠爱。这匹马披着五彩锦缎做成的衣服,住在富丽堂皇的房屋里,吃的是切得细细的枣干。可是因为生活条件太优裕,这匹马一味长膘,结果由于过度肥胖而死去。为此,楚庄王悲痛万分,他命令群臣为死马大办丧事,指使手下人用棺椁(guǒ)装殓马,并用大夫的礼仪来安葬它。一时间,朝廷里议论纷纷,大多数人认为不可以如此厚葬一匹马。为此事,前后进谏的大臣很多。楚庄王很恼火,下令说:"有人再敢以葬马一事来劝谏寡人的,一律处以死刑。"

第二天,只见宫里的乐官优孟仰着脸号啕大哭着走进内殿。庄王颇为奇怪,因为优孟平时是个嘻嘻哈哈的乐天派,今天怎么竟哭得如此伤心?于是就问原因。优孟说:"大王,这匹马是您最喜爱的,就凭堂堂楚国这样大的国家,有什么事情办不到的?现在大王却用对待大夫的礼仪来埋葬它,未免太不隆重了。臣建议大王用对待国君的礼仪来安葬这匹马。"庄王问:"你说说,该如何用对待国君的礼仪来安葬它呢?"优孟回答说:"要用雕刻花纹的玉做棺材,用文梓木做棺椁;派士兵挖墓穴,命老人和小孩背土。出殡时,让齐、赵两国的使者陪侍在前,韩、魏两国的使者护卫在后。庙堂祭祀时应用牛、羊、猪作祭品,并将万户人口的

领地赐给马作封邑。这样体面地为马办了丧事以后,大王轻人重马的名声一定会传遍天下。"庄王听到优孟说"轻人重马"这四个字时,顿时醒悟,他略带愧色地问:"寡人的过错难道已经严重到这个地步了吗?请先生不吝赐教,我该怎么办呢?"优孟笑着说:"这还不简单,请大王就把它当作一般的牲畜来处理:先在地上挖个土灶作为椁,用铜铸的大鼎作为棺,在鼎的下面铺上树皮,再加上姜枣作为调料,然后用火炖煮,最后让它葬身在人的肠胃中。"优孟的话一说完,楚庄王立即命人把死马交给膳食官处理,因为他不想让天下人知道自己曾经轻人重马的丑事。(《史记》 戴云云)

22. 寝丘请田

孙叔敖辅佐楚王,内修国政,外挫强敌,立下赫赫功绩,官至令尹,荣耀一时。有一次,狐丘丈人对孙叔敖说:"人们有三件事情最容易导致怨恨,您知道吗?"孙叔敖问:"是哪三件事呢?"狐丘丈人回答:"爵位高的,别人会嫉妒他;官职大的,君主会猜忌他;俸禄厚的,也会招来不满。"孙叔敖点点头,若有所思地说:"您这话是至理名言。如今,我的爵位愈高,我的志向就愈放低;我的官职越大,我的心里就越谨慎;我的俸禄愈厚,我的施舍就愈广泛。我通过这些办法来避免人们的三种怨恨,总可以了吧。"狐丘丈人满意地笑了。

后来,孙叔敖一病不起,眼看要咽气了。他把儿子叫到床头,断断续续地说:"我是国家重臣,楚王屡次要封给我土地,我都没有接受,一旦我死了,楚王又会封给你,你一定不要接受肥沃的土地。我听说楚国和越国之间有一片地方叫寝丘,十分荒凉贫瘠,名字也不好听。楚国人信鬼,越国人重神,两国人对它都不感兴趣。如果楚王一定要封你土地,你就不妨选择寝丘。"

孙叔敖死后,楚王果然要将大片的良田封给他儿子。孙叔敖的儿子牢记父亲遗言,推辞不受,只请求要寝丘。楚王感到奇怪:"别人都抢着要良田,为什么他只要那块不毛之地?"可是拗不过再三请求,楚王只好把寝丘给了他。

一些年以后,楚国的不少功勋、贵族都因为财富满溢、骄横跋扈而引起楚王猜忌,惹来灭门之祸,只有孙叔敖的子孙,守着寝丘那片土地,世世代代过着安定的日子。(《列子》 程维荣)

23. 换位脱君

公元前589年,齐国与晋国之间爆发了战争。这天清早,晨雾刚刚散去,两军相遇了。齐军阵地上,齐顷公站在马车正中,左边是驭手,右边是执戈的陪乘逢丑父。顷公踌躇满志地说:"寡人要把这些敌寇都消灭了再吃早饭!"他一声令下,齐军如潮水般地向敌方冲去,不料遭到晋军的殊死抵抗,只见阵前刀光剑影,血肉飞溅。经过一阵紧张的厮杀,晋军反扑过来,齐军坚持不住,顿时丢盔弃甲,仓皇后撤。

晋军大将韩厥一直远远地盯着齐军主帅的车子,他知道齐国国君就在那辆车上。到晋军反冲时,韩厥亲自驾车追过去。眼看距离越来越近,齐军的箭支如蝗虫一般飞来,韩厥的左右都中箭倒下了。这时另一个战将爬上了韩厥的车,韩厥让他站在自己身后,又弯下腰,把死去的尸体扶正。

正在拼命逃窜的齐顷公等人回头见此情景,稍稍喘了一口气。逢丑父忽然计上心来,连忙与顷公对换了位置,自己站到车子正中。按照当时的规矩,这个位置应该是主帅的。当他们快到华泉时,一匹马被路边的树木挂住,车子不能走了,下车推行也已经来不及。

眨眼间,韩厥就已经追上来。韩厥认为站在车子正中的必定是齐国国君,就走上前,磕了几个头,手里捧着酒杯,又献上一块玉璧,说:"敝君不希望和齐军打仗,派我们众臣前来请和,遗憾的是恰巧和主君的兵车在一条路上相遇,我无法逃避,再说也不能逃避,不然会给两国国君带来耻辱。"韩厥一边说,一边用眼睛瞅着面前的这个人。逢丑父的脸色威严、冷峻,果然有一副国君气派,在一旁的顷公却忐忑不安。韩厥接着说:"我作为一个战将感到极为惭愧,但既然充此职务,只好加以履行。"

逢丑父点点头,开了腔:"寡人口渴,不想喝酒,只想喝水。"他转身对顷公说:"请你下车到华泉取水。"顷公会意,知道这是让他趁机逃脱,连忙下了车。走出不久,就遇见齐将郑周父驾的副车,当即搭车跑了。

韩厥带着逢丑父来见晋军主将郤克,说是捉住了齐国国君。郤克曾经见过逢丑父,一见面,就知道韩厥上当了,气得七窍生烟,下令将逢丑父推出斩首。

逢丑父连忙叫道:"迄今为止,还没有像我这样替国君受难的人,现在有一个在这里,你们还要杀了我吗?"

郤克想了想,说:"一个人为了使其国君免于祸难,宁可自己去死。杀了这样的人是不吉利的,不如赦免他,以劝勉侍奉君主的人。"于是免逢丑父一死。(《左传》 程维荣)

24. 闻哭知奸

郑国执政子产有一天坐着马车出门,听到街旁隐约传来一阵阵妇人的哭声。

子产叫马车停下来，侧耳仔细聆听。听了一会，子产双眉紧蹙，脸色严峻，命令随从去把那个妇人捕来。随从们答应一声，循着那哭声而去，很快抓来一个妇人。只见她年纪轻轻，颇有姿色，脸上还留着泪痕，眼睛里却流露出一种不易被察觉的惊慌神色。子产下令将她带至官府，交给司法官审讯。经过严厉的讯问，那妇人被迫供出了因与别人通奸，亲手用绳索勒死丈夫，然后伪称丈夫病死，并且假装哭泣的罪行。

第二天，随从们问子产："您料事如神，一听哭声就知道那妇人是凶犯，是什么缘故呢？"

子产道："其实这并没有什么神秘之处。当时我在车上仔细聆听，发觉那妇人的哭声并不悲痛。正常情况下，人们对于关系最密切的亲属怀有深厚的感情，亲属生病会为他忧虑，临死会为他恐惧，死后会因悲伤而为他号啕擗踊。而这个妇人的丈夫死了，哭声却断断续续，好像是硬挤出来的，没有丝毫悲痛之情可言，却流露出恐惧，因此我怀疑她的哭泣是假的。既然是假，就必定有其不可告人的原因，我就要你们将她逮捕起来，送交官府审讯。"

随从们听了，无不为子产的明察所折服。（《韩非子》 程维荣）

25. 伐树留树

田氏一姓从别国来到齐国后，力量逐渐发展，尤其是田成子担任相国时，暗暗采取了多种收揽人心、扩充实力的手段，并且废立君主，独揽朝政，准备取代原来的姜姓政权。

有一天，名士隰(xí)斯弥来拜访田成子，两人谈论一阵后，田成子邀请他一起登台观景。两人爬上高台，极目远眺，只见山如盘髻，水似玉带，天高地广，云蒸霞蔚，不觉心旷神怡。可是，当田成子的目光转向南面时，他不觉皱了皱眉头。原来，不远处有一座房屋，周围种植了一些高大的树木，正好挡住田成子的视线。田成子知道那正是隰斯弥的家，碍于情面，他没有说什么。

站在一旁的隰斯弥觉察到了田成子脸上掠过的一丝不快，心中十分不安。回家以后，他立刻吩咐管家派人把那几株树木砍倒。于是有几个壮汉挥动利斧，砍伐树木。

刚刚砍了几下，只听得一声"不要砍了"！只见隰斯弥气喘吁吁地赶了过来。他看见树干上已经有几道深深的斧痕，用手摸了一下，感到不妨事，才放下心来。管家不解地问："您刚才吩咐砍树，现在为什么又改变主意了呢？"隰斯弥擦着脸上的汗珠，把管家拉到一旁轻声说："古人有言：'知渊中之鱼者不祥。'这是因为过分明察会招来猜忌。如今执政的田成子是个很厉害的人,他虽然表面上不露声色,实际上将会有大的举动,我们齐国迟早是他家的。我要是砍倒了树,他会认为我能够看穿他的内心秘密,必然引起警觉,这对我是很危险的。我干脆假装糊涂,让树木留在那里,虽然挡住了田成子的视线,却不至于引起他的疑心。现在这个时候,我是迫不得已这样做,才能自保而不被别人害了啊!"

管家总算明白过来。

到田成子的曾孙田和时,田氏终于取代姜氏,登上了齐国国君的宝座。(《韩非子》 程维荣)

26. 悟解三叹

梗阳是魏献子的老家。这地方有人与外边的人打官司,眼看就要输了,便赶紧派人带上礼品去求见魏献子。因为魏献子在晋国正担任着正卿大夫,握有实权,而他是应该支持自己的"乡党"的。魏献子果然收下了家乡的人送上的厚礼,并答应相机帮助。梗阳人心中自然欣喜,觉得这"上层路线"还真的一走就灵哩。

但朝廷中有叫阎没、叔宽的两个大夫听说了这件事,便商量道:"我们晋国以为政清廉闻名于诸侯,现在却让梗阳人行贿成功了,这怎么能行呢? 要想办法阻止此事才对。"他俩便一起想了一个办法,在上朝后不回家,一起来到了魏献子的家。此时魏献子正准备吃饭,忽闻有两位大夫来访,于是就邀入房中,一起用饭。

在吃饭时,阎没和叔宽也不说话,但却三次仰面发出了长叹之声。当大家都放下碗筷的时候,魏献子问道:

"听人家说,吃饭的时候是可以忘掉任何忧愁的,但是你们两位为何在一顿饭工夫里就长叹了三声呢? 能告诉我吗?"

阎没和叔宽便一起说道:

"我们觉得自己是真正的小人,因为我们有贪心。当你邀我们吃饭的时候,我们担心你没有为我们准备饭,肯定不够吃,故而叹了一口气。吃到中间的时候,发现饭菜俱足,心想,正卿大夫之家到底富足,怎能不够吃呢? 于是再叹。当快吃完的时候,想到主人既然让我们吃饭,我们却以小人之心,度君子之腹,便自觉愧疚,于是又叹。"

魏献子自然听出了这番话中的讽谏之意,悟解出"三叹"是在为他的受贿而发,于是说:"你们说得好! 谢谢你们的好意!"

当天,魏献子就让梗阳人带着礼品返回去了,并表示,对打官司这种事,只能秉公办理,如再行贿,亦当治罪。(《国语》 苏航)

27. 水清无鱼

晋国人为国内盗贼横行而苦恼。有个叫郄雍的人,善于根据相貌辨认强盗。他只要察看他们的神色,就能获知真情。晋侯派他去识别强盗,千百个中无一漏网,不过几个月,盗贼似乎就销声匿迹了。

晋侯大喜,告诉赵文子说:"我得到一个有才能的人,整个国家的盗贼差不多被他捉尽了,还要用那么多人干什么呢?"赵文子说:"君主依靠侦察来捕捉盗贼,盗贼纵然暂时敛迹,也不会真的被捉完。而且,我看郄雍必将死于非命。"

过了不久,剩下的盗贼们暗暗聚议说:"是郄雍把我等逼得走投无路,我等岂能善罢甘休。"于是他们设法劫走郄雍,并把他杀掉了。从此,盗贼又死灰复燃,到处出没。

晋侯听到消息后大为惊骇,立即召见赵文子,对他说:"果然被你言中,郄雍被杀啦!这几天,盗贼又开始打家劫舍,搅得人心惶惶。究竟该用什么方法才能捕捉盗贼呢?"

赵文子道:"周人有这么一句谚语:'能够看见深潭里的游鱼的人一定不吉祥,能够用智慧推算出隐藏者的人必有祸殃。'您要消灭盗贼,不如选拔德才兼备的人加以任用,使政治昌明于上,教化风行于下,百姓有了羞耻之心,谁还愿意去做盗贼呢?"

于是,晋侯任用随会主持政事,注意发展经济,改革政治,推行教化,人民因而安居乐业,盗贼也真的销声匿迹了。(《列子》 程维荣)

28. 百金换人

楚王的弟弟出使秦国,被扣留了。

看到楚王焦虑不安的样子,宫廷中一个担任中射士的官员对他说:"如果大王给臣一百两黄金去疏通关系,臣有办法让王弟回国。"楚王答应了。

中射士带着百金,风尘仆仆地来到晋国,见了晋国大夫叔向,献上黄金说:"楚国王弟被扣留,楚王为之愁眉不展,茶饭不思。请您笑纳百金,在晋君面前如此如此劝说一番……"

于是叔向去见晋平公,道:"臣以为,我国可以在壹丘筑城了。"壹丘是晋国与秦国交界的地方,晋国早就想在那里修筑城堡,以加强边防,但又怕刺激秦国,惹起麻烦,所以始终下不了决心。

当下平公听了叔向的话,问道:"为什么?"

叔向回答:"楚王的弟弟被扣留,是因为秦国对楚国有怨恨。这样一来,等于给我国提供了机会。如果秦国反对筑城,我们就提出以释放楚王弟弟为条件。只要秦国这样做了,楚王必定对我国感恩戴德。如果秦国拒不放人,秦晋两国等于交恶,秦国就更没有理由阻止我国在壹丘筑城了,这不正是我国所期望已久的?"

平公点头道:"利用楚王弟弟被扣而向秦国施压,真是妙计!"于是派人开始在壹丘筑城,又告诉秦王:"赶快放走楚王弟弟,我们可以马上停工。"秦国无奈,只好放了人。楚王大喜,给晋国送去厚礼,又重重地赏赐了想出计策的中射士。
(《韩非子》 程维荣)

29. 南橘北枳

齐国晏婴出使到楚国。楚王知道晏婴身材矮小,就指使手下人在大门旁边开一个小门,而把大门关上,要晏婴从小门进去。晏婴不甘受辱,他说:"我如果出使狗国,才走狗门;现在我是出使楚国,不应当从这个门进去。"负责接待的官员听他说了这番话后,只好让晏婴从大门进去。

晏婴进入宫殿后,拜见楚王。楚王说:"齐国大概是找不到其他人,所以才派你这样的人当使者的吧?"晏婴回答说:"齐国都城里有上百条街道、几千户人家,如果街上的人都举起衣襟,就能遮住太阳;夏天,人们挥起汗来就像天在下雨,街上到处是肩挨肩、脚碰脚,怎么说齐国没有人呢?"楚王说:"既然如此,为什么齐王要派你来呢?"晏婴回答道:"我们齐王派什么样的使节出国,要视出使国而定。出使到贤明能干的国君那里,就派英明干练的大臣去;出使到昏庸愚蠢的国君那里,就派呆笨无能的大臣去。微臣是齐国最最愚蠢无能的人,所以就被派到楚国来了。"

这次出使之后不久,晏婴又有事到楚国去。楚王听到晏婴要来,就对身边的大臣说:"晏婴是齐国最有才能、最善于辩论的人,现在他又要来楚国,我一定要趁机羞辱他一下。你们有什么好主意吗?"一位大臣上前献了一计,楚王听后连连点头。

这天,晏婴来到楚国,楚王设宴招待晏婴。两人饮酒正饮得兴浓的时候,只见两个差吏绑着一个人来见楚王。楚王问:"这个人是干什么的?你们为什么要绑他?"差吏回答说:"这个人是齐国人,因为犯了盗窃罪,所以捉了他。"楚王看了看晏婴,笑着问:"先生,难道齐国人都善于偷东西吗?"晏婴离开座位,朝楚王拜

了拜说:"臣听说橘生长在淮河以南就成为橘,生长在淮河以北就成为枳。橘和枳的枝叶很相似,但它们果实的味道大大不同,这是什么原因呢?因为水土不同啊!现在老百姓生活在齐国不偷东西,而到了楚国就学会了偷盗,这可能是楚国的水土容易使人偷盗的缘故吧。"楚王听了晏婴的一番推理,忍不住笑出声来,说:"对贤明的人是不能随便开玩笑的,寡人本想取笑你,结果反被先生取笑了。"(《晏子春秋》 戴云云)

30. 三条罪状

一天,有人报告齐景公,说他最心爱的一匹马得急病死了。齐景公听后勃然大怒,立即下令要把养马人抓来杀了,并说谁要是敢劝阻他,就连那人也一齐杀了。

养马人被押来了,只见晏婴抢步上前,左手按住养马人的脑袋,右手拿着一把刀,装出要杀人的样子,但他把刀举了好一会儿,就是不下手。齐景公问:"为什么还不动手?"晏婴说:"臣不知从哪个部位下手才好,请问大王,古代圣贤的君主在杀人的时候,是从何处下手的呢?"齐景公自知理亏,让晏婴这样一问,竟不知用什么话来回答。但他想起心爱的马,便不肯轻易放过养马人,坚持要把养马人关进监狱。晏婴说:"大王,您罚养马人下监狱,可他却不明白自己究竟犯了什么罪。请大王允许臣诉说他的罪状,然后再把他关进监狱也不迟。"齐景公说:"可以。"于是晏婴站到养马人面前,伸出三个手指说:"你的罪状有三条。第一,大王派你养马,你却把马养死了,凭这点就该定你死罪;第二,死掉的这匹马是大王最最心爱的,再凭这点,你就该死上加死了;第三,由于你没有尽职养好马,结果使大王因为一匹马而杀死你。这件事如果让老百姓知道了,一定会抱怨大王重马轻人;如果叫其他诸侯国知道了,也一定会说大王不施仁政,从而看不起我们齐国。你不但把大王心爱的马养死了,而且还使大王遭受百姓的怨恨和邻国的轻视。你想想你该不该死。现在因为大王仁慈,免你一死,只把你打入牢狱,你应该服罪了吧?"

听了这番话,齐景公的脸都红了,他故意咳嗽一声说:"先生,我知道错了,你放了他吧,放了他吧!"(《晏子春秋》 戴云云)

31. 智救烛邹

齐景公爱好捕捉鸟类,有一次,帮他看护鸟类的官吏烛邹不慎将鸟放跑了。齐景公非常生气,想叫手下人杀死烛邹。这时,晏子对齐景公说:"烛邹有三大罪过,请允许我数落他的罪行后再杀他。"齐景公说:"可以。"于是晏子把烛邹召来,在齐景公面前宣布他的罪状。晏子说:"烛邹!你为大王看管鸟却让它逃了,这是你的罪行之一;你让大王因为一只鸟而动杀机,这是你的罪行之二;你让别国国君听说此事,以为咱们的大王重视一只鸟比重视一条人命更厉害,这是你的罪行之三。"晏子把烛邹的"罪行"数落完后,便请齐景公下令把烛邹杀掉。齐景公忙说:"不要这样!我已经明白了你的意思。"(《晏子春秋》知周)

32. 二桃杀三士

齐景公养了三个勇士,分别叫公孙接、田开疆、古冶子。他们力大无比,能够与猛虎搏斗,却又目中无人,桀骜不驯,宫廷内外对他们都十分反感。

一天,晏子对景公说:"我听说明智的君主都善于利用勇猛之士,同时懂得用礼义道德对他们加以约束。如今宫里的那三个勇士,待人傲慢无礼,上违君臣之义,下背长幼之伦,内不能禁止暴乱,外不足以抵御强敌。这样的人,养之何用?如不及早除去,将来必定贻害国家。"

景公摇了摇头,脸上浮现出一丝苦涩:"寡人何尝没有这个想法,怎奈他们三人曾经立过大功,又勇猛无比,如派人前去厮杀,必定不是对手,用刺客暗算,只怕万一事情不成,反而惹出大祸,所以寡人迟迟下不了决心。"

晏子道:"您不必忧虑。在我看来,只需把那三人离间开,使其反目为仇,事情就好办了。"晏子当即献上一条计策,景公大喜,马上派使者前往执行。

使者来到三个勇士的住处,捧出一只铜盘,只见上面放着两只又大又熟的桃子。使者说:"国君念叨你们三人为国辛劳,特地赏赐两只桃子,让你们按照各自功绩的大小分着吃。"

在那个时代,桃子可是稀罕物,三人不觉怔了一下。公孙接叹了口气,说:"这一定是晏子出的主意,他可真是个智者!要是我不受桃,就成了无勇无功之人;要是依功分桃,士众而桃寡,岂不是碰到了难题吗?"他停顿了一下,又说:"我也顾不上那么多了。想当初,我曾先打昏一只野猪,再扼死一只幼虎,论功行赏,可以吃桃而无愧了!"说罢,他伸手取过一只桃子。

田开疆也开腔了:"那一年,我带兵历尽艰难,打退了敌军的进犯,如此看来,我理该品尝品尝桃的滋味!"他也取了一只桃子。

古冶子不禁怒目而视道:"我曾经跟随国君渡黄河,不料国君的马车翻落江

中，正好有一只大鳖，衔了一匹马儿往激流中游去。我虽不会游泳，却不顾性命，与风浪搏斗，先逆流百步，再顺流九里，终于追杀了大鳖，救出马儿上岸，别人都呼我为'河伯'，这功劳还不够吗？你二人怎么不还给我桃子！"他说着说着，"嗖"的一声拔出一把寒光闪闪的宝剑。

公孙接、田开疆一惊，互相看了看，又沉思一阵，对古冶子说："比勇敢，论功劳，我们都不及你。我们拿了桃子而不谦让，是贪婪；苟且偷生，是不勇。"他二人一齐把桃子放回盘中，拔剑自刎而死。

古冶子想阻拦他二人，已经来不及了。他沉痛地说："二位勇士已死，只有我一人占有两只桃子，岂不成了不仁不义无勇之人，还有什么脸面活在世上！"说罢，他也举起剑，往自己脖子上一抹，顿时倒在了血泊之中。

这就是晏子献给景公的"二桃杀三士"之计。从此，齐国宫廷里不再有傲慢的勇士滋事生非了。(《晏子春秋》 程维荣)

33. 赵襄子罢长夜之饮

春秋末年，晋国有个大夫赵襄子非常喜欢饮酒，不但白天饮，而且能作长夜饮；不但能作长夜饮，而且能连饮数日。

有一回，他已连饮五日五夜，中间不曾停歇过。他自以为酒量甲天下，于是醉眼蒙眬地对侍者说："我要算国中最杰出的人了，你看，我已连饮五天五夜啦，但一点也不疲倦！"说着，还想再饮。左右的人眼睁睁看着赵襄子荒废政务，沉迷酒色，却一个也不敢劝，可大家觉得总要想个法子让主人清醒清醒。有一个叫优莫的侍者，平时少言寡语，但一出口，倒是蛮幽默的，他接着赵襄子的话说："主人家，您还要继续努力呀！您还不及纣两天呢。那个著名的纣王能连饮七日七夜，现在您才五日五夜，您还少两日两夜呢！"襄子一听，觉得优莫把自己和纣王相比，而且只差两天，就和纣一样了，不免有点恐惧，忙问优莫："照你这么说，那么，我将亡国了？"优莫不慌不忙地说："您不会亡国的。"襄子说："你刚才说我和纣只差两天，不亡何待？"优莫说："夏桀和商纣的亡国，是因为他们遇到了商汤和周武。现在，天下尽是夏桀，而您只不过是商纣王而已。桀、纣并世而存，怎能单使纣灭亡？然而，您如果继续这样下去的话，难保天下不会出现商汤和周武王那样的人。现在虽一时还不能相亡，但这样下去，也很危险了。"

赵襄子先是酒热，听完优莫的话，出了一身冷汗，从此再也不敢作长夜饮了。(《新序》 李道桐)

34. 谁之过

晋国的大夫赵襄子怒不可遏,他的家臣赵佛肸(xī)居然据城反叛,虽然叛乱被平定了,赵佛肸也被俘获,但仍不能平息他的怒气。根据赵氏的家法,他把赵佛肸的母亲也抓了起来,投进了监狱,准备把她母子一同处死。

临刑的前一天,狱官忽然跑来报告说,赵母对判她死罪不服气。问她为什么不服气,她不肯说,要求与您面谈,如果不同意,她就把要说的话带进棺材里,对谁都不说。赵襄子一听,觉得这个老妇人倒也奇特,儿子反叛,母亲同罪,这不光是赵氏家族的家法,古往今来任何家族,不都是沿袭成法的吗?她还有什么话可说呢?这倒要听听。于是同意了。

一会儿,赵佛肸的母亲被带了进来。赵襄子便问道:"你对判你死罪不服气,说你不应该死的,为什么呢?"佛肸的母亲一点也不慌乱,从从容容地抬起头来,望着赵襄子,反问道:"你判我死罪,一定是有道理的,我又为什么应该死呢?"赵襄子直截了当地说道:"道理很简单,因为你的儿子反叛。"佛肸的母亲点了点头,又进一步反问道:"儿子反叛,他的母亲为什么应该去死呢?"赵襄子理直气壮地回答:"这也很简单,做母亲的没有能教育好儿子,因而使他走到反叛这一步。母亲难道没有责任吗?母亲为什么不应该死呢?""噢!"赵母松了一口气说道,"原来如此。我本以为你要杀我,一定会有什么道理的,现在看来,不过就是责怪我做母亲的没有能够教育好儿子,是吗?其实,我的职责是早已尽到了,这件事情的责任不在于我,而是在于您!"她停了一停,又一句一句地说道:"我听说,孩子小时候不上进,这是母亲的责任;长大了不会做事,这是父亲的罪过。我的儿子小时候很上进,长大了也会做事,我要负什么责任呢?我还听说,儿子小时候是儿子,长大了要当朋友看待,丈夫去世后,就要听儿子的。我把儿子养大了,交给了国家,就与我没有关系了。您自己选择他作为家臣,职责就归于您了。他好,是您的功劳;他沦为罪人,是您的过失,与我有什么关系?您怎么能把他的罪过归到我的头上呢?像您这样做,有哪一个母亲再会愿意把儿子交托给您,为您效劳呢?"

赵襄子听了,觉得她的话很有道理,便说道:"你讲得好,佛肸反叛,的确是我的罪过,与你无关。"于是就将她当堂释放了。(《列女传》 陶湘生)

35. 圣人受窘

孔子周游列国,像个大旅行家,见闻很多。有一天,当他继续向东方旅行的

时候,半路上看到两个小孩子正在激烈地争论,谁也不让谁,指手画脚的。这引起了正在赶路的孔子的注意,他便走过去询问道:"喂,两位小哥,你们在争论什么?能告诉我吗?"

一个小孩抢着说:"我认为太阳刚出来的时候离人近,到中午的时候离人远。他不同意,所以才在这里争论。"

另一个孩子接着说:"我认为他说错了,明明是太阳刚出来的时候离人远,到中午时离人近么!他偏要争!"

孔子"噢"了一声,对两个孩子说:"那么你俩说说各自的理由,好吗?"

那位原来抢先说话的小孩又抢着说道:"太阳刚出来的时候,大得像车盖子那样;到中午时就小得像盘子,这难道不是远的显得小,近的显得大吗?"

另一个小孩紧接着说:"太阳刚出来的时候,天气凉丝丝的,清凉得很;到中午时,太阳当头照着,就像手伸到热水里一样,这难道不是近的感觉热,远的感觉凉吗?"

孔子听了两个孩子的理由,停在那里思考起来。两个小孩在一边催问道:"老先生,您说说,到底是谁说的对呢?"

孔子想来想去,一会儿觉得这个孩子说的对,一会儿又觉得那个孩子说的对,不知道究竟怎样回答。他抓耳挠腮,张口结舌,到底无法回答这个问题。

两个小孩看到孔子受窘的样子,说:"都说您是博学的人,怎么连这个问题也回答不上来呢?可见圣人的智慧也是有限的啊!"(《列子》 苏航)

36. 掣肘书吏

宓子贱担任单父地方的长官时,由于鲁国国君听信谗言,经常无端怀疑并处处阻挠,他根本不可能发挥自己的才能,实现济世救民的理想。

一次,宓子贱请国君派两个书吏到单父来协助处理政事。国君觉得这又是一个监督控制宓子贱的机会,很爽快地答应了。两个书吏刚刚到达单父,宓子贱就因为要发布一篇晓喻当地百姓的布告,叫他们抄写。两人挥笔蘸墨,才写了几个字,宓子贱就从后面一而再、再而三地推搡他们的肘部。在接连不断地干扰下,书吏的字写得歪歪扭扭,像散了架一般。他们心里窝火,可是又不敢发作。好容易写完交上去,宓子贱一脸怒容,喝道:"你们的字写得像蟹爬,也想来我这里混饭吃?还是知趣点,趁早滚回去吧!"

两个书吏满腹委屈,狼狈逃回都城,向鲁君诉说:"那宓子贱好生无礼!他要臣等抄写文告,却从后面推搡干扰。臣等字写得不端正,又遭他谩骂,左右役吏无不嘲笑。臣等羞愧难当,如今虽然返回都城,却实在咽不下这口气,乞望主君为臣等做主!"

鲁君听后,心里陡然增添了几分不快。他想:常言道,打狗也要看主人。这两个书吏是宓子贱从寡人这里要去的,他竟敢肆意加以羞辱,岂不是对寡人不敬!转而一想,宓子贱出自孔门,不如先问问仲尼再说。

于是鲁君召来了孔子。孔子在得知事情的经过后,感叹道:"宓子贱真是个非同寻常的君子!他的才干足可以担任霸王之辅佐,让他治理区区一个单父,实在是大材小用了。也许,宓子贱那样做寓有讽谏的意思?"

鲁君愣了好一阵。忽然,他开了窍,一拍大腿,失声叫道:"说得好!看来寡人确实有错,经常无缘无故地猜忌宓子贱,还动不动指责他的善政,所以他会有碰撞书吏肘部的动作以示讽喻。这次,要不是两位书吏往单父处走一趟,寡人不会知道自己的过错,要不是孔夫子您,寡人恐怕还要昏聩终日,永无清醒之时!"

孔子道:"说到底,还是宓子贱之才啊!"

于是鲁君派人告诉宓子贱:"过去都是寡人的不是。自今以后,单父就全归您主宰,只要有利于社稷与百姓,您都可以自己决断,只需五年汇报一次就可以了。"

宓子贱答:"谢主君,臣遵命。"从此,他在单父无所顾忌地施展才华,推行自己的政治方案,把当地治理得井井有条,人民忠厚淳朴,安居乐业。(《孔子家语》程维荣)

37. 东野毕御马

一天,颜渊陪鲁定公坐在高台上闲聊。这时,东野毕正在高台下驾御马车。鲁定公定睛看了半天,情不自禁地说:"东野毕御马的技术真好!"颜渊听了,笑着说:"好是好,只可惜他的马会跑掉的。"定公听颜渊这样说,颇为不悦,就对身边的人说:"我一直以为君子是从不诽谤人的,现在看来君子也会诽谤人,是吗?"颜渊知道鲁定公说的是自己,就退了出来。不久,专管马厩的人跑来报告说,东野毕的马逃掉了。鲁定公一听,马上想起颜渊说过的话,不由自主地跨过座席站起来说:"快、快、快驾车把颜渊召来。"

颜渊到了宫中,鲁定公说:"先前我称赞东野毕的御马技术好时,先生预言东野毕的马会跑掉,不知道先生是凭什么猜到的。"颜渊回答说:"我是根据政事推测出来的。从前舜善于使用民力,为周穆王驾车的造父善于使用马力,舜注意不使民力用尽,造父注意不使马力用竭。因此,在舜的治理下没有逃跑的百姓,在造父的驾驭下没有逃跑的马匹。而东野毕御马时,我看他坐在车上执掌马的缰

绳,马口铁和马身都已经端正了,马车的旋转、慢行、快跑都训练得到家了,不过这辆车经过长途跋涉,历尽艰难险阻,马的力气已经消耗殆尽,然而东野毕仍然鞭打不止,所以我预料到马会跑掉。"鲁定公说:"先生讲得很好,但是您是否可以把这里面的道理进一步说明一下呢?"颜渊回答道:"当然可以。臣就用禽兽来作比方吧。野兽到了无路可走的地步就咬人,鸟到了无路可走的地步就啄人,百姓到了无路可走的地步就欺诈人。自古到今,国君逼得百姓无路可走而能够保住政权的事,从来未曾有过。"鲁定公听后,沉默不语,过了好一会儿,才说:"先生说得极是,寡人领教了。"(《韩诗外传》 戴云云)

38. 嗜鱼拒鱼

公仪休是鲁国的博士,曾任鲁穆公的相卿,执掌着国家的实权。于是就有许多人想方设法去巴结他,希望能得到他的青睐,获得升官发财的机会。当得知国相有个爱吃鱼的嗜好时,他们便都争着去买鱼来献给国相。

可是公仪休却坚决拒收这些鱼。大家都感到奇怪:国相是那么爱吃鱼,几乎到了嗜鱼如命、每饭必须有鱼的地步,但为什么却不收这些自动送上门来的好鱼呢?

公仪休的弟弟也不明白哥哥为什么不收这些鱼,便去问哥哥:"为弟的也不明白兄长何以拒收鱼,能告诉我吗?"

公仪休对弟弟说:"正是因为我特别爱吃鱼,我才不去收受那些别有用心的人送来的鱼。假如我收了他们的鱼,便会'吃人的嘴软',迁就他们的不良表现;迁就他们的不良表现,就会导致违法的行为;违背了国家的法令,就会被国王罢免相位;被罢免了相位,就不会有鱼可吃了。因为他们再也不会给我送鱼了。我即使不被治罪杀头,想自己搞鱼吃也会困难重重了。如果不收受这些行贿的鱼,我就不会被罢相,自己也有条件买到鱼,而且也能够吃到好鱼。"

公仪休的弟弟听了,连连点头,说:"还是兄长明智。这不仅对国家有利,对自己也实有好处,而且是长远之计。"

那些送鱼的人遭到了拒绝,也只好停止了送鱼。但国相府中的大厨房里,却天天可以闻到鱼肉的清香。(《韩非子》 苏航)

39. 三令五申

吴王阖庐伐楚缺少大将,特地派伍子胥把隐居在罗浮山的孙武请到吴都

姑苏。

吴王见孙武五十开外的年纪,一副乡下种田人的装束,和想象中的军事家形象颇有距离,就问道:"先生所著的兵法十三篇,寡人已经全部拜读过了,心中极为敬佩,只是不知道先生是否能用兵书中的理论实地操练一下士兵呢?"孙武明白吴王的用意,便答道:"当然可以。"接着吴王又提出因宫中男丁不多,但嫔妃宫女甚多,能否改用女子操练。孙武表示女子经过操练,可以和男子一样驰骋疆场。

于是吴王挑选出一百八十名宫女交给孙武去操练。孙武当下把一百八十名宫女分成两队,并以吴王的两个宠姬任两队队长。宫女们左手握盾,右手持剑,排列在操练场上。孙武把操练要领和规定动作宣布完毕后,再三声明,若有人不听从命令,将以军法处置。说罢,便击鼓为号,向她们发出向右转的命令。谁知这些宫女们以前从未见过这种阵势,转身时,看到同伴们顶盔束甲的模样十分滑稽,竟"轰"的一声笑了起来,有的笑弯了腰,有的竟笑出了眼泪。孙武见状,严肃地说:"命令宣布得不清楚,是主将的过错。"于是又把规定动作和注意事项讲述了一遍。说罢便击鼓为号,发出向左转的命令。不料这些宫女们仍然我行我素,笑个不停,丝毫不把号令当作一回事。这下孙武恼怒了,他沉下脸说:"命令已经传达,并且已三令五申,但士兵仍不听从,这就是士兵的过错。但是,自古罪不责众,那就让队长首当其罪吧。"说毕,便命令左右随从把吴王的两个宠姬绑了,准备推出斩首。

吴王在观兵台上看到孙武要杀自己的爱姬,不由得大吃一惊,忙派人传令给孙武说:"这两个姬妾是寡人最宠爱的,假如失去她们,寡人将食不甘味,寝不安席。先生的军事才能,寡人已经领教了,操练就到此为止吧。"孙武听罢,面朝观兵台上的吴王深深一拜,然后理直气壮地回答:"臣既然已受命为将,将在外,君令有所不受。"坚持把吴王的两个宠姬斩首示众。行刑完毕后,又任命两队的排头兵当队长,重新开始操练。这时候,操练场上一片肃静,宫女们向左向右向前向后下跪起立,没有一个不是中规中矩的。一百七十八人中,再无一人嬉笑吵闹了。

这时候,孙武就派人请吴王下楼来检阅,并表示现在的这支队伍,即使让她们去赴汤蹈火,也一定能办得到。而吴王因为两个爱姬被杀,哪里还有什么心思下楼检阅部队,就命孙武解散部队各自回去休息。孙武很是失望,他对伍子胥说:"大王不过是欣赏我书中所谈的兵法罢了,其实他并不喜欢我把书中的理论付诸实践。"此话传到吴王耳中,吴王听后默然无语。尽管他心中还在埋怨孙武的铁面无情,但也不得不承认孙武确实是一位难得的将才,再加上伍子胥在一旁以"千军易得,一将难求"的古训提醒,他终于下决心封孙武为大将,并命他率兵伐楚。

公元前506年,孙武指挥吴军大举攻楚,五战五胜,不仅攻破强楚,而且威震齐晋,使小小的吴国显名诸侯,称霸中原。(《史记》 戴云云)

40. 急流勇退

越王勾践采用范蠡(lǐ)十年生聚、十年教训的策略,富国强兵,终于在时机成熟的时候一举灭吴,洗刷了会稽之耻。

平定吴国后,勾践率兵向北渡过淮河,与齐、晋等诸侯会盟于徐州,同时向周王进献贡品。周元王以天子的名义册封勾践为东方之伯。各诸侯国见越国势力日益强大,纷纷前来朝贺,并尊奉越王勾践为霸主。这时的勾践如愿以偿、八面威风,和当年忍辱负重、卧薪尝胆的越王真是判若两人了。

班师回越后,论功行赏,范蠡因策划兴越灭吴的功劳最大,被封为上将军。

第二天,范蠡求见勾践说:"臣闻'主忧臣劳,主辱臣死'。二十年前大王在会稽受辱,臣之所以不死,只是为了越国的强盛而苟且偷生一时。如今吴国已经灭亡,倘若大王能赦免臣二十年前当死不死之过,请大王允许臣辞职归隐。"

原来,范蠡侍奉勾践二十余年,对勾践"可与同患,难与处安"的品性了如指掌,对宦海的沉浮、世态的炎凉也早已看透。他知道大名之下,难以久居,若不及早急流勇退,日后恐无葬身之地,所以他在受封之后立即提出了辞职的请求。

勾践对范蠡的请求很感意外,他沉吟了一会儿,说道:"寡人全仗先生和文种的辅佐,才有今天,寡人将和先生共享越国。倘若先生违背寡人的愿望,必将身败名裂。"范蠡答道:"国君做事凭借法令,臣做事凭借志趣。臣的生杀大权掌握在大王手中,臣愿听凭大王的处置。"当晚,范蠡携带金银珠宝不辞而别。

范蠡乘船出海,辗转来到齐国。一到齐国,他就派人给文种送去一封信。信中写道:"古人说过这样的话:'飞鸟尽,良弓藏;狡兔死,走狗烹;敌国破,谋臣亡。'越王为人长颈鸟喙,此种人可以同患难,但难以共安乐。望先生能急流勇退,及早脱身,否则,前途必是凶多吉少。"文种看罢信后,很是感动,心想范蠡漂泊流浪在外,还不忘自己的安危,真不枉为二十年风雨同舟、患难与共的知己。于是,他假托有病,不再料理朝政。

谁知即使这样,仍然难逃厄运。不久,有人诬告文种图谋不轨,这正好给勾践除掉文种提供了借口。因为勾践自称霸后,就将文种视作心腹之患。所以他赐给文种一把宝剑,说:"先生教寡人伐吴七术,寡人仅用三术便已灭吴,还有四术深藏先生胸中。寡人请先生带着这四术去为我先王效力吧。"文种仰天长叹一声,愤然自刎。

范蠡和文种都是才华卓越、聪明绝顶的谋士,但范蠡能在功成名就之时及时隐退,后来成了富甲一方的陶朱公,他这种"大名之下,难以久居"的远见卓识是文种所不具备的,所以两人的结局也就大不相同了。(《史记》 戴云云)

41. 珠宝失窃案

春秋时,梁国发生了一件盗窃珠宝疑案。因为失窃数量大,作案人又迟迟查不出来,梁王十分恼怒,责令手下人必须尽快破案,将罪犯抓到。

正当大家束手无策之时,京城的治安官抓到了一个嫌疑犯——市井里卖草鞋的小贩麻皮小二。有人指认,失窃珠宝的前一天,看见小二曾在案发处附近转悠,神色相当鬼祟;有人揭发最近小二心神不宁,而且经济也似乎不太正常。那麻皮小二被抓后,虽经多次拷问,仍口口声声呼叫冤枉,说:"小人从未到过失窃珠宝处,且身量与小人相同的多的是,而麻皮也非小人所独有,怎见得便是小人?"

治安官委决不下,就将案件上报朝廷。为此,朝中大臣发生了激烈争论。一部分大臣认为案子肯定是麻皮小二所为,先判其有罪再说;一部分大臣极力反对,说既然无真凭实据,怎么可以判人家有罪呢? 梁王听了大臣们的争论,一时也无法判定。有位大臣奏道:"臣以为判定如此迷离之案,当需一奇智之人。"梁王觉得这个建议很有道理,就说:"陶朱老头原先只是个普通老百姓,现在竟挣下了富可齐国的大家当,一定有过人的智慧,把他叫来问问如何定案吧。"于是召见陶朱。

那陶朱就是范蠡,他从吴国功成身退后,隐居江湖,因经商致富。当下梁王讲明案情并向他询问破案办法,陶朱说:"我只是个见识浅陋之人,不懂得如何判案。但是我家里有两块白色的玉璧,它们的颜色、大小、润泽都一模一样,可一块价值千金,一块只值五百金。"梁王奇怪地问道:"既然色泽、大小都相同,怎么竟会相差这么多价钱呢?"陶朱说:"因为这两块玉璧的厚薄不同呀。从侧面看,其中一块的厚度超过另一块的一倍,当然要值千金了。因此,看问题是否也应该注意变换一下角度呢? 譬如这个案件,既然大家争论不休,意见又截然相反,那么,何必纠缠不休呢? 从法律角度看,不能认定有罪,就不要判人家罪,这才符合仁义之道。我认为,大凡处事应有这样的原则:惩罚人时,有一半人反对,就不要惩罚;奖赏人时,有一半人主张奖赏,那就坚决奖赏,这样才显得大王有宽厚待人

的气度。"梁王听了陶朱的一席话,茅塞顿开,高兴地说:"先生的话对我太有启发了,先生分析的是案情,但其中的道理对处理国家政事又何尝不适用呢!"

梁王不但立即命令释放麻皮小二,而且补偿了他的经济损失。此事传开,举国称颂。从此,梁国政治空气宽松,赏罚分明,国家安定,上下融洽,呈现一派欣欣向荣的景象。(《贾谊集》 郭锋)

42. 知子莫如父

范蠡成为富甲一方的陶朱公后,仍有烦恼。他的次子因杀人而被囚禁在楚国。范蠡知道,杀人者偿命,古今一理,但又希望能用千金托个人情,使次子免于一死。于是他派小儿子携带千金前往楚国办理此事。

范蠡的大儿子知道此事后来找父亲,说:"照理长子在家有主管家事的义务,现在二弟犯了死罪,父亲不派我去救他,倒派小弟去救他,这说明我太无能了。"说罢便声言要自杀。他母亲急了,对范蠡说:"你派小儿子去也未必能救老二,反而先逼死了老大。"范蠡无奈,只得改派长子前往。临分手时,范蠡写了一封信,叫长子带给老朋友庄生,并嘱咐说:"见到庄伯父,立即送上千金,一切听从他的安排,切勿与他计较。"

到了楚国,大儿子立即去拜见庄生。庄生的家看起来很贫寒,他收下范蠡的书信和千金后,对大儿子说:"你赶快离开这里,千万别停留。"大儿子表面答应,实际上却留了下来,并将他私下带来的数百两黄金去贿赂楚国的达官贵人。

不久,宫中传出消息:楚王将发布大赦令,释放大批囚犯,范蠡的次子也在其中。大儿子不知这是庄生向楚王游说的结果,反以为这是自己的贿赂起了作用,所以心中十分后悔,认为给庄生的千金是白送了。几天后,他故意去向庄生辞别。庄生见他还留在楚国,大吃一惊,忙问缘由。大儿子说:"我不会轻易离开,不久楚国将要大赦,我弟弟也在其中,我要和弟弟一起回去。"庄生听出话外之音,知道他是舍不得以前所送的千金,就说:"你送我的千金就在内室,原封未动,请你把它带回去吧。"大儿子财迷心窍,竟然径直去内室取走了千金。

庄生感到自己受了羞辱,他虽然家境贫寒,却人穷志不短,他原打算等事情办成后,找机会把千金奉还范蠡。不料范蠡的大儿子一点没看出他的苦心,反将已送出的东西再索回,为此,庄生十分恼怒。于是他又进宫去向楚王游说,结果,楚王下令先把范蠡次子处死,第二天再下达赦免令。

范蠡的大儿子领了弟弟的尸体回家。范蠡的夫人、幼子以及亲朋好友都痛哭不止,唯独陶朱公连声惨笑。旁人困惑不解,问其原因。陶朱公感慨万千地回答道:"其实我早就料到次子非死不可,并不是长子不爱其弟,而是因为他过于看重金钱。长子少年时,和我一起创业,历尽艰辛,所以他不舍得把钱财送人。而幼子出生时,家境已很富裕,他天天狩猎游玩,根本不懂得钱财是怎样积聚而成的,所以幼子对于金钱从不吝惜。当初我所以要派幼子前往,正是考虑到这一点,但长子坚持要去,结果导致次子被杀,这是必然的结果,悲伤又有何用? 其实长子赴楚后我就深深痛悔,同时也预料到他带回来的绝不是活生生的弟弟,而只是他弟弟的尸体罢了。"(《史记》 戴云云)

43. 惧室美

智伯将自己家的屋舍建筑得极为华美,人人赞美。智伯颇为自豪,向自己的家臣士茁炫耀:"我的居室美吗?"士茁却说:"依我看,这座屋舍的确很美,很豪华,但是美虽然是美,却让人看了害怕。不知为什么,我看到这屋舍,心中十分不安,有一种不祥的预感。"智伯问:"你有什么可害怕的? 又有什么不祥的预感? 说出来让我听一听。"士茁说:"我侍奉主君,掌管执笔之事,我知道有句格言这样说:'高山峻原,不生草木;松柏之地,其土不肥。'这是很有道理的。因为高山峻原气候酷寒,所以草木不生;松柏之地四季长绿,消耗地力,所以土壤不肥沃。如今主君将自己的居室建筑得如此华美,使我也想到了'物极必反''盛极必衰'的至理名言。所以我担心这样的华屋不会使人安居无忧,只会给人带来不好的结果。"智伯听了士茁这番神秘的预言,心中虽然不快,却没有再说什么。

谁料想后来的事果然应验了士茁的预感。智伯兴高采烈地搬进新居去仅住了三年,便永远地告别了他的华屋。(《国语》 田和平)

44. 恭贺贤君

魏文侯有一次宴请群臣,他多喝了两盏酒,脸色通红,一高兴,就要群臣依次对自己发表议论。群臣见有了机会,纷纷阿谀奉承起来。这个说:"主君英明聪睿,招揽天下贤才,别的诸侯望尘莫及。"那个道:"主君灭中山、败秦师,文韬武略,自古罕见。"文侯听着,心花怒放。他脸上漾起笑容,微微点着头,得意极了。

该轮到任座发表意见了,他站起来,欠身拱手道:"臣不敢说。"

"想什么就说什么嘛,何必为难。"文侯道。

"那就请恕罪了,"任座说,"臣以为,主君不是个贤君!"此言一出,群臣都吃了一惊,不禁偷觑文侯。只见文侯脸色陡然一变,瞪着任座。

任座不慌不忙地说："主君打下中山国,不封给自己的兄弟,却封给自己的儿子,这还不是贪心重吗？这还不是不贤吗？"原来,当时诸侯灭掉别国,一般都分封给自己的兄弟,以示公平无私,文侯却封给了儿子。

文侯听了任座的话,十分生气。他脸色阴沉,额头上的青筋根根突起,手里紧紧攥着酒盏,仿佛随时要把怒气爆发出来。任座见状,找个借口退了出去。

接下来轮到翟黄了,他站起来说："臣以为,主君是天下罕见的贤君！自古以来,凡是国君贤明的,大臣就无所顾忌,敢于直言。如今任座敢于肆无忌惮地议论主君,主君还能够加以容忍,不予追究,这不正说明了主君品德出众、贤明过人吗？真是可喜可贺！臣要为主君满饮一盏。"说罢,他双手捧起酒盏,仰头一饮而尽。

文侯转怒为喜,脸上又有了笑意,众臣也都舒了口气。文侯问翟黄："你能让任座回来吗？"

"当然可以。"

"可是,这会儿任座恐怕已经走远了吧！"

"主君,"翟黄说,"忠臣做事,即使有生命危险也要尽忠,臣猜想任座就在门口吧。"说着,翟黄走到门口一瞧,任座果然还在那里等待文侯的命令,他就让任座回来。文侯见了,亲自走下台阶迎接任座,并尊他为上宾,请他坐在自己的身边。(《吕氏春秋》 程维荣)

45. 徙辕搬豆

战国时有个杰出的军事家叫吴起,在担任魏国西河太守的时候,他曾巧妙地动员当地的民众,打赢了一次没有军队参与的仗。

当时在西河地区的西边,与秦国接壤的地方,有一大片良田,因为秦国在其境内靠近这块良田的地方设一军事巡逻站,所以无人敢去那里耕种。吴起便想把秦国的这个军事巡逻站攻下来。可是这个巡逻站只有很少的秦兵驻扎在那里,不值得为打这点小仗而专门去征集军队。怎么才能不花费多大代价就能占领秦国的那个小巡逻站呢？

吴起终于想出了一个办法。

有一天,他让人把一根车辕扛到北门外,靠在墙上,并在墙上贴出告示,上面写道："有能够将这根辕木从此处搬至南门外的人,太守即赏赐一块上等的土地和一座上等的住宅。"

开始,没有人敢去搬这根辕木,人们都觉得这事太奇怪。直到两天后,才有一个人大着胆子将辕木搬到了南门外。吴起当即按告示上所说的,对这个人进行赏赐。

次日,吴起又命人放置一担赤豆在东门之外,并在墙上贴出告示说:"有能够将这担赤豆搬至西门的人,赏赐和上次一样。"于是,大家都争着去搬这担赤豆。

吴起赏赐了搬运赤豆的人,当即向围观的群众说:"大家都知道秦国有一个巡逻站在我们那块良田的旁边,它使我们无法前去耕种。我计划明天我们大家前去攻占那个巡逻站,谁能最先攻占巡逻站的那个瞭望亭,我就让他当个不小的官,还赏他上等的田地和住宅。"听到这番话的人都很相信吴起,个个跃跃欲试,并且很快传扬了开去,待次日晨吴起率众出发时,竟集结了上千人。秦国巡逻站的士兵一看魏国有这么多人来攻,早吓得不战而逃。于是只一个早晨,吴起的目的就达到了。(《韩非子》 苏航)

46. 伏尸受箭

吴起原是魏国大将,屡立战功,因为受到陷害来到楚国。楚悼王久闻吴起大名,封他为相。吴起在楚国,颁布法令,裁减无关紧要的官职,废弃宗室的疏远分支,把财富节省下来,优遇战士。楚国由此国势大振,屡挫强敌。

但是吴起的变法损害了旧贵族的利益,他们咬牙切齿,暗中勾结,准备寻找机会杀掉吴起。悼王一死,贵族们认为时机已到,迫不及待地向吴起发动了攻击。

面对狂呼乱喊、步步紧逼的贵族,孤身一人的吴起知道自己已经身陷绝境,他决心为变法而献出生命。但是,他觉得不能便宜了敌人,必须设法让他们受到应得的惩罚。吴起灵机一动,朝王宫深处跑去。贵族们一面紧追不舍,一面纷纷放起箭来。吴起跑到悼王尸体旁,朝贵族们轻蔑地看了看,然后突然转过身伏下去,紧紧抱住了悼王的尸体。贵族们害怕吴起要什么计谋,不敢上前,只是远远地站着,"飕飕"地放箭。顷刻间,吴起身中数箭,鲜血染红了衣裳,他终于死去了,可是也有几支乱箭射中了悼王的尸体。

按照楚国的法令,胆敢用箭射中君王的,属于大逆不道,一律处死并株连其家属。过了几天,太子即位了,他马上派人把那些胆敢用箭射向悼王尸体的人抓起来,严加审讯。结果,害死吴起的贵族辗转株连,共有七十多家被处以死刑。(《史记》 程维荣)

47. 河伯娶妇

西门豹,复姓西门,单名豹。魏文侯时,曾派他担任邺地的县令。

西门豹一上任，就召集父老乡亲来县衙门，询问当地百姓最感痛苦的事情是什么。这些父老乡亲见西门豹态度诚恳，不像为非作歹的贪官，就直言相告："邺地百姓最感痛苦的事是为河伯娶妇。"原来邺地的三老、廷掾（yuàn）和巫婆相勾结，借口为河伯娶媳妇，每年要向老百姓征收很重的赋税，总共达数百万之多，他们仅用二三十万替河伯娶亲，其余的钱就由他们瓜分。平时，巫婆没事，就到老百姓家乱窜，看到美貌的女孩，就指着说："这个姑娘应当给河伯做妻子。"随即下聘定亲。到了娶亲的时候，他们派人给姑娘用香汤沐浴，穿上漂亮的衣服，然后让她独自居住在新搭建的斋宫里。斋宫就建在河边，四周用红黄色的帐幔围起，姑娘每天的饮食派专人送去。这样过了十多天，便到了正式娶亲的日子。姑娘坐在苇席上，被人缓缓地推入河中。起初那苇席还在河上漂浮，不久便渐渐沉没了。老百姓一来承受不了沉重的赋税，二来怕女儿被选中当河伯的媳妇，所以纷纷扶老携幼地外出逃荒，那些还留在城里的人，也是忧心忡忡，度日如年。

西门豹听了这一番介绍后，极其气愤，但他不动声色地说："为河伯娶亲一定很热闹吧，到了这一天，希望你们来告诉我，让我也开开眼界。"

到了河伯娶亲的这一天，邺地几乎倾城而出。西门豹来到河边，只见三老廷掾、地方豪绅以及乡亲父老都在。七十多岁的老巫婆打扮得花枝招展，身后站着十几个女弟子。西门豹要老巫婆把新娘领来让他看看。新娘领来了，西门豹从上到下、前后左右地端详了一番，说："我看这个新娘子不够漂亮，为河伯娶媳妇嘛，总要找最美的。现在麻烦大巫婆去禀告河伯一声，就说等我们找到更漂亮的之后马上送去。"说完就命令随从抱起老巫婆"咕通"一声扔进河中。过了一会儿，不见有动静，又接连把老巫婆的三个弟子扔进了河中。西门豹说："看来女人不会办事，还是烦劳三老去河伯那里走一趟吧。"又命随从把三老扔进了河中。西门豹把用毛装饰的簪子插在发髻上，弯着腰，恭恭敬敬地面对河水站了好长一会儿。他周围的县吏豪绅胆战心惊，目不转睛地看着他，唯恐他开口。果然西门豹说话了："大巫婆和三老还不回来，怎么办呢？"他建议从县吏和豪绅中选派一人再去催催。他的话音刚落，只见那些县吏和豪绅们四肢趴在地上，不断地叩头，把头都磕破了，血流满面，脸色如死灰一般。西门豹说："好吧，让我们再等一会儿。"又等了一会儿，西门豹说："你们都起来吧，看样子，河伯留客留久了，大家暂且回去，等河伯那里有了消息再说吧。"那些县吏和豪绅像接到大赦令一般，拔腿就跑。

从此，邺地再也没人敢提为河伯娶妇的事了。（《史记》 戴云云）

48. 辞婚

齐王有个女儿,她早已到了婚嫁的年龄,但是一直待字闺中。齐王准备了丰厚的嫁妆,想把公主嫁给杀牛的屠牛吐,他找人去和屠牛吐商谈此事。屠牛吐听说后连忙声称自己有病,想把婚事推掉。

屠牛吐的朋友得知屠牛吐竟然不愿娶公主为妻的消息后,十分不解,跑去责问屠牛吐说:"你遇到这样的美事,为什么要推辞呢?难道你打算老死在这个腥臭的牛肉铺里吗?"屠牛吐回答说:"齐王的女儿丑陋,所以我不愿娶她为妻。"他的朋友觉得很奇怪,问:"你又没有见过她,怎么知道的呢?"屠牛吐说:"凭我杀牛的经验知道的。"他的朋友愈发奇怪了,问:"这怎么说呢?"屠牛吐说:"我平时卖牛肉,如果牛肉新鲜质量好,我就按量卖出去,绝对不会多增加一点分量,因为我怕牛肉太少不够卖;但是如果我的牛肉质量不好,我即使增加斤两多割一些给人家,牛肉还是卖不掉。现在齐王用这样丰厚的嫁妆嫁女儿,而且竟然要嫁给我这个屠夫,那么他的女儿一定是奇丑无比了。"

后来在一个偶然的机会里,屠牛吐的朋友见到了齐王的女儿。这位公主果然是极其丑陋,她的眼睛像半边杏子,牙齿像一排土虫,令人见了就恶心。这下,屠牛吐的朋友对屠牛吐的预见真是佩服极了。(《韩诗外传》 戴云云)

49. 瓜田纠纷

春秋时梁国有位大夫名叫宋就,他受梁王委派到和楚国交界的一个县当县令。宋就一到任就去视察戍边部队,看到士兵们戍边之余,还种了许多瓜,大加赞许,从此士兵们种瓜更勤勉了。

看到梁国士兵种了许多瓜,楚国的士兵也在他们那边种起瓜来。

这一年天气干旱,梁兵便经常挑水浇灌瓜地,因此瓜田里一片油绿,瓜藤上结满了大大小小的瓜。那一个个成熟的瓜,皮色鲜亮,味道甜美极了。而楚兵由于平时懒得浇水,瓜田里叶黄花萎,瓜藤干蔫蔫的,只零零星星地结了一两个瓜,而且又小又不中看,味道也差。

一天,楚国的县令也到边境视察戍边部队。这县令是个心胸狭隘容不得别人超过自己的人,他看到梁国的瓜超过自己这边的瓜,十分恼怒,大骂看守瓜田的士兵:"你们这些懒虫、笨蛋,连个瓜都种不过人家梁国!"县令气呼呼走了之后,楚国的士兵越想越恨,最后竟迁怒到梁国的瓜上,有的说:"不是梁国的瓜长

得好,县令怎会骂我们?"有的说:"想个法子,叫梁国的瓜坏掉,不就显出我们的瓜好了?"到了晚上,几个看守瓜田的楚兵偷偷摸到梁国瓜田里,将瓜藤连根扯出,再种回去,然后用土将根须皆断的瓜藤壅好,让人从外表上看不出。不多久,梁兵的瓜田里就不断出现藤枯叶焦的现象了。看到瓜田里长得好好的瓜,突然成片枯焦,看瓜田的梁兵真是心疼到了极点。

梁兵对瓜藤突然枯焦百思不解,就留心观察起来,没多久就发现原来是楚兵使坏。大家对楚兵的卑劣行为非常气愤,就把此事报告了尉官,准备晚上也悄悄前往楚国瓜田,以同样的法子进行报复。

尉官将此事向宋就请示,宋就听了严肃地批评道:"啊,这是什么话呢!这样做,你们有没有想到将使两国结下怨恨,引来祸患的呀!我们不但不应这样做,相反应当派人去替他们浇灌瓜田,同时不让对方知道。他们的瓜长得好了,就不会来我方瓜田破坏了。"

从此以后,梁兵每晚轮流前往,暗暗帮楚国浇灌瓜田。一天天过去,楚国瓜田中的瓜也越长越好了。

楚兵感到奇怪,暗查后发觉原来是梁兵在帮助他们浇瓜地。楚兵对梁兵以德报怨又是感动又是惭愧。楚国的县令听说有这么回事,也很受教育,就将此事原原本本报告上去。楚王知道后同样深受感动。由于宋就提倡以德服人,终使梁、楚两国关系得到了改善。(《贾谊集》 郭锋)

50. 赛马

齐国大将田忌常以赛马取乐,有时押下千金赌注,但他的马不如齐威王和宗室公子的马,所以输的次数很多。他每次输掉重金回到府中,总是唉声叹气,闷闷不乐。

一天,田忌赛马又输了,他把自己的不快告诉了门客孙膑。当得知缘由以后,孙膑胸有成竹地对田忌说:"将军且请宽心,等到下次赛马时,您只管大胆地投下重金,我自有办法让您获胜。"田忌对孙膑的智慧深信不疑,所以等到下次比赛时,就兴冲冲地携带千金去了。

那时的跑马比赛跟现在的不同,不是人直接骑在马上,而是人坐在车里驾马驰骋,胜负全要凭马的足力。到了赛马的这一天,孙膑经过观察,发现参加角逐的马匹,尽管足力相去不远,但仍可区分成上、中、下三等。于是他就给田忌面授机宜,要他采用牺牲局部以换取全局胜利的策略,具体说,就是让田忌先用下等马对齐王的上等马,再用上等马对齐王的中等马,最后用中等马对齐王的下

等马。

　　第一场比赛开始了,只见齐王的马如箭离弦,遥遥领先,而田忌的马明显不是它的对手。这一场比赛田忌理所当然地输了。齐威王在看台上拈着胡须沾沾自喜,心想:田忌今日又输定了。第二场比赛,田忌用的是上等马,而齐王的马虽也是一匹骏马,但还是敌不过田忌的马。齐王输了,他有些不快,但转念一想:一比一成平局,还分不出高下,关键在于第三局。第三场,也就是决定胜负的一场比赛开始了。号令一发,两名御手扬鞭策马,只见田忌的马奋蹄疾驰,马蹄落处,尘土飞扬,把齐王的马远远地甩在了后面。

　　比赛结束,田忌以一负两胜的成绩赢得了千金赌注。齐王对比赛结果十分惊奇,因为平时十之八九是田忌输的。于是他就问田忌是何原因。这时田忌就向齐威王介绍了孙膑出谋划策的经过,并将孙膑推荐给齐王。齐威王和孙膑一交谈,发觉孙膑果然不同凡响,当下就任命他为军师。(《史记》　戴云云)

51. 围魏救赵

　　战国中期是我国历史上兼并剧烈、政治动荡的时代,七国为了称霸而逐鹿中原。公元前354年,赵国攻占了卫国的一部分领土。卫国的盟国魏便以此为借口,派大将庞涓率领八万精兵强将北上伐赵。魏军一路上过关斩将,势如破竹,没多久就兵临赵国国都邯郸城下。邯郸危在旦夕,赵成侯心急如焚,立即派人前往齐国求援,并答应割让中山之地给齐,作为出兵救赵的交换条件。

　　齐威王明白齐、赵两国是唇亡齿寒的关系,何况他不愿意坐视魏国轻易地壮大自己的势力,所以答应出兵救赵。齐威王原本想拜孙膑为将,但孙膑不愿显姓扬名,婉辞了,结果齐威王改派田忌为大将,拜孙膑为军师,让孙膑坐在有帐篷的车子里,暗中策划指挥。

　　田忌上任后,随即准备率领大军直奔邯郸,截断魏军退路,并和赵军里应外合地攻击魏军,以解邯郸之围。孙膑觉得此计不妥,他说:"邯郸已经朝不保夕,不等我们赶到,就将失守。依我之计,还是采用避实击虚的策略为好。现在魏国的精兵锐卒全部开赴前线,国内只剩下一些老弱残兵在防守。将军与其统领大军去邯郸,还不如直捣魏国都城大梁,占领他们的交通要道,袭击他们守备空虚的地方。庞涓闻讯,必定会放弃邯郸而返国自救。这样我们就可收到一举两得之效:既可解除邯郸之围,又可损耗魏军的兵力。"

　　田忌听了孙膑的分析和建议,连说:"好计,好计!"立即率兵直扑魏都大梁。庞涓得到齐军进攻大梁的消息,心知国内空虚,不堪一击,十分恐慌,赶紧将主力

撤回，昼夜兼程返国，以阻止齐军的长驱直入。而这时，孙膑又建议田忌采用声东击西的战术，一方面派遣部分轻骑佯攻大梁，另一方面亲自率领主力疾驰北上，在桂陵布下阵势，以待魏军自投罗网。

桂陵是魏国的交通要道，也是庞涓回大梁的必经之途，那里地势险要，易守难攻。魏军长途跋涉，精疲力竭地赶到桂陵，还来不及喘口气，就看见漫山遍野的伏兵四起，早就慌了阵脚，哪里还能招架？于是就像瓮中之鳖，听任齐军轮番攻打。再加上粮草缺乏，武器无法补充，所以两万多魏军，不消两天就被齐军打得落花流水，陈尸遍野。庞涓侥幸脱逃。

事后当庞涓得知这场战役的实际指挥者不是别人，而是他旧日的同窗孙膑时，不禁大惊失色。(《史记》 戴云云)

52. 计杀庞涓

桂陵遭挫后，庞涓又气又恨，恨自己无能，轻易地中了圈套，恨孙膑诡计多端，他立下"此仇不报非君子"的誓言，耐着性子等待时机，报仇雪耻。

机会终于等来了。公元前342年，齐、魏两国又一次交锋。战争的起因是这样的：魏惠王发兵攻韩，韩国抵挡不住，向齐国求救。齐威王派田忌为大将、孙膑为军师出兵救韩。孙膑建议田忌仍然采用攻敌所必救的战术，齐国大军不去韩国而是直奔魏都大梁而来。魏惠王得知这一消息，忙将攻韩的人马调回，再增加几万士兵，号称十万大军，由太子申和庞涓率领，迎战齐军。

孙膑清楚地知道，两国交锋，论实力，齐国不如魏国，所以不可硬拼，而应智胜。他对田忌说："兵法上说：'每天行军百里去追逐利益的，会损失他们的大将；每天行军五十里去追逐利益的，只能有一半的部队到达目的地。'现在庞涓恃勇轻敌，冒险急进，我们正可利用他们这种轻齐心理，佯装怯战，诱敌上钩。"孙膑如此这般地向田忌建议一番，田忌是言听计从。

齐国的军队越过魏国国境，向西行进。太子申和庞涓率领十万大军在后面猛赶紧追。第一天部队歇息时，庞涓派人点了一下齐军遗留的烧饭炉灶，发现足够供十万人吃饭用的。庞涓吓了一跳，心想：双方势均力敌，旗鼓相当，这下胜负难卜了。第二天到了齐军前日扎营的地方，又点了一下炉灶，只有供五万人吃饭用的，庞涓有些放心了。第三天，一数炉灶，只够三万人吃饭用的了。庞涓大喜过望，傲慢地说："我早就知道齐军胆小怕死，进入我国国境才三天，士卒逃亡人数已经过半了。"于是他让太子申带领大队人马在后面慢慢赶路，自己抛下步兵辎重，只带骑兵，日夜兼程，追赶孙膑，心想：报仇雪恨在此一举了。

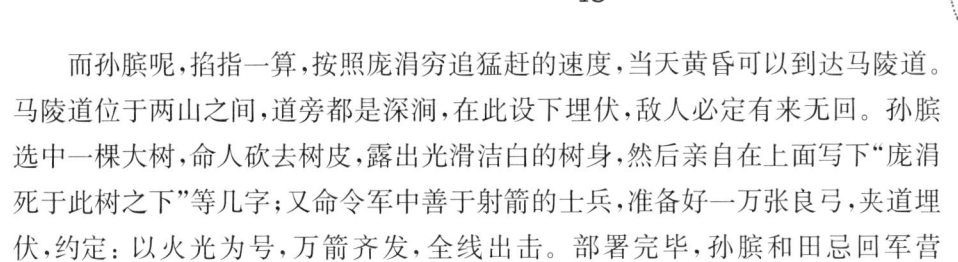

而孙膑呢,掐指一算,按照庞涓穷追猛赶的速度,当天黄昏可以到达马陵道。马陵道位于两山之间,道旁都是深涧,在此设下埋伏,敌人必定有来无回。孙膑选中一棵大树,命人砍去树皮,露出光滑洁白的树身,然后亲自在上面写下"庞涓死于此树之下"等几字;又命令军中善于射箭的士兵,准备好一万张良弓,夹道埋伏,约定:以火光为号,万箭齐发,全线出击。部署完毕,孙膑和田忌回军营歇息。

暮夜时分,庞涓果然率领轻骑抵达马陵。走不多远,有士兵来报:"前面的山路已给树木堵住了。"庞涓"啊呀"一声,心知不好,透过暮色望去,只见两旁的树木都已被砍倒,只剩下一棵大树孤零零地立在那里,树身上仿佛还有字,他忙命士兵点起火把来照,但"庞涓死于此树之下"八个大字还未读完,齐军已万箭齐发,杀声震天。庞涓自知智穷兵败,绝难逃命,就在这棵大树下拔剑自刎。临死时,他还忿忿地说:"悔不早杀了孙膑,如今我一死,反倒使这小子出了名!"主将一死,魏国的轻骑失去指挥,更是乱上加乱。孙膑命部下乘胜追击,俘虏了在后面慢慢赶路的魏太子申及其余魏军。

马陵大捷后,孙膑自知声高易招灾,便急流勇退,自请免去军职,回乡过隐居生活。他晚年所著的《孙膑兵法》至今仍在军事史册中闪烁着智慧的光芒。(《史记》 戴云云)

53. 运鼎

秦国大军云集东周京都洛邑城下,要求周王交出权力的象征——九鼎。周王十分紧张:不交吧,大祸就要临头;交吧,周朝八百年政权岂非等于覆灭?周王为此愁眉不展,寝食难安。大臣颜率见状,挺身而出:"您不必担忧,臣愿往东面的齐国走一趟,以搬来救兵。"

颜率到齐国后,见了齐王,说:"秦国真是欲壑难填,公然发兵向周朝要九鼎。周朝君臣认为,与其将九鼎拱手让给暴秦,不如赠予贵国。众所周知,救人于危难之中,必定会有日月高悬般的声誉;得到贵重无比的九鼎,更是千载难逢的机会。对贵国而言,这岂不是一举两得?请大王速速决断,不要坐失良机!"

齐王大喜,立即派兵五万,浩浩荡荡地出发了。秦军看到齐国重兵杀奔而来,被迫撤了洛邑之围。

周王刚刚喘了一口气,齐国使者就来催要九鼎了。周王又忧心忡忡,无计可施。颜率说:"您尽管放心,臣愿再去齐国一趟,以绝齐国非分之想。"

颜率见到齐王后说:"周朝有赖贵国相救,使君臣、父子、社稷安然无恙。为

此,情愿奉献九鼎。只是,从洛邑到贵国千里迢迢,又有别国阻隔,不知如何才能将九鼎送到?"

齐王拍着脑袋想了想,说:"嗯,可以向魏国借路通行。"

颜率道:"使不得,听说魏国对九鼎觊觎已久,如运经魏国,怕是凶多吉少。"

齐王忽然一拍大腿,叫道:"对了,楚王与寡人关系不错,就向楚国借道吧。"

"更不行。当年楚庄王就曾经问鼎中原,如今楚国更是野心勃勃,九鼎要经楚国,有如羊入虎口,还能让它吐出来不成?"

齐王顿时傻了眼:"那么,寡人怎样才能得到九鼎呢?"

颜率道:"是啊,我也正为大王担心呢!鼎不同于可以手提肩挑的坛坛罐罐,更不像在蓝天中飞翔的鸿雁和在广野上奔跑的骏马那样说到齐国就到齐国。鼎是名器,既珍贵又沉重。当年武王克殷,得到九鼎,为了将其运回周都,一只鼎用了九万人,九只鼎用了八十一万人,此外还用了大量的工具器械,费尽力气才到达目的地。而今大王即使可以动员那么多的百姓,又如何通过千里路途上的山高水深、坎坷险阻呢?所以臣也为大王着急啊!"

齐王苦笑道:"你一次次地来到齐国,是不想让寡人得到九鼎吧。"

颜率说:"不,臣不敢欺骗大王。大王一旦确定路途,周王哪怕竭尽民力,也要把鼎运到。"

齐王心里盘算着,与其让九鼎落入别国,还不如让它们留在周,于是放弃了问鼎之心。(《战国策》 程维荣)

54. 丑女见齐王

齐宣王在宫中筑了一座富丽堂皇的渐台,每天与嫔妃宫女在台上饮酒作乐,好不快活。

这一天,忽然有人进来报告,说是宫门外有位女子求见,希望嫁给大王,当大王的后妃。齐宣王一听,便嬉笑着问道:"一定是位天下少有的美人儿吧?"报告的人说道:"不,是天下少有的丑八怪。"齐宣王停下酒杯,吐着浓烈酒气,道:"快说,快说,究竟如何丑法怪法,寡人倒要听听。"于是报告的人赶忙回答:"那个丑八怪叫无盐,四十来岁,穿着粗麻布的衣服,头大得像石臼,眼睛凹陷,伸出来的手指又粗又长,骨节像算盘珠,朝天鼻孔露着两个黑洞,脖子又粗又肥,突兀着一个男人般的喉结,说起话来一上一下的,头发稀稀拉拉的,鸡胸驼背,皮肤像乌鱼一样漆黑。"报告的人还没有介绍完,台上的嫔妃宫女早已笑得弯着腰喊吃不消了。一个妃子说:"大王,你为什么不赏赐她一面铜镜呢?让她知道知道自己的

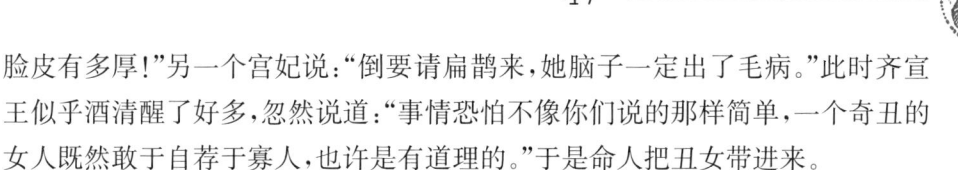

脸皮有多厚！"另一个宫妃说："倒要请扁鹊来,她脑子一定出了毛病。"此时齐宣王似乎酒清醒了好多,忽然说道："事情恐怕不像你们说的那样简单,一个奇丑的女人既然敢于自荐于寡人,也许是有道理的。"于是命人把丑女带进来。

一会儿,无盐便来到了渐台。果然,她真如报告的人所说的那样丑。齐宣王问道："我这里嫔妃齐备,美女如云,连普通的百姓家都不肯娶的你,反倒要来嫁给拥有兵车万辆的大国国君,这是什么道理呢？难道你有特别的才能吗？"无盐回答道："没有,我只是仰慕大王实行仁义的美德罢了。""那你有什么爱好吗？"无盐回答道："我只是曾经爱好过隐语。""那也好,我正想听听隐语呢,你说说看吧。"齐宣王刚说完,无盐一开口,话就变得隐晦起来,事理难明。齐宣王赶紧找来《隐书》读,还是不能理解,于是把无盐暂留宫里,自己想了一夜,还是想不出来。

第二天,齐宣王又把无盐叫来,她不再回答隐语的事情,只是抬着头,望着屋顶,拍着膝盖,连说了四遍："危险呀！危险呀！"齐宣王一听,请她说说危险在哪里。于是无盐说道："大王统治齐国,西有暴秦为患,南有强楚结仇,国内奸臣集聚,而大王却还整天和女人们混在一起作乐享受,四十岁了,还未立成年的太子,没有忠贞的人可依靠,万一大王去世,国家将动乱不安,这是第一个危险。大王筑了五层高的渐台,黄金白玉般辉煌,用美玉、翡翠、珍珠作窗户,华丽如天上宫阙,而老百姓却穷困潦倒,这是第二个危险。现在能人贤士隐居山林,拍马奉承之人却居大王左右,奸邪伪诈之徒得势在朝,劝谏之人不能入宫,这是第三个危险。大王沉溺酒宴歌舞之中,嬉戏游乐,外不接待诸侯,内不理朝政,这是第四个危险。"

无盐说一个危险,齐宣王变一次脸色,等无盐把四个危险说完,齐宣王已经脸色煞白,手脚冰冷了。他于是长叹一声："要不是听您今天一席话,齐国就要断送在我的手里了。"他马上下令拆除渐台,撤去女乐,改革朝政,整理兵甲,册立太子,并立无盐为王后。不几年,齐国就成了一个安定强盛的国家。(《列女传》陶湘生)

55. 笑断帽带

齐威王八年,楚国派遣大军攻打齐国。齐威王焦急万分,赶紧召集大臣商议对策。大家讨论下来,决定命淳于髡(kūn)出使赵国,请求赵国出兵救援。同时赏给淳于髡黄金百镒、马车十辆,作为他旅途上的费用。

淳于髡听后,仰脸大笑,把系帽子的带子都笑断了。齐威王问："先生笑什

么？难道是嫌我给你的路资太少吗？"淳于髡说："臣怎么敢嫌少呢？"齐威王说："既然不嫌少，那你刚才为什么笑呢？"淳于髡说："我想起了一件事，故而发笑。今天我从东面来的时候，看到路旁有一个人在向田神祈祷丰收。这个人一手拿一只猪蹄，一手捧一杯酒，祝祷说：'求田神保佑我年年丰收，使我狭小的高地收获满筐，平坦的低田收获满车；使五谷繁茂早熟，米粮堆积满仓。'臣见他拿的祭品这么少，而祈求的东西竟这么多，未免太贪心，所以笑他。"齐威王是个聪明人，一听就明白淳于髡是在借农夫笑自己，于是就把赏赐增加到黄金千镒、白璧十双、车马百乘。

淳于髡辞别齐威王来到赵国，在他的游说下，赵王同意借给淳于髡十万精兵和一千辆裹有皮革的战车。楚王听到齐赵联合的消息后，知道自己不是他们的对手，连夜撤兵回去了。（《史记》 戴云云）

56. 巧使激将法

苏秦和张仪是战国时代最有名的两个政客，他俩曾一起跟随鬼谷先生学习术业。后来苏秦悬梁刺股，发奋学习兵法，研究各诸侯国的政治状况，终于凭着合纵抗秦的策略，说服了赵国的赵肃侯，被封为相国，并受赵王资助准备去邀约各诸侯联合抗秦。一时间，苏秦春风得意，名扬天下。

而这时的张仪因为四处游说不成，正处于穷困潦倒、走投无路的境地。一天，一个熟人对张仪说："先生以前和苏秦是同窗好友，现在苏秦已有了地位，先生为什么不去投奔他呢？"

于是张仪借了盘缠，赶到赵国求见苏秦。苏秦一连几天不接见他，却又告诫手下人要留住张仪不让他离开赵国。后来，苏秦总算接见了张仪，但态度很傲慢，一副爱理不理的样子。他让张仪坐在堂下，把奴仆的饭食赐给张仪，并且又责备张仪说："凭你的才干，官应该做得比我还大，谁料到你竟然沦落到这地步。你要我把你引荐给赵王，这并不是什么难事，可是我担心你成就不了大事，反使我在赵王面前难以交代。"张仪原指望苏秦看在老同学面上，可以拉自己一把，没想到反遭受这种羞辱，心中又气又恨，愤然告辞而去。张仪盘算一下，诸侯国中唯有秦国能与赵国抗衡，便赶往秦国。

在秦国咸阳的客舍里，张仪结识了一个朋友。这个人慷慨大方，把自己的车马无偿地借给张仪，并给了张仪许多金钱。不仅如此，他还替张仪在朝廷里疏通关节。这时候，秦惠王正在羡慕赵肃侯有了一个策士苏秦，听到有人推荐张仪，立即召见，交谈下来，觉得张仪才学不浅，就拜张仪为客卿，与他共商国家大事。

张仪从里巷平民一跃成为朝廷客卿,全靠这位朋友帮的忙,所以他来到客舍,想好好报答朋友的恩情,谁知这位朋友却向他辞别了。张仪挽留他说:"在我困难的时候,没有人肯帮我一把,连我的老同学都要羞辱我。只有你,不嫌我卑贱,几次三番地帮助我,倘若没有你,我不会有今天。现在我总算熬出头了,我想和你共享荣华富贵,而你却要离我而去,这是为什么呢?"谁知这位朋友听后,哈哈大笑,说:"张先生,你搞错了,帮助你的人不是我,而是苏秦苏相国啊。"

张仪一听,真是丈二和尚摸不着头脑,忙问:"此话怎讲?"原来苏秦打算以赵国为主,联络其他五国订立合纵盟约,共同抵抗秦国,但担心在合纵盟约签订之前,秦国就攻打赵国,使计划泡汤,所以用激将法把张仪激到秦国,同时委派手下门客去接近张仪,设法把张仪引荐给秦惠王。苏秦要张仪一旦执掌秦国大权后,尽量阻止秦国攻打赵国。这位朋友道明真相后说:"现在我的任务已经完成,所以要回赵国复命去了。"张仪感慨万分地说:"哎呀,这些计谋,我和苏秦在鬼谷老师那里都学过的,现在苏秦用来对付我,我竟然没有发现。我不如苏秦,这是明摆着的。请你回去替我向苏相国道谢,就说只要苏相国在赵国任职一天,我就一定设法不让秦王攻打赵国。事实上,赵国有苏相国在,我张仪又怎么有能力和他作对呢?"

后来,张仪果真信守诺言,在苏秦生前,他一直没有劝说秦王攻打赵国。
(《史记》 戴云云)

57. 巧斥诬陷

陈轸是战国时期的游说之士,有几年与张仪一起在秦惠王那里做事。他们两人同样受到器重,地位同样显赫。张仪心存忌恨,想方设法要把陈轸排挤掉。

有一次,张仪利用见惠王的机会说:"陈轸是大王的臣下,很有才干,可惜……"他故意做出吞吞吐吐、欲言又止的样子。

"可惜什么?"惠王问。

张仪咳嗽一下,把身子凑近了秦王,说:"恕臣直言,陈轸身为秦臣,却常常利用受大王派遣出使楚国的机会,把我们秦国的消息透露给楚国,因而得到楚王的欢心。如今楚王对秦国心存芥蒂,却对陈轸情有独钟,这正是陈轸拼命为自己谋划而看轻国家利益的缘故啊。而且,我听说陈轸有意背离秦国,投奔楚国。对这种翻云覆雨、朝秦暮楚的宵小,我实在无法共事,乞请大王立刻把他驱逐了,或者干脆将他杀了。"

惠王没有当即表态。第二天,他把陈轸召进宫来,问道:"寡人听说先生打算

离开秦国前往楚国,有这么回事吗?有的话,寡人愿意为先生准备车马。"陈轸一听,就明白一定是张仪在惠王面前说了自己的坏话。他微微一笑:"臣不敢隐瞒,确有其事。""唉!"惠王脸上,沮丧之中夹杂着几分疑惑,"寡人向来待先生不薄,听张仪说您要去楚国,寡人还不相信。如今看来,张仪的话果然不虚!"

陈轸道:"岂止张仪,其他不少人也猜到了我的心思。"见惠王的脸色愈加难看,陈轸道:"从前楚国有个丈夫娶了两个妻子,别人引诱其年长的妻子,她怒骂起来;引诱其年轻的妻子,她却顺从了。不久,丈夫死了,有客人问引诱者:'你打算娶年长的那位还是年轻的那位呢?''娶年长的。'客人不理解了:'年长的骂你,年轻的顺从你,为什么你反而要娶年长的呢?'那人答:'当初从我的立场上说,当然希望别人能顺从我,如今我自己做了丈夫,则一定要妻子把勾引者骂得狗血喷头了!'"

见惠王听得入了迷,陈轸又说:"谁都明白,不出街巷就能卖掉的奴婢,必定是良仆;不出乡里就能嫁出的女子,必定是孝女。道理很简单,只有善待自己的主人,才能得到别人的赏识。如今我向楚国泄露消息,楚王难道真的会信任我吗?反过来说,只有我忠于大王,楚王才会从心底里相信我,正像那个勾引者要娶年长的妻子一样。可是如今,我虽然忠于秦国,却横遭诬陷,我不去楚国还能去哪儿呢?"

惠王恍然大悟,从此对陈轸言听计从,更加信任。张仪碰了一鼻子灰,只好有所收敛了。(《战国策》《史记》 程维荣)

58. 秦宫献策

秦昭王刚即位时,大权操纵在他母亲宣太后和母舅穰(ráng)侯魏冉手中。穰侯为了扩大自己的封地,想越过韩、魏两国去攻打齐国。这时,魏国策士范雎来到了咸阳,他上书给秦昭王说:"臣听说贤明的君主治理政事,给功劳大的人优厚的俸禄,封给战功多的人显贵的爵位。这样,无才能的人就不能窃居高位,有才能的人也不会隐匿起来。希望大王能赐给我一个进言的机会,如果我说的话毫无用处,就请把我处死。"

秦昭王看了范雎的信,觉得言之有理,就派人用车把范雎接来。范雎一进宫,就大摇大摆地直往前走。这时恰逢昭王从内宫出来,太监很生气地把范雎赶开,说:"大王来了。"范雎故意提高声音说:"我只知道秦国有太后和穰侯,不知道有什么大王。"这句话触动了昭王的心事,所以他立即把范雎迎进宫里,屏退左右,很恭敬地问:"先生有什么要指教寡人的?"范雎支支吾吾地不回答,直到秦昭王第三次问时,范雎才说:"微臣只是一个客居异地、地位卑贱的人,我与大王的交情十分疏远,而我想要进谏的事却关系到大王骨肉之间的纷争,我愿意竭尽全力为大王效劳,可我不清楚大王心里是怎么想的。我并非是害怕而不敢说,如果我今天在大王面前直言,明天就被处死,我也不会逃避。我只是担忧我死了之后,让天下人看到我因为尽忠而死,从此都闭口不言,裹步不前,再没有人肯为秦国出谋划策。到时,大王上有太后的威严,下有奸臣的蛊惑,长久下去,重则国家灭亡,轻则君位不保。"

秦昭王一听范雎的话句句击中要害,就说:"先生为什么说出这种话呢?不管什么事情,上涉太后也好,下及大臣也罢,先生都可以开导寡人,不要有什么顾虑。"

范雎起身下拜,说:"秦国四境有巩固的边塞,还有甲士百万,战车千乘,地势进则能攻,退则能守,百姓虽畏惧私斗,却能奋勇公战。这几项有利条件,大王都兼而有之。但是十五年来,秦国未能东进一步,这完全是穰侯对秦国不尽忠的结果。当然,大王本身也有失策的地方。"秦王拜谢范雎说:"希望先生明示,寡人愿聆听教诲。"范雎注意到秦王的态度的确是诚恳的,就进言说:"穰侯要越过韩、魏两国去攻打齐国,这不是明智的策略。就像当初齐湣王向南攻打楚国,打了胜仗,开拓了千里土地,但结果齐国却没有得到一尺一寸的土地。这不是齐国不想得地,而是地势上不能让他们得地。微臣认为大王应该结交距离远的国家,进攻距离近的国家。这样,占领一寸土地就立即成为秦国的土地,占领一尺土地,也立即是秦国的土地。现在韩、魏两国位于中原的中心地带,大王若想称霸天下,必须首先征服韩、魏,然后凭这一点来威胁楚、赵。楚国强盛就亲近赵国,赵国强盛就亲近楚国。一旦楚、赵两国都依附秦国了,齐国必定害怕,就会呈上谦卑的国书,奉上贵重的礼品。齐国依附秦国了,那么韩、魏两国还怕不能攻取吗?"

秦王听后大喜,说:"先生说的极是。"于是就封范雎为客卿,和他共同商议国家大事。几年后,昭王撤了穰侯的职务,任命范雎为丞相,并将应城封给范雎,所以人称范雎为应侯。(《史记》 戴云云)

59. 计破合纵

范雎来到秦国,替秦昭王出谋划策,极受信任,被封为应侯。

当时天下的许多谋士看到秦国日益强大,纷纷跑到赵国,商议关东六国合纵抗秦。应侯知道后,笑着对昭王说:"大王不必担忧,只要大王一点头,臣就能设法让他们的合纵联盟土崩瓦解。这是因为秦国并没有得罪天下谋士,他们鸠聚

到赵国谋划抗秦,只不过为了博取功名富贵而已。大王注意到王宫里豢养的那些狗了吗?它们有的躺,有的站,有的行,有的止,互不打扰,平安无事。可是只要扔过去一根骨头,那些狗就会狺狺狂吠,奔过去争夺撕咬起来,这还不是为了争夺利益而已吗?我们秦国也不妨用这个办法,让那些谋士们反目为仇、互相吵闹吧!"

于是秦国派唐雎以富商的身份前往赵国。他带着浩浩荡荡的车队,上载一支乐队和五千两黄金。唐雎到邯郸后,只要碰到那些谋士,必定请其喝酒,还有乐队演奏丝竹笙箫助兴。酒酣耳热之际,唐雎就取出黄金送礼。日子一长,谋士们都知道了,争先恐后地与唐雎结交。唐雎来者不拒,无不送上金子,有的送三十两,有的送五十两。谋士们像见了血的苍蝇一样紧叮不舍,并且互相比较所得金子的多少,开始争吵、咒骂起来。结果,唐雎还没有送出三千两黄金,谋士们互相就已经闹翻了天,谁也顾不上替六国谋划,合纵之策也就破产了。(《战国策》程维荣)

60. 以善褒善

田单率领齐国军民坚守孤城,大破燕军,收复了失地。当时田单功名显赫,威震天下,别人都猜想田单会利用这样的机会自立为王,田单却请出躲藏在深山里的湣王太子,尊奉为王,就是齐襄王,自己担任相国。

田单十分关心百姓的疾苦,经常有一些善行。有一年冬天,他外出巡视,过菑水时,看见一位老人卷着裤腿,正在艰难地跋涉过河。因为天气寒冷,河水像刀割一般,老人上岸后腿已经冻僵了,无法走路,只好浑身哆嗦着坐在沙滩上。田单连忙叫随从在后面的车上找找看有没有多余的衣服,却没有找到,田单就脱下自己的裘衣,披在老人身上。

襄王本来就猜忌田单,现在又听说这件事,更觉得芒刺在背。他恨恨地对左右说:"田单这般笼络人心,一定是别有所图,想将寡人取而代之。如果寡人再不设法把他干掉,恐怕后患无穷!"见左右没什么人帮腔,襄王更是气不打一处来:"你们都是聋了还是哑了?"他随便指着一个叫贯珠的官员大声问:"你听到寡人刚才说什么了吗?"

"听到了。"贯珠答。

"那你以为如何?快说!"

"依臣之见,大王不如以自己的善心褒扬田单的善行。"见襄王疑惑不解,贯珠继续说,"大王可以通告全国说:'寡人忧虑百姓饥饿,田单就收留他们,供给饭食；寡人忧虑百姓受冻，田单就脱下自己的裘皮给他们御寒；寡人担心百姓赋役劳苦，田单想的也和寡人完全一样。'这就是说，田单有善行，大王就给予表扬，田单的善行岂不就成了大王的善心？"

襄王听了，不觉眉开眼笑："真是个好主意！"

过了几天上朝时，襄王在殿堂上亲自向田单作揖，用好言慰勉，并赏赐以美酒。随后又按貫珠说的那样通告全国各地，褒扬田单，并下令官府都要收留百姓饥寒劳苦者，供给衣食。

一些日子后，襄王派人到街巷去打探，只听得百姓们都在说："田单爱护我们，恩德不浅。不过，那可是大王教诲的结果啊！"（《战国策》 程维荣）

61. 将计就计

甘茂被任命为相国后，废寝忘食，忙于国事，进宫面见秦王的时间反而少了。有个叫公孙衍的逐渐取得了秦王的信任，他趁机挑拨离间，大说甘茂的坏话。秦王一怒之下，对公孙衍说："甘茂真是岂有此理，总有一天，寡人要废了甘茂，让你做相国！"

这话传到甘茂一个手下人的耳朵里，他报告了甘茂。甘茂沉思良久，他既为公孙衍的卑劣行径而愤慨，又对秦王的昏庸感到焦急。他决定将计就计进行反击，于是跑进宫去，对秦王说："臣祝贺大王得到了贤相！"秦王一听，心中惊异，却故意装聋作哑："寡人将国家托付给了您，哪里还谈得上别的什么贤相？"

甘茂单刀直入，道："听说大王准备用公孙衍为相，所以臣向大王祝贺！"

秦王有些窘迫，连忙问："你从哪里听到此事？"

"从公孙衍那里。"

秦王震怒了，他认为公孙衍现在可以把自己的意思泄露出去，将来说不定也可以把更重要的宫中机密捅出去，这样就太危险了。秦王当即没说什么，第二天，就下令把公孙衍赶走了。（《战国策》 程维荣）

62. 劝阻奔燕

赵惠文王在位期间，得到了珍贵无比的和氏玉璧。秦王听说后，派人给赵王送来信，声称愿意以十五座城池换取和氏璧，请赵王派使者去秦国交割。赵王与大臣们商量，觉得这事不好办：答应秦国的要求吧，怕秦国搞欺诈，十五座城池得不到，白白丢了国家的瑰宝；不答应秦国吧，谁都知道秦王贪婪而凶狠，一旦发

起怒来,派兵攻赵,可不是闹着玩的。商量来商量去,还是想不出一个合适的办法。赵王说:"那就派一个人带着玉璧到秦国去探探虚实再决定吧。"可是派谁去好呢?众臣面面相觑,谁也不敢承担这份差使。

这时,有个叫缪贤的官员开口了:"臣家里有个管事的舍人蔺相如可以担此重任。"

"蔺相如?"赵王看了看缪贤,将信将疑地问,"你怎么知道他行?"

"启禀大王,"缪贤说,"有一次,臣犯了罪,大王非常震怒,臣惶恐不安,偷偷准备逃往燕国。正当臣卷起细软、套上马车时,蔺相如匆匆忙忙跑来问:'您为什么要逃往燕国呢?'臣回答:'我曾经跟随大王在边境上见过燕王,燕王私下里握着我的手,说"让我们交个朋友吧",所以我知道燕王对我不错,我要去投奔他。'蔺相如劝阻道:'赵国强而燕国弱,您受到大王的宠幸,所以燕王要与您结交。如果您背叛赵国逃到燕国,燕王害怕赵国的实力,必然不敢收留您,反而会把您捆绑起来送回赵国,以免惹祸。依在下之见,您不如诚恳地向大王谢罪,大王一定会宽恕您。'臣经过反复考虑,认为蔺相如的话有道理,就袒露上身、背着斧子向大王请罪,大王果然宽宏大量,赦免了臣。如果当时臣不听蔺相如的劝告,执意逃往燕国,臣还能像现在一样与大王说话吗?从这件事中,臣看出蔺相如深谋远虑,非同寻常,所以推荐他充当使者,前往秦国。"

听了缪贤的介绍,赵王和群臣都认为可以一试,就把蔺相如叫来,委以此任,蔺相如慨然应允。他带着玉璧进入秦国,凭着自己的智慧和胆略,挫败秦王的诡计,最后完璧归赵,秦国也不敢贸然兴兵。蔺相如因功被封为上大夫,名震诸侯。
(《史记》 程维荣)

63. 完璧归赵

赵王任命蔺相如为大夫,带着和氏璧出使秦国。

蔺相如在朝廷上恭恭敬敬地把璧献给了秦王。秦王很得意,命人把璧传递给左右的美人及大臣观赏,却把蔺相如冷落在一旁。蔺相如看出秦王根本没有换城的诚意,就急中生智地说:"这块璧虽好,但仍有瑕疵,请让我指给大王看。"当他拿到璧后,立即退后几步,靠着柱子,怒发冲冠地说:"大王在国书上写得清清楚楚,说是愿意拿十五座城来换这块璧。现在看来,大王并没有交换的诚意。臣以为,平民往来,尚且互不相欺,何况是两国之间的使节交往呢?如今璧已在我手中,大王要是逼急了,我便把头和璧一起碰碎在这柱子下。"说罢,高举和氏璧,两眼直直地盯住秦王。

秦王怕蔺相如真的撞碎了和氏璧，连忙好言劝慰，并命大臣取来地图，用手在地图上指指点点，说指到的这些城市都是准备换给赵国的。蔺相如心中明白，这一招只是秦王故作姿态骗骗自己而已，便使出一条缓兵之计。他说："和氏璧是名闻天下的瑰宝，赵王送我启程时，斋戒五日以示诚意，现在大王也应斋戒五日，并且准备隆重的仪式，我才能正式把璧献上。"秦王心想蔺相如反正跑不掉，就答应了。

蔺相如回到客舍，细细琢磨秦王刚才的所作所为，总感到秦王没有换城的诚意，于是就果断地命人乔装打扮，怀揣和氏璧，抄近路逃回赵国去。

秦王斋戒五天后，果真在朝廷中准备了隆重的仪式，打算受璧。这天，蔺相如从容坦然地步入殿堂，行完大礼后，不慌不忙地说："秦自缪公到大王，已经有二十多位君主了，可惜没有一个是守信义的。臣恐受骗而辜负赵王的重托，所以已派人把和氏璧带回赵国去了。大王真要那块璧的话，只要拿出十五座城池来换，那赵国决不敢不把璧交出来的。我自知欺骗了大王，难逃死罪，所以就请大王用刑吧。"这番话把秦王和大臣们惊得张口结舌，面面相觑，过了好一会儿，才有大臣命人将相如绑了。

但秦王却阻止了卫士抓相如，他强压怒火，装出笑容对周围的大臣说："和氏璧只不过是一块玉罢了，犯不着为了它而伤害秦、赵两国的和气。"几天后，秦王就把蔺相如放回了赵国。

此后，秦王没有割十五座城池给赵国，赵国自然也就不把和氏璧送来了。
（《史记》　戴云云）

64. 渑池会

秦昭王没有夺得和氏璧，当然不甘心。以后他多次发动战争，攻打赵国，可是结果都不理想。因为当时赵惠文王手下的文臣有平原君、蔺相如，武将有廉颇、李牧，并不是好欺侮的。于是秦昭王想不如暂时和赵讲和，倒可以腾出力量去攻打别的国家。公元前279年，秦昭王派出使者赴赵，邀请赵王到西河外渑（miǎn）池会面，以便两国修好。

当年楚怀王赴秦昭王的武关之会，有去无还，客死他乡。赵惠文王怕重蹈覆辙，想推辞不去。而大将廉颇和蔺相如却认为如果不去，反倒显得赵国国势薄弱，国君胆怯。权衡再三，赵王只好同意赴会，而命蔺相如随行。

大将廉颇护送赵王到边境。临分手时，廉颇和赵王约定若一月之后，赵王还不回来，就立太子为王，以断绝秦国扣留赵王进行要挟的念头。为防不测，赵王

又派大将李牧率五千人马、相国平原君带兵数万驻守在秦赵边境。

到了会面的这一天,秦王在渑池设宴款待赵王。酒过三巡,秦王借着醉意对赵王说:"寡人听说赵王奏得一手好瑟,请弹奏一曲,让寡人饱个耳福,也算给大家助个兴吧。"赵王很恼火,又不便发作,只得勉强弹一曲。谁知秦国的史官马上走出来,在史册上写道:"某年某月某日,秦王和赵王在渑池会面,秦王命令赵王奏瑟。"就在这时,只见蔺相如捧了一个瓦盆,突然跪倒在秦王面前说:"赵王听说大王擅长秦国的音乐,请大王敲击瓦盆,以示同乐。"秦王气得脸都变色了,掉过头去不予理睬。蔺相如再上前一步,大义凛然地说:"大王未免太欺侮赵国了。我现在离大王只有五步之远,如果大王不肯击盆的话,我将把自己的血溅到大王身上。"秦王的侍卫想举刀杀相如,但相如双目怒睁,吆喝一声,吓得他们连连后退。秦王更是吓得胆战心惊,只得胡乱地在瓦盆上敲一下。相如随即召来赵国的史官,要他写下:"某年某月某日,秦王为赵王敲瓦盆。"

秦国的大臣见蔺相如竟敢和秦王对抗,很不甘心,就对赵王说:"请赵王割让十五座城市为秦王祝福。"蔺相如马上针锋相对地说:"请秦王把国都咸阳让出来献给赵王。"

双方剑拔弩张,形势十分紧张。秦王早已得知赵国派重兵驻守在边界上,所以不敢轻举妄动。他喝住秦国大臣,说:"今天是两国国君欢聚的日子,诸位不必多言。"

蔺相如凭借自己的机智和勇敢,再一次挫败了秦王的嚣张气焰,维护了赵国的尊严。(《史记》 戴云云)

65. 将相和

通过"完璧归赵"和"渑池会"这两件事,赵惠文王认识到蔺相如确实是一个不可多得的人才。从渑池回国后,赵王立即封蔺相如为上卿,地位在大将军廉颇之上。对此,廉颇很不服气,他公开扬言说:"我是赵国的大将,曾为国家驰骋疆场,出生入死,立过汗马功劳,而蔺相如只不过是动动口舌而已。现在他的地位居然比我还高。他出身微贱,我怎能屈居在这种人之下?以后一旦让我碰到他,我一定要当面羞辱他。"

这番话不久就传到了蔺相如耳中。为了避免和廉颇发生冲突,他常常推托有病,不去上朝。一天,蔺相如乘车出门,老远就望见廉颇从对面过来,他马上吩咐车夫调转马头,躲进小巷回避。这种情形接连发生了几次,蔺相如的门客都觉得主人太怯弱,连他们的面子都给丢尽了,于是就一同来见蔺相如说:"我们告别

妻儿老小,不远千里赶来侍奉先生,原是因为仰慕先生的高尚道义。现在先生与廉颇同朝为官,他口出恶言羞辱先生,先生不仅不回击,反倒处处躲着他,未免太胆小怕事了。这种事普通人若遇到都会觉得羞耻,何况是先生您呢?我们没有这等涵养,请允许我们告辞回家吧!"蔺相如诚恳地挽留他们,说:"诸位认为廉将军和秦王相比,哪个厉害些呢?"众门客异口同声地说:"当然是秦王啰!"蔺相如接着说:"以秦王那样的威势,我尚且敢在大庭广众面前呵责他,羞辱他的群臣,难道我还会惧怕廉将军吗?我只是考虑到,强秦之所以不敢对赵发动战争,就是因为赵国有我和廉将军在朝为官。倘若我和廉将军为个人之事闹意气,那就如两虎相斗,必定两败俱伤。不管谁胜谁败,对赵国都没有好处。我所以处处躲着廉将军,无非是把国家的急难放在前头,把个人的恩怨搁在后面罢了。"

蔺相如这番大义凛然的话,不久也传到了廉颇那里。廉颇羞愧得无地自容。他解去上衣,背着荆条,在门客的陪同下,到相如府去赔礼道歉。蔺相如刚出门迎接,廉颇就双膝跪下,悔恨莫及地说:"我是个浅薄无知的小人,多次得罪先生,而先生却对我如此宽宏大量。我今天特来请罪,任凭先生责罚。"蔺相如十分感动,忙用双手将廉颇扶起。从此以后,两人和好,成了莫逆之交。

赵国将相和睦的消息传到秦国,秦国再也不敢轻易地侵犯赵国了,赵国因此有了十多年较为太平的日子。(《史记》 戴云云)

66. 弹剑试主

齐国有个叫冯谖(xuān)的读书人,听说孟尝君能礼遇门客,就去投奔他。

见了面,孟尝君问冯谖有什么爱好,冯谖回答说没什么爱好。孟尝君又问他有什么技能,冯谖回答说没什么技能。孟尝君家有门客两三千人,素以礼贤下士而闻名,但他的门客,即使是鸡鸣狗盗之徒,一般也都具有自己的专长。所以初次见面后,冯谖没能引起孟尝君的重视,孟尝君吩咐手下人把冯谖草草安置在传舍里。

有一段时间,孟尝君把门客分成上中下三等,上等住在代舍,住代舍的人每顿饭可以食肉;中等居住在幸舍,住幸舍的人每顿饭可以食鱼;下等居住在传舍,住传舍的人每顿饭只有菜吃。

孟尝君的手下人见主人轻视冯谖,就处处怠慢冯谖,把粗劣的饭食给他吃。过了几天,只见冯谖倚着房柱,用手弹着他所佩带的长剑,唱道:"长剑啊长剑,咱们回去吧,这里没有鱼吃!"那些手下人觉得奇怪,便去报告孟尝君。孟尝君听完后,吩咐手下人把冯谖移到幸舍去,这样,冯谖每顿饭都有鱼吃了。

过了几天，冯谖又弹剑唱歌了，他唱道："长剑啊长剑，咱们回去吧，这里出门没有车子坐！"那些手下人听了觉得好笑，又去报告孟尝君。孟尝君听完后，就吩咐手下人把冯谖移到代舍去。这样，冯谖不仅每顿饭都有肉吃，而且进出还有车坐。冯谖得意扬扬地坐在马车里，高举着他的长剑，到处去拜访他的故友，告诉他们："孟尝君把我当作贵宾看待。"

可是仅仅过了五天，冯谖又弹着剑，唱道："长剑啊长剑，咱们回去吧，在这里无法养家糊口。"那些手下人都厌恶他，认为冯谖实在太得寸进尺，主人已经多次提高他的生活待遇，可他还是不满足。孟尝君听说此事后，便把冯谖召来，问他："冯先生有高堂在世吗？"冯谖说："我家里还有个老母亲。"从此孟尝君便派人给他母亲送去各种生活必需品，而且一直没有间断过。（《战国策》《史记》 戴云云）

67. 焚券市义

有一天，孟尝君拿出记事的账簿，问他的门客："谁熟悉会计业务，能帮我到我的封地薛去收取债务吗？"冯谖知道这件事后，签上自己的名字，并说："我能。"孟尝君看到签名，觉得名字很陌生，想不起是怎么样一个人，就问左右："这个人是谁？"左右答："这个人就是唱'长剑啊，长剑！咱们回去吧'的那个人。"孟尝君恍然大悟，立即召见冯谖，说因为整天忙于国家事务，而怠慢了他，并诚恳地向他道歉。

冯谖带着债券契约，备好马车，整理好行装，准备出发。临行之际，他问孟尝君："收完债，我为您买些什么带回来呢？"孟尝君说："你看我家里缺少什么就买什么吧！"

冯谖来到薛地，让当地官吏把欠债的老百姓召集起来，然后对债券进行核对，全部符合。冯谖对老百姓们说："孟尝君体恤你们，下令免去你们所有的债务。"说完，当着百姓们的面，将所有债券烧毁。百姓无不欢呼雀跃，赞美孟尝君。

冯谖办完这件事，又马不停蹄地赶回齐国。清晨，他去见孟尝君。孟尝君对冯谖此行速度之快感到奇怪，便问："债收完了吗？怎么这么快就回来了？"冯谖答："收完了。"孟尝君又问："你给我买了什么带回来？"冯谖答："您说过'看我家缺少什么就买什么'的话，我想了半天，您家中不乏金银珠宝，厩里养满了牲畜，美女更是如云般多，我想，您家中缺少的是义，所以我就自作主张地将它买了回来。"孟尝君问："怎么买的义呢？"冯谖回答说："今君只有小小的一块薛地，还不能像爱抚自己的子女那样爱抚那里的百姓，反而像商人那样盘剥他们，这怎么行呢？所以我私下里假托您的命令，把百姓的债券全部烧毁了，百姓都高兴地赞美您呢，这就是我为您买的义呀！"（《战国策》 田和平）

68. 狡兔三窟

　　孟尝君带着冯谖回到封邑薛地。一天，冯谖对孟尝君说："狡兔有三窟，才能幸免于死。今公子仅有一窟，还不能高枕而卧，请允许我再为公子营造二窟。"经过薛地买义一事，孟尝君已经对冯谖的办事能力和超群见识深信不疑。冯谖表示要先到魏国去游说活动，孟尝君一口答应，马上给了他车马和路资。

　　到了魏国国都大梁，冯谖拜谒梁惠王，说："孟尝君曾使齐王名扬天下，现在齐王听信谗言，废除了孟尝君。可惜这样一位满怀韬略的相才竟被放逐在外，如果哪一个诸侯国能抢先迎他为相，那么这个国家不仅能国富兵强，而且能通过孟尝君掌握齐国的军政机密，这样，攻取齐国还不是易如反掌吗？"梁惠王闻听此言，正中下怀，就把原来的宰相调任为上将军，空出相位准备封给孟尝君。他派遣使臣率领百乘的车队，携带黄金千斤，浩浩荡荡地前往薛地聘请孟尝君。

　　冯谖抢先一步回到薛地，对孟尝君说："梁王派遣百乘车队、携带千金礼聘公子，这样大的事情，齐王不会不知道。但我希望公子不要去魏国就职，这只是为了造成一种声势罢了。"孟尝君连连点头称是。梁王的使臣接连往返三次，也没能说服孟尝君去魏国为相。

　　孟尝君固辞不往的消息传到京城，齐国君臣为之震动。特别是齐湣王，他一方面被孟尝君不为利禄所诱的坚贞所感动，另一方面也害怕万一孟尝君真的被其他诸侯国聘走后，会对齐国构成威胁，于是他派遣太傅携带千金前往薛地，同时捎去一封信。信中说："寡人近来连遭先祖降下的灾祸，又被小人的谗言所包围，以致得罪公子。寡人无能，本不值得公子辅佐，但是希望公子能看在先王宗庙的分上，暂时回到国都来治理百姓吧。"齐王囿于身份，没有公开道歉认错，但他在信中的态度还是很诚恳的，所以孟尝君同意回京了。

　　这时，冯谖又建议孟尝君请求齐王在薛地建立宗庙，安置先王流传下来的祭器。古代重视宗庙，薛地有了先王的宗庙，今后齐王就不能随便攻伐薛地，即使有他国侵犯，齐王也必须加以保护。这样一来，孟尝君在齐国的地位就更巩固了。

　　当齐王在薛地建立了宗庙以后，冯谖对孟尝君说："我为公子营造的三窟已经完成，公子今后可以高枕无忧了。"

　　这以后，孟尝君在相互倾轧、争权夺利的朝廷里当了几十年的宰相，居然平

安无事,连一丝一毫的灾祸都未遇到,这全应归功于冯谖的多谋善策和深谋远见。(《战国策》 戴云云)

69. 巧破匈奴

赵武灵王既有远见又有胆略,他在国内实施军事改革,胡服骑射,仅仅六年多时间,赵国就攻灭中山,征服林胡、楼烦,在北方边境设立了云中郡、雁门郡和代郡。此后,经过惠文王、孝成王,到武灵王的曾孙悼襄王继位时,赵国已占有了北方河套地区的大片土地。当时,长年驻扎在代郡、雁门郡一带,防御匈奴入侵的守将是李牧。

李牧是战国名将,他擅长于以逸待劳、等待时机、后发制人的战略战术。每天,他指挥士兵练习骑马射箭,要求严格,并且天天宰杀几头牛犒劳部下,但不要求他们杀敌。为此他还订立了一个法规:"当匈奴入侵抢掠时,要赶快集中起来坚守阵地;如有胆敢擅离军营捕掳敌人的,处以斩刑。"他在边境设置了烽火报警系统,增加军探人数,广泛地收集敌人的情报。当时,匈奴频频入侵,每次入侵,完善的烽火报警系马上发出警报,士兵一听到警报,就集合起来坚守阵地,但不与匈奴作战。

这种情况维持了好几年,不仅匈奴认为李牧胆怯懦弱,就连李牧的部下也承认自己的将领缺乏魄力。风声传到朝廷,赵悼襄王很生气,就把李牧召回京城,另派他人接掌守边重任。

这以后的一年多,每次匈奴来犯,赵国将士都积极迎战,但对匈奴的打击不大,自己却损耗了兵力;而且由于频繁交战,边境地区不能按时种植和放牧,影响了当地军民的生活。到这时,赵王方明白李牧以前所用的策略自有他的道理,于是重新启用李牧为雁门郡防守部队的将领。

李牧复出后,法令一如既往。在以后几年中,匈奴虽屡次入侵,仍无所获。他们依然认为李牧只防守不进攻是出于胆怯。而李牧的部下觉得长年悠闲不打仗,每天还受到犒赏,心里很过意不去,都希望有朝一日能与匈奴决一死战,以报答李牧。

实际上,李牧镇守雁门长期不出战,目的是使赵军养精蓄锐,以逸待劳;同时使匈奴长年疲于征战,劳而无功,士气沮丧。终于,李牧认为与匈奴决一死战的时机成熟了。他积极备战,先准备好性能优良的战车一千三百辆,再挑选出骏马一千三百匹,又对平时作战勇敢的五万士兵、十万弓箭手严加训练。待一切安排就绪,他让当地人民漫山遍野地放牧牲畜以引诱敌人。匈奴见此情景,不知是

计,马上赶来劫掠。李牧又让部下假装败逃,故意把数千个老百姓遗弃给匈奴。匈奴单(chán)于听到这个消息,喜出望外,以为大举入侵赵国的时机已到,所以率领大军倾巢来犯。殊不知李牧早已设置了许多变化灵活的战阵,用左右包抄的方式,一举歼灭了十几万匈奴骑兵,匈奴单于仓皇败逃。

这次战役之后的十多年中,匈奴再也不敢来骚扰赵国的边境了。(《史记》戴云云)

70. 老臣说赵太后

赵太后掌握治理赵国的大权后不久,赵国就遭到秦国的猛烈攻击。赵太后在无奈的情况下,只好向齐国求救。齐王说:"只有用赵太后的小儿子长安君做人质,将他送到齐国来,齐国才可以出兵救赵。"赵太后不肯,大臣们都劝谏她,大敌当前,要以国家利益为重。太后不喜欢听这些话,生气地说:"谁再敢来劝我让长安君去做人质,我就吐他一脸唾沫!"

赵国的大臣左师公触詟(zhé)在这种情况下请求见赵太后。太后知道触詟的来意,就怒气冲冲地等着接见他。触詟慢吞吞地走了进来,到赵太后面前说:"老臣的脚有病,实在不能快走,所以很长时间没有拜见您了。我虽然私下里宽恕了自己,但是还是担心太后的贵体有什么不舒服的地方,所以很想来看望您。"太后说:"我只能依靠车子走路了。"触詟问:"您每天的饭量有没有减少啊?"太后说:"每日只能喝一点粥而已。"触詟不慌不忙地说:"我现在也是不想吃东西,食欲很差,但我还是要强迫自己出来走走。每天走三四里地,这样饭量才稍微增加了一些,感觉身体也好多了。"太后听了这一番话,嘴上虽说"这些我可做不到",但是心中的怒气早已消去了不少。

触詟说:"老臣有个儿子名叫舒祺,年纪小,不懂事。我年纪老了,又很疼爱这个孩子,希望能让他到王宫卫队里当个侍卫,让他来保卫王宫。我是冒着死罪把这个愿望说给您听的。"太后说:"好吧,我答应你的要求,你儿子今年多大了?"触詟答道:"今年十五岁。虽然年纪还小,可我还是想在我死前把他托付给您。"太后说:"你们这些男子汉大丈夫也疼爱自己的小儿子吗?"触詟答:"甚至比你们妇人疼爱得还厉害。"太后笑着说:"还是妇人疼爱孩子厉害些。"触詟不紧不慢地说:"依我看,您疼爱您的女儿燕后就胜过疼爱您的儿子长安君。"太后摇摇头说:"你说错了,我疼爱儿子的程度超过了疼爱女儿。"触詟说:"父母疼爱自己的孩子,应该为他们作长远打算。您送女儿去燕国的时候,还摸着她的脚,为她的远嫁,为你们的离别而哭泣。女儿走了以后,您惦记着她,时时悲伤,因为这是一件

伤感的事情。您虽然日夜思念女儿,可您每次祭祀的时候,却为她祈祷,并说:'千万别让她回来呀!'这说明您希望您的女儿燕后在燕国长久地住下去,让她的儿孙在燕国世代为王,对吗?"太后说:"是的。"

左师公触詟又说:"从现在往前推至三代以前,一直到赵氏家族建立了赵国,您看看那些被封了侯的赵家后代,还有保留爵位到现在的吗?"太后答:"没有。"触詟接着说:"不仅仅是赵国,其他国家被封侯的后代,还有保留爵位到现在的吗?"太后答:"老妇没听说过。"触詟继续说:"这就是说,近的,他们自身遭殃;远的呢,他们的子孙后代倒霉。这难道是因为帝王的后代都是品德特别坏的人吗?不是,那是因为他们虽然出身高贵,却没有为国家作出贡献;虽然享受优厚的待遇,却没有为国家立过功劳,反而占有大量的金银财宝。如今您给长安君极高的地位,给了他大片大片肥美的土地和许许多多的金银珠宝,却不让他去为国家建立功勋,一旦您百年之后,长安君没有了依靠,他还靠什么在赵国立脚呢?由此看来,我认为您没有为长安君作长远打算,所以我说您疼爱您的女儿燕后胜过疼爱您的儿子长安君。"太后说:"你说得很对,就照你说的办,让长安君听凭你的指派吧!"

两人谈话结束后,太后命人为长安君备好了一百辆车,送他到齐国去做人质。齐国见到人质后,很快派兵来援助赵国。(《战国策》 田和平)

71. 千金买骨

战国时期,燕昭王急欲罗致人才,以图强兵富国,在激烈的竞争中生存和发展。他向郭隗(wěi)问计。郭隗略微沉吟了一下,便给燕昭王讲了下面一个故事:

古代有一个国君,他愿意出千金购买一匹千里马。可是三年过去了,还是没有买到。国王身边的一个侍从看着国王忧心忡忡、闷闷不乐的样子,便主动对国王说:"请让我到各地去征购千里马吧!也许能让陛下的愿望实现。"国王就让他去了。找了三个多月,还真的打听到一匹千里马的消息。但当他找到这匹千里马时,这匹千里马却已经死了。这个侍从想了一下,便用五百金买了这匹千里马的骨头,带回宫廷向国君汇报。国君还没听这位侍从说完,就恼怒地说:"我是要你买千里马,你怎么买回了一堆烂骨头?"

这位侍从不慌不忙地说:"大王所要买的是千里马,死马尚且值五百金,何况活马呢?天下人知道大王是真心实意愿出高价买马,千里马就会不顾千里迢迢主动送上门来的。"

果然,不到一年,送上门来的千里马就有好几匹。国王自然非常欣喜。

听了这个故事,燕昭王有些明白了,连连点头,说:"是啊!要想得到真正的千里马,就要表现出真心诚意来才行,这也需要广而告之,使有才能的人知道我这求贤若渴的心情。"

郭隗马上说道:"那么就请从我开始吧!"燕昭王听后微微一笑,便马上派人专为郭隗筑了一座宫殿,尊郭隗为国师。

这消息不胫而走,不少贤能之士如邹衍、剧辛等便投奔到燕国。其中最著名的是乐毅。正是他,帮助燕国很快强大起来,并率军打败了齐国,为燕国报了仇、雪了恨。(《战国策》 苏航)

72. 神童出使

甘罗是秦国大将甘茂的孙子。甘茂去世时,他才十二岁,就开始在秦国丞相吕不韦手下当门客。

当时秦王嬴政为了便于对外扩张,派人去燕国破坏燕赵联盟。燕王听信了秦使者蔡泽的游说,同意让太子丹到秦国当人质,又请秦王派一位大臣来燕国当丞相,以此表示燕秦修好的诚意。秦丞相吕不韦派张唐去燕国任职,张唐不肯从命。因为张唐多次奉命攻赵,赵国恨死了他,曾悬赏捉拿他,而去燕国,必定要经过赵国,张唐怕途中被赵国扣留。吕不韦再三劝说仍无效,只得闷闷不乐地回到府中。甘罗见状,忙上前询问丞相有什么心事。吕不韦心中正烦,叱责道:"小孩子家懂什么?走开点!"甘罗回答说:"我既然投在丞相门下,就应该为丞相分忧解愁。丞相不妨略说一二,说不准我倒能替丞相出些主意呢。"吕不韦只好耐着性子把张唐的事说了一遍。甘罗听后,竟笑了起来,说:"这点小事也值得丞相烦心吗?让我去劝张大人启程吧。"吕不韦说:"我亲自去劝他都没用,你小孩子家能行?"甘罗理直气壮地说:"古时候项橐才七岁,就当了孔子的老师。我已经十二岁了,你怎么就知道我不行呢?"于是吕不韦同意甘罗去张唐家试一下。

甘罗到了张唐府,行完参拜礼后,就开门见山地问:"张大人,您看您和武安君白起相比,谁的功劳大?"张唐不假思索地回答:"当然是武安君的功劳大。武安君南败强楚,北胜燕赵,每战必胜,每攻必取,我怎么能跟他相比呢?"甘罗接着问:"那么吕丞相和当年的应侯范雎相比,哪个权力大呢?"张唐说:"当然吕丞相的权力大。"甘罗说:"当年应侯叫武安君去攻打赵国,武安君不肯从命,结果他仅仅离开了咸阳七里路就死在杜邮。你的功劳远远比不上武安君,而吕丞相的权力又远远超过应侯,可你竟敢违背吕丞相的命令,我真不知道你将死在何处了。"

甘罗的一番分析使张唐心甘情愿地动身去燕国。几天后,甘罗请求吕不韦让他先到赵国通报一声。吕不韦禀告了秦王,秦王就任命甘罗为出使赵国的大使。

赵襄王接见了甘罗,问:"小先生不辞辛劳,来我赵国,有何见教?"甘罗不作正面回答,却问:"大王听说过燕太子丹到秦国作人质的事吗?"赵王说:"听说过。""听说过张唐将到燕国当丞相的事吗?""也听说过。"甘罗又问:"燕和秦关系密切的最终目的是什么,大王知道吗?"赵王故作镇静地说:"寡人不知。"于是甘罗一针见血地指出:"秦王拉拢燕王的最终目的是想联合攻打赵国,攻打赵国就是为了夺得河间一带的土地。大王不如干脆把河间的五座城池送给秦王。而我呢,再设法让秦王遣回燕太子丹,同时阻止张唐去燕国为相,以此断绝燕秦之间的交往。这样,赵国以后若攻打燕国,秦国一定不会去救援,而赵国送给秦王的五座城池还怕不能从燕国得到补偿吗?"

于是,甘罗带了赵国五城地图和户口册,胜利地回到秦国。秦王大喜,封他为大夫,又把当初赏给甘茂的田宅赐给了他。(《史记》 戴云云)

73. 请宅求田

秦王嬴政准备攻灭楚国,问战将李信需要多少兵力。那李信年轻气盛,勇猛过人,曾率几千秦兵大破燕军主力,生擒燕太子丹。当下李信听了秦王发问,拍着胸脯道:"臣只需二十万人马就足以踏平楚国、缚送楚王至咸阳了!"秦王又转身询问王翦,王翦曾经攻破赵国,平定魏国,威震天下,但他年已花甲,须发如雪,做事谨慎小心。只见王翦低头盘算一阵,然后才抬起头来,缓缓地回答道:"臣以为,欲攻灭楚国,非六十万大军不可。"秦王笑起来:"看来王将军确实年事已高,越发变得畏葸退缩,与李将军不可同日而语了。"他当即决定派李信统率二十万大军攻楚。王翦见自己的话不被采纳,就称病回家乡隐居去了。

李信率军直扑楚国,在平与、寝等地击败楚军,又以破竹之势攻下鄢郢。李信正在踌躇满志,准备乘胜扫平楚国的其他地方然后班师奏捷时,不料背后突然有一支精锐楚军偷袭而来,秦军猝不及防,顿时大乱,一连被杀了七个都尉。李信眼看大势已去,只好率领残兵败将逃了回去。

秦王听到消息,方才如梦初醒,连忙亲自跑到王翦家乡,谦恭地向王翦行礼:"寡人因为不听老将军之言,轻率地派李信出征,以致损兵折将,辱没了秦国国威。如今楚军正在乘胜西进,老将军虽然有病,难道忍心看着寡人和秦国陷于危难而不顾吗?"王翦急忙扶住秦王,抖动着雪白的胡子道:"国家有难,老夫即使赴汤蹈火,也万死不辞。可是老夫老朽昏庸,病魔缠身,心有余而力不足,恳请大王另择良将!"秦王道:"行了,请将军不要再推辞了!"王翦迫不得已,只好答应下来:"既然如此,臣理当出征。不过,依老夫之计,要灭掉楚国,非得动用六十万大军不可。"秦王道:"一切都听老将军的。"

于是,王翦率领六十万大军浩浩荡荡地出征了。那一天,秦王亲自到灞桥送行。王翦在告辞时,吞吞吐吐,面露难色。秦王问:"老将军此番出征,莫非还有什么难言之隐?"王翦道:"老夫此番征灭楚国,恐怕需要一年半载,家中生计,甚为担心。乞请大王多多赐予良田美宅,解除老夫后顾之忧,老夫在前线方才得以专心致志地用兵。"

秦王不解地问:"将军出征,肩负国家重任,还用得着担心贫穷吗?"

王翦摇摇头,认真地说:"这些年来,老夫身为大王的将军,已经知道即使立了战功也得不到封侯。虽然老夫博得了功名富贵,老夫的子孙又靠谁来照顾呢?所以老夫要趁着受大王信任和倚重的机会,多多为子孙着想。请大王千万不要吝啬,尽量多赏赐一些田宅园地,老夫心中就没有遗憾了。"

秦王听了,大笑起来。

王翦刚到函谷关,又派人回去向秦王请求田宅,这样一连派了五个人。左右对王翦说:"将军这般向大王乞讨,恐怕有些过分了吧。"王翦道:"你们懂什么?大王为人傲慢而多疑,这次不惜动员全国的甲士交给我一个人去灭楚,国内实际上是空虚了,他能不心存疑忌吗?我一再为子孙请求田宅,正是为了让他感到我考虑的只不过是子孙而已,这样他就放心了,我也不会无端受到猜忌了。"

秦军出关不久,楚国就集中了全国兵力来决一死战。王翦坚壁清野,不予交锋,自己与士卒同甘共苦,激励全军的斗志。楚军因为屡屡挑战没有结果,就撤退回国。王翦突然出兵,大破楚军,又乘胜追击,终于灭掉了楚国。(《史记》 程维荣)

74. 谑谏秦君

秦始皇征服六国后,自以为天下太平,子孙后辈可以世世代代称帝为王了,所以一心当安乐天子,经常召集文武百僚寻欢作乐。

一天,秦始皇又在宫中大摆宴席,招待群臣。朝堂上,觥筹交错,笙箫齐鸣,朝堂外却是大雨滂沱。在台阶下执着盾牌站岗的卫兵,个个淋得像落汤鸡,冻得瑟瑟发抖。这时,宫廷里的戏子——侏儒优旃(zhān)正好走出来,看到这景象,心中十分怜悯这些浑身湿透的士兵,就问:"卫兵们,你们想避雨休息吗?"卫兵们说："当然，我们淋在雨中太苦了，最好马上休息。"优旃说："好，等会儿如果我呼唤你们，你们就大声说'有'。"说完，优旃就走进朝堂去了。

宴席上，气氛越来越热烈，群臣轮番向秦始皇敬酒，山呼万岁。正当这时，只见优旃不知从哪里钻了出来，靠在宫殿走廊的栏杆旁，突然大声呼叫道："卫兵们！"卫兵们齐声回答："有！"优旃说："你们虽然长得高大，又有什么用呢？只配在大雨中站岗受冻。而我呢？尽管身材矮小，却能够在宫殿内饮酒休息，你们远远比不上我啊！"优旃的举动早已引起了秦始皇和群臣们的注意，他和卫兵们的回答，众人都听得清清楚楚。秦始皇这才想起士兵们的窘境，于是下令把卫兵分成两半，一半人站岗，一半人进屋休息，轮流值班。为此，卫兵们从心中感激矮子优旃。

秦始皇驾崩后，秦二世即位。为了显示新帝新气象，秦二世突发异想，要把咸阳城的城墙油漆一遍。优旃听说此事后，对秦二世道："皇上的这个主意妙极了，皇上即使不提出来，我优旃也想请求皇上这么做了。油漆城墙，虽然破费些钱财，会使百姓愁苦，但城墙一旦漆好，的确漂亮，而且光溜溜、平滑滑，敌人来了，爬也爬不上去。只是，我担心的是，漆城墙容易做，困难的倒是城墙漆好后，总得搭个大棚，遮住城墙，让城墙阴干吧，而这个遮阴的大棚该怎么造呢？"秦二世听了，忍俊不禁，就此打消了漆城墙的念头。咸阳百姓听到这件事后，也从心底里感谢矮子优旃。(《史记》 顾海华)

75. 木罂渡军

刘邦在彭城被项羽打败后，原来结盟的魏王豹借探母之机，叛离刘邦，与楚军订约讲和，并封锁了黄河西岸的临晋关的交通以阻止汉军。消息传来，刘邦怒不可遏，吩咐大将韩信、灌婴和曹参带十万精兵去攻打魏王豹。

韩信带领大军来到临晋津。临晋是黄河的一个重要渡口，河岸宽阔、平坦，平时由木船来往摆渡。现在韩信站在岸边，举目远眺，只见河面上空荡荡的，对岸的魏兵不时巡逻、搜索。韩信明白魏军已有准备，在此渡河已成泡影。他命令人马原地待命，派人沿河岸侦察地形，窥探魏军兵力部署情况。探子回报，只有上游夏阳(今陕西韩城市南)这个地方的魏兵不多，据说夏阳从不设渡口，故周围也无船只。韩信问曹参、灌婴有何破敌良计。灌婴、曹参说："只有靠木船渡河，可眼下我军只有一百多只木船，就是全用上也远远不够，即使派人日夜造船也来不及啊！真不知有什么东西可代替木船？""用什么东西代替木船"这句话，提醒了韩信，他不由得想起小时候在河边看妇女用罂(小口大肚的瓦罐)提水的情景。

罂浮力极大,谁也不担心它会沉下河去。那么能不能……想到这里,韩信兴奋地用手拍了下桌子叫道:"曹参你派人去采伐木料,灌婴你赶快派人去买罂,越多越好,市井的罂购完,再到百姓家里去征用。"曹参、灌婴听糊涂了,问:"木料可以造船,那么要罂干什么?请大将军讲个明白。"韩信说:"咱们渡河必须用木船,军中的这点木船用来渡河,真可谓杯水车薪。我想把罂口封住,几十只罂扎成长方形,口朝下底朝上,四周用木条框紧,再用绳子扎牢,就成了木罂。用木罂作筏子渡河又快又省力,而且可以多载士兵。"曹参、灌婴听了,说这办法巧妙,分别去做准备了。不到几天,木料和罂均如数准备停当,韩信一一检查,十分满意。

于是韩信升帐发令,命灌婴带领一万兵马和一百多只船佯装渡河,自己和曹参悄悄地统率大军把木料和罂押运到夏阳。魏王豹见河对岸有汉军在摆弄渡船,便命将领们格外严密地守着渡口,不让一只船过河。韩信到了夏阳,立即命人制作木罂,等到木罂全部制好,拣了一个顺风的日子,击鼓摇旗,汉军登上木罂直向河对岸驶来。魏王豹一直认为汉军不可能从夏阳过河,因此只安排了一小支人马驻守。现在汉军乘木罂齐刷刷地向魏营驶来,守军疑是天上掉下的奇兵,早就四处逃散了。韩信率军直取安邑(今山西夏县西北),又向平阳袭击。魏王豹得知此消息,惊得目瞪口呆,只得匆匆忙忙地打点人马去迎战韩信,只几个回合,便大败。想退回临晋坚守,不料,灌婴的一支人马,早就乘机占了临晋津。一时,杀声四起,前后都有汉军夹击,魏王豹只得下马投降。(《史记》 杜忠鹭)

76. 智斗楚霸王

陈胜、吴广起义,各路诸侯纷纷拥兵反秦。攻下秦都咸阳后,各路诸侯便开始你争我夺,战火不息。

经过数年苦战,逐渐形成了两大军事集团:一路是西楚霸王项羽统率的楚军,另一路是汉王刘邦统率的汉军。两军相持多年,各有胜负。旷日持久的战争使双方的士兵苦不堪言。这一回,项羽仗着自己连打了几个胜仗,刘邦的父亲、妻子又扣押在自己营内,一心想速战速决,便约定刘邦在广武山(今河南荥阳市北)的广武涧对话。广武山脚开阔,东西山脉相对,中间有一条涧叫广武涧。

对话的这一天,双方的军队各自进入自家的阵地,摆好队形。鼓角鸣罢,项羽首先披挂出阵,隔涧对着刘邦喊话:"刘邦听着,天下纷纷扰扰几年,只是因为有我们两人相斗。今天我愿和你单独决战,决一胜负。若我不胜,我一定马上带兵退走,让你去坐天下,何苦让天下的百姓跟着我俩吃苦。"项羽身高八尺多,力能举鼎,勇猛无比,刘邦若与他决斗,绝不是他的对手,但项羽既已指名挑战,刘

邦怎能不出阵？刘邦的将领们不无忧虑地望着刘邦，真不知刘邦怎样对付性子暴烈的项羽。

此时，人马无声，只有战旗猎猎。刘邦瞥了一眼傲气十足的项羽，心想：我和你拼杀等于羊羔入虎口，我要设计使你决斗不成。刘邦笑着对项羽说："我宁肯斗智，不愿凭匹夫之勇斗力。"项羽骑在乌骓马上，舞着长戟，怒睁双眼问："怎样斗智？"刘邦说："你先听我说一番话，你若能句句驳倒我，我就认输。"接着，刘邦乘项羽尚在犹豫之际，连珠炮似的大声数落项羽如何背约杀怀王、坑杀降卒、火烧秦宫等十大罪状。起初，项羽尚能克制自己，故作镇静地听，越听到后来，脸色越不对，已无法在马上坐稳。刘邦看着被激怒的项羽，又以嘲笑的口吻说："像你这样十恶不赦的人，何须我来动手杀你，只需一个囚犯已足够了！"听完这句话，项羽气得哇哇直叫，早忘了一对一决斗的挑战，命人用暗箭射刘邦。刘邦躲避不及，一支暗箭射中胸部，他怕项羽看出，故意弯腰摸着脚说："这贼竟射中我的脚趾头！"汉军冲杀过来，救回刘邦。项羽见决斗不成，只得悻悻然鸣锣收兵。

回营后，刘邦听从谋士张良的建议，为安定军心仍然勉强出营巡视，慰劳士卒，不给楚军有机可乘。项羽派人打听到刘邦并未大伤，居然还在军中巡视，不禁为自己的鲁莽而后悔不已。正巧，又传来自己的大将在山东潍水被汉军大将韩信杀死的噩耗，项羽不由得恐慌起来，不得不同意刘邦提出的和解条约。楚汉以鸿沟为界，西属汉，东属楚，平分天下。（《史记》 杜忠鹭）

77. 井陉破赵

汉王刘邦和楚王项羽为了吞并对方，独坐天下，都把重兵集结在荥阳一带。刘邦委派韩信、曹参去攻打魏国、代国、赵国等地，以形成对楚军的包围。

韩信在破了魏国、代国之后，刘邦让他交出一半的兵力给曹参去镇守敖仓（秦朝留下的最大粮库），韩信自率一部分人马，向河北井陉（xíng）关出兵，攻打赵国。当时，背叛汉王的陈余在赵国为相，聚兵二十万，扼守井陉口。陈余手下的谋士李左车向他献计："听说韩信破了魏国，活捉魏王，如今又乘胜长途跋涉攻打赵国，这可正在兴旺之际，锋芒锐不可当。好在我国门户有雄关井陉口，此处地势险要，两辆战车不能并行，骑兵不能列队前进，行军的队伍如果拉开几百里，那粮草、辎重一定落在大部队后面，首尾不能相顾，这正是截取汉军粮草、断其退路的好机会。一方面你要命士兵高筑营垒，坚守军营，不与汉军交战；另一方面你给我些精兵，我抄小路去断汉军粮草。这样汉军进退不得，不到十天我军准能大破汉军,生擒韩信。如不这样,我们一定会败在韩信手中。"陈余是个迂腐的人,一贯宣称正义之师应光明正大作战,反对用诡计,一听李左车的计策,连连摇头说:"兵法上说,超过敌人十倍的兵力就可围而歼之,超过一倍的兵力就可交战。韩信之师号称数万,其实不过几千。他们既然远道而来,一定疲惫不堪,这样的军队肯定不堪一击,现在不打,更待何时? 如依你所言,坚守不出,诸侯一定笑我怯懦,今后谁都可以发兵欺负我了!"

韩信派暗探打听到李左车的计策没有被采用,心中暗喜,便放胆在离井陉口三十里处扎营。夜半时分,韩信选了两千轻骑,命他们手执汉军赤旗,抄小路进发,隐蔽在赵军营旁的山上,等赵军离营袭击汉军时,快速冲入赵营,拔掉赵军旗帜,换插汉军旗帜。他又派一万人先出发,背靠河水摆开阵营,下令打败赵军会餐。汉军众将都不相信这样的布阵能取胜,但也不敢违抗。赵军的探子一见背河扎营的汉军不由哈哈大笑。

天明后,韩信亮出大将旗号,击鼓催行,大队人马堂堂正正地开向赵营。赵军早已蠢蠢欲动,连早饭也未吃,就打开营门,上前厮杀。韩信急命士卒抛掉将旗,丢掉战鼓,逃回河边。赵军见状,更是个个争先,都想活捉韩信邀功,就连赵王也从中营冲出,卷入混战之中。韩信见敌人已完全中计,下令:"决一死战,后退立斩。"汉军后背大河,前有赵军,只能奋力苦战,争先杀敌。躲在赵营旁的两千汉骑兵见赵军倾巢而出,军营空虚,便一股旋风似的冲入赵营,拔掉赵旗,换插汉旗。求胜心切的陈余见激战多时,仍不能战胜汉军,肚中又饥肠辘辘,便下令撤兵回营。走到半路上,赵军望见营中全是汉旗,失声叫道:"啊呀! 大营也被汉军占领了!"顿时慌作一团,纷纷夺路逃命。陈余虽多次斩灭逃兵,无奈兵败如山倒,已溃不成军。韩信则率大军勇猛追杀,杀得赵军人仰马翻,俘获了大批人马、粮草,又斩了陈余,活捉了赵王。

将领们献完首级和俘虏,都来向韩信祝贺,他们趁机问韩信:"背水布阵本是兵法大忌,大将军反其道而行之,却能获胜,不知是什么原因?"韩信说:"诸位只知其一,不知其二。兵法上说'陷之死地而后生,置之亡地而后存',现在给我的这批将士不是平素受过我训练、听我指挥的将士,如果把他们安置在有活路的地方,肯定一遇挫折就会溃散,只有把他们置于死地,才能使他们勇气百倍、无人可挡。"

诸将听了,由衷感叹:"将军的谋略非一般人能比。"(《史记》 杜忠鹭)

78. 深宫搜档案

西汉的相国萧何是江苏沛县人,曾担任过秦朝沛县的文吏,是一个很有远见

的人。

当汉高祖刘邦在故乡沛县还是一名普通老百姓时,萧何就从刘邦的言行中看出他不是一个安于现状的人,将来必有成就,所以常常利用手中的权力袒护他。刘邦担任了亭长职务后,萧何又时常在公务方面照顾他。有一次,刘邦被征调到咸阳服役,临行,其他的人都按惯例赠刘邦三文钱,唯独萧何赠给他五文钱,并料定刘邦此去一定会有大举动。果然刘邦在路上就率领民夫抗秦,后来萧何成了刘邦手下的丞督事(总管)。

陈胜、吴广揭竿而起后,各路诸侯纷纷拉起队伍反秦,都想抢先一步攻入秦都咸阳为王。经过无数次战斗,刘邦的队伍率先攻入咸阳。面对巍峨辉煌的宫殿,众将领都喜气洋洋,他们结伴四处寻找库房中的珠宝,急急忙忙地将大把大把的珠宝往怀里揣。萧何看看他们的贪婪相,不由得摇摇头,径直往秦丞相府、御史府去了。原来,萧何知道秦始皇统一中国后,曾将六国的史籍档案、流失民间的文字资料征收到咸阳,他曾委派专人编纂。现在若能趁其他诸侯尚未到咸阳,找到图册文书,这对刘邦的行军打仗、统一天下有极大的利用价值。

丞相府、御史府守卫的人早已作鸟兽散了,档案处更显得冷落。萧何在成堆的图书中翻寻律令文书、山川形势图、器物制度宗卷、地理图册、户籍簿。他小心翼翼地将这些文书逐一分类捆扎,命手下人小心地搬回营帐。那些正在营帐内互相炫耀自己抢来珠宝的大将们,看到满脸尘土的萧何,不由得齐声嘲笑他迂腐,专拣无用的东西。萧何知道他们都是胸无大志的武夫,因此也不解释,只一笑了之。后来,项羽和其他诸侯的军队进入咸阳也只是抢掠宫宝,火烧阿房宫,图个痛快。

然而,正是这些文书档案帮助了刘邦,使他能全面地知晓天下的山川形势、军事要塞、边疆关隘、财力物力、户口官吏等情况,在扫平诸侯、治理天下的战争中占了优势。(《汉书》 杜忠鹭)

79. 纳言免祸

汉五年(前202),刘邦登基做了皇帝,大封功臣。他认为别的将领都是"功狗",唯独萧何是"功人"。位次排下来,萧何居首。不但萧何分封二千户,连萧何父母兄弟十余人都有了封邑。

不久,陈豨(xī)和韩信秘密协定,陈豨在邯郸起兵反叛,韩信在关中响应,里应外合,取刘邦而代之。高祖亲自征讨陈豨,战事正紧,忽传京中捷报,韩信已伏诛,是萧何定计助吕后而成此大功的。此时刘邦尚在军中,于是紧急派人回京,

拜萧何为相国,再增封五千户。另派一个都尉,率五百士兵,作为相国府的卫队,保卫萧何。

群臣都来祝贺萧何拜相受封。这时,有一个人,面色严肃,一副忧虑重重的样子,一见萧何就说:"相国受封,他人皆贺,我独吊。"萧何在客散之后问他:"先生有何见教?"此人说:"我本秦之东陵侯,叫召平,秦亡,无以为业,便种瓜谋生。我种的瓜好,大家都称东陵瓜。我每收瓜时,总是拣大的、显眼的先摘。有的虽大,但密叶挡着,一时顾不上也是有的。由此想到相国功大位高,乃显眼之大瓜也,故来吊。"

萧何一听,已掂出了七八分,忙问:"先生请不吝赐教。"召平说:"君将大祸临头!现在皇上在外打仗,而君居京城。陈豨谋反于外,而淮阴侯韩信是君力荐之人,居然与陈豨里应外合。这些变故不能不使皇上怀疑所有大臣的忠诚。皇上还不曾回朝,就急急地派人传诏授相国之位,增封五千户,这分明是稳住你的心;又派五百士兵给你作卫队,这分明是看守、监视,而君却视若恩宠。君若欲无祸,不如辞封,更要倾其家财,佐助皇上军粮。"萧何一一如其所嘱,刘邦果然大喜,息疑,无事。

不久,黥布造反,刘邦带病出征,京城之事托给萧相国,但他又不放心,时时派人打听相国在京做些什么。回报说,还和皇上平陈豨时一样,在抚慰百姓,倾其家资佐助军需。这时,召平又对萧何说:"君灭族不久矣!"萧何大惊,问其所以,召平说:"君位相国,一人之下,万人之上。君入关已久,早就得百姓拥护,皇上早就知您十余年来深得百姓之心,您还要一本正经地抚慰百姓,您知道皇上心里怎么想?怕您倾动关中!您深得人望已超过皇上,危险就在这里。您何不做着自污名节的事,比如以贱价强买百姓良田,又不付现款,表现出一副胸无大志且很贪鄙的样子,皇上必心安。"萧何从其计,刘邦果然又很高兴。

刘邦平定黥布,班师回朝,有成百上千的人上书皇上,告发萧何强买良田不付钱的行为。刘邦把这些告发信全给了萧何,笑着对萧何说:"堂堂相国,却和百姓争利,你自己去和百姓赔礼道歉去吧。"口头薄责几句,内心却是十分安喜。——这一次又给召平说中。(《史记》 李道桐)

80. 封仇安众

汉六年(公元前201),高祖大封功臣,张良等二十余人相继受封,余者一时未能尽封。一天高祖正在洛阳南宫,从复道(上下有道,在上者叫阁道)上望见下面诸将常常三个一堆、五个一群地坐在沙地上交头接耳,不知他们在说些什么,

便问张良:"他们在议论什么?"张良不假思索地答道:"陛下还不知道吗?这是谋反。陛下当初起兵反秦,就是靠他们这些人才取得天下。现在陛下做了天子,封赏的都是萧何、曹参这些老部下,所亲所爱都是张良、王陵这些近臣,而所诛杀的都是陛下平生仇怨之人。现在诸将吏在考较自己的功劳,都以为天下再大,也不能使每个有功之人都封遍,更何况他们自己多少都有点过失,担心陛下非但不计其功,而反计其过,甚至担心被诛。他们交头接耳,不是谋反是什么?"

高祖听罢连声说道:"怎么办? 怎么办?"——这是他每遇难题、急事常讲的一句口头禅。好在他善纳人言,常能化危为安。张良早已成竹在胸,只是先陈利害,后献其计罢了。他见高祖满面忧虑,从容问道:"陛下平生所恨之人,臣都晓得,但陛下最痛恨谁,臣却不知。"高祖说:"我最痛恨的要算雍齿了。此人早就该杀,但自投我以后,屡有大功,不忍杀罢了。"说毕,仍忿然不已。

原来当初沛公起兵时,雍齿亦拥兵自壮,沛公本欲让雍齿守丰,但他很不愿意受沛公统辖,反而为魏守丰。沛公引兵攻丰,亦用以并魏。由于雍齿坚守,久攻不下,沛公为此生了一场大病,只好退军至沛,从此与雍齿结下不解之怨。

所以,刘邦想:张良问此是何意思? 莫非劝我早除此人,免得后患?

然而,张良的回答出乎高祖的意料:"现在最紧急先要封赏的,正是雍齿!"高祖大感不解,问:"为什么?"张良说:"先封雍齿,就是要让群臣看看,高祖最恨的人都被封了,他们还会晚吗? 这样,人人自怀希冀,各尽职责,还会谋反吗?"于是高祖立即下令大摆筵席,封雍齿为什方侯,并急急催促丞相、御史定功行封。封侯筵宴散后,群臣果然大喜,都说:"雍齿都封侯了,我辈还担忧什么呢?"(《史记》李道桐)

81. 请四皓保太子

汉十年(前197),高祖想要废太子刘盈,立戚夫人之子赵王如意。这究竟是因为刘盈不贤,还是因为宠爱戚夫人而搞的一场历时数年的感情游戏? 后人可以纵意评说,而在当时可真的急坏了大臣,吕后更是如坐针毡:如意上台,欲置我吕后何地?

有人建议吕后:何不找张良? 于是吕后派建成侯吕泽劝张良:"君为谋臣,现在皇上欲易太子,一旦如意立为太子,您还能高枕而卧吗?"——这吕泽避开吕家的祸患不提,却专提张良的前程吉凶,妙。不料张良说:"当初皇上多次处于危困之中,我的话,还幸能奏效;现在天下安定,他恋着那戚夫人,想立赵王如意,我有什么办法?"吕泽奉吕后之命而来求张良,不料张良甩手不管,不免死缠活赖一

定要张良去劝阻刘邦。张良沉吟片刻,说:"这事实在难以口舌相争。他在兴头上,就是一百个张良去劝他,也没用。然而,有几个人,倒可以影响皇上。"吕泽忙问何人,张良说:"他们是东园公、绮里季、夏黄公、甪(lù)里先生。这就是有名的'商山四皓'。你也应知道。四人德高望重,当初听说高祖常侮慢儒生,故逃遁商山之中,高祖虽下求贤之诏,也义不为汉臣。然而高祖所渴求的正是这四人。如能让太子写一封长信,厚礼卑辞,以安车(车轮、车座有防震设施的车)相迎,则废立之事或许能令皇上转意,不再提。"

于是吕后急令人使奉太子书,厚礼卑辞以迎四皓,四皓果然来到长安,暂住建成侯处。

四皓来到不久,刘邦部将黥布谋反,高祖正好患病,就令太子率兵平叛。此时高祖虽病,但对戚夫人却情爱不减。那戚夫人自恃有宠,对废立之事日夜嘀咕不停。让太子率兵平叛之命,虽出于刘邦之口,戚夫人的枕头风却不可轻估。

四皓得知太子将要率兵平叛,相商说,我们下山正是辅佐太子的,现在皇上让太子统兵,这太危险了。于是一起劝建成侯:"太子统兵,殊为未当。即使出兵有功,对太子本人亦无所增益——他已经是未来的皇上了;而无功,则祸加其身。现在让太子统率曾与皇上共平天下的宿将,就像使羊统狼。再说诸将已风闻易太子之说,还肯为太子卖命吗?一定会无功而返!现在应请吕后日夜对皇上泣诉此意,并提醒皇上:黥布骁勇非常,若听说太子来攻,肯定不放在眼下,更加肆无忌惮,大张旗鼓地向西进范,京城不保。急请皇上扶病率诸将,叛乱可平。"

吕后果然找机会向皇上哭诉,说了四皓授意的话。高祖见她说得有理,顿时觉得易太子事小,失天下事大,于是强撑着起来,率军东征。

汉十二年(前195)高祖平定黥布回朝,病得更厉害了,又提易太子之事,张良苦劝不听,叔孙通苦劝不听。不知戚夫人又对他说了些什么。

一次宫廷宴会,太子照例侍酒,立于高祖之侧,而四皓则随从太子,立于太子之旁。高祖一抬头,猛然间看见四位老者,须眉皓然,衣冠甚伟,神朗气清,举止沉着。高祖从未在宫宴上见过这四人,忙问何人。四皓各前拜答。高祖又惊又喜,说:"当初我特下求贤之诏寻找你们,你们却逃避我;现在,为什么和我的儿子交游?"四皓沉着应道:"当初陛下轻士善骂,臣等义不受辱,所以怀惧亡匿;现在听说太子仁爱孝谨,尊老敬贤,不但我等,即使天下之人,没有不伸长了脖子想为太子拼死效力的。所以我们也应太子之召,来侍奉太子了。"高祖一听,心有所动,连说:"好,好,那就有劳四位,好好调护太子了。"四人给高祖祝酒,礼毕,回身离席,飘然而去。

高祖一边目送四人离去,一边把戚夫人拉到自己身边,指着四皓的背影说:

"我是想换太子的,但他们四人已为太子辅佐。此四人德高望重,天下闻名。太子羽翼已丰,现在难动了。"戚夫人闻之泣不成声,虽未料日后"人彘"之难,而凶多吉少,则是肯定的了。

宫宴尚在进行,高祖忽然离席,提前结束酒宴,终于当众决定顺应天下,不易太子。(《史记》 李道桐)

82. 智渡黄河

陈平小时候就喜欢读书,足智多谋。秦末陈胜起义称王以后,他先投奔农民起义军,因别人说他的坏话,又投奔项羽。陈平跟随项羽入关推翻了秦朝,项羽赐他卿的爵位。项羽自封为西楚霸王以后,东归彭城。汉王刘邦平定三秦以后,率军向东发展势力,与项羽争夺天下。这时殷王司马卬起兵反楚,项羽就封陈平为信武君,让他带兵攻打殷王。殷王投降,陈平又回到项羽那里。项羽派项悍任命他为都尉,赐黄金二十镒(古代重量单位,一镒合二十两)。没过多久,刘邦攻下了殷。项羽听说后勃然大怒,扬言要杀掉原先同意殷王投降的人。陈平害怕杀掉他,就将项羽赐与的金和印包在一起派人去送还项羽。

陈平认为在项羽手下不会有大的出息,决定投奔刘邦。一天晚上,陈平手拿一根木棍,身背宝剑,偷偷地从一条小路逃了出来。第二天早晨,陈平来到黄河边上,准备渡河到刘邦那里去。船夫见陈平长得高大魁梧,面如美玉,气宇不凡,又是一个人走到这里,怀疑他可能是个逃亡的将军,腰中必然缠有不少金银珠宝,就十分热情地请他上船。上船以后,船夫一面摇桨,一面老是回过头来向他腰中观看。陈平是个聪明人,看出了船夫的心思是想图财害命。陈平不会游泳,心中十分害怕。于是他急中生智,立即脱下上衣,解开腰袋,光着脊背,要求帮助船夫划船。船夫见陈平除了木棍、宝剑和几块吃的饼子之外,并没有什么值钱的东西,就打消了谋财害命的念头。陈平渡过黄河以后,便直奔修武(今河南获嘉县境内的小修武),投奔刘邦。(《史记》 王福金)

83. 力保陈平

陈平离开项羽后,通过魏无知求见刘邦。开始时他还未引起刘邦注意。交谈之后,刘邦大为赏识,让陈平陪自己同乘一辆车,并让陈平任护军一职,但遭到其他将领的不满。及至陈平在彭城为项羽所败后,周勃、灌婴又向刘邦进谗言,毁伤陈平,说:"陈平虽然是美男子,但绣花枕头——一肚子稻草。听说他平素在家时,专门和他嫂子私通;事魏,又不为所容;事楚,又未受到重用。现在又到我们这里来了。据反映,他很贪,部下给钱多就得好差事,钱少就只有苦差事,他真是一个既贪且鄙的反复乱臣,希望大王明察才好。"

刘邦一听,也觉得陈平问题不少,于是把魏无知召来,责问他说道:"你介绍的人怎么会这样?听到将领们的意见了吗?"

魏无知不紧不慢地说:"我当初向陛下介绍的是陈平的智谋,而陛下所问的,乃是陈平的品性。现在楚汉相争,人才第一。即使有颜渊之贤,而无益于胜负之数,这样的人陛下会用吗?臣所进者,乃奇谋之士,只看他的计谋是否对您帝王之业有利。盗嫂、受财,区区小事,又有什么值得议论的?"

刘邦一听觉得有理。以后刘邦采用陈平反间计,离间项羽君臣,最后打败项羽,封陈平为"户牖侯"。陈平说,没有魏无知,我怎会有今日。刘邦一听,觉得陈平不忘本,于是连带封赏了魏无知。(《史记》 李道桐)

84. 离间楚君臣

楚汉战争时期,项羽将刘邦围困在荥阳城中,久久不肯退兵。刘邦十分害怕,请求割让荥阳以西土地求和,但项羽还是不答应。刘邦对他的谋士陈平说:"现在天下大乱,何时才能安定呢?"陈平回答说:"项羽这个人,恭敬爱人,所以一些为人狷介而有棱角,并且讲究礼貌的读书人,大多归附于他。要说到论功行赏,授官爵,封食邑,他又十分吝啬,因此有的读书人又不愿意归附他。大王您为人傲慢而少礼,所以读书人中为人狷介而有棱角的都不肯来,然而大王能舍得把爵邑给人家,因此读书人中的那些不讲廉节礼仪的人大多愿意归附于大王。如果您能去掉两人的短处,采取两人的长处,天下立刻就可以安定了。但是大王您任意侮辱他人,不能得到廉节之士。不过楚也有可以利用的弱点,项羽手下肯直言敢谏的大臣,只不过范增、钟离昧、龙且、周殷这几个人罢了。大王如果能舍得拿出数万斤黄金,采用反间计,离间他们君臣,让他们互相猜忌,而项羽又是个疑虑而多猜忌,喜欢听信谗言的人,这样,他们君臣内部一定会互相倾轧残杀,那时我们再乘机发兵去攻打,何愁项羽不败,楚军不灭呢?"刘邦听了以后,认为陈平的计谋很好,立即命人取出黄金四万斤,交给陈平任意使用。

陈平多次用重金收买间谍,让他们到楚军中公开传播谣言,说钟离昧等人都是项王的大将,建立了许多功勋,可始终不能封地为王,因此他们都想与汉联合在一起,灭掉项王而分其土地。项羽果然中计,不再信任钟离昧等人。

范增是项羽手下的头号"智囊",足智多谋,因此项羽尊称他为"亚父"。由于

项羽的疑心越来越重,对范增也不放心,于是就派一名使者到汉营送信,借此打探范增对他是否忠心。陈平得知这一情报后,决定实施他的离间计。项羽的使者一到汉营,陈平就让刘邦派人用接待诸侯的礼仪隆重地欢迎他。吃饭的时候,摆满了许多美味佳肴,款待的规格很高。项羽的使者不由得受宠若惊,怡然自得起来。正当他准备入座进餐的时候,陈平走了进来,一见项羽的使者,便假装吃惊道:"我原来以为是亚父的使者,没想到是项王的使者到来啊!"说完,便命人将美味佳肴全部撤去,另外拿来一些粗劣的食物让项羽的使者吃。项羽的使者回去后,把在汉营中的遭遇一一向项羽汇报,项羽听后,果然对范增起了很大的疑心。范增本想加紧攻下荥阳城,活捉刘邦,但项羽就是不肯听从他的意见。范增知道项羽怀疑他,对项羽勃然大怒道:"现在天下大事已定,君王也用不着我了!请让我告老还乡去吧!"项羽也不挽留,就放他走了。范增还未到达彭城,因脊背上生了毒疮,再加上生项羽的气,便一命呜呼。

范增一死,项羽失去了一位得力的谋士。由于陈平的离间计,楚军内部不仅人心涣散,而且缺少出谋划策的人,终于使刘邦打败了项羽。(《史记》 王福金)

85. 秘计解围

汉七年(公元前200),高祖攻韩王信于代。当时天大寒,战士十有二三冻掉了手指。抵达平城时,军队突然被匈奴团团围住,整整七天没有食物。当时陈平随高祖出征,经陈平一阵紧张筹划,忽然有一天,大雾弥漫,城东南一角匈奴围兵撤退,高祖于是趁雾平安突围。匈奴既不追击,也没有伏兵。

这是陈平用的美人计奏效了。他的这个美人计,不同于一般的美人计,是用美人来相威胁而已。威胁谁?威胁阏氏(yān zhī)——相当于汉朝皇后。陈平派使者对阏氏说,当今汉皇统摄华夏,这是上天意旨,谁违背上苍,必笞其罪。汉皇只是追讨叛者韩王信,才偶涉边界,实际上与匈奴无涉。汉皇本着睦邻共处精神,愿与匈奴永修和好。为表诚意,已派人在国内特选绝美女子十人,敬奉单于,今已登程,不日即可到达,先遣特使通报,并呈美女图轴十卷。一番刚柔并济的鬼话,立竿见影。女人的妒心本来就不分什么民族的差异的,而这阏氏尤甚,她一听说汉要送十个绝美佳人给单于,气得说不出话,心想:如果真的如此,欲置我阏氏于何地?况我和单于情好正笃,单于一半还得听我的。只有放了刘邦,才能拒美人入塞。

这阏氏一怒之下,打发了汉使者,并强压妒火,亲自赶往单于大营,以汉皇天授、违天不祥之语劝单于退兵,并提及汉使来匈奴修好之意,又说高祖是追韩王

信不是针对匈奴等语,就是绝口不提十美之事。

经阏氏这么一周旋,平城之围得以解脱,刘邦、阏氏皆大欢喜。(《史记》颜师古注引桓谭《新论》 李道桐)

86. 韬晦护刘氏

陈平是汉高祖的重要谋臣,足智多谋,常能出奇计,排除祸患,解救国难。

汉高祖死后,大权落在他的妻子吕后手中。吕后为了巩固自己的地位,打算立吕家的子侄为王,便假意和大臣们商量此事。右丞相王陵缺少文才,又是个直性子的人,他不知道吕后的用意,当面表示反对,对吕后说:"高帝在世时,曾和大臣们杀白马订立同盟,规定:'不是姓刘的不得封王。谁违背这个盟约,大家都要讨伐他。'如今您要立吕家的子侄为王,违背了高帝的白马盟,我不能同意!"吕后听了很不高兴。吕后又问左丞相陈平,陈平摸准吕后的心思,就对吕后说:"高帝平定天下,分封自己的子弟为王,这当然是对的;现在太后您行使皇帝的职权,封自己的弟兄和子侄为王,没有什么不可以的。"吕后听了高兴得直点头。

散朝后,王陵怒气冲冲地责问陈平:"当初宰白马立盟约的时候,你难道不在场吗?现在高帝去世了,太后临朝,你就一味逢迎拍马,我看你死后有什么脸面去地下见高帝?"陈平笑笑说:"在朝廷上当面反对太后,和太后争论,我不如你;至于保全刘氏宗庙,安定刘氏天下,你不如我。"

过了几天,吕后借口让王陵去做少帝的老师,免掉了他的丞相职务,提升陈平担任右丞相。

此后,吕后陆续把吕家的子侄都一一封了王,还让他们掌握了军权。整个朝廷的大权几乎都落到了吕家的手里。大臣们虽然不服气,但也无可奈何。

再说陈平担任右丞相之后,深知处境险恶,就天天饮酒作乐,佯装不问政事。吕后的妹妹吕须因与陈平有怨,就乘机在吕后面前说陈平的坏话。吕须对吕后说:"陈平做丞相不理政事,天天饮美酒,玩女人。"陈平知道后就更加放肆地寻欢作乐。陈平的这种情况传到吕后耳里,她暗暗高兴,认为陈平只是一个贪图酒色的人,在政治上不会构成威胁。有一次,吕后当着吕须的面对陈平说:"俗话说:'娘儿们和小孩的话听不得。'现在就要看你对我的态度如何。你用不着害怕吕须讲你的坏话。"此后,陈平在吕后面前,更加显得唯唯诺诺。正因为如此,虽然经历了许多变故,陈平却始终安然无恙。

吕太后死后,陈平知道吕后的两个子侄吕产、吕禄要发动叛乱,就和太尉周

勃等人合谋，先发制人，一起诛灭了吕党，恢复了刘氏天下。(《史记》 杨文德)

87. 义救季布

刘邦灭了项羽，做了汉高祖，而季布立刻成了通缉犯。为什么？因为季布是项羽帐下一员猛将，曾多次使高祖受窘。高祖坐了天下，恨不得立刻捉了季布，千刀万剐才解恨。

季布先是躲在友人周家，自以为大丈夫立于天地之间，终究有大用之时，自刎一死并不算勇，忍辱待时，能自展其才，有补于世方可为勇。但通缉令图形悬赏，跨州连郡，甚至乡里也闻令而动了。季布实在无法藏身，周家便建议他投奔山东一位有名的侠客叫朱家的。季布按周的叮嘱，把头发剃掉，装作奴隶，被"卖"给了朱家。朱家一见其人，虽是奴隶装束，然眉宇间气概不凡，心里已猜着八九分，但装不知道，叫季布到田庄干活，背地里吩咐儿子要善待其人，不可让他与其他奴隶共餐，要让季布与儿子同桌。奴隶的农活可让此奴指挥。

真是英雄惜英雄，朱家决心要让季布出头，为朝廷所用。真是谈何容易！没有刘邦点头能成吗？

但天不负有心人，朱家终于想到了一个人，他就是夏侯婴，被封为滕令，时人称为滕公。滕公与高祖关系之密切，众人皆知。秦时，因保护刘邦宁愿自己受罚；"鸿门宴"保护刘邦从小路脱逃的也是他。刘邦对滕公，常常是言听计从的。于是朱家来到洛阳，拜见滕公。滕公一见是山东著名侠客，知他仗义豪爽，甚有威望，此来必有要事。他于闲谈之中得知为季布而来，于是对朱家说："季布在楚军时，曾三次追杀皇上，皇上对他恨之入骨，一定要捉拿他问罪处斩。"朱家试探滕公："您认为季布为人如何？"滕公脱口而出："是一条好汉，为人刚直有大略。"朱家心想，既然滕公对季布为人并无恶感，这就有希望了。于是对滕公说："季布当初多次窘困皇上，那是他忠于自己的职分，臣为其主嘛。现项羽败亡，其部下骁将散佚之人众多，难道皇上要一个一个抓来杀掉吗？如果皇上坚持这样做，不是让天下人觉得皇上心胸太狭窄了吗？像季布这样有本领的人，正应为皇上守土保边，一定非要逼得人家亡奔匈奴来和皇上作对不可，这合算吗？只有您老人家能去劝劝皇上，或许他能听。"

夏侯婴一听，句句是理，心想季布必为朱家藏匿，他果然是侠义心肠。不久滕公进京，把朱家所言之意对高祖说了。高祖果然依了滕公，免季布罪，并拜为郎中，使一个项氏之猛将变为大汉之能臣。(《史记》 李道桐)

88. 计擒淮阴侯

汉高祖用陈平计,伪游云梦,捉了韩信。因为韩信是杀了高祖之仇钟离昧后主动去谒见高祖的,所以高祖未杀他,只削了他的楚王封号,降封为淮阴侯。至此韩信深知高祖内心确实畏恶其能,因不见信任,心中怏怏不乐,常常称病不朝。

一次陈豨被任为代相,守钜鹿,临行前,来辞别韩信。韩信握住陈豨的手,屏退闲人,在庭院中缓步数匝,密谋反汉。陈豨素知韩信能用兵,答应与韩信里应外合。汉十年冬,陈豨果反于代,高祖亲往镇压,而韩信称病不从征。韩秘密派人和陈豨联络。高祖在外征讨胜负尚未决。韩信与家臣谋划,诈称有令大赦刑徒、官奴,想发动他们去袭击吕后、太子。部署已定,只等陈豨的消息。

事有凑巧,韩信舍人栾说因事得罪韩信,韩信欲杀掉他,当时正在囚禁中。而舍人栾说之弟,打听到韩信的密谋,紧急上书告变。

吕后得知韩信谋反,心中焦躁不安,一则韩信非寻常之辈,既有谋划,必有后继之举;一则高祖在外征讨陈豨,尚未平定,陈、韩果真来个里外夹击,那还了得!她还想像往常一样,召韩信进宫议事,又恐不听召,反把事弄僵。于是她和萧何相国商量,琢磨了半天,决定非得把韩信骗进宫中不可。于是命一人假装刚从高祖军中来,说陈豨已被杀死,部下全部归降了高祖,代郡已定,高祖不久就还宫,命令群臣来朝祝贺——当然同时传令韩信来贺。起先韩信还称病不去朝贺,心想,不要再像上次上当被擒,托病软磨着,拒不上朝。这时萧相国出面,对韩信说:"即使有病,皇上亲讨陈豨大捷,捷报已至,大家都来贺了,你不去,说得过去吗?有病也得去!"韩信无辞以对,心想,陈豨已死,我孤军难以独任,幸好还未发兵。于是入宫贺捷。

韩信刚入宫门,就被吕后埋伏在门后的武士捉住,一番五花大绑,拖至长乐宫钟室。吕后问道:"上次你说自己没有谋反,还提了钟离昧的首级来证明,你这回还有什么话说?"韩信自知命在旦夕,也无所畏了,就吐了真话:"我只恨没有采纳蒯通之计,反为妇人女子所诈!——这真是天命啊!"吕后素来办事干练爽利,并不去深追蒯通何人,所言何事,也不等高祖回宫,先杀了再说。于是韩信被就地斩于长乐宫钟室。(《史记》 李道桐)

89. 献郡免祸

西汉齐悼王刘肥是高祖刘邦的儿子,公元前202年被立为齐王,食邑七十余

城，在封国中是比较大的。

汉惠帝二年（前193），齐悼王到长安见汉惠帝。有一次，惠帝与齐悼王当着吕太后的面在一起饮酒。因为齐悼王是惠帝的哥哥，所以惠帝不按照君臣之礼，而按照家人之礼，让齐悼王坐上座。吕太后一见，勃然大怒，叫人拿来两杯毒酒放在他们面前。吕太后叫齐悼王先站起来饮酒为惠帝祝寿。没想到齐悼王站起来以后，惠帝也站了起来，二人准备互相饮酒祝寿。吕太后见此大吃一惊，马上站起来将两杯毒酒打翻在地。齐悼王感到很奇怪，因此不敢再饮，假装酒醉离去。

齐悼王后来一打听，才知道吕太后叫人送的是毒酒，他非常恐惧忧愁，自认为难以逃离长安回到齐国去。齐悼王有个内史，名叫士。内史士见齐悼王整天愁眉苦脸，心神不定，就问他是什么原因。齐悼王就将事情的缘故告诉了他。内史士听后，沉思了一会，向齐悼王问道："大王认为牺牲一个郡和牺牲一个齐国，哪一个合算？"齐悼王说："当然是牺牲一个郡合算。"内史士说："既然大王肯牺牲一个郡，我就可以保证大王太平无事。"齐悼王急忙问道："您有什么办法可保我太平无事？"内史士说："吕太后只有皇上和鲁元公主两个亲生儿女，鲁元公主也是大王的妹妹。现在大王的封地有七十多个城邑，而鲁元公主的汤沐邑才有几个城。大王如果能把一个郡献给吕太后作为鲁元公主的汤沐邑，对内有亲上加亲的恩情，对外正迎合吕太后的心意，吕太后必然十分高兴。这样，大王牺牲一个郡而保全一个国，何乐而不为呢？"齐悼王一听，眉开眼笑，立刻进宫去见吕太后，表示愿意献出城阳郡（今山东莒县一带）作为鲁元公主的汤沐邑，并尊称鲁元公主为王太后。吕太后高兴地答应了，就在长安齐悼王的住宅内设宴畅饮，欢送齐悼王回齐国。（《汉书》 王福金）

90. 各有所主

汉文帝刘恒当初为代王时，所管的仅是一府之政；即了皇帝位，却要管天下之政，做地方王时的那一套完全不适应了。好在他很虚心，不懂的事或者不了解的情况问大臣就是了。面对天子的发问，臣子应当对答如流，偶有不能回答当然可以原谅，但一言回答不上，可就麻烦了。

一日上朝，文帝问右丞相周勃，天下一年要判决多少案件。周勃身为右丞相，但这具体数字确实一时回答不出，低眉沉思，嗫嚅半天，还是说不出。他怎么敢乱说呢？一顶"欺君"的帽子可不是闹着玩的。所以最后只好老老实实恭称不知。文帝因念他做太尉时，平定诸吕有功，没有深责他。而周勃呢，头上直冒热汗，坐立不安。不料文帝又问周勃："天下钱粮一年出入多少？"周勃又恭称不知。

文帝有点失望、不满:身为右丞相,竟不能给我一个满意的回答,怎么老是一问三不知呢?

这时左丞相陈平在一旁听着,他心里知道应该怎么回答,但皇上没有问自己,不好插嘴,但他那心里有底而从容镇定的样子还是被文帝觉察了,于是文帝转而问陈平:"你知道吗?"陈平答道:"陛下所问的事,有主管官员。"文帝说:"谁主管?"陈平胸有成竹地说:"陛下如果问天下一年处理多少案件,可问廷尉;如问天下钱粮一年出入多少,可问治粟内史。"文帝见他回答得理正词畅,同时隐隐觉得自己用具体数字问大臣,恐未必恰当,而陈平答以具体问题各有专人负责,不是没有道理啊,但作为丞相,应管些什么呢?于是问陈平:"既然事情各有专管,那么你作为丞相管些什么呢?"陈平略作沉吟,徐徐答道:"臣既为宰相,当行宰相之职事。宰相之职,就是上佐天子,下育万民;对外镇抚四夷诸侯,对内亲附百姓,使各级官吏小心供职,以对陛下负责。"文帝一听,觉得甚有条理,连声称善。

右丞相周勃面有羞色,退朝后责备陈平说:"你为什么不早点把这一套教给我,弄得我今天这样难堪?"陈平笑了一笑说:"您身居其位而不知其任,可以吗?您作为右丞相当行右丞相之职事。假如皇上问您,长安城中有多少盗贼,您能强对吗?各有所主嘛!"于是周勃自知才能远远不如陈平,请求免除自己的右丞相之职,仍由陈平总理丞相之事。(《史记》 李道桐)

91. 面折汉文帝

汉文帝时,匈奴屡犯北边,而朝廷一方面缺乏守边人才,另一方面,却对有功之人奖励不当。文帝一时还不觉察,而臣子们倒是非常清楚的。如何使皇上猛醒?婉讽曲谏有时不如直言直语来得爽快。冯唐早就想要对汉文帝进谏了,只是身为宫中一个小小的郎署长,一直没机会罢了。

一天,汉文帝乘辇经过郎署,见一白发老人,问道:"你这么大年纪了,从何处调来?老家在哪里?"这个人就是冯唐,他年逾古稀,但口齿尚健,回答道:"臣祖上是赵人,到父亲这一代时,迁居到代郡。汉兴以后,又迁居到安陵。臣以孝行被举为中郎署长。七十多岁啦,不中用了。"

文帝一听冯唐曾在代郡住过,顿时倍感亲切。当初自己做代王时的情景如在目前。他对冯唐说:"我在代时,有个在王府中管膳食的,叫高祛,他多次对我说过,当初赵国有个大将叫李齐,非常贤能,曾在钜鹿作战。现在我每当吃饭时,就想到钜鹿,就想到李齐。李齐这人你知道吗?"原来汉文帝看来在和冯唐说话,而心里却仍在想北部边防,求将心切。求之不得,说说以往的贤将,也痛快。

不料冯唐却说："李齐还不如廉颇、李牧。"文帝说："为什么?"冯唐说："臣的祖父在赵时,曾为下级军官,和李牧友善;臣父曾为代相,和赵将李齐友善。耳闻既多,一比较就觉得李齐虽贤,但还比不上廉颇、李牧。"原来还有比李齐更好的!文帝不觉两手拍髀,深有感慨地说："啊,只因我不能得李牧、廉颇。假若我能得李牧、廉颇这样的贤将,我还会忧虑匈奴吗?"

冯唐觉得火候已到,冷淡地说："陛下即使得李牧、廉颇,恐怕也不能用!"

文帝被这突如其来的冒犯,弄得一时说不出话,况且旁边还有侍臣,不便发作,于是立即命驾回宫。待气稍平,又派人把冯唐召来,问道："你为什么当众侮辱我?难道就没有隐蔽处,悄悄地对我说不行吗?"冯唐连忙谢罪："鄙人不知忌讳,太放肆,该死该死!"

其时匈奴正大规模进攻入朝那(汉县名,在今宁夏固原东南),并杀了北地都尉。文帝心忧北边,思贤心切,觉得冯唐似乎话中有话,于是和缓了语气,问道："你凭什么说我不能用廉颇、李牧呢?"冯唐说："臣听说古代王者使用将领,不加干预,让将领自主从事,军功爵赏,皆决于外,回朝时,如实奏报就是了。所以李牧能尽其智能,北逐单于,破东胡,灭澹林,抑制强秦,南和韩魏,几乎称霸天下。后来赵王迁新立,竟听信秦国间谍郭开的谗言,杀死了李牧,赶走了廉颇,弄得兵败国亡。现在,臣听说魏尚任云中守,把租税等用来犒赏士兵,甚至将自己私俸也拿出来,杀牛招待宾客、军吏、舍人,大家都乐为效劳,匈奴不敢靠近云中一步。有一次匈奴曾突入探听虚实,魏尚率车骑予以狠狠打击,斩首捕虏,所获甚多。在计算首级时,只因为相差六颗首级,被朝廷派去的文吏绳之以法,不但没有赏赐,反被陛下削爵处罚,罢了云中守。臣下虽愚,也认为陛下法不明,赏太轻,罚太重。由此看来,陛下虽得李牧、廉颇,不能用也。"

文帝一听,由暗而明,转怒为喜,深感自己对魏尚的处罚不当。于是说改就改,当天就令冯唐带着皇帝的符节,传令赦免魏尚,仍以魏尚为云中守,同时授予冯唐车骑都尉官职。(《史记》 李道桐)

92. 当众辱赵同

汉文帝时,袁盎为中郎,他的计策常被文帝采纳,深见信任,一时名重朝廷。后来文帝开始宠信宦者赵同。赵同虽为宦官,地位卑微,但常在文帝左右,其言谈评议,特别是对大臣的褒贬,不能不影响皇帝的视听。历史上一些心术不端的大臣为巩固自己在朝中的地位,卑躬屈节,诣事宦官的事,累见不鲜。而袁盎,一身正气,在朝中常常陈词慷慨,光明磊落,与宦者阴暗猥劣心理水火不容。

赵同为巩固皇上对他的恩宠,多次在文帝前无中生有地说袁盎的坏话。

赵同的谗言虽然一时还未生效,但时间一久,皇帝不免信以为真。袁盎心下正为此苦闷,一时还想不出对付赵同的办法。

一天,袁盎的侄子袁种(也在宫中任职)对袁盎说:"对付赵同这小人,必须先发制人,后发必为人所制。"袁盎问:"如何先发制人?"袁种说:"我们当然不能当众揍他,也不能直接叫文帝不信他,得另想办法,让他对你的谗毁在文帝面前不起作用。"袁盎一时还想不出恰当办法,袁种忽而击掌起立,说:"有了。你只要当着文帝之面,在大庭广众之中,找个岔子当众羞辱他,使他难堪,他就不敢诽谤你了。"

袁盎把这话记在心里,只等机会到来。

一天,袁盎见文帝乘辇从宫中出来,车上陪乘的竟是赵同。袁盎以往虽也多次见赵同陪乘,只是心里有气,然而口中无言。今日不同了,袁盎大踏步上前,跪伏车下,说:"臣闻天子乘辇,陪乘的应都是天下英豪、伟男子;现在我们大汉虽缺乏人才,但还不至于让一个受过阉割、肢体不全的人陪天子乘车吧!"文帝一听,哈哈大笑,对赵同说:"你听见吗?大臣有意见啦,下去吧!"赵同满面羞惭,只好下车。

自这以后,赵同再也不敢在文帝前说袁盎的坏话了,否则,皇上就会疑心他是为了报复袁盎对他的羞辱。(《史记》 李道桐)

93. 嫁侍女

汉景帝采纳袁盎之计,杀了晁错,以平息吴楚等诸侯国对朝廷的怨怼情绪,并派使者以朝廷名义退还诸侯被削割的封地。因在文帝时袁盎曾任吴相,这次就派袁盎以太常身份使吴,慰抚劝勉,务使勿反朝廷。

不料吴王刘濞已自称"东帝",兵变在即。袁盎至吴,派人通知吴王刘濞前来拜受诏书。刘濞说:"我已是东帝,还要拜谁?"于是把袁盎留置军中,并胁迫他担任吴将,共反朝廷。袁盎心想,我是朝廷派来劝他不要谋反的,岂可通谋背叛朝廷?当然坚决不从。于是吴王派五百人给袁盎作"守卫",看管起来,准备杀掉他。

次日吴王派人来提袁盎,只见袁盎所居帐幕空空如也,幕西南被划了一个大洞,洞外士兵七歪八斜,躺满一地。这是怎么回事呢?

原来袁盎当初任吴相时,相府里有个从史爱上了袁盎的侍女。从史自惭地位低微,不敢贸然提婚,因为那毕竟是袁盎的贴身侍女呀。那侍女对从史倒也不拒,以致从眉目传情,渐渐委身,胶漆难分。这情形袁盎本未留意,后来终于觉察,要拆散、处分,甚至杀了他们,在那时,都不算过分的。但袁盎心想,杀了他们,只平了一时私忿,不算大丈夫,再说从史平时办事干练,日后可派大用,何不

顺水推舟,做个人情。因此,他只装不知道,平时对待从史还像往常一样,并严禁家人张扬。

从史有个好友,出于善意,告诉从史说:"主人已知道你们的事了,你还是快快逃走吧!"从史一听,想道,既然主人已知,再这样下去恐不好弄,于是连夜逃亡。袁盎知从史畏惧潜逃,随即策马前追。追回从史后,袁盎即唤出侍女,当日给他们成亲,从史仍留相府任原职。后来,朝廷调袁盎回京,从史仍留在吴。

这次袁盎来吴被困,且将被杀,处境极其危险,那看守袁盎的五百士兵的头领,正是当初的从史,他现在已升任做了司马。袁盎早已不认识他了,但他却认得袁盎。吴王作乱,从史虽在吴军中任司马,而心下并不赞同。这回,他要用行动报效恩主,于是罄其身边所有资财,买了数坛好酒,当夜将帐外西南一角的守卒灌得酩酊大醉,急入帐招呼袁盎说:"您可逃走了! 情况十分紧急!"袁盎惊问:"你是何人?""我就是当初盗君侍女后来蒙大人恩赐,令我成婚的那个从史呀。"说完即拔刀划破西南方幕帐,引领袁盎奔逃而出,两人各向相反方向离去。

袁盎徒步行走七十余里,途中遇到朝廷派出平叛的军队,很快被护送至京,向景帝报告了吴王反叛事实,并兼及险中安全脱身的因由。(《汉书》 李道桐)

94. 正言除奸

汉景帝把太子刘荣贬为临江王。景帝的弟弟梁孝王受公孙诡和羊胜的蛊惑,想趁虚而入谋求被立为太子,遭到景帝的谋臣袁盎等人的反对。梁孝王便与公孙诡、羊胜密谋刺杀袁盎等十几个大臣。

阴谋败露后,景帝派使臣到梁国捉拿公孙诡和羊胜。使臣在梁国搜捕了一个多月,这两人却影踪全无。

原来,两个奸贼被梁孝王藏匿在王府里。那时韩安国正在梁国任内史,就进王府去见梁孝王。他见了梁孝王就痛哭起来,说道:"由于大王没有良臣辅佐,所以国内灾祸不断。如今公孙诡和羊胜又未被捕获,所以请大王治我的罪,把我处死吧。"梁孝王听了,很不以为然地问韩安国道:"情况会有如此严重吗?"韩安国哭着问梁孝王道:"大王与当今皇上的关系,比起太上皇与高皇帝以及当今皇上与临江王的关系来,哪个更亲近呢?"梁孝王道:"我不如太上皇和临江王。"韩安国道:"太上皇和高皇帝以及当今皇上和临江王都是亲父子,然而高皇帝却说:'征战厮杀,夺得天下的是我。'所以始终没有让太上皇过问朝政。临江王原被立为太子,仅仅因为别人的一句话惹恼了皇上而迁怒于他,结果被废去了太子,贬为临江王,后来又因为一些别的事情而被逼自杀。故而有人说:'虽然有亲父亲,又怎么知道他不是猛虎呢？虽然有亲兄长，又怎么知道他不是恶狼呢？'如今大王听信了奸臣的挑唆，竟然违反皇上的禁令，破坏朝廷的法度。皇上因为太后而没有治大王的罪，然而大王的处境却是非常危险的。太后为此而日夜啼哭，总盼望大王能够幡然改过，不料大王却至今执迷不悟，有朝一日太后驾鹤西归，大王还能指望得到谁的庇护呢？"韩安国的一番话还没有说完，梁孝王已经泣不成声。他连连摆手对韩安国说道："别说了，别说了，都是我的过错。我马上把公孙诡和羊胜交给朝廷的使臣。"公孙诡和羊胜听到消息就吓得自杀了。

使臣完成了使命返回京都。汉景帝没有再追究梁孝王的罪责，事情就这样了结了。然而，此后景帝和太后就更加看重韩安国了。（《史记》 徐沂凯）

95. 阻武帝徙乳母

汉武帝时，有位善说笑话的艺人，叫郭舍人。此人说话虽不合孔孟学说正统之道，但言辞诙谐，发人深省，所以很得汉武帝的喜欢。

都说汉武帝年幼时，因为体质单薄，曾靠东武侯的母亲以乳汁喂养。长大后，接了皇位，武帝不忘东武侯母亲的养育之恩，尊称她为大乳母，并派手下大臣送去大批衣料、食物、钱财供养乳母。可那位大乳母并不满足，又上书给皇上说："某某地方有块公田，能不能也赏赐给我呢？"汉武帝说："既然大乳母想要这片土地，那就给吧。"从这以后，凡是大乳母说的话，武帝没有不听的。因为这样，朝廷的大臣们也就格外敬重大乳母。受了恩宠的大乳母慢慢地变得骄横起来了，她家里的子孙后代，甚至手下的奴仆，也敢于光天化日之下抢人的车马，夺人的衣服，在长安城里，横行霸道，做尽了坏事，还振振有词："我们是皇上大乳母家的！"

大乳母及家人们干的坏事，自然引起民愤，官府当然也知道，可是碍于皇上的情面，谁也不敢执法制止。后来，司法官员实在无奈，就把情况奏禀皇上。汉武帝听后，不由勃然大怒，心想：我的皇朝要靠法律治理，大乳母不顾法纪，岂不坏了国家大事？司法官见皇上脸色骤变，知道皇上生气，就小心翼翼地奏请道："臣认为把大乳母一家迁到边疆去比较好，免得在京城继续扰乱。""好！"汉武帝余怒未息，立即下诏。

朝廷的官员们知道汉武帝的脾气，按其本意谁冒犯了他，是会不顾情义，立刻问斩的。如今，把大乳母一家发配边关，还算是从轻发落，所以谁也不敢再有反对意见，只是连连称是。唯独那位艺人郭舍人却在一边冷笑：大乳母骄横犯法不都是您皇上给宠坏的吗？

按照条例，大乳母发配前要向皇上来谢罪辞行。那天，大乳母进宫前，在宫

门外碰到了郭舍人。一见面,她就痛哭流涕,对自己的过错深表痛悔。郭舍人却还是那副嬉皮笑脸、不急不躁的滑稽相:"唷,您老人家现在知错啦?得了,马上进去给皇上辞行吧!""求您想办法救我一回吧!"乳母恳求道。"嘻嘻,我有什么办法?您进去见了皇上辞行后,就赶快往回走,一边走,再一边不停地回头看看皇上,知道了吗?""这个……""还'这个''那个'什么呀?记住了,照我的话做!"说着,郭舍人转身就先上了朝廷,站在汉武帝下侧。

大乳母辞行时,汉武帝依然板着面孔,怒气冲冲。辞行完毕,大乳母就照着郭舍人的说法,赶紧往回走,一边走还一边屡屡回头看看。朝廷上的那些官员见她这样子都急坏了:"你这老婆子还屡屡回头干吗?找死啊!"这时候郭舍人也发火了,厉声骂道:"呸,老太婆,你还不快走!我们皇上如今已经是成年人了,又不是小孩子,难道还要靠你的奶汁来养育吗?你还回头看他干什么?"其他官员听到这话都大惊失色,郭舍人这话明明在骂皇上啊!唯独汉武帝听了这话怦然心动。倏忽间,自己年幼时受大乳母以乳汁喂养的情景又历历在目。看到前面这位步履蹒跚的老妇人,屡屡回头,神色凄惶,汉武帝不由动了恻隐之心,挥手示意大乳母留步,并重新下诏书,不要大乳母一家迁徙边关受罚了。

大乳母从此改过。郭舍人一番妙言,智阻汉武帝迁徙乳母。(《汉书》 刘峥)

96. 托雁寻苏武

汉武帝天汉元年(前100),苏武奉命出使匈奴,常惠等随行。当时,恰逢匈奴国内发生谋反事件,苏武等因受牵连被匈奴扣留下来。单于打算乘机胁迫苏武投降,但苏武坚不屈服。单于无法,就把苏武流放到北海(今贝加尔湖)没有人烟的地方去放羊。单于对苏武说:"等公羊生了小羊再送你回国。"同时,单于又把苏武的随员常惠等人隔离开来,分别安置在别的地方,不许他们互通消息。

苏武到了北海,身边什么人都没有,唯一和他做伴的是那根代表朝廷的旌节。匈奴不给粮食,他就掘野鼠洞里的草籽、干果充饥。他每天拄着旌节放羊,不管睡觉起身都不离手。日子一久,旌节上的毛全脱落了。就这样,苏武在荒凉严寒的北海,艰苦地度过了漫长的岁月。

后来,汉武帝死了,汉昭帝即位。匈奴国内也发生了内乱,新单于无力再跟汉朝打仗,就同汉朝和好通婚。汉昭帝派人到匈奴去,要求匈奴放回苏武,但匈奴欺骗说苏武已经死了。过了几年,汉朝又一次派使者到匈奴去。常惠得到消息,就设法买通了监视他的匈奴兵,夜里偷偷去见汉使。常惠把苏武在北海牧羊的情况详细地告诉了汉使,并且想了一个绝妙的办法。

第二天,汉使按常惠的话对单于说:"我们皇上在上林苑中打猎,射下一只大雁,大雁脚上系着一封帛书,皇上打开帛书一看,原来苏武他们还活着,在北海牧羊。贵国既然诚心同汉朝和好,就不该搞欺骗。苏武他们明明还活着,在北海牧羊,怎么说他们死了?"单于听汉使这么一说,不觉目瞪口呆,他以为真是苏武的忠义感动了飞鸟,连大雁也替他送信呢。于是,他只好向汉使道歉说:"苏武他们确实还在,我这就去放他们回国。"

汉昭帝始元六年(前81)春天,苏武终于回到京师。他在匈奴度过了十九年异常艰苦的岁月,出使的时候,是个四十岁左右的壮年汉子,回到汉朝,已经是个须发全白的老人了。

他的随员常惠,后来做了右将军,封为长罗侯。(《汉书》 杨文德)

97. "善哉"和"瞿所"

汉武帝到上林游玩,看到一棵很美的树,便问东方朔这树的名称。东方朔回答说:"这树叫善哉。"汉武帝便叫人暗地里在这棵树上做了标记。

过了几年,东方朔与汉武帝又同游上林,他们走到这棵树前。汉武帝有意问东方朔:"这棵树叫什么名字?"东方朔早已忘记自己曾经说过的话,随口说道:"叫瞿所。"汉武帝对他说:"好啊,你一直在骗我。为什么同一棵树,你前后说的名称不一样?"东方朔巧妙地回答道:"大马叫马,小马叫驹;大鸡叫鸡,小鸡叫雏;大牛叫牛,小牛叫犊;人刚生下来称为小儿,年长到一定程度就叫老头。这棵树从前叫善哉,现在叫瞿所。小会变老,生会转死,世间万物更替变换,怎么能固定不变呢?"

汉武帝见他回答得很机智,也就一笑了之。(《太平广记》 知周)

98. 田叔相鲁

"新上任的田相国打人啦!"消息四下传开,人们纷纷涌向离鲁王府不远的一块空地。只见那儿早已是里三层外三层地围着一大堆人,人群中央,有二十来个人被反绑着双手跪在地上,两个手执藤鞭的彪形大汉轮番抽打他们,这些人不时发出求饶之声。旁边站着一人,身穿簇新的官服,正高声怒斥着。他,就是刚由汉文帝派来鲁国任国相的田叔。

消息很快报进了鲁王府,鲁王听了觉得纳闷:田叔刚到任,怎会如此大张声势地责罚百姓呢?听说田叔一贯为人廉直,又善于谋略,此中必有蹊跷。于是命

人速去探明原委。情况很快报来了,原来这天田叔便服在外了解民情,碰巧看到百十来人围在一起,纷纷议论着鲁王如何搜刮百姓的财物、百姓的生活是怎样怎样的穷愁潦倒。渐渐地,怨言迭起,群情激愤。田叔见状,马上派人拿下为首的二十多人,当众鞭笞。鲁王手下人还把田叔斥责的话学给鲁王听:"国家国家,一个国就像一个家,鲁王难道不是你们的父母吗!你们怎么能随便议论自己的父母呢?"鲁王听了这话,不由得羞惭满面,冷汗发背,赶紧把田叔请进王府,对他说:"我身为鲁王,却不能尽父母之道,今日承相国启发,愧之难当!"当即叫人打开府库,请田叔将库中搜刮来的钱币财物偿还给百姓。不料田叔说:"我王能体恤百姓,那真是鲁国的大幸!田某何德何能,怎敢拿您的钱财买人情呢?我的职责只是辅助国政,树立王威。请您自己派人以王府的名义去分头偿还吧。否则,百姓只道是鲁王作恶而田相为善,哪里还能体察您的一片爱民之心呢?"鲁王听了此话,对这位新相国于感激之外更添了一层敬意。果然,田叔做了鲁相后,从此上下和谐,国泰民安。

鲁王有了田叔这得力帮手,治理朝政大事顺心应手,渐渐地又飘飘然起来。他平生最喜欢狩猎,前呼后拥,快马利箭,驰骋于苑囿,每每满载而归,好不威风快意。田叔也经常随着鲁王一起去。按说,田叔是春秋时齐相田氏的后代,算得上豪放任侠之人,又精于剑弩之术,对骑马打猎不会不喜欢,可田叔却从不参与打猎。鲁王开始也不在意,总是安排他在苑囿附近的宾馆里休息,可是日子一久就生出奇怪来:每当兴尽凯旋时,总看到他独自一人默默地端坐于苑外,听任风吹日晒,从不回宾馆休息,便心知其中有因,于是上前问道:"相国不在馆内将息,独坐在外,有何见教?"田叔显出惊讶的神态说:"此话从何说起!我王还不是终日弓马劳顿,日里来,风里去,为臣的怎能安心在馆舍里独享清福呢?"鲁王岂是愚钝之辈,心中已明白了相国借故讽谏,又不伤体面的一番苦心,笑道:"难得相国为此甘苦与共,一心为王着想,好!好!咱们这就打道回府!"

此后,鲁王专心治理国事朝政,很少出游打猎,偶尔为之,也决不兴师动众了。(《汉书》 黄颂康)

99. 疑兵解围

李广是汉朝的一代名将,武艺高强,才气非凡。

汉景帝时,李广被调到上郡担任太守。上郡是汉朝和匈奴经常发生战争的地区。李广上任不久,就跟匈奴大队骑兵发生了一次意外的遭遇。

那天，匈奴进了上郡，李广带着一百多名骑兵去追赶三个匈奴射手，追了几十里地才追上那三个徒步而行的匈奴人。李广一面命令部下左右散开，从两翼包抄过去，一面亲自拉弓搭箭射他们。结果，射死了其中两个，把第三个活捉了。

他们刚把俘虏绑在马上，准备回营，远远望见来了几千名匈奴骑兵。匈奴将领见李广他们不过百来人，以为这是汉军派来的诱敌疑兵，十分吃惊，恐怕中了埋伏，立刻上山摆开阵势，准备迎战。李广手下的百余名骑兵突然遇到匈奴大队人马，也十分吃惊，不由得紧张起来，想驱马逃走。只有李广一人镇定自若，他对部下说："我们已经离开大营几十里，在眼前这种情况下，凭我们这一百来人马往回跑，匈奴兵追上来，一阵乱箭，谁也别想活着回去。我们不如干脆停下来不走，匈奴兵一定会认为我们是大部队的诱兵，不敢来攻击我们。"

接着，李广下令部队继续前进，一直走到离匈奴阵地大约只有两里的地方停下来。李广命令士兵说："全部下马，卸下马鞍！"这样，一边是占着有利地势、严阵以待的几千匈奴骑兵，一边是下马解鞍、放松戒备的一百多个汉朝骑兵，两军相距只有两里地。李广的部下更加紧张，纷纷议论："匈奴兵马这么多，离我们又这么近，万一发生紧急情况怎么办？"李广笑了笑，说："敌人以为我们会逃走，现在我们却卸下马鞍休息，他们会更加确信我们是来诱敌的，绝不敢轻举妄动。"汉兵提心吊胆地卸下马鞍，躺在地上休息。匈奴骑兵果然不敢进攻。两军就这样相持着，四周一片寂静。

过了一会儿，一个骑着白马的匈奴将领到阵前来监护自己的部队，李广见了，立即跃上战马，率领十来名骑兵，冲上前去，一箭把他射死，然后又从从容容回到队伍中，卸下马鞍，让大家把马放了，横七竖八地躺在地上休息。这时，天色渐渐暗了。

匈奴骑兵因为摸不清李广一行的底细，始终不敢贸然发动进攻。到了半夜里，他们认定汉军就埋伏在附近的地方，就悄悄地撤走了。

第二天一清早，李广见敌军撤得无影无踪，这才带着手下的一百多名骑兵返回大营。

因为李广这样机智勇敢，所以匈奴既怕他，又敬他，称他为"汉之飞将军"。

(《史记》 杨文德)

100. 装死脱身

李广是西汉时期抗御匈奴的名将，他艺高胆壮，骁勇善战，功劳显赫，被匈奴称为"汉之飞将军"。

汉武帝当政时,面对匈奴大肆入侵,委派李广担任卫尉将军,出雁门抗击匈奴。不料,这次匈奴早有防备,匈奴的首领单于调集了精兵强将和众多的部队,并发誓一定要活捉李广。交战中,李广受伤,单于依仗人多势强,击败了李广的部队并擒获了李广。

匈奴兵用绳索结成网兜,把网兜放在两匹马之间,让李广躺在上面。李广想:我就将计就计躺着装死,再寻找脱身的机会。于是,他就耷拉着脑袋,紧闭着双眼,屏住呼吸一动不动。匈奴兵看李广已奄奄一息,都放松了警惕。走了十多里路,李广偷偷地睁开了眼睛,瞅到旁边一个匈奴骑着一匹良马,那马膘肥体壮,毛色油光透亮,马蹄蹬地有力,再看看周围的匈奴兵一个个萎靡不振的模样,认为脱身的时机来了。他忍着伤口的疼痛,使出全身的力气,腾地纵身一跃,跳上了那匹良马的马背,趁马背上的匈奴兵还没回过神来,就夺下了他的弓箭,把他推了下去,然后用力鞭打着马,只见那马奋蹄跃起,急驰如飞。匈奴兵看到网兜上确实空空如也不见李广的人影时,才大梦初醒,乱了阵脚。李广向南急驰了数十里,听到后面的马蹄声越来越响,回头一看,只见数百名匈奴骑兵在后面紧紧追赶。他神色自若,等到前面的追兵离他只有几十步路的光景,才不慌不忙拉开了弓箭,敌兵一一应弦倒下。后面的追兵见状都慌作一团,有的勒住缰绳不敢朝前,有的掉转马头落荒而逃。趁匈奴兵慌乱时,李广高高地扬起了马鞭,纵马飞驰。突围出来后,李广一路上收集了存留下来的败军,率领他们入关,回到了汉境。(《史记》 成雅明)

101. 审讯争田案

韩延寿是西汉时一位著名的能吏,他善于用礼义道德去感化百姓,因此政绩显著。

韩延寿担任左冯翊(官名,职权相当于郡太守,治所在长安)时,大力宣传教化,劝课农桑。有一次,他到高陵(今陕西西安长安区东北)去巡视,遇到一件兄弟俩争夺田产的案子。由于兄弟俩各执一词,不肯相让,以致高陵县令也无法判断。

韩延寿先让县令介绍了案情,然后又仔细观看了诉讼状,就派人把兄弟俩带到县衙大堂。听完了二人的各自陈述,韩延寿认为二人都不是刁钻无赖之徒,便伤心地说道:"蒙皇上恩典,我侥幸得到左冯翊之位。本应该成为一郡的表率,但因我不能宣明教化,致使百姓中有亲骨肉兄弟为争夺田产而诉讼,既伤风化,又使本县大小官吏蒙受重大的耻辱,这一切都是我的过失,你们二人先回去吧!"

韩延寿审案后的当天,便宣布自己生了病,不听讼事,借此到县招待所,躺在床上,闭门思过。他还命令县中大小官吏都要自己将自己捆绑起来待罪。一县之人都不知道他葫芦里卖的是什么药。

争夺田产兄弟的族人听到这一消息,都深感不安,纷纷责备兄弟俩不能相互谦让,有失悌礼。在族人的开导劝说下,兄弟俩十分懊悔,都自动剪掉头发,裸露上身,去向韩延寿登门谢罪,表示愿以田相让,至死不敢再争夺田产。韩延寿听说后十分高兴,叫人打开大门,亲自用双手拉着兄弟俩走进府内大厅,并摆下酒宴相款待。席间,韩延寿又对兄弟俩能悔过从善再三慰勉,并让他们转告本县父老乡亲,凡是能悔过从善的人,都应该受到表扬。

这件事在高陵县传开后,无论男女老少,无不深受感动。从此以后,大家都知道应该自励自爱、相互谦让的道理,打官司一类的事件大大减少。(《汉书》 王福全)

102. 明辨忠奸

后元二年(前87),汉武帝病逝,8岁的儿子刘弗陵即位,这就是汉昭帝。汉武帝临死前嘱托霍光、金日(mì)䃅(dī)、上官桀、桑弘羊辅佐昭帝。

霍光辅政以来,勤恳谨慎,公正无私,赏罚分明,将国家大事治理得井井有条,深受昭帝的称赞。而上官桀因与霍光政见不一致,矛盾很深。上官桀为了跟霍光争权夺利,就和儿子上官安、昭帝的大姐盖长公主、桑弘羊结成反对派,挖空心思想把霍光置于死地而后快。

昭帝的哥哥燕王刘旦因为没有当上皇帝,参与谋反,受到朝廷处分。昭帝继位后,上官桀仍然与刘旦私下往来。两人暗中密谋,一旦时机成熟,就推翻昭帝,立刘旦为皇帝。于是上官桀就想出了一个借刀杀人之计。

有一天,霍光到长安附近的广明去检阅军队,事前还调了一个校尉到大将军府中任职。上官桀一伙认为陷害霍光的机会来了,于是就叫他们的一个亲信模仿燕王刘旦的口气和笔迹给昭帝写了一封书信,送到昭帝那里去告发霍光。昭帝打开信一看,只见上面写道:"据闻大将军霍光外出检阅御林军操练演习,居然坐着和皇上一样的车子,沿途下令戒严,断绝交通,还让给皇上掌管饮食的官员为他准备饮食。苏武出使匈奴,被拘留二十年不肯投降,回来后才当个典属国(掌管少数民族事务的官),而大将军霍光手下的长史(属官)杨敞没有任何功劳,却当上了搜粟都尉。他又自作主张调一个校尉到自己府中。霍光如此专权霸道,恐怕想要谋反。我愿交出燕王的大印,回到长安,到皇宫里担任皇上的警卫,镇压奸臣的叛乱。"昭帝把这封告发霍光的信仔细看了几遍,就收起来了。上官桀急于想把霍光赶下台,赶快进宫去追问昭帝这事如何处理。昭帝回答说:"等

霍光检阅完军队回来再说吧！"

第二天早晨，霍光听说有人告发他，上朝时就躲在偏殿画室里，不敢去见昭帝。昭帝上朝后，不见霍光，就问道："大将军到哪里去了？"上官桀马上回答道："因为燕王告发了他的罪状，所以不敢进来朝见皇上。"昭帝大喝一声："叫他进来，我有话对他说！"霍光听见昭帝叫他，赶快来到殿上，摘下帽子，跪倒在昭帝面前说："臣罪该万死，听候皇上发落！"昭帝抬一抬手说："大将军请起来，戴上帽子，朕知道告发你的书信是伪造的，你没有罪。"霍光问道："陛下怎么知道那封书信是伪造的呢？"昭帝说："大将军到广明去检阅军队，是在京城附近的地方，调校尉去大将军府，也不到十天，远在北方千里之外的燕王怎么能够知道这些事呢？即使知道了，马上派人来送书信，也来不及赶到京城。再说大将军如果真想造反，也用不着靠调用一个校尉。因此我断定这封书信是伪造的，这明明是想陷害大将军。"这时候的昭帝才十四岁，就如此聪明伶俐，明辨是非，使朝中的大臣感到十分惊喜。

昭帝不但没有治霍光的罪，而且还当场下令，要追查伪造书信的人。上官桀怕追查到他们一伙头上，十分害怕，就劝昭帝说："区区小事，就不必深究了。"昭帝对他已有怀疑，坚决不同意，还是让人赶快追查逮捕伪造书信的人。

上官桀一伙见昭帝继续追查此事，就以攻为守，多次在昭帝面前说霍光的坏话，昭帝每次听了都大发脾气，说道："大将军是个忠臣，先帝临终前嘱咐他辅佐朕治理天下。今后有人胆敢再诽谤他，一定要严加惩罚。"从此以后，上官桀一伙才不敢再说霍光的坏话。可是他们还不死心，又想阴谋杀死霍光，结果阴谋败露，自取灭亡。（《汉书》 王福金）

103. 丙吉识大体

丙吉字少卿，西汉时鲁国人。他本是一个地方的狱史小官，由于勤学诗礼，畅晓大义，为人廉正，得到朝廷器重，被逐步提升为廷尉右监、大将军长史、御史大夫，直至成为西汉一代名相。当时从汉宣帝到丙吉的副官随侍，都对他的那种厚人薄己、去私心、识大体的智者之风大加称道。

汉宣帝刘询，是汉武帝的曾孙，卫太子的孙子，刚出生几个月，就被卷入武帝时的一桩大冤狱——巫蛊之祸，当时受牵连而被诛死者前后达数万人。卫太子也被人诬陷，被迫起兵抗拒，结果兵败自杀。刘询尚在襁褓中便被投入长安监狱。当时丙吉任廷尉监（廷尉的高级副官，廷尉掌管全国司法），负责长安监狱。他心中明白卫太子纯属无辜，又特别怜爱幼小的刘询，于是暗中选择狱中的谨慎厚道的女囚徒，让她们悉心抚养照顾刘询。五年后，汉武帝病重，有人报告说是长安监狱中有"天子之气"冲犯的缘故,武帝命令将长安监狱中的囚徒全部杀掉。使者持天子之令连夜赶至长安监狱。丙吉甘冒大逆之罪,紧闭大门,坚决不让使者进去,还大声疾呼:"天子的曾孙在这里,谁敢妄动! 巫蛊之狱的冤魂已经够多的了,他们都是无辜的! 更何况一个几岁的小孩,天子的嫡亲曾孙!"相持到天亮,使者无可奈何回到宫中,奏请武帝治丙吉抗旨之罪。武帝此时终于幡然醒悟,长叹一声:"这是天意啊!"便下令大赦天下。刘询及其他无数的蒙冤受害者因此而重见天日。丙吉又命专人保护抚育刘询,月月送去自己的米肉钱物,关怀备至。刘询体弱多病,几次几乎不治,都是丙吉延医送药,方得保全。刘询十八岁时,大将军霍光专权,议立新帝。此时丙吉已是大将军长史(大将军的高级佐官),力荐刘询,这样刘询才得以重返皇宫,成为皇位继承人。然而,刘询对于自己小时候的遭遇,并不了解得很清楚,而丙吉对这一段犹如重生再造的保育之恩,也从来绝口不提。直到刘询即位成为汉宣帝后的第七个年头,一个宫女自称曾经照护过皇曾孙而向宣帝邀赏,才把这段往事揭开。宣帝极为感动,封丙吉为博阳侯,五年后,拜为丞相。丙吉恩及于人,从不矜功伐善,他大局为重,不计个人恩怨的高风亮节,对于开创孝宣中兴的局面,形成政通人和、仁义礼让的社会风尚起了重要的倡导作用。

丙吉做了丞相后,依然兢兢业业,克己奉公,宽厚待人,而且更表现出身居高位者大处着眼的那种睿智。一次丙吉外出,看到一群人为争道互相斗殴,打得不可开交,闹出了人命。丙吉并不过问,继续前行。不一会儿,又遇见一农夫赶着牛在道上走,那牛气喘吁吁,舌头伸了出来。丙吉马上吩咐停车,命人上前询问农夫:这牛已经赶了几里路? 为何这样疲乏? 随从官员见丞相放着人命关天的事不管,偏偏关心老牛吐舌的小事,都感到疑惑不解。丙吉便向他们解释说:"民众斗死殴伤的事情,那是长安令、京兆尹(均是京都地区的行政长官)职责所管辖的范围,到年终时宰相只要考核他们的从政优劣进行赏罚就行了,与国计民生的大局相比,这只是小事,宰相怎能不分巨细事必躬亲呢? 现在正当春天播种季节,气候不该太热,我担心的是,如果那牛只走了一点点路便喘成那样,就说明时气失节,将会影响到农业的收成,这可是关系到国家根本利益的大事啊! 宰相的职责正是要调和阴阳,使得风调雨顺、国泰民安,所以我要过问牛喘吐舌的事。"随从官们听了,都由衷地佩服丙吉不愧是一位贤相。(《汉书》 黄颂康)

104. 妙计锄奸

西汉宣帝时,河南颍川郡有两个大姓宗族,一姓原,一姓褚。这两个大姓宗

族互相联姻,盘根错节,结为死党。他们结交官吏,骄横跋扈,强取豪夺,为害一方。一时间,盗贼蜂起,民不聊生。面对这样的局面,颍川太守一筹莫展。于是,宣帝特派赵广汉出任颍川太守,除暴安民。

颍川并非京城,天高皇帝远,兼之原、褚两大宗族上有地方官吏撑腰,下有宗族子弟呼应,要除掉这方恶势力,无异于虎口拔牙。可赵广汉向来不畏强暴,他毫不畏惧地走马上任了。

赵广汉初到颍川,面对原、褚两大宗族庞大的关系网络,表面声色不露,暗中却加紧查访。可是,信息源竟全部被原、褚两大宗族切断。赵广汉冥思苦想,终于使出了一个绝招:向阳背阴,通衢小巷,广设举报筒,传令各方揭发举报盗贼的种种罪行。

起初几天,原、褚两大宗族恶势力负隅顽抗,颍川百姓慑于淫威,所以每天打开举报筒,里边都是空空的。赵广汉毫不在意,就把原先掌握的一些材料假托是从举报筒中得来的,然后抓获九个零星作案者严加审讯,把可以利用的情况综合起来,有意让人透露出去,说原姓家族的犯人供出了褚姓家族的犯罪行径,褚姓家族的犯人供出了原姓家族的犯罪行径。这样一来,立生奇效,闹得原、褚两个宗族之间人心惶惶,互相猜忌。举报筒虽然还是空的,但是依然广为设置。一段时间下来,这两大宗族之间由互相猜忌,进而萌生了对立情绪,所谓你既不仁,我也不义,渐渐地,便相互告发,以示报复。至此,赵广汉设置举报筒来声东击西、分化瓦解的策略初见成效。

赵广汉在把恶势力的注意力引向举报筒的同时,却广撒情报之网,凭借着自己所擅长的钩距之术,广开信息源,沟通信息渠道,全方位地获取各种机密情报。何谓钩距之术?古人晋灼解释道:"钩,致;距,闭也。使对者无疑,若不闻而自知,众莫觉所由以闭,其术为矩也。"按今天通俗的说法,就是为搜集情报,应深入接触知情者,通过旁敲侧击的方法启发他们在毫无戒备的自然心态下无所顾忌地说出所了解的各种情况,以便从中选择自己所需要的信息。比方说,你想了解马的价钱,却不直接问马的价钱,而是先问狗的价钱,接着问羊的价钱,再问牛的价钱,然后很自然地问及马的价钱,让人无从揣摩你的真实意图。在这样的情况下,便可判断出马价的高低贵贱来。这便是钩距之术的要旨。赵广汉深谙此道。他态度谦恭,平易近人,很快便博得了百姓的好感与信任,他为民除害的决心也深深感动了百姓。于是,他便从百姓那儿源源不断地获取了原、褚两个家族的罪证。为了保护知情举报者,赵广汉隐去他们的姓名,并移花接木,声称举报筒里的投诉材料很多很多,都是两家子弟举报的。至此,原、褚两大家族和宗族内部互结仇敌,冤冤相报,大量的罪证暴露于光天化日之下,顽固堡垒终于不攻自破。

恶势力一旦解体,赵广汉便严惩了原、褚两姓中的首恶分子。这一果断举措,震动了整个颍川,深受其害的百姓无不额手称庆。颍川的风气得以彻底改变。恶势力一倒,盗匪们只得潜逃四方,转入地下。但一旦作案或蠢蠢欲动的话,缉捕人马便旋即赶到。情报之准确,破案之神速,空前绝后,令盗匪心惊胆战。自此,盗匪灭迹,百姓安居乐业,短短数月之间,颍川的面貌起了天翻地覆的变化。

赵广汉妙计锄奸,威名远扬,连远在北疆的匈奴也盛传此事。(《汉书》 曦月)

105. 朱博守左冯翊

朱博凭他的办事才干,从一个小小的亭长入为长安县令,又以他凌厉的工作作风,出色的政绩,博得朝廷赏识。汉成帝时,入守左冯(píng)翊。

这左冯翊,地属京畿,著名的三辅之一,治所就在长安。吏民见多识广,治安历来相当复杂。历朝有不少大员在这里栽了筋斗,丢了官,当然也不乏政绩显著、迅速为朝廷赏识提拔的。

朱博下车伊始,少不了明察暗访。不久他打听到长陵(属县)有个大户,姓尚方,名禁,此人早年曾偷奸他人之妻,被人家丈夫斫伤,至今额上还留有疤痕。这尚方禁凭他财大气粗,又多党羽,公然贿赂官府,而官府功曹慑于这地方一霸,徒众又多,难以对付,见来贿赂,就做了个顺水人情,不但没有治他的罪,反而把他从长陵调入郡府任守尉。此人现在京城左冯翊府中。

朱博一日找个其他事由,传唤尚方禁。朱博一见,果然额上有疤痕,就先叫左右从人退下,以极其冷静平和的口气问道:"你这额上的伤痕是几时受创的?为了什么事?"那尚方禁直冒冷汗,捣蒜一般直叩头谢罪:"大人既已知道了,小人服罪服罪。"他竟想不到朱博呵呵一笑说:"男子汉大丈夫嘛,这等事体有时也在所难免。本官能为你洗刷掉这个耻辱,就看你能否为本官效命。"尚方禁一听,几乎不相信自己的耳朵,连连说道:"小人必以死相效!小人必以死相效!"临别,朱博嘱令他不可把今日的话泄露出去,郡中府中吏人犯法,要秘密记下来报告。尚方禁就此乖乖地成了朱博的亲信耳目。

这尚方禁有事在身,不得不晨夜秘密探访,先把自己已经掌握的盗贼名姓以及尚未暴露出来的奸伪之事密告朱博,再继续秘密侦察,一时功效显著,治安大有好转。朱博念他有功,擢拔他任连守县令。

不久,朱博召见功曹,把门关得紧紧的,责备功曹当初受贿枉法之事,给功曹刀笔与木札,让他自记所作所为,哪怕受贿一钱,也不得隐瞒,若有半句假话,必定处死。功曹惶怖,把自己历年来贪赃枉法收受贿赂之事,不论大小,一一刻写

于木札之上。朱博见札，所记与密告相符。于是令功曹就座，谆谆叮嘱，能改就好。再把刻刀付与功曹，令他把木札上所刻之字全部削除，仍给他官复原职。功曹从此以后，办事战战兢兢，不敢有所差失，行为检点，执法守法，与以前相比，判若两人。(《汉书》 李道桐)

106. 裁缣断讼

西汉时，有个人带着一匹缣(jiān，一种不怕雨淋的细绢)到市场上去卖，途中下起了雨，他就打开缣披在身上遮盖。这时又奔过来一个人，请求和他一起披绢躲雨。雨停以后，两个人互相争夺起来，都说这是自己的缣，于是就告到太守那里。

太守薛宣讯问了很久，两人还是不肯让步。薛宣忽然很生气地说："这缣不过值几百个钱，有什么值得吵吵嚷嚷的，还要闹到官府！干脆我把缣裁开，分给你们，看你们还吵不吵！"说着挥了挥手，只见吏卒走来，用一把锋利的刀"嚓"的一声把缣裁断，给了他们一人一半。等他们走后，薛宣叫吏卒暗暗跟在后面，听他们有什么反应。

那两人刚跨出衙门，一个就喜形于色，说："太守神明，恩德真是不浅！"另一个则愤愤不平，自言自语地骂道："糊涂太守！好端端的一匹缣就只剩这么一半！"

薛宣知道后，立即命令把那个正在高兴的人抓来。经审讯，他终于认罪了。(《折狱龟鉴》 程维荣)

107. 巧断妯娌争儿案

前汉时，颍川有个富有的人家，兄弟俩生活在一起，凑巧的是，两兄弟的妻子都怀孕了。嫂嫂因为胎受了伤，孩子没成活，但她把这件事隐瞒了下来。她见弟媳妇生下了个男孩，便夺过来作为自己的孩子。妯娌间为这件事吵了三年，一直没有见分晓。后来官司打到郡太守黄霸那里，黄霸让人把这个男孩带到法庭上，叫妯娌俩去争抢这个男孩，谁抱到男孩就算谁的。只见那个做嫂嫂的抢夺那男孩动作粗野、凶猛，而那个弟媳妇却动作温和，而且脸部表情极其悲哀。

见此情景，黄霸心里早就明白了，他于是大声叱责那个做嫂嫂的："你因为贪图家产，只想把孩子抢到手，难道还考虑到孩子是否要受伤？这件事已经真相大白，你不是这孩子的母亲，马上把孩子还给你的弟媳妇。"那个做嫂嫂只得认罪，把孩子还了出来。(《折狱龟鉴》 知周)

108. 韬晦渡难关

西汉末年，外戚王莽篡夺政权，改国号为"新"。他托古改制，倒行逆施，残酷压榨百姓，结果引起绿林、赤眉等起义爆发。这时候，刘縯、刘秀兄弟就利用他们同西汉皇帝同姓的关系，乘机打出反对王莽、复兴汉室的旗号，也加入农民起义军。在昆阳大战中，刘秀采用里应外合的战略战术，以少胜多、以弱胜强，一举打败了王莽新军42万人，立下赫赫战功。不久，刘縯也攻下了宛城。当时正式被拥立为帝的"更始帝"刘玄，坐吃胜利的果子，率军进驻宛城，并将宛城做了更始政权的临时首都。

由于刘縯、刘秀兄弟屡建战功，声名大振，引起军内一些将领的嫉妒。有的造谣中伤，暗中劝说刘玄将刘氏兄弟除掉。刘秀察觉情况不妙，便提醒刘縯说："近来有些情况很异常，大概要出不测之事。"刘縯问道："你认为会出什么事呢？"刘秀说："诸将对我们兄弟俩似乎不能相容，你我兄弟今后要多加小心为是。"刘縯听后却不以为然。刘秀见他不听告诫，也不好再多说，便找了个借口，离开宛城到外县驻防。

果然不出刘秀所料，刘玄在宛城安顿下来以后，觉得自己的地位虽说比较巩固，但仍然害怕刘縯、刘秀兄弟将来势力强大起来以后，会同自己争夺皇位，于是在朱鲔、李轶的阴谋策划下，就找个借口把刘縯杀了。

驻防在父城的刘秀听说哥哥被刘玄杀害的消息，内心又是悲愤又是恐惧。他经过一番深思熟虑，认为现在刘玄基本上被新市、平林诸将控制，自己势单力薄，无法与之抗衡，只好暂且忍气吞声，采用韬晦之计。于是他就骑上一匹快马，急速来到宛城，主动向刘玄谢罪。刘秀到后，刘縯原任司徒时的一些下属官员都来迎接他，向他致以哀悼。刘秀竭力控制住自己的感情，不与他们说一句涉及私情的话，反而一再引咎自责，绝不自夸在昆阳大战中的功劳，也不为哥哥穿丧服，饮食言笑一如平常。可是一到晚上，他关起门来，便止不住痛哭流涕，发誓要为哥哥报仇。刘秀表面上的冷静态度使刘玄深感内疚，为了补偿过失，安抚和笼络刘秀，便拜刘秀为破虏大将军，封为武信侯。

过后，刘玄准备迁都洛阳，就派刘秀先去修整宫殿。宫殿修整完毕以后，刘玄迁入洛阳，就派刘秀到黄河以北去扩充势力。从此以后刘秀就像蛟龙归大海，猛虎入深山，放手在河北发展自己的势力，终成帝王之业。（《后汉书》 王福金）

109. 邯郸使者

更始元年（公元23，刘玄即帝位之年），王郎自立为天子，而刘秀为更始属下

破房大将军。当时天下汹汹,有力者动不动称王称帝。对于忽然冒出来自称天子的王郎,刘秀哪里放在眼内。

二年(公元24)正月,刘秀因王郎刚兴起不久,而且以邯郸为都城,心中甚为恼怒,于是带领部分人马,北征赵地蓟(jì)县,以巩固更始的影响。不料王郎在邯郸传檄州郡:谁捉了刘秀,封他十万户。而原来的广阳王的儿子刘接已在蓟县起兵来响应王郎。城内民众沸沸扬扬,不知听谁是好,惊恐万状,纷纷传说邯郸使者就要来了,并传令二千石以下的官员都要出城迎接。刘秀见此情形,知道寡不敌众,立即驾车南奔,不敢进入城邑,住宿在路边,就地筑灶做饭。

当刘秀一行奔逃到饶阳县的时候,吃的都没有了,又不好就地征粮,因为地方上早就接到王郎从邯郸发来的檄文,严令缉拿刘秀。怎么办?刘秀灵机一动,何不冒充邯郸使者?于是他和随行部众大模大样进入了饶阳城,就在城内招待来往官员的"招待所"——当时叫"传(zhuàn)舍"——住了下来。到达时正是中午,刘秀一行已饿了好几顿,看到传舍官员正在吃饭,有一位已饿得发慌,一闻到饭菜香,立即上前将传吏的饭抢夺过来,大口吞吃,刘秀止都止不住。这下可闯下大祸:传吏本以为他们是邯郸使者,自己赶忙吃好,准备为他们备饭,而现在他们却饿狼一般动手抢了,这哪里像个邯郸使者!他也心生一计,吓唬他们说:"邯郸将军到了!邯郸将军到了!"一边大声嚷嚷,一边擂鼓数十通。

刘秀一听邯郸将军到了,心里先是一紧,随从也惊慌失措,正准备登车逃离,但心下一想:我们来时,并未听到邯郸将军人马动静,怎么一坐下来,他们就到了?肯定有诈。再看传吏擂鼓,慌慌张张,鼓声不成路数,叫喊的声音也有些发抖。于是刘秀不慌不忙,又徐徐坐了下来,对传吏说:"请邯郸将军进来!我正有情况要告诉他。"一刻两刻过去了,始终不见有人进来——双方真是瞎子吃馄饨,心里有数。这时刘秀慢慢起身,对传吏说:"我们还有事,将军来时,请好好招待,告辞了。"

眼看着刘秀一行起身离开客厅,进入天井,就要出门,传吏对着守门人大声喊道:"快把门关上,快把门关上!"看门人只当是邯郸使者,回答说:"邯郸使者要走,怎么可以关门?"刘秀一行就此逃脱险境。

那传吏可能还在做那"十万户"的美梦呢。(《后汉书》 李道桐)

110. 焚烧书信

王郎因诈称自己是汉成帝之子,颇能迷惑人心。更始元年(公元23)十二月于邯郸自立为天子。刘秀在昆阳大捷之后,军威大振,但面对各地拥兵自重称帝称王的军阀割据势力,也颇伤脑筋了。王郎即位诏书对州郡影响力很大,就连刘

秀部下亦有人与王郎有书信来往。

面对如此形势,刘秀决定,首先征讨王郎。更始二年(公元24)四月,大军直逼邯郸城下,五月攻克邯郸,追杀王郎。于是命人搜查王郎宫中文书档案,结果发现有数千封各地官吏和一般百姓拥护王郎而毁谤刘秀等义军的信。写过信的人,一个个诚惶诚恐,怕活不了命。刘秀命人将这数千书札全部搬到院中,堆积得如小山一般,于是召集官属,对大家说:"王郎他冒充成帝之子,想趁乱浑水摸鱼,枉自称帝。凡与王郎有书信来往的,都是不明真相,一时受蒙蔽而已。现在王郎已诛,还望不必介怀,戮力同心,共复汉室,从此以后,各自安心供职。这些信,我并未看过,现当众烧毁!"院中立时烈焰腾腾,数千书札,立刻化为灰烬。

那些曾吹捧过王郎的人,不管在场不在场,听说刘秀这样宽仁之言,坦荡之举,无不从心底佩服:这才是真命天子的气度!(《后汉书》 李道桐)

111. 木牍释疑

陇、蜀两地平定后,汉光武帝刘秀停止攻伐,决定整顿吏治。当时一些官吏巧伪欺诈,不按实际情况上报耕田数,而百姓的户口、年龄每年都有所增减。刘秀便下令州郡重新丈量田亩进行核对。

不久,刘秀让各郡守派属吏来汇报丈量情况,他看见陈留郡吏拿来的木牍,其中的一片上写着:"颖川、弘农可问;河南、南阳不可问。"便问陈留吏这是什么意思。陈留吏支支吾吾不肯实说。刘秀感到有疑,再问了一遍。陈留吏结结巴巴地说:"这,这是我在长寿街上捡来的!"刘秀见他神色慌张,脸色红一阵白一阵的,不觉大怒,心想:这家伙肯定是在欺骗我!正要发作,又一想:他一定以为我没有办法猜透其中的意思,还是待我弄明白后再给予严惩也不迟。想到此,刘秀表面上不动声色,先让陈留吏退下。然后,刘秀拿起木牍再细看上面的文字,仔细揣摩,可仍然不解其意。

正在刘秀苦苦思索的时候,一直在帷幕后面玩耍的东海公刘阳跑了出来,他还只有十二岁,长得伶俐可爱,凑上来看木牍。刘秀抚摸着他的头问道:"你知道这是什么吗?"刘阳想了片刻,对刘秀说:"皇上,我知道,这一定是郡守的指令。"刘秀一听非常吃惊,就追问道:"你怎么知道?"小刘阳答道:"河南是皇帝的都城所在,住的多是皇帝的近臣;南阳是皇帝的故乡,住的多是皇帝的近亲,对郡守来说,当然是这两个地方不可问啰!"刘秀笑着说:"你是说这些属吏都是接受郡守的指令,来这儿先探听虚实?"小刘阳马上点头说:"是啊,他们先探听其他郡的耕田数,然后再与自己丈量的耕田数进行比较。河南和南阳这两个地方的耕田数

肯定超过规定,郡守指示属吏不可以这两地的耕田数作为比较的依据,因为他们是不敢得罪那些皇亲国戚的。"刘秀惊奇地问:"你小小年纪,怎么会作出如此精确的判断?"小刘阳眨了眨眼睛,调皮地说:"我没事的时候,常和厨师的孩子下棋,他的棋艺明明比我高好几倍,却每次都故意输给我,这不是同样的道理吗?"刘秀听了哈哈大笑,拍着手连连说道:"说得有理,说得有理。"

接着,刘秀便命虎贲将军拷问陈留吏。陈留吏的招供与小刘阳的判断完全一样。于是刘秀立即下令免去陈留郡守的官职,又派人重新丈量河南、南阳两地的田亩数,凡超过规定的由朝廷统一调配,而小刘阳就此更受刘秀的赏识。四年后,他被刘秀立为皇太子,改名为刘庄。(《后汉书》《资治通鉴》 成雅明)

112. 从容退敌

王霸初随光武起兵,屡建奇功,深得光武倚重。光武即帝位之后,被授予偏将军官衔,建武二年(公元26)又封为富波侯。当时,一些拥兵割据者,一时尚未被平定。四年(公元28)秋,光武到谯县视察,而张步割据山东,威胁光武统一大业。于是光武命王霸与捕虏将军马武东讨张步爪牙周建,以肃清其外围。其时周建屯兵山东垂惠。

消息传出,张步另一爪牙苏茂率领四千余人来救周建。苏茂老奸巨猾,颇通军事要领。他先派一彪精骑拦击马武军粮。马武果然中计,回军往救军粮。此时周建得知,立即从城中杀出,与苏茂夹击马武。马武处境极为不利,且战且退。但他心中还很笃定,反正王霸军营就在近旁,他肯定会来救,因此不以死力拒敌,终于被周建、苏茂打败。

马武在前奔跑,周建、苏茂在后穷追。马武率军逃经王霸营垒时,大呼王霸相救,一边呼喊,一边马不停蹄地逃。王霸立于营中,一看形势:一面是败阵逃兵,一面是猛追之敌,心下一掂量,应声回道:"你自己努力吧!我不能救你!"马武一听王霸不肯来救,心中纳闷,只好自己救自己了,边逃边收整残众,待士兵渐渐聚拢,便激励士卒,与追兵决一死战。待逃至军营,便坚闭营门,严阵待敌。那苏、周二人怎肯罢休?他们倾城而出,对马武轮番攻击,马武求援无望,与士卒奋力抵抗,无不一以当十。

正在紧张关头,只见远远一队人马杀来,不是别人,想不到竟是王霸。马武见王霸来救,作战更加英勇。那周建、苏茂被夹在当中,腹背受创,左冲右突,好不容易才突出重围,已是损兵折将,锐气全无大败而逃了。

部下问王霸:"当时别人紧急求救,你不救;现在别人没有求救你却去救,居然大获全胜,是何道理?"王霸说:"我当时大声回答马武,不去救他,也使贼兵闻知。一方面马武知道求救无望,必定振奋,努力自救,可收以一当十之效;一方面贼兵知无援兵,他们必然乘胜轻进。而远追必疲,我乘其疲惫,开营出去,与马武夹击,必胜无疑。"众人无不叹服。

隔了一天,苏茂、周建又收拾残众,到王霸营前挑战。王霸坚守不出,不但不出战,反而杀牛煮酒,犒劳士卒,令能歌善舞者,歌舞作乐。苏茂令士卒猛射营中,乱箭如雨。王霸座前的酒樽亦被射中,他仍安坐不动。部下大惑不解,问道:"前日苏茂已被我们打得大败而逃,现在收拾他不是易如反掌吗?将军何故坐失良机?"王霸说:"现在苏茂来挑战,是因为他粮食不足,军心不稳,想孤注一掷,侥幸取胜。此等乌合之众,还需我来收拾他们吗?不听孙武说过吗,'不战而屈人之兵,善之善者也'?"苏茂、周建屡次挑战,王霸始终不理,他们只好带领军队回营。而守营的正是周建之侄周诵。周诵早就对他的叔父拥兵乱来产生反感,而认为光武必能成统一大业。就在苏茂、周建回营的这天,他反叛了他的叔父。茂、建被关在城外,又怕王霸来袭,连夜逃往他处去了。第二天周诵便开城,投降光武。(《后汉书》 李道桐)

113. 智斩来使

高峻是一个反复无常的叛将,他拥兵万人,占据高平城。因害怕光武帝刘秀派兵前来围剿,就命令士兵凭借坚固的城防守卫。建威大将军耿弇率领太中大夫窦士、武威太守梁统等人围攻了一年之久,也没有将城攻破。于是光武帝决定入关亲自征讨。当时随从刘秀的寇恂建议,征讨不如招降好,但刘秀不听。汉军到达汧县后,依然没有攻下高平城。刘秀就同众将官商议,决定派使者前去劝降。刘秀对寇恂说:"你从前劝说我征讨不如招降好,我没有听,现在就派你前去劝降,假如高峻不投降,就派耿弇等五营兵马去攻打。"

寇恂带着刘秀的书信来到高平城下,向守军说明了来意,高峻就派军师皇甫文出城与寇恂拜见。寇恂递上刘秀的书信,再三向他说明投降和守城的利害,但是皇甫文的态度十分傲慢,不但拒不投降,还挖苦地说道:"贵军到达高平城下已有一年,为什么到今天才要攻破?过去一年干什么去了!"寇恂闻听此言,勃然大怒,命令随行的士兵将他拿下,推出斩首。诸将领一见,大吃一惊,连忙劝说道:"高峻拥有精兵万人,还有许多强弓硬弩,西挡陇中大道,连年不能攻下,现在皇上想让他投降,你却要杀他的来使。一旦杀了来使,城里的敌人就会死心塌地地同我们作对,高平城就更难攻破了。再说,两国交兵,不斩来使,这是古今打仗的

惯例,如今把他杀了,恐怕在道义上也说不过去。大人这样做,实在是不可取啊!"寇恂生气地说:"我为大汉,他为叛贼,这哪里是什么两国啊!"寇恂没有答应诸将的请求,就将皇甫文杀掉了。然后他叫来皇甫文的副使,对他说:"回去告诉高峻,军师皇甫文傲慢无礼,已经被我杀掉了。要投降,就赶快投降;不想投降,就固守孤城吧!"副手连连点头,狼狈而归。

高峻听了副手的汇报,十分恐慌,当天就打开城门投降。诸将领都向寇恂庆贺,但又不解地问道:"您杀了高峻的来使,高峻反而打开城门投降,这是什么道理呢?"寇恂说:"皇甫文是高峻的心腹和智囊,高峻之所以能坚守高平城一年,都是因为听取了皇甫文的计谋。这次皇甫文出城前来谈判,态度傲慢,言辞强硬,根本没有投降之心。如果放他回去,他必定会继续帮助高峻出谋划策坚守城池,即使高峻想投降,也会受到他的阻止。杀了皇甫文,等于断了高峻的左右手,使他胆破心惊,因此他才肯投降。"诸将领听后都钦佩地说:"您的谋略,真是令人望尘莫及啊!"(《后汉书》　王福金)

114. 设计避难

东汉光武帝刘秀建武二年(公元26),颍川(郡治所在今河南禹县)人严终、赵敦聚众万余人,与密县人贾期连兵为寇。当时寇恂任颍川太守,他就同破奸将军侯进一起去共同攻打贼寇。经过几个月的战斗,将贾期擒获斩首,从此颍川郡内各县都平安无事。于是刘秀封寇恂为雍奴侯,食邑万户。

贾复原是刘秀手下的一员猛将,打仗总是冲锋在前,因而被任命为执金吾。当时贾复驻军在汝南(郡治所在今河南平舆北),负责维持地方治安。贾复军部下面有个小将,在颍川杀了人,于是寇恂叫人将他逮捕,关进了监狱。那时因法制尚不完备,军队中的人犯法,大多数都是对他们很宽容。为了杀一儆百,寇恂决定把这个杀人的小将在市中心当众斩首。贾复得知这一消息后,认为是自己的奇耻大辱,常为此事唉声叹气。

有一次,贾复要回京师洛阳,路过颍川,他气愤地对身边的人说:"我与寇恂并列将帅,而现在却被他陷害,男子汉大丈夫哪能心怀怨恨而不解决呢?今天见到寇恂,我一定要亲手用剑把他杀死!"寇恂得知贾复的意图后,不想与他相见。寇恂手下的大将谷崇气愤地说道:"我谷崇也是一员大将,可以身佩宝剑跟随在你旁边,万一贾复敢动手杀你,我就拿出宝剑抵挡,完全可以保证你的安全。"寇恂说:"从前战国时有个蔺相如,不怕秦王,却委曲求全于廉颇将军,这是为国家利益着想。小小的赵国,尚且有如此深明大义的人,我怎么可以忘记呢?"于是寇

恂命令颍川郡所属各县都要准备好丰盛的酒食,等贾复的军队一进入颍川地界,一定要让他的官兵吃饱喝足。寇恂也亲自在路旁边迎接,等了一会儿,就谎称有病回去了。贾复本想带官兵去追赶寇恂,无奈他的官兵因为喝酒太多,都酩酊大醉,躺在地上爬不起来。贾复只好等他们醒来以后,带领他们离开颍川而去洛阳。

寇恂得知贾复已经离开了颍川,就派谷崇先去洛阳向光武帝刘秀报告事情的经过。刘秀听了报告后,就叫寇恂到洛阳来。寇恂到洛阳后,刘秀让他入宫觐见。寇恂走进宫中,一眼看见贾复已经先坐在那里。这时贾复也看见寇恂进来,就想站起来躲开他。刘秀让他们二人都站住,语重心长地说:"现在天下还不安定,你们这两个老虎怎么能暗地里斗来斗去?今天朕就为你们解开这个疙瘩。"于是二人并肩而坐,都显得十分高兴,出宫时还坐在一辆车上,表示今后要成为一对好朋友。(《后汉书》 王福金)

115. 奇兵定济南

汉光武帝刘秀即帝位之初,天下仍未平定。当时琅邪张步,差不多与光武同时起兵,乘天下大乱,浑水摸鱼,当初只攻下数县就自号为"五威将军"。建武三年(公元27),光武因北忧渔阳,南事梁楚,无暇顾及这地方一霸,张步更是见机扩张,齐地几乎尽为其有。他凭借十二郡之资本,欲私立梁王之子为天子,自己做"定汉公",把持国柄,根本不把光武放在眼里。

此时光武大将耿弇(yǎn)等已平定渔阳,北部威胁解除,于是光武诏令耿弇进讨张步。

张步听说耿弇来攻,命费邑屯军历下,又分兵屯祝阿,又在泰山、钟城列营数十,以待耿弇,防守之势,极为严整,弄得耿弇一时难以下手。

但耿弇自有计谋。他跟随光武身经百余战,未遇张步前早已平定四十余郡,攻克城池近三百,未尝遇挫。什么时候该智取,什么时候该力攻,心中自有部署。

耿弇面对张步大将费邑所布置的防线、据点,决定先攻其一点,逐步扩展。于是命渡黄河,先攻祝阿。卯时攻城,未时已下。拿下祝阿以后,城中费邑守军乱作一团。耿弇下令不准围杀溃兵,故意网开一面,东门不设守军,让原祝阿守军,从东门逃奔。这些败逃之兵,一个个如丧家之犬,惊慌失措地奔归钟城。钟城人听说祝阿已被攻陷,再看看这些逃归之兵一副惊魂未定的狼狈相,也立刻跟着恐慌起来,仿佛耿弇所部已到城下,于是也纷纷奔跑,钟城为之一空。这样,攻一城而得两城。

耿弇拿下祝阿、钟城后,费邑慌了手脚,急派他的弟弟费敢守巨里,保历下。

耿弇进兵先威胁巨里，让士兵砍树，填平沟壑，装出就要攻打的样子。正好遇上费邑士兵来降，他们对耿弇说，费邑听说耿弇亲自来攻巨里，正打算来救巨里。耿弇忖度降兵所言无诈，于是严令军中，赶快制造攻城器具，三日后攻城，装出一副真的要攻打巨里的样子。同时，暗中放松对身降而心未降的士兵的控制，让他们逃亡。果真有人逃亡。逃亡的降兵，也果真将三日后耿弇将攻城的消息告诉费邑。

三日后，费邑果真自率精兵三万余人来救巨里。耿弇大喜。这时他才情不自禁地对诸将说："我之所以急急忙忙地制造攻城器械，目的是将费邑引诱出来。蛇不出洞，怎么打？现在他出来了，好得很，这正是我希望的。真是天赐良机不可失。"于是当即分三千人，守住巨里城门不让城里人出；自率精兵，列于高敞隐蔽之地，凭着有利地形，一战而大破费邑军，阵上即砍下了费邑之首，在城中示众。费敢在城上望见哥哥的头，大惊失色，全城慌乱。费敢在惊恐之中，收拾残众，逃归张步。于是耿弇乘胜连拔张步四十余营，一举平定济南。

接着拔安西，攻临淄，战张步，直逼得张步负荆请罪。（《后汉书》 李道桐）

116. 易服败强敌

冯异是汉光武帝刘秀手下的一员大将，他精通《孙子兵法》，足智多谋，在帮助刘秀打天下时，南征北战，削平群雄，屡建战功。但他从不居功自傲，每逢打了胜仗，当众将领并坐论功的时候，他却退避独坐在一棵大树下，一句话也不说，因此军内都称他是"大树将军"。

东汉王朝刚建立时，全国还有许多割据势力，其中赤眉军是强大的一支力量。刘秀先派邓禹、邓弘去征讨赤眉军，因他们不听冯异的计谋，结果没能取胜。于是刘秀就改派冯异为征西大将军，继续证讨。

冯异总结了邓禹、邓弘打败仗的教训，决定采用伏兵计对付赤眉军。与赤眉军决战那天，冯异在军中传令，命令军中身强力壮的士兵描红眉，易服装，打扮得同赤眉军一模一样，然后让他们埋伏在赤眉军要经过的道路两旁。第二天清晨，赤眉军数万人马前来攻打冯异的先头部队，冯异只派少数兵力去救助，而且故意露出一些破绽，麻痹敌人。赤眉军因接连打了几次胜仗，官兵们都骄傲自满，根本不把汉军放在眼里，现在又见汉军兵少势弱，就不留后备力量，将大队人马全部投入战斗，想一举歼灭冯异的军队。这时，冯异又调来大部队与赤眉军迎战。冯异故意指挥军队且战且退，把赤眉军引诱到埋伏处。这时身穿赤眉军服装的伏兵突然冲杀出来，因服装混淆不能识别，使赤眉军大乱。与此同时，先前迎战的汉军又反过身来，乘势掩杀，把赤眉军打得大败而退。冯异命令大部队乘胜追击,经过激烈的厮杀,赤眉军全线崩溃,死伤无数,被俘虏者达八万之众,其余数万人只好向东狼狈逃窜。刚到宜阳,又被刘秀的大军阻截,数十万赤眉军没有办法,只好投降做了汉军的俘虏。战后,刘秀亲自写信慰劳冯异,高度赞扬他运用计谋的成功。(《后汉书》 王福金)

117. 智惩恶奴

董宣是东汉初年的一位清官,有勇有谋,所以光武帝刘秀就任命他为洛阳令,总管京城的治安。洛阳是皇亲国戚和高官显贵集中的地方,他们当中的一些人依仗权势,目无法纪,为非作歹,因此在这里做官经常会碰到一些棘手的案件。

光武帝刘秀的姐姐湖阳公主有个管家,常常依仗主子的权势,贪污受贿,作威作福。有一次,这个恶奴竟敢在光天化日之下行凶杀人,然后逃进公主府宅躲藏起来,以为这样就可以太平无事了。

此案报告董宣后,他义愤填膺,决心追查到底。董宣先是与湖阳公主交涉,劝她将凶犯交出来,但她根本不把小小的洛阳令放在眼里,拒不交出凶犯。

董宣碰了钉子后,认为此事只可智取,不能强求,于是就派人在湖阳公主府的大门附近监视,一旦凶犯出来,就将他逮捕法办。

等着等着,机会终于来了。一天,监视凶犯的人向董宣报告,今天凶犯随湖阳公主乘车出门。董宣听到这个消息后,立刻带领衙役,预先埋伏在湖阳公主必须经过的夏门亭。不多时,公主的车队到了,那个杀人凶犯自以为风头已过,竟然趾高气扬地坐在车辕上,吆喝行人让路。正在这时,董宣挺身而出,挡住车队的去路。他先用佩刀在路上画了一条横线,不准凶犯越雷池一步,然后对公主说:"禀告公主,您的管家杀了人,请您让我把他带回县衙审问。"公主见董宣拦住她的车队,还要带走她的管家,觉得丢了面子,很不高兴。她怒气冲冲地训斥董宣说:"董宣大胆!你身为县令,竟敢胡言乱语。我的管家什么时候杀人了?你有真凭实据吗?"董宣说:"我当然有凭有据,如公主不相信,可以带着管家同我一起到县衙去验证。"公主一见情况不妙,赶快改变口气说:"董县令要知道,我的管家是我最信得过的人,他是不会杀人的,即使他真的杀了人,你也应该看在我的面子上,就饶恕他这一回吧!"董宣针锋相对地说道:"法律是皇上亲自制定的,您是皇上的亲姐姐,理应带头遵守法律,以维护法律的尊严,可是您却包庇杀人犯,这不是知法犯法吗?"一句话把湖阳公主问得哑口无言。那个杀人的管家一看主子也保护不了自己,就狗急跳墙要逃跑,被一个衙役一把抓住,按倒在地,董宣当即命令将这个作恶多端的凶犯斩首示众。(《后汉书》 王福金)

118. 难得糊涂

刘睦是东汉明帝刘庄的堂侄,封北海敬王。他自幼好学,博览群书,连光武帝刘秀都特别喜欢他,多次召他进宫中。明帝在东宫当太子时,对他尤其宠幸,常叫他到东宫来陪伴自己背诵诗文,出门时还让他驾车。光武中兴初期,因对王族子弟禁锢尚宽,刘睦那时喜欢结交有学问、有道德的名儒宿学,因此颇有名气。汉明帝永平年间,法律严峻,刘睦便一改常态,谢绝宾客,寄情于声色犬马之中。

有一年年底,刘睦派一名官员去洛阳朝贺。临行之前,他把这位官员叫过来问道:"皇帝如果问起我的情况,你应该怎样回答?"这位官员回答说:"我就说您忠孝仁慈,礼贤下士,深得百姓爱戴。我虽然学疏才浅,怎敢不把您的为人如实禀告呢?"刘睦听后,连连摇头说:"你如果这样禀告,可就把我给害苦了!"这位官员不解地问道:"您为什么要这样说呢?"刘睦说:"你刚才说的那些话,是我以前的为人情况。我现在的心境已经有了很大的变化。你见了皇帝后,应该说我自从承袭王爵以来,意志衰退,行动懒散,每天除了在王宫与嫔妃饮酒作乐之外,就是外出打猎游玩,对正业毫不在意。"这位官员听完刘睦的交待以后,就出发到洛阳去了。

刘睦真是一个能屈能伸的人,他故装糊涂以明哲保身。(《后汉书》 王福金)

119. 威震鄯善

汉明帝时,班超受遣出使西域,从事郭恂作为文官一起前往。随行士兵仅三十六人。

西域诸国常徘徊汉与北匈奴之间,汉强则附汉,匈奴强则附匈奴。西域通道对汉来说,时通时塞。汉明帝十六年,班超曾随车骑都尉窦固出击匈奴,大获全胜。于是汉明帝决定趁热打铁,再次打通西域。班超奉命前往。

班超一行来到了鄯善,鄯善王广因久不见汉使,虽不断有匈奴使来,但对大汉仍心存畏惧,见班超一行到来,鄯善王招待甚为殷勤。过了数日,班超发现招待渐渐怠慢了起来,于是紧急召集部属,说:"这几天鄯善王对我们忽然怠慢了,大家觉察没有?我看其中必有缘故,一定是北匈奴使者来了,他在匈奴和汉朝之间,徘徊不定,所以对我们不像前些日子尊敬了。情况紧急,我们必须立即采取措施,轰走匈奴使,稳住鄯善王。"于是班超把鄯善国的陪侍人员召来,诈他说道:"匈奴使已来了好几天了吧?现在他们在哪里?"陪侍者心里一惊:从未有人透露过匈奴使来的消息,而班超怎么知道的?于是侍者把真相全都对班超说了。

班超听毕,就把侍者关闭起来。

班超立即召集从吏及随行的三十六人,先是和他们一起饮酒。待饮到兴头上,班超忽然发话:"你们和我都在绝域,远离长安六千一百余里。我们这次出来,人人都想要为朝廷立功,现在机会来了。匈奴使者才来了数日,鄯善王就对我们怠慢起来,假如我们被鄯善王绑了作为他讨好匈奴的进见礼,那我们必无葬身之所。怎么办?"大家听毕,觉得别无选择,都说:"如今我们身处险境,一切听您指挥!"班超见已稳定了人心,统一了意志,于是沉着果断地说:"不入虎穴,焉得虎子!"当即决定趁夜用火攻匈奴使者营幕。这时有人说:"这样的大事必须和文官郭恂商量而后可行,否则将来回朝说不清楚,反被治罪。"班超一听,心里很火,说道:"是吉是凶,决于今日。从事只不过是一个文俗之吏,没有大见识,只知循规蹈矩。他若知道,肯定惊慌泄谋,坏我大事,害得我们死无所名。"于是众人皆听班超。刚一入夜,班超率领吏士往奔匈奴使者营盘,令十人带着鼓藏于帐幕之后,约定:见火即鸣鼓大呼,其余人拿着利剑埋伏。于是班超顺风纵火,一时前后鼓噪,匈奴使慌作一团。班超奋勇向前,连杀三名匈奴使,他的手下也趁乱斩敌首三十余级,帐内尚有百许人,全被烧死。

天明后还归汉使营帐,班超将情况告诉了郭恂。郭恂一听大惊,继而,一个念头掠过脑际:班超虽未同我商量,但不管怎么说,总是为汉立了大功呀,而自己却沾不上边!——心有所思,不觉形之于色。班超察其意,手一挥,毫不在乎地说:"您虽然没和我们一起去,难道我班超是独擅其功之人吗?"郭恂一听,心里高兴起来,于是和班超一起召来鄯善王,把匈奴使者的头给他看。这一来,鄯善举国震动。于是班超晓告抚慰,说只要忠于大汉,一切相安无事。鄯善王马上决定将自己的儿子当人质,让班超派人护送至汉。明帝非常赏识班超胆略,命令他继续前进,扫除西域其余障碍。(《后汉书》 李道桐)

120. 斩巫

于阗(tián,今新疆和田一带)国位于西域南端,君王广德与匈奴关系密切,匈奴派使者监护其国家。广德有匈奴撑腰,又依仗万里疆土,在西域各国中称雄逞威。

班超出使鄯善取胜后,汉明帝任命他为军司马,再次派他出使于阗。于阗国有信巫的习俗,君王广德得知汉使者要来,便去占卜。巫说:"神在发怒,为何要倾向汉朝?汉朝使者有騧(guā)马(黄嘴的马),立即索取来祭我!"

班超率领原来跟随他的三十六人来到了于阗国。广德在礼仪上十分简慢,根

本不把汉使者放在眼里。他派了国相私来比前去找班超,要班超交出骆马。班超已秘密了解到广德占卜的情况,让私来比回报:可以给马,但要让巫者亲自来取。

一会儿,私来比带了巫者来到汉使营帐。班超早有布置,属官当即斩下巫者的头,并把私来比捆绑起来,用鞭子狠狠抽打。私来比痛得叫苦不迭。

第二天,班超派属官牵了骆马来见广德。广德见了骆马,暗暗得意,心想:汉使者也奈何我不得,只好对我恭敬从命!这时,班超的属官上前向广德献了一只十分精美的匣子,说:"这是汉朝大使班超送你的礼物!"广德大喜,忙打开匣子,一看,匣子里装着巫者的首级。广德吓得魂飞魄散,脸色骤变,方知汉朝使者的厉害。他战战兢兢,不知如何是好。班超就势劝他投降汉朝。广德只得听命,决定归顺汉朝。于是他立即杀了匈奴使者。班超对于阗王的官吏都重加赏赐,就这样招抚了于阗国。

西域各国听说于阗国已降汉,纷纷派遣王子去汉修好。西域与汉断绝了六十五年的关系就此重新恢复了。(《后汉书》《资治通鉴》 成雅明)

121. 大度不记仇

班超在西域联络了不少国家与东汉和好,但龟兹(qiū cí,今新疆库车一带)自恃有匈奴支持,不肯通好。班超欲进攻龟兹,自思乌孙兵强马壮,应该借助它的力量,于是上书汉章帝说:"乌孙是个大国,有十万善于引弓射箭的强兵,汉武帝因此才将公主嫁给乌孙王。到孝宣皇帝时终于得到乌孙赞助,才把匈奴驱逐到远方。现在正可以派遣使臣前来招慰,与其共合兵力攻打龟兹。"汉章帝看了班超的上书,认为他说得很有道理,就派遣使臣出使乌孙,善加慰谕,以期通好。章帝建初八年(公元83),乌孙国也派遣使臣来东汉王朝,与东汉修好。因班超对促进东汉与乌孙和好有功,汉章帝就任命他为将兵长史,还特别准许他可以用只有大将所有的胡乐和旌旗,以壮军威。另外提升徐干为军司马,派卫侯李邑护送乌孙使臣归国,并且赐予乌孙大小王等人许多锦帛。李邑等人经天山南麓刚到于阗,正赶上龟兹攻打疏勒(今新疆喀什一带),他恐怕路途艰险,不敢前进,反而向朝廷上书奏称西域难平,并造谣中伤班超只顾拥爱妻,抱爱子,安乐于外国,无内顾之心。

班超知道了李邑的所作所为以后,长叹一声说:"我不是曾参,却被别人再三说坏说,恐怕难免见疑于当世了。"幸亏汉章帝很了解班超的为人,信任他的忠诚,不为逸言所迷惑,因此下诏责备李邑说:"即使班超真的拥爱妻,抱爱子,无内顾之心,难道跟随他的一千多士兵都与他一样心思不想回家吗?"汉章帝不仅没有被逸佞之徒所欺,还命令李邑同班超会合,并接受班超的节度。汉章帝还诏令班超:"若是李邑到你那里去报到,你便留下他与你共事。"

李邑接到汉章帝的诏书以后,只好无可奈何地去疏勒见班超。班超不计前嫌,很好地接待了李邑,改派别人护送乌孙的使臣回国,并致意乌孙王派王子去洛阳朝见汉章帝。乌孙王子出发时,班超打算派遣李邑护送王子去洛阳。徐干对此很不理解,对班超说:"过去李邑诋毁将军,意在破坏将军在西域的事业和功劳,为什么不依照诏书留下他,派遣别的官员护送王子呢?"班超回答道:"如果把李邑扣留下的话,那就显得我气量太小了。正是因为他诋毁过我,我今天才特意派他去护送王子。只要我内心反省没有做过对不起朝廷的错事,就不怕别人说三道四!如果为了自己一时的痛快,公报私仇扣留下他,那就绝对不是忠臣的行为。"

李邑知道班超大度不记仇以后,十分感激,从此再也不诋毁他人了。(《后汉书》 王福金)

122. 诈死逃生

杜根是杜安的儿子,为人老实正直。东汉安帝永初元年(公元107),杜根被推举为孝廉,当上了郎中令。当时正值邓太后(即邓绥)临朝执政,任用其兄邓骘为大将军,专断朝政。杜根看到外戚专权,胡作非为,十分气愤。他认为汉安帝已经年龄大了,应该亲临政事,于是便联络了其他几个郎中令,上书给邓太后,劝他还政于安帝。邓太后看了杜根的上书,勃然大怒,令人将杜根等人逮捕法办。邓太后这还不解气,又叫人把杜根装进一个布袋子里,抬到金銮殿上,要活活将他打死。执法官认为杜根是个直言敢谏的忠臣,不忍心把他打死,便暗地里低声对行刑的人说:"打时千万不要用力。"行刑人心领神会,打时将棍子高举轻落,所以杜根只是被打昏了过去。打过之后,就将杜根用车子送到洛阳城外一个地方。这时一阵凉风吹来,杜根渐渐苏醒过来。

邓太后不放心杜根是否被打死,又派人去检查观看。杜根一看有人来,知是验尸的人,便灵机一动,假装死去。验尸的人确认他真的死了,就回去向邓太后报告。杜根这才得以逃脱,来到宜城(今湖北宜城县)山中一个小酒店,当了一名酒保。过了15年,酒店主人才知道他是直言敢谏的杜根,因此对他十分敬重。

建光元年(公元121),邓太后死去,汉安帝便联合一部分宦官,将邓氏家族诛灭。这时,汉安帝身边的一些人都说杜根是个忠臣,安帝听后长叹一声说:"可惜杜根已经死了!"于是安帝就下了一道诏书,布告天下,要录用杜根的子孙。适巧这时杜根回归家乡,地方官得知消息后,立即派了一辆公车,让杜根乘车到洛阳晋见汉安帝。安帝念杜根敢于直谏,就任命他为侍御史。(《后汉书》 王福金)

123. 绛帐授徒

东汉马融,为一代经学大师,海内跟从他学习的,常达一千多人。著名学者卢植、郑玄都是他的高足。

面对众多生徒,他一人怎么教?有办法,就是大课和个别辅导相结合。大课就是马融主讲,众生徒于讲坛前听讲。个别辅导为两步:先是马融在高才生中择其一二,面授精要,释疑解惑,再由高足辅导一般生徒。能够被马融个别辅导的,称为入室弟子,但人数极少,千余人中,仅四五十人而已。

马融讲学,排场讲究:讲坛后设绛纱帐,列女乐、歌舞;讲坛前即为众生徒。一般人都认为马融生活奢侈,不守儒者名节,殊不知马融另有一番用意,他要看看学生思想集中不集中。涿郡卢植听马融讲学多年,每次听讲,精神专注,虽有女乐、歌舞在前,而未尝转盼,甚至不觉前有女乐。马融很器重他,并引为入室弟子。不久卢植也成为一代鸿儒。

卢植成为入室弟子之时,郑玄尚在众生徒之列。马融派卢植等高才生转授郑玄。郑玄日夜诵读,未尝怠倦,虽在门下三年,始终未能升堂入室。有一次,马融召集高才生在楼上考论天文图纬——这需要高深的数学知识,听说郑玄善算学,于是召他上楼。郑玄完成计算后,就把平时未能解决的疑难问题,当面向马融请教,马融一一作了解答。从此以后,郑玄就辞别老师,回到家乡去了。

郑玄学成了没有,且听马融慨叹:"郑生今去,吾道东矣!"马融的学问,就从此由郑玄传到东方去了。——马融派高足授徒,照样出成果,郑玄就是一例。(《后汉书》 李道桐)

124. 太医治病

东汉和帝时,宫中有个太医丞,名叫郭玉。此人曾师事名医程高,深谙针经诊脉之法,自皇帝以下,群臣、后宫诸女,凡经郭玉诊治者,多有效应。而他最拿手的,还是诊脉与针灸。

群臣的夸奖引起了汉和帝的重视和好奇。一日,和帝在诸男宠中特地选出一个手、腕长得和女子一样柔软丰腻细腻滑爽的人,与其他宫女杂处帷幕之后,令郭玉来给宫女诊脉治病。郭玉先令宫女伸出左手,于是帷内伸出一只细嫩粉白的左手。郭玉的食指、中指、无名指只轻轻提捺一番,即命该女子伸出右手。于是帷内伸出与先前一样细嫩粉白的右手。郭玉的三个指头刚搭上去,立即眉头紧锁,再按下去,心中生疑。和帝忙问:"此女生的什么病呀?"郭玉把他的感觉如实回禀了皇上:"臣不胜怖惧,此女左手为阴脉,右手则为阳脉,脉有男女,状若异人,臣怀疑其中必有缘故。"和帝一听,不禁哈哈大笑,同时深深叹服其术。

郭玉给穷人治病常常是一针见效,而宫中贵人常常数针不见其愈。和帝于是令生病的贵人穿了破旧的衣服,装作穷人的样子,临时搬到破街陋巷,再请郭玉诊治。这时郭玉便下针准确,手到病除。于是和帝召郭玉问道:"难道治病还分贵贱吗? 就算你对穷人有同情心,而医家对病者,应是一视同仁的呀?"郭玉回禀道:"陛下所言极是,贵者、贱者,诊病应一视同仁。然而,医者,意也。医者临视,精神要高度集中,即使是表面的小毛病,下针时,也是随气用巧,针石之间,失之毫芒,即有乖离。精神就在心手之间,可以意会不可言传。而贵者就医,他们养尊处优惯了,每来必高置其位以临臣,咳唾之间,气势凌人。臣常怀怖惧之心来伺候他们。给他们治病,有'四难':他们自用其意,而不任由臣,此一难也;他们酒色过度,养身不谨,此二难也;平时不锻炼,骨节不强,不能使药,三难也;他们好逸恶劳,肢体萎靡不振,四难也。臣下针极有分寸,而他们日日破坏针效。再加上臣有恐惧之心,只好下针唯谨,难免有不到位的时候。臣意且犹未尽,再加前之所陈'四难',这就是他们治而不愈的原因了。"

和帝听罢,深为折服,称善良久。(《后汉书》 李道桐)

125. 增灶却敌

汉安帝时,西羌和北方胡人反叛汉朝,汉朝两个方面同时受敌。大将军邓骘(zhì)苦于兵源不足,顾此失彼,主张放弃西凉,集中兵力守卫北边。而虞诩(xǔ)坚决反对放弃西凉,因为一旦放弃西凉守备,那么三辅一带无形中就变成汉朝西部边塞,敌人越过三辅,就直捣京都。这太危险了。他建议朝廷,应选拔当地豪杰任地方长官,并让他们的子弟任属官,为汉死守地方。这一主张得到太尉李脩赞同,西凉暂得稳定。

不久,西羌攻打武都,掳掠州县,朝廷认为虞诩有将帅谋略,委任虞诩为武都太守,镇定边陲。

虞诩从洛阳出发,过临潼,经长安,一路还算顺利。行至陈仓(今宝鸡一带),却受到羌兵的阻截。其时羌敌数千,兵力远远超过虞诩随行部众。敌兵日夜鼓噪,围堵很严。虞诩严令部众沉着自守,不交锋,不闯阵,安下营盘,到处扬言说:"我们已向朝廷请求援兵了,等援兵一到,扫除阻挠之敌,再继续前进。"羌帅心想:你们援兵到来,尚需时日,倒不如先令部下抢掠旁县。于是,放松了对虞诩的围堵。

虞诩趁敌不备，下令立即上路，日夜兼程，一日行军二百多里。他命令士卒，原来烧饭筑一个灶的，必须筑两灶，次日加倍，第三天再加倍……羌人掳掠旁县后，再次纠合追赶上来，发现虞诩的军灶一天比一天多，以为近旁州郡援兵已到，吓得不敢再追。

有人问虞诩："我们只听说过孙膑减灶，而你却增灶，是何道理？"虞诩说："孙膑减灶是为了示弱；我增灶是为了示强。孙膑是诱使庞涓追上来；我却吓唬羌人不敢追上来，在迷惑敌人上是一致的。孙膑本强而示弱；我本弱而示强。增减当视具体情况而定。"(《后汉书》 李道桐)

126. 举火破匈奴

公元73年，北匈奴率军大举入侵东汉的云中郡（今内蒙古自治区呼和浩特），边塞烽火台报警的消息天天传来。云中太守廉范是战国时赵国名将廉颇的后代，颇有大将风度，面对北匈奴的入侵，毫不惊慌，积极组织全郡军民坚决抵抗。当时，由于郡中军队很少，廉范手下的官员准备按照"凡匈奴兵入侵超过五千人，可以向附近郡县发出告急文书求援"的旧制规定，请求廉范火速派人到附近郡县告急求援。但是廉范却不同意，他相信依靠本郡军民的力量能够挫败敌人的进攻。

针对敌强我弱的形势，廉范精心筹划御敌方略，终于想出了一个破敌良策。当日暮降临以后，廉范让军中士兵每人把两个火炬交叉绑成一个"十"字形，三端点火，一端用手高举，在军营外跑来跑去。整个军营四周如同满天星斗。敌军从远处看见汉军火炬很多，误认为附近各郡县的援兵已到，十分惊恐，准备等到第二天清晨撤退。廉范判断敌人已经上当，命令军中士兵半夜起床吃饭。到了第二天清晨，他亲自率领士兵向敌人冲杀过去，杀死敌人几百个。敌人为了活命，拼命狂奔，奔跑时自相践踏，又死伤一千多人。从此匈奴人知道了廉范的厉害，再也不敢入侵云中郡了。(《后汉书》 王福金)

127. 先见之明

东汉和帝时，外戚窦宪仗着自己的妹妹是皇后，专断朝政，骄奢横暴，根本不把皇帝放在眼里，所以朝中的大小官员都不敢惹他，只好对他拍马奉承。

有一年，窦宪要娶小老婆，各地官员听到消息后，都争先恐后送礼庆贺。汉中郡太守自然也不例外，准备了一份厚礼，打算派一个可靠的人送往洛阳窦宪府上。太守属下有个小官吏，叫李郃，精通五经，擅长星相术，很有先见之明。他听说太守要给窦宪送礼，急忙来劝阻说："从来专横擅权的外戚，有几个人能有好下场的。当今的窦将军仗着是皇亲国戚，道德不修，礼仪不讲，以势压人，为所欲为，我料他杀头的大祸快要来了。希望大人能一心一意效忠于皇上，千万不要和窦将军交往。这份礼物无论如何也不能送给他。"太守听了小官吏的一番话，感到左右为难。为了不得罪窦宪，他还是坚持要派人将礼物送去。李郃不便拦阻，又对太守说道："既然大人执意要给窦将军送，我也没有什么话可说。只是我从来没有去过京都洛阳，想趁这个机会到京都洛阳走一趟，也好开开眼界。请大人把这送礼的差事交给我去办好了，我保证让大人满意。"太守同意了。

李郃携带礼物上路以后，每到一个地方住宿，就向从洛阳来的人打听朝廷中有什么消息，有的说现在朝廷中外戚和宦官斗争很激烈，有的说连小皇帝都受窦将军的气。李郃根据听到的情况分析，认为近期内朝中一定会出大事，窦宪很可能倒台，所以他就让随从押送礼物的人不要急于赶路，故意拖延时间，以便进一步观察朝中政局的变化。当他们走到扶风的时候，忽然从洛阳传来窦宪自杀身亡和余党都伏法被诛的消息。原来汉和帝得知窦宪一伙中有人要谋害他，就和对窦宪不满的宦官郑众密谋，先把窦宪从前线调回来，然后乘其不备，把窦家一网打尽。窦宪回来后，汉和帝又立即下诏，免去他大将军职务，命令他回到自己的封地。不久，和帝又迫令他自杀。凡是和窦宪有交往的人，一律免去官职。

李郃证实消息确凿后，就和随从人员火速赶回汉中向太守报告。太守听了以后，十分震惊，幸喜李郃有先见之明，没有把礼物给窦宪送去，才保住了自己的乌纱帽。从此以后，太守对李郃更加信任了，凡是碰到什么棘手的事情，总是先征求李郃的意见。（《后汉书》 王福金）

128. 三屈新郎

马伦出嫁了，夫婿叫袁隗(wěi)。按当时风俗，婚礼在"青庐"举行。所谓"青庐"，即青布帐篷，围以帐幕。

成婚之日，人们闹新房之后还不肯离去，幕外围了不少人，都想听听新郎新娘的口才。原来古时小夫妻俩常于新婚之夜互试其才，新娘要试试新郎的才德学问，新郎也想试探新娘的言语贤愚。袁隗是著名的世家大族，一提起"汝南袁氏"，真是无人不知；马伦是著名经学大师马融之女，家学渊深，耳濡目染，绝非等闲之辈。今晚试才谁胜谁负，一时虽不能断定，但帐外多是男家亲邻，谁不希望新郎占上风？加之袁隗年少才高，早入官场，言语口辩不可能败在新娘手下。

袁隗自恃才高,想先发制人,但想来想去,想不出话题,忽见室内箱笼器物丰盛华丽,床帐被褥装饰瑰奇,灵机一动,说:"女孩儿嫁到人家作媳妇,主要是执箕帚,做家务,侍奉公婆。你嫁妆这样珍贵奢华,是不是有背妇道古训啊?"马伦低眉沉吟,道:"我的嫁妆确是珍贵华丽,但这是父母垂爱,为人之女能违背父母之意吗?"东汉社会,统治者提倡以孝治天下,选官都从孝廉开始,这点袁隗不能不知。马伦见袁隗无言以对,便转守为攻:"如果您志在高远,一定要过俭朴生活,想仿效鲍宣、梁鸿,我一定可以做到像他们的妻子少君、孟光那样,不戴首饰,穿粗布衣服,勤执箕帚来侍奉您。"袁隗一听,顿时无言。

其时袁隗正年少气盛,官场得意,甚至比他哥哥袁敞还早登三公之位。他一时语塞是有原因的:原来汉末一片乱世景象,不少正直之人羞入官场,而自己既入官场,又未能像李固、杜乔那样,力斗凶顽,慷慨赴死。他心头轻轻掠过一阵愧疚,但今晚是新婚之夜,且把愧疚放在一边。稍静片刻,他忽然转愠为喜,以为这下可叫新娘难堪了。

他颇为得意地说:"常言道,弟弟在兄长前结婚,大家都要取笑他;现在,你姐姐尚未出嫁,你这做妹妹的倒比姐姐先结婚了,不怕别人笑话吗?"马伦不假思索,答道:"我姐志行高洁,思虑深远,必待良才而后嫁,哪里像我这样马马虎虎,不加选择呢!"

袁隗脸红一阵,白一阵,本想取笑新娘,不料反被取笑。两局已败,仍想扳回一局,这次矛头却针对岳丈大人了:"南郑君(马融曾为南郑太守)学道深奥,为一代文宗,他老人家怎么可能因为经济问题被免职呢?"马伦见新郎忽然将矛头转向父亲大人,心里一急,不知怎么回答才好,因为父亲固然被奸臣梁冀所害,但经济问题不是没有呀。情急之下,她只好来个"子"为父隐了。她镇定了一下,说:"您没有听说吗?像孔子这样的大圣人,还不免武叔之毁,像子路这样的大贤人,还有伯寮这种小人诬告他,我父亲偶遭梁冀之徒的陷害,又有什么值得奇怪的?"

三局下来,袁隗未能屈倒马伦而反为其所屈,但心中却暗自喜悦:他毕竟自幼受马融熏陶,真天下才女也。帐外偷听的人,遗憾之余,也不得不佩服这新娘的言辞机锋了。(《后汉书》 李道桐)

129. 超然免祸

东汉末年,外戚和宦官控制中央政权,政治腐败,社会黑暗。当时汝南(今河南平舆北)人范滂等名士都以非议朝政昏暗、揭露和抨击宦官的罪恶相标榜。在他们的影响下,朝廷公卿以下的官员也都折断符节辞职。洛阳太学院里的太学生更是争相效仿,成为议论朝政的中心。他们天真地认为文学将兴,文人名士要被重新启用。可是名士申屠蟠却不以为然,他审时度势,预感一场迫害文人名士的大祸即将到来。他独自叹息道:"从前的战国时代,文人议政之风盛行,列国的国王大都能礼贤下士,向他们请教治国之方。后来秦王嬴政灭六国统一全国,终于发生了焚书坑儒的大祸。今天看来也要大祸临头了。"于是申屠蟠从此销声匿迹,躲避到梁国的砀山,以树当作房屋,看上去就像一个佣人一样,什么活儿都是自己动手干。过了两年,范滂等人果然因为非议朝政而遭党锢之祸,有的被处死,有的受刑,多达几百人,只有申屠蟠因有先见之明,才超然免祸。(《后汉书》 王福金)

130. 智破贼兵

东汉灵帝时,杨旋任零陵太守。当时苍梧、桂阳的贼寇聚集在一起,攻打郡县,十分猖狂。由于贼寇人数众多,而杨旋兵力较弱,整个零陵郡内的官民都忧心忡忡,惊恐万分。杨旋针对敌强我弱的特点,经过深思熟虑,认为只能智取,不能强攻。于是杨旋让人特地制造了几十辆马车,把装满石灰粉的口袋放在车上,将浸上油的布绳拴在马尾巴上,又准备了许多兵车,挑选了一些身强力壮的弓箭手。等一切任务布置好以后,就与贼寇约定一个日期会战。

会战那天,杨旋命令马车居前,让士兵顺风扬灰,石灰飞入贼兵的眼中,痛得贼兵什么也看不见。杨旋接着命令士兵点着马尾巴上的布绳。布绳一着火,烧到马尾巴,那些马又惊又跳,都把尾巴翘得老高,没命地往前狂奔,冲进贼阵。这时,杨旋又命令后面车上的弓箭手万箭齐发,射击贼兵。杨旋还命令一部分士兵敲锣打鼓,呐喊助威,喊杀声、锣鼓声,震天动地。贼兵被吓得失魂落魄,四散逃窜。杨旋见贼兵后退,立即命令军队乘胜追击,贼兵死伤无数,连他们的头领也被枭首示众,从此零陵郡内太平无事。(《后汉书》 王福金)

131. 父子之间

东汉末年,陈实以为官贤良、修德清静闻名四方。每次判决官司,他总要对双方当事人反复说清道理,力求公正解决。经他判决之后,当事人总是心悦诚服,没有一人怀有怨言。当时流传着一句口号:"宁为刑罚所加,不为陈君所短。"

有一年地方上闹灾荒,一些人迫于生计当了小偷,指望偷些东西度过灾荒。这天晚上,有个小偷摸进陈家,因一时无法下手,躲在屋梁上等待机会。陈实暗中发觉后,并未大声叫人捉贼,而是不动声色地站起身来,然后整理一下衣服,令

人把子孙们叫来。待人到齐之后,他一脸正色教训道:"做人不可不对自己的操行有所要求,即使遇到任何艰难困境,也必须自勉自励。有些坏人,本性未必生来就恶,只因后来习以成性,才逐渐堕落而不能自拔。你们抬头看看,躲在上面的梁上君子就是这样的人。"那个小偷大惊失色,连忙下来请罪。陈实谆谆告诫他:"我看你也不是什么恶徒,希望你今后要改过归善。既然你这次是因穷才想到偷的,我这里有二匹绢,你拿去卖了回家过日子吧。"小偷听了,跪下来连连道谢,含着泪水告别而去。

陈实有个儿子叫陈元方,自幼就非常聪明,在父亲的言传身教下,小小年纪就明白了不少做人的道理。有一次,陈实约了一个朋友一同外出办事。到了约定时间,那人踪影全无,陈实就一人先走了。过了一会儿,那人才姗姗而来,一看陈实不在,赶忙东寻西找。

陈元方那时才刚满七岁,这天恰巧在门口游戏玩耍。来人看见陈元方后,连忙上前一步问道:"你的父亲在家么?"陈元方看了他一眼回答道:"我父亲等了你好长时间,见你不来,已经独自一人先走了。"那人听了十分恼火,开口就责怪道:"你父亲真不是人,既然已经与我约好同行,怎么能弃我而去!"陈元方狠狠地瞪了那人一眼说道:"你与我父亲约定了时间同行,但又过了时间不到,这是毫无信义的表现;现在你迟到了,非但不知道自己的错误,还要当着我这个做儿子的面责骂我的父亲,这更是没有礼貌的行为。像你这种没有信义、不懂礼貌的人,究竟算是什么东西呢?"那人听后,心中非常羞愧,赶忙向陈元方赔礼道歉。陈元方睬也不睬他,转身回家去了。(《后汉书》《太平广记》 沈习康)

132. 单骑闯重围

东汉末年东莱黄县(在今山东)太史慈因事避居异地,只有老母亲一人在家。北海相孔融听说了,就多次派人去慰问太史慈的母亲,送了许多礼物给她。

后来,孔融在都昌(今山东昌县西)被黄巾军管亥的部队包围,恰逢太史慈回到家中,母亲对他说:"自你离家出走后,孔北海对我的关心比亲人还要周到,听说现在他被黄巾军包围了,你快去帮帮他吧!"于是,太史慈便赶到了都昌。

当时黄巾军对都昌的包围还不严密,太史慈在晚上伺了一个空隙,从小路进入城内,拜见了孔融,请孔融让他带兵出城杀敌。孔融见敌势众,没有答应,只说要等待外援。

几天过去了,外援一直未见到来,而黄巾军的包围却越来越严密,情势越来越危急了。孔融想来想去,想到了向平原相刘备告急,但属下中却没有谁能担当突围求救的重任。太史慈得知了,便主动请缨。孔融对太史慈还不很了解,只是说:"现在敌人包围得很紧,大家都说难以突出去,你虽有勇气,但恐怕也很难做得到吧!"太史慈恳切地说:"我母亲让我来,是看到我还有可以起点作用的地方,我也知道突围不是易事,但办法总还是有的。事已至此,请不要犹豫了。"孔融听他这么说,只好答应了。

第二天清晨,太史慈带上弓箭,率领两名骑士,各持一个箭靶,开门冲出城外。城外的围兵马上警觉起来,纷纷上马持枪,做好战斗的准备。但太史慈并不冲阵,而是径直骑马到城下壕沟中,把带来的箭靶插在地上,然后瞄准射箭。射完后,三人一起返回城内。第二天早上同样如此,这时,围城的人有的站着,有的照样卧着,逐渐放松了警惕。第三天拂晓,太史慈整顿好行装,饱餐一顿,又带着两个骑士来到了城外。围城的人见了,谁也不再去注意他们,都卧在地上不再起来。太史慈见机不可失,挥鞭拍打了一下坐骑,猛然穿过敌阵突围而出。等到敌人发现上当时,太史慈已骑马走出好几里外了。

太史慈见到平原相刘备,交上了孔融的求援信。刘备马上派遣三千精兵随太史慈前往救援。敌人听说援兵已到,只好慌忙撤退。(《三国志》《智囊》 郑小宁)

133. 明断尸案

东汉人周纡(yū)喜欢学习战国时法家韩非子的权术和威势,做官以后,立志铲除豪贼,以办案严酷,专任刑法而闻名。后来又调迁为召陵侯相。召陵县有个廷掾,早就听说周纡对下属十分苛刻,不讲情面,害怕今后在他手下难办事,便想制造一宗案件先难倒他,使他威信扫地。就在周纡到任的第二天早晨,他偷偷地从县城出来,在郊外找了一具死尸,砍掉手脚,用稻草包裹好,放在车子上运进城中,然后又将稻草拿掉,把死尸放在一座大庙门前。庙里人开门,发现门口有具死尸,就急忙去向周纡报告,周纡也就立刻带了几个随从前去察看。这时已经有许多人正在那里围观,周纡先让围观者散开,走到死尸旁边,表面装着与死尸说话的样子,暗中对尸体进行仔细观察,发现死尸口中眼里有稻芒。周纡就让一个随从把守城门的士兵叫来,悄悄低声问道:"今天早晨你们可曾看见有什么人用车装着稻草进城门吗?"守城门的士兵回答道:"只看见廷掾老爷一人用车装着稻草进城门。"他又问自己的随从:"你们看见围观死尸的人中间有谁怀疑我与死尸说话吗?"随从回答道:"大人观察尸体的时候,廷掾老父老是盯着你看,还不断地摇头。"这一下周纡心里全明白了,马上叫随从把廷掾抓来,严加拷问。廷掾见周纡料事如神,只好乖乖地承认说:"小人并没有杀人,只是从郊外找了个死人,想

刁难大人,请大人饶恕小人的罪过,下次再也不敢了。"周纡见他如实招认,便将他放了。从此以后,再也没有人敢欺骗他了。(《后汉书》 王福金)

134. 藏书避祸

　　东汉人杜安从小就有志气和节操,而且聪明有远见。十三岁那年,他被推举进入当时全国唯一的最高学府——京师洛阳太学,成为一名太学生。这件事在家乡颍州定陵引起轰动,人们都称赞他是个"奇童"。当时的太学生因为敢于评论朝政,褒贬人物,所以一些公卿大臣和贵戚都竭力接待他们,希望免受恶评。京师洛阳的官宦亲友仰慕杜安的名声,认为他将来一定会前途无量,便纷纷派人送信送礼,企图与杜安拉关系,以后可以得些好处。杜安一眼就看出这些人的不良用心,蹙眉苦脸,很不高兴,但碍于情面,只好礼节性地一一将书信和礼品收下。杜安对收下的许多书信,一封也不打开观看,而是吩咐书童将房内的墙壁凿破,将全部书信和礼品都藏在墙内夹层里面,并告诫家里人不准把这件事外传。杜安这一奇怪的举动,弄得家里人都莫名其妙。

　　过了一段时间,京师洛阳的官僚权贵之间发生一场争斗,致使一些曾给杜安送书信礼品的人也卷入这场争斗,结果他们失败了,被逮捕审讯。在审讯他们与什么人还有来往时,他们便招认同杜安有过书信来往。于是审讯官就命令几十名公差气势汹汹地来到杜安家中,要杜安交出书信。面对这些穷凶极恶的公差,杜安神情自若,对他们说道:"书信是有的,请跟随我去拿。"杜安将公差带到藏书信的一堵墙前,对公差说:"请你们把这堵墙凿开,亲自去取好了。"公差凿开夹墙后,取出书信和礼品,只见所有的书信印封如故,公差只好将书信原封不动地送到审讯官那里。审讯官将书信仔仔细细地检查了一遍,件件都是封印未动,说明杜安根本没有拆开过,与那些被捕的官宦亲友没有什么牵连,只好无罪释放。这时候,人们才明白杜安原封不动保存这些书信和礼品的用意,都称赞他有先见之明。后来,杜安任巴郡(今四川地区)太守,在政治上很有声誉。(《后汉书》 王福金)

魏晋南北朝

1. 董仙杏林

三国时,有个叫董奉的异人,隐居在庐山脚下。他原籍福州,精通医术,能治各种疑难杂症,救活了许多垂危的病人。有这样一个病人,身上长满了癞疮,奇痒难当,脓血淋漓,到处寻医觅方,都不见效,病情日益恶化,危在旦夕。幸亏遇上了董奉。

董奉治癞,别出心裁。他让病人单独坐在一间屋子里,用一条布巾蒙住病人的眼睛,裹了一层又一层,再三叮嘱切不可乱动,也不让家人接近。也不知董奉用了什么秘方奇术,不一会儿,病人便听到窸窸窣窣的声音,身边好像有个怪物,哑巴着一条长舌,不停地舔他的身体,周身上下,无处不到,舔到哪里,哪里就像剥了一层皮。病人痛苦之极,牙齿咬得格格响,硬是坚持下来了。半晌,长舌不舔了,那东西悄然而去。董奉走进屋子,给病人解开布巾,给他喝水,安慰说病很快就会好的,又关照不要吹风。十天过去了,麸麸糟糟的癞皮脱落了,全身通红,触手即痛;用清水淋涤一下,就舒服多了。又过了十几天,身上长了一层嫩薄的新皮,洁白如凝脂,病人有如脱胎换骨一般。

董奉给人治病,从不收钱。他见居地附近都是童山荒野,草木稀少,连鸟语虫鸣都难听到,心想,为何不用种树代替收费呢?于是给求诊者定了一个规矩:重病愈者种杏树五株,轻者一株。这有什么难处呢?大家都乐于接受,踊跃种树。几年下来,竟种了十万株杏树,出现了成片的林子,满眼郁郁葱葱。二月杏花开时,晕红染白,煞是冶艳。从此,画眉黄莺飞来了,獐猫鹿兔窜来了,这里的山林成了鸟兽的乐园。穷苦人家从来不知鲜果是何滋味,如今也能尝到甜美的杏子了。

救活一个垂死的病人,是医生最开心的事;能使一个地方的环境由荒寂枯寒而变得欣欣向荣,尤其令人高兴。但董奉并不满足,又在杏林旁边盖起几座粮仓,并搞了一个新的规定:凡买杏者,均须送一筐谷子进仓,然后用这筐子去采杏子,一筐谷子换一筐杏子。当地民风朴实,绝大多数人都能自觉按此规定办事,少有浅筐进满筐出的贪利之徒。这样每年可得三千斛谷子,用以救济穷人,或供行旅应急之需,还绰绰有余。

后来董奉不知去向。有人说,董医道行高,成仙了,但他的功德却永远留在人间。为了纪念这位异人,人们把庐山脚下的那片树林叫作"董仙杏林",称颂医家功德叫作"功满杏林"。时间一长,"杏林"也就成了医家的美称。(《神仙传》 夏咸淳)

2. 辨琴

蔡文姬是大文学家蔡邕的女儿。她自小聪慧、博学、强记,有辩才,既有很好的文学素养,又精通音律。

一天夜里,蔡邕正在书房里弹琴。弹着弹着,突然"嘣"的一声,一根琴弦断了。这时,在旁静静地看书的小文姬抬起头来,不假思索地对父亲说:"第二根弦断了。"蔡邕一看,果然不差,他对女儿准确的辨音能力暗暗称奇,但又以为她不过是偶然说对罢了,于是,便想再考考她。

过了不久,蔡邕在弹奏一首复杂的乐曲时,故意弄断了另一根琴弦,然后问蔡文姬是哪一根断了,蔡文姬应声而答:"第四根弦。"这下,蔡邕完全信服了:女儿确有高超的辨琴识音的能力。于是他高兴地问她:"你是怎么知道的?"小文姬说:"您教我学琴时,我就用心去记,反复地练,还仔细地辨别每根弦的音色和音质。所以,时间一长,也就知道了。"

蔡邕听了,这才知道女儿不但勤学,而且还懂得如何用心去学,难怪她无论学什么,都很快地学会,而且记得很牢了。小小年纪,真是难能可贵啊!他心里感到了莫大的安慰。

蔡文姬长大后,由于战乱,经历了十分坎坷的生活道路,但她的才华始终没有被泯灭,最终成了汉代最著名的女诗人。(《后汉书》 郑小宁)

3. 智讽陈韪

孔融,字文举,鲁国(在今山东)人。孔子二十世孙。

孔融四岁时,一次同兄弟们一起吃梨,他拣了最小的一个。父亲问他为什么吃小梨,他说:"我年纪小,应该拿最小的,大的留给哥哥吃。"父亲又问:"你还有个弟弟哩,不是比你还要小吗?"孔融说:"我比弟弟大,我应该把大的留给弟弟吃。"父亲听了很高兴,觉得他识得谦让,真懂事。后来,"孔融让梨"这件事一直被传为美谈。

孔融不但明白事理,而且十分机智聪明。十岁那年,他随父亲到京城洛阳。

河南尹李膺当时名望很高,每天前往拜会他的人很多,而李膺除了有地位、名气大的人或本家亲戚、世家通好外,其他人一概不接待。孔融听说了,很想见李膺一面,看看他到底是个什么样的人。

一天,孔融独自来到李膺的衙门口,迈步就要进去,但遭到守门人的阻拦。

孔融心生一计说:"我是李大夫的亲戚,特来拜访他。"

守门人听了,便赶紧进去通报。李膺听说有亲戚来访,连忙起身迎接。见到孔融,他发现这是个并不认识的孩子,便疑惑地问:"你跟我是什么亲戚关系?"

孔融不紧不慢地答:"我是孔子的后代,你是老子(名李耳)的后代。从前孔子曾向老子请教过学问,有亲密的师生关系。我和您都是他们的后代,所以,称得上是世交了。"

李膺和在座的人听了,十分惊叹,想不到一个十岁的孩子能说出这样一番话来,实在不简单,纷纷称赞。

过了一会儿,太中大夫陈韪进来了。李膺指着孔融对他说:"这是位奇童。"并把刚才发生的事情告诉他。陈韪望了望孔融,不以为然地说:"小时了了,大未必佳。"意即别看他小时候聪明,长大了不一定有出息。孔融一听,应声说:"如此说来,先生小时候一定是很聪明的喽。"

陈韪原想贬低孔融,但想不到孔融以子之矛,攻子之盾,反而接过话来讥讽他。陈韪很尴尬,又羞又恼,但一时想不出话来反驳。

众人听了孔融的巧妙回答,又见到陈韪的狼狈相,不禁哄堂大笑,认为孔融长大后必定成为大才。

孔融长大后,果然成了著名的文学家,是三国时期"建安七子"之一。(《后汉书》 郑小宁)

4. 望梅止渴

三国时,有一次曹操带领魏国的军队外出作战。

时值暑天,骄阳似火,烤得地面如蒸笼一般,使人酷热难当。此时,正在急行军的将士们的水囊里挤不出半滴水来,整支部队迫切需要供水,而偏偏部队所经之地,不要说水源,就连遮阴的地方也没有。

将士中有人开始中暑,士气正逐渐低落,行军速度在减慢,而军情急迫,部队如不能在预定的时间内赶到目的地,将贻误战机!骑在马上的曹操,望着天上的酷阳,心里急得火烧火燎。"得想个办法解除这眼前的窘境才行!"他一边竭力使自己镇静下来,外表装作若无其事的样子,一边脑子在飞快地转动着。

突然,他眼睛一亮:对了,梅子,梅子不是可以解渴吗?平时,人们只要一听说梅子,嘴里就会不由自主地滋润起来,我何不一试?

于是,曹操命令部队稍事休息,然后传令说:"据探报,前面不远处有一片梅林,树上结满了梅子,梅子的味道甜甜酸酸的,可以用来解渴。我们现在加速行军,争取早点赶到梅林去。"将士们听说,顿时觉得嘴里充满了酸味,唾液不知不觉地流了出来,都想赶快到达梅林,于是,士气大振,行军速度马上加快了。

经过一阵急行军,部队虽然始终见不到梅林,但却意外地发现了水源。

由于保持了旺盛的士气,及时捕捉了战机,部队取得了作战的胜利。(《世说新语》 郑小宁)

5. 割发代首

三国时,魏王曹操带兵素以纪律严明著称,而且令出必行,违者必究。

一次,曹操带着部队出征,经过一片麦田。当时麦子已熟,一片丰收在望的景象。曹操于是下令:全军将士都要爱惜庄稼,不准践踏麦田,否则,便要依据军法严究判罪,任何人也不得例外。令既出,将士们都小心翼翼地在麦田的两旁行进,谁也不敢踩踏麦田。有的将士见到一些麦子倒伏在路旁,还轻轻地扶正,然后再往前行。骑在马上的曹操见到将士们的表现,不断颔首表示满意。

忽然,扑棱一声,麦田里飞出一只斑鸠,从曹操的马头上掠过。战马受了惊吓,嘶叫着窜进了麦田。等曹操用力勒住缰绳停下来时,只见田里已有一大片麦子被踩坏了。曹操见状,即向掌管法令文书的主簿问道:"行军作战,践踏麦苗,该当何罪?"主簿说:"依照军法,当处斩。""我的马踩坏了麦子,我违反了禁令,请依军法行事。"曹操很干脆而认真地说。主簿闻言,大吃一惊,颤抖着声音说:"大王是主帅,小人怎敢议罪?"曹操说:"法令是我制定的,如果我自己带头违反,又怎么能够服众呢?"主簿说:"战马是受了惊吓才闯进麦田的,属于意外,又不是大王存心违法,我看不必议罪了,不必议罪了!"左右的人也都一片赞同声。但曹操执意不肯。主簿紧张得一面搓手,一面劝说:"现在大敌当前,军队不可一日无主帅,望大王三思啊!"左右的人也都一齐跪下,请曹操慎思。

听了主簿及众人的话,曹操不禁沉吟起来:是啊,大敌当前,部队如果失去了主帅,后果难以想象。可是,我自己制定的纪律又怎能违反呢?

他沉思了一会儿,缓缓地说:"既然你不敢议罪,那就由我自己来执行法令吧!"说罢,脱下帽子,抽出佩剑,把自己的头发割下一绺来,掷在地上说:"姑且用割发来代替砍头!"主簿及左右的人见了,这才长舒一口气:身体发肤,受之父母,不能随便毁损,现在大王割发代首,真是一种两全其美的解决办法啊,从而对曹操的机变感到由衷的钦佩。

曹操割发代首的事一下子在全军中传开来,全军上下无不肃然。从此,部队的纪律更加严明,战斗力更强了。(《三国志》裴松之注引《傅子》 郑小宁)

6. 夜袭乌巢

曹操与袁绍为争夺中原地区,在官渡(今河南中牟东北)摆开了战阵。双方打了几个小战役后,便转入了相持阶段,而且一拖便是好几个月。

当时袁绍的军队近十万人,粮食储备充足。曹操的军队不过三四万人,而且缺少粮饷,形势对曹军显然十分不利。相持日久,曹军缺粮问题越加严重,将士及统治区内的百姓疲惫不堪,不少人对战争能否取胜失去了信心,有些郡县甚至动摇叛变,投降了袁绍。对此,曹操看在眼里,急在心上,便去信同留守许都的谋士荀彧(yù)商量,打算退守许都。荀彧回信分析了当时的形势,指出现在是战争的关键时刻,谁先撤退,谁就被动! 曹军尽管碰到的困难不少,但只要咬咬牙坚持下去,战局一定会很快发生变化。到那时,只要出奇制胜,便可取得胜利,曹操接受了荀彧的意见,决心与袁绍周旋到底。于是曹军继续坚守官渡耐心等待战机。

袁绍是位迟疑寡断而又刚愎自用、骄傲轻敌的军阀,他屡屡拒绝谋士的献策,错过了好几次本可以取胜的机会。建安五年(公元200)十月,他从河北运来了一万多车军粮,囤积在大营以北四十里的故市、乌巢(均在今河南延津境内),还特派大将淳于琼带领一万多人驻扎在那里保护。此前,袁军曾被曹军偷袭过一次军粮,一度造成给养的困难。为了吸取教训,袁军大将沮授建议另派一支部队驻防在淳于琼的外侧,以防曹军故伎重演。但袁绍嘿嘿一笑,说:"曹操已占了一次便宜,难道还敢冒险来占第二次便宜吗?"遂对沮授的建议置之不理。这时,另一谋士许攸又建议,曹操的主力都集结在官渡,后方必然空虚,如派一支轻骑部队偷袭许都,曹军必会阵脚大乱,不战自败。但袁绍同样不予理睬。许攸感到袁绍如此轻敌,最后肯定会被打败,并为自己未能得遇明主懊丧。而恰在此时,他家族的人犯了事,留守邺城的审配拘捕了他的妻子。于是,许攸一气之下,便背弃袁绍,去投奔曹操。

曹操听说许攸前来投靠,高兴得连鞋子也来不及穿,就光着脚跑出来迎接,殷勤地以礼相待,这使许攸非常感动。于是,他就一五一十地将袁绍方面的情况和盘托出,还建议曹操偷袭故市、乌巢,将袁军的军粮全部烧掉,置袁绍于死地。

曹操听后非常高兴,觉得这是出奇制胜的好机会。当晚便亲率步骑兵五千人,打着袁军的旗号,将士及战马都口衔横枚,每人手里抱着一束干柴,从小路悄然疾进。

途中,曹军突然遭到一队袁军巡逻兵的喝问。曹操急中生智,让士兵回答:"袁将军担心曹操会偷袭粮屯,特地派我们前往增援。"从而骗过了敌人。

天快亮时,曹军终于赶到了乌巢,并当即将袁军团团围住,然后放起火来。顷刻间,只见粮仓周围浓烟滚滚,火光冲天。袁军从梦中惊醒,慌作一团,不知如何是好。袁绍得到急报,不但不予重视,反而认为曹营必然空虚,是攻下官渡、歼灭曹军的大好机会,于是急派大将张郃、高览率兵前去攻打曹军在官渡的大本营,只派少数人去救乌巢。谁知,曹操早就料到他这一招,特留下大将曹洪守营。见袁军攻到,曹洪凭借牢固的工事,奋力抵抗,使袁军始终不能得手,主力反被吸引在那里。而去营救乌巢的部队连同淳于琼的守军一起,被曹军全歼。袁军一万多车粮食也全部化为灰烬。张郃等得悉情况后,知大势已去,顿时丧失了斗志,便率军投降了曹操。曹军乘胜追击,终于大败袁军。袁绍和儿子袁谭如丧家之犬,率剩下的八百骑兵逃回黄河以北去了。

官渡一仗,袁绍的主力差不多遭到了全歼。两年后,袁绍在气急中郁愤而死。曹操很快便消灭了袁绍的残部,终于统一了北方。(《三国志》 郑小宁)

7. "憨厚"的太子

曹丕和曹植都是曹操的儿子,又都同为一母所生,且各有所长,颇得曹操的喜欢。但若论聪明,曹植要超过曹丕,而且曹植有着很高的文学天赋,又善于言辞,与父亲的共同语言要比曹丕多些,所以,曹操起初对他更为钟爱些,并有立他为太子的打算。

父亲的心思儿子自然领会。曹植为此而兴高采烈,在父亲面前益发随便,口才也更佳了。曹丕对曹植本来就颇为猜忌,见弟弟势头越来越盛,则更为自卑,益发默言少语。每逢曹操出征打仗,曹丕和曹植总要一块儿在路边送别。每到这个时候,曹植便要称颂父亲的功绩一番,并出口成章,文采斐然,引来周围的人一阵阵的啧啧赞叹,曹操也就更高兴了。曹丕呢?则相反,老是一副怅然若失的样子,木木讷讷的,什么也不说,弄得曹操很不舒服。

曹丕和曹植都有自己的谋士,他们平时的外在形象、言谈举止都是谋士们设计的。曹丕的谋士们见到在欢送曹操出征这件事情上曹植的表现占了上风,加重了当太子的砝码,都非常着急,感到需要改变曹丕的形象。于是,曹丕的心腹

之一吴质绞尽脑汁给他出了一个绝妙的主意。

从此以后,凡是曹操出征,曹植依旧意气风发,高谈阔论;而曹丕则双眉紧皱,脸有戚色,当曹操上马离别时,他又流着泪,跪拜在地,长久不起。他的这种表现,引起了曹操身边人的感慨嘘唏,曹操本人也觉得在曹植身上似乎缺少点什么。时间一长,曹植和曹丕两相比较,大家都慢慢地悟了出来:曹植言辞虽然华丽,能说善辩,但却有点花哨,诚心不足;曹丕尽管拙于言辞,少言寡语,但却充满着孝心,而这恰恰是当太子的最重要的条件。因此,曹操心中选太子的天平又逐渐地向曹丕倾斜,并最终选择了曹丕。谁又能想到,曹丕的孝心,其实是这貌似憨厚的太子装出来的呢,而在这当中,他的谋士们起了极大的作用。(《三国志》裴松之注引《世语》 郑小宁)

8. 火堆退敌

建安三年(公元198)十二月,曹操率军攻克了吕布据守的下邳(今江苏睢宁西北),擒获并杀死了吕布。在这场战役中,陈登因立了大功而被曹操任命为伏波将军,负责镇守江淮一带。

陈登是位颇有谋略之人,他到达江淮后,据有江东之地的孙策便如坐针毡,感到了威胁,于是决定先下手为强,立即派出军队攻打陈登据守的匡琦城。为了能速战速决,他这一次派出了十倍于敌的兵力,一时间旌甲遮江,气势极盛!

见到敌军铺天盖地而来,跟随陈登守城的将领害怕起来了。有人向陈登建议说:"敌军的兵力远在我们之上,我们根本不是他们的对手,城池早晚要失守。不如暂时撤出此城,把空城让给他们。江南人不习惯在陆地上居住,过不了多久,他们就会撤走的。"陈登严厉地回答道:"胡说!我受朝廷的委托镇守此城,如果不能阻止敌人的侵犯,就誓与此城共存亡,岂有弃城而逃之理!"将领们听了他这一席铿锵有力的话后,都感到很惭愧,同时也受到了鼓舞,决心与陈登一起死守匡琦城。

陈登采取示弱骄敌的策略,不与敌军正面接仗,只是命令士兵紧闭大门,任凭孙策的军队怎样挑战,始终坚守不出。过了一段时间,孙策军见曹军龟缩着就是不敢出城应战,不禁懈怠了起来。陈登见到机会来了,于是派出军队于黎明时分,打开南门,悄悄出击,直扑敌营,结果大败孙策军。与此同时,他派出一部分人秘密去到离城十里的地方驻扎了下来。

孙策军吃了一次败仗,学乖了。待重新集合队伍后,加强了警戒,而且攻城更急了。而在城外的曹军也在抓紧行动。他们准备了许多干柴,每两捆放在一

块,隔十步放一堆,摆成了横竖整齐的方阵。

到了晚上,按照既定的计划,城外的曹兵将干柴全部点燃。霎时间火光冲天,远远望去,就好像是一支大部队在行动。城内的人见了,以为大队援兵已经到来,顿时欢声雷动。城外的孙策军则惊慌不已,带队的首领由于对城久攻不下已有点泄气,如今见到曹军已经来援,料定待下去非但占不了便宜,而且还有遭敌内外夹击的危险,于是决定还是三十六计走为上计,立即下令撤退。见到敌军开始移动,陈登料定敌人已在撤军,于是果断地下令出击。城里城外的曹军互相配合,很快就将孙策军打得大败,斩首万余人,而匡琦城也最终得以保全了。
(《三国志》裴松之注引《先贤行状》 郑小宁)

9. 丑妇劝夫

三国时,魏国的卫尉卿阮共将女儿许配给许允为妻。临到迎娶时,许允才发现妻子原来长相很丑,心里顿觉不舒服。行完交拜礼后,他就一直坐在客厅里,不想进入洞房。家里人不知怎样劝他才好,都十分焦急。

在洞房里,许妻身边的婢女见许允迟迟不愿进来,就唠唠叨叨地替许妻抱不平。许妻知道丈夫是嫌自己长得丑,才不愿进洞房的,因此她一点也不着急,只是静静地坐在床沿上等着。

过了一会儿,有人来访,许妻便让侍婢出去看看是谁。侍婢回来说:"是桓郎来了。"桓郎即桓范,是许允的好朋友。许妻听说他来了,便对侍婢说:"别抱怨了,桓郎肯定会劝他进来的。"

果然,桓范见到许允,便对他说:"阮家既然把此女嫁给你,我看是有意思的,你应该仔细考虑。听说此女长得虽丑,但很贤惠能干,而且知书达礼,说不定还是你的福气哩!你看看,人家蜀国的丞相诸葛亮娶的不也是丑女吗?况且,生米已经煮成熟饭,你俩已行完了交拜礼,你哪有不圆房的道理?"

许允听桓范这么一说,想想也在理,只好起身回房里去了。但回到房里,瞧见妻子那丑陋的脸相,他又觉得实在难以在一起生活,于是转身便想出去。

许妻料他这一出去就不会再进来了,便一把拉住他的衣襟不让他走。许允见她这样,只好止住脚步,满脸不高兴地说:"妇女应该有四德,你具备哪几条呢?"

许妻说:"在妇德、妇言、妇容、妇工四德中,我所缺少的只不过是美好的容貌罢了。但是读书人应该有的许多良好的行为,请问您又具备哪几种呢?"

"我全都具备了!"许允自负地回答。

许妻说:"在各种良好的行为中,德行是排在首位的。您喜欢女色而不喜欢德行,怎么能说全部都有了呢?"

许允语塞,不觉为妻子的话所折服,心中暗想:她虽然外表难看,却气质非凡,而且言辞机警,或许桓范说得对,我和她的结合未必不是好事。于是,他那原先紧绷的脸漾出了一丝羞愧的神色,并留了下来。

后来,许妻果然成了丈夫的贤内助,夫妇俩互敬互爱,生活得和谐幸福。
(《世说新语》 郑小宁)

10. 不可求情

三国时,魏国人许允在吏部任职。他在选派官员时,经常任用自己的同乡。为此,有人向朝廷弹劾他。魏明帝一听大怒,命令将许允收押起来,关进监狱。

许允的妻子见到丈夫被抓,来不及穿上鞋子,就光着脚追出门外,对丈夫叮嘱道:"明理的君子是可以用道理来说服他的,但千万不要向他求情!"听妻子这样一说,许允开始有点回不过神来。但他素来信服自己的妻子,故点了点头表示照办。他一边走,一边想,慢慢地终于悟出了妻子话中的含义,不由得更加佩服妻子的良苦用心了。

许允被押到了魏明帝的跟前,明帝生气地问他道:"为官的应该正直无私,可你尽用自己的同乡,这是为什么?"许允不慌不忙地回答道:"承蒙陛下让我任职吏部,臣下岂敢不恪尽职守? 陛下只要臣下考察和推举人才,并没有说同乡的人不能举荐啊! 昔日祁黄羊举贤不避亲,我也想努力像他那样,力求为陛下选拔出真正的人才来。这些人虽然是臣下的同乡,但又都是臣下所了解的人才! 陛下如果对他们有怀疑,可以对他们能力和才华进行检验。假如他们的能力与所担任的职务不相称的,那我甘愿接受惩罚。"

魏明帝听他这样一说,感到蛮有道理,脸色便逐渐缓和了下来,并命令吏部对许允所任用的同乡官员一一进行重新的考核,发现他们果然都能胜任本职工作,于是,就把许允放了,还对他大大嘉奖了一番。

自此以后,许允官运亨通。当他被任命为镇北将军时,他高兴得飘飘然起来了,兴奋地对妻子说:"好了,这下可好了! 今后我再也不用担心有什么祸事发生了!"妻子见到他一副得意忘形的样子,便提醒他说:"古人说过'福兮祸所倚',你可别高兴得太早,说不定祸事就要来临哩!"许允对妻子的话不以为然,只是一笑了之。

当时,许允正与中书令夏侯玄和李丰等人来往密切,准备诛杀大将军司马

师。但还没有发兵，他就因为其他的事件而遭到牵连，被逮捕下狱。在狱中，许允想起了妻子的话，不禁感慨长叹："我不如妻啊！"

许允被捕后，他的学生匆忙赶来告诉他的妻子，并建议赶紧把许允的两个儿子藏起来，以免遭不测。谁知，许允的妻子却安坐在织布机前，一边织布，一边神态自若地说："我早就料到会有这样的结果。"坚决不同意让儿子去躲藏，而是带着两个儿子搬到了墓地去住。到了墓地，她一把将两个儿子抱在怀中，叮嘱他们，如果朝廷有人来找他们，只要坦率地与来人交谈就会相安无事，但千万不要表现出过分的悲伤，也不要问父亲的事。对母亲的嘱咐，两个儿子牢牢地记住了。

果然，大将军司马师专门派了钟会前去"探望"许允的家人，临行前还交代说："他们如果提起许允，就给我抓来！"钟会到了许允家人住的墓地，与两个小孩单独谈了很久，但始终不见他们提起自己父亲的事，言谈还甚为得体。钟会一无所获，只好回去向司马师汇报。司马师不禁暗暗称奇，最终也便打破了要斩草除根的念头。而这些，完全都得赖于许允妻的智谋。（《三国志》裴松之引注《魏略》 郑小宁）

11. 年少识真奸

荀攸是三国时代人，还在他很小的时候，他的父母就相继去世了。他是跟随着祖父和叔父长大的。荀攸外表愚钝懦弱，但实际上内里却十分机智刚强。他还很懂事，在七八岁时，叔父荀衢有一次喝醉了酒，无意中打伤了他的耳朵。酒醒后，荀衢为此而内疚不已。荀攸知道叔父的心情，为了不使他太难堪，每次见到叔父时，就总是想办法将受伤的耳朵遮掩着，以免叔父见后会"触景生情"。对他的这种善解人意，祖父和叔父都感慨不已，也就更喜爱他了。

荀攸的祖父名叫荀昙，曾经当过东汉的广陵太守，为人非常宽厚，而且学问渊博。每当工作之余，他常常亲昵地把荀攸拉到自己身边，给他讲故事，或者跟他海阔天空地闲聊，而荀攸则在不知不觉中增长了知识，并受到了各种各样的熏陶，爷孙俩结下了非常深厚的感情，荀攸深深地爱着自己的祖父。

可是，当荀攸长到十三岁的时候，他的祖父不幸去世了。对祖父的死，荀攸感到悲痛欲绝，暗地里不知道流了多少眼泪。然而，他又非常懂事，在大庭广众面前，强忍住泪水帮助叔叔料理祖父的后事。

正当一切已经打点停当，祖父的灵柩准备下葬时，突然从外面闯来了一人，只见他一下子扑到荀昙的灵柩前放声大哭起来。大家对此都感到愕然。过了好一会儿,这个人才抬起头来,断断续续地告诉大家,他的名字叫张权,原来是荀昙手下的一名官吏,平日里承蒙荀昙的多方关照。所以,当他听到荀昙的死讯后,便匆匆赶来送葬,并要求为荀昙守墓。

荀攸的叔叔荀衢隐隐约约知道有这么一个人,如今见到他一片虔诚之心,非常感动,于是便答应了他的要求。荀攸则在一旁目不转睛地盯着张权,并若有所思地点了点头。

荀昙的灵柩下葬后,张权美滋滋地搬到墓地当守墓人去了。大家见状,都纷纷称赞说:"真难得有这样的好部下啊!"这时,仍然在观察着张权一举一动的荀攸却把叔叔荀衢悄悄地拉到一边,轻声对他说:"我对这个人仔细地注意了一天,发现他的神情十分反常,一切好像装出来似的,非常不自然。我怀疑他会有什么见不得人的事。"叔叔听他这样一讲,起初还有点不以为然,但见到荀攸一本正经的样子,再想了一想,又觉得他讲得有点道理。于是,便将张权请来,详细地对他进行盘问。张权开始时还若无其事地王顾左右而言他,但到了后来,禁不起荀衢的反复追问,这才慌了神,吞吞吐吐地说出了真情。原来,他在家乡因为一件小事而杀了人,遭到了官府的追捕,正在走投无路的时候,听说老长官荀昙去世了,于是,便灵机一动,想借老长官的墓地为藏身之所,但万万想不到,计划还没有实施,便被荀攸这位十三岁的少年识破了!

杀人犯张权终于被官府捕拿归案了。事情传出去以后,大家都对荀攸另眼相看,说:"真是人不可貌相啊!你看荀攸,虽然外表黏乎乎的,但内心可透亮着哩!小小年纪心计多着呐!"(《三国志》 郑小宁)

12. 一言保储

三国时,曹操的两个儿子曹丕和曹植为了争夺太子位而互相暗中较劲。起初,因为临菑侯曹植才华横溢,聪颖过人,曹操实在太喜欢他了,加上身边有一批人为曹植充当说客,于是,便动了要立他为太子的念头。

但这毕竟是立储的大事,曹操不敢贸然而行。他想听听大臣们的意见。

一天,曹操召来谋臣贾诩,屏去左右以后,向贾诩低声问道:"有人建议让临菑侯当太子,你对此有何看法?"贾诩半晌没有回答。曹操觉得很奇怪,又再一次发问,贾诩还是没有哼声,只是露出一副若有所思的神色。曹操不高兴了,大声说:"我正在跟你说话呢,你为什么不作声?"

这时,贾诩才不紧不慢地回答:"启禀丞相,臣正在想着一件事。""我与你商量这么重要的事情,你竟敢思想开小差,真是岂有此理!曹操更不高兴了,他强压

住火气,提高声调问:"你在想什么呢?""我在想着袁本初和刘景升的事呐。"袁本初即原北方大军阀袁绍,刘景升即原荆州太守刘表。曹操听了,先是一怔,继而马上明白过来,于是走过去拍着他的肩膀哈哈大笑说:"你这个人啊!"自此,曹操在立储上终于下了决心让曹丕当太子,并把这件事正式确定了下来。

原来,袁绍和刘表都是因为废长立幼而引起内部矛盾,种下祸根,并最终归于败亡的。贾诩深感自己不是曹操的旧臣,在立谁为太子这件非常敏感的事情上实在难以表态,但又不能不表态,于是,便借袁绍和刘表的故事来含蓄地申述自己的看法。曹操是绝顶聪明之人,哪有不明白之理呢?

后来,曹丕知道贾诩替他说话,非常感激,专门派人向贾诩请教如何稳定自己的地位。贾诩并没有正面回答,只是说:"希望将军提高品德,宽宏大度,孜孜不倦地修习学问,不违背做儿子的规矩就行了。"曹丕也是心有灵犀一点通,按贾诩所说的去做,果然越来越得到父亲的欢心,终于巩固了自己的太子地位。(《三国志》 郑小宁)

13. 两全之策

三国时,贾诩曾任过董卓的部下李傕的宣义将军,后来,他离开了李傕前往投靠屯兵华阴(今属陕西)的段煨。段煨跟贾诩是同乡,热情地收留了他。以后,更因其礼节非常周到,贾诩很感动。

但时间一长,贾诩慢慢地发现段煨这一切都是装出来的,他对自己其实并不欢迎,相反还存有极大的戒心。原因是贾诩的名声一向很大,来到段煨的军中后,官兵们对他都非常拥护,他的声望甚至要超过段煨,段煨因此而害怕他会夺了自己的权,所以心里感到不安,但又不便打发他走。

自从得知了段煨对自己的真实态度后,贾诩也就萌生了去意。他暗中与在南阳(今属河南)的张绣取得联系,表示想去投奔他。张绣听了很高兴,很快就派人来把贾诩接走了。

贾诩走的时候只是孤身一人,妻子儿女仍在段煨的军营里。有位知心朋友给他送行时不解地问:"段煨待你那么好,你在这里也混得挺不错,为什么一定要离开他呢?再说既然要走了,为什么又不把家人一块带走呢?"贾诩回答道:"不瞒你说,段煨对我一向怀有妒意,表面上虽然对我很好,但骨子里却是时刻在提防着我。所以,在这里时间久了,我就会有性命危险。我现在离开他,他一定不会阻拦,甚至还会很高兴,巴不得我离开得越快越好。当然,他也希望我能在外面攀上一棵大树,到时对他也好有个照应,所以,我把家人留在这里,他一定会善

待他们的。至于张绣,他眼下正缺少给他出谋划策的人,我到他那里去,他正是求之不得。所以,我在他那里也非常安全。这样一来,我的性命和我的家庭也就都能保全了。"朋友听了他的话,感到分析得很有道理,信服地点了点头。

贾诩到了南阳后,张绣果然十分高兴,就像对待自己的亲儿子那样对待他。而段煨也果然像往常一样,给予贾诩的家人以很优厚的待遇。他的朋友也因此而更加佩服他的先见之明了。(《三国志》 郑小宁)

14. 反败为胜说奥妙

东汉末年,军阀混战。一次,曹操带领朝廷的军队北伐张绣,包围了张绣驻军的穰城(今河南邓县)。双方相持了几个月,彼此都讨不到便宜。一天,曹操突然接到消息,说另一军阀袁绍正在带兵袭击许都。于是,便赶紧下令部队撤军。

张绣听说曹操撤退,喜出望外,想也不想,一拍大腿传令说:"好极了,给我追!"他的谋士贾诩在一旁赶紧制止说:"千万不能追击,否则,我们一定会失败的!"张绣不听,执意要追,并说:"这是好机会啊!现在不追,更待何时!"说完,便亲自出马,带领军队出发了。

谁知,没过多久,张绣的追兵果然便如潮水般退了回来。一脸狼狈相的张绣一见到贾诩,劈头便说:"唉,还是你说的对,原来曹操这家伙早有准备,被他打败了!"说完,还懊悔得不断摇头。贾诩似乎没有心思听张绣的唠叨,只见他登上城楼望了望,然后对张绣说:"请火速再去追击曹军,这次去一定能够取胜。"张绣一听,愣住了,眼直直地瞪着贾诩说:"刚才我正因为没有听从你的劝告,才落到了被打败的地步。现在才吃了败仗,马上又要去追击,你不是在开玩笑吧?太儿戏了!"贾诩却一本正经地回答说:"不是开玩笑。刚才是刚才,现在是现在。现在的情况与刚才相比已经发生了变化,再追,肯定会大获全胜,我愿以人头担保!"张绣一向信服贾诩,听他讲得这么肯定,又想到刚才自己就是因为没有听从他的劝告才吃了败仗,说不准他真的有道理。想到这儿,他咬了咬牙,重新将部队集合起来,命令他们再去追赶曹军。部队出发后,张绣始终感到不放心,不断地来回踱步,显出一副烦躁不安的样子。而贾诩则面带微笑,安详地坐在那里等候消息。说来也怪,这次又被贾诩料准了,部队真的胜利而归!

战斗结束后,张绣恭恭敬敬地问贾诩:"我率领精兵去追击曹军,你说必败;失败后,你又说用败兵去攻打已经获胜的敌军,必胜。而这一切都果然如你所言。这究竟是什么原因呢?"贾诩说:"这道理其实很容易明白。请想一想,将军您虽然善于用兵,但毕竟还不是曹操的对手。我料定他刚撤退时,必然会亲自压

阵,带领精兵断后。我军虽然精锐,但将帅既然不敌曹操,而对方士兵也是精锐之师,所以,此时追击,必败无疑。同时我也一直在想,曹操包围我军,虽然一时占不了大便宜,但长久下去,他的优势会越来越明显。可在优势渐增、士气正旺之时,他却突然退兵,事情就蹊跷了。推论只有一个,就是他的境内可能发生了大变故! 因此,他打败了您以后,就必定会完全放松警惕,轻装快速赶路,即使仍然留下一些将领断后,但他们已不是将军您的对手,此时追击,即使是刚败之军,也可以把他们打垮!"张绣听了,感到他讲得很有道理,对他就更加佩服了,并由衷地说:"真是听君一席话,胜读十年书啊!"(《三国志》 郑小宁)

15. 巧破匿名信

三国时,曹操有一次收到一封匿名信,信中尽是诽谤、嘲笑他的话。曹操阅信后大怒,马上把魏郡太守国渊召来,令他限期勘破此案。

国渊办事素来以精明干练著称,颇得曹操的赏识,曹操常常当着大臣们的面夸奖他,将一些重要的事情交给他去完成。但此次,当接过匿名信后,他心里却有点犯愁,心想:当今正是多事之秋,人员来来往往,户籍变动很大,到哪里去寻找写信之人呢?虽说对笔迹不失为一个好办法,但人海茫茫,怎么能对得了呢?看来,要勘破此案,殊非易事啊! 一连数天,他反复琢磨这件事,但始终理不出个头绪来。

一天晚上,国渊躺在床上,辗转反侧,怎么也睡不着,便又起身将匿名信摊在桌子上细细地看起来。这信他已经不知道看过多少遍了,但此次他看得特别仔细,一个字一个字地反复玩味。突然,他有了新发现:信中有许多地方似乎是引用了两汉辞赋家张衡所写的《二京赋》的内容。他急忙把张衡的《二京赋》找来查对,果然如此! 他不禁两眼发亮,一拍大腿,高兴地敞开嗓门说:"破案有门了,破案有门了!"

第二天,国渊把手下的功曹召来说:"咱们魏郡虽说是大郡,但是真正有学问的人不多,我想挑选一批聪明而又有培养前途的少年去学习深造,你现在就去物色具体人选吧!"

很快,功曹便选中了三个少年。临行时,国渊对三个少年说:"《二京赋》这篇文章内容很博大,可惜世人不重视,现在知道的人已经很少了。你们可先拜能读懂这篇文章的人为师。"

不久,少年们果然找到了能读懂《二京赋》的人。国渊于是给那人去信,要求他好好管教三位少年,使他们能真正成材。那人也给国渊回了信。

国渊接到回信后,当即命人将此信与匿名信相对照,发现笔迹正好一模一

样！于是把那人抓来讯问。那人不得不承认匿名信确是自己所写。

国渊将破案经过向曹操作了报告。曹操惩罚了写信之人，同时，对国渊的才干更加赞赏了。(《三国志》 郑小宁)

16. 拒绝增兵

东汉末年，东郡(今河南濮阳)人程昱响应征召，投奔曹操。程昱是位有胆识、善谋略、能断大事之人，到了曹操那里，很快便辅佐曹操干成了几件大事，从而颇得曹操的信赖，并被委以重任，曾先后任寿张令、东平相、东都郎将、振威将军、奋武将军等职，封安国亭侯。

在就任振威将军期间，程昱曾领七百名士兵镇守鄄城(今属山东)。当时，雄踞北方的大军阀袁绍正集结十万精兵进驻黎阳(今河南浚县东北)，准备南渡黄河，一举攻下许昌。曹操接到侦报后，积极进行战略部署以迎击袁军。令曹操放心不下的是鄄城，他想：鄄城仅有数百将士把守，倘若袁绍南渡后向其发动进攻，将不堪一击。于是，便决定向鄄城增兵两千，并派人火速告知程昱。

谁知，程昱接到曹操的通知后，却拒绝接受增兵！手下的人知道了，都大吃一惊，觉得大敌当前，正需要增加兵力，而程昱的做法简直是不可思议！于是纷纷表示不安并提出疑问。程昱冷静地解释说："袁绍这人一向骄傲自大，他见我的兵力这么少，将不屑向我发动进攻，这样，鄄城尚可保存。如果我接受了增兵，袁绍则必定会向我进攻。大家想想看，袁绍拥有十万之众，我们即使增加了两千人又有何益呢，还不是以卵击石吗？到时，鄄城反而保不住了。"说完，便修书给曹操陈述增兵之弊。

曹操阅读了程昱的信，经过认真的思考，觉得程昱的分析有道理，便不再向鄄城增兵。但他始终无法释然，一直怀着忐忑不安的心情密切注视着鄄城的动静。

袁绍渡过江后，本想攻打鄄城，但当他听说仅有七百名士兵守在那里时，便轻蔑地说："这区区七百人难道还需要我去留意吗？"当即便打消了进攻鄄城的念头。

曹操见鄄城保住了，这才放下心来，并对左右的人说："程昱的胆量，真是胜过古代的勇士孟贲、夏育啊！"(《三国志》 郑小宁)

17. 竹筐装绢

曹丕和曹植互争太子位时，他们身边各有一班谋士在为主子卖力，这些谋士

经常四处活动，打探对方的情况，然后再向主子汇报，并给主子献计献策，以图将太子位抢夺到手。由于这些都是见不得人的结党营私的事情，加上曹操十分憎恶这种行为，所以他们都是偷偷摸摸地在暗地里进行。

一天，曹丕又把他的主要谋士之一的朝歌长吴质请到府中来密商对付曹植之策。或许是"做贼心虚"，同时也为了避免被曹植的人看见落下把柄，曹丕想了一个办法，将吴质藏在装丝绢的大竹筐里，用车拉进府中。

然而，世上没有不透风的墙。曹丕的这件事让曹植的主要谋士之一杨修侦到，他捋着胡子阴沉地笑了：哼，你曹丕竟敢搞这样的小动作，这次让我知道了，可就有好戏看了！于是他马上向曹操作了报告。在这之前，曹操青睐的是曹植而不喜欢曹丕，听说曹丕在背后搞小动作，不禁勃然大怒，说："真是岂有此理，过几天把他抓来！"

曹操的话很快就传到了曹丕的耳朵里。曹丕一向对父亲十分敬畏，听说父亲发火，感到非常害怕，赶紧把吴质找来，对他说："事情不好了，父王知道了你坐竹筐到我这里来，正要追查呢！你看我们该怎么办？"吴质见到曹丕紧张得六神无主的样子，想到如果这件事情真的被曹操查出，曹丕要当太子的幻想破灭不说，周围的一班人也难免会有不测之虞，故也显得非常紧张。他苦苦思索了老半天，附在曹丕的耳旁悄悄说："看来要消除丞相的疑怒，只有一个办法：明天用大竹筐装上绢再送入府里，以此来迷惑他们。"曹丕一听，便马上心领神会，不禁为他的这个办法而拍手称妙！

第二天，杨修又侦得曹丕正要把一个大竹筐运进府里，连忙跑去报告曹操。曹操立刻就派人来到曹丕府中，将大竹筐截住检查。但打开竹筐一看，大家都傻了眼：原来里面装着的都是绢，哪里有吴质的影子？！负责搜查的人回去向曹操作了报告，曹操这才觉得错怪了曹丕。他风闻杨修与曹植暗地里活动频繁，怀疑杨修借故挑拨他与曹丕父子之间的关系，陷害曹丕，而他本人对杨修以往屡次在人面前耍小聪明戳穿自己心计的做法就很不满意，于是，也就更加讨厌杨修，并产生了要杀杨修的念头。

此后不久，曹操故意出题目让曹植写文章，杨修揣测着曹操的心意写了十几条送上。曹操见到题目刚出，答辩的文章就已出来了，疑心大起，经追查发现果然是杨修代的笔，杀杨修的决心就更坚定了。后来，杨修果然被曹操找借口给杀了。曹植也因为"战术"运用不当而最终功亏一篑，遭到了父亲的疏远，失去了继位的良机。曹丕则想不到靠着吴质的点子，在虚惊一场之后能"反败为胜"，去掉了绊脚石，实现了自己朝思暮想的追求。（《三国志》裴松之注引《世语》 郑小宁）

18. 死牛诗与煮豆诗

三国时期，曹操和他的儿子曹丕、曹植在文学上都有很高的造诣，文学史上称为"三曹"。

曹植自幼就聪明异常，十来岁时就能背诵数万字的文学作品，写出一手漂亮的文章。曹操看了曹植的文章，心中十分怀疑，当面问曹植："这些文章恐怕是你请人代笔的吧？"曹植跪下来回答说："出言为论，下笔成章，并不是一件难事，我何必请人代作呢？如果父亲不信，您可以当面试我。"此时正好新建的铜雀台完工，曹操就带着儿子们一起去登览，叫他们各写一篇文章。曹植提起笔来，信手挥洒，很快就第一个交卷。曹操看了，确实不错，从此就对曹植特别宠爱，有意把他立为太子，继承自己魏王的王位。

然而，曹植生性随便，不拘小节，常常喝酒误事。有一次，大概也是喝了过量的酒，乘着醉意，他坐上车马外出办事，竟不顾王府禁例，擅自打开宫门直冲而去。曹操知道后，心头大怒，立即追究责任，将主管宫门的官员处死，并告诉左右亲信："我本以为子建（曹植字）儿是个能成大事的人，但从他擅开宫门一事来看，我得重新评价了。"此后，他对曹植的宠爱日趋减弱。

就在曹植不断失宠的同时，曹丕却在暗中积极活动，一方面他拉拢曹操身边的宫人及亲信为他在曹操面前说好话，另一方面他又不断设计陷害曹植。

有一次，曹操命令曹植率军打仗。大军临行之日，曹丕故意把曹植找来喝酒，席间大杯猛灌，曹植终于酣然大醉。等到他去向曹操辞别时，曹操见他醉得不成样子，根本不能领兵作战，心中大怒，立即撤去了他的统帅之职。就这样，曹丕终于击败了曹植，被曹操立为太子。

曹操死后，曹丕继承了王位，尽管他大权在手，心中还是将曹植视作政敌。继杀了丁仪、丁廙(yù)，除去曹植的羽翼后，他把矛头直接指向了曹植，曾多次把曹植叫来训斥，不断削弱曹植的官职，直至想杀掉曹植，永绝心头之患。

有一天，曹丕叫曹植跟他一起外出，路上恰巧看到两头牛在互相角斗，其中一头牛因斗不过另一头牛而被撞入井中死去。曹丕脑子突然一动，转过脸来对曹植说道："你不是很擅长写作吗？曾自夸出口成章，现在我限你骑在马上跑一百步，把刚才两牛角斗的情况写成一首四十字的诗歌，但诗句中不准出现'牛'字，也不准出现'井'字；既不能说'斗'，也不能说'死'。如果你真的写成了，就证明你果然才华出众；如果你写不出来，就说明你只不过欺世盗名，可不要怪我对你处以死刑，断绝兄弟之情。"

曹植心中明白，这是曹丕故意借机清除自己。他盯了曹丕一眼，只见曹丕脸上暗藏得意之色，知道没有什么好话可说，于是就放马而跑。刚跑了没几步，一首四十字的《死牛诗》从他口中诵出："两肉齐道行，头上戴横骨。行至凶土头，峙（lǚ）起相唐突。二敌不俱刚，一肉卧土窟。非是力不如，盛情不得泄。"在这首诗里，曹植已经将两牛相斗之事暗寓了自己兄弟不和，然而他仍然觉得心头忧郁未能得到尽情抒发，随即又朗朗诵道："煮豆持作羹，漉（lù）豉（chǐ）取作汁。萁在釜下燃，豆向釜中泣。本自同根生，相煎何太急！"进一步把萁豆相煎与兄弟相斗喻为一体，巧妙地向曹丕表达了自家人相互迫害，双方都无好处的信息。

曹丕听了曹植朗诵的诗，心中顿时一亮，想想自己已经从弟弟处夺得王位，如今又逼迫得弟弟无以容身，确实太狠心了，惭愧的泪水不由夺眶而出。周围臣僚也对曹植的才华深表叹服，纷纷替他求情。曹丕终于免去了曹植的死刑。

凭着自己的智慧和才华，曹植不但保住了性命，他的故事以及《煮豆诗》，也因此流传下来，成为人们熟知的名作。（《世说新语》《太平广记》 沈习康）

19. 称象

三国时，东吴的国君孙权送了一头大象给曹操。

听说大象运来了，曹操特地拉着六岁的小儿子曹冲的手，带领一班官员前往观看。由于是北方人，大伙对这来自南方的大耳朵、长鼻子、怪模怪样的庞然大物觉得挺新鲜，围着大象东摸摸，西瞧瞧，议论纷纷。曹操扫视了大家一眼，突然发问："谁能称出这只象到底有多重？"

众官员一下子怔住了：上哪去找这么大的秤来称？即使有这样大的秤，又怎么能将这庞然大物提起来呢？大家尴尬地你望着我，我望着你，谁也不敢吱声。

这时，倚在曹操身边看象的曹冲仰起脸，高声对父亲说："我有办法！"众官员听了，脸上露出惊奇和狐疑的神色，有的心中在窃笑：小孩子，太狂了！

只见曹冲不慌不忙地跨前一步说："这其实很容易。"说着，手朝河上一指："河边不是有只大船吗？把象牵到船上，在船吃水的地方刻上记号，然后把象牵走，再把岸上的石头运到船上去，等船沉到做记号的地方，这船上的石头重量，不就是大象的重量吗？"

曹操一听，高兴地说："好办法！"立即让人按照曹冲所说的去做，果然很快就称出了大象的重量。

那些官员们一个个低下了头，又佩服，又惭愧。（《三国志》 郑小宁）

20. 智救库吏

有人给曹操送来一副精美的马鞍子,曹操十分喜欢,但又舍不得马上拿来用,便把它放在库房里,吩咐库吏好好保管。

一天,库吏在整理库房时,发现马鞍子被老鼠咬坏了,吓得冒出了一身冷汗。他不知将会受到什么样的责罚,便跑去向曹操的小儿子曹冲求救。

曹冲跟库吏是好朋友,望着失魂落魄、哭丧着脸的库吏,曹冲答应想办法救他,并让他先不要声张。

回到屋里,曹冲用小刀将自己的内衣戳了好几个洞,像是被老鼠咬破一样,然后,装着闷闷不乐的样子,一连几天无精打采不声不响,有时甚至连饭也不吃。

曹操终于发觉了最钟爱的小儿子的变化,便追问他究竟有什么不顺心的事。

曹冲忧心忡忡地说:"我的衣服让老鼠咬破了,听说,老鼠咬破东西是不吉利的。"

"傻孩子,真是傻孩子!"曹操听了哈哈大笑说,"老鼠咬破东西是再平常不过的事啦,有什么不吉利的?不要再胡思乱想了。"

过了一会儿,库吏走了进来,跪在地上禀告说:"库房里的马鞍被老鼠咬坏了,小人特来请罪。"

要在往常,曹操定会大怒,并会重罚库吏,但这次他只是宽宥地挥挥手说:"这老鼠也真够厉害,早几天连放在我儿子身旁的衣服都给咬破了,何况是挂在柱子上的马鞍子呢?算了吧,往后小心点就是。"

曹操终于没有追究库吏的过失。(《三国志》 郑小宁)

21. 解谜

三国时,曹操与刘备的军队在汉中摆开了战场,并一下子形成了对峙的局面。不久,曹军的粮食给养严重匮乏,而蜀军不但各路居守严密,而且粮食充足,战局显然不利于曹军。

深谙用兵之道的曹操感到继续对峙下去实难取胜,但战事才刚开始,如果就此罢手,不但挫了军势、伤了士气,而且也会遭到蜀军的耻笑。真是进退两难!为此,曹操连日来心中犹豫不决,总是愁眉不展,闷闷不乐。

一天晚上,值星官照例前来帐中禀请夜间口号,曹操恰巧正在用餐,那漫不经心的目光突然落在碗里的鸡肋上,并自言自语地说:"鸡肋,对,就是鸡肋!"

值星官莫名其妙,但又不敢多问,便退出来传令众官。众官听了亦觉蹊跷,但都不辨其意。于是有人悄悄跑去向杨修请教。

这杨修时任行军主簿,掌管一应文书工作,为人极其聪明,尤善"猜谜",对曹操的心事,屡屡一猜就中。

一次,朝廷的工匠给曹操的相国府建造大门,门框架子刚刚造好,曹操便亲自过来验看。看后,不置褒贬,只取笔在门上写了一个"活"字便离开了。杨修看见了,就吩咐工匠将门拆毁重做。众人不解,杨修说:"门中添'活'字,就是'阔'字,丞相是嫌门太阔了。"后来,工匠按照杨修的话,把门改窄了,曹操果然也就满意了。

又有一次,有人送给曹操一杯乳酪。曹操吃了一口,便在盖头上写了一个"合"字,把它交给身旁的侍从看。侍从不晓其意,只好互相传看,谁也不敢随便乱动。传到杨修手中,只见他拿起来便吃了一口。众人大惊,杨修若无其事地说:"'合'字分开就是一人一口,丞相叫我们每人吃一口,又有什么可犹疑的呢?"众人看看曹操,曹操微笑默认。于是,大家便放心地各人吃了一口。

还有一次,曹操从曹娥碑下经过,见到碑的背面题有"黄绢幼妇外孙齑(jī)臼"八个字,便问随行的杨修:"你知道这八个字的意思吗?"杨修说:"知道。"曹操说:"你不要说出来,让我想一想。"走了三十里后,曹操才说:"我也已经知道了。"说完,便与杨修各自把所知道的意思记下来。杨修记道:"'黄绢'是有色的丝,在字来说,就是'绝';'幼妇',是少女,在字来说,是'妙';'外孙',是女儿的儿子,在字来说,是'好';'齑臼',是受辛味的,在字来说,就是'辤'("辞"的另一种写法),这八个字所说的就是'绝妙好辞'。"曹操所记与杨修的正好一样。事后,曹操感慨地对杨修说:"我的聪明与你比起来相差三十里啊!"

然而此次,杨修能再次勘破丞相文义吗?那位官员望着杨修,杨修笑而不答,只是悄悄地吩咐随行士兵收拾行装。那位官员仍不解,再三盘问,杨修才说:"鸡肋虽弃之可惜,但食之亦无味,现在进不能取胜,退恐人耻笑,但盘桓下去,终究无益,不如早归。以鸡肋喻汉中,不就说明丞相已有撤兵之意吗?"那位官员恍然大悟,又悄悄地转告其他人。于是,全军上下都在悄悄地打点行装,做好撤退的准备。

不久,曹操果然下令退兵,放弃了汉中。(《三国志》 郑小宁)

22. 勘破杀人案

高柔当廷尉时,护军营有个叫窦礼的士兵,一次外出办事后便不知所终。当时开小差的人很多,营里以为他也逃走了,就上表通缉追捕他,同时,按照法令收捕了他的妻子盈和儿女,准备将他们罚作官府奴婢。

窦礼的妻子盈是位坚强而又有主见的人,她对自己的丈夫非常了解,根本就不相信他会当逃兵,更不甘心他就这样不明不白地失了踪,于是,决心到官府里去喊冤鸣屈。谁知,她告遍了州里的大大小小衙门,始终得不到受理,反而还蒙受了许多白眼,遭到了许多奚落和训斥。在走投无路之中,不得已,她将一纸状信呈到了高柔的手中。

高柔是位办事非常认真和很有责任感的官员。他接到状信后,并没有像其他的官员一样搁在一旁,不理不睬,而是拿起来认真地细看,并决定亲自审理此案。他接见了盈,单刀直入地问她:"你怎么知道你的丈夫不会开小差呢?"盈流着泪说:"我的丈夫从小就是一个孤儿,他奉养一位老婆婆作母亲,对老婆婆侍候得非常周到,他对儿女也充满着爱,小心翼翼地呵护着他们,无事从不离开半步,总之,他实在不是那种轻举妄动、不顾家室的人啊!请大人明察!"高柔又问:"那么,你丈夫有没有和谁结过仇呢?"盈应声而答:"我丈夫为人十分善良,从来都没有与人红过脸,怎么会有仇人呢?""那你丈夫跟谁有过钱财上的来往?"高柔继续问。盈想了想,说:"他曾经借过钱给同营的士兵焦子文,后来催他还,但他始终没有还。"问到这里,高柔便没有再问下去,只是嘱咐说:"你回去再想一想还有什么线索,想到了,可以随时来告诉我。请你放心,假如你的丈夫真是冤枉的,我会替他洗雪的。这件事一定会查个水落石出!"盈千谢万谢地离开了。

盈走后,高柔马上传令查找焦子文。过了不久,手下来报:窦礼所在的军营中确有个叫焦子文的士兵,不过,早几天他因为犯了小罪,已被关在监狱里。高柔便迅速提审焦子文。尖嘴猴腮的焦子文被押上来后,高柔先问他犯了什么罪,籍贯在哪里,家中有什么人,待焦子文一一回答后,他又装作随便的样子问:"你有没有向别人借过钱?"焦子文听了一愣,但脸上很快便恢复了正常,眼睛滴溜溜地转了转,说:"我是个单身汉,家里又穷,哪里敢向人借钱呢?"然而,他的微妙变化早已被高柔一一摄入眼中。于是,他紧逼了一句:"你不是借了窦礼的钱至今未还吗?怎么说没借过别人的钱呢?"焦子文听高柔这么一说,脸上马上变色,双额不断冒出黄豆般大的汗珠,支支吾吾,回答得语无伦次。至此,高柔已明白了一切。他断然说:"你已经将窦礼杀了,还不老老实实坦白交代!"焦子文一听,更是吓得魂飞魄散,知道一切都已败露了,再也不敢抵赖,一面磕头,一面把杀害窦礼的经过全部如实招了出来。高柔便派手下的人,按照焦子文所指,找到了掩埋窦礼的地方,把窦礼的尸体挖了出来。案情便这样大白于天下。

窦礼的冤情终于得到了昭雪。盈和儿女都恢复了自由,并获得了人们广泛的

同情。盈及子女打心眼里感激大恩人——廷尉高柔。(《三国志》 郑小宁)

23. 迟到免祸

　　黄初元年(公元220),曹丕正式即皇帝位,朝廷为此举行盛大的庆典,诏令各地命官进京祝贺。郭淮接到诏令后,立即从关中动身赴京,但岂料连日的舟车劳累使他病倒在途中,延滞了日期。当他拖着病体赶到京城时,已经迟到了。

　　曹丕对登基仪式看得很重,尤其是非常注意大臣们和各地官员的反应。郭淮是他的老部下,当年他当五官中郎将的时候,郭淮就是他的属下。而如此重大的活动,郭淮竟然比别人来晚了,这怎么能不使曹丕恼火呢?见到郭淮后,曹丕严厉而高声地责备他说:"过去大禹在涂山大会诸侯的时候,防风氏来晚了,结果被大禹杀了。现在普天同庆,而你却到得最迟,这是为什么,为什么?!"郭淮是拥护曹丕登基的,虽然病了一场后身体还很虚弱,但总算在庆典即将开始的时候赶到,所以见到曹丕后他很高兴,也很激动,本想讲几句道贺的话,但想不到曹丕不问青红皂白,先劈头盖脑地给他来了一顿数落,而且话中含有毫不客气的"暗示"。他不禁感到非常委屈,而在这种场合又容不得自己去辩解,顿时好像给当头浇了一盆冷水,浑身上下都凉透了!但他毕竟是聪明人,很快就使自己镇静了下来,心想,既然不能在这里辩解,那就顺着皇上的话头讲吧!只见他轻轻地清了清嗓子,顿了顿说:"我听说五帝时代,最先的教化是用恩德来引导人们;到了夏王时,政治衰落了,才开始施用刑法。现在正逢尧舜盛世,所以我知道虽然迟到了,但肯定不会像当年防风氏那样被诛杀的。"郭淮的这段话讲得很巧妙,既回应了曹丕的话,又恰到好处地"捧"了曹丕一下,还同样给了曹丕一个"暗示":如果因为这样的小事而严惩我将是不智的。曹丕听后,心里感到很受用,暗暗骂了一句:"这家伙,真会说!"而原先怒气冲冲的脸色已逐渐"阴转多云",缓解了下来,再也没有去严究郭淮。

　　后来,曹丕知道郭淮迟到的真相,感到错怪了他,心里颇内疚,对他的善辩也更加欣赏了,于是决定重用他。过了不久,曹丕果然任命郭淮为雍州刺史,接着再升为征西将军。(《三国志》 郑小宁)

24. 汗流不出

　　钟繇是三国时魏国大臣、著名的书法家。魏文帝曹丕即位后,任他为廷尉,进封崇高乡侯,继而迁太尉,转封平阳乡侯。钟繇有钟毓、钟会两个儿子,钟氏兄弟由于得到父亲的熏陶,年少时便已饱读书诗,具有多方面的艺术才能,成了闻名远近的小名人。

魏文帝曹丕听说了此事,在一次退朝时,特意将钟繇留下,询问他两个儿子的近况,并叮嘱他有空时带两个儿子入宫让自己见识见识。过了几天,钟繇见到曹丕没有再问,以为皇上只是随口说说,自己又不好主动提起此事,故也就一直没有把儿子带入宫去。

一天,钟繇正在家里指导两个儿子读书,突然接到圣旨:皇上要马上召见钟氏兄弟。于是,钟繇便带着兄弟俩急匆匆地赶往宫里。

到了宫中,曹丕很高兴地跟他们见了面,并且非常风趣地对他们说:"久闻大名,久闻大名。"由于是在当今皇上的面前,尽管兄弟俩见多识广,但毕竟才是十三四岁的小孩,所以免不了还是一阵紧张,显得非常局促。特别是钟毓,竟紧张得脸上不断地冒汗。曹丕见了,关切地问他:"天气并不热,你的脸上为什么流这么多的汗呢?"哎呀,这可是个不好回答的问题啊!钟繇不禁有点担心。但钟毓反倒镇定起来了,只见他不慌不忙地回答:"天子威严,心中紧张,所以汗如水出。"曹丕听了,赞许地"唔"了一声。又看了看钟会,发现他一点汗也没有,再回味一下钟毓的答话,不禁来了兴趣,便又问钟会:"那你呢,你为什么没有流汗?"哎呀!这可是个更难回答的问题!钟繇心中可更紧张了。然而,钟会却似乎胸有成竹,清了清嗓子,扬起那张满是稚气的脸,大声回答说:"启禀皇上,天子威严,心中紧张,汗流不出来。"钟繇听他这样一回答,心中的一块石头才下了地。而曹丕似乎比他更高兴,哈哈大笑说:"名不虚传,果然名不虚传啊!"(《世说新语》 郑小宁)

25. 特殊疗法

三国时期,有一位民间医生名叫华佗。华佗的医术十分高明,疗法独到,许多久治不愈的患疑难杂症的病人,经他诊治后,很快便痊愈了。人们都把他誉为"神医"。

一次,有位郡守患了重病,请了当时许多名医来诊治,不但不见好转,病情反而日渐加重。家人在焦虑中想到了华佗,于是便把他请到家中。

华佗看了一眼郡守,既不诊脉,也不问病,转身便从屋里退了出来。郡守的儿子觉得奇怪,跟着追到门外问:"先生,您看我父亲患的是什么病?"

华佗回答说:"你父亲的病很重,有许多淤血积在腹中,无法排除。"

"那么,还有救吗?"郡守的儿子担心地问。

"这是一种怪病,"华佗说,"用通常的方法是无法治愈的,必须采取特殊疗法,将淤血从腹中逼出,但这需要你的配合。"

"请先生吩咐吧,只要能治好父亲的病,让我怎样做都可以。"郡守的儿子回答得很干脆。

"那好吧,请把你父亲平生所做的错事和最不愿意让人知道的隐私告诉我,越详细越好。"

"这……"郡守的儿子犹豫了。

"这可是救你父亲的唯一的办法啊!"

见华佗这样说,郡守的儿子只好咬咬牙,把所知道的关于父亲所做的不光彩的事情和隐私一一告诉了华佗。

华佗听后,一言不发,提笔写了一封信交给郡守的儿子,就离开了。

第二天,郡守见到儿子,满怀希望地问:"神医开了什么药?"儿子告诉父亲,华佗什么药也没开,只留下一封信就走了。接着,他把信递给了父亲。

郡守听说华佗走了,十分生气,拆信一看,通篇竟是揭露和数落他的话,更是怒不可遏,马上命令手下速速逮捕华佗,谁知华佗已躲得无影无踪了。

郡守见捉不到华佗,越想越气,猛然呕血数口。不几天,他的病竟突然痊愈了。(《三国志》 郑小宁)

26. 水转百戏

三国时,有人向魏明帝曹睿进献了一套木偶百戏。这些木偶制作十分精巧,造型非常美观,魏明帝越看越喜欢。看着看着,他突发奇想:要是这些木偶能自己活动,岂不是更美妙吗?有什么办法使这些木偶自己活动起来呢?他想到了博士马钧。对!就让马钧想办法使它们自己动起来。

魏明帝马上召见了马钧,对他说:"你能使这些木偶自己活动吗?"马钧看了木偶几眼,沉思片刻,回答说:"能!"魏明帝听了很高兴,便让马钧把木偶带回家去研究改制。

马钧是扶风(今陕西兴平)人,出身贫苦,自小便为生活而到处奔波,没有什么机会读书,但他刻苦好学,善于动脑,敢于实践,因此,积累了十分丰富的生产经验和知识。他醉心于各种机械的革新和发明,曾发明或改进过织绫机、龙骨水车、指南车及各种兵器,对当时的丝织业和农业的发展、军事的应用作出过重要贡献,成了著名的革新家和发明家,为此,人们送给他一个"天下名巧"的美称。现在,他又接受了魏明帝交给的改进木偶百戏的任务。

回到家中，他把木偶摆在面前，觉得它们的样子确实很好看，只是得靠人操纵，实在是美中不足。据传，西汉时有位叫东方朔的人，曾造过木偶，给木偶穿上衣服，里面装上机关，无人操纵，木偶也能扬袖起舞，左顾右盼，宛若真人。但这毕竟是传说，谁也没有见过。应该怎样改进呢？马钧把自己关在房子里，整天对着木偶观看揣摩，反复拨弄，终于想出了一个能使木偶自己活动的方案来：用木料做一个戏台，在台上陈设各种不同装束的木偶，在台下安装一个用木料做的原动轮，把它和台上的木偶连接起来，然后，表演时用水冲击原动轮，不就可以把台上的木偶带动起来，做出各种各样的动作吗？对，就这么办！马钧说干就干，花了几天的时间，边实践，边改进，经过反复多次的试验，果然让木偶自己活动起来了。

木偶虽然能自己活动，做出各种动作来，但马钧仍感到不满足。于是，他又设计布置跟木偶身份相应的背景，同时，在表演时还让乐师配上音乐，这样，观看起来就更传神了。

活动木偶试制成功后，魏明帝很高兴，特地召集文武百官一同观赏。只见一组组的木偶在受到水流冲击的原动轮的带动下，和着音乐做出种种精彩的表演：有的击鼓吹箫，有的挥刀舞剑，有的在山涧里跳跃，有的在草地中打滚，有的在麻绳上行走，有的在墙壁边倒立，进进出出，左顾右盼，变化多端，煞是热闹。满朝文武边看边啧啧称奇，连声喝彩，觉得真是太绝妙了。

后来，人们给这套活动木偶取了个名，叫作"水转百戏"。这可以说是一千七百多年前的机器人，现代机器人的始祖。（《三国志》 郑小宁）

27. 惊雷失箸

刘备被吕布打败后，前往投靠曹操。当时，正是群雄并起、天下大乱之际，曹操正要广揽人才，壮大自身的力量，见刘备虽然兵微将寡，但却有关羽、张飞、赵云等具万人不敌之勇的武将辅佐，又是刘姓宗室，正好为己所用，因此，便热情地收留了他。

刘备虽投靠了曹操，但这是在走投无路时不得已的权宜之计，他素有雄心，希望能有朝一日凭自己的力量去匡扶汉室，成就一番大业。但他又深知，这曹营是虎狼之穴，曹操又极其精明，如果有所不慎，被曹操察知自己的心机，便会大祸临头，大展宏图的理想也将会化为泡影。为此，他言行审慎，小心翼翼地应付周围的一切。为了向曹操表明自己已胸无大志，他还装出一副庸庸碌碌的样子，对天下大事不闻不问，整天在园子里浇水种菜，以迷惑曹操。

曹操的确对刘备很不放心，他想：这刘备是一代枭雄，不会甘心久居人

下,很有可能会伺机东山再起,倘若如此,那真是养虎为患了!为了能掌握刘备的一举一动,他暗中派人对其进行了严密的监视,但却又始终没能发现任何破绽。

一天,曹操决定当面试探刘备,便备了酒席,让人请刘备前来赴宴。两人且斟且饮,曹操不断地诱导刘备与他一起纵论天下事,刘备则步步设防,表面敷衍。谈着谈着,曹操将话题转到了"论英雄"上来。他对刘备说:"你知道当今的英雄有哪几位吗?"刘备说:"我对世事早已不闻不问,哪里知道啊!"曹操听了有点不悦,说:"请你不要装糊涂了,照直说便是!"刘备假装沉思片刻,然后说:"淮南的袁术该算一个吧?他兵精粮足,是个大英雄。"曹操嘻嘻而笑道:"那是坟墓上的枯骨,早晚会被我收拾掉的,算什么英雄!"刘备只好又说:"那么河北的袁绍兵多将广,控制的区域又大,现在北方数他的声势最盛,肯定可以算作英雄!"曹操鄙夷地说:"这是个小人,干不成大事的,怎能算是英雄呢?"刘备又故意提了几个人名,但都被曹操一一否定了。于是,刘备装作实在不知道的样子,双手一摊,说:"我真的想不出来了,请您指点。"曹操嘿嘿两声,说:"告诉你吧,当今英雄,只有你和我两个!"刘备听了,以为曹操已识破了自己的心事,不禁大惊,手上拿着的筷子也不由自主地掉在地上。曹操见状,两眼直盯着刘备,心中起疑:你这是干什么呀?

刘备知道自己一时失态,以致曹操起了疑心,心里一阵紧张。正在这时,天空中突然滚过一串惊雷,跟着下起了大雨。刘备见此,马上恢复了常态,并想出了掩饰的理由。只见他抬头望了望天空,然后说:"好响的雷声啊!把我吓了一大跳。"

曹操见刘备在菜园子里种菜,本以为这是故意装出来的,而这回见他把那些草包们当作英雄,又被惊雷吓成这个样子,以为刘备真的已胸无大志了,于是便对他解除了戒心。

刘备返回住处后,越想越后怕,觉得长此下去,难免不露马脚,还是脚底下抹油——溜之大吉。于是,他便找了个借口,带着关羽、张飞、赵云等人,离开曹操,另谋出路去了。(《三国志》 郑小宁)

28. 七擒七纵

章武三年(公元223),蜀主刘备去世,其子刘禅继位。刘禅是位昏庸无能的皇帝,幸亏国内外大事有丞相诸葛亮尽心尽力地辅佐,蜀国的政治、经济形势总的说来还算不错。

诸葛亮是位深谋远虑的战略家,一直都念念不忘要继承先主的遗志,完成统一大业。为此,他重新派人出使东关,恢复了蜀吴联盟,并积极准备北伐。但考虑到当时后方南中地区(今云南、贵州两省部分地区和四川西南部一带)少数民族的上层贵族不服统治,公开发动叛乱,造成了后顾之忧,须先予以平定,于是,便决定亲自率军平定南中,并采纳了参军马谡的建议,制定了"攻心为上,攻城为下"的战略决策。

出兵不久,南中地区便传来了消息:叛军发生了内讧,原来的主帅雍闿被杀死,少数民族的豪强首领孟获被推为统帅。诸葛亮知道这孟获在当地有一定的威望,便决定争取他归顺,利用他的影响力来安抚南中。于是,他传令部队在作战中不得杀害孟获,务必要将他活捉,还定下了活捉孟获的计策。

诸葛亮的队伍渡过了泸水(今金沙江)后,便与孟获的军队相遇了。孟获先将蜀军引进山区,然后再起兵迎战。蜀军将领王平与孟获对打了一会儿,拨转马头便退。孟获以为蜀军因受地势影响而不敌,便沿着山路猛追。岂料途中,他耳边忽闻如雷般的喊杀声,接着蜀兵从两旁杀出,王平也重新掉转马头,对他大喝:"你已中了我们的埋伏,还不快快下马投降!"孟获见势不妙,大慌,但退却已来不及了,只好束手被擒。

诸葛亮见到了孟获,马上给他松了绑,并带着他参观蜀军的军营。孟获见到蜀军军营整肃,军纪严明,士气旺盛,心中暗暗佩服。但对自己的被擒并不服气,说:"我不是被打败的,只不过是中了你的圈套,才被捉住的!以前我对你的军队不了解,现在看来也不过如此而已。如果双方硬碰硬,我们保准能够取胜!"诸葛亮笑着回答:"既然这样,好吧,我就放你回去,请你整顿好人马,咱们再来好好打一仗。"说完,便让属下款待孟获一顿,然后,把他放走。

孟获回去后,果然立即整顿人马,来与蜀军再战。但很快,他又被蜀军活捉了。他还是不服气。诸葛亮依旧请他饱餐一顿,然后又把他放回去。

就这样,一战再战,双方一连作战了七回,孟获也被活捉了七次。最后一次,诸葛亮仍要将孟获放回,孟获却羞红着脸说:"我虽不懂礼义,但也知道羞耻。您七擒七纵,是自古以来未有过的事。我完全服了。丞相天威,我再也不反叛了!"说完,便按照民族习惯,脱掉一只衣袖,露出半个臂膀,流着泪,在地下长跪不起。诸葛亮赶忙上前将他扶起,与他亲切交谈,跟他讲了许多道理,孟获听得连连点头。

制服了孟获,南中的局面平定了。为了能长治久安,诸葛亮还不计前嫌,对孟获等少数民族首领委以重任,孟获甚至官至御史中丞,拥有很大的职权。过了两年,诸葛亮便毫无后顾之忧,正式挥戈北伐了。(《三国志》 郑小宁)

29. 空城计

诸葛亮错用马谡,失去街亭后,只好派魏延等人同时举兵东下,自己则率领一万人马驻守阳平城。

魏延等人刚走,魏军统帅司马懿便指挥二十万大军杀将而来了。魏军一路上没有遭遇到什么抵抗,很快就到了距阳平六十里开外的地方安营扎寨。

魏军已经兵临城下的消息一下子便传进了阳平城。由于魏延率领主力部队离城执行任务去了,再将他召回在时间上已是来不及,而城内仅有几千个老弱病残的士兵,显然,要抵抗魏军只能是以卵击石。因此,情势危急,在强敌面前,满城的军民都惊慌失措,不知如何是好。自然,千万双眼睛也就投向了全城的主心骨,大家非常信赖的丞相诸葛亮身上。

诸葛亮心里也有点乱,事情发展到这个地步,是他所始料不及的,一时间竟也想不出个应变之法来。但他深知,全城的安危现在就系于自己一身,故他一方面在飞快地想着应敌之策,一方面却装作若无其事的样子,仍像往常那样弹琴听乐,慢慢地心中便有了主意。

敌人开始向城中逼近了。探子飞奔到诸葛亮的帐前禀报。诸葛亮一边摇着扇子,一边不紧不慢地命令军士将城头上的旗帜全部撤掉,没有命令谁也不准上城楼。同时,又命令将所有的城门全部打开,再派几个老兵像往常一样洒扫街道。然后吩咐把琴搬上城楼。

当一切安排停当后,阳平城外已经烟尘滚滚,司马懿的军队已经来到眼前了。司马懿早就得到阳平城中守备空虚的消息,故此来志在必得,想起鼎鼎大名的诸葛亮马上就要成为自己的俘虏,他不禁意气风发,神采飞扬。但当他以胜利者的姿势,挥动马鞭,来到城下,朝上一望时,却惊住了。只见诸葛亮神态自若地在城楼上焚香弹琴。再一看城门,则是四门洞开,除了有几个上了年纪的士兵在扫地外,周围空荡荡的,什么也见不着。

这究竟是怎么回事?司马懿狐疑起来了。他细细地分析着:眼前的情况只有两种可能。一是诸葛亮黔驴技穷,用这三脚猫的手法来吓唬我们,逼我们退兵;一是诸葛亮故弄玄虚,装出假象,实则在城内设有伏兵,引诱我军上当。两者究竟哪一种的可能性大呢?他想来想去,总是感到把不准。这时,周围静悄悄的,将士们都守候在那里等着他拿主意,而城楼上的琴声也清晰可闻。他不由自主地侧耳细听,听着听着,他慢慢觉得"心中有数"了。"听这琴声一点也不乱,唔,看来还是后一种的可能性大。"他越想越感到自己的判断有道理。"哼,怪不得在路上没有碰到魏延的部队,我们推进得那么顺利,原来是他把主力藏在城中!都说诸葛一生唯谨慎,我就料他不敢铤而走险!好吧,你想要我上当,不要想得太美了。"于是,便传令部队紧急后撤。

等到魏军全部撤走后,诸葛亮紧张的心情才松弛下来。他抚掌大笑说:"司马懿知道我一生小心谨慎,料定我不敢唱空城计,以为我在城内设有埋伏,所以沿山路逃跑了。"话音刚落,派出去的探子回来报告,情况果然跟诸葛亮所预料的一模一样。后来,司马懿知道了事情的真相,只好仰天长叹道:"我不如诸葛亮啊!"(《三国志》 郑小宁)

30. 死诸葛吓走生仲达

建兴十二年(公元234)二月,蜀国丞相诸葛亮为了完成先主刘备统一中原的宏愿,在经过一番整顿内政、休士养民、操练军队后,又亲自率领十万军队进行更大规模的北伐。

诸葛亮的十万大军浩浩荡荡地杀出斜谷(今陕西周至),占据武功,在五丈原扎营。当时,为了共同对付强大的魏国,蜀国跟东吴的关系在努力修好。故扎下营后,诸葛亮特地给东吴国主孙权写信,约请他从东面出兵配合,夹击魏军。孙权接信后,应约出兵。

面对蜀、吴两路大军,魏国也紧张地调兵遣将,分头迎战。魏明帝曹睿自己亲领一部分军队南下拒吴。七月,魏军击败了吴军,将他们逼回了江东。与此同时,又派大将司马懿率兵迎战诸葛亮。

诸葛亮和司马懿这一对互知根底的冤家在渭水之滨摆下了战场。由于双方面对的客观形势不同,故各自采取了不同的作战策略。蜀军是远道而来,粮草运输困难,志在速战速决。司马懿则采取了坚壁据守,以逸待劳的策略。双方僵持了一段时间后,见到司马懿始终按兵不动,诸葛亮有点急了,特想出了一个办法,派人给司马懿送去了女人的服饰,挖苦他是个连女人也不如的胆小鬼,想以此激怒司马懿出营应战。谁知司马懿看穿了诸葛亮这一图谋,任凭部下抱怨,就是不为所动,使诸葛亮的这一招无法奏效。诸葛亮无奈,只好作久驻之计,分兵屯田。就这样,双方在渭南互相对峙了一百多天。

到了八月,诸葛亮不幸积劳成疾,一病不起。眼看自己就要不久于人世了,他抓紧时间对国家政事作了安排,同时考虑到自己死后,手下的将领不是司马懿的对手,故又对退兵作了周密的部署……

不久,诸葛亮就带着深深的遗憾离开了人间。他死后,杨仪遵照他的遗嘱,

密不发丧,组织蜀军一营一营地缓缓而退。司马懿听说蜀军在撤退,料定诸葛亮已死,于是精神大振,亲自率领军队出营而追。眼看就要追上蜀军的后续部队了,司马懿哈哈大笑说:"这诸葛亮聪明一世,糊涂一时,死后如此撤军,岂能不全军覆没!"但话还没有讲完,只听得蜀军中突然鼓声大震,接着,蜀军将士倒转起旗帜,布成阵势,杀向魏军。司马懿一下子懵了:这蜀军莫非吃了豹子胆,群龙无首还敢杀回马枪?当他擦擦眼睛,再朝前一看时,不禁吓得魂飞魄散:蜀国中军大旗上书着"汉丞相武乡侯诸葛亮"一行大字,旗下数十员大将,簇拥着一辆四轮车,车上端坐着的正是自己又恨又怕的诸葛亮!心中暗自惊叫:"哎呀,不好!又中了诸葛亮的计了!"于是急忙下令收兵。魏兵也早已被弄得晕头转向,听到主帅一声令下,便慌忙争着逃命,以至于自相践踏,死者无数。

当司马懿仓皇逃回大营后,才知道诸葛亮已经死了,刚才那惊险的一幕只不过是诸葛亮生前所导演的一个小小把戏而已,而如果再追已来不及了。眼睁睁地看着蜀军从容退入谷中,真是懊丧极了!当他勒军来到蜀军的驻地,只见营寨坚实牢固,井然有序,不禁长叹:"诸葛亮真是天下奇才啊,我实在比不上他!"后来,蜀中一带民间便因此而流传着这样的谚语:"死诸葛吓走生仲达(司马懿字仲达)。"这充分表达了老百姓对诸葛亮智慧的由衷钦佩。(《晋书》 郑小宁)

31. 智拒曹兵

建安十三年(公元208)七月,曹操率领大军南下,攻打荆州牧刘表。曹军还在途中,刘表便病死了,由其次子刘琮继袭父职。刘琮是懦弱之人,见强敌当前,早就吓破了胆,便背着刘备,偷偷地投降了曹操。

当驻扎在樊城(今湖北襄樊)的刘备得知刘琮投降曹操,曹军又一路突进的消息后,要组织力量抗击已来不及了,只好率领部属匆匆忙忙向江陵(今属湖北)方向撤退。撤退时,荆州的地方官员和许多百姓都希望随军离开。为了收买人心,刘备一概应允,一路上还收留了刘表的不少部属,合计不下十多万人。由于军民混在一起,行李辎重又多,故行动缓慢,每天只能走十多里路。

江陵是军事重镇,刘表生前在那里贮存了大量的军用物资。因此,曹操得知刘备要逃往江陵,便决定抢先攻占此地,亲率五千精骑追击刘备。当刘备率领军民退到当阳(今属湖北)东北的长坂时,经过昼夜急行军的曹操精骑已尾追上来了。刘备仓促应战,很快便被打得大败。于是他再也顾不上那些随从的军民,打消了逃往江陵的计划,抛弃了所有的辎重,由张飞、赵云护卫着,同诸葛亮等数十人改向汉水撤退。

为了阻挡曹军的跟踪追击,刘备命令张飞率领二十名骑兵断后,以作掩护。张飞是员猛将,但又粗中有细,在关键时刻常能出奇制胜。他保护刘备、诸葛亮等一行人过了长坂桥后,即命人将桥拆毁。又想到河面不宽,曹军要冲杀过来并不难,要使刘备安全脱险,必须有个万全之策才行,于是心生一计,让手下二十名骑兵将路上的树枝砍伐下来,绑在马尾上,然后策马来回飞奔,自己则睁大眼睛,横着长矛,立马河边,等候追兵。

很快,曹操的骑兵便追上来了。他们见到桥虽已被拆毁,但张飞一人一骑站在河对面,感到奇怪。张飞见了,故意大喝:"我就是张翼德(张飞的字),来吧!让我们拼个死活!"曹兵早就听说张飞十分勇猛,又见到张飞背后灰尘滚滚,似埋有伏兵,便你看看我,我看看你,一时僵在那里,谁也不敢冒失上前。张飞见状,又故意喝道:"你们进又不进,退又不退,究竟是何道理!"这样,曹兵疑心更大,更不敢轻率上前了。

双方僵持了好大一会儿,张飞见曹军将领们在那里来回走动,窃窃私语,满脸疑惑的样子,心里不禁暗自好笑。当他估计刘备等已经走远,曹军不可能追上时,这才转过马头,命令士兵们卸掉树枝,快速飞奔离去。当曹兵醒悟过来时,再追已来不及了。

就这样,张飞凭着他的机智,保护刘备安全脱了险。(《三国志》 郑小宁)

32. 空寨计

汉献帝建安二十四年(公元 219)春天,曹操亲自率领大军,浩浩荡荡自长安(今陕西西安)出斜谷(今陕西眉县西南),直逼汉中(今属陕西),准备与刘备决一雌雄。汉中王刘备分兵安营扎寨,凭险固守,不与曹操正面交锋。

一次,曹兵在北山下运粮,蜀军将领黄忠侦知消息,即领兵前往劫夺,临行前,与另一蜀将赵云相约好接应的时间。

到了约定的时间,仍未见黄忠归来,赵云有点担心,便带领数十个骑兵出营迎接。岂料途中碰上了曹操的大兵出动,双方离得很近,躲已是来不及了!赵云当机立断,指挥这几十个骑兵主动向曹军的先头部队发起袭击。曹军遭到突袭,一下子懵了,当回过神来时,地上已丢下了数十具尸体。曹军见眼前的敌人只是几十个骑兵,便从四面合围上来。赵云等且战且退,曹军在后面紧追不舍。

赵云等策马返回营寨后,守寨的部将张翼望见后面尘土飞扬,知是曹兵追来,十分焦急地对赵云说:"追兵已经很近了,咱们赶紧关上寨门,到楼上去!"赵云摆摆手,制止说:"敌人大军压境,关闭寨门已是无济于事了。现在不能死守,

只能智保！"说完，便下令大开营门，放倒所有的军旗，止息战鼓，调拨弓弩手在周围的壕沟中埋伏着，自己则单枪匹马立于营门之外。

曹军追至营前，天色已晚，见到眼前的情景，怀疑蜀军的主力埋伏营中，不敢贸然前进，僵持了一阵，便开始往后撤军。

赵云见状，并不派兵追杀，只是命令在寨中擂响战鼓，同时把手一招，指挥埋伏在壕沟中的弓弩手用强弓硬箭追射曹兵。一时鼓声震天，弓弩齐发。曹军在昏暗中不知蜀兵究竟有多少，不禁阵脚大乱，纷纷夺路奔逃，自相践踏，许多人落水而死。

第二天，刘备来到赵云营中视察，听了将士们的细述，观看了作战的地方后，高兴地对诸葛亮说："子龙真是一身都是胆啊！"并封赵云号为"虎威将军"。（《三国志》裴松之注引《云别传》 郑小宁）

33. 一言简刑

三国时，有一年蜀国发生大旱，粮食严重歉收。当时正是多事之秋，蜀国常要与魏、吴两国交战，粮食储备显得十分重要。眼看一年的粮食因自然灾害而骤减，蜀主刘备忧心忡忡，不得不考虑相应的应急措施，于是下令，严禁民间私自用粮食酿酒，还命令官府加强巡察，老百姓家一经被搜出酿酒的器具，便要论罪处罚！

政令一出，民间一片哗然，朝廷官员也觉得不妥：禁止私自用粮食酿酒尚可理解，但连酿酒的器具也不准保存，甚至还要查处论罪，这就有点于理说不过去了，但又没有谁敢当面直谏。

士大夫中有位叫简雍的，本是刘备少年时的好友，刘备到了荆州，他又与糜竺、孙乾等同为从事中郎，随侍左右，后被拜为昭德将军。简雍性格散淡随便，诙谐幽默，即使在刘备面前，有时也并不那么规矩，而刘备素知其为人，也从不计较。简雍对刘备的禁令也有微词，但因是大事，不便直谏，故一直在等待合适的机会。

一天，刘备与简雍一起郊游，路上男男女女来来往往。简雍见此，不禁灵机一动，便对刘备神秘地说："这些人都在想干奸淫的事情，为什么不把他们给绑起来治罪呢？"刘备听了愕然，问："你是怎么知道的？"简雍回答道："他们不是都有干奸淫之事的器官吗？"刘备愣了愣神，但很快便明白过来了，随即哈哈大笑说："你是劝我不要给藏有酿酒器具的人治罪吧！"

事后，刘备觉得简雍的劝谏有道理，便取消了以酿酒器具治罪的政令。（《三国志》 郑小宁）

34. 反嘲吴主

三国时，山阳（今河南焦作东南）人伊籍原先依附镇南将军刘表，刘表死后，遂追随刘备南渡长江，进入益州，以后便一直在刘备身边做事，官拜左将军从事中郎。

一次，刘备派伊籍出使吴国。吴主孙权早就听说伊籍机智聪捷，很有辩才，但又有点不大相信，便想当面为难他一下，看看他怎样对付。

伊籍刚到，孙权马上在金銮殿里接见了他。伊籍见到孙权，照例深深地一拜。孙权鼻子里哼了一声，说："真有劳您服侍无道的君主啊！"说罢，便扬扬自得地望着伊籍。

伊籍听孙权这么一说，心里便完全明白了：这孙权想在朝廷百官面前折服我，以便羞辱蜀主刘备！这算盘也打得实在太"美妙"了。只见他慢条斯理地站起来，然后不慌不忙地回答："一拜一起，未足为劳啊！"

孙权和百官听了，起初尚未回过意来，待明白过来后，百官中的许多人不禁悄悄地掩嘴而笑。孙权的脸则涨成了猪肝色，心里咕哝道：真窝囊，本想取笑这小子，反被他折辱了我一番！

此后，孙权再也不敢小觑伊籍，而是恭敬地以礼相待了。（《三国志》 郑小宁）

35. 妙对难题

秦宓是三国时广汉郡绵竹县（今四川德阳）人。年轻时因才华出众，曾多次受到州府和郡府的征召，但他总是推说有病不去，宁愿过着与世无争的隐居生活。

到了蜀汉建兴二年（公元224），蜀国丞相诸葛亮兼任益州牧，再三力邀秦宓共事。秦宓素来佩服诸葛亮，又被他的真诚所打动，终于一反常态，表示愿意出山。诸葛亮非常高兴，特地任命他为左中郎将、长水校府。

有一次，吴国派遣使者张温访问蜀国。张温完成使命，准备告辞离开时，为了表示与吴国的友好关系，蜀国在宫廷里举行盛大宴会欢送他。朝廷百官已经到齐，宴会就要开始了，但秦宓却还不见露面。诸葛亮有点急了，派人去催他。派去的人回来报告说，秦宓马上就到。但过了好一会儿，还是不见秦宓的影子。诸葛亮更急了，于是又派人去催。如是者多次。张温看在眼中，奇在心上，禁不住问道："这秦宓是个什么样的人啊？"诸葛亮回答说："他是益州著名的学士。"张

温是位饱读诗书之人,听了以后感到不以为然,心想:哼,他有什么值得如此傲慢,待他来了以后,我倒要好好地难他一难,看看他究竟是个什么货色。

秦宓终于慢吞吞地来了。诸葛亮介绍他与张温相见。两人刚行毕见面礼,张温就问他:"不知道先生是否喜欢读书?"秦宓回答道:"在蜀国,连五尺高的小孩子都念过书,何况我辈呢?"张温又问:"那么,我想向先生请教几个问题,可以吗?"秦宓瞟了他一眼,说:"好吧,请便。"

"天有头吗?"张温问。"天有头。"秦宓回答。"天的头在哪个方向呢?"张温追问。"在西方。"秦宓不紧不慢地回答。见到张温不解,便解释说:"《诗经》上说'乃眷西顾'(于是回过头去看西方)。由此推论,天的头自然是在西方了。"

"天有耳朵吗?"张温又问。"天有耳朵。天的位置虽然很高,但还是能听到下面的声音。《诗经》说'鹤鸣于九皋,声闻于天'(鹤在沼泽地上鸣叫,声音让天也听到了)。试想想,如果天没有耳朵,怎么能听到呢?"

"天有脚吗?""天有脚。《诗经》说'天步艰难,之子不犹'(天的步子很艰难,你不要再迟疑)。天如果没有脚,又怎么能够走路呢?"

张温见难不倒秦宓,便耍了个花招,继续问:"天有姓吗?"秦宓正色地说:"天怎么会没有姓呢?""姓什么?""这还用说吗?姓刘啊!""你凭什么这样说?""天子姓刘,天难道不姓刘还姓什么?"经秦宓这一反问,张温顿时张口结舌,不过,他马上又想出了一个难题,说:"我再问你,太阳是不是从东方升起来的?""没错。"望望满脸嘚瑟的张温,秦宓继而说,"但您不会不知道吧?太阳虽然由东方升起,但它却永远是落在西方的!"想不到秦宓词锋这么锐利,回答又如此得体、机敏,知识如此渊博!张温实在想不出要问什么了,只好自我解嘲地说:"先生真是难得的人才啊!不才今天总算领教了,佩服,不胜佩服啊!"

在旁的人都一直饶有兴趣地听着两人言来辞往的交锋,见到恃才傲物的张温最终被折服,无不哈哈大笑。诸葛亮望着满脸窘色的张温,暗自赞许秦宓,并忍住笑宣布:"人齐啦,开宴!"(《三国志》 郑小宁)

36. 假指挥吓走真强盗

孙坚是东吴国主孙权的父亲、江东基业的奠基者。

孙坚少年时期,就胸怀大志,并且有过人的胆识。十七岁那年,有一次他和父亲随同一群旅客坐船前往杭州,到了钱塘江边,大家的心情都非常高兴,互相招呼着一块儿下船上岸。刚下船走不了多远,突然有人说:"你们看,前面那伙人在干什么?"大家抬头一看,见到岸上有一伙人围在那里指手画脚地大声嚷嚷。旁边有认得的人陡

然变了脸色,哆哆嗦嗦地对大伙悄悄说:"这……这下可不好了,我们碰……碰上强盗了!"原来是当地的一个名叫胡玉的悍盗带着一帮喽啰刚刚抢夺了一群路人的财物,正在一起分赃!和孙坚父子一起上岸的其他旅客知道了,无不吓得魂飞魄散,有几个人当即拔腿就要退回船上。孙坚见状,低声喝住了他们:"不要跑,如果我们一跑,强盗就会马上追上来,到时候我们反而一个也躲不了。"大家听他这样一说,只好停住了脚步,但又焦急地问:"那到底该怎么办?"孙坚笑眯眯地说:"你们尽可放心,我自有办法保护你们。"说完,就对父亲耳语说:"请允许我去赶走这班强盗。"父亲担心地问:"凭你一个人的力量怎么能办得到呢?"正想制止他时,只见孙坚已提着大刀向前冲去了。

孙坚冲到离强盗一百多米的地方就停住了。刚好那群强盗已经分赃完毕,眼睛齐刷刷地瞪着他,似乎在说,"这年轻人是发疯了还是吃了豹子胆?竟敢在太岁头上动土?!"然而再一看,则一个个都愣住了:只见孙坚用手不断地在那里比画着,后面站着一群人似乎正准备有所动作。这究竟是在干什么?强盗们感到有点糊涂,但很快他们就明白了,这年轻人正在指挥,好像是要埋伏在两翼的人分别向他们包抄过来!强盗们过去曾吃过官府围剿的亏,以为这一次又遇上官兵了,于是"哄"地扔下抢来的财物,四散逃走。

孙坚见到强盗们逃走,心中暗喜,于是,干脆一不做二不休,趁势追了上去,一把抓住跑在后面的一个强盗,将他的头砍了下来。其他强盗见状,越发害怕,跑得更快,一会儿就逃得无影无踪了。

孙坚靠他的机智和勇敢保护了旅客们的生命财产安全,受到了大家的交口称赞和由衷的钦佩。这件事后来传到了郡府,郡府特地召他当了代理校尉,从此他开始了的仕宦生涯和轰轰烈烈的人生。(《三国志》 郑小宁)

37. 探营借箭

建安十八年(公元213)正月,曹操率军进犯东吴,东吴国主孙权领军在濡须口(今安徽无为)迎敌。双方各自扎下水寨,对峙月余,互无胜负。

曹操眼见久战不胜,有点焦急起来,于是便心生一计。一天晚上,他亲率一支队伍,乘坐着油船,趁着夜幕,驶进东吴水寨实施偷袭。谁料东吴方面早有准备,只见孙权一声令下,训练有素的东吴水军从四面包抄上来。曹操见势不妙,急忙下令撤退,但已来不及了,一场混战之后,曹军损失了数千人。

偷鸡不成反蚀把米,曹操十分懊丧,面对取胜的东吴军队的数次挑战,他严令部下只能坚守,不得轻举妄动。

孙权见曹军既不进，也不退，也有点摸不着头脑，于是决定前往探营。左右的人得知，竭力劝阻说："曹操素来奸诈，探营凶险难测，主公无须亲自冒险，只派一得力之人前往便是。"孙权微微一笑说："不碍事！曹军初败，仍心有余悸，是不敢轻率出兵的。况且曹兵多是旱鸭子，不熟水战，即使追来，也奈何我不得！"说完，对部下低声细语地吩咐了一番。

三更时分，孙权悄悄地坐上一条小船荡向曹军水域，了无声息地转了一圈，对曹军的虚实已了然于胸。

拂晓，江上腾起了一片浓雾，曹军士兵发现了不远处的这条小船，纷纷奔上船板观望，引起了一阵鼓噪。曹操接到报告，也连忙从船舱里钻了出来。他左看右看，就是猜不透这条船究竟要干什么，欲派船前往追捕，又怕这是诱兵之计。于是，只好下令所有船上的弓弩手一字排开，向敌船胡乱放箭。箭纷纷飞射到孙权的船帮上，眼看船身向中箭的一边倾斜，船上的将士顿时慌张起来。但孙权却不为所动，依然一边喝酒，一边谈笑风生。当一边的船帮中箭越来越多，倾斜得越来越厉害，船上的人都难以站稳时，他才下令调转船头，换了另一面船帮去接受射过来的箭。直到两面所受的箭已经相等，船身平稳下来时，孙权这才下令早在船上候令的乐队鼓吹着启程返航。此时，天上已出现鱼肚白，江上的雾渐散，曹操在远处见到孙权的船虽中了无数的箭，但船上鼓乐齐鸣，器仗军伍整齐，于是喟然长叹："生子当如孙仲谋（仲谋是孙权的字），那刘景升的儿子与他相比，只不过是猪狗一类罢了。"

回到营寨后，孙权命人将船帮上的箭一一拔下来。嘿，数量倒不少哩！于是，他风趣地说："此行收获真大，既探到了曹军的虚实，又借来了这么多的箭，真是一举两得啊！"（《三国志》 郑小宁）

38. 吴主断案

三国时，孙亮继位做了吴主。有一次他带着随从去皇家林苑，当时正值吃梅子的季节，孙亮就派遣一个黄门（宦官）到皇宫的仓库里取一些蜂蜜，准备腌梅子，不料黄门取来的蜂蜜里却有老鼠屎，众人看了都恶心。

难道是仓库没有保管好蜂蜜吗？或者是别的什么原因？孙亮沉思了一下，召来管仓库的藏吏。孙亮问藏吏道："以前黄门私下向你讨过蜂蜜没有？"藏吏想了想，回答道："讨过几次，但臣从来没敢给过他。"孙亮又问黄门，黄门气呼呼地说："他在胡扯！陛下，鼠屎肯定在臣领出蜂蜜前就混进去了，他却想陷害臣，乞请陛下明察！"

众人都被搞糊涂了，只好说："到底谁是谁非，还是让司法官来审讯查清吧！"

孙亮却摇摇头说："这倒不必。其实这事不难查清，朕已经有办法了。"他下令把鼠屎当场剖开，发现它表里不同，是干的。孙亮笑着对左右说："你们看，如果鼠屎早已在蜜里，里外都应该是湿的；如今却外湿内干，必定是刚刚放进蜜中。"他又转过脸来问黄门："你还有什么话可说？"

黄门听着，脸色煞白，浑身像筛糠般地发抖："臣有罪，臣有罪。"他只好作了交代。原来，由于藏吏几次拒绝了他的请求，黄门怀恨在心，就利用奉命取蜜的机会，在蜜里放进鼠屎，企图栽赃诬陷。不料孙亮明察秋毫，黄门的企图破灭了，众人也无不为此感到惊奇。（《三国志》裴松之注引《江表传》 程维荣）

39. 火烧赤壁

建安十三年（公元208）秋天，曹操在消灭袁绍、统一了北方后，即掉转马头，率领八十万大军（实际为二十多万），挥戈南下，意欲鲸吞荆州与江东，进而完成统一全国的大业。

此时，占据荆州的刘表刚刚死去，其次子刘琮继位。刘琮因慑于曹军的强大威势，暗中投降了曹操。原先投靠刘表的刘备，只好与刘表的长子刘琦一道，率领两万兵力，退守夏口（今湖北武昌），并派诸葛亮前往江东，游说孙权，联合抗曹。

独霸江东一方的孙权深知，倘若荆州失守，江东亦难以保全，因此，特派大将周瑜、程普、鲁肃等领军三万与刘备协同作战，共拒曹军。

曹军兵马虽众，但因将士多为北兵，不善水战，加上远途奔袭，已十分疲劳，又不服水土，不少人染上了疾病，因而士气较低落。曹军与孙刘联军在赤壁（今湖北嘉鱼东北）相遇，初战失利，被迫退回长江北岸，敌对双方隔江对峙。

为了克服军队不习惯水上生活的弱点，提高战斗力，曹操接受了谋士的建议，命令工匠日夜加工，把战船用铁链、铁钉连锁在一起，又在船上铺上木板，以减少风浪的颠簸，这样，不但人可以在船上来往行走，甚至可以在船上骑马。面对自己的"杰作"，曹操不禁扬扬得意，特地在船上举行了盛大的宴会，还将这种船取名为"连环船"。他想，有了连环船，击破孙刘联盟，攻占荆州、江东已是指日可待了！眼前还浮现出高奏凯歌、一统天下的美妙图景。

周瑜的部将黄盖见到长江里的曹军战船首尾相接，锁在一起，就向周瑜献计说："现在曹军船只连在一起，我们可以用火攻来击破它。"这正好与周瑜的想法不谋而合，周瑜兴奋地对黄盖说："好吧，我们就用火攻来对付曹操的连环船！"

为了麻痹曹操，使他放松戒备，黄盖又向周瑜献上一计，让自己向曹操诈降，以便给他来个出其不意的袭击。周瑜同意了黄盖的计策。于是黄盖便写了一封"降书"，派人送到曹营。接到黄盖的"降书"后，曹操与谋士们琢磨了大半天，有人认为这里头真假难辨，大敌当前，宁可信其伪，不可信其真，还是谨慎些为好。但曹操已被自己的优势冲昏了头脑，变得不冷静起来，他说："识时务者为俊杰，这黄盖能认清形势，愿意来降，不失为聪明人啊！"从而对黄盖的"投降"深信不疑，并喜滋滋地等待接收黄盖一干人马。

　　在十一月的一个东南风劲吹的夜里，黄盖带着十只快船，船上装满了浇上油的枯柴干草，以及大批的硫磺、烟硝等引火物，外边用帷幕严严实实地盖着，向曹军水寨扬帆急驶而来。快到曹营时，黄盖手里高举火炬，命令士兵齐呼："黄盖来降！"曹营中的将兵听说黄盖来降，都挤出寨门，引颈翘望。曹操也兴高采烈地说："黄盖一来，我的大功就告成了！"

　　离曹营仅有两里了，黄盖命令士兵们迅即点起火来。只见十只战船同时着火，犹如十条火龙，在猛烈的东南风的吹动下，向曹营呼啸着直撞而去！曹军将兵见状，顿时惊慌失措，仓促间又无法将战船分开，只好你挤我撞，争相逃命。十只火船与曹操的连环船相撞了，只见烈焰冲天，熊熊大火一下子将江面映得通红，而且还延及岸上的军营，江上陆上形成了一片火海。

　　周瑜等在南岸见北岸火起，知道黄盖已经得手，即指挥快船，擂响战鼓，全力猛冲过去。曹操的大部分人马和所有的战船、物资，顷刻间都灰飞烟灭。曹操带着一小部分残兵败将，从小道上仓皇逃窜，才得以逃脱。

　　这一仗，使曹操的元气大伤。他已无力再南下了，而刘备则乘机占取了荆州和益州，作为自己的根据地，从此站稳了脚跟。孙权也保住了江东，并向东南发展。曹、刘、孙三国鼎立的政治局面就这样形成了。（《三国志》　郑小宁）

40. 白衣渡江

　　东吴的军队在鲁肃死后，改由吕蒙统领。吕蒙驻军的地方，和蜀将关羽的辖境荆州相邻。

　　吕蒙走马上任之后，施行积极外交，和关羽有来有往，表面上十分友好。不久，关羽领军攻打魏国的樊城，留下部分精兵驻守荆州。吕蒙觉得机不可失，于是向吴主孙权献计说："我身体素来多病，关羽也清楚，这回我就假装生病，回建业疗养，并让一部分老弱残兵随我回去。关羽知道这个消息，一定会把守卫荆州的精兵调往前线，以加强他攻打樊城的兵力。趁这机会，我们来个大举渡江，攻

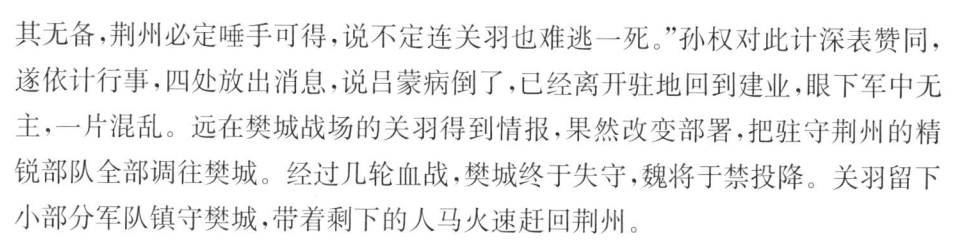

其无备,荆州必定唾手可得,说不定连关羽也难逃一死。"孙权对此计深表赞同,遂依计行事,四处放出消息,说吕蒙病倒了,已经离开驻地回到建业,眼下军中无主,一片混乱。远在樊城战场的关羽得到情报,果然改变部署,把驻守荆州的精锐部队全部调往樊城。经过几轮血战,樊城终于失守,魏将于禁投降。关羽留下小部分军队镇守樊城,带着剩下的人马火速赶回荆州。

然而,吕蒙比他早走了一步。就在关羽围攻樊城的同时,吕蒙已秘密返回军事重镇浔阳,精选勇士数千名,藏身在大大小小的战船中,并不露面。而摇船的军士,则全部穿上白衣,扮作商人模样。他们沿着长江,顺着风势,神不知鬼不觉地向荆州逼近。防江的蜀军一来丧失了警惕性,二来军力单薄,面对着白茫茫一片登岸的吴兵,吓得傻了眼,纷纷缴械投降。吕蒙一边密令把关羽和其他蜀军将士的家属羁禁起来,好好款待,一边抢占有利地形,部署大军,等待关羽回师。

途中,关羽得到南郡等处陷落的消息,不禁心烦意乱,又担心着家属的安危,便不断地派出使者,先期会见吕蒙,就家属问题进行交涉。使者每到军门,吕蒙都满脸堆笑,热情接待,告诉他们蜀军将士平安无恙,可以放心。有时他甚至亲自带领他们到各家各户访问,或者出示家属的某些亲笔信件,作为受到吴军礼遇的证明。使者回来除向关羽汇报以上情况外,免不了也向别人宣传一番。这样一来,蜀军的情绪出现了波动。有家属留在荆州的人,都做起团圆的美梦,哪里还有心思打仗。结果,蜀兵与吴军相遇,一战即溃。关羽杀出重围,向麦城方向逃走。来到彰乡,他的最后一批亲兵也投敌了。关羽被吴将潘璋、朱璠截住去路,苦战不胜,父子被擒。战略重镇荆州,从此永远落入吴国手中。(《三国志》 吴宝祥)

41. 彝陵之战

建安二十四年(公元 219)十二月,蜀国大将关羽败走麦城(今湖北当阳东南),被东吴吕蒙的军队俘获杀死,东吴占领了荆州。关羽是蜀主刘备的亲信,两人情同手足,荆州是蜀国的军事要地,刘备闻讯后如遭晴天霹雳,气得七窍生烟。他发誓要夺回荆州,为关羽报仇! 章武元年(公元 221)七月,他不顾大臣们的竭力劝阻,不理会东吴国主孙权的求和,亲率几十万大军征战东吴。

战争刚刚开始,蜀军的先头部队便在丞县(今湖北巴东)打了个胜仗,占领了秭归。接着,刘备率蜀军主力越过彝陵(今湖北宜昌东),一路东进,直打到猇(xiāo)亭(今湖北宜都北),在那里设立了大本营。至此,蜀军已深入吴境达五六百里,沿途建立了数十个营屯,声势非常浩大,士气极其高涨。

面对强大而来势汹汹的蜀军,孙权便任命年轻的镇西将军陆逊为大都督,拨

给他五万人马抗敌。陆逊虽然年轻,但足智多谋,他审时度势,觉得双方军事力量对比悬殊,加上蜀军连连得胜,士气正旺,又占据了长江上游的有利地势,如与其硬碰,将会吃大亏,而这场战争关系到东吴的存亡,决不能打无把握之仗。于是,他决定采取诱敌深入、等待时机、后发制人的战略方针。东吴的许多将领对陆逊就任大都督本来就有点不服和不放心,这回见他并不主动出兵迎击蜀军,更以为这是胆小懦弱的表现,脸上都流露出轻蔑的神色,心中十分不满,有的甚至说起怪话来。可是,陆逊毫不动摇,严令诸将紧守关隘,不准出战。

由于吴军积极防御,避免与蜀军正面交锋,使蜀军无法进攻,双方只好僵持着。刘备急于一举打垮吴军,同时也不把陆逊放在眼内,天天派人到阵前辱骂挑战,但陆逊就是置之不理。后来,刘备心生一计,让吴班带着几千个老弱兵士,在靠近吴军的平地上立营,向吴军挑战。许多兵士还脱下衣服,赤身裸体地坐着或者躺着,引诱吴军进攻。吴军将士见了,纷纷要求出击,陆逊拒不答应,他说:"这里头肯定有诈,我们决不能中计上当。"将士们只好强忍着,依旧坚守在阵地上。过了几天,亲率八千精兵潜伏在山谷里准备对吴军进行两面夹击的刘备,见吴军始终没有动静,知道计谋已被陆逊识穿,只好撤兵。见到刘备撤兵,吴军将领对陆逊开始有点佩服了。

刘备求战不能,退兵又不甘心,而时间一晃便七八个月过去了,天气开始炎热起来。士兵们忍受不了蒸人的暑气,叫苦连天,斗志慢慢涣散了。刘备只好把队伍移驻到沿山树林茂密的地方,扎起了互相连接的四十多座营寨,以避暑热,并作休整,准备到秋凉后再向吴军大举进攻。

此时,陆逊突然命令全军全面出动,向蜀军进击。将领们听了,感到十分诧异,纷纷说:"攻打刘备,本应趁他刚刚进入吴境,脚跟尚未站稳之时进行,哪有等到他已深入境内五六百里,占领了许多据点,熟悉了地理形势之后再去攻打的呢?这样作战肯定不会有好结果的!"陆逊说:"刘备是个既狡猾又有丰富作战经验的敌人,加上刚进入吴境时,士气高涨,风头正健,那时,应该避免与其正面作战。现在,双方已经相持了许久,蜀军再也讨不到什么便宜,士气开始低落,这正是我们消灭敌人的大好机会!"于是,他先派出小部队作试探性的进攻,虽然失利了,但却摸准了蜀军的虚实,从而制定了消灭蜀军的办法。

在一个劲风呼呼的黑夜里,陆逊让全军兵士各执一把茅草,摸到蜀军阵地,顺风放起火来。风助火势,火借风力,蜀军四十多座军营顷刻间变成了一片火海。憋着一肚子闷气的吴军将士,乘势全线出击。蜀军既受到大火的围困,又受到山林地形的限制,兵士无法施展,只好纷纷逃窜。刘备逃到附近的马鞍山(今湖北宜昌西北),将残军重新集结起来,准备死守。陆逊则亲督吴军从四面八方围攻上来,蜀军终于土崩瓦解。刘备连夜狼狈而逃,后幸得驿站的人把蜀军的军械铠甲烧着,阻挡了追击的吴军,刘备才得以逃到白帝城(今四川奉节东)。这一仗,蜀军损失极其惨重,伤亡和逃散者达几十万人,将士的尸体在长江上漂流而下,把江水都快堵塞了。车、船、器械和军用物资也丧失殆尽。

战后,刘备想到自己征战一世,最后竟败在年轻无名的陆逊手下,不由得悔恨交加,羞愧非常。不久,就病死在白帝城。

吴蜀彝陵之战,就这样以吴胜蜀败而告终。(《三国志》 郑小宁)

42. 冷静退兵

东吴嘉禾五年(公元236),吴主孙权北上征讨曹操,命令陆逊和诸葛瑾带兵攻打襄阳(今湖北襄樊)。

陆逊与诸葛瑾做好了战略部署,并派亲信韩扁专程带着奏章去向孙权报告。谁知,韩扁回来时在路上遭遇曹军,被敌人俘虏了!

诸葛瑾得知韩扁被俘的消息后,害怕他会泄露军情,总是感到忐忑不安,赶紧写了一封信给陆逊说:"主上已经返回,敌人抓到韩扁,必然已经详尽地了解了我军的虚实。而现在又逢天旱水枯,情势对我不利,应该赶快撤兵为宜。"

陆逊接到信后,并没有回复,只是催着部下赶种蔓菁和豆子,而且还像往常一样跟众将领下棋、射箭,显得十分悠闲的样子。

送信的人回来把情况告诉了诸葛瑾,并表示了自己的担心。诸葛瑾说:"陆将军为人既聪明多智,又沉着稳健,我猜他这样做是有因由的,可能他已经找到了解决困境的办法。"但话虽这样说,诸葛瑾毕竟还是放心不下,思前想后,决定亲自前往见陆逊。

陆逊见到忧心忡忡的诸葛瑾,对他说:"主上既然已经返回,我们也就没有什么值得忧虑的了。敌人据守险要,有恃无恐,加上得悉了我们的战略意图,早有防备,我们如硬要进攻,无疑只能导致失败,因此,只有退兵才是上策。但现在我军军心已经动摇,敌人又在旁边虎视眈眈,倘若仓促退兵,他们就会乘势追击,弄不好,我们会一败涂地呀!所以,当前最重要的是我们自己首先要保持镇静,以稳定军心,然后再计划突围!我之所以让士兵们种蔓菁和豆子,与将领们下棋、射箭,就是让大家看到我们一点也不惊慌,还掌握着作战的主动权,还要准备与敌人长期对峙,以排除他们的恐慌之心。"诸葛瑾听了,感到陆逊考虑得缜密周到,于是由衷地对他说:"还是你的见解高,一切就听你的!"

吴国的将士们起初听到韩扁被抓和孙权班师的消息后,确实引起了一阵惊

恐，纷纷做着撤退的准备，但见到两个主帅一副若无其事的样子，这才逐渐定下心来。曹军见到陆逊没有撤退的迹象，也不敢贸然进攻。

陆逊把部队和敌人两头稳住后，便与诸葛瑾紧张地密商，定下了撤兵之策。他让诸葛瑾统率舟船走水路，自己领军走陆路，同时向襄阳方向进发。

曹军一向畏惧陆逊，见到他的军队出动了，急忙赶回城中，准备严守襄阳。诸葛瑾的船队趁机撤出，陆逊则从容地整理好队伍，一边虚张声势，一边步行向船队靠拢，然后一一登船。曹军不知陆逊葫芦里到底卖什么药，始终不敢出击，只好眼睁睁地看着吴军离开了。就这样，陆逊和诸葛瑾的两支部队安然返回。

（《三国志》 郑小宁）

43. "诸葛瑾之驴"

三国时期，诸葛亮及其兄诸葛瑾、从弟诸葛诞各自辅佐蜀、吴、魏。兄弟三人俱有吏才，而以诸葛亮为最，诸葛瑾次之，诸葛诞又次之。故时人说蜀国得到了诸葛兄弟中的龙，吴国得到了其中的虎，魏国得到的是其中的狗。

诸葛瑾在东吴尽心竭力地辅佐国主孙权，颇得孙权的信任。孙权虽身为国主，但性颇谐谑，常常喜欢拿臣下开玩笑，诸葛瑾便被他捉弄过多次。

一次，孙权设宴招待文武官员，诸葛瑾带着儿子诸葛恪一块儿赴宴。

在宴会上，大家猜拳行令，酒兴正浓。突然，孙权看到了诸葛瑾那张长脸，眨眨眼便来了主意，只见他喝了一声："来人哪，给我牵头驴子上来！"众人知道国主又要开玩笑了，不知这回摊到谁的头上，于是，都屏住呼吸，瞪大眼睛望着。

驴子牵上来了。孙权对群臣说："你们看，这驴脸像不像诸葛瑾的脸啊！"说完，拿起纸条，提笔写上"诸葛瑾"三个字，命人贴在驴脸上。

众人看看诸葛瑾那张长脸，又望望驴脸，不禁哄堂大笑。忠厚老实的诸葛瑾不好意思地低下头，窘得满脸通红。

这时，有位少年站起来，走到孙权面前说："皇上，可不可以给我一支笔，让我在纸上加两个字？"孙权点头同意了。只见少年拿起笔，不慌不忙地在纸条下加上"之驴"两字。于是，驴脸上贴的纸条便成了"诸葛瑾之驴"，而写字的少年便是诸葛瑾的儿子诸葛恪。

大家看到了驴脸上的"诸葛瑾"变成了"诸葛瑾之驴"，不禁又是哄堂大笑，笑声中含有对诸葛恪聪颖机警的赞许。

孙权并没有生气，相反从心里喜欢上了这位少年，当场便将驴子赏赐给诸葛恪。

诸葛恪长大后,像他父亲一样,受到了孙权的重用,不到二十岁,便被任命为骑都尉,以后,还担任了大将军,成了吴国重臣。(《三国志》 郑小宁)

444. 敏应对吴主开怀

一次,孙权在宫中举行宴会。这位东吴国主非常喜欢与臣下开玩笑。他捧着酒杯喝着喝着,一眼瞥见了诸葛恪。诸葛恪是东吴大将军、左都护、豫州牧诸葛瑾的儿子,大名鼎鼎的蜀国丞相诸葛亮的侄子。孙权知道他聪明伶俐,能言善辩,说话滴水不漏,有心考考他的应对能力,于是就问:"你认为你的父亲和叔父之间谁更有才能?"诸葛瑾虽是朝廷重臣,但他的才能仍然无法跟自己的弟弟相比,这是谁都知道的事实。显然,孙权这是明知而故问!诸葛瑾与诸葛亮虽是同胞兄弟,但又各为其主,互相斗法!这一复杂的问题诸葛恪又该怎样回答呢?大臣们都饶有兴趣地等待着答案。诸葛瑾更是紧张非常,担心儿子回答不当而闹出笑话来。然而,诸葛恪却一脸的轻松,只见他回答道:"当然是我父亲更有才能啦!"话一出口,满座顿时大笑,连孙权也笑得连连摇头:咳,他到底还是被我难倒了!诸葛瑾则尴尬得满脸通红。等大家笑完,孙权问诸葛恪为什么这样说。诸葛恪说:"我叔父虽然有才能,但他不懂得择主;我父亲却知道自己应该侍奉哪位贤君,他不是比叔父更有才能吗?"一席话,又顿时把大家给镇住了。紧接着又是一阵哄堂大笑,当然,这笑声已不再是嘲讽,而是赞叹和钦佩。

正当大家还在笑的时候,孙权又注意上了老臣张昭,于是命令诸葛恪向张昭斟酒劝饮。张昭的脾气有点犟,再加上已经有了几分酒意,故不肯再喝,斜着眼睛对诸葛恪说:"硬要劝酒,这不是尊敬老人的应有礼节。"孙权在一旁对诸葛恪说:"你若能使张公无言辩解,他就会喝下这杯酒。"诸葛恪眼珠子骨碌一转,便对张昭说:"昔日师尚父九十多岁,还能够带兵出征,从不言老。如今军队征伐,请您在后;饮酒宴乐,请您居先,怎能说不是尊敬老人的礼节呢?"张昭终于无言以对,只好接过酒杯一饮而尽。大家见到张昭被诸葛恪难倒的那副窘迫状,又都忍俊不禁了。

过了几天,蜀国有使者到来,孙权带着群臣一起接见来使。孙权想起上次在宴会上的谈话,于是兴致又上来了。他指着诸葛恪对来使说:"这位诸葛先生是你们丞相的侄儿,他特别喜欢骑马,回国后请转告你们丞相,替他弄些好马来。"话音刚落,诸葛恪就应声磕头而谢。孙权问:"要送马的是你叔叔,又不是我,再说好马还没有到手,你为什么这么快就道谢呢?"诸葛恪答道:"蜀国嘛,也就是陛下在外面的养马之所,如今陛下下达恩诏,我叔父怎敢不送?所以马一定会很快送来的,我自然要提前谢主隆恩了。"孙权听了,感到很受用,对诸葛恪敏捷的才思

更是惊叹不已,也就认准了这是个可堪造就和任用之才。(《三国志》 郑小宁)

45. 焚猪断案

三国时,句章县(今浙江余姚东南)有个女人害死了丈夫,为了毁尸灭迹,又放火烧了房子,然后诈称不小心着了火,丈夫因喝醉了酒一时无法跑出来,被烧死了。她丈夫的弟弟不相信,怀疑是嫂嫂将哥哥害死了,那女人当然不承认,于是当弟弟的便到县里报了案。

县令张举听了死者弟弟的诉说,又审问了他的嫂嫂,发现此案疑点很多,也怀疑是当妻子的害死了丈夫后放的火,但苦于没有证据,一时无法作出结论。

张举是位乐于为民做主的父母官,他决心将案子弄得水落石出。他反复地琢磨来琢磨去,最后终于想出了一个破案的办法。

第二天,张举让人找来两头猪,一头被杀死的,一头活着的,然后点燃柴火将它们放到里面去烧。烧后,他细细地察看了两头猪,发现被杀死的猪嘴里没有灰,而那头被活活烧死的猪的嘴里却塞满了灰。接着,他又令人重新检查死者的尸体,发现死者的嘴里一点灰都没有。真相大白了:那女人的丈夫是在房子着火之前就已经死去的!

张举马上提审了那个女人。那个女人见到县令是位果断精明之人,心中早已十五个吊桶打水——七上八下了。在事实面前,她觉得已无法狡辩,只好哭泣着交代了自己谋杀丈夫的罪行。(《智囊》 郑小宁)

46. 装病诛曹爽

汉末,曹操出任丞相,"挟天子以令诸侯",实际把持了朝政。为了争取世家豪族的支持,他聘请一批地方名士出来做官,司马懿也在受聘之列。

司马懿,字仲达,河内(今河南武陟)人,出身一个高级的士族家庭,在社会上已颇有点名气。起初,他看不起曹操,当曹操聘他为官时,他借口有风痹病,行动不便,拒绝出来。曹操疑其有诈,派人伪装刺客去试探他,司马懿在刺客的刀下竟坚卧不动,曹操虽无法深信,但也无可奈何。后来曹操生了气,威胁说要拘捕他,他才勉强应征。

曹操虽然把司马懿请了出来,但并不重用他。到曹丕即位时,司马懿的地位才显要起来,成了朝廷重臣。曹丕死后,他与大将军曹真共同受命辅佐魏明帝曹睿。这期间,他长年统率大军与蜀国和东吴作战,逐渐掌握了军事大权,成为魏

国最有权势的大臣。

景初三年(公元239),魏明帝去世,司马懿与曹真的儿子曹爽一起受遗诏,辅佐年仅八岁的幼主曹芳,并开始形成了暗中较量的曹氏与司马氏两派政治势力。

看到司马懿的势力日渐膨胀,曹爽甚为忌惮,于是,采用明升暗降的办法,加给了司马懿一个太傅头衔,让他去做小皇帝的老师,实际上剥夺了他的实权。

老谋深算的司马懿见曹氏集团把持了朝政,权势炙手可热,暂时不能与之抗衡,便使起韬晦之计来。他伪称旧病复发,让出了官位,不再参与政事,暗中却布置儿子司马师抓到了统领京师禁卫军的重要兵权。

对司马懿的养病,曹爽一直不放心。一次,曹爽的亲信李胜出任荆州刺史,赴任前,曹爽特地派他以辞行为名,到司马懿家中窥探动静。

司马懿听说李胜要来,便对儿子司马师和司马昭说:"这是曹爽派来的密探!"于是将计就计,披头散发、衣服凌乱地卧在床上,装出一副病重得十分厉害的样子。李胜来到床前,他故意让两名侍婢把自己硬撑着扶起来。侍婢将衣服给他穿上,他颤巍巍的双手把不住,衣服一下子滑落在地上。当李胜向他辞行时,他又故意把赴任的荆州听成并州,和李胜大大地绕了一通。过了一会儿,他用手指指口,侍婢端上了一碗粥来喂他,他张口喝粥,粥从嘴角流了出来,沾湿了前胸。李胜见状,信以为真,回去对曹爽说:"司马公病入膏肓,形神已经离散,不久人世了。"曹爽听后很高兴,也就不再把司马懿放在心上了。

从此,曹爽对司马懿毫不设防,而且常常和文武亲信一起出游。大司农桓范很担心,提醒曹爽:"文武重臣不宜同时离开,否则万一有人关闭城门,控制朝廷,后果将不堪设想。"曹爽笑着说:"最大的劲敌已成了一具活僵尸,还有什么可忧虑的呢?"

嘉平元年(公元249)春,曹爽兄弟陪同皇帝曹芳离开洛阳去拜祭魏明帝的陵墓——高平陵,那些文武亲信也一同随往。早有准备的司马懿父子见有机可乘,便发动了政变。他们关闭了洛阳城门,占据了武器库,控制了中央禁军。司马懿还亲自率兵占据了洛水浮桥,扼住了曹爽的归路,并颁布诏书,声讨曹爽的罪行。曹爽此时方如梦初醒,但后悔已来不及了,只好乖乖地交出了兵权。不久,司马懿将曹爽逮捕下狱,连同其兄弟、党羽一起被诛灭。

司马懿的这次政变,史称"高平陵事变"。(《晋书》 郑小宁)

47. 攻心求

西晋代魏后,晋武帝司马炎任命羊祜为荆州大都督,镇守襄阳。

羊祜是司马师的小舅子,虽属外戚,但为人方正,韬略过人,且早有灭亡东吴、统一中国的志向。初到襄阳时,他见到这靠近东吴的地方土地荒芜,府库空虚,百姓贫困,军心不振,常遭吴军的袭扰的情况,便决心将它治理好,作为日后伐吴的基地。于是,他推行屯田政策,开垦荒地八百多顷。同时抓紧构筑要塞,整饬军旅。很快,便使襄阳粮食获得全面丰收,振奋了军心民心。

那时,东吴的国主孙皓十分荒淫残暴,国内民怨沸腾。羊祜觉得正是出兵的好时机,便奏请朝廷早日出兵伐吴。

就在羊祜秣马厉兵,积极准备伐吴时,传来了原东吴驻守西陵(今湖北宜昌)的都督步阐降晋的消息。羊祜闻讯大喜,马上派兵前往接应。岂料统帅荆州地区的东吴将领陆抗已先他一步,领军包围并攻破了西陵,杀死了步阐,还将羊祜派来的援军打得大败。这使羊祜看到,东吴还具有较强的实力,灭吴的时机尚未成熟。于是,便改变了策略,决定采取加强自己、怀柔对方、等待时机的方针。

此后,羊祜便在边境上展开了一系列的"攻心"活动。东吴军中有的士卒因忍受不了饥饿跑过来投降,羊祜热情接待,并且允许他们来去自由。这样,来降的人就越来越多了。一次,羊祜的部下为了贪功,抓了两个东吴的牧童作为俘虏献了上来,羊祜了解情况后,马上派人护送牧童回到父母身边,还说了不少道歉的话。牧童的父母很感激,逢人便称颂羊祜的恩德。又有一次,东吴的将领陈尚、潘景越境抢掠,被晋军杀死了,羊祜命令对他们厚加装殓,并热情接待前来迎丧的死者亲属。有时候羊祜率部巡边,部下偶尔割取了吴境的庄稼作军粮,他就派人计算数量,按数分送绢匹给吴人偿还粮价。

羊祜还主动与吴军主帅陆抗交往。一次,两人分别率将士沿着边境打猎。回到营里,羊祜即命人清点猎物,凡吴军先射中的,一律送还吴营,陆抗也以美酒回赠。陆抗病了,羊祜就派人将自己常服用的一种药送去,很快便治好了陆抗的病。

羊祜的行为使吴境军民心悦诚服,背地里都称他为"羊公",在不知不觉中,吴国的人心就这样给羊祜收买过来了。

羊祜表面上与吴军修好,暗中却加紧了伐吴的准备,并向朝廷提出了许多很好的建议。晋泰始十年(公元274),陆抗病故,他的四个儿子陆景、陆晏、陆机、陆云分领其军,但都没有带兵作战的经验,而吴国国内已是危机四伏。羊祜感到千载难逢的机会来了,便上表敦请朝廷加紧出兵。正当朝廷准备派他带兵出征时,他却得了重病。病中,他推荐杜预替任,不久,便与世长辞了。

羊祜的死讯传到荆襄,边境两边的军民失声痛哭,人们在他生前经常登临的岘(xiàn)山(在今湖南境内)上竖起了一块一丈一尺高的石碑,上刻"晋故持

节侍中太傅巨平侯羊公之碑"。游人到此,都忍不住伤心落泪,后人将此碑名为"坠泪碑"。

羊祜死后,朝廷采纳了他的建议,拜杜预为镇邦大将军,都督荆州诸军事,并调动水陆二十万大军,兵分六路,一举讨平东吴,统一了全国。在庆祝胜利的宴会上,晋武帝想起了羊祜,他举杯对大臣们说:"讨平东吴、统一天下,羊太傅应记头功!"接着,带领文武大臣到羊祜的墓前祭奠,把胜利的喜讯告慰长眠地下的羊祜。(《晋书》 郑小宁)

48. 计破铁链阵

西晋太康元年(公元280)晋武帝司马炎觉得灭吴的时机已到,便派大将杜预带领二十万大军,分六路进攻吴国。

龙骧将军王濬率领的是水军一路,这是晋军的主力,其进军路线是由益州顺江而下,直取东吴国都建业(今江苏南京)。

大军一路进发顺利,很快便到了白帝城下(今四川奉节)。白帝城的前方是巫峡,王濬心想:过了巫峡的急流险滩后,行进的速度将会更快,这几年吴国国主昏庸无道,国内矛盾重重,军队士气不振,而自己已做了十多年的精心准备,料攻破建业应是指日可待的。他一边想,一边在心里勾画着胜利的蓝图。

突然,一阵急促的脚步声打断了他的遐思,他定过神来时,才发现原来是先头部队的探马来报,说前面遇上了吴军的铁链阵,船队已无法前进。王濬一听,二话没说,便迅即赶赴现场。

到了现场,只见已有许多将兵围在那里观看。大家见王濬来了,便主动让出一条缝道。王濬站在众人前面往水面上看,双眉不由自主地紧皱起来。原来在巫峡的江面上横截着许许多多碗口粗的铁锁链,而水面之下,又吊着许许多多一丈多长的尖利的铁锥。船队要前进的话,势必会被铁锁链所拦阻,同时,还会被铁锥刺破船身,从而导致船毁人亡!很明显,这是东吴用来防备晋军从水上进攻的设施。

"好厉害的一招啊!"王濬心里暗暗骂道。巫峡本来就河道狭窄,江流湍急,礁石众多,异常险要,再加上铁链、铁锥阵,大军简直无法逾越!

这时,周围的人们七嘴八舌地争论着破阵之法。有的建议派出水性好的人到江中去将铁锥一个一个地拔出,有的提出找几个攀援好手攀上悬崖将系于两岸绝壁的铁链解下。但最后又都觉得时间紧迫,难度太大,根本就不可能做得

到。因此,一个个又好像泄了气的皮球那样,干瞪着眼互相对望着。

王濬没有说什么,只吩咐先安营扎寨,再图良策。一连几天,他都是带着人在现场周围察看,然后默默地思考。终于,他想出了一个破阵的办法。

他派士兵到巫峡两岸山上砍伐粗大的竹子,赶造了几十只百步见方的大木筏,又用竹子、麻绳等材料赶扎了百余根长十余丈、粗数十围的巨型火把,灌上麻油,分竖在各条大筏之上。

一切准备停当后,王濬挑选出一些熟识水性的士兵负责操纵木筏,然后顺流放筏而行。巨筏在急流的推动下,如脱绳的野马,带着千钧之力向前冲去。快到铁链、铁锥阵时,士兵们将火炬点燃。当巨筏碰上铁锥时,便将深扎在筏上的铁锥连根拔起;碰上铁链时,熊熊大火很快便将其烧断。不到一天工夫,吴军精心布置的铁链、铁锥阵便荡然无存,巫峡又变得畅通无阻了。

铁链、铁锥阵被破后,王濬马上指挥船队长驱直入,与其他几路兵马互相配合,一路势如破竹,很快便攻到了建业。东吴的军队已无心应战,或望风而逃,或倒戈投降。东吴国主孙皓无奈,只好竖起降幡,当了晋军的俘虏。至此,东吴宣告灭亡,三国终于统一归晋了。(《晋书》 郑小宁)

49. 不尝苦李

西晋时,有位七岁的小孩叫王戎。

一天,王戎和一群小伙伴到郊外游玩。他们沿着大路行走,忽然发现路旁有一棵李子树,树上结满了熟透的李子,沉甸甸的果实把树枝都压弯了。

小伙伴们高兴极了,争先恐后地爬上树去摘李子,只有王戎一个人站在路边一动也不动,只是静静地看着。

伙伴们感到奇怪,连声招呼他:"王戎,快来哟,李子可多啦,咱们尝个痛快后,还可以带些在路上吃哩!"

王戎摇摇头说:"我不去,这棵树的李子一定是苦的。"

大家不相信,嘻嘻笑着摘下果子就往嘴里送,但没尝几口,果然觉得满嘴苦涩,于是纷纷将果子吐了出来,大声说:"呸,呸!真苦,上当了。"

有人忍不住问王戎:"你又没有尝,怎么知道这树上的李子是苦的呢?"

王戎说:"这树长在大路旁,要是李子好吃,早就被行人摘光了,还轮得上我们吃吗?而树上这么多熟透了的李子没人摘,你们想想,这肯定是因为李子是苦的啊!"

大伙听了,这才恍然大悟。(《晋书》 郑小宁)

50. 佯醉远祸

曹魏末年,大将军司马昭想让自己的儿子与阮籍的女儿成亲,特派人上门向阮籍求婚。

当时朝廷内部斗争异常激烈,司马氏集团已击败了曹氏集团,攫取了朝政大权,并对士大夫和文人采取又拉又打的两面手法。凡反对他们或依附曹氏集团的,便被排挤或惨遭杀害,而那些拥护或愿意为其效劳的,则得到提拔和重用。阮籍的父亲阮瑀(yǔ)是"建安七子"之一,与曹氏集团过从甚密。阮籍本人在曹魏集团当权时担任过较高的职位,又是著名的文人,因此,当听说司马昭要派人来提亲时,他心里就明白了八九分:这是司马昭在拉拢自己,让自己为其所用。但自己对司马氏集团素来就没有好感,从骨子里就不想与他们合作,更不用说要将女儿嫁到司马氏家中去了。但他又深知,司马昭心狠手辣,现在正是他炙手可热之时,如果不答允,便会招来杀身之祸,而且还会殃及整个家族!怎么办?他想来想去,最后决定装醉。

阮籍向以嗜酒闻名,而且酒量特别大,故装醉是最好不过的办法了。知道求婚的人来了,他便抱来一罐酒往肚里猛灌,不多久便喝得酩酊大醉,不省人事。求婚的人上门后,家里人不管怎么推他,他始终不醒。家里人只好抱歉地请求婚的人改天再来。次日,求婚的人按时上门,阮籍又已喝得烂醉,嘴里还不断地说着呓语。家里人又只好请求婚的人隔天再来。第三天,求婚的人特地早早便来到阮家,岂料,阮籍又已沉入了醉乡。就这样,一连两个多月,阮籍没有一天不是烂醉如泥的,司马昭派来的人始终无法和他对上一句话,最后,司马昭只好打消了与阮籍联姻的念头。

司马昭怀疑阮籍这样做是故意装出来的,心里很恼火,总想找个借口治他的罪,于是便派了心腹钟会多次登门拜访阮籍,想套他谈谈对国事的看法,以便利用他的回答来抓把柄,好给他定罪。可每次登门,阮籍不是醉得呼呼大睡,便是半醉半醒地胡言乱语,或装聋作哑,气得钟会咬牙切齿,但又无可奈何。

这样,阮籍佯醉成功了,既保全了名节,又保住了性命。(《晋书》 郑小宁)

51. 欲擒故纵破疑案

陆云,字士龙,三国时东吴名将陆逊之孙、陆抗之子、西晋大文人陆机之弟。

在陆云担任浚宜县县令期间,当地曾发生了这样的一件事:有人突然被杀了,凶手一直找不到,案情无法侦破。

陆云亲自到死者家中观察。他见到死者的妻子虽哭哭啼啼,但却没有悲伤的感觉,神情好像是装出来的一样,心里不禁狐疑起来:莫非凶手与死者的妻子有关系?但她为什么要谋害自己的丈夫呢?这里面恐怕大有文章。于是,一连几天,陆云不动声色地到死者的邻居中进行调查,终于掌握了大量的材料,初步理清了眉目:死者是被其妻子与奸夫合谋害死的。但奸夫是谁?人们不得而知。又由于证据未很充分,也不能一下子对死者的妻子"逼供讯"。

陆云想了几天,终于想出了一个办法来:他把死者的妻子"请"到县衙里,让她独处一室,每天给她供应好饭好菜,但就是不让她跟外界接触,也不对她审问一句话。开始进来时,死者的妻子心里像十五个吊桶打水——七上八下,忐忑不安,以为官府已经掌握了她害死丈夫的证据,将要对她进行惩处,但过了几天,却一直不见有什么动静,她的心才逐渐"定"了下来。然而,时间一长,她又有点憋不住了,不断询问前来送饭的人:"县令为什么把我关在这里,又不见我?"而送饭的又总是回答说不知道。

又过了近十天,陆云突然让手下的人对死者的妻子说:"你丈夫被害的事现在已查清楚了,与你没有关系,你可以回家了。"说完就把她给放了。然而,当死者的妻子走出大门没多远,陆云却又秘密派人跟随其后,并告诉跟踪的人说:"这个女人不会径直往家里走,很有可能奔向郊外。估计在离城不到十里的地方会有一个男子等那里,如发现他们交谈,你就立即将他们一块抓来。"果然不出所料,死者的妻子离开衙门后,就急匆匆地向郊外走去,跟踪的人远远地尾随着。县令猜得真准,走了约十里路左右,就见到有个男子站在一棵树下,死者的妻子迫不及待地急步奔了过去,两人前后左右张望了一下,便将两颗脑袋靠在一块儿嘀咕起来,但想不到却被跟踪的人逮了个正着!

陆云听说已将这一对男女抓了回来,于是,便连夜亲自对两人分别进行审讯,两人最终不得不供出犯罪的真相:原来,这一对男女早已勾搭成奸,但他们仍不满足于做露水夫妻,于是,便共同设计害死了女方的丈夫。此事他们自认为做得天衣无缝,神不知鬼不觉,但想不到女方被县令请进衙门,一关就是十几天,男方心中十分担心,不知道情况究竟如何。后来,得知女方被放了出来,又不禁一阵狂喜,马上就奔到老地方——郊外的一处僻静之地见面。谁知,这一切早已在陆云的预料之中,他们只好乖乖地被绳之以法。(《晋书》 郑小宁)

52. 破叛军

西晋末年,晋朝将领杜曾反叛,并屡次打败晋军,在汉水、沔水一带名声

大振。

晋元帝派周访率领八千名将士前去攻打杜曾。周访的军队很快便抵达沌阳,与杜曾的叛军形成了对垒之势。

由于叛军连胜数仗,加上杜曾的勇猛在晋军素来有名,晋军将士有点怯阵。为了稳定军心,驱除阴影,振作士气,周访每天若无其事地提着弓箭在练武场上射靶,有时甚至悠闲地到处遛马。将士们见到主帅一副神志淡定、胸有成竹的样子,士气也就慢慢上来了。

一天,周访召集部属说:"作战靠的是士气和智谋,我们如果抢先向敌发起进攻,就可以挫敌士气。我已有取胜的良策,大家只要听从号令便是。"于是,他将军队分为左、中、右三军,派将军李恒和许朝分别率领左右两翼军队,自己亲自指挥中军,并传令:"两翼中要是一翼被打败了,就敲三遍鼓,要是两翼都败了,就敲六遍鼓。"

战斗打响了,周访将帅旗在中军中高高举起,让将士们不断摇旗呐喊,以壮声势,诱使敌军攻打两翼。果然,杜曾因忌惮周访,估计周访坐镇的中军是主力所在,不敢硬碰,于是避开中军,指挥部队向两翼扑去。

面对来势汹汹的强敌,两翼将士奋勇迎战,但因兵力悬殊,伤亡过多,渐渐有点支持不住了。隶属左翼的将领赵胤眼看着部下一再被敌军冲散,便策马来到中军,向周访报告战况,请求驰援。周访不允,只让他回去坚持住。赵胤只好回到军中,将被打散的将士集中起来,继续投入战斗。过了一会儿,部队伤亡更大,实在有点顶不住了,赵胤不得不又飞奔到周访跟前,请示是否可以撤退。周访大怒,对赵胤狠狠训斥了一顿,命令他回去继续指挥战斗。赵胤号啕大哭着返回阵地奋力杀敌。双方从清晨一直鏖战到下午,伤亡都十分惨重,晋军左、右两翼的部队最终被打败溃退了。

周访从鼓声中得知战败的消息后,立即把早已从中军中挑选出来待命的八百名精兵集合起来,他亲自向他们依次敬酒,并对大家说:"持续战斗了大半天的敌军已是强弩之末,再加上刚刚取胜,充满了轻敌的心理,我们以逸待劳,现在出击,准胜!"将士们听了,士气大振,个个跃跃欲战。

敌军渐渐迫近,直到离中军约三十步远时,周访亲自擂响战鼓,早就憋着一肚子气的将士们马上腾跃而起,如下山猛虎般全力冲向敌军。敌军果然不堪一击,很快便全线崩溃,晋军一下子便歼敌上千人。

当晚,周访下令部队追赶溃逃的敌军。部属中有人提出到明天早晨再去追击也不迟。周访说:"杜曾勇敢善战,刚才他之所以失败,是因为他的军队经过了长时间的拼搏,已经疲劳了,而我们的队伍则得到了充分的休整,因此才能战而

胜之。我们应一鼓作气,不能让敌人有喘息之机,要趁他们士气最低落、斗志最衰竭时乘胜追击,一举歼灭之!"于是,他又擂响了战鼓,率领部队向前进发。

就这样,周访的军队迅速收复了汉水、沔水一带,杜曾逃到了武当,周访又出其不意,向他进攻,终于活捉了杜曾。(《晋书》 郑小宁)

53. 祖逖夺粮

司马睿建立东晋朝廷后,只想维持半壁江山,并不打算出师北伐,收复中原。但士大夫中有一些有志文士,不甘忍受国家残破的局面,决心要驱走敌人,收复失地,祖逖便是其中突出的一个。

祖逖年轻时就怀有雄心壮志,喜欢交结英雄好汉。他与好朋友刘琨一起在司州做主簿,两人志气相投,经常谈论国家大事,并慷慨激昂地表示将来一定要为国家建功立业。

晚上,两人同睡在一张床上。鸡刚叫头遍,祖逖就把刘琨叫醒,一起披衣起床,在晨曦中拔剑起舞,苦练本领,准备有朝一日为国效力。

西晋灭亡后,祖逖带着亲族邻里数百家到江南避难。身在江南,但他心系中原,联络仁人志士,招募壮勇之丁,训练演习,希望有朝一日能打回北方去。当他听说朝廷正在议论北伐之事时,便毅然入朝拜谒元帝,慷慨陈词,主动请缨。元帝虽无北伐之心,但又找不到借口拒绝,只好封祖逖为奋威将军,兼任豫州刺史,拨给了一千人的给养和三千匹布,让祖逖自己去招兵买马,制造武器,出师北伐。

出师那天,人们纷纷前来送行。祖逖一身戎装,气宇轩昂地指挥部属乘坐十条大船向北进发。船到江心,祖逖用佩剑敲着船桨当众发誓说:"祖逖若不能扫清中原的敌人,就像这江水一样有去无回!"

渡江后,只几年间,祖逖便收复了长江以北、黄河以南大部分地区。随即,他又领兵继续北进,在黄河边上与后赵石勒的军队展开了激烈的战斗。晋军攻占了一个叫蓬陂(今河南开封附近)的地方,石勒赶紧派兵五万驰援。祖逖因双方兵力悬殊,只好暂时退却。石勒击退祖逖后,派将领桃豹守蓬陂。后来,祖逖又派部将韩潜击败桃豹兵,夺得蓬陂的东台,桃豹则死守着西台,双方各自占领半个城。战斗进行了四十多天,彼此相持不下。

不久,双方粮食供给都发生了困难,都感到难以坚持下去。祖逖为了战胜敌人,与韩潜商定了一条计策。祖逖让部下用了许多麻袋装上土,假装粮食,派一千多人高唱着劳动号子把它们运上了东台。又派几个人搬运几袋真米,故意装着十分疲劳的样子,走到与桃豹军交界的路上去歇息。桃豹的士兵早就饿急了,见到运米的晋军,便红着眼追赶过来。晋兵故意丢下米袋后就没命地逃跑。桃豹的士兵抢到了米,欢呼雀跃,立刻埋锅造饭。他们一边吃,一边羡慕晋军的粮食充足,感叹自己经常挨饿,言谈之间,不知不觉地流露出了怨言,军心开始动摇。

石勒得悉消息后,为了稳定军心,火速派了由一千多头驴子组成的运粮队,运送粮食去接济桃豹。祖逖得知消息,马上派韩潜率一支人马前往袭击。在汴水(今河南中牟境内)岸边,晋军击溃了石勒的运粮队,夺得了全部的粮食。

桃豹听说粮食被劫,再也无心坚守,连夜拔寨逃跑了。

祖逖的军队打了许多胜仗,朝廷为了嘉奖他,升他为镇西将军。老百姓也编了歌谣歌颂他,大意是:祖将军来了,黯淡的日月星辰重放光芒。我们这些幸存者,再也不用做胡人的俘虏了。让我们用葫芦盛上美酒,再献一束干肉,唱着歌,跳着舞,去慰劳敬爱的祖将军吧!(《晋书》 郑小宁)

54. 宗典救主

西晋后期,朝廷宗室发生了"八王之乱"。在一次内讧中,东安王司马繇被执掌朝政大权的成都王司马颖杀了。司马繇的侄子、左将军司马睿害怕自己会受到牵连,便在一个雷雨之夜带着几位心腹偷偷溜出京城出逃。

司马颖得知司马睿出逃的消息后,严令各地拦截。

一天,司马睿等人逃到汉阳(今河南孟县西南),正准备渡河时,发现渡口已经设立了关卡,一队全副武装的将士手中拿着司马睿的画像,对过渡者一个个进行盘查辨认。

怎么办?要往回走已是不可能了,司马睿只好硬着头皮,耷拉着脑袋,随着人群往前移。来到关卡前,令人担心的事情发生了:司马睿被守卡的官吏叫住,正准备盘问!随从们见状一个个愣住了,都为司马睿捏了一把汗,但又一时想不出搭救的办法来,只有眼巴巴地看着主人束手被擒。

正在这紧急关头,随从中有位叫宗典的猛然急中生智,只见他快步走到司马睿背后,用手中的鞭子用力抽打了一下司马睿,大声对他说:"你这个舍长,还在这里磨磨蹭蹭干什么?人家朝廷是在禁止贵人通过,看你这副寒酸样,难道你也算是贵人吗?"说完就哈哈大笑起来。

由于仓皇出逃,再加上一路风餐露宿,奔波劳顿,司马睿面容憔悴,身上的衣服早已脏兮兮的,一副邋遢样。守卡的官吏听宗典这么一说,望了望低着头、侧着身子、无精打采的司马睿,便打消了对他的怀疑,又见到后面已经涌上来了许

多人，于是挥挥手，干脆让司马睿通过了。

过后，司马睿感激地对宗典说："是你这一鞭、这一喝救了我这一命啊！"（《智囊》 郑小宁）

55. 胡笳却敌

晋怀帝永嘉元年（公元307），刘琨出任并州（今山西一带）刺史。当时，西晋正与匈奴的军队交战，并州是战乱的中心，因屡经战火，本地户口锐减，道路梗塞不通。刘琨好容易招募了一千多名士兵，辗转作战，打到晋阳。

抵达晋阳城时，只见城内屋宇尽毁，陈尸满街，荆棘丛生，狐狸野兔乱窜，一片荒凉景象。那些青壮年男子不知去向，碰到的尽是老弱孤寡、妇孺病残者。刘琨见此不禁长叹："战争太残酷了！这生灵涂炭、满目疮痍的局面何时得了啊！"他赶忙派人剪除丛生的荆棘，收葬路边的骸骨，组织百姓恢复生产，并抓紧构筑护城工事。没多久，城里秩序逐渐得到恢复，流亡的百姓也开始纷纷归来了。

一天，探子忽然快马来报："敌人的大队人马正向晋阳城逼近。"不久，又急报："敌军已将晋阳城团团围住了！"

满城军民顿时慌乱起来：这是一座内无粮草、外无援兵的孤城，面对强敌，一场浩劫看来在所难免了。大家都把目光投向自己的主帅，似乎在问：怎么办啊？

久经沙场的刘琨显得十分镇定，他默不作声地登上了城楼。这时，夜幕已经降临，凄清的月色笼罩着大地。城外不远处灯火点点，显然这是敌人在宿营。明天，这里又将有一场恶斗，又将有许多无辜的生命死于刀枪之下……想到此，他忍不住扯口长啸，悲切的啸声在夜空中久久回旋。围城的匈奴将士听了，一个个惊慌失措，面面相觑。

啸声过后，周围一片死寂。时间一分一秒地过去，不觉已是午夜时分，刘琨仍在城楼上徘徊，脑中苦苦思索着退敌之策。猛然，他想起了古人的一句话："夫战，勇气也。"是啊，作战靠的是勇气；没有勇气，军队就丧失了战斗力，也就无法取得战斗的胜利。当年汉高祖刘邦与西楚霸王在垓下作战，韩信令汉军四面唱起楚歌，使项羽的部下以为家乡已悉被汉军占领，因而士气殆尽，以致项羽败走乌江，自刎而死。可见，士气在战争中是多么的重要！看来，眼前唯一的办法是要挫敌勇气。但怎样才能挫敌勇气呢？他低下头，看到了系在腰间的胡笳，马上两眼一亮：这胡笳是西城乐器，自己因酷爱音乐，特地学会了吹奏这种乐器，而且行军作战，总把胡笳带在身上。现在，该让它发挥作用了。于是，他拿起胡笳，对着敌营，吹起了缠绵悱恻的思乡曲。

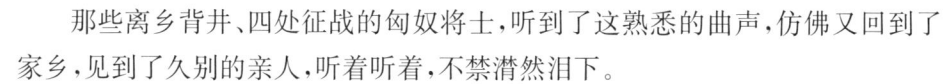

那些离乡背井、四处征战的匈奴将士,听到了这熟悉的曲声,仿佛又回到了家乡,见到了久别的亲人,听着听着,不禁潸然泪下。

到了拂晓时分,刘琨又吹起了胡笳。幽幽的曲子在敌营中盘旋回响,彻夜未眠的匈奴将士,再也忍受不了痛苦的心理折磨,纷纷丢盔卸甲,弃营而去。

就这样,刘琨凭着一支胡笳,保住了晋阳城。(《晋书》 郑小宁)

56. 拥戴晋王

建兴四年(公元316),西晋的末代皇帝司马邺被刘汉政权的刘曜军俘虏,继而被刘汉主刘聪所杀,从而宣告了西晋王朝的覆灭。

次年三月,安东将军司马睿被部下拥戴为晋王,改年号为"建武",不久即称帝,定都建康(今江苏南京)。这是东晋王朝的开始。

司马睿是司马懿曾孙、司马觐之子,曾袭父封为琅玡王。但因他在皇族中声望不够,本人才能也不高,势单力薄,因此,刚到建康时,受到了江南世族的冷落。已经上任一个多月了,还没有哪个有名望的世族来拜访过他。这使得拥戴他的北方有名的大世族、政治家王导感到忧虑。王导深知皇室与世族之间那种唇齿相依的关系:司马氏是靠了世族的支持才取得天下的,而世族又必须依靠皇室,才能保住自己的利益。司马睿如果得不到南北世族的拥护,这皇位就不稳了。于是,他决定替司马睿拉拢世族。经过和堂兄王敦的一番谋划后,他终于想出了一个好办法。

每年三月初三是江南人的"禊节",男女老幼都要到水滨河畔去祭祀,祈福祛灾,熙熙攘攘,非常热闹。这一天,司马睿也乘坐着华丽的轿子出来了,前面有威武整齐的仪仗队开道,吹吹打打,十分威风。以王导和扬州刺史王敦为首的从北方避乱南来的所有名士,则骑着高头大马簇拥在轿后跟随,显得司马睿是多么尊贵威严。

这长长的队列、赫赫的"阵容",立刻惊动了江南世家豪族的头面人物顾荣、纪瞻等人。他们先是挤在人群中看热闹,后来越看越激动,不禁脱口大呼:"江东有主了,江东果真有主了!"并且赶紧带着一班人来到路旁,对着司马睿跪倒便拜。他们怎知道,这其实是王导导演的一出精彩的"戏剧"呢!

收服了顾荣等人后,王导又趁热打铁,代表司马睿登门拜访顾荣及江南另一最大世族贺循,招请他们出来做官。在顾荣、贺循、纪瞻等人的带动下,其他世族纷纷出来拥护司马睿。由此司马睿终于得到了江南大族的支持,在江南站稳了脚跟。(《晋书》 郑小宁)

57. 王导卖绢

东晋王朝建立之初,国库极其枯竭,朝廷的日子非常难过,许多该办的事情根本无法去办。晋元帝为此忧心忡忡,特地让丞相王导去想想办法。

王导也正为此事伤脑筋。他把负责财政的官员找来,再一次细细询问国库的情况。"这是个空壳子啊!现在除了有几千轴丝绢放在那里派不上用场以外,几乎再没有其他什么东西了。至于银两,那是寥寥可数,简直少得可怜啊!"那官员一边诉苦,一边叹气,一副无可奈何的样子。王导听了,紧皱着眉头,默默地沉思良久,觉得已别无他法,只有在那几千轴丝绢上打主意了。于是,他又请来当时颇有名望的几位朝廷重臣,与他们密商一番,终于想出了一条"生财之道"来。

过了几天,王导身穿一件用丝绢做的单衣上朝,惹来了一群官员羡慕的目光。又过了几天,那几位朝廷重臣也穿上了用丝绢做的单衣。这下子,更引起了百官的注意。他们交头接耳,窃窃私语,以为朝廷要提倡什么风尚了,于是,便纷纷仿效起来。很快,朝廷的官员几乎都穿上了用丝绢做的衣服。

朝廷官员的着装传到了社会上,许多有身份的人都争着要穿这种衣服,而且到处找丝绢买,一时间,丝绢的价格便昂贵起来,比先前猛涨了好几倍。

王导见时机成熟了,便吩咐负责财政的官员把府库里的丝绢全部拿到市面上去卖。尽管每轴丝绢价格高达一两银子,但还是很快被抢购一空。结果,几千轴丝绢换来了数千两银子。王导巧妙地利用人们趋附时尚的心理,使朝廷度过了经济上的困难,晋元帝那愁眉不展的脸上终于绽开了笑容。(《晋书》郑小宁)

58. 太阳与长安孰近

晋元帝司马睿建立东晋王朝后,立长子司马绍为太子。司马绍从小便聪明机灵,甚得父皇的宠爱。

一天,有位客人从长安来到建康(今江苏南京),朝见晋元帝。长安于建兴元年(公元313)成为西晋的京城,晋建兴四年(公元316)被匈奴中山王刘曜的军队攻破,晋愍帝司马邺被俘,西晋王朝随之灭亡。后来,西晋遗老推举镇守江东的琅邪王司马睿为帝,定都建康,过着偏安一隅的生活。此次,当晋元帝听说长安来了客人时,心情非常激动,他很想知道长安沦陷后的近况,于是马上接见来者,并急切地询问起来。

听到皇上的询问,客人长叹一声,眼泪汪汪地说:"唉,情况糟糕透了!长安现在已被糟蹋得不成样子了。皇宫一片荒凉,满地杂草,差不多成了遛马场。百姓缺吃少穿,饥寒交迫,终日惶惶。敌兵在街上耀武扬威,为非作歹,真是惨不忍睹啊!"

听到这里,元帝眼前仿佛又出现了当年愍帝坐着羊车,裸着上身,反缚双臂,口衔玉璧,后面用牛车拉着一口棺材,冒着刺骨的寒风,瑟瑟发抖地带着满朝文武,出长安东门向敌投降的屈辱情景。想到自己虽然建立新朝,却又无力收复失地,为祖宗雪耻,元帝不禁难过得流下了眼泪。正坐在元帝膝上玩耍的五岁的司马绍见到父亲落泪,奇怪地问:"父皇,为什么一提起长安,您就落泪呢?"

元帝抚摸着司马绍的头,柔声说:"长安本来是我们的老家,前些年被敌人攻破,咱们才逃到这里。想起这些,怎能不掉泪呢?对了,我问你,天上的太阳和地上的长安比起来,哪个离我们近呢?"

司马绍转了转眼珠子,似乎明白了什么。为了安慰父亲思念长安之情,他机灵地说:"长安近!我只听说客人从长安来,没有听说有客人从太阳那边来啊!"

元帝听了,高兴地点点头,为儿子能懂得自己的心事而欣慰。

第二天,元帝在宫中设宴招待长安来客。席间,元帝想在大庭广众之下显示一下儿子的聪明,便当着群臣的面,再一次问司马绍:"天上的太阳和地上的长安,哪个离我们近呢?"

司马绍一听,便明白了父亲的用意,但他不想在欢乐的宴会气氛中因长安而勾起父皇的伤心,于是,就故意回答:"当然是太阳离我们近。"

元帝见儿子改变了答案,满脸不高兴地说:"昨天你不是回答得好好的吗?怎么今天又改口了?"

司马绍不慌不忙地指着外面耀眼的太阳说:"我一抬头就能看见天上的太阳,却看不见地上的长安城,难道不是太阳离我们近么?"

司马绍的回答博得了满堂的喝彩声。元帝这才转怒为喜,他发现自己的儿子年纪虽小,但有很强的应变能力,且能自圆其说,便越发疼爱他了。(《晋书》 郑小宁)

59. 温峤装醉

温峤是晋朝人,任"中书令",很受晋明帝的信任。其时,有一个大将军王敦,是个野心勃勃的人,对温峤十分妒忌。为了能控制住温峤,他上表请求晋明帝让温峤做了他的左司马(官名)。王敦拥有重兵,常常骚扰老百姓。温峤目睹这事,

多次向王敦提出批评,王敦总听不入耳。时间一久,温峤也就见怪不怪了,但他心里明白,王敦不会放过他。为了自保,温峤一改故态,对王敦开始毕恭毕敬,唯命是从。同时,他广交朋友,以扩大个人势力。他所交朋友当中,有一个叫钱凤的,是王敦倚重的心腹。温峤一有机会就恭维钱凤,钱凤不知底细,一听赞美就飘飘然起来,只认温峤是个知己。

那时,丹阳正缺地方官,温峤看出是摆脱王敦的好机会,便怂恿王敦说:"丹阳是咽喉之地,对我们十分重要,应该早点派人管治它。迟了,恐怕朝廷捷足先登,于我们不利呢。"王敦点头,问:"你认为谁合适呢?"温峤说:"我推荐钱凤。"钱凤要报答"知己",连忙推辞:"不行不行,我推荐温峤。"二人就在王敦面前,推过来让过去。王敦想了一想,觉得钱凤留在身边,会可靠些,便决定让温峤去管理丹阳。温峤一听,心里乐开了花,表面上他却不露声色,一迭声地说"恐怕管不好"。这天晚上,温峤在被窝里盘算了一夜,想出了一个整治钱凤的办法。因为他知道,钱凤不比王敦,狡猾得很哩。

第二天,王敦设宴送行。席中,温峤装出醉态,起身为各人斟酒。来到钱凤面前,他特意斟了一大杯。钱凤举杯要饮,还未张嘴,冷不防被温峤用手板在头上敲了一下,连帽子都给打落了。钱凤还未弄清楚怎样一回事,就听见温峤冲着他大骂起来:"钱凤,你算是老几?我温峤斟酒,你竟敢不饮,打死你。"二人推撞起来。王敦以为温峤真醉,连忙走过来把二人分开,一边对钱凤说好话。自然,当着王敦面,钱凤也不好发作。

宴罢上路,温峤涕泪交流,对王敦显出依依不舍的样子。王敦深受感动,几乎也流下泪来。及至温峤去远,钱凤才大着胆子提醒王敦,说:"温峤这个人,我看不可过于信任。第一,他和朝臣密切,非比寻常;第二……""你别放屁了。"王敦老大不耐烦,瞪着他叫起来,"刚才他不过多饮了两杯,无意中冲撞了你,你何必存心诬蔑好人?"看见王敦生气,钱凤只好闭上嘴。

温峤离开了王敦,辗转回到京城。不久,王敦谋反,但由于有温峤的提醒,朝廷对之早有准备,所以很快就把叛党镇压下去了。(《晋书》 吴宝祥)

60. 顾荣施炙

顾荣是晋代人,自小聪明好学,与著名诗人陆机、陆云齐名,当时人称为"三俊"。俊是俊杰的意思。

顾荣嗜酒,无日不喝酒,而且一饮就饮到醉。他常对人说:"世间万物,只有酒这种东西可以消愁,只可惜我酒量不够大,还时时因喝酒而生病,但又不能不喝。"有一次,他和同僚宴饮。正高兴间,他冷眼看见旁边的一个侍应,生得五官端正,相貌堂堂,手中托着烤肉,笔挺地站立着,脸上却流露出饥饿的神色。顾荣很可怜这个青年人,心想:他也是父母生的人,为什么只能看着我们吃,而自己却吃不上一丁点儿。于是,他拿起刀子,把自己盘上的烤肉割下一块来,递给那个侍应。侍应犹豫了一下,看看其他人,又看看顾荣,知道对方并非作弄他,便接了过来,当着众人的面,狼吞虎咽地吃起来。坐在顾荣身边的一位客人悄声问顾荣把烤肉送侍应的原因,顾荣意味深长地笑了一笑,答:"一个人整天捧着托盘服侍别人,却不知道这烤肉是什么滋味,这怎么说得过去?"

过了几年,赵王司马伦谋夺帝位,他的儿子司马虔被封为大将军,聘请顾荣为长史。不久,司马伦失败,皇帝下旨追究一切与司马伦有关的人。顾荣被牵连在内,判了死刑。

刑场上,他长吁短叹,责骂自己的糊涂,不但害了自己,还殃及全家。想到伤心处,他不住地流眼泪。忽然间,他听到监斩官宣布:"顾荣免死。"接着就有几个士卒走过来替他松了绑。这是怎么回事呢?他惶惑地抬起头来,无意中却看见了一张熟悉的脸。呵,原来站在顾荣面前的,就是多年前在筵席上手捧烤肉服侍众客人的那位侍应。不同的是,今天他已经不是侍应,而是一位将军了。

这样,顾荣施舍的一块肉,到头来竟成了自己的救命金丹。(《晋书》 吴宝祥)

61. 谢安买扇

东晋时,有一个中宿县县令,因为不会巴结上司,被参了一本,朝令下来,免去他县令职务。没有官做,必须回家乡去。他家在丹阳,路途不近,身边缺少盘费,怎么办呢?当地几位老乡同情他,就用土产蒲葵替他制作了一批扇子,让他带在身边,随行随卖,以解决路上所需。县令扛着扇子上路了。

时当秋天,风已带点凉意,人们对于这些蒲葵扇子根本不感兴趣,走过许多村镇,总共才卖出几把,而且还是以低价售出的,连成本费都收不回来。他好不容易来到丹阳,预料他的扇子在丹阳这个人口密集的城市中会卖个好价钱。不料丹阳城的人,平日是享受惯了的,见了这些土里土气的扇子,简直连多看一眼也不想。这位前县令站在宽阔的街头,望着来来去去的行人,彷徨起来了。

这时,一个风度翩翩的官员模样的人骑马过来,马肚子轻轻地擦了前县令一下,他"哟"地喊了一声,连忙闪避开去。不料骑马的人勒住马,喊起他的名字来:"虎儿!你不是虎儿吗?"虎儿正是这位前县令的乳名。他定一定神,认出马上的人是他的同乡谢安。谢安这时已是名闻天下的高官,但对于老乡,还是一如往日

的热情。虎儿把自己的遭遇说了一遍,谢安深表同情,说:"你把扇子随便摆在地上好了,我敢打赌你能以高价卖出。"他们说话的时候,不少围观的人被吸引过来,他们的目的原来只是要一睹谢安风采,及至看见谢安蹲下来,一心一意挑选扇子时,围观的人一下子沸腾起来,都争相上前购买。"谢安要买的扇子呀!""谢安摸过的扇子呀!""谢安喜欢的扇子呀!""快买呀,快买呀!"人们疯了般喊叫着,互相传呼着,购买者越来越多。不到一刻钟,几大捆蒲葵扇就卖光了,而且卖价高得惊人。谢安凭着自己的名气,帮助老乡解决了困难。

前县令谢过谢安,高高兴兴地继续上路了。他家在农村,过了丹阳城还有一个时辰的路呢。(《晋书》 吴宝祥)

62. 淝水之战

太元八年(公元383)八月,前秦皇帝苻(fú)坚征集近百万军队,东西万里,水陆并发,讨伐偏安江南一隅的东晋王朝。

大军压境的消息传到东晋首都建康,朝廷上下为之震惊,并决心团结一致,共同御敌。

当时掌握朝政大权的是宰相谢安。谢安经过精心策划,推派弟弟谢石为征讨大都督,指挥全军,侄子谢玄为前锋都督,连同儿子谢琰和桓尹等统率八万精兵迎击苻坚。另外,又派将军胡彬,率领五千水军去增援淝水河边的寿阳城(今安徽寿县西南)。

晋军抗敌的士气尽管非常旺盛,但兵力仅及前秦军队的十分之一,力量对比悬殊,能否抵挡得住强敌,大家心中都没有底,都指望谢安能运筹帷幄,力挽狂澜。谢安自知身上压着千斤重担,系着一国危亡,但表面上仍装作若无其事的样子,整天跟人下棋,或游山玩水,甚至出镇荆州的桓冲闻讯派遣精锐三千来保卫京城,也被谢安赶回,只说:"京师不缺甲兵,回去镇守西疆。"那些被苻坚入侵的消息吓得惶惶不安的大小官员,见他神态如前,才定下心来,各项抗战工作也就有条不紊地进行。

十月,由苻融率领的前秦军前锋攻下了军事重镇寿阳城,首战告捷。还在途中的晋将胡彬闻讯后只好退守硖石(今安徽寿县西),等待谢石的大军到来。苻融占领了寿阳后,一面派兵渡过淝水,围攻硖石,一面遣五万军队控制洛涧(今安徽定远西),封锁淮水,使晋军无法驰援。谢石只好在距洛涧二十五里的地方,把八万军队驻扎下来。

胡彬不见援军到来,而军粮将尽,心中十分焦急。为了迷惑敌人,他命令士兵天天在河岸上扬簸沙土,好像在扬米一样,故意让前秦士兵看见,表示自己的军粮仍很充足。同时,他向谢石修书告急。想不到告急文书被秦军截获,苻融得知胡彬缺粮,连夜驰告苻坚。苻坚闻讯,即带八千轻骑兵由项城赶到寿阳,并派节度尚书朱序到谢石军中劝降。

朱序原是晋军将领,镇守襄阳时城破被俘,留在前秦,其实他仍心怀故国。此次受命为使者,他觉得为东晋出力赎罪的机会到了,故不但没有劝降,反而为谢石等献策说:"苻坚的百万大军其实并未到齐,一旦齐集了,将很难对付。现在应趁他们的大队人马仍在途中,先败其前锋,挫伤其锐气。到时我可做内应,配合你们。"

谢石采纳了朱序的建议,派由刘牢之率领的劲旅北府兵出其不意地猛攻洛涧的敌军。毫无防备的前秦军队一下子被打懵了,将领梁成被杀,全军争渡淮河逃命,一万五千多人落水而死。晋军乘胜追击,渡过洛涧,进逼淝水东岸,在离寿阳城仅四里地的八公山下扎下营寨。

苻坚得知洛涧失利和晋军渡河的消息,大惊,慌忙与苻融一起登上寿阳城楼,观察晋军的动静。只见晋军临水扎寨,布阵严整,旌旗如林。再看八公山上,密密麻麻地布满了晋兵。苻坚顿觉心悸,对苻融说:"你看,这满山遍野全是晋军,明明是劲敌呀,怎么能说是弱兵呢?"说完,马上传令部队严密防守,没有命令,不许出击。其实,这八公山上并无晋军,只是由于苻坚心慌意乱,见到山上的草木摇动,便误以为是晋军!

苻坚这下不敢轻视晋军了,他派兵在淝水两岸布阵,与晋军隔河相对。晋军方面虽然取得了洛涧之战的胜利,但从实力来说,与秦军仍然相差很多。谢石等知道,如果不乘胜速战速决,等到秦军集齐,就麻烦了。于是,晋军主动向秦军挑战。苻坚因吃了亏,故严令部下不得应战。相持了几天后,谢玄派使者带着战书往见苻融,要求秦军把阵地向后移动一点,让出一片空地作为战场,让晋军渡过淝水,双方决一雌雄。苻融马上报告了苻坚。两人商议后,决定将计就计,同意将阵地稍向后挪,以迷惑晋军,然后趁晋军渡河时实施突袭,将晋军困死在淝水里。

到了约定的时间,双方在各自的岸边摆开了阵势,苻坚传令全军向后稍退,让晋军渡河。谁知前秦士兵中大多是被迫离乡背井前来作战的各族百姓,本来就不愿替苻坚卖命,听到了后退的号令后,就像决了堤的洪水,纷纷向后奔跑,止也止不住。晋军见状,乘机以排山倒海之势奋勇渡河,很快就冲到了对岸。朱序见晋军上了岸,便在军中大喊:"秦军败了,秦军败了!"不知就里的秦军将士顿时大乱,闹哄哄地争相逃命,顷刻间溃不成军。苻融在乱军中被杀。苻坚被流矢所

伤,仓皇逃命,一路上听到八公山上传来的风吹和鹤叫的声音,也以为是晋军追上来了,吓得魂不附体,直至逃到淮北才稍松一口气。而当苻坚返回长安时,几十万大军仅剩下十多万了。

晋军胜利的消息传到建康,谢安正与人弈棋,看了战报后,不动声色,随手把它放在旁边的桌子上,仍然继续下棋,好像根本没有这回事一样。倒是客人早就沉不住气,连声地追问:"战场情况怎样?"谢安只是轻描淡写地回答:"没什么,孩子们已把苻坚打败了。"客人与旁边的人听了欣喜若狂,同时十分钦佩谢安的镇定。其实,谢安的内心也很激动,送走客人后,他返身回房,过门槛时,只听得脚下"喀嚓"一声响,低头一看,原来脚上穿的木屐的齿给弄断了。(《晋书》 郑小宁)

63. 装睡自救

东晋初年,大将军王敦掌握了兵权,阴谋篡夺王位。

王敦有个侄儿叫王羲之。王羲之刚满十岁,长得聪明伶俐、活泼可爱。王敦非常疼爱他,常常把他带在身边,闲暇时便逗他斗嘴解闷,还经常让他在自己的军帐中过夜。

有一天晚上,王羲之正在军帐中睡觉,朦胧中听见有人在悄声说话,睁眼一看,原来是王敦在与心腹钱凤商谈什么,神情非常诡秘。他觉得很奇怪,便凝神静听了一会儿,不禁大惊失色:原来他们在谈背叛朝廷的事!

两人谈着谈着,王敦突然想起,钱凤进来时虽然支开了左右的人,但竟忘了王羲之还躺在床上,这事如果被他听到传了出去,便有杀身之祸!于是,他们便中止了谈话,王敦向钱凤使了个眼色,在他耳边低语了几句后,两人便蹑手蹑脚地向王羲之的床前走去。

王羲之见到他们突然停止了交谈向自己走来,心里十分清楚:如果他们发现自己醒着,就没有活命的希望了。情急之中,他飞快地用手指触动喉舌,使涎水从嘴里流出来,将头发、脸蛋和被褥都弄得黏乎乎的,假装睡得很沉。

王敦和钱凤来到了王羲之的床前,对他汴视了好长一会儿。钱凤建议说:"留着他是个祸患,不如杀了吧!"王敦望了望流着涎水熟睡了的王羲之,不忍下手,说:"算了吧,看来他早已睡熟了,刚才的谈话他并没有听见。"

到了第二天早上,王敦故意拉着王羲之的小手,旁敲侧击地盘问他昨晚的事。王羲之装聋作哑,一副浑然不知的样子。王敦终于完全释然了,王羲之也因此而保全了自己的性命。(《智囊》 郑小宁)

64. 东床坦腹

王羲之十岁那年,父亲王旷病故,伯父王导把他接到京城生活。

王羲之二十岁的时候,太尉郗(xì)鉴见女儿郗浚已经长大了,便有意与王家联姻。在征得王家同意后,专门派人上门选女婿。

知道郗家要来人了,王导把本家少年召集在一起,将消息告诉他们。少年们听了,无不欢欣雀跃,有的赶紧去换衣服,对镜精心修饰一番,有的则早早就端端正正地坐在客厅里等着。

只有王羲之好像什么也不知道似的,依然在房里专心练字。家里人见了,急得一把把他拉进大厅,指着众人说:"你瞧大家都已准备好了,你还磨磨蹭蹭干什么?快去准备准备吧!"

王羲之见到众少年那局促拘谨的样子,不禁暗自好笑:不过是选女婿罢了,有什么值得紧张的!他见到家人催促自己去更衣梳洗准备,心里又想:郗家选女婿难道图的只是外表的好看么?哼!中看不中用的女婿又有什么好。想到这里,他突然冒出了一个"怪"念头:我偏要给他来个与众不同!

郗家的人来了,刚跨进客厅,便见一群衣着入时、打扮光鲜的少年正襟危坐在那里,人人脸上都露出企盼的神色。郗府的人对他们细细端详了一番,觉得内中倒不乏相貌英俊之人,但从那矜持作态中,又似乎缺少些什么。看来看去,始终把不定该选哪一位。

正当郗府的人准备离开时,王府的家人告诉他,还有一位少年在家,不知是否愿意见一见。郗府的人点点头,便跟着来到了王羲之的房里。只见王羲之旁若无人地躺在东边床上,已经打皱的衣服连扣子也不扣,露着肚皮,左手拿着一块大饼在啃,右手手指在空中不停地画来画去。郗府的人见了,觉得眼前这位少年虽不及其他少年那样衣冠楚楚,斯文淡定,但却有一种独特的气质。

郗府的人回去后即向郗鉴一一作了禀报,谁知,郗鉴脱口便回答:"在东床上露着肚皮吃大饼的那个便是我的女婿!"

就这样,王羲之以他那别出心裁的表现,被郗家招为大女婿。(《世说新语》郑小宁)

65. 先发制人

东晋咸和二年(公元327),历阳内史苏峻发动叛乱。次年,叛军攻陷了京城

建康(今江苏南京),执掌朝政的中书令庾亮仓皇逃往浔阳(今江西九江),庾氏家族的其他人也四处逃亡。

庾亮的弟弟庾冰当时担任吴郡太守,手下的官吏和百姓都全部逃光了,只剩下他一个人由郡中的一个小兵用小船载着离开钱塘口,向别处逃去。

船走了很久,来到了一条小河边。两人又累又饿,小兵决定上岸找吃的。他把船停在一个隐蔽的地方,让庾冰躲进船舱里,再用粗木席子将他遮盖住,反复细看认为没有破绽了,这才放心离开。

这小兵嗜酒,他上岸买了食物后,禁不住酒香的诱惑,跑到酒店里喝了几碗酒,然后才醉醺醺地往回走。当他回到藏船的附近时,发现那里已经布满了叛军,有几个人还朝着藏船的地方走去。小兵一见,不禁吓得魂飞魄散,酒气一下子全消了,心中暗自惊叫:哎呀! 不好,庾太守在劫难逃了! 就在他感到无所适从的时候,耳边突然听到一声吆喝:"站住,干什么的?"原来,几个凶神恶煞的叛兵已经出现在他的跟前,他不由自主地停住脚步。那几个叛兵见是一位喝醉了酒的船老大,戒心消除了许多,只是顺口比画着庾冰的外貌问他有没有见过这个人。听到叛兵这样一问,小兵倒来了办法。他假装余醉未醒的样子,挥舞着手中的酒瓶,摇头晃脑地说:"哦,哦,这个人吗? 我认识。我,我们还是好朋友哩,他,他就在我的船上!"边说边把他们引到了小船边,用嘴努了努:"就在里面,你们进去看吧!"

躲在船舱里的庾冰听了大吃一惊,但又不敢妄动,蜷缩着身子暗自长叹:"唉,事到如今,只好一切听天由命了。"然而,那几个叛兵看了看又脏又破、又小又窄的船,瞧了瞧还在手舞足蹈的小兵,以为他是发酒疯,说胡话,于是互相对望一下,便笑着头也不回地走了,不时还飘来几句话:"哈哈! 这疯子,他也配有一个当太守的朋友!"等叛兵全都走光走远后,小兵这才一头钻进船舱里,向庾冰伸了伸舌头说:"好险!"说完,将食物递给庾冰,然后抖起精神,将庾兵送到山阴(今浙江绍兴)魏家,从而逃过了一场劫难。

叛乱平定后,庾冰出任中书监、扬州刺史、征房将军等职。后来,又入朝辅政。但他并没有忘记小兵的救命之恩,特地把他请来,问他需要什么,并表示将尽可能满足他的要求。小兵说:"我出身仆役,并不希望什么荣华富贵。如果能给我供应足够喝上一年的酒,那我就心满意足了。"于是,庾冰就满足了他的要求,给他盖了大房子,里面贮存了很多很多的酒,让他一辈子喝个痛快。(《智囊》郑小宁)

66. 顾和捉虱

晋朝有许多行为奇特的人物,顾和是其中之一。

顾和出身于官僚家庭,两岁就死了父亲。同族的人对他寄予很大的期望,认为将来能为顾家争光的,一定是他。长大之后,顾和投奔在扬州的王导。王导是当时的大名人,出身高贵,品行超卓。对于顾和,他很早就听说过,并且打心眼里佩服。顾和到扬州之后,很快就成了王导手下的得力人物。有一次,王导入朝,把顾和也带了去。快到宫门时,王导停下车跟人说话,顾和乘坐的是另一辆车,在前面等他。这时候,迎面来了一辆非常漂亮的敞篷车,车上站着王导的一个熟人,名叫周颛(yǐ)。他是个眼界很高的人,平素对谁都不表尊敬,现在看见前面竟然有车拦路,便忍不住骂了起来:"喂,拦路的是猪还是狗呀,让开让开!"顾和不哼声,也不看对方,伸出一只手起劲地搔后背。"喂……"周颛发火了,顾和还是不哼声,举起另一只手去搔后脑。两只手一齐动作,发出搔抓皮肤的嗦嗦声,脸上表情带有几分嘲笑。突然,像触摸到了什么东西似的,他兴奋地同时小心地把头上那只手缩了回来,拇指和食指紧紧地捏合着,迅速地放进嘴里,发出轻微的一声"卜"。周颛看在眼中,不知怎地一下子肃然起敬了。他在咬虱子呢,他身上一定有不少虱子!他心想,天地万物,包括我周颛在内,对他来说都是身外事,唯独这虱子……这人是个怎样的人物呀?怪不得王导他……想到这里,周颛鬼使神差地下了车,对着还在咀嚼虱子的顾和恭恭敬敬地鞠了一躬,接着指指顾和的胸口,说:"这里头装的满是学问呀?""不,"顾和回答,"这里头装的叫作人心难测。"周颛一下子红了脸。

后来,周颛见到王导,对他说:"你手下有个善于捉虱的能人。""我知道,是顾和。"王导说罢微妙地笑了一笑。(《晋书》 吴宝祥)

67. 废物利用

东晋时,陶侃被任命为荆州刺史。

陶刺史平素工作非常勤勉,而且很注意节约,考虑问题又很精细。

有一次,官府造船,船造好后,剩下了许多木屑和竹头,堆得满地都是。陶侃见了,就把管事的人找来,让他把所有的木屑和竹头都收藏起来。管事的不解其意,问:"这些都是废物,扔掉就是了,还留下来干什么?"陶侃笑笑说:"你看着吧,总有一天会用得上的。"管事的只好照办。

要过年了,衙门里要集会,正好雪后放晴,院子里积存了许多刚刚融化的雪水,又湿又滑,十分难走。陶侃叫人把收存的木屑拿出来,铺在院子里。人们行走起来,果然方便多了。

过了一段时间,朝廷在荆州制造兵船,钉子不够用,管事的急得团团转。陶侃说:"急什么?仓库里不是有许多竹头吗?把它们加工一下,不就可以作钉子用了吗?"管事的赶紧把竹头从仓库里搬出来。工匠们将它们削成竹钉,用来拼合船体,既节约,又实用。

事后,管事的逢人便说:"哈!废物派上了大用场,陶刺史真有先见之明啊!"

(《晋书》 郑小宁)

68. 以毒攻毒

东晋时期,中书令、尚书左仆射王国宝曾一度执掌朝政大权。担任会稽王司马道子的从事中郎王绪是个媚上欺下的奸险小人。他见到王国宝得势,便拼命去逢迎巴结他,并在他面前说荆州刺史殷仲堪的坏话,致使王国宝对殷仲堪常常冷眼相看。起初,殷仲堪感到有点莫名其妙,久而久之,才知道原来是王绪在背后搞的鬼,十分愤怒,但又别无良策可行,于是,只好去向好朋友王东亭请教该怎么办。

王东亭非常鄙视王绪的为人,故听了殷仲堪的倾诉后,十分同情他的处境,对王绪也就更恨了。他捋着胡子在屋子里踱了几个来回,然后对殷仲堪说:"有了,您不妨去拜访一下王绪,跑勤快点,多去几次。每次见面时,请他屏去左右之人,然后跟他谈论一些无关痛痒的事情。等着瞧吧,过不了多久,他们两人之间就会生出嫌隙来的。"

殷仲堪觉得他讲得有道理,就照着去做了。果然过了不久,王国宝听到了风声,以为王绪瞒着他在背后又与殷仲堪搞什么交易,不禁生出了许多怀疑。一天,王绪又来到了王国宝的府第,还没等他开言,王国宝就忍不住问:"听说你最近常与殷仲堪来往,见面后又将左右屏退,然后再谈话,你们究竟在谈些什么呀?蛮神秘的。"

王绪听了,先是一怔,然后轻描淡写地回答:"哦,没什么。那家伙不知道为什么最近总是向我套近乎,但讲的又总是一些鸡毛蒜皮的事情,真不知道他葫芦里卖的是什么药!""真的没谈什么事吗?"王国宝追问了一句。见他这么一说,王绪这才感到问题并非那么简单,愣了愣,涨红着脸,极不自然地回答:"没有,确实没有。"他的这些表情早已被王国宝看在眼中,但他没有再追问下去,只是若有所

思地点了点头,说:"唔,没有就好,没有就好。"

从此以后,王国宝认定了王绪在背后有着见不得人的勾当,慢慢地也就和他疏远了,而王绪中伤殷仲堪的谣言也就得以平息了。

殷仲堪后来专门去向王东亭道谢。王东亭不无得意地对殷仲堪说:"怎么样,我这一招还可以吧?"殷仲堪忙说:"岂是可以,简直是妙极了!"说完,两人四目相视,哈哈大笑。(《世说新语》 郑小宁)

69. 顾恺之捐款

晋哀帝兴宁二年(公元 364),江宁(今江苏南京)的高僧慧力主持兴建瓦官寺。寺里的和尚为了筹集资金,特摆了丰盛的酒宴,邀请当朝名流、官僚来寺中击鼓鸣钟,以借机向他们化缘募捐。

酒足饭饱后,大家认捐倒也踊跃,但就是没有谁能超过十万的。当轮到青年画家顾恺之时,他出口便报了一百万,引起了满座大惊。认识他的人心想:这生性诙谐的小子虽说书法、绘画大名鼎鼎,但家境素寒,哪里拿得出百万钱来!莫非又是在开玩笑,搞什么恶作剧? 于是,他们偷偷地掩嘴而笑。

过了几天,寺里的和尚向顾恺之要钱来了。顾恺之不慌不忙地说:"请在寺中为我准备一堵白墙,我自有道理。"和尚不知道他到底想干什么,又不便盘问,只好照他的话去做。

白墙刷好后,顾恺之带着画具,住进了寺庙,在墙上作起画来。他画的是佛教故事里的菩萨——维摩诘像。维摩诘是印度梵文的译音,意思是清净无垢、名声远播的菩萨。整整一个月,顾恺之足不出户,摒绝一切社交,专心致志地作画。当像画成,只剩下点眼睛的时候,他对寺里的和尚说:"明天你请大家来看这幅画,并告知来人:第一天来看的,要捐十万钱,第二天来看的减半,第三天来看的,愿捐多少就捐多少。"

人们早就知道顾恺之在庙里画维摩诘像,很想看看这位以才绝、痴绝与画绝"三绝"著称的青年画家究竟画得怎样,于是蜂拥而至。一大早,庙门外便站满了黑压压的人群。当庙门打开后,大家看到顾恺之正手执画笔,全神贯注地给维摩诘像"开光"。"开光"便是点睛,是人物绘画中最传神最关键的一笔。只见他沉思片刻,轻轻两点,维摩诘像顿时栩栩如生,那慈祥庄严的神色,给人一种宁静圣洁的感觉。观瞻者莫不啧啧赞叹,并纷纷慷慨解囊。很快,便募足了一百万钱。

至此,大家才知道顾恺之认捐百万,并非托言妄语。(《晋书》 郑小宁)

70. 戴逵改画

戴逵,字安道,谯国(今安徽亳县)人。史称其"少博学,好谈论,善属文,能鼓琴,工诗画,其余巧艺靡不毕综",是东晋时期的著名学者、雕塑家和画家。

一次,戴逵雕了一座五米多高的寿佛木像。雕成后,他仍感到不满意,但又一时找不出毛病,于是,便请来了许多朋友和同行,希望能听听他们的意见。谁知他们却客客气气,尽说好话,这使戴逵很失望。

怎样才能使大家讲出真话、帮助自己改进呢?戴逵终于想出了一个征询意见的办法。

他在佛像两侧挂上了帐幕,然后大开庙门,供人参观,自己则躲在帐幕里面,偷偷地听别人的品评。

开门的第一天,参观者络绎不断,各种身份的人夹杂其间,大家无所顾忌地对佛像进行评头论足。戴逵一面听,一面飞快地记着。当人们离开后,他便吸取别人好的见解,及时加以改进。就这样,戴逵足足坚持了三年,听取许许多多的意见,对佛像作了无数次的修改,直至再也听不到批评意见为止。

佛像终于改成了,它不仅有气势,而且形神兼备,栩栩如生,成了有口皆碑的杰作。(《历代名画记》 郑小宁)

71. 择夫

晋代杜有道的妻子叫严宪,她嫁给杜有道时,才十三岁,跟着丈夫过了五年艰辛的日子,为人贤淑,能吃苦耐劳,而且持家有法,很得邻里尊敬。十八岁那年,丈夫因病死去,严宪成了寡妇。她独自拉扯大一子一女,生活十分艰难。亲戚见她年轻,一再劝她改嫁,她就是不答应,认为丈夫是终身伴侣,应由自己选择,勉强嫁人不会有好结果。

又过了几年,有一个名叫傅玄的社会名流向她求婚。这次严宪却不多加考虑,一口答应了下来。人们对这事很感到奇怪,因为傅玄虽然出身贵族,也很有才华,但是那时候得到皇帝信任、掌握着朝中大权的,是何晏与邓飏,而傅玄正好是他们的死对头,何、邓二人早就想拔掉这颗眼中钉了。而且,在严宪之前,傅玄亦曾多次向人家求婚,对方考虑到这种情况,都是一口拒绝的。现在,严宪竟要嫁给傅玄,不是等于自寻死路吗?关心严宪的人劝她:"你太不聪明了,眼下是何、邓二人的天下,傅玄迟早要栽在他们手上,情况就像以泰山压卵,以开水泼雪一样,没有任何自救的可能,你为什么还要嫁给他?"严宪笑着说:"你们说的也对,不过,并不全面,是只知其一,不知其二。何晏他们现在作威作福,不可一世,但最终只会害了自己。卵破雪消之后,谁是胜利者,你们瞧着吧。"结果,严宪还是嫁给了傅玄。后来,何晏、邓飏有罪,被晋宣帝处死,正应了严宪的预言。

严宪教子有方,他的儿子杜植,后来做到南安太守,有很好的名声。(《晋书》 吴宝祥)

72. 红绳谏主

桓玄是东晋大将军桓温的儿子,桓温死后,他便继袭父爵为南郡公。

桓玄喜欢打猎,每次出猎,都要带上许许多多的车马,五六十里中旗帜遍地,十分威风。打猎时,桓玄总是让随从人员分成数队,四处张开,形成网状,然后虚张声势,将各种猎物诱出,再放出鹰犬驱赶,使猎物到处狂奔。这时,桓玄才策马上前,弯弓搭箭,追射猎物,以此为乐。

桓玄从不允许猎物从包围中溜掉。有时,由于队伍围捕不及时,让獐子、野兔之类的猎物逃跑了,桓玄便会大发雷霆,动辄将属下官员捆起来加以责罚。打猎的次数多了,属下官员中几乎没有不被捆过的,只要听说"打猎"二字,大家就会胆战心惊,不知灾难会降临到谁的头上。

桓玄家族中有个叫桓道恭的人,当时正担任贼曹参军的职务。桓道恭为人机警,且敢于直言,他见桓玄打猎时为了小小的事情便随心所欲地责罚下属,早有劝谏之心。终于,他想出了一个主意来:他找来了一根深红色的绵绳,每当跟随桓玄出猎时,就把绵绳别在腰间。那绵绳又粗又长,加上色泽鲜艳,十分招眼。桓玄见了,觉得奇怪,就问他:"你带这个干什么?"桓道恭见机会来了,便回答说:"您打猎时喜欢捆人,虽说我是您家族的人,但说不准哪一天也会被捆的。我的手可受不了那粗绳的苦刺,所以,便及早准备好这根绵绳,到被捆时好减少点痛苦啊!"桓玄听桓道恭这么一说,知道他是在借机劝谏,想想自己随便捆人也实在太过分了,于是便说:"你的意思我明白了!"

从此,桓玄打猎时再也不捆人了。(《世说新语》 郑小宁)

73. 道安进谏

东晋时,前秦国主苻坚非常仰慕当时的高僧释道安。他在攻占襄阳后说:"我用十万人马取襄阳,只为得到一个半人啊!"一人指高僧道安,半人指名士

习凿齿。当时,道安已是六十七岁的老人了,苻坚就礼请他住在长安的五重寺。

道安博览群书,知识十分渊博。长安城中喜欢吟诗作赋的衣冠子弟,都趋从他,声誉很大。当时发现一个能容半合的铜斛,旁边刻有扭曲古怪的篆铭,无人能识。苻坚拿着这个铜斛请教道安。道安说,这是王莽改制时用作统一新标准的量器,制于始初元年戊辰,意思是说,王莽祖上出于大舜皇帝,当有天下。苻坚叹服,对众臣说:"你们内外有疑难,都可以去请教道安法师。"当时长安流行一句民谣:"学不师安,义不中难。"

苻坚统一北方后,国势日益强盛,意欲征服南方的东晋王朝,一统天下。一天,苻坚让道安与他同乘龙辇,并说:"我想统率大军,和先生同游江南,登会稽山以观沧海,不亦乐乎!"道安很诚恳地说:"陛下居中土而富有八州,理当休养生息,无为而治。东南沿海地势卑下,土地贫瘠。当年舜帝、秦皇,都是一去不复返。如今陛下欲提百万大军去求取东南蛮夷之地,贫僧实在不敢苟同。"苻坚辩解道:"我并不是因为地不广、民不足才南征,而是为了昭明天意,顺乎大运啊!"道安说:"陛下必欲有所作为,可以先移驾洛阳,养精蓄锐,传檄示威。如江南仍然不归服,再去征伐。"但是这回,苻坚不再言听计从了,他派遣平阳公苻融统率二十五万精兵为前部,自领六十万骑兵,浩浩荡荡南征东晋。结果,在安徽的八公山附近,被谢石、谢玄统率的晋军击溃,苻融阵亡,苻坚单骑逃回长安。(《高僧传》 李明权)

74. 集木造船

东晋末年,孙恩发动的农民起义失败后,其妹夫卢循和义军将领徐道覆率领剩下的数千人继续坚持战斗。他们避开朝廷重镇,浮海向南进发。晋安帝元兴三年(公元404)十月,卢循经过百余日的围城,攻陷了广州,活捉了刺史吴隐之,徐道覆则攻下了始兴(今广东韶关西南)。自此,起义军在岭南有了个立足之地。

义熙六年(公元410),东晋大将刘裕领兵攻打南燕,都城空虚。徐道覆从始兴连忙赶往广州,向卢循提出乘虚而入、起兵袭取建康(今江苏南京)的建议。卢循觉得自己刚刚在岭南站稳脚跟,而朝廷仍较强大,如果发兵举事,胜败难卜,故不想马上北伐。徐道覆是卢循的姐夫,平素颇有心计,处事很有谋略,是起义军的智囊人物,他见卢循有点犹豫,便启发他说:"如果我们对朝廷抱什么幻想,那是很危险的。因为朝廷一直把我们当作心腹之患,欲除之而后快。我们虽说已经立足岭南,但恐不会长久。与其等待朝廷派军队来攻,不如主动出击。现在是时不再来的好机会啊!"为了坚定卢循的决心,徐道覆还明确表示:"如果你仍有担心,还想等待的话,那么我可先带领始兴的人马单独行动。始兴兵甲虽少,也可进攻浔阳(今江西九江)!"卢循见他这样,只好推辞说:"北伐须用兵船,仓促之下,哪里准备得来这么多船只?即使有工匠,也没有木料呀!"徐道覆微微一笑,说:"这点请你放心,造船之事包在我身上好了。"卢循再也无话可说,于是与徐道覆商定,待船造好后,即起兵举事。

徐道覆返回始兴后,便马上着手造船。原来,起义军占领岭南不久,徐道覆已想到了日后北伐之事。为了及早做好准备,他派人到南康山中去采伐木材,假说要将木材运往京城去卖。木材采伐停当后,又借口劳力少,无法运往远处,只好就地削价出售。当地居民见到木料的质量很好,且很便宜,于是纷纷争相购买,很快,家家户户都储存了许多造船用的板子。徐道覆则让人对购木者一一作了登记。现在,要造船了,他便传令部下按卖券到各家去征集木材,然后,亲自督促工匠日夜造船。不到十天,一百多只战船便造好了。

起义军如期举事了!卢循率军由广州北上,进攻湘中诸郡;徐道覆带领始兴义军向南康(今江西赣州西南)、豫章(今江西南昌)等郡发起进攻。一路势如破竹,接连打了几次胜仗。义军声势大振,很快发展到十万多人,舳舻一千艘,浩浩荡荡,向建康杀去。(《智囊》 郑小宁)

75. 赛跑辨贼

前秦时,符融刚担任冀州州牧不久,就碰上了一件棘手的案子。

一天,衙役把两个互相扭打着的男子和一位老婆婆带上了公堂。两个男子互相指责对方是贼,而老婆婆则在一边急得乱叫:"这怎么办啊!这怎么办啊!"

原来那天夜里老婆婆正独自在路上行走,突然斜刺里窜出一个人将她拦腰抱住,抢了她身上值钱的东西便慌慌张张跑了。老婆婆又惊又恼,站在那里连连大叫"抓贼"。一位过路人闻声赶来时,贼已经跑出很远了。这位过路人拼命往前追,拐了几个弯,好不容易才将贼子抓住。谁料那贼子却反咬一口,硬说过路人才是贼。而当时天色已黑,加上老婆婆的眼睛不好使,究竟哪个才是贼,连她自己也搞不清。

符融听后,低头沉思。

这时,在旁的师爷在他耳边低声说:"这件事很难弄清楚,况且又不是什么大不了的事情,您刚上任,判错了会败坏名声,依我看,干脆算了吧。"

符融眉毛一扬,说:"这怎么能算了呢?这件事总会水落石出的。"说完,就命人把两个男子带到面前,对他们说:你俩赛跑,谁先跑出城门的就不是贼。"

当两个男子跑回来后,苻融指着跑在后面的人说:"这下真相大白了,你就是贼!"

那人大呼冤枉。苻融说:"这是明摆着的。你抢了东西已跑出很远,但还是被追上了,说明你没他——"苻融指着另一个男子,"跑得快。如果你比他跑得快,怎么会被他追上呢?"那人听了,知道实在无法抵赖,只好承认了自己是贼。
(《晋书》 郑小宁)

76. 折箭教子

古时西北地方有个叫吐谷浑的国家,从它的创始人吐谷浑开始,传到树落干已是第六代。树落干临终,把政权让给了他弟弟阿豺。阿豺是个有魄力的酋长,在位期间,兼并了邻近几个小国,从而使吐谷浑扩大成了一个领土广阔的强国。

阿豺年老时得了重病,自知不起,就把他的弟弟和二十个儿子叫到床前,吩咐他们说:"我不行了。我一生为国家做了不少好事,同时也为自己树立了不少敌人。他们就在我们领土的四周,虎视眈眈,满怀仇恨,要夺回曾经属于他们的土地。我一死,他们肯定要发动战争,如果你们不能团结起来,祖宗的基业便要毁于一旦。"说完,他示意他的儿子们,每人从他的箭袋里取出一支箭。儿子们不知父亲的用意,愣了一下,跟着纷纷前去取箭,一一放在地下。阿豺转而对他的异父兄弟慕利延说:"你拿一支箭折断给我看。"慕利延有点迷惑地拾起其中一支箭,"咔嚓"一声,很容易地就把它折成两半。地下还摆着十九支箭。阿豺指示慕利延把十九支箭一齐拿在手里,折断它们。慕利延照着吩咐去做,尽管他费尽九牛二虎之力,但还是不能成功。阿豺叹了一口气,艰难地张开嘴,教训他的儿子们说:"你们明白了吧? 一支箭容易断,十九支箭合在一起,力量就大多了。你们二十个兄弟,如果和叔叔们团结起来,就是一股无坚不摧的力量。希望你们同心协力,保卫这个国家。"话声刚落,阿豺就死了。

这时,在场的人才恍然大悟,他们一边为亲人的死而难过,一边回味着阿豺刚才那番意味深长的话……(《资治通鉴》 吴宝祥)

77. 特殊教子法

刘义隆,小字车儿,生于京口(今江苏镇江),是南朝宋开国皇帝刘裕的第三子。初封为宜都王,兼领荆州刺史。后来,少帝刘义符被宰相徐羡之、傅亮、谢晦和大将檀道济、江州刺史王弘、中书舍人邢安泰、潘盛等人合谋废黜,刘义隆遂登

上帝位,是为文帝。

刘义隆虽然贵为皇帝,但生活比较简朴,他深深懂得"成由勤俭败由奢"的道理,因此不但自己这样做,而且对皇子们也提出了这样的要求,并经常给他们以各种考验,以使他们从中领悟到某些道理。

有一次,刘义隆要在武帐冈这个地方为衡阳王刘义季饯行,他早早就把皇子们叫到一块,叮嘱他们暂时不要吃东西,等陪自己到了会见刘义季的地方时再一块进餐。皇子们听说要陪父皇一起参加宴会,都高兴地跳了起来,一个个咽着唾液,好像眼前已经出现了满桌的美味佳肴一样。他们遵照父皇的嘱咐没有进食,留着空肚子等着到时候饱餐一顿。

刘义隆带着皇子们起程出发了。众皇子在车上你望着我,我望着你,都会心地咧嘴而笑。到了武帐岗,刘义季却还没到,刘义隆便和众皇子坐在一块等。可是左等右等,就是不见刘义季的影子。众皇子由于早上没有吃东西,大家的肚子里都饿得叽里咕噜直叫,但偷眼看看父皇,父皇却一点也不焦急,大家只好隐忍着。可是,说来也奇怪,一直等到太阳西斜,仍然不见刘义季到来。皇子们都饿得上气不接下气,脸色十分难看,心中都在暗自嘲骂衡阳王。到了这时,刘义隆才站起来,让众皇子围拢到自己身旁,对大家说:"是我让衡阳王晚到的,目的是要让你们尝尝饿的滋味。因为你们从小生活在富裕安适的环境里,看不到老百姓生活的艰辛。你们今天应该知道这世上还有饥饿和困苦了吧,以后使用东西时可要注意节俭呐!"皇子们一边听,一边连连点头,似乎懂得了许多。(《资治通鉴》 郑小宁)

78. 唱筹量沙

南北朝时,刘宋派大将檀道济领兵讨伐魏国。檀道济的军队接连打了好几个胜仗,一路势如破竹,很快便攻到了历城(今甘肃西和北)。

正当檀道济踌躇满志,准备再建新功时,一件意想不到的事情发生了:魏军派出的轻骑兵乘其不备,放火焚烧了宋军的粮草!

看到全军仅剩下将士们随身所带的一点点军粮,而作战线路太长,给养一时无法补足,再战已是不利,檀道济只好下令撤军。

魏军见到宋军撤退,起初疑其有诈,不敢出兵追赶。后来,从抓来的几个宋军的逃兵中得知了实情,于是大喜,马上派兵紧紧追击宋军。

由于粮食已尽,宋军将士斗志锐减,见到敌军追来,全军更是一片恐慌。对此情此景,檀道济心中暗暗叫苦:没想到战事会发生如此突变,弄不好真有全军

覆灭之虞啊！

幸好夜幕已经降临，敌军暂时停止了追击，在离宋军宿营的树林子不远处驻扎下来。夜深了，檀道济仍在帐篷里踱来踱去，明天两军就要发生激战，结果怎样，他不敢想象。他强迫自己冷静下来，苦苦地思索脱身的良策。慢慢地，一个主意出现在脑海里。

已是下半夜了。檀道济传令唤醒全部将士，点燃几处篝火，让士兵们用袋装着沙子运来运去，一边运，一边大声地唱报数字，足足闹腾了几个时辰。那边魏军的将士觉得莫名其妙，不知宋军在玩弄什么花招，全都竖起耳朵，睁大眼睛，警觉地防备着，不敢安睡。

到了拂晓，檀道济下令军队继续撤退。撤退前，让将士们将随身所带的米粒撒得满地都是。魏兵追来了，见到宋军的宿营地到处都是米粒，还有几小袋的米来不及运走，想起了昨夜之事，以为宋军不知从哪里又弄来了充足的粮食，加上素来忌惮檀道济，怀疑那几个逃兵是宋军故意派来投降的，担心会中了宋军的圈套。于是，他们就把那几个宋军逃兵杀掉，不再追赶檀道济的部队了。

就这样，檀道济率领部队安然脱险。（《宋书》 郑小宁）

79. 兵入长安

东晋义熙十三年（公元417），刘裕率师讨伐后秦，部将王镇恶首先率领水军沿着黄河，进入渭水，进逼秦都长安。秦军沿渭水设防，打了几场硬仗之后，王镇恶所部伤亡了好些人马。

王镇恶听人说，秦人迷信，如果借鬼神吓唬他们，也许可以成功。于是，他传令所有军卒，藏匿在船舱里面，不准露头，露头者斩，甚至连驾船的人，也都只准在暗地操作，要使岸上的人看这船是在自动行驶一样。就这样，几百艘载满晋兵的战船，静悄悄地在渭水上出现了。没有旗帜，没有人声，只有划船的声音，但完全看不到划船的人。驻守在渭水两岸的秦军看到这一神秘景象，果然吓得傻了眼，以为鬼神下凡来收拾他们了，纷纷丢盔弃甲，四面逃窜，连指挥官也镇压不了。不久，王镇恶的船队便轻易地逼近了长安附近的渭桥。他让士兵们饱餐一顿，稍事休息之后，下令登岸，迟登者斩。大部分人都上岸了，还有约四分之一的士兵未及行动。这时突然刮起大风，河面上波浪滔天，战船一艘接一艘被风吹翻，继而淹没，未登岸的士兵几乎都葬身鱼腹。前面有秦国的军队，后面已经没有退路，形势十分严峻。王镇恶集合部队，大声训话。他说："我们所有的人，老家都在江南。江南有我们的父母妻子。我们脚站的地方,是通向长安北门的路,离开我们老家有千万里之遥。我们的船,我们的粮食,都给河水冲走了。现在摆在我们面前的只有两条路。一条是活路,是勇敢向前,打败秦军,衣锦还乡;一条是死路,是困守此地,等待敌人来屠杀我们。没有其他选择了。你们说怎么办?"全军将士大声呼喊:"誓死跟随!"王镇恶摘掉头盔,高举宝剑,领头向渭桥冲去。秦兵拦截不住,败兵如山倒。王镇恶的部队则越战越勇,终于从平朔门攻入了长安,立下了平秦的第一功。(《宋书》 吴宝祥)

80. 谢瞻远见

谢瞻是谢晦的二哥。谢晦辅助宋武帝刘裕,建有大功,地位显赫。而谢瞻只是一般官吏,规行矩步,常常为弟弟的前途担忧。他曾劝告谢晦:"我们谢家向以谦退为美德,你现在位极人臣,势倾朝野,我看不像是谢家的福气。处高者危,你何不想个办法,从高处稍稍往下走?"谢晦答道:"人往高处走,水往低处流,这是天经地义的事。大丈夫一世,所求者无非财字和权字。不求财,不要权,活在世上又有什么意思呢?"谢瞻严肃地摇一摇头,说:"人于富贵之中,能不以权力的大小为念,我认为是最聪明的做法。没有权力,就不会有是非。一个君子,最大的本领是自足,明哲保身。这道理难道有错?"兄弟俩经常发生类似的争执,结局多是不欢而散。

谢瞻见弟弟屡次不听劝告,愈来愈惶恐不安。他去彭城见刘裕,请求解除他的一切职务,回复平民身份。刘裕当然不答应。后来经不起谢瞻的再三陈请,刘裕勉强把他降级,到豫章做太守。谢晦有时去看望哥哥,言谈中讲到朝廷的一些隐秘事情,谢瞻总是故意说说笑笑,岔开话题。

这一年,谢瞻得了重病,终日躺在床上,不让家人请医生。问起原因,他说:"早点死去算了,免得他日不得好死。"谢晦远道来探病,谢瞻一见,劝他马上回去:"你是国家大臣,又掌管禁兵,擅自离开京城,一定有人说你坏话哩。"事后证实,的确有人在刘裕面前搬弄是非,诬告谢晦想造反。

谢瞻的病越来越重,家人把他送回京城。为了方便谢晦探病,刘裕安排他入住晋代南郡公主丈夫羊贲的故宅(谢晦掌管禁兵,不能在外留宿)。临终,谢瞻对谢晦说:"我死后遗骨能够归葬故里,不再有什么遗憾。我只是担心你的将来。树大招风,功高人妒,望你好自为之。"

元嘉三年(公元 426),谢晦因"谋反"罪,被宋文帝处死。谢瞻生前的忧虑,终于变为事实。(《南史》 吴宝祥)

81. 巧妙补台

南朝宋时，宋文帝刘义隆派遣右将军刘彦之去收复黄河以南被北魏夺去的土地，但想不到刘彦之却惨遭败绩。在作战中兵士们丢下手中的武器铠甲纷纷溃逃，以至于连京城兵库里的武器也因此而一时短缺起来。当时正是多事之秋，战事经常不断，没有了武器就等于不战而先落了下风！宋文帝为此而感到焦虑不安，并不时向掌管武库的库部郎顾琛询问库存情况。

有一天，宋文帝在宫中大会群臣。席间，君臣对河南的军事无不感到忧心忡忡，并七嘴八舌地议论起来。说着说着，宋文帝突然扭头又向顾琛发问："兵库现在究竟还有多少库存武器？"

听到文帝这样一问，顾琛愣住了，因为昨天他才向文帝报告过兵库的库存情况，而且诉了一大通苦。再说，在这乱世之中，各国的密探无孔不入，无处不在，彼此渗透，说不准在座的人当中就有敌国的内线。而兵库的情况是国家的很高机密，不适宜在公开场合谈论，以免让敌人知晓。但是，文帝却偏偏当众向他发问，真是答也不是，不答也不是，他觉得为难极了！这时，周围一片安静，大家都在等着他的回答，文帝更是眼睛一眨也不眨地盯住他。经过沉默片刻，顾琛终于拿定了主意。只见他抬起头迎着宋文帝的目光说："启禀陛下，兵库的武器十分充足，光是新作的武器便可供十万士兵使用，如果再加上旧存武器，那就更多了。"

宋文帝刚才因群臣们议论得非常热闹，故一时失口，向顾琛问起了武器的库存情况，话刚出口，他马上便感到不妥，特别是见到从北魏投降过来的人也在座，不禁忐忑不安起来，但要转口已经来不及了，心里非常懊悔，更担心顾琛会照实回答，所以一直紧张地盯住顾琛。想不到顾琛是这样的聪明，像看穿了自己的心思，随口编了几句谎言，便把事情巧妙地掩盖过去了。

虚惊了一场之后，宋文帝不禁心情开朗起来，与大家有说有笑的，还不时褒奖顾琛几句，以作为对他刚才一席答话的感谢。（《智囊》 郑小宁）

82. 代陛下赐剑

南朝宋时，孝武帝刘骏一次高兴起来，赏赐给左卫将军谢庄一把宝剑。谢庄与豫州刺史鲁爽曾经是好朋友，鲁爽知道谢庄得了皇帝所赐之剑，便向他索要。谢庄虽然心中老大的不愿意，但又拉不下面子拒绝，想了好几天，最后还是把剑

转赠给了鲁爽。

鲁爽得到剑后非常得意,到处炫耀,就好像这把剑是皇帝赐给他的一样,惹得大家都非常羡慕。但也有人为谢庄感到愤愤不平,认为这是沽名钓誉的小人行为,让谢庄找机会戳穿他。谢庄倒显得很冷静,淡淡地说:"算了吧,大家朋友一场,他爱怎么说就怎么说吧。"

但万万想不到,没过多久,鲁爽就反叛了朝廷。鲁爽反叛后,有人向孝武帝告发谢庄,说他把皇帝所赐的宝剑送给了鲁爽,是大不敬,而且此举还有同谋反叛的嫌疑。孝武帝听了极为震怒,马上把谢庄召来质问。

当得知鲁爽谋反的消息后,谢庄感到这下可糟了!自己把皇帝的赐物转送给鲁爽本已不妥,而鲁爽偏又是谋反之人,自己岂不也被牵连进去了吗?此事真有点跳进黄河洗不清啊!该怎么解释呢?正当谢庄心神不定、坐卧不安、反复思量的时候,皇帝的诏令来了。谢庄知道已经大难临头了,只好硬着头皮进宫。一路上,他都在紧张地想着应变之策。快到宫门时,他突然灵机一动,立时有了一个主意。

孝武帝见到谢庄,强忍着怒火问:"我赐给你的宝剑保管得还好吧?"谢庄知道皇帝是明知而故问,便缓缓而答:"启禀陛下,我在与鲁爽离别时,就悄悄地代陛下行'杜邮之赐了'。""杜邮之赐"是战国时的典故:秦国大将白起,由于与宰相范雎闹矛盾,就罢兵拒绝作战,秦王非常生气,便特赐宝剑逼他自杀。因为自杀的地点在杜邮,所以后人以"杜邮之赐"来表示赐剑自杀。孝武帝本来是要对谢庄予以严惩的,但听了谢庄的这番话后,不禁转怒为喜,打消了原先的念头。后来,经过调查,证实了谢庄与鲁爽的谋反毫无瓜葛,孝武帝对他就更信任了。
(《宋书》 郑小宁)

83. 妙法治偷

南齐时,朝廷任命王敬则为吴兴太守。当时,吴兴郡小偷多如牛毛,百姓深受其害。

王敬则喜欢了解民情,到任后,还来不及视事,便一头扎进市井,做起调查来了。在郡里转了一圈后,他对当地的社会治安情况已了然于心。接着,他唤来郡里的佐官,照例海阔天空地扯了一通,然后问:"在郡里干事,最大的问题是什么?"佐官不假思索地回答道:"当然是小偷问题了!"王敬则一听,刚好和自己所掌握的情况一样。于是又问:"小偷之风为什么无法遏制呢?""难啊!"佐官长叹一声说,"这里的小偷多得数不胜数,抓不胜抓,而且他们都是些小偷小摸,判不

了大刑,今天捉了,明天还得放回去,后天他们又犯了。实在是难啊!"见佐官这样说,王敬则没有再问下去。

连续几天,王敬则都在想着治盗的事情,终于,他想出了一个好主意。他吩咐手下的人说:"以后捉到小偷,我要亲自审理!"

一天,手下的人把一个小偷捉到了他的跟前。他问也不问,就命令将小偷的家人全部召来,然后当着家人的面,把小偷狠狠地鞭打了几十杖,打得小偷直叫求饶,小偷的家人无不掩脸流泪,发出一片嘘唏之声。打完后,王敬则又命小偷的父亲跪下,训斥他教子无方,小偷的父亲和家人都害羞得无地自容,小偷见了,脸上也不知不觉露出了惭愧之色。最后,王敬则宣布,罚小偷每天按照固定时间打扫街道。

小偷做梦也想不到遭到的竟是这样的处罚,一天到晚打扫街道,既不自由,又被认识或不认识的人指指戳戳,嘲笑讥讽,丢尽了脸,多难熬,多难堪!这时,他不禁对自己的小偷行为感到羞愧和悔恨,但又不得不每天老老实实地迎着各种各样的目光,上街扫地。

过了一段时间,王敬则把小偷叫来,让他谈谈扫街的体会。又命令他举报所知道的小偷,让他们来顶替自己。那些小偷们听说了,害怕遭到跟这个小偷同样的命运,便一个个悄悄地逃走了,从此,吴兴境内一片清静。(《南齐书》郑小宁)

84. 帝中第一

齐高帝萧道成酷爱书法,书房里摆满了王羲之和王献之父子的碑帖,闲暇时总喜欢照着临摹,久而久之,一手字有了很大的长进。有时候,他将自己所写的字与王羲之和王献之的字比较,发现简直已接近"二王"的神韵了。他又将字出示给大臣们欣赏,听到了一片赏叹声。于是,他便沾沾自喜地想:我的字可以说得上是天下无双了。

有一天,萧道成将当时著名的书法家王僧虔找来,要和他比试比试书法。王僧虔是王羲之的四世族孙,书法丰厚淳朴而有气骨,功力非常深,萧道成的书法根本无法和他相比,但王僧虔又不敢推辞,只好应命。两人各自饱蘸墨水,挥毫作书。不一会儿,双双写就,彼此交换欣赏了一番。

萧道成觉得自己的书法实在写得好,便扬扬自得地发问:"怎么样,谁得第一啊?"

王僧虔看了萧道成的书法,觉得虽然有点"二王"的味道,但瑕疵不少,离"二

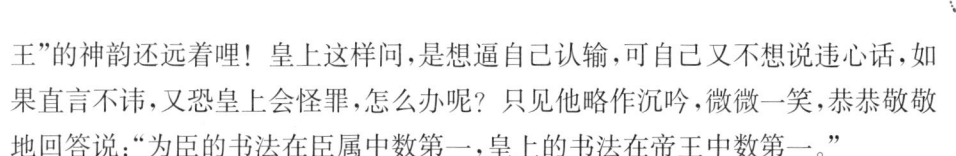

王"的神韵还远着哩!皇上这样问,是想逼自己认输,可自己又不想说违心话,如果直言不讳,又恐皇上会怪罪,怎么办呢?只见他略作沉吟,微微一笑,恭恭敬敬地回答说:"为臣的书法在臣属中数第一,皇上的书法在帝王中数第一。"

萧道成听了哈哈大笑,说:"你可真会替自己打算啊!"

后来,有人评论说:齐高帝与王僧虔比试书法,就像鸡与狐狸相斗,一点也不自量啊!(《南齐书》 郑小宁)

85. 观画祛病

南齐时,尚书吏部郎刘瑱(tiàn)的妹妹嫁给了鄱阳王。婚后,夫妇俩相亲相爱,感情日笃。后来,鄱阳王因事被齐明帝诛杀。噩耗传来,王妃悲痛欲绝,终日以泪洗面。由于思夫太切,伤心过度,以致她神情恍惚,得了痫(xián)病,卧床不起。

刘瑱为妹妹多方延医求药,但终无效果。眼看着妹妹形容憔悴,双目呆滞,病情日渐加重,刘瑱心如刀绞,焦急万分。

一天,刘瑱正端坐在家中闷闷不乐,家人进来通报说,殷蒨(qiàn)来访。刘瑱听说,赶忙到客厅与殷蒨相见。殷蒨是当时著名的画家,尤善人物肖像,他见刘瑱心事重重的样子,便问何故。刘瑱长叹一声:"还不是为了小妹的病!"接着他便把妹妹得病的来龙去脉告诉了殷蒨。殷蒨听了,十分同情,说:"我有一法,或许能治愈你妹妹的病,但不知你是否愿意一试?"刘瑱忙问何法,殷蒨便如此这般地说了一遍。刘瑱一边听,一边连连点头:"可以一试,可以一试。"

几天后,殷蒨给刘瑱送来了一幅画。刘瑱接过一看,连声说:"太像了,真是像极了,简直如真人一般。"

送走了殷蒨后,刘瑱命人将画挂在一个光线若明若暗的角落里,然后,又唤来服侍王妃的使妈,低声吩咐了一番。

过了一会,王妃在使妈的搀扶下,步履蹒跚地走了过来。这时,使妈故意努努嘴,示意王妃往角落里看。王妃无力地抬起那失神的眼睛扫了那里一眼。猛然,她呆住了,全身在战栗:天哪!那不是自己日夜思念的鄱阳王吗?可他现在竟偷偷地搂着最宠爱的一个美妾在大镜子前寻欢作乐!看他俩那丑态简直令人作呕。真不要脸啊!

王妃越看越气,对着角落连连唾了几口,双唇颤抖得说不出话来:"老……老家伙,早死早好,早死早好!"她猛地甩开使妈的手,用尽全力,歇斯底里地哭着、骂着。

经过这场感情风暴后,王妃逐渐平静了,悲伤逐渐消除了,病也渐渐地痊愈了。(《太平广记》 郑小宁)

86. 精明的县太爷

傅琰,字季珪,北地灵州(今宁夏武北)人,曾在刘宋朝廷中先后担任过诸暨(今属浙江)、武康(今浙江德清西)、山阴(今浙江绍兴)县令。在任期间,理诉讼,明断案,留下了不少佳话。

傅琰担任山阴县县令不久,便碰上了两个老妇人因为争抢一团丝而闹上了公堂。在公堂上,两位老妇人都坚持说这团丝是自己的,要求傅琰将丝判回给自己。傅琰了解到两人都是做小本生意的,其中一个卖铁,一个贩糖,于是便来了主意。只见他大喝一声:"来人,给我把鞭子拿来!"手下的人应声取来了鞭子。两位老妇人见到傅琰将鞭子握在手中,以为他要动刑逼供,双双跪拜在地,哭着哀告说自己已经年迈,禁不起刑罚,如果一定要这样才能判明是非,自己情愿不要这团丝了。侍候在一旁的手下人也觉得县令这样做太草率、太残忍了,但大家又摸不准县令的脾气,故谁也不敢上前相劝,只是用怜悯的目光看着两位老妇人。见到大家古怪的神情,傅琰不禁失声而笑。接着,神秘地向大家眨眨眼说:"等着吧!我马上就给你们判个明白!"说完,举起鞭子朝着那团丝便狠狠地打。大家被他的话和举止弄得更莫名其妙了。正在狐疑的当儿,傅琰已停止了鞭打,拿起那团丝在细细地瞧。很快,他就用手指着卖糖的老妇人说:"不要争了,这团丝不是你的!"那卖糖的老妇人还想申辩,傅琰让大家看那团丝,只见丝被鞭打后,上面沾满了铁屑。此时此刻,大家才恍然大悟,明白了县令刚才所作所为的奥秘。那位卖糖的老妇人这才无话可说,并甘愿受罚。

此事过后没几天,又有两个来自乡下的老翁为了一只鸡而争得不可开交,并一起来请傅琰给他们做主。傅琰听了两人的申诉后,随口问他们平时各用什么喂鸡。待弄清楚其中一人用粟,另一人用豆来喂鸡后,便当机立断,命人拿出刀来将鸡杀了,从鸡的肚子里发现了粟米,于是,事情也就水落石出了。

傅琰刚到山阴县后,接连判的仅是两起小案,但他那种明辨、果断的作风却给人们留下了非常深刻的印象。(《南齐书》 郑小宁)

87. 还香炉

梁武帝时,浙江东阳有位名叫傅翕(xī)的居士。他二十四岁那年,遇见一位

印度和尚,便入山中苦行七年,自称"善慧大士",人称"傅大士"。

好佛的梁武帝听说傅大士是位带发修行的奇士,便问他:"您师从什么人?"傅大士答道:"我从无所从,师无所师,事无所事。"梁武帝见他出言不俗,就设宴款待。傅大士又说,实质上的"心出家"比形式上的"身出家"更重要。梁武帝听了很高兴,诏令傅大士定居金陵钟山定林寺,该寺从此天下名僧云集。

当时,王公大臣经常去寺中举办诵经法会。在法会上,唯有傅大士站在那里默不作声。有人问他为什么,傅大士说:"说与不说,都是佛事。"因为佛法的最高旨趣是言语文字难以表达的。对于来来往往的王公大臣,傅大士从来不礼不拜。有位刘中丞问:"您为什么不拜天子,不敬大臣呢?"傅大士说:"表面上恭敬的人,心里未必恭敬;表面上不恭敬的人,心里未必不恭敬。再说,出家人可以不拜王者。"

曾有位和尚来见傅大士,说:"听说您是修利益一切众生的菩萨行的。据佛经上说,所谓菩萨行,遇到求头颅的,就给他头颅;遇到求眼睛的,就给他眼睛。国土妻儿,都不吝惜。今天,我专程来求您手中那只贵重的香炉。如果您给我,就是真菩萨。"傅大士笑了笑,说:"舍或不舍,皆非菩萨。"不料,那和尚竟强行夺走了香炉。过了十多天,那和尚又来问道:"上次夺走了您的香炉,不知意下如何呢?"傅大士若无其事地说:"凡得到的,就如原来就有的;凡失去的,就如原来就没的。唯愿您擎炉焚香,供养诸佛,增进觉悟。我愿和您交个好朋友。"那和尚听了,觉得很惭愧,就把香炉还给了傅大士。(《傅大士集》《佛祖统纪》 李明权)

88. 改诗鉴人

南朝有位少年名叫张率。张率自小聪明好学,十二岁时就会写文章,还立志学作诗。他限定自己每天必须作诗一首,如果当天因事不能完成,那么第二天一定要补上。由于好学勤练,到十六岁时,他写的诗赋已累积有两千多篇了。

为了鉴别自己的诗作水平如何,一天,张率兴致勃勃地带上诗稿到当时颇有名气的文人虞纳家登门求教。

虞纳其实是个名不副实的势利眼。他见来者是位乳臭未干的无名小辈,不屑一顾地翘了翘嘴,接过诗稿,草草扫了几眼,便唾沫横飞地说:"你这也算是诗吗?只不过是些文字拼凑罢了,简直一点诗味都没有!小伙子,你以为学诗是那么容易的吗?回去再好好练练吧!"说完,便把张率晾在一边,不再理睬他。

张率扫兴地回到家中,越想越泄气:"唉,看来我不是学写诗的料子,这几年的功夫算是白费了!"一气之下,他便将珍藏着的所有诗稿全都塞进火灶里烧掉

了。但过后,他又冷静地想:"这虞纳根本就没有认真看过我的诗稿,怎么就断定我写的诗不行呢?究竟是我的诗真的不行,还是他对我有偏见呢?对,不妨再登门试一试。"他终于想出了一个考察虞纳诗歌鉴赏水平的办法。

几天后,张率带上自己刚刚作好的几首新诗,又踏进了虞纳家的大门。虞纳望了望张率手中的诗稿,翻了翻白眼,拖长声调问:"上次不是让你回去好好练吗,怎么又来了?"

"我听了您的批评后,又去请教沈约先生。沈约先生认为你的意见入情入理,还送了我几首诗歌,让我回去揣摩学习。喏,就是这几首。"张率一边回答,一边将诗稿双手呈给虞纳。

沈约是当时极负盛名的诗人,又是朝廷重臣。虞纳听说是沈约的大作,赶紧接过诗稿便恭恭敬敬地读起来,边读边啧啧赞叹:"啊,好诗,真是好诗啊!你看看,这个字用得多么传神!这几句写得多么工整!这首诗的意境多么巧妙!大手笔,真不愧是大手笔啊!"

见到虞纳摇头晃脑的样子,张率完全明白了:他果然是个因人妄评的势利小人!于是,哈哈大笑,一字一顿地说:"实话告诉您吧,这些诗全都是在下写的!谢谢您对我诗歌的前后评价。"

虞纳一听,顿时愣住了,张大嘴巴,尴尬得半晌说不出话来。

此后,张率学诗的自信心更强了,练得更勤了。经过努力,他最终成了著名诗人。(《初潭集》 郑小宁)

89. 鸡笼山大辩论

南朝齐相竟陵王萧子良是一个虔诚的佛教信徒,他相信佛教宣扬的神不灭和因果报应说,认为人的肉体死亡以后,灵魂依然不灭。灵魂在前世是什么样的作为,今世就得投在一个什么样人的肉体之内;今世是什么样的作为,来世也得投在什么样人的肉体之内。人的命运是前世注定的,只有安分守己,来世才有幸福。当时尚书殿中郎范缜却偏偏同他唱对台戏,大讲无佛和神灭论。萧子良气得火冒三丈,决定与范缜公开辩论,让他当众出丑。

一天,萧子良在他的鸡笼山西邸召集盛会。到会的有达官贵人,有名人学者,有精通佛法的和尚,当然,极力主张无佛的范缜也在其中。宾客们到齐以后,大家围着萧子良团团坐定。萧子良故意将范缜拉到自己旁边坐下。辩论开始了。萧子良先发制人,将早已准备好的一个难题拿来质问范缜说:"你不相信佛教的因果报应,那么,当今世上为什么有的人富贵,有的人贫贱;有的人享福,有的人受苦呢？那不是前世注定吗？"

范缜面对萧子良的嚣张气焰，面对满座和尚和信佛者咄咄逼人的架势，毫不畏惧，从容答道："人生在世，就像一棵树上开放出的许多花朵，风一吹来，有的花瓣被门窗帘子带动，飘落在绣毯锦褥之上；也有的花瓣被篱笆短墙挡住，飘落在粪坑泥潭之中。殿下您就好像是落在绣毯锦褥上面的花瓣，下官我就好像是飘入粪坑泥潭里面的花瓣。本是一棵树上的花，只不过飘落的去处不同罢了。这样看来，社会上确有富贵贫贱的差别，只是所谓的'因果报应'究竟在哪里呢？"

范缜这个浅显通俗的比喻，驳得萧子良无言以对。其他到会的名人高僧，尽管七嘴八舌，夸夸其谈，也没有哪一个能够自圆其说，驳倒范缜。

西邸论战之后不久，范缜又写了一篇《神灭论》。这篇论文传出后，引起朝野一片喧哗。萧子良又一次召集许多和尚和名士与范缜辩论。范缜据理答辩，一点也不屈服。萧子良的亲信王琰挖苦范缜说："范先生呀，你提倡什么神灭论，你是完全不理会你祖先的神灵在哪里的呀！"针对王琰的讽刺、攻击，范缜针锋相对地反驳说："王先生呀，你既然知道你祖先的神灵在什么地方，为什么不赶快自杀好跟着去呢？"

萧子良看到辩论不过范缜，就派王融对他威胁利诱说："你的'神灭论'是错误的，可你还是坚持，恐怕有伤名教吧！像你这样才华出众的人，只要放弃'神灭论'，还怕做不到中书郎吗？"范缜一听，哈哈大笑地说："我范缜假如是个可以卖论取官的人，早就做大官了，岂止你说的什么中书郎呢？"(《梁书》 王福全)

90. 妙笔招降

南北朝时，梁武帝命令其弟、扬州刺史萧宏任统帅，带领大军北上，与北魏的军队决战。

大军到了洛口（今安徽淮南东北青洛河与高塘湖北入淮河之口），萧宏命令北徐州刺史昌义之率兵攻打梁城（今安徽淮南田家庵附近）。当时守城的是北魏都督淮南诸军事、平南将军陈伯之。昌义之本是一员久经沙场的虎将，在与敌作战中屡立战功，但想不到这回啃的是一块硬骨头！几番进攻，都被陈伯之击退，弄得他一筹莫展。

原来，这守城的陈伯之并非等闲之辈，他曾在南齐为官，梁武帝萧衍举兵反齐时，他积应响应，为梁的建国立了大功，并被委以重任。只是后来听信了谗言，以为梁武帝对自己猜疑，于两年前率部叛梁投魏。在北魏，他得到了重用，拥有

军权。此次与梁军作战，他十分卖力，加上熟悉梁军情况，故梁军欲要拔掉这根钉子，殊非易事。而首战失利，将大大影响士气，阻滞北伐的进程！为此，萧宏寝食不安，坐立不宁，又觉得无计可施。

这时，萧宏身边的记室参军丘迟对他说："我有一计，或许可以奏效！"萧宏望了他一眼，有点不相信：这文弱书生，从来没有参加过战争，没有多少军事知识，也在这里口出大言。哼，战争可不比写文章啊！丘迟见萧宏沉吟不答，便自管自地说："我过去在南齐任职时，曾与陈伯之有过交往，对他的情况和脾气有所了解。我想写一封信给他，说服他归顺投降！"萧宏一听，差点要笑出声来，心想：哈，果然是个十足书生气的人，就凭一封信能说服得了陈伯之归顺吗？这也未免把战争看得太简单了！但见丘迟执拗地要求一试，而暂时又没有更好的办法，也只好同意，但心中对此并不存奢望。

丘迟是当时的著名文人，见到萧宏同意自己的计策，感到十分兴奋。回到房里，他很快便写好了致陈伯之的一封信。他对自己的信充满信心，想到文人也可在战场上建功立业，心里又不禁一阵激动。

不久，陈伯之便收到了丘迟的信。接信后，他嘿嘿几声冷笑：梁军使用劝降这种老掉牙的伎俩，也未免太小看我了！但好奇心又使他忍不住将信拆开来看。

不看犹可，一看他便被信中的内容吸引住了。原来丘迟在信的开头先对他的军事才能和在萧衍发难推翻南齐政权中弃暗投明、成为一代开国功臣表示了赞扬，然后，对他因轻信流言蜚语，一时冲动叛变投敌，表示惋惜。信中恳切地劝他迷途知返，还告诉他自从他叛变后，朝廷不念旧恶，他的祖坟和旧居得到了保护，他的亲人们都生活得很好，而且都翘首企盼他的归来。丘迟还提醒陈伯之，北魏占据中原多年，恶积祸盈，内部矛盾重重，自相残杀，他今后的处境将会十分不妙。丘迟还用饱蘸热情的笔写道，现正是"暮春三月，江南草长，杂花生树，群莺乱飞"的时节，该是他这游子归来的时候了。全信没有板着脸孔劝降，而是晓之以义，动之以情，戒之以害，充满了轻轻而又热情的召唤。陈伯之一口气读完，不禁热血沸腾，感到丘迟的话句句在理，字字入心，于是怀念故乡和亲人之情油然而生。

经过深思熟虑，反复权衡，最后，陈伯之决定南归。他不顾旁人的再三劝阻，毅然率领八千人马，重新回到了南梁的怀抱，这样梁城也就不攻自破了。

一封信"攻"破了敌阵，这使萧宏不得不对丘迟刮目相看，感到书生也能办大事！而丘迟以他的生花妙笔，不但替朝廷立了大功，也在历史上留下了一段佳话。（《梁书》 郑小宁）

91. 画牛见意

陶弘景曾任过南齐的左卫殿中将军,后无心出仕,便搬到句容(今属江苏)的茅山上修道,过着采药炼丹的隐居生活。

镇守襄阳的雍州刺史萧衍是位有政治野心的人,觊觎帝位已久。公元501年,他乘南齐王室内部骨肉相残之机,与萧颖胄等攻入京城建康(今江苏南京),杀了东昏侯萧宝卷,另立和帝萧宝融。次年,又废杀和帝而自立,改国号"梁"。

萧衍发难时,曾派人去向陶弘景求教。陶弘景特地进献了图谶。称帝后,萧衍对此念念不忘,很想让这位足智多谋的隐士能出山为官,长期在自己身边效劳。于是,他特地派出使者携带自己的亲笔信,前往茅山相请。

陶弘景读了萧衍的信后,什么话也没说,转身便取出纸笔,当着使者的面画了一幅画,然后将它卷起来,交给使者,说:"请转呈皇上。"使者不解,见他字也不写一个,话也不捎一句,怕回去交不了差,便面露难色地说:"这……""这不关您的事,只要回去把画呈给皇上,皇上就会明白的。"使者只好拿起画,悻悻然下山去了。

萧衍将使者带回的画展开来一看,只见上面画的是两头牛,一头套着金灿灿的笼头,被人牵着鼻子走,后面又挨鞭子抽;另一头则毫无披挂,悠然自得地在河边草地上漫游。

萧衍看罢,笑着对左右的人说:"这人的心事我明白了!他是宁愿在山林里过着自由自在、无拘无束的生活,也不愿在官场里被人牵着鼻子走啊!他怕直接说或写出来,我会不高兴,所以便用画来传达心声。算了,既然这样,我就成全他吧!"遂打消了敦请陶弘景出山的念头。

尽管这样,萧衍在碰到要事或难事时,还是派人到茅山去请陶弘景出主意、提建议,而且经常保持书信联系。因此,人们便把陶弘景称为"山中宰相"。(《梁书》 郑小宁)

92. 奇袭王僧辩

陈霸先和王僧辩都是南北朝时期梁国的著名将军,为国家立下不少汗马功劳。后来,二人在梁主的嗣位问题上发生争执,陈霸先决定讨伐王僧辩。

当时王僧辩驻军建康。这地方面临大江,易守难攻。陈霸先自京口起兵十万,分为水陆两路,向建康进发。陆上一路,是秘密地前进;水上一路,则是大张

旗鼓，以迷惑对方。王僧辩不知是计，以为陈霸先只有水上一路人马，对于陆上的威胁便放松了警惕。部下曾经提醒他说："陈霸先老谋深算，恐怕有诈。"王僧辩不以为然地说："我与陈霸先驰骋天下多年，对他行军作战的方法了如指掌。他的全部兵马，不过十万多点。现在根据情报，它已全部用于水上作战，企图以水军优势，从水路攻陷建康。我凭长江天险，固守不动，必定使他碰壁而回。""如果他水陆齐攻呢？""不可能！"王僧辩自负地说。

做过守城部署之后，王僧辩回城去处理一批紧急公文，一直工作到天亮。正当他准备略事休息时，快马来报，陈霸先的军队已经夺取北门，正继续向内城推进。王僧辩一听，顿时目瞪口呆，连呼："不可能！不可能！"话音未落，快马又到，报称陈霸先已夺取南门。王僧辩问南门哪来的兵，回答是："不知道，只知道到处都是陈霸先的兵。"王僧辩此时不假细想，拔出佩剑，带着几十个心腹冲出府衙。只见满街上都是兵，旗帜上写着大个儿"陈"字。四面去路，都被堵住了。王僧辩拼命冲开一条血路，退上南面城楼，大呼"誓死不降"。陈霸先这时已经来到城下，下令士兵在城下放火，逼王僧辩下楼。风烈火猛，很快就烧到王僧辩的周围。他看看确实没有逃走的机会了，只好乖乖地跪下，高声请求陈霸先饶命。士兵们押着他来到陈霸先面前，陈霸先问："你知罪吗？"王僧辩答："知罪"。又问："你经历战阵不少，为何对我的偷袭全无防备？"王僧辩半天答不上话，末后苦笑了一下，说："如果我有防备，你就不是没有今天了吗？还问什么！"

陈霸先凭着他的军事才能，后来成了继梁国之后的陈国的开国皇帝。（《陈书》 吴宝祥）

93. 巧计识贼

南朝陈国时，有一个叫作麦铁杖的人。此人不但长得牛高马大，性情骠悍，力气过人，而且具有行如奔马，日走五百里，堪与《水浒传》中的神行太保戴宗相媲美的"特异功能"。

麦铁杖长期来以捕鱼打猎为生，在陈宣帝太建年间因耐不住清贫，便与一帮强盗勾结起来从事打家劫舍的勾当，成了当地赫赫有名的悍盗。后来他在行盗时被广州刺史欧阳頠（wěi）捕获了。欧阳頠为了感化他，特将他买作官奴，并推荐给陈宣帝，陈宣帝让他在自己身边专司打罗伞之职。起初，麦铁杖还想洗心革面，老老实实、认认真真地干了一阵子。然而，江山易改，本性难移，过了不久，麦铁杖的手又开始痒起来了，最终又悄悄地操起了老本行，趁着工作之余，四出活动，寻找猎物，继续为盗。为了迷惑人们，保护自己，他充分发挥自己的"特异功能",每天上班时对皇帝寸步不离,但刚一下班离开宫廷,则马上奔跑百多里,赶在天刚黑的时候来到南徐州城外,然后,从城墙上爬进城内进行偷掠。待完事后,他又星夜赶回京城。第二天早上,又像往常一样准时出现在宣帝的身边,如是者多次,搅得被劫的地方人心惶惶,官府四处追捕,但他始终安然无恙,谁也没有察觉。

然而,百密终有一疏。劣性不改的麦铁杖的行为终于被人窥出点影迹来了。一次,他抢来的东西被物主认出,告到了州里。州里又将情况报到了朝廷。朝中大臣们听说是麦铁杖的所为,开始谁也不相信。他们认为,每天上朝时都见到麦铁杖恭恭敬敬地站在皇帝的身旁打伞,从未见他离开半步,他又怎么会在夜里跑到百里以外的地方去抢劫呢?除非他有比骏马还要快的奔跑速度,但这几乎是不可能的事啊!因此,此事也就不了了之。但是,各地遭抢的消息还是不断地传来,而对麦铁杖地控告也越来越多。宣帝终于下了决心,命令有关官员限期破案。

皇帝一声令下,主办官员可犯了愁:茫茫人海,到哪里去寻找案犯啊!虽说有人举报麦铁杖,但苦无证据,不好随便定案。正当主办的官员为破案而愁眉苦脸时,尚书察政倒想出一个好主意来了。他对宣帝说:"麦铁杖有作案的前科,人们举报他是无风不起浪。现在关键是要弄清楚他究竟有没有一夜能够从京城到南徐州的本事。而要弄清这点还是好办的。"说完,他在宣帝的耳边如此这般地口语了一番。宣帝一边听,一边连连点头。

第二天傍晚,宣帝对左右的人说:"现在有封急件,需要连夜送往南徐州刺史处,谁能完成此任务,回来后赏赐黄金百两。"话刚落音,旁边闪出了麦铁杖,只听他朗声说:"小人愿意前往。"听他这样一说,宣帝就明白了几分。于是,装模作样地对他吩咐一番,麦铁杖唱了个诺,就出门去了。

第二天早晨,宣帝刚刚升朝,麦铁杖就回来复命了。宣帝话中有话地说:"回来得好快呀!""我能日行五百里,这区区路程,怎能难倒我呢?"麦铁杖得意扬扬地说。宣帝连连点头说:"哦,哦,这下我可是真的完全相信了!"说完,就将脸孔一板,喝道:"左右,给我把这该死的盗贼拿下!"麦铁杖这才如梦初醒:自己机关算尽,还是逃脱不了遭到惩罚的命运。于是,长叹一声,如一堆泥似的软倒在地。

不过,陈宣帝最终还是赏识麦铁杖的勇捷,认为这是个难得的人才,对他训斥一番后也就把他给释放了。而麦铁杖似乎也从这之中得到了教训,此后果真大彻大悟起来,不但痛改前非,而且还成了陈朝末年的一位有名的将领。(《陈书》 郑小宁》)

94. 智破慕容宝

道武帝登国十年(公元 395),后燕主慕容垂派太子慕容宝统率八万大军进攻北魏。

当时北魏虽说经过励精图治和不断扩张,已成为塞外强国,但与盘踞中原的后燕相比,力量仍较单薄。因此,当后燕大军进逼的消息传来时,魏主拓跋珪与幕僚商定了暂避锋芒、伺机突袭的计策。于是,他率部落畜产,迁至河西千里以外的地方安顿下来,同时,派出一支轻骑兵,绕道敌后,将燕国的来往使者一一俘获,使燕国前后方失去联系。而慕容垂和慕容宝对此却懵然不知。

燕军接连打了几个胜仗,又见北魏退却迁徙,以为魏军已无力抵抗,便越发神气起来。他们开到了黄河北岸,伐木造船,准备过河进击。但因不谙造船,十几天下来,才造得百余只小船,而将士们已疲惫不堪,斗志渐渐松懈了下来。

一天,一阵狂风将燕军已造好的数千只船吹到了对岸,被与燕军隔江相峙的魏军将士悉数截取,并俘虏了船上三百余人。拓跋珪得知,亲自前往探视,并给他们松绑,还故意说:"燕主已死,燕太子应该赶快回去奔丧,而不应该让你们在这里白白地受罪啊!"说罢,即将三百多人全部放回。

被俘的人回到燕营,将见闻向慕容宝叙说了一番。慕容宝听了,有点将信将疑。隔了几天,拓跋珪又让被捕的燕使者在河边大叫:"你父已死,赶快回去吧!"这下可由不得慕容宝不信了,他想到父王正因为年老有病,不能亲征,才委派自己领军;又想到自己在外作战已半年多了,对朝廷的现状一无所知,如果父王真的病故,自己能否继承王位还很难说;再看看时已十月,塞外寒气逼人,敌我双方转入了相持状态,兵士厌战情绪日浓……想来想去,慕容宝最后决定撤军。

撤军时,黄河之水尚在哗啦啦地流淌。慕容宝撤军心切,考虑到黄河水满,魏军骑兵不能渡河,也就不顾别人的建议,放松了对魏军的警戒。其实,拓跋珪见到燕军撤退,已紧急部署兵力追击堵截。十一月的一个晚上,狂风大作,气温骤降,黄河一夜之间全部结了冰。于是拓跋珪迅速引兵渡河,并选三万精骑兵昼夜兼行,追击燕军。当燕军来到参合陂(今内蒙古凉城东北)刚刚扎下营寨时,魏兵已经赶到了,而此时燕军仍蒙在鼓里。

次日,天刚放亮,在山上居高临下的魏军对燕军发动了突袭。燕军乱作一团,无法应战,以致溃不成军,四处夺路而逃。而魏军又在前面设下埋伏,结果燕军四五万人当了俘虏并全部被坑杀,所有的辎重物资被掠走,只有慕容宝在数千人的护卫下得以逃脱。

这一战,后燕的主力遭到重创;这一仗也成了拓跋珪进据中原具有决定意义的一战。次年,拓跋珪正式称帝,并亲征中原。公元397年,魏灭燕,为结束十六国以来北方长期割据局面、统一中国北部奠定了基础。(《魏书》 郑小宁)

95. 计除尔朱荣

北魏的尔朱荣是个残暴的军阀,曾在一天之内杀死朝士一千三百多人。他有做皇帝的野心,对于当时的统治者孝庄皇帝,是个严重的威胁。孝庄帝早就想除掉他了。不过,尔朱荣老奸巨猾,耳目众多,朝廷中事无大小,都有人向他通风报信。要干掉这样一个人,又谈何容易!

永安三年(公元530),尔朱荣准备入朝,他的妻子和亲朋戚友都苦苦劝他不要去,说,现在谣言满天飞,此行可能凶多吉少。尔朱荣就是不听,他觉得自己功劳大,军队多,皇帝即使有心对付自己,也不能把他尔朱荣怎样。他请算命先生卜了一卦,卦辞也吉利,于是决定了三月份入都。

孝庄帝在大殿接见尔朱荣。尔朱荣以威胁性的语调问道:"这次入京,临出发前,听人说陛下将会采取对我不利的做法,不知道这是不是事实?"孝庄帝没有想到尔朱荣会有此一问,吓了一跳,但随即镇静下来,说:"将军多心了。不是早就有人说你想谋害我吗?难道我也相信他们的话不成?"这话说得很坦白,尔朱荣放心了。以后,尔朱荣曾多次谒见孝庄帝,每次都只带随从三四十人,而且都是不拿武器的。在尔朱荣心目中,孝庄帝不过是个庸人、懦夫,绝成不了什么大事。至于孝庄帝方面,除掉尔朱荣的决心其实早已下定,只是还不敢贸然行动。他恐惧什么呢?原来尔朱荣还有一个儿子菩提和一个心腹大将元天穆,他们都拥有重兵,驻守在京城不太远的并州,要杀尔朱荣,必须同时杀掉菩提和元天穆,否则后患无穷。

孝庄帝思索再三,想出一计,让人模仿尔朱荣的笔迹,写了一封信给元天穆和菩提,意思是说有要事相商,请轻骑火速入京。元天穆收到信,也不辨真假,与菩提马上起程了。才入京城地界,两边伏兵四起,二人措手不及,束手就擒。与此同时,蒙在鼓里的尔朱荣接到孝庄帝口谕,入明光殿见驾。才入殿中,严阵以待的武士就向他包围了过来。尔朱荣明白了,但为时已晚。经过一番搏斗,尔朱荣体力不支,挣扎着向孝庄帝冲过去。孝庄帝高踞御座,平静地看着遍身鲜血的尔朱荣,从身边拔出宝剑,用力地刺向他的心脏……(《魏书》 吴宝祥)

96. 平定穆泰之乱

北魏穆泰有大功劳。因为不满朝廷迁都的决定,和另外一些人兴兵作乱。他

们一致推举皇族元颐为盟主。元颐心中不愿，但又不敢公开拒绝，便在表面上答应了下来，暗中派快马向朝廷通风报信。朝廷得知这个消息，派遣另一名皇族元澄为讨叛将军，率兵平定叛党。

当时，穆泰他们拥有几个州郡的土地，又拥有精锐的部队，声势浩大，元澄不敢贸然行事。他把部队安顿下来之后，派出一个叫李焕的侍御史，装作奉了朝旨去代郡上任，以替回原来的代郡首长。代郡是叛党的老巢，穆泰和其他重要的谋叛分子首领都集中在这里。由于地方官的替换一向十分频繁，所以穆泰对于李焕的到来开始并不怀疑，再说时机并未成熟，他也不想过早挑起事端，暴露自己。岂料李焕一入代郡，便马上行动起来，暗中对叛党的重要人物实行二十四小时监视，同时四处张贴告示，传达皇帝的命令，大意是说主谋者必究，胁从者无罪，只要幡然改悔，就可以转祸为福，诸如此类。

告示一出，很快产生了效果。穆泰叛党人心涣散，逃走的逃走，躲藏的躲藏，有些甚至朝穆泰倒戈相向。穆泰万万没有料到元澄会有这么一招，一时间竟乱了分寸，不知如何应付才好。末了仔细一想，觉得这回凶多吉少，与其束手待毙，不如拼死一战。于是集合死党，向李焕反扑，双方遂展开了激烈的战斗。胜负未分，而元澄的大军已陆续进城，和李焕配合，左攻右击。穆泰抵敌不住，单人匹马出城逃窜。走不多远，马失前蹄，一头栽到地上，被元澄的军士生擒。

捷报送抵京城，皇帝下令处死了穆泰。（《魏书》 吴宝祥）

97. 刀鞘辨奸

西魏时，在汝南上蔡（今属河南），有人在郊外发现了一具血肉模糊的尸体，仔细辨认，原来是附近一个叫董毛奴的人被人用刀捅死了。

董毛奴的哥哥听说自己的弟弟被人害死了，非常悲痛，趴在董毛奴的身上放声大哭。他边哭边说，自己的弟弟为人非常老实，从不懂得跟人结仇，最近还经人说媒，相中了邻县的一个姑娘，两天前特地带着五千文钱到姑娘家送礼，想不到竟死在半路。周围的人听了，都非常同情他，并扶着他到官府里报了案。

过了两天，有人到官府里报告说，两天前曾发现董毛奴与一个名叫张堤的人走在一起。县令听了，马上命人将张堤抓来。谁知，张堤却坚决不承认是自己杀死了董毛奴，说只是两天前在路上碰见过董毛奴，跟他搭讪了几句就分手了，根本就不知道董毛奴是怎样死的。就在这时，有个衙役拿着一大串钱走了进来，在县令的耳旁悄悄地嘀咕了几句。县令一听，将惊堂木狠狠一拍，高声说："好大胆的奴才，明明是你杀了董毛奴，现在在你家里搜出了整整五千文钱，你还想在这里抵赖！"张堤一边叩头，一边结结巴巴地说："大人，我，我真的没有杀过人，我委实冤枉啊！"县令更气了，说："看来你是不想招了，来人，给我重打四十大板！"张堤到底不经打，挨了几大板后，便乖乖地承认是自己一时贪财心起，趁董毛奴不注意时用小刀将他捅死了。县令见张堤已经招供，便将他打入死牢，并报州府审核。

当时司马悦担任镇远将军、豫州（今河南汝南）刺史，他接到县里送上来的报告后，感到疑点不少。因为既然张堤承认杀了董毛奴，那他为什么不将凶器交出来呢？因为这才是最重要的物证啊！他越想越感到事有蹊跷，于是，便传召董毛奴的哥哥，问他当时在现场发现了什么。董毛奴的哥哥想了想，说："回大人，我在现场捡到了一把刀鞘，后来见到张堤已认了罪，故没有上交。"司马悦听他这么一说，便让他赶紧拿来看一看。董毛奴的哥哥很快就把那把刀鞘拿来了。司马悦见到这是把漂亮的刀鞘，接过来仔仔细细地看了一遍，然后吩咐将州县所有的刀匠找来，让大家辨认刀鞘。其中一个刀匠一看，马上说："这不是我亲手做的吗？但去年已经卖给了邻居董及祖。"

司马悦立即派人将董及祖带到衙门来。董及祖进来看到那把刀鞘，还没等司马悦发问，便已软瘫在地，供认了他杀死董毛奴、抢走五千文钱的经过。司马悦派人到董及祖家里搜到了那把刀，刚好与刀鞘相吻合。同时，又发现董及祖的身上还穿着董毛奴的黑色短衣。

真相一切大白，张堤无罪释放，五千文钱也退还给他。而董及祖则被收入死牢，等待他的将是法律的严正判决。（《魏书》 郑小宁）

98. 智答齐使

南朝齐时，齐主萧赜(zé)派遣使者刘缵出使魏国。魏国负责接待工作的是主客令（官名）李安世。李安世是个美貌且很有风度的年轻人，非常聪明，娴于辞令。他在驿馆门口彬彬有礼地迎接刘缵。刘缵眼见这位美男子，不禁大起感慨，在他副手的耳边低声说："人们常说，一个国家如果没有君子，这个国家就无法生存。这真是至理名言！魏国所以不倒，大概就是因为它君子不少，像站在台阶上的那一位。"副手连连点头。

入到驿馆，双方寒暄已毕，刘缵想起一事，想问问李安世。"典客大人"四字刚刚出口，就给李安世打断了话头："在下官衔是主客令，不是典客。古今称谓各有不同，像我们这等接待异国客人的人，周朝时称为掌客，秦始皇时称为典客。阁下现在称呼我为典客，是把我们国主误以为秦始皇了，未免有点不妥吧？"刘缵

连称"失礼"。李安世接着说:"周朝有文王,有武王,都是圣贤之君,想来阁下心目中没有他们的地位,所以一张口就吐出秦国的东西,可对?哈哈。"刘缵被他说得脸上热辣辣的,怪不好受。

魏国有个习惯,凡江南国家的使者来此,朝廷必定把国库中的部分奇珍异宝拿到市场上拍卖,任外国使者购买,数量不限。依照这个惯例,李安世这回也带着刘缵等人来到指定的市场。但见市上各种货物五光十色,令人眼花缭乱。刘缵走进一间金玉店,问起价钱,老板的回答使他诧异极了。他转而李安世说:"贵国的金玉比敝国的铁还要便宜,是否贵国的宝物都天然地产于地下,就类似于在泥土上生的野草、长的树木?"李安世笑一笑、随口答道:"本朝并不认为金银玉石是什么名贵的东西,他们的地位就和烂铜破铁一样,毫不值钱。这是因为我们皇上德性超远,既孝敬祖宗,又爱护百姓。这种美德当然也就影响到国家的山山水水,所以敝国每一座山,每一条河,都堆金积玉。因而遍地宝藏,对贵国来说是贵重的东西,对敝国来说就贱而又贱了。"刘缵听完这番宏论,又半晌说不出话来。

这次他出使魏国,原本想公私兼顾,办完公事,顺便买一批廉价的宝货回国,经李安世这么一说,哪里还敢存此妄想。为什么呢?原因很简单:如果他购买大批魏国的东西,不是等于承认了齐国的皇帝没有美德,所以山川不产金玉,以至于如此一穷二白了吗?(《魏书》 吴宝祥)

99. 智破抢绢案

杨津,北魏人,字罗汉,以气度见称,十一岁即被封为侍御中散。当时孝文帝尚幼,由冯太后临朝执政,杨津入侍左右。有一次,杨津因身体不适突然大咳起来,并吐出了血。在匆忙之中找不到吐的地方,又不想惊动太后,于是,他急中生智,用自己的衣袖接住,然后再若无其事地回到太后的身边。冯太后听到声音,但却不见地上有什么秽物,觉得好生奇怪,便问杨津是怎么回事。杨津见不好隐瞒,只好照实讲了。太后听后,十分感慨地说:"你真是谨慎而又善解人意啊!"并当即赐给了他许多缣。后来,又把他升为符玺郎中,不久又迁为岐州(治所在今陕西凤翔义坞堡)刺史。

杨津在岐州任刺史时,一天,有个人携带着三十匹绢进城,在离城十里路的地方被强盗抢走了。这个人想到自己做生意的货物被一下子抢光了,不禁顿足捶胸,大哭起来。恰在这时,远处飞来一骑,马上的人见到他那凄切的样子,便勒住马头,关切地询问究竟发生了什么事。被抢劫的人一五一十地把情况告诉了骑马人。这骑马人是官府的使者,正有急事要赶到城里去,于是,便对被抢劫的

人安慰了几句,指点他可到官府去报案,然后,向马抽了一鞭,告辞而去。

到了官府,使者办完了公事,正要离开返回时,突然想起路上见到的情景,便向杨津复述了一遍。杨津听了,十分生气,一拍桌子,大声说:"大白天竟敢在我的地盘抢劫,这还得了!此事一定要查个水落石出!"正好这时,被抢的人报案来了。杨津把他叫到跟前,亲自进行了解,对事情发生的时间、地点、抢劫人的样貌、年纪、所穿衣服的式样和颜色、所骑马的特征等问得十分详细。问完后,他稍作沉吟,便吩咐立即贴出告示,称:"有个穿某种颜色衣服、骑某种颜色马的青年人,在东门外十里的地方被人杀死了,但不知道此人的姓名情况,如有知情者,请到官府来协助破案。如若是他的家属,请即前往认取收葬。"见到刺史贴出这样内容的告示,使者及州衙的官员、差役们都百思不得其解,纷纷询问杨津:"这样说,行吗?"杨津神秘地笑了笑,说:"试试看吧!"

告示贴出不久,马上便有人来报:见到一位老妇人正哭哭啼啼地赶到出事地点收尸,说这死者是他的儿子。杨津于是便让人把老妇人带来,亲自进行审问。果然,那作案人就是她的儿子,案子就这么给破了。(《北史》 郑小宁)

100. 巧断拐骗案

北魏世宗宣武帝时,有一个能谋善断的官吏,名叫李崇。

李崇在任扬州刺史时,寿春县有个叫苟泰的人来到衙门,报称几年前三岁的儿子突然失踪,经多方寻找仍不知下落。最近发现,孩子竟在同县人赵奉伯家里,于是便前去认领。谁料赵奉伯却一口咬定这是自己儿子。两家人为此争得不可开交,又各有邻里做证,郡县也无从判处,故特请李大人明断。

过了一天,那位叫赵奉伯的也来到了衙门,击鼓鸣冤,说:"咱一家人生活得好端端的,却突然冒出个叫什么苟泰的人,硬说我拐骗了他的儿子,三番五次地上门吵闹,弄得家里及邻里都不得安宁,真是岂有此理!特恳请大人为我做主。"

李崇听后,说:"这个案子我接了。"他命人将苟泰、赵奉伯和孩子都分开,彼此不得接近来往,也不得互通讯息;又严令手下人不许向他们传递半点信息,违者将严究。

过了一段时间,李崇派人分头对苟泰和赵奉伯说:"孩子突然得了急病,已于昨天死去,这案子官府不必再判了,你们不得见面的禁令也解除了,可以去收尸啦!"来人说完,便注意地观察两人的表情。苟泰听说孩子死了,怔了半晌,发疯似地号啕大哭,顿足捶胸,悲痛欲绝。赵奉伯也很悲伤,不断叹息,还挤出了几滴眼泪,但表情总是不自然,一看便知是故意装出来的。

李崇得知情况后,便说:"此案可以破了。"马上升堂,命将两人带上,把孩子判还给了苟泰,并判了赵奉伯拐骗幼童罪。赵奉伯自知再也无法硬撑下去了,只好老老实实地作了交代。原来几年前赵奉伯的儿子死了,便委托他人拐骗了苟泰的儿子作为自己的儿子,本以为事隔这么多年,此事又做得神不知鬼不觉,可谓天衣无缝,该不会有什么事发生,但想不到这案子还是让李崇破了。(《魏书》 郑小宁)

101. 诱擒骗马贼

高谦之,字道让,北魏尚书三公郎高崇的儿子。高谦之年少时以孝闻名,长大后闭门读书,涉猎很广,从官则颇有政声。

孝昌年间,高谦之代理河阴令。当时,县上设有马市,马匹交易非常活跃,成了当地的一大风景线。但是,有一次,有几个人在集市里相中了一匹良马,装了一布袋瓦砾诈称银两,把这匹良马给换走了。等卖马的人发觉上当后,这些人已经不见了踪影。

朝廷知道了这件事,觉得败坏了集市的声誉,下诏严令追查,并限期破案。高谦之接到诏令后,感到时间紧迫,不能按常规来办案,于是,便"逼"出了一个别出心裁的破案之法来。

第二天,高谦之命令手下几名差役将一名囚徒戴上枷锁,押到马市去亮相示众。几个人站在大家都看得见的高处,然后其中一位差役大声吃喝道:"各位注意了!现在我们押上来的是一位骗马贼。这个贼前天还在这里用瓦砾充当银两,骗走了人家的一匹良种马。我们今天将他押来,就是要让大家看看他的丑恶的模样,防止以后再上当受骗。这个骗马贼很快就要被正法,我们警告那些跟他一样做坏事的人,你们必须趁早悬崖勒马,否则,只会得到法律的严正制裁!"说完,又让"骗马贼"向大家讲述自己骗马的经过。

正当几个人在集市上卖力地表演时,高谦之又另外派出了许多侦探,让他们混在人群中,观察人们的反应,听大家在议论什么。这一天集市里人很多,大家一边看,一边议论。侦探们敏锐地发现,有几个蛇头鼠脑的人正鬼鬼祟祟地躲在一个角落里悄悄地议论着什么,说着说着,还不断地向四周张望,好像害怕被别人听到似的。于是,派一人暗地里潜过去。只听到这些人还在压低声交谈,一个说:"真奇怪,这个骗子我们不认得,不知道是哪一伙的。"一个说:"这家伙也像我们一样用瓦砾充当银两来换马,还算他聪明。"又有一个说:"聪什么明!要聪明就不会被抓住了。"一个好像是当头的说:"哼,不管他是谁,也不管他聪明还是不聪明,反正这个人现在已当了我们的替死鬼,我们可以高枕无忧了。不过,往后大家还是小心点为好。"他们的这些话,被侦探听了个真切,于是,当场围拢上去,将他们悉数捉获归案。

高谦之知道自己的计策奏效了,非常高兴,连夜提审这伙贼人。原来,这是一个盗窃诈骗团伙,他们在作案时彼此掩护,互相配合,一向都干得很"顺",但想不到最后还是栽在高谦之这个代理河阴令手上。高谦之趁热打铁,顺藤摸瓜,派人押着这帮贼人,将他们所盗、骗的一大批赃物全部起了出来,然后通知失窃的人前来认领。那个被用瓦砾骗走良马的人,也终于欢欢喜喜地与自己心爱的马重逢了。

高谦之将破案的经过向朝廷作了汇报。朝廷知道后很高兴,传令通报嘉奖他,还授予他宁远将军的职务,并升他为正河阴令。(《北史》 郑小宁)

102. 拳殴贺拔允

北魏时,魏主昏庸,社会动乱,拥有军队的将领,往往怀抱野心,期望有朝一日把皇帝赶下台来,自己取而代之。其中有一人名叫高欢,祖先本是汉人,因世代居于鲜卑族地界,风俗习惯已与鲜卑族人无异,所以习惯上也把他当成是鲜卑人。

高欢年轻曾做函使(一种军中职务),常有机会到当时的首都洛阳去,看到北魏统治者的腐败,知道北魏大势已去,由此生出要做一番事业的念头。后来,他去投靠尔朱荣。尔朱荣是当时一个很有势力的军阀,他曾问左右:"如果我死了,谁人可以代我统率军队?"左右的人说他弟弟尔朱兆可以代他。尔朱荣表示不同意,说:"弟弟不行,他顶多只能指挥三千人马。能完全代替我的只有一个人,就是贺六浑(高欢的小名)。"他告诫他弟弟说:"你这个人远不是贺六浑的对手,你要小心。"其后不久,尔朱荣被皇帝所杀,军权落到尔朱兆手中。他要统军进攻洛阳,替他哥哥报仇。高欢这时候留守后方,不同意这样做,二人之间产生了裂痕。这时有一支外族部队向尔朱兆逼近。尔朱兆派人向高欢讨救兵,高欢故意逗留不前,结果尔朱兆吃了败仗。高欢认准机会,再联合尔朱兆,反过来把这支外族军队狠狠教训了一顿。尔朱兆十分感激高欢,二人设下香火,结为兄弟,声言不求同生,只求同死。但高欢的内心,其实是只想早日脱离尔朱兆,哪里有什么心思跟他称兄道弟。

碰巧,并州、肆州一带,有乱军闹事,尔朱兆虽然下令无情镇压,杀死不少人,但形势依然令人担心。一天,他就此事向高讨教。高欢说:"这些作乱的军队身

经百战,十分凶残,杀是杀不完的,不如派一个信得过的人去拉拢关系,把他们的头目争取过来。以后,有人敢作乱,就让头目去处罚那些人,杀一儆百,可以避免大动干戈。你看如何?"尔朱兆点头:"主意是不错,但不知派谁好?"高欢有一个宠信的部下,叫贺拔允,一听尔朱兆发问,迫不及待地大声回答说:"我看最适合的人选是高欢。"高欢心中一震,思忖道:"这糟货把我的心事揭穿了。"说时迟,那时快,高欢挥动右手,朝贺拔允脸颊上狠狠打了一拳,当场击落他两颗牙齿,痛得他哇哇大叫。高欢不管他痛不痛,放开喉咙就骂:"从前尔朱荣将军在时,你像一只狗似的服服帖帖,现在尔朱兆将军也就是你的主人了,你却这样放肆。什么时候轮到你说话?看我宰了你!"说着,高欢拔剑而起。尔朱兆连忙劝住,心想:这高欢对我果然忠心。从前哥哥说的话,有点过分了。他当场决定让高欢做他的全权代表,去招抚那些无主军队。高欢接受了命令,立刻下令属下的部队开拔,因为他知道尔朱兆喝醉了酒,醒后一定会改变主意,于他不利。他借招抚的机会,争取到了一部分原先并不属于自己的军队,并且在阳谷川建立了根据地,为他日后的帝业打下了基础。

至于贺拔允,挨了高欢一拳,当时莫名其妙,有点怨气,但事后证明,高欢这一拳,打得是很高明的。(《北史》 吴宝祥)

103. 学长寿

北魏高僧昙鸾法师是山西雁门人,家近佛教圣地五台山,从小受到感化,于是出家。他发愤读经,感到《大集经》太深奥,难以理解,便着手注解。写了一半,昙鸾忽然得了气疾,只好停笔求医。他感叹地说:"生命短促无常,我应该先学好健身长寿之术,然后再去弘扬佛法。"

昙鸾得知隐居茅山的陶弘景精通方术,被称誉为"山中宰相",便克服种种艰难,前往江南。陶弘景早就仰慕昙鸾的高名,在茅山热情接待他,并送他十卷仙经。昙鸾很高兴地捧着书,返回北魏,打算入山修炼长寿之术。

昙鸾途经洛阳时,遇见高僧菩提流支,便问:"佛法中是不是有长生不死之术,能胜过仙经呢?"菩提流支望了望他手中的仙经,啐了口唾沫,说:"即使修得长生,也难免一死,不出生死轮回呀!"并取出《观无量寿经》授给他:"这才是真正的'大仙方',遵照修行,可以解脱生死烦恼。"昙鸾伏拜顶受,并且烧掉了陶弘景赠送的十卷仙经。此后,昙鸾大力弘扬净土宗,深受广大信徒的拥护。北魏国主也很敬重他,称他为"神鸾"。

昙鸾久病成良医。他善于分析病症,调心练气,名满京城。他所著的《调气论》《疗百病杂丸方》等,在中国医学史上有一席之地。昙鸾晚年住在汾州玄中寺。一天晚上,他正在诵经,一位梵僧来访,对他说:"您专修净土,故来相见。"昙鸾见他神态轩昂,谦逊地问:"大师有什么教诲吗?"梵僧随即念了一首偈语:"已去不可及,未来未可追,现在今何在,白驹难与回。"说完,作礼便辞。昙鸾当即唤来弟子,一起念佛。过了不久,大家发现面西端坐的昙鸾已经"坐化"了。(《续高僧传》《佛祖统纪》 李明权)

104. 拷羊皮

北魏时,有个叫李惠的担任了雍州刺史。

一天,当地一个背盐的人和另一个背柴的人走累了,同时放下担子在树荫底下休息。动身走时,两人争夺起一张羊皮,都说是自己垫背用的东西。

官司打到州衙门,两人争得面红耳赤,可谁也不能证明羊皮是自己的。州里的属吏也拿他们没办法。这时李惠走过来,叫当事人先出去。李惠望着属吏们道:"你们说,要是我拷问这张羊皮,它能告诉我谁是它的主人吗?"属吏们你看看我,我瞧瞧你,谁也不明白李惠是什么意思。

于是李惠叫人把这张羊皮铺在席子上,然后自己举起一根荆条,一边"啪啪"地抽打羊皮,一边问:"你招供不招供?"属吏们都忍不住暗自发笑。李惠抽打了几下,忽然说:"我找到羊皮的主人了。"众人凑上来仔细一瞧,席子上出现了一些盐屑,这才恍然大悟。

李惠叫那两个当事人也进来看,那个背柴的人一看,无话可说,只好向李惠磕头认罪。(《折狱龟鉴》 程维荣)

105. 易帜迷敌

南北朝时,东魏丞相高欢与西魏丞相宇文泰所带的军队在洛阳展开了激战,战斗一直相持不下。

一天,一位自称綦(qí)母怀文的道士来到高欢的帐中求见,送给了高欢一把无比锋利、名叫宿铁刀的自制宝刀。高欢十分高兴,从交谈中又得知这道士是一位很有本领的人,于是便将他留下担任随军参谋。

黄昏时分,高欢带着綦母怀文去观看敌阵。綦母怀文看到敌我双方的军旗颜色一红一黑,便心生一计,对高欢耳语了几句。高欢听了,觉得很有道理,当即传令将全军的旗帜一律改换为黄色。

第二天，宇文泰朝东魏的阵地一看，咦！真奇怪，怎么敌军的旗帜一夜之间换了颜色？他狐疑满腹，越想越觉其中有诈，怕拖下去对己不利，于是，决定提前发动进攻。

高欢侦得宇文泰要进攻的消息，高兴地说："好啊！让他来吧！我早已严阵以待，定杀他个片甲不留！"接着，他对部下如此这般地作了一番布置。

宇文泰率领军队向东魏的营垒冲杀过来，但想不到东魏将领彭乐已带着数千骑兵从右翼向他实施突袭。由于措手不及，西魏军一下子乱了套，抵挡不住，只好掉头往回跑。高欢指挥东魏军乘机掩杀过去，一下子便毙敌六万多人。

这一仗，西魏军元气大伤，宇文泰只好退兵。战后，高欢跷起大拇指对綦母怀文说："正是你的易帜之术迷惑了敌人，才取得了这场战斗的胜利，应该给你记头功啊！"（《北齐书》 郑小宁）

106. 菜叶书字

高浟(yóu)在定州任职时，有一次接待了一位前来告状的老太太。

这位老太太姓王，是一位寡妇，长期以来靠起早摸黑种着三亩菜地度日。最近，正是蔬菜长势最好的收获时节，但谁知却天降霹雳，菜地接二连三遭盗！眼看自己辛辛苦苦种下的菜不明不白地被人偷走了一批又一批，每天都在减少，想着今后的生活不知道该怎么办，老太太不由得哭了。正当她感到束手无策、六神无主时，有位好心的人给她出了个主意：找刺史高浟投诉去！

看着白发苍苍、满脸皱纹、声泪俱下的王老太太，高浟不禁愤怒了！他想：这盗菜贼真可恶，竟然连孤寡老人也敢欺负，太没心肝了！一定要将这家伙缉拿归案！否则，怎么能对得起治下的父老乡亲呢？又哪里还有脸被人称作父母官呢！

于是，他亲自带领衙门官役一行多人，来到王老太太的菜地上勘察。只见菜地上的菜长得绿油油的，煞是逗人喜爱，老太太为此付出了多少心血可想而知。但展现在大家眼前的菜已所剩无几了，成片成片的菜被连根拔掉。心疼啊！凡是有良心的人见此情景都会感到心疼！高浟痛心疾首地对随从人员说："当官不为民做主，还要我们头上这顶乌纱帽干什么?！这个案子一定要当作大案来破！"随从人员也都义愤填膺地表示赞成。当中有人说："如何才能捉到盗贼，看来还得好好筹划筹划才成。"高浟接过话茬说："这好办，再过两天这家伙就会归案了。"说完，吩咐大家不要把今天的事泄露出去，务必要严守秘密。

回到衙门后，高浟命令手下的人再次赶往菜地，趁无人的时候在长得最好的菜的叶子隐蔽处用笔写下字作为记号。到了第二天，他又派人到菜场上转，终于

查找出一个鬼鬼祟祟的人在卖叶子上有字的菜,于是便上前盘问这菜是从哪里来的。那人翻了翻白眼很干脆地回答说:"是我自己种的!"官府的人又指着菜叶上的字问:"那这到底是怎么回事?"那人愣了,支支吾吾了半天也解释不清楚。早已成竹在胸的官府的人说:"算了吧,你这偷菜贼,还不快跟我们走!"将那人带回府里一审问,果然就是偷菜贼。

老太太知道案件破了,特地跑到官府里来道谢,说:"高刺史真心实意地替我们老百姓办事,真是青天大老爷啊!"(《北史》 郑小宁)

107. 巧抓盗鞋人

高湝(jiē)是北齐丞相高欢的第十个儿子,北齐后主天统三年(公元567)被拜为太保,出任并州(今山西太原西南)刺史。任内,曾碰到并处理了这样一件事情。

并州城池晋阳外有一条自北向南的河流叫汾河,每到夏天,常有许多当地的小孩子跳进河里嬉戏,而当地的妇女更是把它作为浆洗衣服的好地方。有一天,一位住在河边的中年妇女照例又来到汾河洗衣,并随手把一双新纳的鞋子放在岸上。可是,当她洗完衣服上岸一看,顿时傻了眼:那双新鞋子不见了,只有一对又脏又破的旧鞋子静静地躺在那里。

这个妇人把那双旧鞋子带回家,并向左右邻居诉说了这件事。邻居们都劝他赶快向官府报告。这妇人说:"算了,官府过去连很多大案都还没破,又怎么会为这点芝麻绿豆般的小事去操心呢?我自认倒霉,重新纳一双就是了。"有一个"见多识广"的邻居提醒说:"现在不同以往啦,听说最近换了一个新刺史,不但什么案子都接,而且无论什么样的案子,只要一经他的手,很快就给破了,可了不得哩!"

架不住邻居的好心劝说,丢鞋子的妇人抱着试试看的心理来到官府报了案。她做梦也没想到,官府不但接了这个案子,而且直接办案的竟然还是堂堂新刺史高湝!

高湝命人将丢鞋子的妇人请来,向她详详细细地了解事情发生前后的情况。问:"在你洗衣服的时候有没有人经过啊?"妇人开始说好像没有。高湝说:"肯定有人经过,要不然的话,你的鞋子怎么会不见了,又怎么会有另一双旧鞋子在那里呢?你再想想。"那个妇人对当时的情景再回忆了一遍,说:"对了,在我洗衣服时隐隐约约听到有马蹄的声音。但我当时忙着洗衣,没有抬头看。"

于是,高湝下令将所有住在城中的妇女全部召集起来,对她们说:"昨天有一个人骑马经过汾河的时候被人给杀了,只遗下一双鞋子。请大家辨认一下,这双

鞋子是否是自己亲人的,好协助官府破案。"

众妇女听了,马上紧张地传看那双旧鞋子。当鞋子传到一个老妇人手中时,她不禁痛哭起来,说:"这双鞋子是我儿子的呀!你们看,这还是我给他纳的哩!昨天他告诉我说要到岳父家,但到现在还没回来,我心里就一直在打鼓,想该不会出了什么事吧?谁想到果然被我猜对了。好苦命的儿呀!"这老妇人一边说,一边老泪纵横。高湝见状,劝说道:"别伤心了,老人家,我保证还你一个儿子。"说完,便吩咐左右的人前往逮捕老妇人的儿子。

当老妇人的儿子被从岳父家押回来后,大家一看,他脚上穿的正是洗衣妇丢失的那双鞋子。老妇人这才发现上了高刺史的当,是自己亲口揭发了亲儿子的罪行。(《北史》 郑小宁)

108. 悬瓜拒礼

苏琼是北齐时期的一名清官,曾被朝廷任命为清河太守。

苏琼上任不久,地方上登门给这位父母官送礼的人便络绎不绝,但都被他一一拒绝了。

一天,有位八十多岁的老人来到苏府求见。这老人名叫赵颖,早年曾当过乐陵太守,后因年老离任,赋闲在家,听说来了个新任太守,特地上门拜会。苏琼热情而恭敬地接待了他,两人谈得很投契。老人家十分高兴,临走时,把带来的两个瓜送给苏琼,说是自己亲手种的,给新太守尝尝新。苏琼不肯接受,老人家苦苦恳求,甚至有点生气了,说:"你非收不可,否则我就不走!"看到老人家一片诚意,而且又是个前辈,苏琼实在拗不过,只好将瓜收了下来。

苏琼收下的虽然只是两个瓜,但不知为什么事情竟一下子传开了。有的人心想:哼!原以为你苏琼真的那么清廉,什么礼也不收,看,这不是收下了两个瓜吗?有了这次就会有下一次,有了一次就会有一百次,看你怎么对付吧!有的人做好了看热闹的准备,更多的人又拿着各种各样的礼物往苏琼府上送。

当送礼的人们来到苏琼府上时,他们一个个都傻了眼:咦?怎么在正门的门梁上悬挂着两个新瓜?

原来,苏琼虽然收下了瓜,但没有尝。他深知开了这个头,往后就无法收拾了。怎么办呢?他灵机一动,想出了一个办法。

送礼的人看到门梁上悬挂着的瓜,什么都明白了,都不声不响地拿着礼物往回走。大家打心眼里服了这位新太守。

从此,再也没有人给新太守送礼了。(《北史》 郑小宁)

109. 判牛

于仲文,字次武,自小聪颖机敏,勤于学习,他的父亲常常为此而感到骄傲,在人们面前总是毫不掩饰地说:"我这个儿子长大以后一定会光宗耀祖!"

于仲文长大后,果然不负父亲的厚望,在北周任安固太守期间,曾接手并解决了不少悬而未决的"疑难杂症",被人誉为"神判"。

他刚到任不久,有一件棘手的案件摆在了面前:当地有姓任、姓杜的两家人都说丢了牛,一起到官府里报了案。而过了两天,有人在路上见到一条无主之牛,怪可怜的,就把它牵回来交给了官府,官府特地贴出告示,通知失主前来认领。任、杜两家的人见了牛后,都一口咬定这正是自己家丢失的,并为此而争执不下。由于双方都言之凿凿,所以官府中负责处理此事的人感到束手无策,久久不能决断。在无可奈何之中,他们只好报给了于仲文来判。

于仲文听了案情介绍后,略一思索,说:"这件事不难解决。"原先处理这件事的人虽然早就听说过于太守的大名,也知道他以善断而著称,但见他在那么短的时间内似乎已经成竹在胸,还是有点不大相信,便好奇地站在一边看他究竟是如何办案的。

只见于仲文将手下的一个人唤来,在他耳边悄悄地嘀咕了几句,那人点头领命而去。然后,于仲文升堂,吩咐传两位报失人前来问话。任、杜两家的人来后,他分别向他们问话,对他们各自丢失的牛的特征、习性、丢失的时间等都问得非常仔细。问完后,又命令手下将拾到的牛拉上堂来。任、杜两家的人见到牛都非常高兴,争着说这是自己的牛。于仲文说:"牛只有一条,不是任家的就是杜家的,不可能同时是两家的。烦请你们再仔细看看。"原来,他事先已经吩咐手下的人故意把牛弄伤一处,要借此看看两家的人有什么反应。杜家的人装模作样地围着牛转了一圈后,马上就大声称说:"没错,这就是我所丢失的牛,请官府做主,赶快将牛判还给我!"而任家的人却一边爱惜地抚摸着牛,一边仔仔细细地左看右看,当看到牛的伤处时,不禁紧皱眉头,心疼得眼泪都快要掉下来了。在一旁观察的于仲文把这一切全部都摄进了自己的眼里,心中对如何断案已经有了几分把握。

为了更准确地判决,于仲文又不动声色地让任、杜两家将自己的牛群全部赶到一个空旷的场地上,然后各自分开。接着,他吩咐把拾来的那头牛当场给放了,让它去认自己的同伴。只见那头牛一经松绑,便径直往任家的牛群奔去。至此,事情的真相大白了:牛是任家丢失的!于仲文转过脸笑着问原先审理此案

的官员："怎么样？这个案子可以结了吧？"那个官员对于仲文审案的全过程观察得非常仔细，对太守的善断已经佩服得五体投地，见到太守发问，连忙说："可以结了，可以结了。"他们再次审问杜家的人，杜家的人只好说了真话：这头牛其实不是自己的，只是因为丢了牛，一时贪心，才想将人家丢的牛归为己有。而任家的人则对于太守千恩万谢，逢人便竖起大拇指说："于太守真神！"

以后，当地人凡是碰到什么解决不了的事情，总是喜欢请于太守给他们决断，而于仲文又总是乐意发挥"父母官"的职能，接连解决了不少疑难案件。这样一来，当地官民对他更是越来越信赖了。后来他调到蜀地任职，不畏权贵，秉公办事，精于决断，同样受到了老百姓的爱戴，以至于在民间广泛流传着"明断无双有于公，不避强御有次武"的话。(《北史》 郑小宁)

110. 鞭主脱险

北朝时，一次，东魏丞相高欢与西魏关西大都督宇文泰分别率领大军，在黄河边上展开了激烈的对战。

高欢的大军有十万之众，部众们在高欢的指挥下奋力渡河。河对岸西魏的兵力相对较少，如果硬要短兵相接，必会吃亏。"绝不能让高欢渡过黄河！"宇文泰对着众将士大声说，并下令将河桥烧掉，以阻止高欢的南渡。然而，东魏军队士气正旺，攻势锐不可当，经过一番鏖战后，硬是突破了西魏军的封锁线，强渡过河，并抢占了邙山。

邙山是战略要地，岂能落入敌手！宇文泰在黎明时分，亲自带着精锐部队，想趁高欢立脚未稳，偷袭并夺回邙山。但想不到高欢早有准备，在山上布下了埋伏。当宇文泰的部队刚一进入包围圈，便遭到了东魏军的迎头痛击。西魏军猝不及防，一下子被打得晕头转向，士兵们一个个丢盔弃甲，落荒而逃，并付出了三万人阵亡的惨重代价。

天亮了，太阳从东方升起，大地一片明亮。好不容易才逃出敌人包围圈的宇文泰，骑在马上，下得山来，回头看看，跟在后面的残部已所剩无几，心中不禁一阵凄然。正当他准备带着残部返回营地时，猛听得背后又传来阵阵马蹄声，原来，东魏军又追杀上来了。宇文泰只好硬着头皮率领残部应战。在作战中，突然飞来一支流箭，射中了宇文泰的战马。只见战马惊叫一声，前蹄扬起，把宇文泰揪翻在地。还没等他来得及爬起来，东魏的追兵已经赶到，将他团团围住了。眼看就要成了东魏人的俘虏了，与其受辱，毋宁一死！宇文泰紧闭双眼，拔刀就要自杀。正在这时，他突然感到背上重重地挨了一鞭。接着，一个熟悉的声音在耳边响了起来："你这个笼东(指西魏)兵,躺在这里装死吗?快告诉我们,你的主人宇文泰在哪里?"宇文泰微微睁开眼睛,发现是自己的部将李穆。马上他就明白了一切：李穆是在掩护自己!于是,也就顺势将戏演下去。只见他"哼哼唷唷"一番,将手有气无力地向前一指。那些东魏兵见李穆毫不客气地鞭打和责骂宇文泰,就以为这只不过是西魏的一名下级军官而已。便相互看了看,丢下宇文泰和李穆,向前追赶去了。

等敌人走远后,李穆赶紧向前扶起宇文泰,找到一个隐蔽的地方躲了起来。然后,经过一番化装,伺机逃离邙山,返回驻地。脱险后,宇文泰对李穆的相救之恩非常感激,特地授李穆为武卫将军、仪同三司,进封安武郡公,给予了很多的赏赐。后来,还专门赐李穆以铁券,赦以十死,并深情地说："我的命是李穆救回来的,他可是能够帮助我成就大事业的人啊!"(《北史》 郑小宁)

111. 巧破盗金案

柳庆,字更兴,河东解县(今山西运城)人。史载其"幼聪敏,有器量,博涉群书,不为章句,好饮酒。"十三岁那年,他的父亲为了考考他,特地在杂赋中取出一篇千余言的文章让他读完后背诵。只见他读了三遍以后便一字不漏地背了出来,这使他的父亲感到非常高兴,认定自己的儿子将来必有出息。

后来,柳庆出任雍州别驾。一次,当地出了件案子：有位商人携带二十斤黄金来到京城做生意,由于一时找不到住的地方,就临时寄居在朋友家里。他把金子装在一个带锁的箱子里,把钥匙别在自己的腰间,不管是白天还是黑夜,也不管是在家还是外出,钥匙总与自己形影不离。谁知有一天,他外出回家,照例打开箱子查看黄金时,却不禁傻了眼：金子全没了!他仔细检查箱子,箱子丝毫没被撬过的痕迹,锁具也一点都没有损坏。奇怪,金子哪里去了呢?它为什么会不翼而飞呢?商人百思不得其解,于是,只好去到县衙报案。县令接到这个案子后,马上便认定必是房东所为,当即就派人将房东逮捕下狱。经过一番严刑拷打后,房东也就招认了。

这件事传到柳庆的耳朵里,柳庆觉得事有蹊跷,于是,决定重新审理此案。他命人将那位商人带来,问他："你把钥匙经常放在什么地方?"商人回答道："常常带在身上"。柳庆又问："你平常和哪些人在一起?"商人回答说："我到京城时间不长,除了房东,常与我打交道的人很少。""你和别人在一起住过吗?""没有。"商人回答得很干脆。"那你有没有与别人一起喝过酒?"柳庆紧接着问。商人沉思良久,一拍大腿说："哦!对了!出事的前一天我在路上遇见一个和尚,两人谈得很投机,在一块喝了很多酒。酒后我觉得迷迷糊糊的,就趴桌子上睡了一会

儿。"柳庆听商人这样一说,便立即说:"看来,真正的盗贼是这个和尚!"于是,马上派人前往捉拿和尚,谁知和尚早已逃之夭夭了。后来,柳庆贴出布告,广为缉捕,终于将和尚缉拿归案。经审问,黄金果然是和尚所盗。

事后,有人问柳庆为何对事情估料得这么准确。柳庆说:"那位商人住在自己的朋友家中,按常理来说,他的朋友兼房东是没有胆量窃走黄金的,因为这太容易成为嫌疑人了。至于他在公堂上认了,只不过是屈打成招而已。那商人平时钥匙从不离身,而锁具又没有损坏,这就说明除非有一个与他相熟的人趁他丧失警惕时做了手脚,将钥匙弄到手。商人平时与人交往不多,也一直保持着警惕,只有与和尚在一起喝酒醉后才有可能出事。因此,从中便可断定是和尚所为。"大家听了,觉得柳庆分析得很有道理,并从心底里佩服他。(《北史》 郑小宁)

112. 诈术破案

北周时,雍州别驾柳庆在任上碰到了一件棘手的案件。

事情的经过是这样的——某天深夜,一伙蒙面贼人闯进了一位姓胡的大户人家家中,将熟睡着的人捆绑起来,每人口中都被塞上了布块,然后他们将贵重东西席卷一空而去。次晨,邻人发现胡家情况有异,忙去报告官府。官府派人赶到胡家,给胡家的人松了绑,并细细询问事因及经过,但却问不出个所以然来。原来胡家的人在黑暗和惊恐中,只发现抢劫者人数不少,其来去如何却无从得知,对其形貌更无法辨认。官府为此成立了专缉队,四处侦查,但一点线索也找不到,只好将邻居中有嫌疑的都抓了起来,一时弄得人心惶惶,怨气冲天。

柳庆得悉案情后,经过几天的分析和周密思考,决定采取特殊的方法来破案。

他假装写了一封匿名信,抄成几份,派人分贴在各官府的门口。信的大意是:胡家的劫案是我和其他几位同伙合谋干的,因人员很杂,官府又追查得紧,恐怕此事早晚会泄露出去,故一直寝食不安,很想自首认罪,但又怕得不到官府的赦免,如果官府能给予宽宥的话,我将主动自首。过了两天,柳庆又以官府的名义相应写了几份同意对自首之人免罪的文书散发出去。很快,消息便传遍了全州,成了人们街谈巷议之事。

对柳庆这一招,衙门里的一些人不相信会有效。柳庆解释说:"这作案的是一伙人,现在风声紧,他们必不敢再聚在一起,正好各个击破,其中必有心理崩溃的自首者。"说完,便坐在衙门里静候。

果然,没几天,便见广陵人王顾的家人将王顾反绑双手,前来投案自首。柳庆于是连夜审讯,很快,便将其同伙一网打尽。(《周书》 郑小宁)

113. 计留追兵

大象二年（公元580）五月，北周宣帝宇文赟（yūn）病逝，由八岁的太子宇文衍继位，改年号为"大象"，史称静帝。因静帝尚幼，故朝廷政事悉由国丈杨坚代为处理。

杨坚辅政后，担心相州（今河南安阳）总管尉迟迥不服，日后会成为自己的心腹大患，便以会葬为名，任命尉迟迥的儿子魏安公尉迟惇为使者，前往相州宣诏尉迟迥入京，以便将他软禁在京城里。尉迟迥是北周的开国功臣、历朝元老，加上把守重镇、手握军权，根本就不把杨坚放在眼中，接到诏书后，他只是"哼"了一声，并不赴京，还把尉迟惇留下一起密谋反叛。杨坚见尉迟迥不到京城来，便派大臣韦孝宽去取代他相州总管的职务，还任命小司徒叱列长叉为相州刺史，并让叱列长叉先行赴任。

尉迟迥得知朝廷委派韦孝宽来接替自己，有些狐疑不安起来，特派大都督贺兰贵带着自己的亲笔信到朝歌（今河南淇县）去迎接韦孝宽，以便试探口风。韦孝宽到了朝歌后，与贺兰贵作了一次长谈，谈话中预感到尉迟迥可能要举事，便决定不急于赶到相州，而留在朝歌静观其变。他对贺兰贵诈称，因路途舟车劳顿，身体不适，想休养几天后再到相州赴任，并请贺兰贵先回去代向尉迟迥致意问候。

贺兰贵走后，韦孝宽当即派人以求医问药为名赶赴相州，窥探尉迟迥的动静。不久，赴相州的人回来报告说，相州有明显的变乱迹象。韦孝宽听了，心中就更有数了。

过了几天，韦孝宽感到如果再留在朝歌，会使尉迟迥生疑，同时，为了进一步了解情况，他便继续向相州方向进发。

到了汤阴（今属河南汤阴），韦孝宽见到了从相州逃回的叱列长叉，又得悉魏郡太守韦艺已弃郡南逃，知道尉迟迥已加快了谋反的步伐，于是当机立断，驱马掉头返回。

为了提防尉迟迥派兵追来，韦孝宽命令将一路上经过的桥梁和道路全部拆毁，将所到之处驿站上的马匹全部带走，还对驿站的人说："尉迟迥来的时候，你们要多准备些好酒好菜和牲口饲料。"

果然，尉迟迥见韦孝宽迟迟不到相州，便又派人前往迎接，结果发现韦孝宽已突然返回。尉迟迥知道谋反之事已泄，便派数百名骑兵前去追赶。

尉迟迥的骑兵们在毁坏了的桥梁和路面上行进，速度本已减慢，再加上每经一处驿站，都受到一番殷勤的款待，禁不住丰盛酒宴的诱惑，总要停下来美美地饱餐

一顿,然后再上马赶路。结果,始终没能追上韦孝宽,让他从容地安全脱险了。

韦孝宽走后,尉迟迥正式发动了兵变。朝廷任命韦孝宽为元帅,率军平叛,并最终打败了尉迟迥。(《周书》 郑小宁)

114. 以盗捕盗

北周时,韩褒担任北雍州刺史。

当时,州内盗贼猖獗,盗案不断,官府虽竭力缉盗,但收效甚微。百姓叫苦连天,前任州官为此而伤透了脑筋,悻悻然离任。

韩褒到任后,下决心整肃治安,根除盗患。经过一番明查暗访,韩褒终于了解到那一桩桩久侦不破的盗案,多是州里的富家子弟所为。很快,他便想出了一个捕盗的方案。

听说韩褒要动真格,那些有前科的富家子弟及家长纷纷登门,名为拜见新任州官大人,实则试探口风。韩褒深知其意,表面上装作什么也不知道的样子,以礼相待,谈笑风生,还请他们对捕盗之事多多出力。这些人觉得韩褒并没有掌握什么,也就放心了。有的仍继续作案。

一天,韩褒把有嫌疑的富家子弟全部召集到衙门,对他们说:"本官乃一介书生,不懂缉盗安民之术,只好有赖各位替我共同分忧了。"说完,他便当即宣布由这些人组成州府特别捕盗队,并分成若干个组,任命其中有重大作案嫌疑、性情凶恶狡黠者为首领,每人分管地段。同时规定,今后凡有盗贼行窃而未被抓获的,就以故意放纵偷盗罪论处;凡是重大盗窃积案在限期内未能侦破的,以失职罪论处。韩褒还强调,任何人不得以任何借口推辞不干。

特别捕盗队成立后,每隔几天,韩褒便把那些首领们找来,盘问捕盗的进展情况。这下,那些被委以重托的富家子弟便惶惶不安起来。十数天后,有些人实在熬不下去了,便悄悄地前来检举盗犯。韩褒命书记官将被检举人的姓名一一登记在本子上,然后,在州府门前贴了一张布告:本官已掌握了盗贼线索,凡是盗贼必须马上前来自首。主动自首者将给予宽大处理。在本月内仍不来自首者,将公开处死,并没收其家产。

布告贴出后,那些富家子弟及其家长们更是惶惶不可终日。十天左右,所有的盗贼都乖乖地到官府投案自首了,韩褒将登记簿拿出来对照,果然一点不差。于是,他赦免了大部分人的罪,对案情特别严重的首恶者,也给予了不同程度的宽大处理,允许他们改过自新。

从此,北雍州的盗案便销声匿迹了。(《周书》 郑小宁)

隋唐五代

1. 参断公务

隋文帝的皇后独孤氏,在帮助文帝建立隋朝过程中出了不少力。当初文帝还是北周朝大丞相,因周静帝年幼,由文帝执掌朝廷,总理朝政,但还不敢替而代之。独孤氏是个见识高远的女人,她深知文帝此时的处境已是骑虎难下,要么加紧代周称帝,不然就会招致杀身之祸。她劝文帝道:"夫君现在所处的环境,就像骑在猛兽的背上,是千万不能摔下来的,只有奋力一搏才行啊!"文帝深以为是,加快了代周称帝的步骤。文帝称帝后,立独孤氏为皇后。文帝每有所惑,常常要听听皇后的意见。

有一次,突厥商人带着一批珠宝和隋朝做生意。其中有一箧非常珍贵的明珠,价值八百万两银子。幽州(今北京西南)总管阴寿进言劝皇后买下来。皇后知道了对大家说:"现在国家屡遭戎、狄(泛指西北、北方少数民族部族)的侵犯,守边将士十分辛劳,还不如用这八百万两银子去分赏犒劳这些对国家有功的将士啊!"文武百官听了都十分感动。文帝也称赞皇后做得对,对她宠信有加,以至于文帝上朝,皇后也和文帝同车,送至宫门外,并要等到文帝退朝,再一起回宫。

皇后有鉴于前朝帝属不守纲纪,败坏朝政,就经常告诫公主们:"北周朝的公主们不讲妇德,对夫家常常恃宠失礼,不讲骨肉之情,这是很不好的。你们要引以为戒。"她自己则更是严守纲纪,绝不以私情徇法度。一次她母舅的儿子都督崔长仁犯法,按例当斩。文帝看在皇后的面上,拟赦免他。皇后知道了坚决不许,她对文帝说:"这是国家的政事,怎么可以因私情而坏国法呢!"结果崔长仁还是被处斩了。又有一次皇后的异母兄弟独孤陀(tuó)因对皇后心怀不满,背地里用巫术诅咒皇后,按例当处死。皇后三天不吃饭,在文帝面前请求从宽,她说:"独孤陀如果是坏政害民,我就不说了。这次是因为臣妾,属个人私怨,恳请皇上能饶恕他。"于是独孤陀被罪减一等,免去了死罪。当时宫中将独孤皇后与隋文帝并称为"二圣"。(《隋书》 朱奕)

2. 麻痹看守

韩世谔是隋代名将韩擒虎的儿子,生得风流倜傥,一表人才。自幼经名师指

点,练就一身好武艺。随父出征,屡建奇功,颇有乃父家风。

隋炀帝时,礼部尚书杨玄感起兵反隋,以韩世谔为将,每有战事,韩世谔必为先锋,骁勇之名盛传军中。后来杨玄感兵败,韩世谔也被朝廷擒获。

其时隋炀帝在高阳(今河北高阳东),于是就下令将韩世谔押往高阳受审。

在押解高阳的路上,韩世谔想到此番去高阳,难免一死,不如想想办法如何脱身。韩世谔叫来押解他的吏卒,对他们说:"此番随杨玄感起兵,大业未竟,却成了阶下之囚。我是死在朝夕的人了,不如让我趁现在还活着的时候,每日一醉方休。"于是拿出银两请吏卒每日到集市上去买来酒肉,喝个烂醉。

他行一路,醉一路,渐渐地看守他的吏卒也有些松懈了。后来他又邀请看守人一起和他喝酒,关系搞得十分亲近。

到了这个时候,韩世谔认为自己逃脱的时机成熟了。他再次请吏卒帮他买来好酒好肉,邀请他们一起来喝酒。他对吏卒们说:"高阳就要到了,这一程让诸位也辛苦了。反正此去我总是一死,不如乘今日还活着,我和各位畅饮一番,至醉方休!"说着自己酌满一碗酒一饮而尽。吏卒们见他说得如此豪爽,更加放松了戒备,便一起与他痛饮起来。渐渐地吏卒们一个个被灌得酩酊大醉,趴在桌上,滚在地上,再没有一个清醒的。韩世谔趁这机会从容逃出看守之所,直向山中奔去,隐居了起来。

从此之后,世人再也没有找到过韩世谔。(《隋书》 朱奕)

3. 懈怠陈军

隋朝建国的第九年,隋文帝杨坚发兵讨伐江南的陈国。著名将领贺若弼被任命为行军总管,挑起平陈的重担。长江号称天险,江面宽阔,水流湍急,要渡江灭陈,真是谈何容易。贺若弼想来想去,总觉得没有必胜的把握。苦思之后,他心生一计,下令江防部队在每次交接班时,都必须先在历阳(治所在今安徽和县)一带集中。这样,由于部队的高密度集结,便造成了鼓角喧天、旌旗遍野的效果。对岸陈国的军队,看到这种情况,吓得傻了眼,以为隋军即将大举渡江了,于是急如星火地调动、布防,等到一切布置妥当之后,一探消息,才知道隋军只是例行的交接而已。隋军这样一次又一次地虚张声势,陈军一次又一次地上当。后来,陈国那边厌烦了,觉得无端地疑神疑鬼,实在可笑,干脆不再理会,防备也跟着松懈下来。贺若弼估计时机已到,一天清晨,迅速集合部队,登上战船,酹酒祭江,高声发誓:"我贺若弼受国家委托,讨伐敌人,拯救江南百姓,希望天神、江神庇佑。万一失利,本人葬身鱼腹,亦所甘心。"接着一声号令,千帆齐发,向长江南岸进

军。陈军对突然袭击全无心理准备,在隋军的攻击下,乱作一团,沿江防线很快被突破。隋军一鼓作气,继续挺进,攻下南徐州(今江苏镇江)。这时陈国最精锐的部队在勇将萧摩诃的指挥下,发动凌厉反攻,隋军一度被迫退却,形势十分不利。贺若弼下令暂时转入防守,一边密切扫视敌情变化。他看到陈军在连战皆捷之后,慢慢产生了骄傲自满的情绪,知道反攻机会已到,于是亲自骑马上阵,率军与敌血战,终于击溃了陈军,连萧摩诃也做了阶下之囚。与此同时,另一路隋军在韩擒虎的率领下,攻入了陈的都城,俘虏了陈国国主陈叔宝,陈国从此灭亡。

贺若弼和韩擒虎班师之后,受到隋文帝重赏,成为隋朝的一代功臣。(《隋书》 吴宝祥)

4. 自辩死罪

贺若弼平陈,建奇功,便有些居功自傲,自认为功劳在群臣之上,每每以宰相自许。不久,朝廷任命杨素为右仆射,这个官衔实际上就是宰相。而贺若弼仍然是大将军。职位没有得到升迁,贺若弼心中甚是不平,因此常常口出怨言,指责皇上不会识人用人。话传到皇帝耳中,皇帝心中自然不会高兴,一气之下便把贺若弼的官给免掉了,以示警戒。

免官后的贺若弼心中更是不平,言行上不但没有收敛,反而更加埋怨责难朝廷的不公。封建时代的皇帝岂能容忍一个臣子如此的大不敬?于是下令将贺若弼抓了起来,投进天牢。

这时不少被贺若弼得罪过的朝臣纷纷上书奏请皇帝要治他死罪,理由是他居功自傲,目无皇上,藐视朝廷。为了让贺若弼死个明白,皇帝要亲自审讯贺若弼。

皇帝对贺若弼说:"朕身为天子,我要任用高颎(jiǒng)、杨素为宰相,你却说这两人只是吃干饭的,是何用意?"

贺若弼自知得罪了皇帝,但又不甘就此受死,灵机一动,不慌不忙地答道:"高颎是臣下的老朋友,杨素是臣下的妻舅,臣下对他们两人的才识自然了解得很清楚,所以才敢这样说。并不是臣下要故意贬低他们,得罪皇上呀!还请皇上明察。"

皇帝听贺若弼说得也有些道理,于是就说:"做臣子的要遵守纲纪法度。你想免去死罪,可以把理由讲出来听听。如果说得有理,可免你一死。"

贺若弼见求生有望,便更加振振有词地说:"当年臣下凭借皇上的威严,率领八千勇士,渡江与陈作战,擒获陈国后主陈叔宝。凭此功劳,臣下以为可以

免死。"

皇帝心想贺若弼平陈功劳确实很大,但就此放过他,不是太便宜了吗?就说:"平陈大功,朝廷早已格外给你赏赐,用不着再说了。你还有其他话可说吗?"

贺若弼接过皇帝的话头,赶忙申辩道:"当初平陈,讨论以谁为将,朝廷众臣谁也不同意我担当此任,是皇上见我一心为国,才委以重任,这才真正是皇上对我的格外重赏啊!现在我还请皇上格外使臣下求活!"

皇帝听到这里,动了恻隐之心,就不再问下去了,命将贺若弼暂时押还天牢,听候旨意。

皇帝回到宫中,左右权衡,觉得杀了这么一个功臣,实在可惜,弄不好自己还会背上灭功臣的骂名。于是下诏免去贺若弼的死罪,给了个除名的处罚。

一年过后,贺若弼又官复原职,重新得到起用。(《隋书》 朱奕)

5. 竹筒传军情

隋开皇十年(590),陈国初平,江南政局尚未完全稳固,不时有人自称天子或都督,拥兵与隋抗礼。力量强一点的有数万人,小一点的也有数千人,各自占据州县,形成新的割据局面。

在平陈战役中立了大功的上开府、车骑将军史万岁受朝廷之命随越国公、行军总管杨素率兵进军江南讨伐乱贼。先后击破朱莫问、顾世兴、叶略、沈玄侩、陆孟孙、高智慧等乱贼。残余乱贼纷纷逃往闽越之地(泛指今福建、浙江广大地区),有的散入海岛,有的占据山岭洞府,给杨素大军彻底剿灭乱贼带来重重困难。杨素只能遣诸将兵分几路,对盘踞各处的乱贼实施各个歼灭。史万岁受命领兵二千从东阳(今浙江金华)向岭南(五岭以南地区)进发。

几十天过去了,杨素大军没有得到一点关于史万岁军挺进岭南后的消息,不少人以为史万岁及两千将士已阵亡于闽越的崇山峻岭之中。杨素心中也不免有些担忧起来。

这天,杨素坐在军帐中,焦急地等待着各路战报。有小兵前来报告说,有人从溪流中拾得竹筒,内有书信,要呈主帅。杨素接过竹筒,取出书信,急忙打开观看,看着看着脸上露出了惊喜的笑容,口中不时地说道:"史将军神了!史将军神了!"原来竹筒里藏的正是杨素日夜盼望的史万岁写给他的战报,里面报告了史万岁率两千将士一路征战的情况。

事情经过是这样的:当初史万岁率领两千精兵闯入的,不是崇山峻岭,就是溪谷河流,地形十分复杂。部队逢山开路,遇水搭桥,一路征战,攻陷无数个残余乱贼盘踞的小岛、山洞、山寨，前后经历大小战斗七百余回，转战数千里，战果十分辉煌。但是苦于水陆阻隔，交通十分不便，胜利的消息无法及时向外传递。史万岁为此蹙紧了眉头，他一直在思考着用什么办法可以使这里的消息传出去，并与主帅取得联系。一天，史万岁站在山溪旁观察地形，一枝枯木从溪流中漂过，史万岁眼睛一亮，一拍大腿自言道："办法有了！"史万岁命士兵从山上竹林砍回毛竹，制成竹筒，亲自起草战报，又叫人誊写几十份，然后一一放置在几十个竹筒之中，将筒口蜡封后放入溪水中，随溪水漂传出去。史万岁相信，这些竹筒中总有一只会传到隋军手里。

杨素见到史万岁用竹筒传来的战报，感慨万分，忙向朝廷发出奏报，为史万岁请功。隋文帝接到奏报也是叹赏不已，下旨从府库中取出十万钱赏赐史万岁家。后来，史万岁班师还朝，朝廷又加封他为左领军将军。（《隋书》 朱奕）

6. 泣辞娶妇

杨昭是隋炀帝的长子，从小就非常机敏。杨昭三岁时，有一天正在玄武门外石狮子旁玩耍，恰巧祖父隋文帝和文献皇后前来看望孙子。隋文帝此时正患腰痛病，走路时把手搭在皇后的肩上，老远望去，两人显得很亲热。小小的杨昭见此情景，故意远远地躲开。当文帝和皇后搭肩而行，再次找到他时，小杨昭又跑开了。如此数次，文帝不由得感慨道："小小年纪，竟是天生一副长者风度，好好教养，定有出息。"又有一次，文帝对杨昭说："好孙儿，你就要长大成人了，我为你娶一房媳妇吧！"杨昭听祖父这么说，急得马上哭了起来。文帝不知道杨昭为什么要哭，心想别人家小孩听到要娶媳妇高兴还来不及，便问杨昭为什么要哭。杨昭对文帝说道："叔父汉王没有结婚时，一直生活在祖父您身边，陪伴您。他娶媳妇后，就得离开您，到外面去居住。孙儿也是怕结了婚就要离开您身边，不能再陪伴左右，所以才啼哭的。"文帝闻言，大为感动，认为这个孙子有至诚孝心，更加钟爱他了。后来炀帝即位，杨昭被册封为皇太子，史称元德太子。（《隋书》 朱奕）

7. 递解囚徒

隋炀帝时，王伽为齐州（今济南一带）参军。一次，他被州官派去押送流放的犯人李参等七十多人到京师（今陕西西安）。按照当时的规定，流放的犯人在押送途中要戴上沉重的枷锁。到了荥阳（今属河南），王伽看着他们痛苦难忍的样子，心里不免生出了一丝同情来。他便把流囚叫到一起，说："你们由于触犯了国

家的法律,破坏了社会的道德规范,致使自己身陷囹圄。对你们的处罚都是必需的。现在由于你们的犯罪,又烦劳我们这些押送你们的人,你们难道于心无愧吗?"那些犯人连连称是。王伽又说:"你们虽然已经犯法,但是,这副枷锁戴在脖子上也确实十分难受。我想把枷锁都给你们脱去,然后,你们自己按期到京师汇集,行不行?"那些人一听,认为王伽是在说笑话,但再看看他很正经的样子,便都一下子跪下去对王伽叩头,说:"我们一定遵照您说的做。"王伽于是命人打开全部枷锁,与他们确定了到京师的日期和地点,然后又说:"到了那天,一定要到京师,如果有谁,哪怕是一个人中途逃走,那么我的脑袋就要为你们而落地。"说罢,就把他们全放了。

参与押送的其他人一路上都埋怨王伽,怕到时候连累了自己。王伽说,要杀就杀我一个,一切都由自己来担当。而那些犯人很感激王伽,中途没有一个人逃走的。到了约定的那一天,全都到达京师。

隋炀帝听说了这件事,十分惊异,召见王伽,详细地问了事情的经过,连声称好。于是又召见全部犯人,并命那些犯人的妻子和孩子都到京师。隋炀帝在宫里赐宴并宣布全部赦免那些犯人,提拔王伽为雍县(今陕西凤翔南)县令。同时,诏令全国,要求为官为民者都要向王伽学习。(《隋书》 严春林)

8. 骂阵激隋将

唐高祖李渊太原起兵,以次子李世民为右领军大都督,率兵三万直指西京长安。大军行抵霍邑(今属山西),碰上连连阴雨,军粮也行将告罄,又听说霍邑守将宋老生是隋营中有名的骁将,一下恐难取胜,因此李渊心中就有畏难之意,想要返归太原。李世民一听,赶忙劝阻高祖,他说:"我们是义军,为天下百姓而起事,应该直捣咸阳,号令天下才是。现在如果回师,退守太原一城,岂不成了草寇吗?"李渊疑惑未定。李世民见父帅仍有退兵之意,急得不由得在营门口失声大哭起来。高祖惊问何故,李世民道:"父帅若坚持回师,非但大业毁于一旦,而且只怕我军未到太原就作鸟兽散了;如果敌人再从后攻击,你我父子只怕死无葬身之地矣,是以悲痛而泣。"经他这一说,李渊倒也恍悟此中的利害,打消了回师的念头。唐兵进抵霍邑。隋虎牙郎将宋老生想要披挂出战,被部下拦住,有人献计道只需坚守不出,唐兵自会退去。李世民见宋老生不肯出城决战,心生一计:天天派人到城下骂阵,骂得兴起时索性解鞍下马,随意地躺卧在地。这宋老生是个直肠汉子,哪里听得过如此谩骂?几天过后,再也憋不住了,气得暴跳如雷,立即命令开城迎战。李世民一见隋军出城,不由大喜。只见宋老生一彪人马直扑高祖和李建成所部。这宋老生果然勇猛非凡,马到之处尽皆披靡,把个李建成吓得坠下马来,幸亏部下抢救得快,险些做了宋老生枪下之鬼。就在这时,忽然一声炮响,斜刺里杀出一队人马来,为首大将金盔金甲,正是李世民!他们一下子把宋老生的队伍拦腰斩断。宋老生大吃一惊,慌忙回身应战,慌乱中被柴绍一刀斩于马下。唐兵乘胜攻占霍邑,进而攻占长安。武德元年五月甲子李渊即皇帝位,李世民因战功进封秦王。(《旧唐书》 张跃中)

9. 避锐待机

唐高祖武德元年(618)九月,十九岁的李世民率领唐军征讨泾州(治所在今甘肃泾川北泾河北岸)的割据者薛仁杲(gǎo),与敌军相持在折墌(zhuó)城(在今甘肃泾川东北)。起初,敌军有十几万人,斗志旺盛,经常到唐军大营前挑战。李世民故意按兵不动,借此来消磨敌军的锐气。没过几天,敌营因粮草不继,军心浮动,敌将牟君才和梁胡郎投降了唐军。这时,李世民才对众将说:"敌军的锐气已尽,我们该进攻了!"他命令庞玉率领部下到浅水源(今陕西长武东北)布阵,引诱敌帅宗罗睺(hòu)的主力来战。宗罗睺果然中了李世民的圈套,率领全部精锐部队向庞玉发起猛攻。两军酣战多时,庞玉的部队已渐渐不支,正在危急时刻,李世民率领的唐军主力突然从北面的高原上攻来,宗罗睺深感意外,带领部队慌忙迎战。庞玉和李世民前后夹击宗罗睺,把他的部队打得大败,死伤惨重。李世民率领二十多名贴身的骑兵追击逃亡的敌人,一直追到折墌城下。薛仁杲惊恐万状,赶紧闭城坚守。李世民指挥后继的大军,把这座孤城团团地围住。薛仁杲眼见城池难保,想了一夜,仍苦无对策,只好向唐军投降。

唐军没带攻城的器具,竟然能迫使薛仁杲献城投降,众将都不解其故,纷纷向李世民请教制胜之策。李世民说:"宗罗睺的部队全是陇西(今甘肃陇西一带)人,骁勇善战,虽然在浅水原被我军击溃,但元气并未大伤,如果他们一旦逃进折墌城,重整旗鼓,必成我军大患。我当时率领二十余名轻骑兵紧随其后,直扑折墌城下,就是为了阻止他们进城,以绝后患。他们进不了城,便连夜逃归陇西,致使城内缺兵少将,十分空虚,尽管我军没带攻城的器具,但围城的声势足以使薛仁杲丧胆,他又怎敢不出降呢?"众将听罢此论,无不折服。(《旧唐书》 赫崇政)

10. 计破吐谷浑

唐时吐谷浑、党项(都是我国西部的少数民族)联合进犯洮州(今属甘肃)。

朝廷下诏，命右骁卫大将军柴绍率兵征讨。

　　柴绍大军抵洮州。进犯之敌占据有利地形，居高临下，箭射唐兵。唐兵猝不及防，死伤不少，士兵初战失利，都有惊恐之色。主将柴绍安坐军前，指挥若定，好像根本没感到处境不利。他命人请来乐师，弹起琵琶，那优美的乐声霎时在战场上传扬开来，销魂夺魄。柴绍又叫来两个舞女，皆二八年华，生得妖娆多姿，楚楚动人，命她们按着乐曲双双起舞。这优美的音乐，这动人的舞姿，完全改变了战场上那种剑拔弩张的气氛，敌兵们的斗志也被这柔美的音乐和舞姿消融了。柴绍好像完全沉浸到歌舞欢乐中去了，还不时带头高声喝彩！

　　敌人闹得丈二和尚摸不着头脑：唐兵哪里是在打仗啊，分明是在歌舞取乐嘛！咱也别闹腾了，凑到跟前去看看吧。于是敌人箭也忘记射了，刀也忘记挥舞了，竟跑到跟前和唐兵一同欣赏起歌舞来。柴绍看出敌人已被歌舞松懈了斗志，就暗中下令精骑从敌人后方突然掩杀过来，柴绍身边的士卒也猛然跃起直奔敌人，敌人还未从优美的歌舞中回味过来，就被唐兵前后夹击，死伤无数，大败而逃。（《新唐书》　张跃中）

11. 辨诬

　　唐初名将李靖少时便有文武才略，曾对他所亲近的人说："大丈夫如果遇上英明的主公和合适的时机，必当建立功勋，以取富贵。"

　　隋大业末年，他的官职已升到马邑郡（治所在今山西朔县）的郡丞。这时唐高祖李渊还是隋朝的山西河南慰抚大使，与侵犯边塞的突厥军战斗，以少胜多，将敌人打得大败。消息传到李靖那儿，他敏锐地察觉到李渊有着非同寻常的雄图大志，是隋王朝极大的内在威胁，便决定向朝廷去告发。恐怕受到阻拦，他就把自己扮成囚犯，赶赴隋炀帝所在的江都（今江苏扬州）。但刚到长安（今陕西西安），道路就因兵荒马乱堵塞不通了，他只能把这事搁下。

　　李渊在太原起兵反隋后，很快攻下了长安，知道李靖曾经要告发自己，便下令把他抓起来杀了。李靖大声叫道："明公起义兵本是为天下除暴乱，要想成此大事，为什么竟以私人恩怨斩壮士呢？"李渊听了，感到他的话很有豪气，加上儿子李世民也在旁边劝说，便将李靖放了，让他在自己的军队里带兵。

　　李靖带兵屡立战功，有人嫉妒他，把当年李靖欲告发唐高祖的旧事重新提出来，又拿他以前雄心勃勃的话添油加醋成有觊觎帝位企图的言论，跑到唐高祖面前去诬告李靖要谋反。唐高祖听了这话大怒，就派一个御史前去探查，对他说："你去在他周围的人中进行调查，如果他的反状确凿无疑，朕给你便宜行事的特权,你可取出朕赐的尚方宝剑将他斩首。"

那位御史久知李靖自从归顺大唐以来,忠心耿耿,战无不胜,明白所谓他要谋反全是小人的诬谤。但是当着皇上的面说有人欺君罔上,诬告李靖,恐怕皇上会认为自己一面之词,不足凭信,且李渊正在气头上,冒犯他的尊严,总讨不了好去。于是他遵命而行,临出发前,请求皇上准许带上告发李靖的人同行,以便必要时进行对质。唐高祖考虑了一会儿,觉得不便驳回,勉强答应了。走了几个驿站,那位御史突然佯装丢失了告发者的状纸,做出惊恐万分的样子,用鞭子抽打仆人,责备他不小心保管,以致遗失了重要的东西。他对告发者说:"李靖谋反的事已很清楚,所以我亲奉圣旨去查办。现在丢失了你的状纸,这可非同小可,让皇上知道了,我是要掉脑袋的。你得救我一救啊!"那个告发者问他如何才能补救,御史便道:"只要你再写一张同样内容的状纸就行了。"那人没法,只得重写状纸。御史拿来一对照原先的状纸看,上面写的李靖谋反的几件罪状内容颇有出入,显然那人是信口开河,胡编乱造。御史也不吭声,当天就假托生急病须回京诊治,赶回长安,把新、旧状纸交到唐高祖手中,向他奏报告发者的险恶用心。唐高祖看了两份内容不一的状纸,恍然大悟,令人再审讯得实,便下令处死了诬告李靖的那个人。(《折狱龟鉴》 庞坚)

12. 单骑降胡兵

李大亮,泾阳(今属甘肃)人,有文武才略。唐高祖率兵入关,李大亮弃隋官前往投靠,被任为土门令。

当时天下未定,关西又发生灾荒,人民流离失所。李大亮不忘职守,招纳抚慰百姓,救灾济穷,甚至把自己乘坐的马卖掉,资助灾民,劝民生产自救。在他的努力下,终于迎来了丰收年景,百姓稍微缓了一口气。秦王李世民曾行经土门,得知李大亮治理有方,大为赞赏,特地赏赐马二十匹、绸缎五十段以资奖励。

不久,数千胡兵侵扰土门,百姓惶恐不安,纷纷弃家外逃。李大亮看到刚刚有点好转的形势又遭破坏,十分心痛。但是以一个小小的土门如何能抗拒数千胡兵?于是他决定单骑到胡营劝说胡帅退兵。他的部下都劝他,胡人无义,不可单骑前往,恐生不测。李大亮道:"我为一方长官,可不能贪生怕死,让百姓遭罪。反正去也可能死,不去更是没有活路,那还是去,或许能感动胡帅。"于是李大亮一人一马来到胡营。胡帅很是诧异,这个土门县令好大胆子,竟敢单人独骑前来,就放他进营。李大亮来到胡帅跟前,态度不卑不亢,对胡帅道:"土门百姓刚遭天灾,现在稍稍好转,而贵兵入境,使我百姓又受劫难。大亮不才,愿以我一人性命,换得百姓安宁。"胡帅看他理直气壮,毫无惧色,也从内心佩服此人,就说:"我军前来贵境,实在也是因为闹灾,迫不得已来向邻居借粮。只要能资助我们一些,即刻退后。"李大亮道:"邻居有难,理当相助,只是百姓刚有一口饭勉强度日,本官实在不忍夺其口中之食。贵兵暂退,等敝地情况好转,来年定当相助。为表诚意,请权且杀了我所乘之马,以慰劳诸位将军。来年一定请诸位光临敝地,酒宴款待。"说罢,抽刀杀马。胡帅见李大亮果然仗义,深受感动,就答应退兵,永为睦邻友好。李大亮步行而归,胡兵果然渐渐退去。这事让唐高祖知道了,十分赞赏李大亮,擢升他为金州总管府司马,后又迁升越州(今属浙江绍兴)都督。(《旧唐书》 张跃中)

13. 巧谏唐高祖

谏议大夫苏世长善于用巧言劝谏。有一次他跟从唐高祖李渊到泾阳打猎,大获而归。高祖得意地问左右侍臣道:"今日打猎快乐吗?"苏世长回奏道:"陛下丢下国家大事不顾,专事打猎,还不到一百天呢,不算太快乐。"高祖听出苏世长语中带刺,不由得变了脸色,过了一会儿笑着说:"你大概狂态又要发作了吧?"苏世长道:"对臣而言是狂态,对陛下而言那是一腔忠诚啊。"高祖点头笑了笑,以后果然不再那样热衷于打猎了。

又有一次,苏世长奉诏到披香殿侍宴。这披香殿经过修建更是极尽富丽堂皇,气派非凡。苏世长等到酒过三巡,就乘醉问高祖道:"陛下,这座宫殿如此豪华,一定是隋炀帝建造的吧?"唐高祖道:"卿言好像是直谏,其实是在骗朕啊。难道你会不知此殿是我建造的吗?为何故意说是隋炀帝所建呢?"苏世长赶忙跪下叩头谢罪道:"臣岂敢欺骗陛下,只是臣听说倾宫、鹿台(商纣王所建)不应该是圣主所为。陛下居武功(地名)旧宅,仅能蔽风雨,当时您已经很满足了。现在天下谁不怨恨隋炀帝太奢侈靡费,因而人心归唐。陛下实在应该戒绝骄奢,崇尚简朴才是。可是陛下竟然耗费民财建造如此豪华绝世的宫殿,想要禁绝隋炀帝以来的天下大乱,恐怕就难以做到了。"唐高祖很重视苏世长的这番话,认为古之贤臣也不过如此。(《新唐书》 张跃中)

14. 见微知著

唐太宗十分宠爱功臣侯君集,就命大将军李靖教他兵法,好让他更有本领,为国建功立业。过了不久,侯君集启奏太宗道:"这个李靖想要谋反啊!"唐太宗诧异道:"你怎么知道他要谋反呢?"侯君集道:"陛下要他教臣兵法,可他不肯把兵法的隐微之处教臣,显然他是想留一手,以便将来他谋反时无人能敌。"唐太宗果真责问李靖为何不肯尽心教授兵法,李靖答道:"臣教给侯君集的兵法,已经足够用来对付四邻的入侵了,可是侯君集还不满足,还要臣教他隐微之处,可见侯君集之意不在制服四邻,卫我大唐,而是想有朝一日反唐啊!故此臣不教他隐微之处。"唐太宗听李靖所奏也甚有理。面对二臣的相互攻讦(jié),这位英明的君主竟一时不知作何判断。

李靖任尚书右仆射,侯君集任兵部尚书,有一次他们二人骑马一同回尚书省,侯君集的坐骑竟过大门数步方才察觉,他赶紧下马步行。而按规矩,各级官员是均不得骑马入尚书省大门的。这件小事让李靖看在眼中,他对亲近的人说:"侯君集骑马过尚书省大门而不觉,他大概是在图谋不轨吧?"

贞观十七年(643),侯君集果然参与皇太子李承乾谋反。谋反被平定后,侯君集亦伏诛。唐太宗这时想起李靖之言,这才惊叹李靖确有见微而知著的能力。
(《新唐书》 张跃中)

15. 验刀破案

唐朝有个乘船外游的少年,一次停船上岸,看见一个美貌女子站在家门口,就上前挑逗道:"天黑后我要到你家拜访。"那女子只是微笑,并不害羞回避。到晚上,她果然打开门等着少年。不料一个小偷路过,趁机窜了进去,打算行窃。夜色朦胧,那女子分辨不出来人是谁,还以为那少年到了,就高兴地迎上前去。小偷却误以为被人发现来捉拿自己,慌忙拔刀乱砍将她杀死,然后丢下刀赶紧溜走了。

过了一会儿,少年来了。他悄悄走进屋里,黑暗中被绊了一跤,手碰到地上,觉得黏乎乎的,一闻满是血腥味,再一摸,又碰到了尸首。他吓得魂飞魄散,连滚带爬逃了出去。

天亮后,那女子的家人循着脚印追到江边,有人告诉他们:"半夜里一条船开走了。"于是家人报告官府,官府连忙派人追赶,捉到了那少年,立即开堂审讯。少年供出了调戏之事,但是不承认杀了人。这桩命案一时难以侦破,只好报告上司。

镇守当地的节度使刘崇龟听了汇报后,要来那把在现场捡到的刀仔细观察,发现是一把半新的宰杀禽畜用的厨刀。他立即下令说:"明日练兵,结束后让全

体将士饱餐一顿,本地所有的厨工都要带着用具前来集中,以准备酒席。"第二天,厨工们都奉命前来,刘崇龟又下令:"今天天色已晚,大家可以把东西留下,明日再来。"等厨工们走后,刘崇龟把他们留下的厨刀都集中起来,悄悄用那把杀人的刀替换下其中的一把。

第二天,厨工们都来取自己的刀。有一个厨工来得最晚,却不肯取走剩下的那一把。刘崇龟问他为什么,他回答说:"这不是我的刀,是赵三狗的。"真相大白,刘崇龟当即派人捉拿赵三狗,却不料他已经逃走了。

于是刘崇龟找来一个死囚犯,趁天刚黑人们分辨不清时押到集市上,宣布他就是杀人的少年,现在将他斩首示众。那赵三狗听说囚犯已经被处死,放心地回家了。刚一踏进家门,就被埋伏着的捕快捉住,很快被正法了。而那个少年,也以通奸罪受了杖刑。(《折狱龟鉴》 程维荣)

16. 露伤辨诬

尉迟敬德,名恭,是唐太宗的一员大将,官拜右武侯大将军,封吴国公。

有一次,唐太宗听人密奏尉迟敬德有谋叛之心,太宗不信,就试探着对敬德说:"朕听人说你有意谋反,果然有此事吗?"尉迟敬德闻言大惊,心想:不知是哪个卑鄙小人暗中进谗,这要是陛下信以为真,那不是灭门之罪吗?想到这里,这位战场上叱咤风云的骁将倒不由得深深地吸了口冷气。怎么为自己辩解呢?他心中一慌,竟脱口而出道:"臣反是实。"太宗闻言不觉一怔。尉迟敬德一向忠勇可嘉,多次在紧要关头对他显示出忠心。就拿那次玄武门之变来说,也多亏尉迟敬德。太宗清楚地记得,那时他的坐骑受惊,驮着他乱跑,一不小心他被颠下马来。齐王李元吉将要射他,就在这千钧一发的当口,尉迟敬德飞马来救,大喝一声,吓得齐王退避不迭,敬德又一箭射死齐王。要不是尉迟敬德,那后果就不堪设想了。可如今敬德怎么亲口说"臣反是实"呢?真是匪夷所思啊。尉迟敬德也对自己脱口而出的话追悔不已,这真是愈急愈坏事啊。怎么办呢?这时他忽然急中生智,二话不说就把上身衣裳脱掉,露出满身累累伤疤,那都是战场上敌人的刀剑戈矛弓矢留下的"记念"啊! 敬德激动地说:"陛下请看,像这样的人还会背叛您吗?"敬德这一说,就使得前言"臣反是实"成了一句悲愤莫名的委屈之言了。唐太宗看着这个出生入死、满身伤痕的爱将,不由得泪流满面,动情地以手抚摸敬德的伤痕,说:"卿快些把衣服穿起来,朕不怀疑你的忠心,所以才告诉你。"从此,太宗对尉迟敬德更是恩宠有加,授开府仪同三司(即享有宰相待遇),逢朔(初一)望(十五)各上朝一次。(《资治通鉴》 张跃中)

17. 智羞滕王

滕王李元婴是唐高祖李渊的第二十二子,他自小就霸气十足,胡作非为。贞观十五年(641),他被唐太宗任命为金州(治所在今陕西安康)刺史,更是骄纵无度,干了许多伤天害理之事。比如,农忙时节,农夫都在地里干活,他外出游猎,用弹弓弹农夫取乐。他还淫荡好色。在高宗永徽年间,他迁任洪州(治所在今江西南昌)都督期间,属官之妻稍有姿色者,他全不放过,常借口王妃召见,把她们骗入王府,调戏奸淫。

崔简初到王府任典签(掌管宣传教命的官),滕王见他的妻子郑氏容貌美丽,便瞄上了她。

一天,郑氏接到"王妃邀见"的传谕,知道绝非好事。崔简想不让她去吧,怕得罪了王爷,而要是让她去吧,又怕遭到王爷的凌辱。正是左右为难之际,郑氏却安慰他说,放心好啦,不会出事的。

郑氏于是应邀来到王府中门外的小阁,果然见到里面等着的是滕王。不怀好意的滕王一见她进入阁门,就嬉皮笑脸,对她动手动脚。郑氏见状,急中生智,突然大叫起来:"王爷怎么会干这种下流无耻的事呢?必是王府家中的奴仆吧!"随手脱下一只鞋子,猛敲滕王的脑袋,还十指并用,抓得他满脸淌血,好不狼狈。

听到吵嚷声,王妃觉得很奇怪,跑了出来,这更使滕王感到羞愧难当,无地自容。郑氏因此得以全身而归,使做丈夫的崔简松了一口气。从此,滕王对郑氏再不敢存非分之想。(《智囊》 何小颜)

18. 直言谏太宗

唐太宗最恨官员贪污,可又不知如何杜绝此弊,就暗中派人试探着对官员行贿,果然有一个官员受绢一匹,太宗大怒,要杀掉这个受贿者。民部尚书裴矩认为皇帝用这种方法很不妥,他启奏皇帝说:"官员受贿固然应当处死,但陛下使人行贿,这不是故意陷人于法网吗?恐怕不合圣人所言以德、以礼治天下吧?"太宗听罢大喜,立刻召见五品以上的文武官员,说:"裴矩能当官力争,而不是阿顺朕意,倘若你们每人每事都能如此,何愁天下不能大治呢?"

后来,有人上书给太宗,请除佞臣,太宗问:"谁是佞臣?"那个人说:"臣居草泽,不知其人,请求陛下佯装发怒来加以试探,那些执理不屈的就是直臣,而畏威顺旨的就是佞臣。"太宗说:"君是源头,臣是水流,源浊而求流清是不可能的。君

自己搞欺诈,又怎能要求臣正直呢?朕要以至诚治天下,见前世帝王爱用诡谲小技来对待臣下,常感可耻。卿的方法虽好,但朕绝不能用。"这大概就是太宗接受裴矩的直谏后悟得的道理吧!(《旧唐书》 张跃中)

19. 因势利导

一代名臣虞世南最善于因势利导劝谏唐太宗,因而往往获得成功。

贞观八年(634),陇右(今青海乐都)山崩,大蛇屡现;山东(今为河北)和江淮一带大水成灾,民不聊生。唐太宗问虞世南这是什么原因。虞世南觉得这是一个劝谏唐太宗的好机会,就禀奏道:"汉文帝元年曾发生二十九座山同日崩坍之事,后来文帝下诏免各地来贡,减轻百姓负担,因此未酿成大灾。现在山东、江淮一带大水成灾,恐怕是有冤狱不合天意的缘故吧!"太宗认为有理,就派员赶赴灾区赈济灾民,重审狱讼,使许多冤狱都得以平反昭雪,许多灾民都赖以活命。

后来,天空出现彗星,长达一百多天。太宗又问群臣这是什么缘故,群臣都说虞世南是出名的"书橱",还是让他回答吧。虞世南就奏道:"齐景公时天上也出现过彗星,景公曾就此问过晏婴,晏婴说:'大王挖池沼唯恐不深,起楼台唯恐不高,行刑罚唯恐不重,因此上天现彗而作为警戒啊!'后来齐景公果真重修德政,体恤百姓,彗星就不见了。臣愿陛下勿以功高而自矜,勿以太平久了而自骄,有始有终,谨慎治国,那样即使彗星出现也不必忧虑啊。"

听了虞世南的话,唐太宗不由得感慨地说:"卿说得十分在理。朕虽然没有齐景公之过,但十八岁举义兵,二十四岁平天下,未三十而即皇帝位,自谓三王(夏、商、周三朝开国之君)以来拨乱之主没有比得上朕的,所以逐渐自负骄矜起来。今上天现彗大概就是为了警戒朕的过失吧!秦始皇并吞六国,隋炀帝富有四海,终究因为骄奢淫逸而导致身死国灭,为天下笑,朕岂能不引以为戒呢?"

虞世南听罢,心中暗喜:我正是要陛下明白此理啊。(《新唐书》 张跃中)

20. 为国释恩行

唐太宗李世民发动玄武门之变,一举杀了太子李建成和齐王李元吉,做了大唐皇帝。这时,河北各州县大小官员都惶恐不安,有的还暗中活动,图谋不轨,因为他们一向都是唯太子李建成之命是从的,生怕太宗皇帝降罪。

魏徵对太宗奏道:"如果河北官吏不知陛下公正治天下,恐怕祸生不测。"太宗认为魏徵所言甚是,就对他说:"朕知卿与河北将吏熟悉,就派卿去河北安抚他们,卿看可好?"

魏徵受命赴河北安抚众将吏。一日,路遇一些官兵押解两辆囚车向京城而来。魏徵等人上前一看,囚车里是李建成的千牛(官名)李志安和齐王护军(官名)李思行。二李一见魏徵都呼唤求救。魏徵和他的副手商量:我们奉诏赴河北晓谕官府旧人,一概赦免不究,现在如果再把二李押解京城,河北官吏岂不人人自危?我们即使到达河北,宣谕诏书,河北众人也一定不会相信,势必成为朝廷心腹祸患,不如放了二李,令他们回去宣传圣意,河北之事可解。于是,魏徵以诏书名义释放了二李,并为他们设宴压惊,欢谈别后之事,宣称太宗皇帝仁德优厚,不计前嫌。二李大喜,表示回河北后一定劝说官吏消除疑惧,忠心事君。果然此举收到极好的效果,河北州县望风而服,许多地方官民摆列香案迎接魏徵大人。魏徵很快地就完成了太宗交给他抚慰河北的使命。回到朝廷,太宗对魏徵北行十分满意。(《新唐书》 张跃中)

21. 一言胜兵十万

唐朝贞观初年,岭南冯盎、谈殿等互相攻击,很久都未入朝觐见皇帝,南方诸州也都纷纷传言冯盎已经反叛朝廷了。唐太宗听了大怒,准备发兵十万前往征讨。丞相魏徵谏道:"现在中原战火刚灭,社会刚刚稳定,亟待休养生息,岂可轻易用兵?特别是岭南乃瘴疬之地,路遥地险,势不宜屯扎大兵。再则冯盎反状未成,朝廷岂能兴师动众,妄开衅端?"唐太宗不满地说:"来朝禀告冯盎叛反的人络绎不绝,你怎么可以说'反状未成'呢?"魏徵道:"冯盎要是果真已反,必定会攻城略地;而冯盎数年里兵不出境,他未曾造反是显而易见的。至于他为何久不来朝,臣以为那必定是因为州县谣传他已造反,加上这好几年来朝廷也未派使者去加以镇抚,所以他怕朝廷怪罪于他,故而不敢来朝。"唐太宗觉得魏徵言之有理,就问他该怎么办。魏徵奏道:"可使一介使者到岭南加以抚慰,推赤心于其腹中,则冯盎必然对朝廷感恩戴德,永不为叛。如此则不烦一兵一卒而岭南可平。"

唐太宗于是停止发兵征讨,改派李公掩持节(权杖)前往岭南抚慰。冯盎见朝廷如此待之以礼,倍受感动,也立即派他的儿子冯智戴赴京朝拜唐太宗,表示从此悉心治理岭南,永不背叛大唐。

事后,唐太宗赞扬魏徵道:"丞相让我发一介之使而岭南遂安,诚可谓一言胜十万大军啊!"(《新唐书》 张跃中)

22. 割肉藏珠

有一次，唐太宗对身边的诸位大臣说："我听说西域商人得美珠，有的竟把身上的肉剖开，然后藏珠于肉内，真有这种事吗？"大臣们都说："确有此事。"太宗道："这真叫爱财如命啊！我看那些受贿的贪官最终被绳之以法，还有那古代帝王因为糜费过度而亡国，同西域商人割肉藏珠一样荒唐可笑啊。"说罢太宗和众臣都大笑起来。魏徵在一旁饶有意味地接着说："过去鲁哀公对孔子说：'有一个会忘事的人，搬家竟忘了把老婆一同搬走。'孔子说：'还有更厉害的呢，夏桀王和商纣王（都是暴君）连自身都忘记了。'这同那个西域商人不也很类似吗？"唐太宗听出魏徵是在用孔子的话来规劝他勿学桀纣得意忘身，就会意地点点头，严肃地说："朕与诸位一定要戮力同心，共同治理国家，以免被人讥笑为西域商人割肉藏珠啊！"众臣齐声称诺。（《资治通鉴》 张跃中）

23. 魏徵可爱

魏徵是唐太宗时名臣，以犯颜直谏著称。有一次，魏徵在朝廷上与唐太宗争论不休，使唐太宗感到非常难堪，直到退朝之后仍恚（huì）怒不止，竟脱口而出道："我一定杀了这个庄稼佬！"长孙皇后问道："不知哪位大臣触犯了陛下，致使陛下如此愤怒？"唐太宗答道："魏徵经常在朝廷上顶撞我，令我十分难堪。"长孙皇后素闻魏徵铁骨铮铮，乃朝廷栋梁之臣，有意救他，因见唐太宗正在气头上，自料直言难以奏效，决计用智婉言劝止。于是，她回到后宫，穿上礼服，站在大庭上恭迎唐太宗，并向他表示祝贺。唐太宗对长孙皇后的举动十分惊奇，急忙问道："皇后！我有何喜可贺？"长孙皇后答道："古人说主圣臣忠，今陛下无比圣明，所以才有魏徵这样敢于犯颜直谏的大臣。妾蒙陛下不弃，得备后宫之数，今见君臣相得，怎敢不祝贺呢？"

皇后的一番话，措辞得体，既满足了君主的虚荣心，避免触犯其尊严，又为魏徵说了好话，唐太宗听了特别高兴，不仅打消了杀魏徵的念头，而且觉得魏徵耿直得可爱。从此以后，他把魏徵作为"人鉴"，总是虚心接受他的意见。（《隋唐嘉话》《唐语林》 赫崇政）

24. 护法

唐太宗贞观元年（627），戴胄任大理少卿，任职不久就遇到这样一件事：

国舅长孙无忌被皇帝召见,忘了解下佩刀就入宫门,而守门的校尉也一时疏忽,没有察觉。这是触犯皇家禁规的。此事被宰相封德彝知道了,就上奏太宗,认为监门校尉应判死刑,长孙无忌可罚铜二十斤。太宗打算就照宰相说的办。戴胄不同意这样做,他说:"校尉未察觉和长孙带刀入宫同是一时疏忽致误,怎么能不同治罪?"封德彝道:"长孙无忌是国家有功大臣,以罚代刑未为不可!"戴胄说:"不然,法律上写得很清楚:'供御汤药、饮食、舟船,误不如法者皆死。'今长孙犯法理当据法议罪,罚铜是不妥当的。"唐太宗说:"法不是朕一人之法,而是天下之法,无忌虽是皇亲国戚也不能违法处置。"便下诏重新议罪。

封德彝仍坚持他的意见,太宗又打算同意了,这时只见戴胄再次反驳宰相道:"校尉因为长孙之误而致罪,于法当轻,现在轻者处死而重者却只是罚铜了事,这又怎么能使天下人相信陛下平常所言'法不阿贵'呢?"唐太宗被戴胄这种敢于"犯上"的精神所打动,就问他:"依卿之意该如何处理此件事呢?"戴胄道:"依臣之见,要么都处死刑,要么都给一定的处罚。考虑到二人皆属疏忽致误,给一定的惩罚就是了。"太宗决定:免校尉之罪;长孙无忌原判有效,罚铜二十斤。另,嘉奖戴胄有智有勇,敢于护法。(《新唐书》 张跃中)

25. 确是真迹

李邕与萧诚同是盛唐时期著名书法家。萧诚颇自矜贵,每有得意之作,便自我欣赏,还要拿给宾朋观摩。偏偏李邕不肯轻易许人,对萧诚送去的作品,总是吹毛求疵,未曾道一个好字。萧诚心里气不过,以为李邕故意掩人之长,设计要让李邕折服自己的书艺。

萧诚一连数日闭门不出,仔细揣摩王羲之的墨迹,并仿其笔意写了一幅字,朝夕摩挲把玩,日子一长,绢素字迹渐渐晦暗模糊。拿给书画界朋友鉴定,皆以为数百年前之物,系王羲之真迹无疑。萧诚又命人向李邕透露消息,说家有王右军(羲之)真迹,秘不示人,愿请北海(李邕别号)渊鉴。李邕欣然承应,却迟迟不见萧诚送来字幅。

一天,萧诚去拜访李邕。李邕又提起墨迹的事,问道:"萧兄果有王右军真迹否?为何久不见示?"萧诚抱歉地说:"连日为公务所困,竟把这件事给忘了。"随即命家僮回去取字。不一会儿,家僮回报说,字不见了。萧诚大吃一惊,连声苦叹,想一想说:"记得有位客人看过这幅字,莫非被他窃走了?"李邕听了,恍然若失。萧诚忽然若有所悟,拍拍脑瓜子说:"是我忘了,客人看过以后,我把字存放

别处了。童儿,快到那里取来!"李邕被萧诚七绕八转弄糊涂了,但心里总算落下了一块石头,真迹没有丢失,是幸事。

家僮取来字幅,墨宝展示出来了。李府宾客齐来观赏,李邕则异常沉静,拈须细细审视,深叹笔墨之妙,结体之奇,过了好一会儿,才下断语:"确是真迹,平生未见!"在座宾客也同声附和,共称稀世之珍。

几天后,萧诚应邀参加李府的一次雅集。宴会上不免要谈论诗文书画,客人都夸主人鉴赏之精。独有萧诚忽发怪论,微笑说:"李公向来鄙弃我的字,前日所呈王羲之的字幅,其实是我年轻时的仿制品,却被李公指为真迹。也许李公一时眼睛发花了。"李邕不相信自己的鉴别会出差错,要萧诚再取字幅来。李邕认真过目以后,显得十分尴尬,深悔受骗了,但仍不服输,卷起字幅往案上一扔,不屑一顾地说:"仔细看来,倒也平常。"(《封氏闻见记》 夏咸淳)

26. 留妪破命案

唐代贞观年间(627—649),有一次,卫州(治所在今河南汲县)一家旅店店主的妻子回娘家探亲去了,只剩下店主和伙计们忙里忙外。一天,来了杨正等三个士兵投宿。半夜里,正当杨正等人呼呼大睡时,有人溜进客房,拔出杨正的刀去暗杀了店主,然后回屋把刀插进刀鞘中,这时杨正等仍然未醒。

天亮后,杨正他们刚刚离开旅店,忽听后面有人喊:"站住!站住!"原来是店里的伙计追了上来。杨正等人正在迷惑不解,伙计一把拔出佩在他身上的刀,只见满是血污。伙计不由分说,把他们带到官府。在严刑拷打下,杨正等人忍受不住,被迫承认杀了店主。

案件上报到朝廷,唐太宗感到事有蹊跷,就派出御史蒋常复查。

蒋常赶到卫州,立即把旅店附近十五岁以上的人都叫到州衙门,简单地讯问几句就放走了,唯独留下一个八十多岁的老妇,一直到晚上才将其放回。蒋常又悄悄派出一个差役跟在其后,要他记住有什么人与老妇讲话。

那差役尾随老妇,果然看到有一个人在州衙门外不远的地方等着,见到老妇后,急不可待地问:"御史如何审讯你的?""御史都问了你些什么?"老妇年高懵懂,回答不清楚。那人急了,一再追问。以后三天,都是那人纠缠老妇,问个不止。

蒋常立刻下令逮捕那人,很快审讯出他与店主的妻子通奸,因而杀了店主,并且企图嫁祸于人。罪证确凿,凶犯被判死刑斩首,杨正等人终于获释。(《折狱龟鉴》 程维荣)

27. 假佛牙

相传释迦牟尼圆寂之后,曾留下四颗牙齿,称为"佛齿",其中有一颗牙齿,很早就传入了中国。唐太宗贞观年间(627—649),有一位来自印度的婆罗门僧,声称自己也得到了一颗能击碎任何坚硬物体的"佛齿"。这消息传开后,京城长安(今陕西西安)一带立刻炸开了锅,婆罗门僧的住处车马盈门,人声鼎沸,大家争先恐后地从四面八方赶到那里,以求一睹这颗稀世的珍宝。然而,婆罗门僧非常珍视这颗"佛齿",把它装在一个精致的小盒子里,小盒子又里三层、外三层地包裹严实,不肯轻易示人。这样,人们更感到神秘莫测,来看"佛齿"的人就更多了。

当时相州邺(今河南临漳西南)有一位学者叫傅奕,他博学多才,特别精通天文历数,曾当过太史令的官。当"佛齿"的消息传得沸沸扬扬时,他正好卧病在床。傅奕听到这件事,略一思索,便对他儿子说:"这肯定不是佛齿,佛齿怎能这般坚硬?我听说金刚石非常坚硬,几乎所有东西碰上它,都会被击碎。婆罗门僧那颗佛齿,很可能就是用金刚石制造的假牙。不过一物降一物,我又听说羚羊角可击碎金刚石,你不妨去试试看,以辨真伪!"

傅奕的儿子欣然前往。他找到婆罗门僧的住处请求瞻仰"佛齿"。婆罗门僧起初不肯出示,经他再三恳求才勉强答应。傅奕的儿子忙从怀里拿出羚羊角轻轻一敲,"佛齿"即应手而碎。婆罗门僧见状大惊,再也不敢隐瞒,只得以实相告,说他为提高自己的身份,扩大自己的影响,才用金刚石制造一颗完全可以乱真的假牙,冒充"佛齿"来哄骗善男信女们。傅奕的儿子揭穿"佛齿"的骗局后,婆罗门僧的住处门可罗雀,他只好收拾行李,知趣地离开长安,乖乖地回到印度。

据古代文献记载,傅奕用羚羊角试金刚石的方法,为后世珠宝商普遍采纳。据说百试不爽,灵验得很哪!(《隋唐嘉话》《唐语林》 赫崇政)

28. 妙语解颐

唐朝初年,有个叫贾嘉隐的孩子,年方七岁,以聪颖过人闻名遐迩,被召进朝廷面见皇帝。一天,两位宰相长孙无忌、李勣(jī)正站在朝堂门前一棵大树下讲话,见嘉隐走过来,李勣就开玩笑地问:"喂,人家都夸你聪明,是个神童,我倒要考考你:我背靠着的是什么树?"

"是松树。"嘉隐回答。

"不对,"李勣摇了摇头,"明明是槐树,怎么说是松树? 看来你还不行……"

嘉隐道:"公(指李勣)和木在一起,还不是松树吗?"

李勣恍然大悟,得意地笑了。

长孙无忌一见,也凑上来问:"我靠着的是什么树呢?"

"槐树。"嘉隐回答。

长孙无忌有些失望:"你不能回答得更巧妙一些吗?"

嘉隐道:"何必回答得更巧妙? 鬼和木在一起,还不是槐吗?"

长孙无忌听了,尴尬地吐了吐舌头。

李勣出来打圆场,笑道:"这小家伙长着一张獠面(粗野丑陋的容貌),倒确实聪明,真是人不可貌相。"

嘉隐应声答道:"胡面都可以做宰相,獠面又为何不能聪明呢?"

原来,李勣长得两眼凹陷,鼻尖高耸,很像胡(西北少数民族)人,所以嘉隐这么说。当下李勣一听,顿时像泄了气的皮球,再也不敢小觑嘉隐了。(《大唐新语》 程维荣)

29. 断牛案

贞观初年任刑部侍郎后擢升为幽州刺史的张允济,年轻时任武阳县令,曾审理过这样一个案子:元武县有个人有事外出,把一头母牛托给岳父家饲养,过了几年这头母牛竟生下十几头牛犊。这人返回故里后要求岳父把母牛和牛犊都还给他。不料岳父见财起意,不肯归还。他无奈,就告到县衙,但他的岳父一口咬定牛是自己的,县衙难以决断,成了悬案。这人不肯罢休,就越县到张允济处申冤。张允济很为难,对他说:"你县自有县令断案,我怎能越县审案呢?"这人见张允济不肯审案,急得伤心哭泣不已。张允济很同情他,就命左右差役将他绑起来,又用布蒙住他的头,押到他的岳父家说:"捉住了一个盗牛贼,凡有牛的人家都要对质,说明牛的来处,否则那就一定是这个盗牛贼的同伙!"这人的岳父一听,生怕官府怀疑他是盗牛贼的同伙,就赶忙指着他家的牛对公差说:"这些牛都是我的女婿寄养在我家的一头母牛生的,与我家无关。"张允济命人将那人头上的蒙布拿掉,说:"那就把这些还给你的女婿吧!"那人岳父一看是自己的女婿就傻了眼,连忙叩头服罪。张允济留下三头牛犊作为三年饲牛的报酬。那个元武县令听闻张允济轻而易举就破了案,不禁大为羞惭。(《新唐书》 张跃中)

30. 悬筐除瓦砾

唐朝贞观年间,京城长安有个裴明礼,最善理财,不多久家产巨万,遐迩闻名。观其理财之策,触类多奇,常常令人拍案叫绝。

有一次,裴明礼在金光门附近看到一块不毛之地,地上都是瓦砾,算算用人工来清除瓦砾也要花很多钱,因此土地的主人就以极低的价格将土地卖给了裴明礼。裴明礼心想,如果能清除掉这些瓦砾,这块地皮不愁卖不出好价钱。可如何清除呢?有了,他令人在土地四周立了不少柱子,每柱上都挂着筐,然后贴出告示,谁能站在一定距离内将瓦砾投入筐中就以钱酬谢。这一下子吸引来许多大人小孩,皆欢天喜地地往筐内投瓦砾,如同做游戏一般,而且又能得钱,何乐而不为?只是倒也怪,投了十块、百块,却只有一两块投中筐内。不到中午,地上的瓦砾竟空空如也,而在地皮的四周却堆积如山。裴明礼算算付出的钱,还不到雇用民工来清除的十分之一呢!这清理好的地皮,被他转手就卖了个好价钱,获利近十倍。土地的原主人见了十分眼红,懊恼地说:"我怎么就未想到这个法子呢?"

裴明礼后来做官,累迁至太常卿。(《益智编》 张跃中)

31. 破突厥

唐朝镇边大将裴行俭担任定襄道(今山西西北部和内蒙古西南部一带)大总管,征讨突厥。突厥狡猾,多次用奇兵突袭萧嗣业为大军运输粮食的车队,而且屡屡得手,竟造成唐兵匮粮,往往有人饿死。裴行俭深感这是一个很大的威胁,必须设法使敌人不敢偷袭运粮车队。

他命令制造三百辆又高又大的运粮车,每辆车里藏五名精兵,各自都带着利刃劲弩。然后命士兵推车而行,同时又派一支精兵在车队后面远远跟着。突厥兵果然又来劫粮了。他们一看唐兵齐刷刷三百辆高大的运粮车,喜不自胜,心想这些车内装着多少粮食呀!抢回去足够吃上一个月的了。于是,为首的一声唿哨,数百名突厥兵像往常一样,挺刀直奔车队。正当突厥兵刚刚冲到粮车跟前,粮车突然打开,从里面杀出一千五百名壮士。事出意外,突厥兵被杀了个措手不及。那车后跟着的大队唐兵一见前面已发生战斗,也都如虎扑羊般猛冲上去。这下可惨了,突厥兵被唐兵前后夹击,不一会儿工夫就被杀得尸横遍野,几乎全被唐兵斩尽杀绝。

从此,突厥兵就再也不敢偷袭唐兵的运粮车队了。(《旧唐书》 张跃中)

32. 将计就计

唐高宗咸亨初年,薛仁贵因受牵连被贬象州(今属广西),后遇赦返京。西突厥元珍(部落首领)乘薛仁贵遭难,兴兵寇边,形势十分紧张。高宗召见薛仁贵,抚慰道:"卿功高盖世,还望不要计较个人得失,一切以国事为重。现安西都护府(在甘肃境内)受西突厥侵犯,瓜州、沙州之间的道路被阻断,卿岂能高卧而不为朕分忧呢?"薛仁贵忙奏:"臣肝脑涂地在所不辞。"于是高宗任命薛仁贵为瓜州长史、右领军卫将军、检校代州都督,率兵十万抵云州征讨西突厥。

西突厥元珍见唐兵到来,就亲到阵前,大声问道:"谁是统兵大将?"唐营中回答:"是薛仁贵薛大帅来了!"元珍听后哈哈大笑道:"想骗谁?我听说薛将军流放象州,现已病逝,死人岂能复苏?"这时薛仁贵脱下兜鍪,骑马来到阵前,元珍及突厥诸将一看果然是薛仁贵,依旧像当年那样威风凛凛,慌忙下马罗拜,领兵退去。

诸将大喜,对薛仁贵说:"全靠大帅威名震动突厥,从此可以兵不血刃,边庭得安了。"薛仁贵对诸将道:"诸位所言差矣。那突厥并非真心顺我,而是用计来麻痹我,我料突厥今夜必来劫我营寨。我们不妨来个将计就计……"薛仁贵把人马分成两拨,少数人在营中,多数人埋伏营外,鸣炮为号,一齐杀出。到了半夜,果见西突厥兵马皆衔枚而来。等到突厥兵刚入营寨,忽然惊天动地一声炮响,军营内外唐兵皆出,把突厥人马围在核心,恣意斩杀,杀得突厥兵哭天叫地,四散逃亡。这一仗斩杀突厥兵一万多名,虏得牛马三万匹,突厥大败出境,安西遂安。(《旧唐书》 张跃中)

33. 严惩恶霸

唐高宗永淳初年,韦凑任扬州法曹,刚上任便收到老百姓许多诉状,告的都是同一人孟神爽。这个孟神爽何许人也?衙中老吏告诉他,这个孟神爽乃扬州一霸,早年曾做过县令,因违法被罢免,于是横行乡里,鱼肉百姓,无恶不作。又因朝中有亲戚庇护,地方官吏无人敢管。有一次打人致死,可是没几天就又神气活现地出现在大街上了。百姓恨之入骨,却奈何不得。

韦凑决心为民除害。他历经多次访察,确认这是个劣迹斑斑的恶棍,就下令将孟拘押。谁知第二天就收到来自各方面的求情密札。他的案头一边堆积来自民间要求严办恶霸孟神爽的诉状;一边是来自各方的求情密札,其中有一二求情者还是负责任免、考核、选拔官吏的吏部大员。韦凑心想：怪不得孟神爽无人敢惹，原来还有这么硬的后台呀！嘿，这下子犯在本大人的手里，叫你尝尝厉害！韦凑知道就这样当堂审讯，孟肯定不买账，他令人到牢房对孟神爽说："明日上堂，只需招供就当堂释放，勿忘叫家中用马车来接你回去。"孟神爽听了撇撇嘴，心想：还不是跟过去一样，能拿大爷怎么样？

　　这天，韦凑当堂审案。一大早衙门口就聚集了众多百姓。孟神爽的家人也来了，一辆豪华的马车就停在一旁，准备恭候孟神爽回府。韦凑拿定主意，要给这个恶霸迅雷不及掩耳的惩罚，以断说情者之念。他喝令孟犯跪下，孟神爽朝他翻了翻白眼，似乎在说：你还不是得乖乖地当堂释放我？哼，我就是不跪，看你能奈我何？！韦凑也不多计较，只是将孟所犯的罪行逐一当堂宣读，读毕问孟是否属实。孟本来要抵赖，忽然想到昨晚有人告诉他只要承认一下就可当堂释放，于是他毫不含糊地说："都是孟爷所为！休得啰唆，快放我回家！"大堂上出现了片刻的沉默，衙役们以为接着便是"送客回府"了。谁知就在这时韦凑站起来大喝一声："既然该犯供认不讳，那就把恶霸孟神爽拖下堂去当堂杖毙！"（唐律，对查有实据、确实恶迹昭著的罪犯，主审官有权当堂杖毙，然后再奏。）孟神爽分明听到"杖毙"二字，但他不敢相信，昨晚不是有人告诉他承认了就当堂释放，还叫家中准备马车来接的吗？众衙役也愣了一下，但立即回过神来，立即如狼似虎般上去就把这个人人皆恨的恶霸拖到行刑处，刑杖齐下，孟神爽先还求饶，后来光哼哼了，最后连哼也不哼了，果真"神爽"在那里了。衙门口等看判决结果的众百姓，一听说当堂杖毙孟神爽，立即群情振奋，鞭炮齐鸣，而孟的家人则立即号啕起来，带来的那辆马车所派何用这才明白过来，原来是运孟神爽的尸体的。（《新唐书》　张跃中）

34. 作偈显智

　　慧能是唐代僧人，禅宗南宗创始人。他三岁丧父，长大后靠卖柴养母度日。二十四岁时，有一天，他又像往常一样去南海新兴县（今属广东）集市上卖柴，忽然听到有人在念《金刚经》，一听到经语，心即开悟，便问念经者是从哪里得来这种经典的。那人对他说，是从蕲(qí)州黄梅（今属湖北）东山寺禅宗五祖弘忍大师处受此经法。于是，他便下定决心，去寻此经法。

　　慧能经过一路辛苦跋涉，终于到达黄梅东山寺。弘忍见慧能长相粗俗，其貌不扬，衣着褴褛，蓬头跣足，便问道："你从哪里来？"慧能答道："弟子从岭南来。""你来这里想要做什么？""不求别的，唯求做佛。"弘忍听慧能口气这样大，不禁笑

道:"岭南獦獠(对南方少数民族的一种侮称)人,怎能做佛?"慧能听罢,立即高声答道:"人有南北之分,佛性并无南北之分,岭南人怎么就不能做佛!"弘忍听到慧能如此回答,便知道他是一个很有"根器"的人,于是就先安排他到碓(duì)房干杂活。

慧能在碓房里劈柴舂米八月有余。有一天,弘忍忽然将他的弟子们都叫齐,要他们根据自己的智慧和见解,作一首偈颂呈上来,看谁的悟境最高,就把历代祖师相传的衣钵传授给他,立他为禅宗六祖。大伙私下议论说:"咱们大伙都用不着作什么偈颂,神秀是上座,他得法后,咱们跟着他学就是了。"神秀也当仁不让,认为作偈颂非他莫属。经过了一番苦思冥想之后,终于作出一首来,但又有些心虚,不敢公开拿出来,就在夜深人静时,悄悄地来到佛堂南廊,把偈颂书写在一块墙壁上:

身是菩提树,心如明镜台,
时时勤拂拭,莫使有尘埃。

第二天一早,弘忍来到南廊下,看到了这首偈颂,便知道是神秀作的。他觉得这首偈颂悟性并未到最高境界,但口里却说这首偈颂写得很好,并让大伙都来念诵它。

过了两天,慧能也作了一首偈颂,因自己不识字,就请前来南廊看神秀偈颂的江州(今江西九江)别驾张日用代为书写。张日用不相信,问道:"獦獠,你也会作偈颂?真是稀有!"慧能说:"欲求无上菩提,不可轻视初学者。俗话说,下下人有上上智,上上人有没意智。若轻视人,即有无量无边的罪过。"张日用便说:"好吧,你且作偈颂,我来帮你写。如果你得法,可别忘了先度我。"说罢,就把慧能的偈颂写在神秀的偈颂边上。慧能的偈颂是:

菩提本无树,明镜亦非台,
佛性常清净,何处有尘埃!

弘忍看到慧能的偈颂,知道他悟境最高,但表面上却并未点破。当天夜里,弘忍来到碓房,只见慧能腰悬大石,全身一起一落,汗流满面,奋力舂米,不禁叹道:"求道之人,为法而献身,就应该这样!"然后又问慧能:"米熟也未?"慧能答道:"米熟久矣,犹欠筛在。"弘忍就用手杖敲打了他三下离去。慧能会意,到三更时分悄悄来到弘忍房内,弘忍秘密为他讲解《金刚经》,又把历代相传的袈裟交给他,并叫他连夜逃走,免遭人家暗害。

慧能回到岭南后,大力弘扬"直指人心,见性成佛"的顿悟法门,开创了具有深远影响的禅宗南宗一派。(《景德传灯录》《坛经》 王福金)

35. 智慧化行昌

唐代禅宗五祖弘忍传衣钵给六祖慧能以后,禅宗开始分化为南北两宗。南宗宗主慧能和北宗宗主神秀均是德高望重的高僧,他们之间无非是有关教义的君子之争。可惜他们的门徒门户之见很深,甚至达到互相憎恨的地步。

当时北宗的门徒忌妒弘忍传衣钵给慧能,立为六祖,他们不服气,便拥立神秀为六祖,并指使一名叫张行昌的人去加害慧能。那张行昌是江西人,自小任侠。他很爽快地应承了,怀揣利刃去找慧能。然而慧能已预先获悉此事,便在方丈宅室里备好十两银子。行昌找到慧能住处,闪入方丈室内,二话不说,挥刀便刺。不料他连刺三刀,都没有伤到慧能。慧能安详地说:"正剑不邪,邪剑不正;只负汝金,不负汝命。"行昌听了,惊倒在地,好久才苏醒过来,苦苦哀求,表示悔过。慧能取出银子送给他,并说:"你先离开此地吧,恐怕别人知道了会害你的。以后你再来,我会帮助你的。"行昌听从慧能的嘱咐,连夜拜谢而去。

行昌走后,便去投僧出家,严守戒律,精修佛法。一天,行昌忽然想起慧能临别时的嘱咐,便老远赶来拜访。慧能见到行昌,很高兴地说:"我一直挂念着你呢,你为什么这么久才来呢?"行昌说:"过去承蒙大和尚赦罪,如今我虽然出家修苦行,还是难报大恩。请您传法给我,让我以后普度众生吧。"接着,慧能为行昌开示《涅槃经》中"常"和"无常"的真义。行昌听了,如醉方醒。慧能笑道:"你如今才彻底明白了,可取名'志彻'。"(《景德传灯录》 李明权)

36. 笑谈癫狂

唐代智则和尚,长安(今陕西西安)人,二十岁便出家了。他性情旷达,不修边幅,经常穿着一袭破烂不堪的衲衣,别无嗜好,只是爱吃汤饼。

智则独住一间小小的僧寮,室内仅容一张铺草的小木床,除瓦钵木匙外,别无他物。智则每晚在小木床上打坐过夜,从来不关门。

大家见智则如此,都笑他癫狂。智则听了,拍手大笑,叹道:"说别人癫狂的人,自己才癫狂呢!离开世俗,出家为僧,本来就是为了省去烦琐的事务,专心悟法,了脱生死。如今许多人身出家了,心却未尝忘家。这些人忘了出家人的本

分,终日为衣食奔走忙碌,甚至为了聚敛种种财物,役役不安。他们行住出入,遮遮掩掩,关门锁户,不但浪费了大量时光,而且妨碍了内心的平和清净。人生无常,光阴苦短,这种人如果不算癫狂的话,世间就没有癫狂的人了!"

就这样,智则和尚在长安住了近五十年,安然圆寂。(《续高僧传》 李明权)

37. 怒逐俗汉

禅家有所谓"枯木禅"。唐代著名的希运禅师曾经这么告诫门徒:学道的人当"如枯木石头去,如寒灰死火去,方有少分相应"。"枯木"比喻"无心",而"无心"是修行中的很高境界。后来,唐末的石霜禅师尤其笃好"枯木禅",他门下的徒众二十年来长坐不卧,天下都称之为"石霜枯木众"。后世把僧人打坐参禅的房间叫作"枯木堂",就源于此。

由"枯木禅",引出了禅家一桩有趣的公案。从前有个老婆子,吃斋念佛。她家附近有个小庵,住着个苦行僧。老婆子长年供养着这位苦行僧,经常唤一名二十来岁的姑娘到小庵去送斋饭。一天,姑娘正要去送饭,老婆子悄悄对她说:"待会儿,你一把抱住他,看他怎么样,回来告诉我。"姑娘推门进庵,见那苦行僧正盘腿垂目,像枯木一样呆坐着,纹丝不动。姑娘悄悄地走上前去,如老婆子嘱咐的那样,一把抱住苦行僧,轻轻地说:"正当这样的时候,您以为如何呢?"那苦行僧坐在那里,连眼皮也不抬一下,缓缓地念了两句诗偈:"枯木倚寒岩,三冬无暖气。"意思是说,自己已是形如枯木,心如死灰,对世上的东西再没有什么热情和妄想了。姑娘松开双手,回去对老婆子说了。老婆子长叹一声,说:"想不到,我二十年间只是供养着一个俗汉。"于是,老婆子赶走了那位苦行僧,放把火烧掉了小庵。

苦行僧已经修行到"枯木死灰"的境地,为什么老婆子仍然斥之为"俗汉"呢?原来,"枯木禅"的真正旨趣,并不是一味枯寂冷漠,而是由止息妄念而恢复活泼泼的真性妙用。禅家把这个过程比喻为"枯木龙吟""枯木逢春",所谓"大死"才能"大活"。那位苦行僧能"死"不能"活",片面理解"枯木禅",因此被斥为"俗汉"。(《五灯会元》 李明权)

38. 说法惊师

唐代福州(今属福建)神赞禅师在外行脚游方时,经过著名的百丈怀海禅师的点化,豁然开悟。神赞回到福州大中寺,见到他的师父正坐在窗下读经。此时,神赞发现有一只蜜蜂嗡嗡地飞着,不断地撞击关闭着的窗纸,想飞出去。神赞长叹一声道:"世界是这么广阔,出路这么多,却不愿出去。一味钻故纸,不知何年何月才出得去呢!"他随手打开窗户,让蜜蜂飞到阳光明媚的花园中去了。神赞还随口念了首诗偈:

空门不肯出,投窗也大痴。
百年钻故纸,何日出头时!

师父听出了神赞的弦外之音、言外之意,便放下手中的经书,赞叹道:"你出外参学归来,果然境界大不相同,出言不凡,不知你遇到哪位高人了?"神赞答道:"弟子蒙百丈大师点拨,决定不辜负他老人家的苦心。"师父含笑点头。

从那以后,师父便请神赞登座说法。神赞便对大众宣讲百丈怀海禅师的宗旨。他说:"众生的心性本来就是清净圆满的,既不受感官和环境的污染,也不受语言文字的拘束。离开一切妄缘,心性显露妙用的灵光,那就和成佛做祖没有什么两样了。"师父也在座中,感叹地说:"想不到我在垂暮之年还能听到如此透彻的开示!"

后来,神赞迁往古灵寺,带领众僧修道弘法。他临终前,剃发沐浴。此时,寺庙里撞响了钟声。神赞对大众说:"你们大家知道所谓'无声之昧'吗?"大众都摇摇头,说:"不知道。"神赞告诉大众:"你们别听外面的钟声,要听发自内心的钟声。你们都停止其他思维,静静地听吧。"神赞就这样安详地圆寂了。(《景德传灯录》《五灯会元》 李明权)

39. 妙对师问

唐代希迁禅师是高要(今属广东)人,他为人洒脱敏捷,尝吟诗云:"心空不得白云飞。"其师行思禅师很器重他,称誉道:"众角虽多,一麟已足。"天宝初年,希迁接受邀请,住持衡山南寺。他在寺东一块平坦如台的大石上结庵而居,人们都称他为"石头和尚"。希迁主张"即心即佛",其禅法圆转无碍,如环无端。当时与希迁并称"二大士"的马祖禅师常用"石头路滑"来比喻希迁的禅法。

希迁曾经到六祖慧能大师的祖庭曹溪(在今广东曲江)去参学,有所证悟。他回到青原山同行思见面时,行思问他:"你从曹溪那里带回什么来了?"希迁答道:"我没到曹溪以前,原来没有丢失过什么呀!"行思再问他:"你既然什么也没有丢失,那么为什么要到曹溪去呢?"希迁说:"如果不到曹溪去,怎么会知道我从来不曾丢失什么?"行思听了,大为赞叹,认为希迁已经明白:自心具足一切。

(《宋高僧传》《五灯会元》 李明权)

40. 智难宣鉴

唐代朗州(今湖南常德)德山,有位宣鉴禅师。他自幼厌食荤腥,聪慧过人。出家后,勤奋钻研,博通佛教经论,尤其善于讲解《金刚经》。他俗姓周,时人都称之为"周金刚"。

原先,宣鉴很自负,有点"舍我其谁"的意味。他挑着一厚叠《金刚经疏抄》,踌躇满志地外出云游。他走到湖南澧阳地方,觉得腹中饥饿,便卸下担子歇息。正巧,路边有位老婆子在卖饼。宣鉴便走上前,想买几个饼作点心充饥。不料老婆子却指着他的担子问:"这里面沉甸甸的,都是些什么书啊?""是《金刚经疏抄》,你不懂的,快卖点心给我吧!"宣鉴显然很不耐烦。老婆子不着急,慢悠悠地说:"你是有道行的法师呀,请回答我一个问题。如果你答得上,点心白送给你;答不上呢,就请你去别处买点心吧。"宣鉴想,这老婆子倒饶舌,她能提出什么问题呢?便道:"快说吧,我还要赶路呢!"老婆子笑了笑,说:"法师别急。《金刚经》上说:'过去心不可得,现在心不可得,未来心不可得。'法师呀,你究竟要点哪个'心'呢?"这一问,可把宣鉴问懵了。他满面羞惭,无言以对,只得饿着肚子悻悻离去,并找了个地方把一担子《金刚经疏抄》都付诸一炬。

宣鉴又去澧州(治所在今湖南澧县),参访当时颇负盛名的龙潭崇信禅师。自从经过那位老婆子的点化,宣鉴悟性大增。在问答中,崇信禅师说个片言只语,宣鉴就立刻明白了。一次,崇信点燃一支纸烛给他,他伸手去接,崇信却把纸烛吹灭了。宣鉴当下豁然大悟,纳头便拜。崇信显然对这位弟子很满意,在一次升座时当众宣布:"将来在孤峰顶上,宣扬我的道法的,便是此人啊!"

太守薛延望仰慕宣鉴,在朗州德山建造精舍,名为"古德禅院",请宣鉴住持弘法,盛极一时。那时,宣鉴仍念念不忘老婆子的"点心"公案。他经常对大家说:"我宗实无一法与人。"又说:"别自欺,无事勿妄求。只要无事于心,无心于事,则虚而灵,空而妙。"宣鉴平时手持一根白棒,有人来参问,道得也三十棒,道不得也三十棒,时人称为"德山棒",俗语所谓"当头棒喝"即源于此。许多人在"德山棒"下消除迷惑,恍然有悟。(《景德传灯录》《禅苑蒙求》 李明权)

41. 巧破谎言

武则天万岁通天年间(696—697),监察御史孙承景监清边军,战毕回朝,在武后面前自夸如何亲冒矢石攻敌的情况。他绘声绘色,形影毕肖,武后信以为真,赞叹道:"不料御史竟也能如此勇猛对敌啊!"于是擢升孙承景为右肃政台中丞,并诏令侍御史记载孙承景部下的战功,给予赏赐。

张仁愿一向鄙视孙承景的为人,认为他是个爱说大话窃取功名的小人。这一次又亲闻他在武后面前的肉麻吹嘘,不由暗自好笑,且不直接揭穿他,待问他几个问题看他如何解释。张仁愿问:"请问孙御史,可否把这次用兵御敌的经过说给我听听?让我也长长见识。"孙承景在军中只知高卧或饮宴,哪知用兵经过?被张仁愿这一问,没有准备,一时答不上来。张仁愿又问:"请问御史大人,战场上出现了什么异常情况竟非要大人如士兵一样亲冒矢石呢?"这一来孙承景更是瞠目结舌,无从回答。他知道自己犯了欺君之罪,就忙向张仁愿求情,并愿以良田一顷奉送。张仁愿闻言大怒,便立即向武后弹劾孙承景所奏不实,欺君罔上,应予重罚。武后闻奏也十分恼怒,当即贬谪孙承景为崇仁县令,永不重用。张仁愿敢劾奸佞,被武则天任命为御史中丞,检校幽州都督。
(《新唐书》 张跃中)

42. 解说佛经

法藏是唐代的一位高僧。一天,女皇武则天请他讲解重新翻译的《华严经》,当讲到"六相圆融"时,武则天不禁一时听入了神。

"何谓六相?"武则天问。法藏答道:"六相又称法相或事相,就是我们平时可以看到的事物现象。六相包括事物的整体和局部,佛家称为总相和别相;相同和相异,佛家称为同相和异相;生成和毁坏,佛家称为成相和坏相。'相'由因缘和合而起,世界上的一切缘起现象,都可以具足六相。"

武则天听了,还是茫然不解。这时法藏看了看大殿一角的金狮子,灵机一动,又滔滔不绝地讲道:"比如金狮子,它有眼、耳、鼻、舌、身'五根','五根'对于整个金狮子的总相来说,就分别属于局部的别相。眼、耳、鼻、舌、身彼此相依相持,共同合成一个狮子的总体,这是同相;但眼、耳、鼻、舌、身毕竟各不相同,岂不是异相?'五根'由缘起而成为狮子,所以说是成相;又各就各位,保持分离状态,便是坏相。"

经过法藏一番善巧化诱,武则天心里明白多了。于是她又追问道:"那么,六相圆融又是怎么回事呢?"法藏就又举一例分析说:"我们现在举屋舍为例:屋舍是总相,构成屋舍的瓦椽是别相;瓦椽等构成屋舍是同相;瓦椽和瓦椽各不相同是异相;瓦椽构成屋舍是成相,瓦椽和瓦椽各自为政而不成其为屋舍时就是坏相。六相中,总相、同相、成相是事物的共性;别相、异相、坏相是事物的特殊性。所谓'六相圆融',说的就是整体和局部、共性和特殊性之间的圆融关系。"

武则天越听越感到有道理,便又刨根究底地问:"那么,究竟怎么个圆融法呢?"法藏说:"这是说,世上事物,整体和局部,共性和特殊性相即相入,圆融无碍。离开了总相就没有别相,离开了同相就没有异相,离开了成相就没有坏相。因此,总相就是别相,别相就是总相;同相就是异相,异相就是同相;成相就是坏相,坏相就是成相。这种关系,遍及世界上的一切现象。从这一角度理解,所谓'相即',就是总相、同相、成相,即为别相、异相、坏相;所谓'相入',就是别相、异相、坏相,能够入于总相、同相、成相。六相彼此相即相入,屋舍即是瓦椽,瓦椽即是屋舍;瓦椽能够容纳屋舍,屋舍能够入于瓦椽。"

听到这里,武则天豁然悟解。后来,法藏把为女皇武则天宣讲《华严经》义理的讲稿整理成书,这就是被华严宗奉为经典著作的《华严金狮子章》。(《华严金狮子章》 王福金)

43. 赦砍树者

狄仁杰任大理丞,一年中竟审理了一万七千人的积案,受到人们普遍称赞,认为他为社稷立了大功。在所审的案子中有一案很使狄仁杰感到棘手,那就是左威卫大将军权善才、右监门中郎将范怀义二人因误砍了昭陵(唐太宗墓)的一棵柏树而被唐高宗钦定为死罪的案子。狄仁杰认为依法这二人至多免去官职,但皇帝却执意要杀,怎么办呢? 狄仁杰决心启奏皇帝,请求免除二人死罪。高宗听了狄仁杰所言,脸色就已不悦了,问道:"那么依卿之意呢?"狄仁杰道:"依法至多免除二人官职。"高宗听罢勃然大怒道:"咄! 狄仁杰,难道你要让朕做不孝之子吗? 这二人非杀不可!"狄仁杰一看皇帝动怒,就拿别的事岔开去了,他知道再顶下去事情就更不好办了,还是让皇帝冷静下来再说。

过了几天,狄仁杰决心重提此事。他知道高宗对汉文帝很有好感,就用汉文帝的事来劝谏高宗。他说:"陛下一定知道汉朝有人盗高祖(刘邦)太庙中玉环的事吧? 后来那个盗贼被捉住了,汉文帝要判他灭族之罪。廷尉(最高执法官)张释之在朝廷上争奏道:'此人因盗玉环而要判灭族之罪,假如他盗取长陵(汉高祖墓)的一抔土则该判何罪呢?'文帝听了觉得有理,就同意只处决偷盗者一人,不再坚持灭族。今陛下假如为了一棵树而杀两大臣,岂不太重物而轻人了吗? 试想后代若以此事将陛下与汉文帝相比,岂不对陛下大不敬了吗?"高宗听了汉文帝之事,果然受到启发,也觉得为一棵柏树而杀两大臣确实有些太过分了。于是他对狄仁杰说:"就依卿所奏办吧。"(《新唐书》 张跃中)

444. 打赌

张昌宗长得十分俊美,又善于拍马奉承,对待女人也自有一套,所以武则天十分喜欢他,经常叫到后宫侍候她,一起玩乐游戏。有一次,南海郡献给武则天一件风衣,那里盛产各种各样奇异美丽的鸟,这件风衣就是选取这些鸟的羽毛编织成的,轻巧如云,绚烂如霞,真是世上一件难得的珍宝。武则天就把风衣送给了张昌宗,叫他穿在身上,跟她一起玩乐。

有一天,大臣狄仁杰进宫里找武则天商量国事,正巧她与张昌宗在玩"双陆",这是古代的一种棋类游戏,二人玩得正在兴头上。武则天见狄仁杰来,便招呼狄仁杰坐下,也来跟张昌宗玩几局,看看谁输谁赢。既然是陛下的圣命,自然不可违拗,狄仁杰同意了。武则天又提议说,既然是比输赢,就要押赌,问狄仁杰要赌张昌宗的什么东西。狄仁杰瞟了张昌宗一眼,心里不由一亮,说道:"就赌他那件翠羽风衣吧。"武则天又问:"你用什么来对赌呢?"狄仁杰指指自己身上的那件紫色朝袍,说道:"就赌这件吧。"武则天一听,不由得大笑起来:"你这个人门槛倒精。昌宗这件风衣,是天下至宝,价值无算;你这件朝袍,虽是绸子制的,但与昌宗的风衣相比,实在是不值得几个钱了。昌宗不是吃大亏了吗?"

"陛下说的是。"狄仁杰回答道,"从金钱方面着眼,的确是这么一回事,但臣认为,张昌宗的翠羽风衣,是靠拍马奉承、讨主人欢喜赏到的,所以轻贱;而我这件朝袍,是大臣上朝、讨论国家大事穿的,所以尊贵异常。吃亏的不是张昌宗,而是我。拿它来赌翠羽风衣,我还有点不愿意呢!"

张昌宗本是玩"双陆"的能手,今日踌躇满志,正想乘此机会,在武则天面前一显身手,讨个欢喜,也想在狄仁杰面前显显威风。一听狄仁杰说出这几句话来,顿时羞惭难当,神涣志散,神气不起来,就像秋天里的花草,突然挨了一阵冰霜,蔫了。他背脊里发冷,面孔发白,哪有心思再走棋,连下三局,连输三局。狄仁杰也不说什么,老实不客气地站了起来,当着武则天的面,伸过手去,从张昌宗身上一把抓过风衣,说道:"我赢了!"

狄仁杰谢了武则天,走出宫门,到了皇城门外,马夫正牵着马在等着他。狄仁杰就随手把风衣给了马夫,说道:"就给了你吧,你正用得着。"说完,跨上马,挥一挥鞭子,马便轻快地跑了起来。(《集异记》 陶湘生)

45. 摔琴

陈子昂是唐代著名的文学家。他一扫初唐诗坛沿袭六朝绮靡纤弱的风气，标举汉魏风骨，强调兴寄，对唐代诗歌产生了巨大影响。他的散文成就也很突出，被视为唐代古文运动的前驱。然而陈子昂在初到京都长安时，却还是默默无闻，尚未闯出名气来呢。

一天，闹市中有个卖胡琴的人，称他的胡琴是传世之宝，价值千金，惹得许多豪绅贵族聚拢过来，互相传看。可是这些人中没有一个是真正识货的，所以都不知道这把胡琴是不是真值那么高的价。就在众人猜疑不休的时候，陈子昂突然从人堆中冒了出来，对卖胡琴者说："我就依你这个价一千缗（mín）买下了。"（按：一缗等于一千文。缗，本指穿铜钱的绳子。）周围的人一下子轰动起来，惊问陈子昂："你怎么知道这琴是好是坏呢？"陈子昂答道："因为我精通这种乐器！"众人又问："那么你能不能为我们演奏几首曲子呢？"陈子昂笑了："当然可以啦。明天你们集中到宣阳里，我会给你们表演的。"

次日，这些人如约前往。只见陈子昂在宣阳里已摆了许多桌酒筵，那把胡琴就搁在中央那桌上。待大家吃完筵席，陈子昂捧起胡琴说："我陈子昂，四川人氏，作有诗文一百轴。这次驰走京城，风尘碌碌，不为人知。演奏这种乐器是下人的技艺，我又怎么会对此发生兴趣呢？"说完，高举胡琴，"砰"地一声把它摔碎了。随后，他将自己一轴轴诗文分赠给在座的来宾。就这样，不出一天，陈子昂的名字就传遍了整个京城。（《独异志》 何小颜）

46. 巧断反书案

大唐垂拱年间（685—688），武则天以皇太后的身份临朝称制。她为了镇压唐宗室和大臣中的反对者，重用酷吏，鼓励告密。从此，周兴、来俊臣和索元礼等以制造冤狱为能事的坏人得势，他们经常捏造罪名，陷害忠良，以邀功请赏。

在这种形势下，湖州刺史裴光的属吏江琛（chēn），也取出裴光的旧判书，割取其字，拼成一篇文理连贯的信，谎称是裴光写给起兵反武则天的徐敬业的"反书"，秘密呈交上级官吏，企图借此升迁。上级官吏派人审讯裴光，发觉"反书"字迹不假，但语气不类，经过反复审理，仍不能定案。

武则天闻知此事，下令选派善于断狱的能吏审问此案，务必早日取实回报。百官都异口同声地推荐张楚金，认为他是最佳人选。武则天准奏，令张楚金立即

启程，前往湖州勘问"反书"一案。

张楚金深感此案棘手，一时不知如何断理，闷闷不乐。某日，他侧卧在床上，面对着西窗，手里拿着那封"反书"，认真地端详，忽然发现日光照着的地方，有些字仿佛是贴上去的。张楚金忽有所悟，猛地坐起，把"反书"平放在床上，不见其异，再把它对着日光，马上就露出了破绽。他大喜过望，火速传齐湖州大小官吏，令人取来一面盆清水，叫江琛将"反书"投进盆里，结果贴上去的字，相继脱落在水中。江琛见诬告事败，连忙叩头谢罪。

张楚金将此案详情上奏武则天，武则天下诏处死江琛。由于张楚金的明察，裴光才侥幸不死。武则天为嘉奖张楚金之功，赏赐他白绢百匹。(《折狱龟鉴》赫崇政)

47. 巧制木僧

唐中宗朝杨务廉任将作大匠(掌管修建宫室、宗庙及其他土木工程的官员)，这个人是个很有巧思的能工巧匠。他曾经在沁州(今山西沁源)城内用木头精心雕刻了一个木僧，这个木僧手里拿着一只碗，会自动地向过路的行人乞讨，那样子可怜兮兮的，就像一个真的乞丐一般，使人不由得就会朝碗里投钱。而当人将钱投入碗内，里面的机关就会发动起来，于是木僧的嘴巴就会一张一合的，发出"布施"(意谓以财物施舍于人)的声音，如同真人说话一般。人们都感到很惊奇，就走到跟前观看。为了让木僧开口说话，人们纷纷往木僧碗内投钱，木僧果然"布施、布施"说个不停，不一会儿碗内的钱就装满了。每天投下的钱币竟有几千之多！

杨务廉究竟用何法做成能够模仿人的发声的自动装置已无人能知晓，但这种机械所显示的智慧在当时肯定是非同寻常、举世罕见的。(《朝野佥载》张跃中)

48. 吊丧感娑葛

武周神龙年间(705—707)，西突厥乌质勒所统领的部落开始强大起来，取得了主宰西突厥的地位。乌质勒很明智，派人与武周的左骁卫将军、安西大都护郭元振联系，表示愿同武周修好。郭元振是个大智大勇之人，他深知与西突厥修好有百利而无一弊，便恳请乌质勒到自己的牙帐共商和议大事。乌质勒欣然应允，按期赴会。不料和议时大雪纷飞，寒冷异常。乌质勒年老体弱，禁受不了酷寒的

侵袭,和议事毕即冻死在牙帐中。尸体运回西突厥的大营,乌质勒之子娑(suō)葛大怒,他认为其父之死乃是郭元振的蓄意谋害所致,决计兴兵报仇。

郭元振的副将解琬探知此事,劝他连夜逃避,以免受其害。郭元振不但谢绝了他的好意,而且于翌(yì)日平明穿上孝服,亲自前往西突厥大营吊唁。他尽礼尽哀之后,又留住在西突厥大营,帮助娑葛治丧,一连几十天不回。娑葛被郭元振的至诚之意打动,至此方深信其父之死非为郭元振所害,于是决定继承父志,与武周修好。他派人到长安向武则天献上良马五千,骆驼二百,牛羊十几万。则天皇帝大喜,下诏擢升郭元振为金山道行军大总管,以嘉奖他智勇双全、义服西突厥之大功。(《旧唐书》 赫崇政)

49. 识破盗贼

武则天朝,湖州(今属浙江)别驾(官名,是州刺史的佐吏)苏无名善侦盗,只要让他办案,罪犯没有能逃脱的,因此遐迩闻名。

有一次,武则天的女儿太平公主的妆奁在东都(洛阳)被盗,武后大怒,召见潞州长史,限三日破案,否则长史顶罪。长史诚惶诚恐,要县尉(县负责治安的官)破案。有人忽然想到苏无名,说:"此案非请苏别驾不可。"

苏无名应邀来到县衙,备受款待。县尉禀告长史,长史又禀告武后。武后听说有这样的破案高手,就亲自召见,问道:"卿能捉住窃贼吗?"苏无名答:"陛下不限破案时间,也不催促州县官府,我一定能为陛下破案。"武后准奏,破案之事好像慢慢搁下了。苏无名用的是外松内紧之法,他把衙役分为五人或十人一组,在四个城门口守候,只要见到有戴孝的胡人(少数民族)去北邙(邙山,在洛阳城外),就跟踪侦察。衙役们领命而去。不久,到了清明节,衙役们来报,果有十几个胡人身穿孝服出东门而去。苏无名忙问:"他们到哪里去?"回答:"到一座新坟边祭奠。"苏无名又问:"有何反常举止?"回答:"他们哭而不哀;祭毕又绕坟走了一圈,然后相视而笑,不知何意。"苏无名听罢大喜道:"这些胡人正是窃贼!"

苏无名赶到现场,立即把胡人都抓了起来。胡人大喊冤枉,又见衙役们要挖坟,就一齐叫道:"无故挖坟是大罪,你们怎敢知法犯法!"衙役们一听倒有些犹豫了,苏无名斩钉截铁地说:"挖错了由我顶罪!"衙役们一会儿工夫就把棺材挖了出来。苏无名又下令:"开棺!"只见棺盖起处一片耀眼光亮,全都是珍宝!一验证,正是太平公主所失之物。

武后复召见苏无名,问他破案经过。苏无名奏道:"臣到东都那天,进城时恰逢一批胡人出丧,臣看得出这是假出丧,料定这些人必是盗贼无疑,但当时未能判定这些人就是盗窃公主的妆奁者,所以未加追究。到了县衙,听了案情,臣方知那些胡人必是案犯。今天是清明节,臣料他们必然趁机前往坟地探看,臣派衙役跟踪,果然发现一座新坟。这些胡人祭奠而不哀,说明坟中所葬的必不是人;见坟相视而笑,说明他们为坟未受损坏而高兴。据此,臣断定赃物必在棺内。当初假如陛下催促官府破案太急,这些盗贼就可能携财宝逃走了。"

武后听了不禁颔首道:"卿所言甚是。"因重赏苏无名。(《益智编》 张跃中)

50. 智挫"二张"

御史大夫魏元忠,上书武则天,要她清除自己身边的奸佞小人。这一下,触怒了受到武则天特别宠爱的张易之、张昌宗兄弟,二人一商量,就定了一条陷害魏元忠的毒计,但必须有个人出来作伪证。排来排去,只有凤阁舍人张说(yuè)是最为合适的。他年轻、官小,与魏元忠又有直接的接触,容易威胁收买,也容易使人相信。这样一算计,就暗暗地把张说请到府里,答应事成之后,把他推荐给武则天,升他大官。谁知说来说去,张说就是不肯点头。于是兄弟俩交换了一下眼色,便拿出一只黄缎锦盒,放到张说的面前。张说打开来一看,不由一惊,里面是一颗鸽蛋般大小的黑色珠子。张说知道,这不是一颗普通的珍珠,是宫中之物,稀世奇珍,一定是武则天送给张氏兄弟的珍贵之物。张说想了一下,便收了下来,点头答允了。

第二天早朝的时候,张氏兄弟出班上奏,弹劾老臣魏元忠与人密谋,说皇上春秋已高,依靠她犹如依靠冰山,不如趁早与太子结成联盟,才是久远大计。武则天一听,顿时大怒,要把魏元忠打入天牢,办他叛逆之罪。魏元忠大叫冤枉,在朝廷上大骂张氏兄弟是奸贼,蓄意谋害忠良。武则天见魏元忠不服,便问张氏兄弟有什么证据。张昌宗马上叩头道:"有,凤阁舍人张说可以做证。"于是武则天传旨,命张说立时来朝廷对质。

张说来到大殿中。此时朝廷上气氛非常紧张,大家都望着张说。只有张氏兄弟,挤眉弄眼地互相丢着眼色,得意扬扬。

"你听到魏元忠说过这些叛逆的话吗?"武则天问道。

"启奏陛下,臣不曾听到。"张说回答道。

大殿里的人都一下子愣住了。真是几家欢乐几家愁,正直的大臣都喜出望外;而张氏兄弟,就像当心被捅了一刀。他俩这才如梦初醒,昨天张说是假意答应,上了他的大当!一愣之后,便气急败坏地大叫起来:"张说是魏元忠的同谋,他吹捧魏元忠是当今的伊尹、周公。伊尹流放太子甲,周公摄政成王无权,都是

明摆着的叛君谋反。"

张说不慌不忙地回答："张易之、张昌宗不读书，怎么会知道伊尹、周公是什么样的人。伊尹流放太子甲，因为要促使太子改过自新；周公摄政，是辅佐年幼的成王，哪里是叛逆？他们都是历史上早有定论的忠臣功臣，陛下不要求臣子去学伊、周，要去学谁呢？"停了停又说道："我知道，依了张氏兄弟，可以升官显达；违背他们，可能招致杀身之祸。但为了不让忠贞贤良之士受冤屈，对此也就不再顾虑了。"接着，就把昨天张氏兄弟找他作伪证的经过，都详详细细地抖落了出来，奉上珠子，作为证据。

武则天见了那颗珠子，一切都明白了，无须再问。她又气又恼，恨不得杀了张氏兄弟，但斜眼一看，只见张氏兄弟像两只受伤的狗，趴在地上瑟瑟发抖，又勾起她的爱怜之心，不忍下手了。于是恨恨地白了他们一眼，暗骂了句："无用的奴才！"便退朝了。(《新唐书》 陶湘生)

51. 妙语斥佞者

武则天爱听小人的逢迎奉承，常给他们高官做或重赏。有一次，有人在洛河里捡到一块石头，上面有几点红色斑痕，他不由得高兴起来，就手捧此石郑重其事地来到朝廷，要求觐见则天女皇。朝中大臣都问他什么事要见皇帝陛下，此人说："诸位大人请观这块石头，上面不是有数点红斑吗？"众大臣问："这石上红斑有何稀罕之处呢？"此人说："石上红斑说明此石内心是红的。"众大臣愈发不解地问："此石内心是红的，又便怎样？"此人显出很惊诧的样子，仿佛在说：岂有朝中大臣竟不明此理呢？于是他朗声答道："这说明此石对朝廷一片赤心可嘉，故而献给皇帝陛下。"宰相李昭德一闻此言，不由心中暗想，又来了一个奉承谀佞之徒讨官做了。这些家伙想做官都想昏了头，不过确也有人得逞了，不是有斗大的字不识一个的人(指酷吏侯思止)就因为善于阿谀奉承竟做了堂堂御史吗？这样下去朝中快要小人当道了！想到这里，李昭德不由得怒火中烧，他当场斥责此人道："照你这样说，洛河里那么许多没有红斑的石块，岂不都要向朝廷造反吗？"说得众大臣都大笑起来，那个谀佞者一时不知如何回答，只好溜走。(《大唐新语》 张跃中)

52. 助夫脱险

武则天当朝的时候，有个阴险小人来俊臣非常得势。他原在太仆寺任太仆

卿，掌管皇帝所用车马，由于擅长告密，成为则天皇帝的心腹，官至左台御史中丞。他设立推事院，大兴刑狱，常采用酷刑逼供，曾冤杀一千余家，是历史上有名的酷吏。他还贪赃枉法，结党营私，干了许多为人不齿的坏事。当时不少朝廷大官见了他都侧目而视，戒备三分。

上林令侯敏对来俊臣也颇存畏惧，还找着机会去巴结他。侯敏的妻子董氏知道这个情况后，就对侯敏劝道："来俊臣是祸国殃民的国贼，像这样的人，权势不会长久的。一旦事败，首先倒霉的是他的那些党羽。你还是对他敬而远之为好。"侯敏听了妻子的话，觉得很有道理，便有意识地疏远来俊臣。没想到，这异常的行为触怒了多疑的来俊臣，一怒之下，就把侯敏逐出京畿，让他到涪(fú)州（治所在今四川涪陵）任武龙（涪陵县东南）令。

侯敏经此打击，萎靡不振，一心想着弃官归田。妻子董氏又劝他立即离京走马上任。显然这才是明智之举，因为如果由着侯敏的性子，挂冠而去，很可能会再一次冒犯来俊臣，招致迫害。

到了涪州，侯敏向州官投递名帖，也不知是旅途劳顿，还是心烦意乱，侯敏把名帖上的格式写错了。州官大怒，说连怎样署名都搞不清，怎能当武龙的县令呢！不批准他上任。侯敏发起急来，为此很是闷闷不乐。妻子又为他排解烦难，安慰他说，不上任也好，就暂时待在州府内吧。没料到，就这么过了五十天，忠州（治所在今四川忠县）有百姓造反，攻破武龙，还将本应由侯敏顶替的原县令连同其家属全都给杀了。

后来，来俊臣得罪了武氏诸王和武则天的女儿太平公主，被判处死刑，与他相勾结的党羽、亲信被放逐到岭南，落得个树倒猢狲散的可悲下场。

侯敏的妻子董氏正直、聪明而又有远见，由于她的机智，几次化解了丈夫所遭遇到的险境，使他和全家人终于转危为安。（《朝野佥载》 何小颜）

53. 为兄洗冤

武则天当政时，有人诬告崔思竞的族兄崔宣谋反。事关重大，武则天宣旨命御史张行岌立即着手处理这桩案子。

正当张行岌展开调查时，又传来消息说，崔宣的妾也要告发崔宣谋反，却被崔宣杀掉了。原来，这是诬告者耍的诡计，他设法把崔宣妾诱骗出来，将她藏在一个秘密的场所，然后就放出她因揭露崔宣有阴谋而被杀人灭口的谣言，还说她的尸体已被崔宣投入洛河。

张行岌连忙派人核查，却找不到任何证据。武则天听了张行岌的汇报后，很

生气,命令他再做仔细侦查。过了一段日子,张行岌还是一无所获,汇报同上次差不多。武则天怒火冲天,对张行岌厉声说道:"崔宣如果当真把妾给杀了,那么他谋反的罪状就确凿无疑了。可是你们到现在还查不出崔宣妾的踪迹,案子又如何了结? 就崔宣来说,他交代不出妾的下落,又怎能洗刷自己,显示清白?"张行岌见武则天震怒,也害怕起来,于是威逼崔宣:"既然你说自己没有杀妾,那么就应该设法把妾给找出来。"

崔思竞很了解自己这位族兄,相信他不会做出谋反杀妾的举动。他想,族兄的妾很可能被诬陷者藏起来了。他用钱财招募了一些人手,在洛河的天津桥南北各处打听,有什么可疑的人会把崔宣之妾藏起来。过了好几天,一点消息也没有。奇怪的是,崔思竞发现,每回在崔宣家中暗地里商议的事情,诬告者很快就知道了。他由此推测,家中必有告诬者的同谋。

一天夜里,崔家又在内室商议办法,崔思竞故意对崔宣的妻子道:"凑足二百匹绢,我们准备雇一个刺客把检举者给除掉。"说了这话后,他这一夜便密切注意崔宣家内外人员的动静。崔宣有个姓舒的馆客,一直在崔宣家干事,崔宣厚待他如同族中的子弟。崔思竞发现他整个夜里都趴在室外的平台上,天一大早,就溜到大门口,用钱贿赂看门人去通风报信。不久,果然检举者就声称崔家要派人暗杀他。崔思竞这下子全明白了,他恨得咬牙切齿,把那姓舒的馆客约到天津桥,大骂他说:"你这忘恩负义、吃里扒外的家伙,崔家要是遭难,一定会告你是同谋!你何不揭发真相,澄清自己? 要是你说出崔宣之妾在什么地方,我赠你五百匹缣,让你回家乡安度余生,否则的话,你逃不了一死。"这人吓得浑身发抖,急忙表示愿意赎罪。

崔家在姓舒的馆客的引领下,闯到了那个诬告者的家中,搜出了被隐藏起来的崔宣妾。御史张行岌总算松了口气,将诬告者绳之以法,于是崔宣被宣布无罪。(《大唐新语》 何小颜)

54. 马腹藏身

徐敬业是唐开国功臣英国公徐勣之孙,自幼爱好骑射,徐勣很相信相面术,认为其孙"相不善",必给他家带来灭门之灾,于是萌生了杀孙的念头。

徐勣经常去郊外山林中狩猎,每次出猎,喜欢走马射箭的徐敬业都追随在祖父左右。有一次,徐勣故意让十多岁的徐敬业单独进入茂林驱赶野兽,然后准备顺风纵火,把他烧死在林中,以除后患。徐敬业连声吆喝,扬鞭纵马,正在高兴地驰骋,把鹿獐狐兔等动物赶出来,忽然见四面火舌乱舞,来势迅猛,已遮断了所有逃路。他并没有惊慌失措,略一思索,便毫不犹豫地拔剑杀死自己心爱的坐骑,割开马腹,挖出内脏,把身子严严实实地藏在里面避难。俄顷风定火熄,徐敬业才敢钻出马腹,长长地呼吸一口新鲜空气。

徐勣估计徐敬业必死,准备收尸回府,猛然见其孙浑身是血,安然无恙地出现在面前,十分惊奇,还以为他有神助呢!(《酉阳杂俎》 赫崇政)

55. 磨砖启马祖

唐玄宗开元年间(713—741),马祖来到南岳衡山,在山上修建了一间小草庵,安居用功,修习禅定。一天,山上般若寺的怀让禅师看到马祖总是关起门来坐禅,闭门不出,不知他下的功夫是否对路,便想考验考验他。怀让走到马祖门前,先轻轻敲了几下门,里面毫无反应。于是他又用力猛敲,敲得震耳欲聋,这时马祖才开门出来。怀让一见马祖就问:"大师为何天天坐禅?参悟佛法绝不是一味枯坐,一味枯坐而不修止观功夫,那是绝对不能成功的。"马祖没有体会怀让大师的开示,又关起门来坐禅。

怀让大师恐怕马祖坐禅误入歧途,就想了一个办法,打算先引他出来,然后再进一步开导他。于是他拿了一块砖,每天都在马祖草庵前石上磨来磨去,声音很响。马祖天天听到磨砖的声音,安不下心来,便又开了庵门,出来看看是什么人在这里磨砖。见原来就是前几天来敲门的那个怀让禅师,马祖就问:"禅师!你在这里磨砖,却是做什么用啊?""哈哈!你不知道么,我磨砖是为了做一面镜子啊!"马祖一听,感到十分好笑,就说:"禅师,磨砖怎么可以做镜呢?"怀让说:"对呀!我磨砖不能做镜,那么你在草庵里枯坐就能成佛吗?"接着怀让又谆谆开导马祖说:"如果你一味执着地在坐相上学佛,就等于扼杀了佛,一辈子也休想了悟佛法。"

马祖听了怀让的一番教诲,如醍醐灌顶,大有启发。从此,马祖侍奉怀让,时时受到怀让的熏陶开导,他的佛学修行日益精湛,终于成为一位道行高深的著名禅师。(《宋高僧传》《景德传灯录》 王福金)

56. 为民做主

唐玄宗时,宰相李元紘(hóng)在担任京兆尹时,曾遇上这样一件事:因为闹干旱,皇帝下诏掘开三辅渠水,用来灌溉农田。诏令下达,群情欢腾。但不久百姓就犯愁了,原来大贵族太平公主(武则天之女,唐玄宗的姑母)令人在渠边建硝

立卡,把持渠水,谁要水就得花钱买。百姓到京兆府反映此事,李元纮闻言大怒,这个太平公主真太不"太平"了,怎么做得出这种与民争水的事来?难道她的财富还不够多吗?但他深知这位太平公主嚣张跋扈,无法无天而又不可理喻。他且不动声色,每天只是派人到渠边查看情况。京城的贵族豪强可不是一个太平公主啊,那些人都在看京兆尹将如何处置。等了几天见京兆尹没有动静,皆以为李元纮毕竟惧怕太平公主,那我们也捞一票吧,于是他们也纷纷建哨立卡,把白花花的渠水挖开,流入自己的田里。这一来整条渠水就统统被贵族豪门把持了。老百姓气愤地说:"京兆尹大人欺软怕硬,不敢惹当今皇上的姑母。"

再说李元纮,一听说有几十家贵族豪门纷纷效尤,都在渠边建哨立卡,拦截渠水,他不由得喜上眉梢,立即命人各带铁锹等工具到渠边将各家所立的哨卡统统拆除,顺带着也拆了太平公主家的,然后把皇帝诏令树在渠边。白花花的渠水又欢快地往百姓的田里流去了,百姓好开心呀,都赞扬李大人敢于为民做主。

太平公主大怒,这还了得,小小一个京兆尹竟敢如此大胆,谁不知道当今七个宰相五个出自我的手下!就派尚书左仆射窦怀贞去责问李元纮。李元纮赶忙陪笑解释说:"都是手下人办事不细致,没想到把公主家的哨卡也给顺带着拆除了,请大人息怒。"窦怀贞一听以为真是手下人所为,就说:"既然如此,那就把公主的哨卡重新立起来吧。"李元纮装作为难的样子说:"皇帝的诏令已经立在渠边,若再立哨卡岂不是太平公主违抗皇诏了吗?卑职万万不敢。"窦怀贞闻言大怒道:"什么?你竟敢用皇诏来压太平公主吗?你不知皇帝是公主的侄儿吗?你有几颗脑袋!"李元纮嘿嘿一笑,答道:"脑袋倒是只有一颗,但是南山可移,皇诏不可不遵,还望大人海涵。"把窦怀贞顶了个倒憋气,只好悻悻而归。太平公主听说李元纮如此大胆,不由得勃然大怒,但此刻她的谋篡计划正在紧锣密鼓地进行中,也就无暇顾及此事。后来,太平公主叛乱被镇压,玄宗诛杀太平公主和窦怀贞、萧自忠等人,李元纮才逃过厄运。(《旧唐书》 张跃中)

57. 不置家产

唐玄宗时,张嘉贞任宰相,他的夫人一味纠缠他,要他为子孙着想,置办点房地产业,让子孙将来有靠。

张嘉贞十分恼火,置什么产业呢,那不是害了孩子吗?他来到书房,嗬,只见这里已坐满了本家长辈和亲戚,宰相连忙拜见各位长辈,他是特别讲究辈分礼数的。先是他的夫人挑明请亲友来的原因,无非是想劝宰相为子孙置办点产业,她说:"于今哪个官宦之家不是千方百计地置办家产啊!"众人当然都赞同夫人所言。张嘉贞问:"购置产业何用?"众人心想:这位宰相念书念呆了,怎么连这也不懂呢?忙回答:"那还用说,当然是为子孙后代嘛。"张嘉贞听罢微微一笑道:"诸位一定听说过'君子之泽,五世而斩'这句古训吧?即使我贵为宰相,也难保后代子孙坐享荣华啊。"夫人以为宰相回心转意了,忙说:"老爷说得对,对!购置产业才是为后代着想啊!"张嘉贞道:"夫人,看来你还是不了解我啊。"正说着,跑进来一个长得眉清目秀的孩子,他就是张嘉贞晚年所得一子,名叫宝符。张嘉贞一把抱起宝符,和颜悦色但又语气坚定地朝亲友说:"诸位请想,我身为宰相,只要未死,岂有饥寒之忧?但如果有一日遭圣上谴责,即使富甲天下,又有何用?试看现世多少士大夫广置产业的,但结果如何呢?子孙有出息,不必依赖祖上余荫;子孙不肖,那就是为他们准备了酒色之费而已,我张某岂能干出如此之事!"说罢,他抱着宝符说:"宝符才是父亲的真正产业啊!不过,宝符要成为国家有用之才!"宝符朝父亲用力地点了点头,说:"您也要成为国家有用之才。"父子二人哈哈大笑起来。夫人和众亲友都长叹了一声,看来难夺宰相之志了,不过宰相所言也确实在理啊。(《旧唐书》 张跃中)

58. 开仓济民

唐玄宗开元初年,韩思复任梁府仓曹参军。这一年正逢大旱,田中颗粒无收,民不聊生。韩思复看在眼里,急在心里,忧虑不已。不久该地已出现饿死人的现象。他眼看百姓挣扎在死亡线上,而他所掌管的国家粮库却囤积着满满的粮食,要是开仓赈济那会挽救多少人的生命啊!但他知道不经朝廷同意而擅开粮仓,那可是灭门之罪啊!韩思复想劝说州县官府开仓赈济,遭到严厉训斥。难道就这样眼看众百姓坐以待毙吗?如此则于心何忍!韩思复心想:不开仓赈济,眼见百姓皆死,我这个仓曹参军何颜苟活在人世?不如开仓放粮,让庶民得活,我一人死又有什么关系?再说我犯死罪你府县官员也逃脱不了干系,看你们敢向朝廷报告。于是他不顾众人劝阻,大声说:"救人要紧,顾不得别的了!"于是连上三日,赈济百姓,那些待毙的生命渐渐又有了生机。

州府得知韩思复私开国家粮仓,大为震惊,赶紧把韩思复抓了起来准备严惩。韩思复说:"人饥则什么事都干得出来,不如开仓赈济,使民不至于沦为盗匪,有何不好?"州府果如韩思复所言,害怕事情闹大了,他们也要受牵连,也就不敢上报朝廷,这事就此不了了之。后来把韩思复放了,叫他今后别再惹麻烦。(《新唐书》 张跃中)

59. 死后胜张说

唐朝时,姚崇和张说同任宰相,而两人之间成见很深。

姚崇病倒后,知道自己不行了,就把几个儿子招到床前,叮嘱他们说:"张丞相和我关系不好,他这个人一向生活奢侈,尤其喜爱服用和玩赏珍品。我死了以后,他必要来吊唁。你们可事先把我生平积蓄的珍奇之物罗列在帐子的前面。如果张丞相对这些东西连看都不看一眼,那么你们就会倒霉;而如果他对这些东西产生了兴趣,那么你们就把他感兴趣的珍玩录份清单送给他,请他为我撰写神道碑(古代立在墓前记载墓主生平事迹的石碑)文。当你们拿到他的文章后,立即抄录交给皇上,并马上刻在石碑上。张丞相思考处理事务常常比我迟钝。几天以后他一定会后悔,那时他要是想讨回碑文,你们就说皇上已经过目,并引他看镌刻好的石碑。"

姚崇死后,张说来吊丧,看中了姚崇的珍玩三四件。姚崇的儿子们完全按照父亲的叮嘱去做。张说以文章显世,区区一篇神道碑文,自然很快就写好送来了,而且写得很漂亮。过了数日,不出姚崇所料,张说果然派手下人来,欲索回文稿,托词"文字尚欠周密,想做些删改"。姚崇的儿子们把张说派来的人带到已刻好的石碑前,并告诉他已把碑文进呈皇上了。

张说知道后,后悔得很,抚摸着胸口说:"死去的姚崇能算计活着的张说,我今天才晓得我的才能不及他啊!"(《明皇杂录》 何小颜)

60. 城头设宴退敌兵

唐玄宗开元十五年(727),吐蕃入侵,陷西域重镇瓜州,瓜州守将浴血战死,河西地区一片恐慌。

为挽败局,朝廷急命张守珪为瓜州刺史,率领残兵重新修筑瓜州城墙。瓜州军民在张守珪的率领下奋力抢筑城墙,眼看筑城的板架、砖块已经准备齐全,突然,探子飞马来报:吐蕃兵马杀来。

张守珪登上城楼,手搭凉棚向远处眺望,果见城外树林后尘土飞扬,马啸角鸣,心中一惊,却顺手捋一下长髯,掩饰了过去。可城上残军见那滚滚而来、遮天蔽日的尘土,个个大惊失色。

张守珪见状不妙,向左右大喝一声:"慌什么?常言道:兵来将挡,水来土掩。一切听我号令,违者则斩!"

张守珪一手捋长髯,一手按长剑,微锁眉头,苦苦思索退敌之妙计……

他转身急命副将在城楼之上摆上酒宴。副将领令而去。顷刻,城头上乐声四起,酒香四溢。将士们在张守珪的带领下在城头上肆意饮酒作乐。此刻,吐蕃大军已杀至城下。

吐蕃将领原本想乘瓜州重创之后,给新来守将一个下马威,谁料守将张守珪竟然敢与将士在城头上饮酒作乐,其中定然有诈。再看那城墙上旌旗森严、刀枪并列,毫无破绽。吐蕃将领以为城中早有准备,不敢贸然攻城,便下令全军撤退。

张守珪虽在城头上故作镇静,与将军们饮酒作乐,眼中却无时无刻不在注视着事态的发展。当他发现吐蕃大军欲作撤退情状,急令副将做出击准备。当敌军刚一退却,张守珪即率军出击,将吐蕃军队杀得落荒而去。于是,他们加固了城墙,招回了逃亡在外的军民,恢复了旧业。(《旧唐书》 董德兴)

61. 脱靴

唐玄宗天宝元年(742),李白被贺知章(著名诗人,官任秘书监)赏识,引荐给唐玄宗。玄宗金殿召试,李白纵论天下之事甚得皇帝欢心,便诏令供奉翰林,恩宠有加。

当时太监高力士得宠,权倾朝野。有人对李白说,要想做大官必须交结高力士。以李白之才只需写一两首诗来赞颂高力士就行了,然而李白一身傲骨,不知巴结讨好为何物,岂肯为此下贱之举?那个高力士在兴宁坊建道士祠,铸了一口大钟,借故宴请公卿,让他们敲钟祈福,敲一下就得出钱十万。那些公卿显贵为了讨好高力士这个皇帝和贵妃娘娘身边的红人,就争先恐后敲钟捐钱,有的竟敲了二十下,敲得最少的也不下十下。李白闻此十分气愤,心想:高力士不过是一个奴才,竟敢如此倚势妄为,试问国体何在?他渐渐陷入苦闷之中,初来长安时的远大抱负看来难以实现了,连这个狗奴才高力士也奈何不得,其他还有什么好说的呢?

李白决定要羞辱一下这个不可一世的高力士,替大家出出气。有一次机会来了:皇帝召他上殿侍宴赋诗,李白就假装喝醉酒,招手叫高力士过来。高力士走过来说:"李翰林有何见教?"李白醉态可掬地朝他乜(miē)斜着眼说:"你跪下替老爷脱靴。"说着就把脚翘起来等高力士脱。高力士气得脸红脖子粗,说:"李翰林好大胆,竟敢要我替你脱靴?"不料玄宗皇帝却笑着说:"高力士那就快为李卿脱靴吧,朕等着看李卿写诗呢。"皇帝发了话,那还有什么说的,高力士只好跪下为李白脱靴。一会儿李白又吩咐高力士磨墨。高力士心里这气啊不打一处来,

他想：我从来只为皇帝、娘娘效劳，哪个公卿敢对我如此无理！但没法子啊，皇帝连靴子都要他脱，磨墨还能拒绝吗？他只好磨墨侍候。

这事立即轰动朝野，不可一世的高力士被李翰林整得跪地脱靴，该！该！该！这狗奴才也有今天，真是替大家出了一口恶气，太痛快了。不过也有人为李白的前程担心，生怕高力士伺机报复。李白听了哈哈大笑道："我来自山林，大不了再回归山林罢了！"（《旧唐书》 张跃中）

62. 避名讳巧改韵

唐玄宗开元年间（713—741），有一位曾居相位的大官叫苏颋（tǐng），他的文章写得特别好，与当时另一位善写文章的大官张说齐名。苏颋被封为许国公，张说被封为燕国公，因此，人们就称二人为"燕许大手笔"。

童年的苏颋就十分聪明。有一天，他正在客厅里陪伴着父亲闲坐，忽然有客来访。来访者不是别人，乃是苏颋父亲的挚友裴谈。裴谈早听说苏颋聪颖好学，但他一生笃信"眼见是实，耳听为虚"的俗语，为此要面试苏颋。于是他便叫这个年方五岁的童子背诵庾信的《枯树赋》。庾信是南北朝末年的著名文学家，他这篇托物自喻的抒情骈赋最后几句是："昔年种柳，依依汉南。今看摇落，凄怆江潭。树犹如此，人何以堪！"

唐代人非常讲究避讳，裴谈是长辈，他的名讳是"谈"，作为晚辈的苏颋不仅不能当面读出"谈"字，连与此字同音的字也不能当面读出，否则就是失礼。故而他一边背诵着《枯树赋》的全文，一边不得不考虑着如何避讳。当他读到最后这几句时，机智地把"南""潭""堪"三个押韵的字，随口改换成"阴""浔""任"三个押韵的字，只听他从容不迫地吟诵道："昔年移树，依依汉阴。今看摇落，凄凄江浔。树犹如此，人何以任！"

裴谈见苏颋巧妙地避开了与"谈"字同音的"潭"字，不但没有触犯自己的名讳，而且即席修改的这几句又完全符合《枯树赋》最后几句的原意，不禁拍案叫绝，连声称妙。他高兴地对苏颋父亲说："您这个孩子长大后一定会成为文坛盟主啊！"（《朝野佥载》 赫崇政）

63. 押送皇绢

信安王李祎（唐太宗子）击奚和契丹有功，玄宗加封信安王开府仪同三司（即宰相），诏令户部侍郎裴耀卿押送二十万匹绢分赐给有功将士。二十万匹绢是一支浩浩荡荡的车队,可是要经过突厥境内,难免突厥不垂涎抢掠。裴耀卿对部下说:"戎狄贪婪,见如此之多的绢必来抢劫,深入其境,不可不防。"

裴耀卿心生一计:故意虚张声势,定下了车队出发的日期,泄露出去,迷惑敌探,然后提前十天车队分道出发,卫队也都挑选全军最精干的,晓行夜宿,兼程进发,派出的斥候(哨兵)都远在三十里外,卫队更是弓上弦,剑出鞘,如临大敌。所幸一路之上太平无事,到达目的地迅速将绢分赐有功将士,毫无损失。

突厥密探果然将赐绢之事报告给酋长了,并报告了车队出发的时间和卫队人数。敌酋大喜,认为这下子要发个大财了。他算了一下唐朝车队过境的具体时间,就率领三倍于唐兵卫队的人数,来到险要的隘口等候。可是等了一天也不来,两天、三天也不见车队的影子,后来才得知裴耀卿早在十天前就已过境,现已完成运送任务,返回京城了,密探所探的时间是假的,中了裴耀卿之计。敌酋大怒,怪密探报事不实,就把他们统统砍了。(《资治通鉴》 张跃中)

64. 脱身计

唐天宝十四年(755),河东、范阳、平卢节度使安禄山起兵反唐。次年叛军逼近京城长安(今陕西西安),唐明皇带了一批随从仓皇奔蜀。兵荒马乱中,百官与诸司多不知皇上去了哪里,没能随御驾同行。安禄山攻入京师后,大批官员陷在贼中,著名优伶黄幡绰也被俘获。安禄山久闻其名,就把他留在身边,让他给自己逗乐。而黄幡绰为了寻求脱身之计,不得不虚与委蛇,拿些口是心非的话,胡乱敷衍一番。

过了一年多,官军收复了长安,黄幡绰被当作贼党抓了起来,押送到唐明皇那儿。唐明皇素来欣赏他敏捷诙谐,善于打趣,便把他放了。有人嫉妒黄幡绰,便到唐明皇面前诋毁他,说:"黄幡绰在贼中,与大逆不道的贼首安禄山占梦,皆顺着他说话,而完全忘记了陛下多年来的恩遇。安禄山有一次做了一个怪梦,梦见衣袖忽然变得很长很长,竟拖到了宫殿前的台阶之下。让黄幡绰去圆梦,黄幡绰竟然说:'这是个吉兆,表示大燕皇帝(安禄山僭号)垂衣而治天下。'安禄山还有一次做了一个殿前窗槅(gé)子倒翻的梦,又让黄幡绰去给他占吉凶,黄幡绰恭维道:'这叫作革故从新。'他的所作所为,多属此类,实在罪不可恕,应加严惩,以儆效尤。"

唐明皇听了这话,不由大怒,马上把黄幡绰叫来责问。黄幡绰笑道:"臣实不知陛下大驾蒙尘赴蜀,以至不及奔赴行在。既陷在贼中,不得不暂且取悦其心,搪塞一下,否则又怎能暗中寻找机会摆脱魔掌再见天颜,重为陛下献艺呢?比起

乐工雷海青骂贼而死,我显得好像贪生怕死,其实正是给安禄山圆梦,我才料到逆贼很快就会灭亡,所以不愿轻易死去,想亲眼看看逆贼的下场。"唐明皇不解地问:"此话怎讲?""这不是很清楚吗?安禄山梦见衣袖长,我说'垂衣而治',好像是用《周易·系辞下》'黄帝、尧、舜垂衣裳而天下治,盖取诸乾坤'那话来谄媚他,其实,我心里明白这是'出手不得'(双关语,既指袖长无法伸出手来,又指不能出手办事)的预兆,表明逆贼已无计可施。安禄山梦见窗槅子翻倒,我说'革故从新',好像是用《周易·杂卦》'革,去故也;鼎,取新也'那话来奉承他,其实,我知道那意味着'糊不得'(指窗槅子倒了,没法糊窗纸),也就是'胡不得'(指胡人安禄山不能得天下),他还会有什么好结果呢?"唐明皇听完这话,大笑起来,不再责怪他。就这样,黄幡绰以他的机智巧妙地躲过了一场杀身之祸。(《次柳氏旧闻》 庞坚)

65. 会见卢杞

大唐功臣郭子仪(平安史之乱有大功,封汾阳侯)有一次生病在家,朝中百官闻讯都来探望问候。郭子仪就在病榻上一一会见,也不屏退家人姬妾。

有一天,忽传卢杞来访。郭子仪听说是卢杞前来探望,忽然一反常态,忙叫内眷一律回避,身边不留一人,然后穿戴齐整,端坐在椅子上,这才请卢杞相见。

卢杞走后,家中人好生奇怪:这卢杞官职不大,大人何故要屏退姬妾接待呢?郭帅见家人不解,就告诉他们:"这个卢杞,相貌奇丑,而内心险恶,会记仇报复。如果让姬妾在场,难免有人会见他貌丑而发出笑声。倘是别人自然没有关系,但这个卢杞必定会记恨在心。我料此人绝非善类,将来必定会权倾朝野,祸害纲纪,那时倘若挟嫌报复,我们全家可就都无噍类矣(没有活着的人)!"

后来,卢杞果然成为朝中一代权奸,残害许多大臣,朝野一片恐怖。幸亏郭子仪思虑深远,识人精微,对卢杞待之以礼,郭氏子孙后代才未受其害。(《旧唐书》 张跃中)

66. 不究盗墓人

唐代宗(李豫)时,有盗墓者盗掘郭子仪父亲的墓,激起郭家子女亲友的愤怒。掘人祖坟就连一般老百姓也断难容忍,何况是功名显赫的一代名臣汾阳侯郭子仪呢?郭令公神情严肃,沉默不语了好几天。他捧出父亲的牌位焚香顶礼膜拜,祈求亡灵安宁。家属和众亲友群情激愤,要求抓住掘墓人,扒皮抽筋,还要寻到幕后主使人。他们都怀疑此事与鱼朝恩有关,一定是这个家伙暗中使坏,因为他一直忌恨汾阳侯。可是,郭子仪始终不发一言。唐代宗也知道这件事了,他担心郭令公会为此大闹起来,引起朝野震动,如何是好？

过了几天,郭子仪见这件事稍稍平静了些,就上朝参拜皇帝。代宗以为郭令公必是为掘墓之事而来,就预先表示慰问,接着保证捉拿元凶,严加惩办。不料郭子仪一闻此言竟流下眼泪,真挚地自责道:"陛下万不可追究此事。臣统兵多年,部下掘人祖坟的事也屡有发生。现在臣父之墓被盗,这是上天谴责我,并非暗中有人陷害。望陛下以国事为怀,勿再提及臣的区区私事吧。"代宗听他这样说,不由得嘘了一口气。

事后,许多人对郭子仪的行为表示不理解:父亲的墓被盗,岂能就此罢休呢？郭子仪说:"为大臣者最忌动辄以权,睚眦必报,那样势必事出无穷,永无宁日。现我不追究此事而是躬自罪己,则人还有何说？息事宁人,就是说的这个道理啊。"一席话说得众人口服心服,都赞叹郭令公能忍人所不能忍之事,果是高人一等。(《旧唐书》 张跃中)

67. 智收二将

唐朝大将李光弼进驻河阳(今河南孟县),叛将史思明率军到河清想要断李光弼粮道。唐军派出一支军队到野水渡驻守防备。到了天晚,李光弼回河阳,只留一千多士兵,使部将雍希颢领着,防守野水渡。李帅临回时叮嘱雍希颢说:"叛将高建晖和李日越都是万人敌的猛将,叛军一定会来劫营,你到时不要同他作战;假如他们是来投降的,你就带他们来见我。"诸将听了都偷偷发笑,以为李帅太天真了:叛军来势凶猛,怎么会来投降呢？

再说史思明果然命李日越率五百铁骑连夜到野水渡劫营,临行关照李日越"不可一无所得"。李日越领命率军到野水渡的唐营门外,大声问道:"司空(李光弼官拜大司空)在吗？"营中回答:"连夜回河阳了。"李日越又问:"营中有多少士兵？"回答:"只有一千人。"又问:"将领是谁？"回答:"雍希颢。"李日越心想:我受命前来捉李光弼,现在却只有雍希颢,即使俘得又有何用？回去必然被史思明问罪处死,罢罢,我还是投降唐军吧！于是就请求投降了。雍希颢不忘李帅吩咐,立即偕同李日越赴河阳去见李光弼。李帅厚待李日越,把他作为心腹爱将。高建晖听说李日越降唐后,受到恩宠有加,随之也就投降了。

事后有人问李帅:高、李二将是为何如此轻易就投降呢？李帅笑着说:"史思明常常恨不得与我野战,现在听说我率兵在城外驻扎,一定认为可以击败我,

所以必然会派李日越来劫营。而李日越听说我已回河阳,无法捉我,一定不敢回去见李思明,因而只有降我这一条路。而高建晖才智和武勇又胜过李日越,他听说李日越被我重用,一定心生妒意,所以也就投降了。"众人听李帅这番分析,都跷起大拇指赞扬李帅料事如神。(《新唐书》 张跃中)

68. 隔河引马

　　李光弼和郭子仪齐名,两人都是平定安史之乱的唐代中兴名将,都在挽救唐王朝的危局中起了极大的作用。

　　李光弼用兵善用智,这在当时就有口皆碑。一次,他奉了皇帝的命令,领兵镇守洛阳的外围重镇河阳(今河南孟县),隔着黄河与叛将史思明对阵,两军在这里相持了一年多。史思明的军营中有上千匹战马,为了向敌人显示自己的强大,他规定部将除了刮风下雨外,每天都得在同一时间内到黄河的南岸边给战马洗尘。李光弼见敌人几乎天天如此,心生一计。他下令诸营:火速寻来五百匹母马!部将不知主帅的葫芦里究竟装着什么药,个个觉得这道将令荒唐可笑,但军令如山,不敢不遵,他们很快就完成了任务。李光弼见母马备齐,却不动声色。部将见主帅没有动静,更是纳闷不已。

　　一天,风和日丽,万里无云,史思明的部将又牵着战马来到黄河的南岸边,一边给它洗尘,一边欢声戏谑。李光弼见时机已到,立刻叫人把五百匹母马全部驱赶到营外,而把它们所生的小马统统锁在城中。母马依恋着自己心爱的小马驹,不肯远遁,都站在黄河的北岸边引吭嘶鸣。史思明的战马听到了对岸的母马鸣声,纷纷挣脱主人的牵拉,不顾一切地跳进了滚滚的浊流,迅疾浮过了黄河。敌人见此情景,慌成一团,他们虽用尽全力去控制自己的战马,但已无济于事,只好眼巴巴地望着它们叛逃而去。李光弼得知敌人的战马已全部渡过了黄河,便立刻叫人把它们与母马一起赶回自己的大营中。这时他的部将才如梦初醒,一个个竖起大拇指说:"李帅真行!"(《谭宾录》 赫崇政)

69. 草人借箭

　　安史之乱发生后,真源(今河南鹿邑)县令张巡起兵讨伐叛贼,途经雍丘(今河南杞县),正遇上县令狐潮叛唐投敌。令狐潮将不愿从逆的士兵反绑起来,准备将他们都杀了。在他出城巡视部下时,那些士兵互相解开了捆缚,迎接张巡等入城,一举占领了雍丘。令狐潮丢失巢穴,被拒城外,十分气恼,很快领来贼兵

四万把雍丘围了个水泄不通,于是攻守双方展开了激烈的战斗。

一天,打退敌人的进攻后,大家忽然发现城中的箭已经全部射完。可是张巡听了报告,却不慌不忙,他派一批士兵去扎草人。这些士兵不解其意,暗暗好笑,但军令如山,不敢不遵。他们夜以继日,很快地扎成了一千多个草人,交付张巡使用。张巡选择一个月色昏黄的夜晚,命令守城士兵给这一千多草人披上黑色的战袍,然后从城墙上缒(zhuì)下。令狐潮听说城四周有黑影游动,还以为是张巡不敢开门出战,偷偷派人缒城夜袭呢!他毫不犹豫地下令:"万箭齐发!"不一会儿,张巡的草人个个被射得像刺猬一样,但敌人仍不肯罢手。大约过了一顿饭时间,张巡估计大功已告成,这才命令士兵把草人提上城头,清点箭数。士兵们根本没有想到,这一千多草人竟能向敌人"借"来了几十万支狼牙箭!令狐潮直到第二天天大亮,才从探子口中得知昨夜张巡用草人借箭的事,他后悔不已,连连顿足说:"上当了!上当了!"

"草人借箭"之事仅过几天,张巡即令五百名敢死之士一律穿上黑衣,乘黑夜由城墙上缒下,去袭击令狐潮的大本营。令狐潮听说城墙上又有黑影游动,误以为张巡再次施"草人借箭"的故伎,便下令不加理会。敌兵也都拥到军营前看热闹,指指点点,嘻嘻哈哈,都在嘲笑张巡智谋不过如此。他们做梦也想不到,这次缒下来的不但是真人,而且是敢死之士。敢死之士攻其不备,突然冲入敌人的大营中,一边放火烧敌营帐,一边奋勇搏杀。敌军大乱,死伤无数。这五百个敢死之士如入无人之境,一直把敌人追到十余里外,才掉头从容回到城中。

经过这一战,贼军又惭又怒,只得再增加兵力围困孤城。这时候城中的木柴用完了,张巡眉头一皱,又计上心来。他派使者去见令狐潮,声称自己兵力不足,难以支撑,愿引军远去,献出此城,请对方退军二舍(古代一舍为三十里),让己方安全离开。令狐潮根本没想到这又是一计,便答应了。于是张巡的部下马上奔出城外,把城周围三十里内的木屋全部拆掉,运回木料。令狐潮闻讯大怒,贼军的包围圈马上又合上了。这时张巡走上城头,慢悠悠地对令狐潮说:"你想要这座城,还是可以商量的,只要给我三十匹好马就行,我得了马便出奔他方,让你取城向安禄山有个交代。"令狐潮急于得城,再次中计。张巡把三十匹好马交给三十名骁勇的军官,嘱咐道:明日如此如此……第二天令狐潮见守军并未撤走,怒责张巡不守信用,张巡笑道:"我要走,可部下将士不听命令,有什么办法呢?"令狐潮气得眼冒金星,刚要摆开阵势进攻,突然城门大开,三十精骑一冲而出,挥刀砍去,不一会便杀死敌兵一百余名,生擒敌将十四名,并夺来一批器械牛马。令狐潮也差点送命,赶紧逃到陈留(今河南开封东南)去了。(《新唐书》 赫崇政)

70. 计斩刘龙仙

李光弼手下有一员偏将白孝德,勇猛善战。有一次,史思明叛军攻打河阳(今河南孟县),李光弼坚守不出。史思明令部下骁将刘龙仙率五十名骑兵挑战。刘龙仙见李坚守不出,就令士兵百般辱骂,他自己把一只脚架在马脖子上,显出傲慢轻敌的架势。李光弼果然被激怒了,大声说:"谁替我去砍下那贼的脑袋?"白孝德慨然应道:"末将愿往。"光弼大喜,问他带多少人马,白孝德说:"只需五十名骑兵,绕道上流,隐秘前进。等我发起攻击,请城上大军呐喊助威,我定斩此贼!"

白孝德手持双枪,策马过河(河已将干涸),刘龙仙见闹了半天,城上只出来一个人,不免有些扫兴,就想领兵归去。他想:杀鸡焉用牛刀,这个把人就让部下去宰掉吧。这时白孝德挥手阻止他道:"来将休走,我奉侍中(李光弼官号)之命,特来传话。"刘龙仙闻言心想:莫非李光弼惧我大军,想要投降?就打马上前问有何话说。白孝德虚与周旋,等察觉五十个骑兵已迂回到敌人身后,他猛然大叫一声:"叛贼认得我吗?我乃大将白孝德!"刘龙仙知道上当,忙拍马上前直取白孝德,二将就杀在一处。此时绕到敌后的骑兵也奋勇掩杀过来,城上唐兵呐喊声惊天动地。白孝德勇猛非凡,把双枪使得密不透风。刘龙仙渐感不支,回头看自己所带的五十个骑兵已被唐兵斩杀殆尽,自己被围在核心,赶忙突出重围绕河堤而逃,结果被白孝德快马赶上,一枪刺于马下,取首级得胜而还。李光弼亲自开城相迎,叛军为之胆寒。(《新唐书》 张跃中)

71. 单骑入郭营

段秀实担任泾州(今甘肃泾川北泾河北岸)刺史时,郭子仪率军驻守在蒲州(今山西蒲县),其第三子郭晞率军驻守在邠(bīn)州(今陕西邠县)。郭晞治军不严,纵容其士卒勒索百姓的财物,稍不满足,即打断物主的手足,砸毁物主的家什,然后扬长而去。甚至撞死路上的孕妇,也不顶罪。邠宁节度使白孝德忌惮郭子仪的威名,不敢过问,只有暗自愁闷而已。

段秀实知道这种情况,便写信给白孝德,自请充任邠宁节度使的执法官都虞侯,愿为他惩治郭晞部下的不法之徒。白孝德一如所请。段秀实上任仅一个月,即接到属吏报告,得知郭晞部下有十七个士卒,闯到一家酒店索酒,刺伤了卖酒老汉,打坏了酒具。他勃然大怒,立刻派兵逮捕了所有肇事者,并把他们枭(xiāo)首示众。

郭晞部下的士卒听说此事，喧噪不已，披盔带甲，准备报复。白孝德闻讯，十分震惊，急忙传来段秀实，向他求计。段秀实说："不要紧，让我去郭营解决此事吧！"白孝德放心不下，拟派十个人护送他。段秀实婉言谢绝，只带一个为他牵马的跛足老兵，直奔郭营而去。他刚至营门，即见郭晞的士卒蜂拥而出，气势汹汹，意欲寻仇。段秀实笑着说："杀我这样一个老兵，何必披盔带甲，全副武装？你们看，我已经带着我的头来了。"那些全副武装的士卒，见他从容不迫地说出这样的话，深感意外，不觉愣在那里，一时不知所措。段秀实因势利导说："郭晞待你们不好吗？郭子仪待你们不好吗？你们为什么制造祸乱来败坏郭家的名声呢？还不快去通报郭晞，我有话对他说！"

见了郭晞，段秀实对他说："你父亲的功勋盖天地，威名贯四海，所以，你行事应该处处为他考虑，使他能够善始善终。而现在，你竟纵容士卒扰民害民，一旦引起大乱，毁了天子的边庭防务，你不但要承担罪责，而且会连累父亲。时下，邠州百姓已经议论纷纷，都说你依仗父亲的威名，不约束士卒。如此下去，你父亲的功德名望，还能保存长久吗？"段秀实的话尚未说完，郭晞便向他拜了两拜说："幸亏你及时提醒我，才使我不至于铸成大错。你对我真是恩重如山，我唯命是从！"于是，他回过头来，命令士卒解甲归队，并三令五申："如再敢喧闹，一律处死！"段秀实担心其反复，要求在营中用餐留宿，以观动静。入夜，郭晞怕部下士卒加害段秀实，不敢解衣安睡，亲自护卫他，还嘱咐警卫的士卒严加防范。天明，郭晞随段秀实谒(yè)见白孝德，请他宽恕自己治军不严之罪。从此，郭晞治军严明，其部下士卒再也不敢为非作歹，邠州由此得以安宁。

段秀实能见义勇为，且有非凡的胆略。他单人匹马入郭营，决非冒险行动，而是建立在知人基础上的明智之举。郭子仪及其第三子郭晞，是平定安史之乱的功臣，一向忠于唐王室。段秀实对此非常了解，他估计从保持郭家功名勋业入手，去劝说郭晞整肃军纪，必能达到预期目的，因此才单骑会郭晞。事实也确实如此。（《段太尉逸事状》 赫崇政）

72. 神童

李泌幼时即有"神童"之称。年岁稍长，有人引荐给唐玄宗，玄宗召见。时玄宗正与燕国公张说观人下棋，李泌来谒，玄宗令张说试试李泌之才。张说略微问了李泌的一些情况后，就说了四个字"方圆动静"，要李泌对答。李泌请说得稍微详细些，张说指着棋盘说："方如棋局，圆如棋子，动如棋生，静如棋死。"李泌听罢即应口答道："方如行义，圆如用智，动如骋材，静如得意。"张说闻言大为惊叹，

连忙祝贺皇帝喜得神童,名不虚传。玄宗也很高兴地说:"这孩子挺精神,将来必有大用。"给予赏赐,并敕令其家"好好教养"。

宰相张九龄很喜爱李泌,常常带他到自己家中,有时议些军国大事也不避他。张九龄与严挺之、萧诚友善,严挺之厌恶萧诚为人善于巧言献媚,劝张九龄勿与他往来。有一次张九龄自言自语地说:"严挺之为人太固执了,倒还是萧诚能顺人心意。"正要令人召见萧诚,李泌在一旁漫不经意地说:"您老人家平民出身,凭借正直而做到宰相,却也喜欢善于顺人心意的人吗?"张九龄听了猛然醒悟,起身感谢李泌提醒自己,连呼李泌为"小友"。(《新唐书》 张跃中)

73. 叛军必败

唐肃宗(李亨)见安禄山、史思明叛军猖獗,不由得忧心忡忡地问宰相李泌:"现在叛军如此强大,卿估计何日方能平定呢?"李泌答道:"臣观察叛军把所掠得的财物都运往范阳(今北京西南),这哪里有雄踞天下之志呢? 现在只有少数番将为他所用,中原之人也只有高尚等几个汉奸,其他都是被胁从的。以臣估计,不过两年必能荡平叛军。"肃宗听了面露喜色地问:"卿怎么知道只要两年便可平贼呢?"李泌屈指数道:"叛军骁将不过史思明、田乾真、安守忠、张忠志、阿史那承庆等数人而已。现在如果命李光弼从太原出兵井陉,郭子仪从冯翊(今属陕西)攻入河东(今属山西),那么史思明、张忠志必不敢离开范阳,常山安守忠、田乾真也必不敢离开长安。这是用李、郭二军而牵制叛军四将,如此则跟从叛首安禄山的就只有阿史那承庆了。请陛下诏令郭子仪莫要攻取华阴(今属陕西,在华山之北),使两京(长安与洛阳)之路畅通无阻。陛下驻军扶风(今陕西凤翔),和郭子仪、李光弼一同出击,叛军救首则击其尾,救尾则击其首,使敌人往来数千里,疲于奔命,而我却以逸待劳,敌来就避其锋芒,敌退败攻其疲弊,我军暂不攻城,来春再命建宁王(李倓)任范阳节度大使,会同塞北之军出与李光弼形成南北掎角之势,攻取范阳,直捣敌巢,使得叛军退无归处,留不得安,然后我军四面围而攻之,何愁不能一战而荡平贼寇?"

肃宗听李泌说得入情入理,有根有据,不由得信心倍增,连连称是。(《新唐书》 张跃中)

74. 一言释君怒

唐肃宗做太子时,奸相李林甫曾多次向玄宗进谗,意欲废除太子。因此肃宗痛恨李林甫,曾对李泌表示要让诸将早日攻克长安,挖开李林甫坟焚骨扬灰,以

雪心中之恨。李泌听了,认为皇帝应该胸怀天下,不可记恨私怨,否则只怕人心不安。因而劝谏道:"陛下刚登位不久,应以宽大示天下,怎么可以对业已死了的人如此仇恨呢?再说焚骨扬灰于死者又有何知?却让天下人认为陛下圣德不弘。现在跟从安史叛乱的都是陛下之敌,应化解仇恨,使他们自新悔过才对,若见陛下如此记恨前仇,谁还会自新悔过呢?我私下认为陛下不该这么做。"肃宗闻奏颇不高兴地说:"李林甫也曾想害卿,只是未等害卿就死掉了,卿为何同情他呢?"李泌道:"臣岂不知李林甫想害我,只是臣想到太上皇(唐玄宗)坐拥天下五十年,难免大意失误。现在他远在巴蜀,那里气候违和,太上皇春秋已高,听到陛下如此记恨旧怨,定会内心惭愧不安的。万一感愤成疾,这就是陛下以天下之大竟不能安养父亲了。"肃宗听到这里,恍悟严惩李林甫会引起太上皇的内疚,不由得泪流满面,走下台阶,仰天拜谢道:"朕未能想到这里,这是上天派先生告知朕的啊!"抱住李泌脖子感泣不已。从此唐肃宗再不从私怨上考虑和处理事情了。(《新唐书》 张跃中)

75. 解除粮荒

唐代宗时,镇海军(治润州,即今江苏镇江)节度使韩滉,因修筑石头五城而被人诬陷为蓄有异志,致使在朝廷上任郎官的韩滉之子韩皋不敢到石头城探亲。唐代宗召来李泌,垂询应付之策。李泌认为韩滉忠心为国,秉性刚直,从不阿附权贵,才遭到小人谤毁,表示愿意以全家百口性命保韩滉不反,并献计说:"今关中旱蝗肆虐,斗米千钱,而江东丰稔。如陛下令韩皋去润州省亲,使他尽人子之心,转告陛下不疑其父之意,韩滉必定更加忠于陛下,会立即漕运江东大米以解关中燃眉之急!"

唐代宗觉得李泌之言有理,便准奏依计而行。果然不出李泌所料,韩滉见过其子,得知唐代宗对自己十分信任,满心欢喜,当即决定向关中输送一百万斛大米,令其子押送。开船之日,他又亲临长江边送行。淮南节度使陈少游听说韩滉贡粮,不甘落后,也派人押送二十万斛大米去关中。唐代宗闻讯大喜,夸奖李泌说:"用卿之计,不仅使韩滉送粮,而且使陈少游也来送粮,真是一举两得呢。"李泌说:"还不止呢!臣料继陈少游之后,天下各道都要送粮到关中了!"果然又不出李泌所料,没过多久,四方的粮食都源源不断地运到了关中,关中的粮荒问题就这样解决了。(《旧唐书》 赫崇政)

76. 君臣一体

唐德宗朝,吐蕃尚结赞惧怕唐朝三大将,即李晟、马燧和浑瑊(jiān)。他说:

"若除掉此三人,则唐朝就可以归我所有了。"因此屡用离间计,竭力挑动唐朝皇帝怀疑三将不忠。

时任中书侍郎、同平章事的李泌,察觉吐蕃的阴谋,就趁李晟、马燧都在场时对德宗说:"臣今日想和陛下订个约定可以吗?"德宗说:"有何不可?"李泌说:"臣希望陛下勿害功臣。"德宗闻言大惊道:"卿何出此言?朕岂能害功臣呢?"李泌道:"臣受陛下厚恩,岂敢怀疑陛下害臣?但据臣所知,有人暗中对李晟、马燧二位功臣进谗言,幸亏陛下圣明,不被所诱。只怕李、马二位也会心中疑惧而言行拘谨吧?陛下假如万一听信谗言而害二人,只怕宿卫之士、方镇之臣都不得自安了;二位功臣假如心怀疑惧而言行拘谨,只怕于国不利,那样我大唐恐怕又将祸生不测了!"德宗始终不解李泌何出此言,就说:"这是卿多虑了,我君臣形同一体,岂能产生隔阂呢?"李泌颔首道:"人臣能受人主爱信则平生足矣,今李、马二位都富贵已极人臣,只要陛下坦诚相待,使他们自保无虞,国家有事则赖他们尽忠征伐,无事则安享富贵,君臣如同手足,那是何等安乐啊!所以臣希望陛下勿以二臣功大而猜忌,二臣也勿以位高而疑惧,那就天下无事,国泰民安了!"德宗恍悟,面带笑容道:"朕开始不懂卿为何说这番话,现在才知道卿是为社稷担忧啊。朕把卿所言写在衣带上,以示不忘勿害功臣之意。李、马二卿也当牢记此言。"李晟、马燧闻言皆感泣叩首,都说:"臣鞠躬尽瘁,死而后已。"(《资治通鉴》 张跃中)

77. 闻哭知隐情

唐肃宗至德初年,韩滉任润州(今江苏镇江)刺史,有一天夜里在万岁楼与部下饮宴,正饮得酣畅时,楼外隐隐传来女子的哭声。韩滉放下酒杯仔细地听了一会儿,回头问在座的人说:"你们听到女人的哭声吗?我料其中必有隐情。弄清楚这女人家住哪里,明天抓来见我。"第二天这女子被带到府衙,韩滉问她为何啼哭,那女子道:"小人刚死了丈夫,故而伤心啼哭。"韩滉命衙役前往察看,果然有一男尸躺在这女子家中的床上。韩滉料定这男子死得必有蹊跷,就下令拷问这个女人,谁知这女人就是矢口不招,说来说去还是那句话:丈夫死了,故而伤心痛哭。韩滉一时竟不知如何是好。但他肯定此事必有隐情,定要弄个水落石出。

衙役见刺史大人决心要审此案,只好留人守在尸体旁边,不许闲人靠近。这时正值夏季,衙役见有许多绿头苍蝇嗡嗡地聚集在死者头部,挥之不去。衙役感到奇怪,就去禀告韩滉,韩滉赶忙亲自来到现场,把死者的发髻解开,这时只见一根有小拇指粗的铁钉已深深地钉入死者脑颅之中。这女人一看隐情败露,自知难逃国法,就把与邻人通奸,同谋灌醉其夫,然后用铁钉钉杀的经过都供认了。

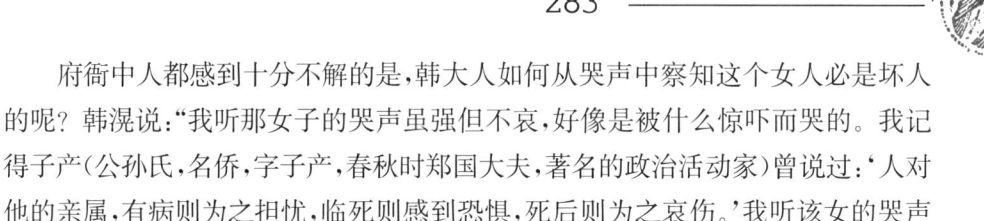

府衙中人都感到十分不解的是,韩大人如何从哭声中察知这个女人必是坏人的呢?韩滉说:"我听那女子的哭声虽强但不哀,好像是被什么惊吓而哭的。我记得子产(公孙氏,名侨,字子产,春秋时郑国大夫,著名的政治活动家)曾说过:'人对他的亲属,有病则为之担忧,临死则感到恐惧,死后则为之哀伤。'我听该女的哭声没有哀痛,倒像受了惊吓,因此感到其中必有隐情。"不是刺史大人的明察,那个男子便冤不得申了,部下都佩服韩滉之智实在人所难及。(《酉阳杂俎》 张跃中)

78. 善察盗贼

唐朝怀州(今河南沁阳)河内县衙有个破案能手,名叫董行成,他能从细微处辨识盗贼。人们都感到不可理解,但经他解释又觉得显而易见、合情合理,所以称他"神捕"。

有一次,他和同伴在怀州大街上行走,见有一人骑驴匆匆而来,董行成对同伴说:"瞧,那个骑驴人必是盗贼,驴就是赃物。"同伴都感诧异,不知董行成从何而知。只见董行成大步上前一把抓住骑驴人,大喝一声:"贼人还不速速下驴!"骑驴人吓了一跳,正待发作,一看对方正是神捕董行成,赶忙下驴低头服罪。同伴好生纳罕,一齐问他怎么知道此人就是盗贼的。董行成不慌不忙地回答:"你们看,这驴走得急而又满身是汗,显然不是走长途的;再看这个骑驴人遇人就领着驴远远走开,表明他怕遇到熟人因而心虚躲避。这正好让我看出此驴必定是偷来的。"不一会儿,果然有人到县衙来报案,一问果真是他的驴被盗。同伴都惊叹道:"'神捕'之名果然不虚!"(《益智编》 张跃中)

79. 高价买漕船

刘晏是中唐时期的大理财家,他为增加唐王朝的财政收入和挽救唐王朝的财政危机作出了杰出贡献。他精力充沛,智慧过人,遇事善于变通。别的不说,单举定船价一事就可看出他的谋虑宏远。

唐代宗广德二年(764),刘晏当了转运使,接管了漕运,专门负责由水路运输国家物资的事。当时,东南沿海一带的物资,主要靠长江、运河、汴水、黄河与渭水的辗转运输,才能送到京城长安。为了保证漕运的顺利进行,刘晏决计制造两千艘坚牢耐用的漕船。他经过周密考察和精心勘测,最后选择扬子(今江苏仪征)作为造漕船的基地,在那里总共建造了十个大型造船场。

刘晏造漕船务求质量上乘。他为此采取了重金收购的鼓励政策,规定每艘

漕船的买价为一千钱,而每艘漕船的实际造价尚不足五百钱。有些人不了解刘晏的深谋远虑,认为这样做耗费太多,建议他减低漕船的买价。刘晏说:"办大事者怎能计较小费呢?我们做任何事都得有一个长远的考虑。现在造船场刚刚建立,正是需要经费的时候,我们把购船价定得高些,使造船场的官员和工匠都得到了实惠,他们就会兢兢业业地造出一艘艘坚牢耐用的漕船来。要是与他们锱铢必较,他们必然会泄气,那又如何能造出优质的漕船呢?我估计以后一定有人认为我的买价太高而减价,他们如果减价一半,漕运尚可勉强维持;如果减价一半以上,漕运就必将衰亡喽!"

果然不出刘晏所料,五十年后,有人嫌刘晏规定的购船价太高,把它减少了一半。到了唐懿宗咸通年间,有人干脆按造船的实际费用计价支付,结果大大地打击了造船场官员和工匠的造船积极性。从此,他们造的船变得脆薄易坏。随着造船质量的一落千丈,漕运也一蹶不振,不久就被废除了。(《新唐书》 赫崇政)

80. 戏言释臣恐

这个故事发生在唐代宗(李豫)大历二年(767)。

郭子仪有个儿子叫郭暧,娶升平公主为妻,做了驸马爷。升平公主依仗自己的父亲是皇上,飞扬跋扈,不把丈夫放在眼里。郭暧忍无可忍,就发作说:"你仗着你父是皇帝,便屡次轻视我吗?告诉你,我父不是不能当皇帝,只是不屑于当皇帝罢了!"升平公主闻言气极,急忙赶到宫中,把郭暧大逆不道的狂语如实启奏其父,请他降旨治郭暧大不敬之罪。不料唐代宗竟然对女儿说:"你哪里知道,那郭暧讲的全是实情。如果你公公想当皇帝,这天下早不姓李了!"说完,一边安慰这骄横的公主,一边劝她回郭府善待公婆和丈夫。

郭子仪知道郭暧口出狂言,十分震怒,绑子上殿,请求唐代宗惩治自己教子不严及郭暧猖狂忤逆之罪。聪明宽厚的唐代宗走下御座,亲切地对郭子仪说:"俗谚称:'不痴不聋,不做家(gū,通姑)翁(姑翁,阿婆阿公)。'小夫妻私下斗嘴,口无遮拦,本是常事,你我怎能把它放在心上?"郭子仪见唐代宗没有怪罪他父子,感恩不尽,但深恨郭暧出言不慎,几乎招来灭门之祸,回到府中,重重责打他数十杖,令他永远记住这个教训才作罢。(《旧唐书》 赫崇政)

81. 智杀李辅国

唐代宗(李豫)即皇帝位后,李辅国因立帝斩后(斩张皇后)有功,被册进为司

空兼中书令,实封八百户。李辅国愈加嚣张跋扈,以至于对代宗说出这样的话来:"陛下只坐在宫中就是了,外边的事都让老奴处理吧。"代宗听了心中一惊,这不分明想要取代皇帝吗?代宗就产生了剪除李辅国的念头,但又惧怕他手中握着兵权,所以暂时忍让,待机而动。为了麻痹李辅国,代宗尊称他为"尚父",事无大小,群臣出入奏事都要先得李辅国同意,真可谓权倾朝野。李辅国见皇帝如此待他,心中也颇为自安。没有多久,代宗以左武卫大将军彭体盈代任为闲厩、群牧、苑内、营田、五坊等使,以右武卫大将军药子昂代判元帅行军司马,这一来把李辅国的实权来了个釜底抽薪,然后再赐给李辅国一所甲第,让他住到宫外去。朝廷内外看到李辅国失势,都相互庆贺。这时李辅国隐约感到这位皇帝不动声色就把他摔下高位,好生厉害!他想试探一下,就上表请求免掉职务,可是诏书下达,进封他为博陆郡王,仍旧任司空、尚父,享受最高规格的待遇,朔(初一)望(十五日)各上朝一次。李辅国不知皇帝的葫芦里卖的是什么药,他想像往常一样到中书省撰写谢表,可阍者(守门人)不让他进去,说:"尚父已不再是宰相了,因而不能进中书省。"李辅国气得半死,他这才弄懂了,皇帝已把实权给他卸掉了,那些官职不过是徒有虚名而已,这个皇帝,厉害啊!过了些日子,李辅国向皇帝"乞骸骨"(古代大臣请求退休叫"乞骸骨")。他说:"老奴死罪,侍奉不了陛下了,请让臣到地下去侍奉先帝吧。"代宗心想:你这老东西想溜了,你做了那么多坏事,岂能容你溜掉!于是好言抚慰,要他继续任职,勿要多想。

代宗见李辅国的权势已解,但他还不想担个杀李的名声,因为他即皇帝位确实是李辅国之功,于是暗中派遣侠客夜里去刺杀了李辅国,把李的首级和一条右臂砍下带走了。代宗还是秘而不宣,刻木代头而葬,赠太傅,谥号为"丑"。后来梓州(今四川三台)刺史杜济用一个武人为牙门将,那个人曾自称就是行刺李辅国的。(《新唐书》 张跃中)

82. 智灭二盗

南昌谢小娥和其夫段居贞以及谢父,江湖经商,同乘一船。不料船主谋财害命,杀了谢小娥的丈夫和父亲,把她推坠江中。幸遇渔翁相救,谢小娥一路乞讨来到上元(今属江西)。小娥一心要为亲人报仇,恍惚还记得船主一名申兰,一名申春,于是一路打听二贼的下落。皇天不负苦心人,终于在江州(今江西九江)打探到申兰和申春的下落,原来二贼是堂兄弟。小娥想:如何捉住二贼呢?假如告到官府,没有证据,也是枉然。小娥终于想到接近二贼的方法,女扮男装到申家做帮工。她做事勤快诚实,很快就获得申兰的信任,一切家务事全都托付给

她。小娥发现双亲生前所用之物都在申兰家中,睹物思人,不禁悲痛满怀。她且不声张,更加勤快地干活,暗中等待时机。终于机会来了,申兰约了申春和一些狐朋狗友到家饮酒,群贼喝到半夜,一个个皆酩酊大醉,胡乱地睡了一屋。小娥关上门,拔出早已磨得锋利的佩刀,一刀杀了申兰,群贼还睡得像死人一般。她想再杀申春,忽然想起假如活口皆死,岂不死无对证了吗?所以举起的刀又放下了。她来到屋外大呼捉贼,惊动得左邻右舍都奔出来,有的人慌忙去报告官府。不一会儿衙门的公差也来了,生擒群盗,他们还熟睡未醒呢。公差又在申兰家起获许多脏物。刺史张锡亲审此案,申春拒不认罪,小娥就脱掉男装,显出女相,把自己的遭遇一一说出。这时申春才认出站在面前的这个复仇女子正是他亲手推落水中的女子,这才低头认罪。刺史张锡很赞赏小娥为亲报仇的事迹,陇西才子李公佐认为这是奇事一桩,写成传奇(唐代称小说为传奇)流世。后来谢小娥回到家乡南昌,削发为尼,独伴青灯古佛。(《新唐书》 张跃中)

83. 将计就计

唐德宗刚即位,淄青(今山东益都)节度使李正巳知道这位新皇帝颇通韬略,不由得心中产生几分惧意。于是他就设法一试:上表献上三十万缗钱(成串的铜钱叫缗,古代一千文为一缗),试探一下朝廷将如何处置。

德宗阅罢奏表,不由得犯起难来:接受这三十万缗钱,只怕李正巳不过是试探一下朝廷,并无诚意,白白受他欺骗,有失朝廷威严;拒绝吧,又无正当理由,恐怕今后再没有人向朝廷贡献了。宰相崔祐甫看出李正巳的动机,就启奏皇帝说:"这个李正巳是在试探朝廷,并无诚意。"德宗道:"此便如何处置为好呢?"崔祐甫道:"陛下不如将计就计,派使者赴淄青慰劳将士,把李正巳所献之钱悉数赐给淄青将士。李正巳如果奉诏行事,淄青将士受赐一定会感激陛下皇恩浩荡;如果他是假意试探,使朝廷难谌,那么他必定结怨于他的部下,叫他弄巧成拙,欲益反损。"德宗认为此计甚妙,就依计行事。李正巳果然被"将"了一"军":把钱赏给部下吧,白白地增加了朝廷的威望,于心不甘;不赏给部下,势必招致部下不满,弄得十分尴尬。从此他对德宗皇帝的才智更加敬畏,藩镇的嚣张气焰也稍稍收敛了。(《新唐书》 张跃中)

84. 智安郭子仪

唐德宗刚即皇帝位,很想有一番作为,因此他用刑名之法治天下,颇有点火

辣辣的味道,在大臣中造成震动。

有一次德宗将祭皇陵,禁止屠宰牲畜,尚父(对郭子仪的尊称)郭子仪的家奴宰杀一羊,被人告官,右金吾将军裴谞(xū)得知此事就禀奏德宗,要求依法论罪。德宗称赞裴谞敢于弹劾权贵,私下想:郭子仪家一奴宰羊犯禁尚且有人禀奏,可见这个功盖朝廷的尚父郭子仪平常奉公守法,决不恃势凌人啊。

有人对裴谞此举不以为然,对他说:"郭令公对国有大功,家奴宰羊犯禁乃区区小事,又不是令公自己所为,何必大惊小怪地奏知皇帝呢?"裴谞笑道:"这不是你能懂得的。试想,尚父正在显贵之时,而陛下又是新即位,一定会以为归附尚父的人必多,陛下对尚父必生戒心,试看前朝功成而被戮的惨案还少吗?现在我却因小过而在陛下面前揭发大臣,这样陛下一定会知道尚父平素守法,故而小过也有人禀奏。我用此法,对上尽事君之道,对下安大臣之心,有何不可呢?"至此以后,德宗果然更加信任尊敬郭子仪了。后来郭子仪知道了裴谞这一做法,也感激他做得聪明。(《旧唐书》 张跃中)

85. 装哑免祸

郭子仪第三子郭晞,善骑射,随父征战有功,被朝廷封为鸿胪卿。特别是吐蕃、回鹘入寇时,他受命率领朔方军援救邠州,与马璘合兵一处大败吐蕃、回鹘。不久,敌人复至,郭晞在泾水北岸布阵。郭子仪令郭晞率五千步卒和五百骑兵出击。郭晞因兵少,停止不前。到了傍晚,敌人渡泾水,郭晞等敌人半渡之际挥军出击,斩首五千级,大获全胜。朝廷加封御史大夫,因为其父郭子仪坚决辞让,朝廷只得作罢。

不久,汾阳侯郭子仪辞世。郭晞居父丧期间正逢太尉朱泚(cǐ)叛唐。郭晞南逃入山谷中避难,但还是被叛军捉住了。郭晞装病,口不能言。叛军把他抬到朱泚跟前,朱泚对他说:"我与令尊是老交情了,少将军若能同我协作,我必不会亏待你。"郭晞指指嘴巴,又摇摇手,示意:口已不能言。朱泚不知是真是假,但还是冷笑道:"少将军装哑要骗人还可,岂能骗得过老夫的眼睛?"朱泚的部下都刷地亮出白刃就要砍下,郭晞闭目等死,一动也不动。朱泚见郭晞软硬不吃,只得把他软禁在长安。他在围城中,还多次向城外官军统帅李晟传递军情。后来,他终于逃出长安,到达奉天(陕西乾县)觐见德宗皇帝。不久,长安光复,德宗回京,改授郭晞为太子宾客。郭晞装哑免祸,一时传为佳话。(《旧唐书》 张跃中)

86. 哭市献计

唐代宗大历年间(766—779),宰相元载专权,在朝中排斥贤良,任用亲信,闹得纲纪失常,怨声载道。而元载却极尽豪奢,在近郊广造楼馆别业,多达数十处;名姝艺伎,竟胜过皇家。代宗曾单独召见,深加警戒,但元载态度傲慢,听不进去。有一次,大臣李少良上书弹劾元载,元载竟奏杀李少良。从此人们道路以目,不敢再提元载之事。

大历八年(773),也就是元载势力最盛之时,京城长安来了一个晋州(山西太原)男子,名叫郗谟,他用麻绳扎住头发,手持一只大大的方形竹筐和一领芦席,在长安东市边行边哭。有人问他为何啼哭,他说:"我有三十个字,想献给皇帝陛下,每字说一件事,假如说得无理,就请用竹筐贮尸,用芦席裹起来弃到野外喂狗。"他的举动被京兆尹(京城行政长官)报告给皇帝,皇帝召见,赐给衣裳,留在内客省,问他是哪三十个字。果然字字都是揭露元载的,譬如"团"字,就说请求罢免诸州团练使;"监"字,就说请求罢免诸道监军,等等,都是针对元载专权的。代宗听了心中暗暗称是,心想:看来这个元载已到天怒人怨的地步了。于是在大历十二年(777)三月庚辰,派左金吾大将军吴凑收捕元载,后下诏赐元载自尽,籍没其家。(《新唐书》 张跃中)

87. 罪己诏

陆贽在翰林院代皇帝撰诏令时即受到唐德宗器重,后来到了连宰相们议过的事,德宗还要陆贽参裁可否,所以人称"内相"。

兴元元年(784)朱泚叛乱,京城长安沦陷,德宗避难奉天(陕西乾县)。有一次,陆贽对德宗说:"方今盗匪遍天下,诚我大唐危急之秋,陛下应该下诏罪己,用来激励感奋人心。过去成汤因罪己而国兴,楚昭王出逃在外,因一句话得体而复国。陛下如能深刻责己以谢天下,使臣拿笔拟诏而无所忌讳,料想那些心怀叛乱者定能洗心革面。"德宗认为陆贽所言在理,就令他先拟罪己诏,此后所有诏令都必含罪己的内容。德宗罪己诏下达了,连武人悍卒听了也都感动流涕,它在全国产生了很大影响,沉重地打击了叛逆势力,很快地使形势有了转机。后来,检校左仆射李抱真将军入朝,对德宗说:"陛下在奉天、南山时,诏令到达山东(函谷关以东),将士们听了都高呼:'皇帝万岁!'臣那时就知道叛贼必败。这样的诏令可抵百万雄兵啊!不知这些诏令出自哪位大人之手?"德宗听了高兴地说:"除了陆

赞,还有谁能有如此大手笔呢?"(《旧唐书》 张跃中)

88. 巧拒礼品

陆贽任中书舍人时,很受德宗皇帝器重。有一次皇帝下诏,要把陆贽的老母从苏州迎归京城长安,以示皇恩关爱。陆贽当然很感激,但他又心存隐忧:"从苏州到京城数千里地,那要惊动多少官府呀? 平常朝廷大员外出,地方官员都要奉承巴结唯恐不及,何况是皇帝亲自下诏接老人归京,那迎来送往的官员还用说吗?"陆贽想,不如神不知鬼不觉地把母亲迎来长安算了。但一想又觉不妥,那样皇帝对臣下恩宠,特别是皇帝仁德孝亲之意不就难以昭著于天下了吗?

陆贽终于想出了一个好主意,他命人把母亲直送寿州(安徽寿县)。寿州刺史张镒是他的忘年交,就拿这个老朋友做做文章吧。这一天母子到达寿州,张镒果然亲到城外十里迎接。第二天张镒到住处拜见老人,又和陆贽相见,欢谈别后之情。过了一会儿,张镒命人抬过来一百万钱,笑着拱手道:"这是小侄送给伯母大人的一日之费,不成敬意,还望笑纳。"陆贽心想:这位张兄果然如此了。就忙婉言谢绝。张镒道:"若是地方官员,当然拒受礼物,可我们是老朋友了,不在此例吧?"陆贽道:"仁兄有所不知,小弟第一站就到贵地,正是为了做出榜样,使沿途送礼之人免给馈赠,谅兄一定会成全小弟的。"陆贽看出张镒有些尴尬,就说:"感兄盛情,小弟就拿这一斤茶叶作为馈赠之礼吧,这可比'君子之交淡如水'要'浓'得多了!"张镒只得从命。这事不胫而走,陆贽连他的好友张镒也只收一斤茶叶,其他人的礼物自然一律不收了。果然一路上虽有官员接送,但再没有人乘机送礼了。(《新唐书》 张跃中)

89. 不敢祝贺

唐德宗朝柳浑任参知政事(即宰相)。有一次,德宗忽然心血来潮,替京兆尹(京城行政长官)选拔下属官吏,他又是看材料,又是考政绩,忙得不亦乐乎。最后,德宗终于决定了人选,他很高兴地向朝臣宣布了。许多大臣都纷纷上前祝贺皇帝圣明,所选官吏德才兼备,堪负所任,皇帝此举真是旷世所无,青史垂范。德宗听到群臣的恭维也面露得意之色。忽然他发现柳浑在一旁默默不语,觉得好生奇怪,柳浑可是个知无不言的人啊,今日何以不发一言? 德宗就问:"柳卿为何不发一言?"柳浑忙出班回答道:"臣认为陛下代京兆尹选拔官吏之举不妥,所以不敢相贺。"德宗诧异地问道:"有何不妥?"柳浑道:"选拔京兆下属官吏是京兆尹

的事,何用陛下代劳?"德宗不悦道:"偶尔代之,有何不可?"柳浑道:"陛下之任是选拔臣等以辅圣德,臣应当选拔京兆尹,京兆尹再选拔所属官员,这样才能各司其职,各尽其能。现在陛下越过臣等,也越过京兆尹代为选拔地方官吏,臣以为陛下做了不该做之事,是不合治道的。"说罢匍匐阶前听凭皇帝降罚。德宗虽然觉得扫兴,但不得不承认柳浑之言有理,于是就把前选作废。(《新唐书》 张跃中)

90. 平抑米价

唐德宗朝卢坦出任宣州、徽州(今属安徽)观察使时,正逢该地闹饥荒,眼看粮价一天涨似一天。有人向他建议:何不由官府下令制止粮价上涨?卢坦道:"不可。我们所辖之地人多田少,因而产粮不多,如果再明令降低粮价,四面八方的商贾谁还愿意把粮食运到我宣徽来卖呢?那将会更加加剧我地的粮荒啊!"

于是,卢坦听凭粮价上涨,不加过问,以至于每斗米竟卖到二百大钱!四方商贾一看宣州、徽州米价昂贵,有利可图,便都踊跃地把粮食从外地运来出卖。不多久,由于粮食齐集,粮价反而渐渐回落了,老百姓因而得以缓解饥荒之苦。(《益智编》 张跃中)

91. 助夫守项城

唐德宗建中年间(780—783),叛将李希烈攻陷汴州(河南开封),又分兵数千围攻项城。项城县令李侃见叛军来势凶猛,项城又小,难以守卫,因而想弃城而逃。他的妻子杨氏说:"敌人到来,理当为国守城,实在不能守,那就为国捐躯。你如果逃走,还有谁来守项城呢?"李侃说:"项城兵少财寡,怎么办?"杨氏说:"把仓廪府库打开,用来招募敢死之士,项城或许还能守住。"李侃道:"仓廪府库是国家的,没有朝廷诏令不可打开。"杨氏说:"顾不得这些了,若敌人攻破城池,不都成了敌人所有了吗?"李侃觉得所言有理,就把军民召集起来说:"诸君都是本地人,祖上坟墓就在这里,而今叛军攻城,我们应当死守项城,岂能失身奉敌而使祖宗蒙受羞耻于地下呢!"军民皆感动泣下,表示誓死守城。李侃又令:"凡能用瓦石击敌的,赏千钱;用刀矢杀敌的,赏万钱!"募得数百人,由李侃带领上城守卫。杨氏组织妇女替战士们烧饭送水,有时她还对城下叛军喊道:"项城父老决心与城共存亡,你们还是回家抱孩子去吧!"说得守城将士哈哈大笑起来。

李侃中流矢,下城回家养伤,杨氏焦急地说:"夫君不在城上,谁还肯固守呢?

死在城上要比死在家中床上强啊!"说罢她就手执钢刀要上城代夫守城。李侃被妻子的话所激励,又勇猛登城督战了。守城将士看到县令受伤也不下火线,都更加奋勇杀敌。敌人久攻不下,碰巧敌将中流矢而亡,于是就弃城而去,项城得以保全。朝廷因李侃守项城有功,诏迁为太平令。(《旧唐书》 张跃中)

92. 慧眼识奸

唐朝李杰担任河南尹时碰到一个案子。有个寡妇前来控告儿子不孝。她声泪俱下,恳求官府为她做主,严惩逆子。李杰把那儿子传唤上堂,只见他浑身哆嗦,嗫嚅了好半天,才说出"我得罪了母亲,死了也不怨恨"。

李杰看着那儿子老实厚道的模样,心想:虎毒不食子,世上哪有母亲与儿子不共戴天的?况且那儿子为人憨厚,看来不是刁钻不孝的人,这其中必然有诈。想到此,李杰对寡妇说:"你丈夫早亡,寡居多年,膝下就这么一个儿子,得靠他养老送终。按照你现在告的罪,他该被处死,难道你就不后悔吗?"寡妇瞪了瞪眼,提高声调说:"这逆子无赖成性,素来不孝顺我。他被处死了,我高兴都来不及,有什么可以后悔的?"李杰道:"既然如此,你可去买口棺材来收殓你儿子的尸首。"

寡妇刚一转身出去,李杰立刻派一差役悄悄尾随在后。只见寡妇走出官府,就与一个等在外面的道士低声说话。差役隐约听见她说"事情办成了……",就回来报告了李杰。

不一会儿,寡妇买好棺木,雇人抬进了官府。李杰又问寡妇是不是后悔,寡妇态度决绝,一点也不让步。她却没料到此时李杰已经派人将等在门外的道士逮捕起来审讯。那道士一见刑具就吓瘫了,忙不迭地供认:"贫道与寡妇暗地偷情,几次被她儿子撞见,所以要想法子除掉他。"

真相大白,寡妇也只好供认了,她与道士都受到了法律的制裁。(《大唐新语》 程维荣)

93. 计除叛镇

淮宁节度使李希烈奉唐德宗之命,讨伐在淄青(治所在今山东益都)割据自号齐王的李讷,不久他却与李讷勾结起来,背叛朝廷。建中四年(783),他率军攻入汴州(治所在今河南开封),自封为"楚帝"。

李希烈听说原汴州户曹参军窦良的女儿非常美丽,就要强娶她为妾。临行前,窦良的女儿对父亲说:"你不用为我伤心,我有办法消灭这贼子。"

窦氏女逐渐了解到,李希烈部属中有个叫陈仙奇的将军人品正直,作战勇敢,就建议李希烈重用他。后来又听说陈仙奇的妻子也姓窦,又向李希烈提出同他们夫妇结为姻亲。经过这些努力,窦氏女同陈仙奇家建立了非同寻常的亲密友情,特别是同陈妻,经常互相往来,几乎无话不谈。

唐贞元二年(786),李希烈生了病。一天,窦氏女到陈仙奇的妻子那儿拉家常。她感到时机已经成熟,便对陈妻说:"李希烈叛唐,实属乱臣贼子。眼下他的势力虽然强盛,但日子久了,总耗不过朝廷,最终必定会被打败的。到那时你我这些人怎么办呢?"陈妻把这些话告诉了丈夫,陈仙奇猛然醒悟,开始感到前途不妙。他左思右想,觉得最稳妥的办法就是乘李希烈犯病之时杀了他。于是陈仙奇用重金贿赂了给李希烈看病的医生陈山甫,在药中放毒。李希烈吃了药后,就一命呜呼了。

由于李希烈死在病榻上,外界没人知道,李希烈正妻的儿子决定密不发丧,把消息封锁得严严实实,不让外传,他打算假借父亲的名义,先诱杀与他不合而有实力的部将,其中包括陈仙奇等,然后就可以顺利袭登"楚帝"之位了。

窦氏女得知这一阴谋,见禁卫戒备森严,无法脱身,非常着急。恰巧地方官进献了许多时鲜的樱桃,窦氏女灵机一动,在布帛上写了一封揭露李希烈儿子阴谋的书信,制成蜡丸,混在那些鲜红的樱桃当中,盼附身边的小丫头把樱桃送去给陈仙奇的妻子。

陈仙奇收到送来的樱桃,发现了内中的秘密,这才知道李希烈已被毒死。陈仙奇当机立断,领兵直捣李氏巢穴,把李希烈一家满门抄斩,取了他们的人头作为投诚的见面礼献给唐德宗。德宗下诏,拜他为淮西节度使。窦氏女终于除去李氏,如愿以偿,回到了父亲身边。(《新唐书》《智囊》 何小颜)

94. 既往不咎

宰相裴度奉德宗诏令入蔡平吴元济。裴度来到郾城(今属河南)慰劳诸军,并奏请皇帝取消太监统监军队的做法,恢复对将领的信任,使得全军上下斗志旺盛。不久,裴度指挥部将李愬出奇兵雪夜入蔡州,活捉叛军头子吴元济,威震蔡州。

裴度深知,蔡州被叛将统治日久,对朝廷心怀疑惧,因而十分注意怀柔之策,让蔡州军民渐渐信任朝廷,这才能使人心安定。他废除了吴元济许多虐民措施,如禁止百姓在路上交谈,夜里不许燃烛,不准互赠酒食等不合理的做法。裴度下令,只有盗贼和杀人者绳之以法,其余禁令一概蠲免。这些措施使蔡州人民恢复

了做人的乐趣,全城一片欢腾。

裴度对吴元济旧部,只要放下武器,一概既往不咎。有一次裴度回朝奏事,途中遇到宦官梁守谦奉皇帝亲付二剑,说是要把吴元济降将统统杀掉。裴度大惊,就陪同梁守谦同返蔡州,并赶紧上奏朝廷不可滥杀无辜,以稳定蔡州军民之主为要务。梁守谦要执行诏令,裴度坚决反对。不久皇帝答复裴度的诏书到来,尽赦降将。为了安抚蔡州军民,表示朝廷对他们的信任,他用蔡州旧卒侍于帐下。有人劝他:"蔡州刚刚平定,不可丧失警戒之心。"裴度笑道:"我是彰义节度使,元恶已擒,民皆我民,我视蔡州军民如同自己的兄弟,有什么可戒备的呢?"蔡州军民为之感动得泣下,从此不再疑惧朝廷了,民心终于安定。(《新唐书》 张跃中)

95. 失印得印

裴度是中唐的名相,曾辅佐唐宪宗扫平江淮的藩镇势力,迫使四方藩镇势力一度臣服中央,为唐室立了大功。后人都认为,论功业,他可与再造唐室的郭子仪相比。

裴度为人深沉多智,善于应变。有一次,他在相府大摆筵席,款待百官。宴会尚未开始时,属吏忽来报告,称相印不翼而飞。丢掉相印本是大事,满座宾客无不失色,都建议罢宴追查。裴度却镇静自若,不以为意,仍然吩咐随从张筵举乐,一切照常。众宾客见他处变不惊,不免暗暗称奇。须臾开宴,裴度与众宾客觥(gōng)筹交错,开怀畅饮,直至深夜。这时,属吏忽又来报,称相印已归原处。他闻听此言不喜不答,依然豪饮不止,极欢而罢。

事后,有人问裴度为何不罢宴查印。他说:"这不过是胥吏盗印书卷罢了,如果不追查,盗印人用完它会自动放回原处;如果追究,盗印人为毁灭物证,很可能把它投进水火中,这印就永远回不来了。"此言一传出,大家都称赞裴度遇变沉稳,善于用智。(《玉泉子》 赫崇政)

96. 放驴寻鞍

这是唐朝时的故事。一天,在河阳县(今河南孟县南)的旅舍里,一头驴子的缰绳被人扯断,驴子带着价值昂贵的鞍子丢失了。驴主查找了三天还是没有下落,只好到县衙门报案。

县尉张鷟(zhuó)立即贴出告示,派出差役四处寻找。过了几天,旅舍门口忽然出现了驴子,但没有驴鞍。看来盗贼为了逃避追查,不得不放回驴子,却把驴

鞍留下藏了起来。

正当驴主和差役苦思冥想怎样找到驴鞍时,张鹭说:"驴子既然回来了,驴鞍还怕找不着吗?"他叫驴主不要给驴喂食,把它放出去,另派人悄悄跟在后面。饿着肚子的驴在街上走着走着,到一家门口停了下来。张鹭说:"这一定是昨天晚上喂它的人家。"立即下令搜查,果然在这家的草堆下面找到了鞍子。

当地的人们对张鹭断案的智谋,都很佩服。(《折狱龟鉴》 程维荣)

97. 裹绿头巾

唐朝时,李封任延陵县(今江苏丹阳西南)令,下属官吏有触犯刑律的,按朝廷惯例依法要处以杖罚,他却废止不用。杖罚在隋代开始被定为五刑之一,后世一直沿用,是用大荆条、大竹板或棍棒当庭拷打犯人的臀、腿或背部,根据量刑的轻重来决定其拷打的部位和次数,重者有时捶杖至百,犯人被打得皮开肉绽、鲜血淋漓,甚至当场一命呜呼。李封也许认为此法过于残忍,或者认为这样的惩罚不足以教训犯人,总之,他利用自己作为一县之长的权力,上任后,对此刑罚作了改动。

李封的方法是,凡县内官吏待罪需加杖罚的,改为当庭释放,但被释放者必须在头上裹一块绿色的头巾,并随他所犯罪行的轻重规定他戴绿头巾的天数,罪行愈大,佩戴绿头巾的天数就愈长。

原来,在那个时代,绿头巾多为宰杀牲口的屠夫和当垆卖酒的店家所戴,他们在士大夫眼中一直被视为属于社会的卑贱阶层。犯罪的官吏虽然逃避了杖罚,却被强迫整日里裹着绿头巾,在他们看来,实在是莫大的耻辱,尤其当他们不得已在外抛头露面时,更是感到无地自容。

由于害怕被戴上绿头巾,延陵的官吏们互相劝勉,无人敢轻易枉法徇私,致使一县吏治整肃,上交赋税也比其他县完成得更快。李封调离延陵令之前,县吏中竟没有一个人被捶杖过。李封的怪招遂被时人称之为"奇政"。(《封氏闻见记》 何小颜)

98. 怒斥道士

唐朝荆岩,非常喜欢读书,特别精通南北朝的历史。这一天他读书累了,便到长安大街上逛逛,走进一家茶馆,上楼找了个座位。

临窗的一张茶桌前,端坐着一位道士。茶博士来添茶水,低声问荆岩:"客官,你看看那道士有多少年纪了?"荆岩瞧了瞧道士,说道:"四十来岁吧。""不,"茶博士说道,"八百多岁了。"荆岩听了,不由得吓了一跳,怪不得茶馆里有许多人要指点议论了。茶博士接着告诉他,这位道士自称姜抚先生,谁也不知道他从什么地方来。他的法术无边,能够驱使鬼神,呼风唤雨;他身上带着的那个葫芦,装的是长寿药,吃了使人延年不死;他还会算命卜卦,预知未来之事,是位真正的仙道。如今长安城里,到处都在议论他。

荆岩走了过去,向道士施了礼,坐下后,就与道士攀谈起来。

"道长如此高寿,不知出生在哪个朝代?"

道士捻了捻胡子,说道:"贫道出生在梁朝。"

"梁朝是很近的,如此说来,道长并没有八百春秋,再多不过一二百岁罢了。"荆岩书生气十足地说道,接着又问:"不知道长在梁朝是出仕做官的呢,还是隐居在山林?"

"不怕笑话,贫道的官职是西凉节度使。"

听到这里,荆岩不禁大怒,一拍桌子,站起身来大声斥责道:"一派胡言乱语,不要再在这里欺世惑众了!梁朝疆域狭小,建国只在江南,而西凉州远在千里外的西北,梁朝哪来的西凉州?梁朝只有四平、四安、四镇、四征将军,哪会有什么节度使?你连基本的历史常识都不知道,还想来骗人!"

这时候,道士和荆岩早就被茶客们围了起来。道士见自己的骗术已被荆岩当众戳穿,脸色死灰一般,半天说不上话来,猛地一低头,撞开众人,从楼上突突地奔了出去。(《宾退录》 陶湘生)

99. 胆识过人

杨於陵十八岁考取进士,任句容县主簿。节度使韩滉很爱杨於陵之才,就对夫人说:"我寻找佳婿,没有比於陵更有才能的。"于是就把女儿嫁给杨於陵。不久,杨於陵出任鄂岳、江西使府,正是所谓风华正茂、春风得意之时,前程未可限量。就在这时,岳父韩滉被委任宰相,专管全国财赋,一时权倾朝野。旁人以为杨於陵交好运的时候到了,有岳父提携,又是俊杰之才,还怕不青云直上?正在大家对杨於陵羡慕不已时,杨於陵忽然请求辞职,理由是岳父身居相位,自己应当避嫌,以明纲纪。他退居建昌,做了个普通百姓,日日与诗书娱乐。人们有的赞扬杨於陵自尊自爱,高风亮节,实在难得;也有人说杨於陵书读得太多,读蠢了,竟有这么好的机会而不用。杨於陵不管世人褒贬,一笑了之。

过了一段时间,韩滉不幸去世了。这时,杨於陵复出,任膳部员外郎,后又以

吏部官员身份选拔官员。在被选者中有一人倚仗是当朝宰相的亲戚，意在必得，因此考核时文书写得不合格式。杨於陵坚持公事公办，把此人给驳回了。宰相对杨於陵如此不给面子，暗恨在心。不久，就找了一借口把杨於陵远远地贬为绛州(山西绛县)刺史。不知何人对宰相的报复行为甚为不满，把就事情经过向德宗皇帝密奏了。德宗也一向听说杨於陵为官清正廉明，就把杨於陵留下拜为中书舍人。德宗驾崩，他奉命到太原、幽州宣读遗诏，节度使赠给他丰厚财物，可是杨於陵分文不取，给当地官员留下深刻的印象。(《新唐书》 张跃中)

100. 不宜论政

山阴(浙江绍兴)王叔文聪明好学，尤擅下棋，爱议治道，颇受德宗青睐，被诏令入东宫做太子李诵的侍读。有一次太子与诸侍读谈论起政事和宫市(唐玄宗时皇宫内所设的市场，专供皇帝消遣，德宗时还在)之弊，太子议得起劲，就慷慨激昂地说："寡人(太子自称)见到皇帝陛下要力陈其弊，早日废止宫市！"众侍读也随声附和，只有王叔文端坐不置一言。等到众人离去，太子独留王叔文问道："刚才只有先生一言不发，不知是什么原因呢?"王叔文赶忙谢罪道："叔文承蒙陛下垂爱，得侍太子左右，有所见闻叔文岂敢不言。"太子侧过脸来，不解地问："那么先生究为何事而一言不发呢?"王叔文说："太子侍奉君上，只应探问皇帝的饮食起居，不该议论政事。况且陛下在位已久，如果有小人进谗，说殿下议论国事收买人心，皇上会有何想法? 殿下又将作何解释呢?"太子听罢大惊，深感王叔文提醒及时，忙离座施礼道："若不是先生及时教我，险些有大失误！"从此太子十分敬重王叔文，东宫之事都和他商议决定。只是可惜不久太子中了风，口不能语，直到即位做了皇帝(唐顺宗)，仍然不能说话。当册立李纯(后来的唐宪宗)为太子时，王叔文已预感到他的革新计划前途渺茫了，他不由得吟杜甫题诸葛亮祠堂诗："出师未捷身先死，长使英雄泪满襟！"吟罢潸然泪下。不到一年顺宗驾崩，宪宗即位，王叔文被赐死，王伾(pī)、柳宗元、刘禹锡等被贬谪，是为"二王八司马"事件。(《旧唐书》 张跃中)

101. 种树启治道

京城长安西郊有一个丰乐乡，乡里有一个郭橐(tuó)驼(病偻，像骆驼，故人取绰号郭橐驼)，极善种树，远近闻名。凡他所种之树或移栽的树，没有不活的，而且长得茂盛，结果早而多，因此长安富有之家修建花园或依赖种植果树卖水果

为生的人，都争着聘请他。

柳宗元时任监察御史，正在研究为官治民之道。有一次遇到郭橐驼，就问他怎么能把树种得这般好。郭橐驼答道："我只是能顺应树的天性（规律），使树的本性（内在条件）获得充分发展罢了，并无别的本领啊。"柳宗元说："你是怎样顺应树的天性的呢？"郭答："大人有所不知，大凡种树，根要舒展，土要培得平，既不能多也不能少，而且要带些旧土，使树有一个适应的过程。栽好后就不要去动它了。好有一比，栽时就像怀中抱着孩子，要千万小心，不可磕着碰着；栽好后就好像把它抛弃了，离开它，不再看它，这样树的本性就能充分发展了。"柳宗元没想到种树还有这些学问，听得津津有味的。郭橐驼接着又说："其他人栽树就不如此了，不是树根拳屈，就是培土不够或太多，而且早晚去看，甚至还用手掐一块树皮来验看是活是枯，摇动树根来看是疏是密，这样一来树的本性就一天天丧失了。虽曰爱之，其实害之；虽曰忧之，其实仇之。"柳宗元越发感到眼前这位劳动者实在智慧超群，他说得有理有据，而且充满哲理，简直太难得了，就又问道："假如把你种树之道移到为官治民上去，怎么样呢？"郭橐驼笑着摆手道："大人开玩笑了，我只知种树而已，为官治民岂是我等小民百姓所能懂的？"郭橐驼停了片刻，若有所思地说："不过我住乡下，看到官府大老爷政令繁多，确也扰民不堪啊，一会儿衙门公差来了，击鼓鸣锣把百姓召集起来，说：'长官命令你们该耕田了。'一会儿又来说：'长官勉励你们该种植了。'一会儿又来说：'长官督促你们该收获了。'大人请想：哪有我们农人却不知何时耕地、何时收获的呢？我们被折腾得放下饭碗去接待衙门公差尚且没有时间，又哪能休养生息、安居乐业呢？这不也是虽曰爱之，其实害之吗？所以百姓被折腾得困苦而劳累。大人看这种情况和我种树不也很相似吗？"柳宗元高兴地说："你说得太好了，种树要顺'木'之天性以致其性，治民也要顺'民'之天性以致其性啊！"（《柳河东集》 张跃中）

102. 处境危险

唐代富阳（今属浙江）有户潘姓人家，生一子，异香满室，便取名为"香光"。香光九岁时就出家了，法名道林。成年后，道林到长安（今陕西西安）西明寺，追随复礼法师研究《华严经》《大乘起信论》，学习禅定法门。以后，道林又谒见正在长安的径山国一禅师，求得正法。

道林南归杭州，游秦望山，见一株长松枝叶繁茂，盘曲如华盖，喜甚，便在树上筑室而居，修习禅定。后来又飞来一些鸟鹊，在室旁横枝上营巢，道林与鸟鹊各得其所，相处和洽。看来，道林已进入"物我都忘"的无差别境界了。传说，道

林在长松上与鸟鹊相伴达数十年,人称"鸟窠(kē)禅师"。

鸟窠禅师身边有位侍者,叫作会通,受不了这份枯冷寂寞。一日,会通终于硬着头皮,向师父辞行。鸟窠禅师问:"你要去哪里呢?"会通委屈地说:"我是为佛法而出家的,可是这些年来,师父老是呆呆地坐着,从不给弟子一点教诲。如今,我只好云游他方,再去寻求佛法。"鸟窠禅师听了,哈哈大笑:"原来如此!佛法嘛,我这儿也有一点。"会通马上恭敬地问:"如何才是师父的佛法?"鸟窠禅师便从布衣上拈起少许绒毛,撮口一吹,绒毛悠悠飘去,无影无踪。此举饱含禅家机锋,让人消除执着,解粘去缚。会通当下领悟,就不再辞行,始终追随鸟窠禅师,人称"布毛侍者"。

唐宪宗元和年间(806—820),著名诗人白居易出守杭州,也慕名而来,入秦望山礼谒鸟窠禅师。当时,禅师正在长松上趺坐入定,像随时会摔下来。白居易抬头一望,失声惊呼:"禅师,您的处境太危险了!"禅师安然不动,徐徐而言:"太守,您的处境更危险哪。"白居易一怔,问道:"弟子我镇守一方,有什么危险?"禅师睁开眼,笑着说:"太守的处境,好比烈火燃烧枯柴,思虑无穷,烦恼无尽,难道还不危险吗?"白居易良久不语,又问:"如何是佛法的大意?"禅师说:"诸恶莫作,众善奉行。"白居易说:"这话三岁孩子也懂。"禅师厉声道:"三岁孩子虽道得,八十老人行不得。"白居易听了顿有所悟,心悦诚服,施礼别去。不久,白居易在杭州择地营造竹阁,让鸟窠禅师居住。这座竹阁就是后来的广化寺。(《景德传灯录》《佛祖通载》 李明权)

103. 执法震豪强

唐宪宗元和年间(806—820),许孟容任京兆尹。当时,京城长安豪强仗势欺人,为非作歹,民怨沸腾。许孟容心想:为官一任就得造福一方,岂能听任豪强害民?他下定决心要打击豪强,维护法纪。

有一次,有人来告左神策军吏(皇宫内禁军官员)李昱借钱八千缗满三年不还。许孟容觉得这是一个好机会,一定要树立一个榜样,以儆效尤。他当即命吏将李昱收捕归案。他的部下都劝他:"这是皇宫禁军太监头子,岂能在太岁头上动土?"许孟容凛然道:"国法无情,岂容阿贵!"他要李昱还清拖欠人家的债务,并对他说:"限期还债,否则处死!"神策军听说许孟容竟敢拘押他们的官吏,都大为震惊,有谁敢惹神策军啊,此人莫非吃了熊心豹胆活得不耐烦了吗?神策军中尉把这件事奏禀皇帝,想要皇帝替他们出气。皇帝果然派中使(宫中使者,即太监)传旨让京兆尹府放人。可是这位京兆尹大人不吃那一套,就是不放李昱。他的部下都吓得胆战心惊,抗旨不遵岂不要惹来杀身之祸吗?中使第二次传旨严令放人,否则要以大不敬罪论处。许孟容深知这个大不敬罪的分量,那是要杀头的呀!但许孟容朗声地说:"臣不奉诏,依法当死。只是臣为陛下治理京畿,非得抑制豪强欺民不能整肃皇辇下。李昱身为朝廷官吏却借债不还,这是有辱圣上的丑行,臣怎能不依法办事?禀明陛下:李昱若违法不还清债务,决不放人;限期未清,定斩不饶!"第二次把皇帝的诏令给顶了回去。宪宗听中使转奏,倒被这位京兆尹执法无情的精神所打动,觉得这样的官员才对国家有利,就同意他的做法,命李昱乖乖地连本带利把钱还清。李昱这才被释放。这件事震动了京城,这位京兆尹大人连皇诏也敢顶撞,哪一个豪强劣绅还敢胆大妄为呢?从此京城豪强仗势凌人的气焰稍稍收敛了。(《治资能鉴》 张跃中)

104. 教子廉洁

监察御史李畬(shē)的母亲是位知书达礼、深明大义的人,平常经常教导儿子为官清正廉明,不可愧对百姓。

有一次官府差人用车送来李畬的官俸,李母看着好像比规定的数量要多,就命人用斗量一量,果然要多出三斛(一斛十斗)有余,李母很生气地问:"怎么俸米多了?"送米的公差道:"这是御史的俸米,是不用概(量米时用来刮平斗斛的木板)的,因此就多了些。"李母又问:"运米的车费多少?"公差道:"替御史运米是不出车费的。"李母勃然大怒,喝令把多出来的米送回国家粮仓,运粮车费应该多少,分文不少地付清。公差走后,李母叫过儿子,严责他多占公家钱粮,不是清吏之所为!李母愈说愈气,不由得声泪俱下道:"儿为御史,以为儿能为国效力,谁知你竟做此见不得人的丑事!国家钱粮都是民脂民膏,颗粒岂可占有?儿怎么对得起皇帝陛下和天下黎民!"李畬跪在母亲面前也是愧悔得热泪惧下,唯唯受教,表示:"儿谨记母亲教诲,再也不敢多占国家财物了。"李畬回衙把管粮仓的官员叫来狠狠地批评了一顿,命他今后管钱管粮要严按规定,不得丝毫多占公物,否则严惩不贷!(《旧唐书》 张跃中)

105. 捕捉凶犯

唐朝张寿任长安令(唐朝在京城长安附近设长安县),有一日在昆明池畔发生了一件凶杀案。帝王辇下居然白天杀人掠财,这还得了!上司严令长安县官张寿必须在十日之内破案,否则唯他是问。

张寿感到这个案子很棘手,上司限时破案更增加了破案的难度。这次张寿决心亲自出马,他来到现场勘查,寻找罪犯行凶时留下的蛛丝马迹,可是这个罪犯显然是个惯犯,现场竟一无所获。张寿不由得急出汗来,心想:这顶乌纱帽戴不戴倒没什么了不起,让罪犯逍遥法外,继续作恶,我张寿可决不甘心啊!就在这时,他眼前忽然一亮,只见不远处有位老婆婆正在大树下卖食物,他命人用马驮着这位老婆婆一同返回县衙,好饭好菜加以款待。老婆婆心中甚是纳闷:县官大老爷为何如此待我?

过了三天,张寿又命人把老婆婆送回原地,关照她还像往常一样做生意。暗中派遣心腹衙役到老婆婆附近侦查,只要见到有人到老婆婆跟前问这问那,就立即拘捕,这人一定是凶犯无疑!不多久,衙役果然抓来一人,张寿立刻击鼓升堂,一问果然正是杀人凶犯!从该犯家中又起获了凶器与赃物。

衙役们颇感惊奇:怎么料到那个询问老婆婆的人就是凶犯呢?张寿道:"我那天故意把老婆婆放在马上驮回县衙,就是为了让罪犯猜疑。罪犯杀人心虚,必然要到老婆婆处问个究竟,所以我断定他必是凶犯。"衙役们听了都佩服县令机智过人。(《益智编》 张跃中)

106. 巧筹军款

一天上午,汴州(治所在今河南开封)突然传出一条大新闻,说是有人在相国寺里拜佛,看到如来佛像流出汗来,相信一定是我佛显灵啦。节度使刘元佐一听到这个消息,立即吩咐备好鞍马,载了许多黄金丝帛,直奔相国寺。下车后,他亲手捧着黄金丝帛,毕恭毕敬进入寺内大殿参佛布施。节度使走后没过半天,他的夫人在一群侍婢的簇拥下也来到寺内。为表示事佛心切,她也献了一份厚礼。第二天,节度使夫妇俩又同前一天一样,先后到寺内拜佛供佛。

唐中叶以后,节度使是总揽一方军政大权的高官,所辖域内各州刺史(郡守)都是他的僚属。节度使夫妇的举动自然是非常引人注目的,一时间上行下效,只见节度使属下的文武官员以及地方上有地位有身份的豪绅、富商纷纷携带金银财宝前往相国寺礼佛,唯恐去得慢了,献财少了,有拂如来的金面(还包括节度使的面子吧),担个事佛不虔诚的恶名。十天后,相国寺大门紧闭,问其原委,据说是佛像已不流汗,佛事暂停。

其实,这一切不过是节度使刘元佐一手导演的把戏。对他来说,供佛是假,集资是真。原来,刘元佐为了麾下部队的供给,急需一笔资金,因此他想出这一计策。所谓佛像流汗,不过是他让人造出来的流言罢了。十天后,他命令汴州官

署设立文书簿册,征收了相国寺在这些日子中由大批施主布施获得的钱财,总数计达巨万,全部供作了军用。(《唐国史补》 何小颜)

107. 雪夜袭蔡州

安史之乱后,拥兵自重的节度使割据一方,自颁法令,自任官职,户籍不报中央,赋税不送朝廷,形成一股危害统一的藩镇势力。

唐宪宗李纯及其宰相裴度,都视藩镇为心腹之患,决计消除它,以加强中央集权。当时,统辖申、光、蔡三州的淮西节度使吴元济,屡次打败朝廷军队,最为飞扬跋扈,不可一世。擒贼先擒王,唐宪宗任命裴度为平淮西主帅,令他主持讨伐吴元济,其主力为唐邓随节度使李愬(sù)所部。

李愬是名将李晟(shèng)之子,有勇有谋。他袭击蔡州之前,不动声色,示敌以弱,使吴元济不加防备。与此同时,他又推心置腹地善待敌军的降将,这不仅调动了他们反戈一击的积极性,也孤立了元凶吴元济。此外,他还善用间谍,得到了大量敌人的情报,淮西的一举一动,都在他掌握之中。

元和十二年(817)十月十五日,天下大雪。一切准备就绪,李愬亲率大军出发。傍晚到达张柴村,迅速消灭守敌,控制了烽火台。略进干粮,稍事整顿和休息,即乘雪夜继续向东进发。直到这时,李愬才告诉将士说:"此行的目的是夜袭蔡州,擒拿吴元济!"诸将士虽一向畏惧吴元济,闻言甚惊,但军令如山,只能继续前进。又疾行七十里,抵达蔡州城郊,李愬令人搅动养鹅鸭的池塘,借鹅鸭的鼓噪声来掩盖马蹄声响。十月十六日凌晨,兵临蔡州城下。

自吴氏抗命以来,朝廷大军已有三十多年没有到过蔡州。所以,先锋敢死队很顺利地登上城墙,杀死了呼呼大睡的守城军,只留下更夫照旧打更,然后开启城门,迎接大军入城。至里城,先锋敢死队如法炮制,又接引大军顺利地赶到牙城——藩镇主帅所居之地。此时,吴元济正在酣睡,虽然有人三番两次地把他喊醒,向他报告了朝廷大军已进城的消息,然而他始终不相信。直到自己亲耳听到牙城外传达李愬将令的声音,才开始害怕起来,带领身边的侍从,登上城墙抵抗。李愬料知吴元济之所以负隅顽抗,是企盼手握重兵驻守在洄曲(在今河南漯河)的女婿董重质来救应。于是令部下厚待董重质的家属,并派自己的儿子持书到洄曲,晓以大义,使董重质感悟,单骑来降,断了吴元济的外援。李愬知道牙城的外门内有一座兵器库,下令先攻破外门,占据兵器库,再焚毁南门。吴元济见大势已去,被迫向李愬投降,李愬将他押解到京师听从皇帝发落。

大功告成后,李愬不肯居功,安抚百姓完毕,就退军到蔡州城外驻守。这时,

诸将才有机会向他请教制胜之道。他扼要地回答说:"当初,我攻下吴房(今河南遂平)外城,而不攻内城,是为了不让内城的守敌逃回蔡州报信,并与那里的守敌合力固守吴元济的老巢。大风雪之夜天气异常阴暗,敌人一定会更加疏于防范,这对我军的偷袭十分有利。何况我军深入险地,能置之死地而后生。有鉴于此,我才选择风雪之夜,孤军袭击蔡州!"诸将闻言,尽皆信服。(《旧唐书》 赫崇政)

108. 教子行大义

董昌龄在藩镇吴少阳手下做事,到吴元济任蔡州刺史时,董昌龄任吴房令。董母杨氏看出吴元济狼子野心,定会和朝廷闹对立,就常对儿子说:"天下一统是民心所向,吴元济图谋不轨,这是违天逆民之举,我儿当及早回归朝廷,不可违逆天命!"董昌龄也知母亲所言甚对,但一时犹豫未决。不久,吴元济调他去守郾城(今属河南)。母亲又对他说:"逆贼(指吴元济)欺天,神所不祐!我儿当早日降归朝廷,不要因我而受累。儿倘能做维护一统的忠臣,我死而无憾。"正逢朝廷王师逼近郾城,董昌龄遵奉母亲教诲,就开城投降了。宪宗皇帝大喜,拜董昌龄为郾城令兼监察御史。董昌龄叩谢皇恩时奏道:"这都是家母教诲,臣又有何能。"宪宗问明董母所为,感叹不已。

董昌龄降归朝廷后,吴元济把杨氏囚禁起来,多次要杀她。杨氏得知董昌龄已降归朝廷,欣喜无比,根本不把自己的生死放在心上。不久,唐将李愬雪夜入蔡州活捉吴元济,董母杨氏幸未遇难。陈(州)许(州)节度使李逊上表禀奏董母大义维护一统的事迹,宪宗即晋封杨氏北平郡太君以示表彰。(《旧唐书》 张跃中)

109. 据理力争

元和十一年(816),柳公绰任京兆尹(京城长安的行政长官),刚上任不久就发生了这样一件事:神策军(皇宫禁军)的一员小将十分嚣张跋扈,竟敢跃马横冲京兆尹的仪仗队。柳公绰停住马,喝令把小将拉下马来。谁知这小将骄横惯了,根本不把京兆尹放在眼里,竟口出不逊道:"京兆尹算什么东西!"柳公绰大怒,喝令当场杖毙该小将。

第二天,宪宗在延英殿召见柳公绰,责问他为何杖杀神策军小将,柳公绰道:"陛下不以臣无才,使任京兆尹之职。京兆乃是皇帝辇下,全国师表,臣刚上任,该小将即倚仗神策军之势目无法纪,肆意唐突朝廷命官,成何体统?这不只是侮慢卑职,而且是藐视陛下诏命啊!臣只知仗责无礼之人,不知他是神策军之将。"

宪宗见他侃侃而谈,都在理上,一时不知如何驳斥,就问:"为何不奏?"柳公绰答道:"京兆尹之职就是责罚违法之人,上奏不是京兆尹之事。"宪宗怒道:"那么该当谁奏呢?"柳公绰道:"神策军当奏。如果死在街市,金吾街使当奏;如果死在坊内(居民区),左右巡使当奏。"柳公绰据理力争,唐宪宗竟无法治他的罪,只得放他离去。宪宗回到内宫,对左右侍者说:"你们今后做事务必留神这位柳公绰,此人有胆有识,又善论辩,连朕也害怕他啊!"后来神策军的骑者果然不敢横冲直撞,招摇过市了。(《新唐书》 张跃中)

110. 笔谏

柳公权是唐朝大书法家,唐穆宗有一次在寺庙里看到柳公权写的楹联,对他的字十分喜爱,就问:"这柳公权是什么人?"左右回答:"是兵部尚书柳公绰之弟。"就诏授柳公权为左拾遗、侍书学士,后又任侍封员外郎。

有一次,穆宗问柳公权用笔之法。柳公权想到这位皇帝荒淫无道,唐朝天下大乱,岌岌可危,就乘机进谏道:"用笔之法不在手而在心,心正则气平,气平则手稳,手稳则笔锋方能挥洒自如,进退皆合法度矣。这也如陛下治国,治国之道不在臣而在于君,君正则臣焉敢不正? 臣正则万事都能合乎法度,天下岂有治不好之理? 但假如皇帝不能用纯正之心治国,则奸佞必生,奸佞生则国事乱,国事乱则社稷必殆! 陛下细思,可是这个道理?"

穆宗听出柳公权这是借用笔之法来进谏,心中不免有些不满:这人真是的,朕问你用笔之法,怎么扯上这许多呢? 但柳公权讲的话倒也堂堂正正,言之在理,无可指责的,所以也就只得讪讪作罢了。(《旧唐书》 张跃中)

111. 弃罐疏堵

渑(miǎn)池(今属河南)有一条重要的交通干道,无论是官府公家事务上的往来,还是商人马驮车载,或是百姓访亲问友,此处都是必经之路。

有一年冬天,雪漫山野,渑池道也被大雪覆盖了,道上有些地段的雪化开后又结成了坚冰,溜滑异常。其中一段路因为原本狭窄,过往人流在这儿便显得格外熙攘拥挤。偏偏在这当口,有辆满载瓦罐的沉重老牛车轮子突然陷入雪坑中,车夫怎样也赶不动车子,急得车夫围着车子团团转,一筹莫展。交通一下子发生了堵塞。到了太阳西斜时,瓦罐车还卡在那里,只见马匹车辆有数千之多,簇拥前后,动弹不得,人人心急火燎,却又无可奈何。

这时,有个名叫刘颇的人正好骑马路过,也被截在这儿了。他挤到老牛车前,了解了发生的情况后,便问车夫:"这车中的瓦罐一共值多少钱呢?"车夫回答:"约有七八千钱吧。""那我买下了。"刘颇说完,立即解开随身携带的布囊,取出相当于七八千钱的细绢,付给车夫,命令随行的僮仆,登上牛车,割断拴瓦罐的网绳,把一只只瓦罐全都向路旁悬崖下摔去,随着一阵阵乒乒乓乓的破碎声,老牛车变得轻巧起来了。车夫这时才明白眼前这位买家的用意,他二话不说,赶紧向老牛一鞭挥去,车子嚯的一声就越出了雪坑。

于是车马人流又涌动起来,很快,这条道路又通畅如初了。(《唐国史补》何小颜)

112. 降米价

唐文宗时,兖(yǎn)州(今属山东)发生大旱灾,米价腾贵,州民买不起粮食,情绪激动,有些地方出现了骚乱迹象。富商巨贾大多唯利是图,以为奇货可居,不肯卖粮,致使米价越翻越高,社会更加动荡不安。

正在此时,令狐楚奉旨当兖州刺史。他一上任,即召集属官商讨对策。属官议论不一,他都置之不理,只问市场粮价高低,州里共有几座官仓,仓里存粮多少等问题。属官一一作答后,他又屈指计算说:"如果把官仓里的粮食全部平价出售,州民不就买得起粮食了吗?"

此话一传出,富商大贾惊恐万状,非常担心官粮一出售,私粮卖不出,那时会腐烂发霉,折价亏损。于是,他们争先恐后地抛售囤粮,结果市场上的粮价一下子趋于平稳。州民手里有了粮食,再无怨言,社会上不安定因素也随之消失了。(《旧唐书》 赫崇政)

113. 镇服禁军

唐文宗大和年间(827—835),皇城禁军横暴,无人敢惹,京兆尹张仲方也不敢过问,宰相认为他不胜任就撤换了,新任京兆尹是原司农卿薛元赏。

薛到任后第一件事就要镇住禁军作恶。有一次他在宰相李石府上,听到李石正与一个人争吵得很厉害。他想:谁人如此无礼,竟敢这般与宰相顶撞?他冲进去一看,原来是一个神策军(即皇城禁军)的军将正神气活现地在与李石争吵。薛元赏大怒,对李石说:"相公辅助天子,纪纲四海,现在近不能制一军将,使其无礼如此,何以镇服边远?"说罢他立即上马而去,命左右擒住该军将,把他押到下马桥等候。薛元赏到下马桥时,那个无礼的军将已被剥去衣裳跪在那里了,但仍有恃无恐,口中大骂不已。军将的同伴见势不妙赶忙去禀报神策军中尉仇士良,仇立即派人去请薛元赏来见。薛元赏闻请,说:"现在有公事,等处理完毕再去见中尉大人。"于是令人将那个军将活活杖毙。薛元赏脱掉官服换上囚服来见仇士良。仇士良一见,大怒道:"痴书生怎么敢杖杀我禁军大将?"薛元赏慷慨陈词道:"中尉,是朝廷大臣;宰相,也是朝廷大臣,宰相之人若无礼于中尉,该当如何?中尉之人无礼于宰相,岂可宽恕?中尉与国同体,应当为国护法。元赏已囚服而来,是死是活全凭中尉决定了!"仇士良欣赏薛元赏的胆识,再说军将已死,不能复生,也实属咎由自取,就命人摆酒,与薛元赏欢饮而罢。从此,禁军的嚣张气焰也有所收敛了。(《资治通鉴》 张跃中)

114. 腰笏引舟

唐文宗开成年间(836—840),庐江(今属安徽)人何易于在益昌(治所在今四川广元昭化镇)做县令。益昌位于嘉陵江南岸,离利州刺史的衙门所在地绵谷(今四川广元)仅有四十里水路。

一年春天,利州刺史崔朴趁着明媚的春光,乘坐着一条大官船,带着宾客,载着歌女,兴致勃勃地游览嘉陵江。大船到了益昌县境,崔朴派人通知何易于,叫他多寻一些民侠,来给他的官船拉纤。何易于对此很反感,但又不能直接顶撞上级,就想出了一个绝妙的应付方法。

崔朴的官船在益昌码头略作停留,等手下人报说拉纤的民侠人到,复又拔锚前进。舱内的崔朴和宾客,一面品味着美酒佳肴,一面欣赏着轻歌曼舞;一会儿作诗,一会儿行酒令,笑声此起彼落,好不快哉!崔朴玩着玩着,忽然发觉官船走得太慢,他很不满意,立刻派遣一个侍从上船头去催促。侍从走上船头,才发现只有一个拉纤人。此人身穿官服,腰带上插着笏(手板),背着官靴,赤着双脚,躬腰低头,非常吃力拉着船,身上已是大汗淋漓,重衣尽湿。侍从感到蹊跷,急忙跑进船舱,把这件稀奇事报告给崔朴。崔朴也很纳闷,连忙走上船头去看,这才发现拉纤人是益昌县令何易于。他当然知道,县令虽品级不高,但毕竟是朝廷命官,此事传扬出去,会严重损害他的名誉。他急忙叫大船停下,连声追问何易于代民充役的用意何在。

何易于不慌不忙地说:"眼下是春天,正是老百姓耕种养蚕的大忙季节,一点闲暇时间也没有。孟子说'不违农时',怎能置之不顾呢?既然我是利州属县的县令,您的下属,现在衙中无事,自当充作役侠,为您拉纤啊!"

崔朴听罢这番话,满面羞愧,为给自己找个台阶下,不得不口头上嘉奖何易于几句,然后即带着宾客弃船登岸,骑上马匆匆赶回州衙门驻地。从此以后,崔朴再也不敢假公济私、滥用民力了。(《新唐书》 赫崇政)

115. 焚诏减税

唐文宗开成年间(836—840),庐江(今属安徽)人何易于在益昌(治所在今四川广元昭化)做县令。何县令素有政声,很得当地百姓好感。

有一次,衙门盐铁官捧着皇帝诏书下达益昌收取茶税。这可是一个不轻的负担啊!何易于跪接诏书后说:"益昌百姓即使不征茶税也很难度日,今若再加重茶税,百姓如何活命?"他决定将诏书搁置一边,不予理睬。这可把主办的下级官吏给吓坏了,纷纷跪下对何县令说:"天子诏书如何敢抗拒执行?如果抗诏不遵,我们这些小吏定是死罪,而大人您也难免被流放啊!"何易于情知下级所言甚是,但他说:"我岂能因为爱惜这顶乌纱帽而让百姓承受重赋以致家破人亡呢?"他看了看跪在阶下的众差吏,一会儿语气稍缓地说:"这样吧,我也不让你们受牵连,有罪我一人承担就是了!"说着,他就把诏书点火焚毁了。众人赶忙去抢诏书,已烧成一团灰了。

利州(今四川广元)刺史崔朴得知此事大惊:焚诏可是灭门之罪啊!这何易于真是吃了熊心豹胆了!但又想到何易于平常为官清廉,深得民心,法办这样一个下属也于心不忍,再说倘若焚诏之事让朝廷知道了,他这位刺史大人只怕也脱不了干系吧!于是崔朴就找到观察使商量如何处理此事。这位观察使也生怕此事让朝廷知道会祸及自身,所以也就顺水推舟,大事化小,小事化无,把何易于焚诏之事隐瞒了下来。

益昌百姓终于免受茶税之苦。(《新唐书》 张跃中)

116. 禁绝圣水

李德裕在浙西做刺史时,有一个亳州(今属安徽)和尚来到当地,诡称某水潭之水是"圣水",可治百病。于是一传十,十传百,老百姓奔走相告,扶老携幼都到潭边汲水治病。天哪!那潭水乃是多年死水,腐败不堪,饮的人无病变有病,有病成重病,有许多人白白地送了性命。但那和尚还是妖言惑众,说那些人是因为心不诚,故而圣水不显灵,以致亡故。和尚见来取水的人日益增多,就居为奇货,高价卖水,每斗水竟卖到三十千钱!有人也辗转倒卖,从中牟利,相互欺诈,民风

大坏了。

李德裕知道这是妖人谋财之术，就亲自到潭边劝告众百姓道："过去吴有'圣水'，宋、齐有'圣火'，那都是歹人用来骗人钱财的，你们岂可轻信得？"他请观察使令狐楚把潭填掉以杜绝虚妄之源，谁知受骗百姓成千上万竟跪在潭边请求官府莫要禁绝圣水。李德裕见此情景，明白众百姓中毒太深，填潭也没用，就令人架起一口大锅，盛了满满的一锅所谓圣水，然后再放进五斤猪肉，点火烧煮。李德裕对众百姓说："如果果真是圣水，这猪肉应当如同平常，热水难以煮熟；要是猪肉被煮熟了，就说明这水与一般水没有两样。"众百姓都说这话有理。不一会儿，锅中水已煮得滚烫，再看那猪肉早已被煮得透熟稀烂了！众百姓亲眼目睹了这一情景，方信刺史大人所言不虚。又想到许多喝圣水的人白白地丢了性命，而那个和尚却发了大财，这才恍悟到是受了和尚的骗。于是众百姓当即把那个亳州和尚捆了起来，押送官府依法治罪。（《旧唐书》 张跃中）

117. 巧断失金案

唐朝李德裕镇守浙西不久，接到甘露寺的主僧投诉，说他上任时所接收的寺里的金子等财产，被过去的主僧吞没了不少。李德裕就把寺里的前几任主僧都召来讯问，他们大多声称寺里的财产都是一任一任的主僧移交下来的，寺里的文书簿册上都记载得清清楚楚。可是当前一任主僧圆顺移交时，金子就缺少了，因此贪污的一定是圆顺。

事情似乎很清楚了，可是李德裕仍有怀疑，单独审讯了圆顺，只见他神色凄惨地禀告说："寺里历代主僧移交财产，其实都不过是移交簿册而已，上面记载的只是空头数额，金子早就被贪污了。前几任主僧见我不肯与他们同流合污，就借这个事情来陷害我，我是有口难辩啊！"

李德裕听罢，说："你不必难受，我会把事情搞清楚的。"

第二天，李德裕又把甘露寺中那些与本案有牵连的僧人召来，对他们说："你们每一任主僧不都要移交庙里的金子吗？现在我给你们每人一块泥巴，你们都面对墙壁，各人根据曾经移交或接收的金子捏出其模样来，不准互相观望。"

于是那些僧人开始用泥巴捏金子，捏了老半天，才一个个转身交给李德裕。他们既然从来没看到过庙里的金子，捏出来的模样自然就奇形怪状，各不相同。

李德裕一看就火了，知道是他们诬陷圆顺以掩盖罪行，立刻将他们关押起来，依法予以惩治。（《唐语林》《棠阴比事》 程维荣）

118. 妙棋折王子

唐宣宗大中年间（847—860），我国和东邻日本关系十分密切，双方不时有各种人员友好往来，推动了两国之间的经济文化交流。

这一年，日本国的王子率领随从远渡重洋来到唐朝都城长安（今陕西西安），受到了唐宣宗的热情接待。日本王子献上各种珍奇礼物，唐宣宗命令摆下丰盛的筵席，并表演精彩的乐舞作为回礼。席间，唐宣宗得知日本王子聪慧过人，尤其擅长围棋，有日本围棋第一人的美称，于是就把国手顾师言召来，令他与日本王子对弈一局。日本王子本来在国内已无对手，正想到中国来找人较量，以决高下，听到唐宣宗令人与自己对弈，心里自然十分高兴。

不一会儿，对局开始了。顾师言和日本王子各在自己的座位上坐下，王子令随从取出一副美玉制成的棋具，和顾师言各取黑白棋子，在棋盘上下出了第一手棋。果然，日本王子棋艺超群，他的每一步棋，都互为呼应，十分精妙。同样，顾师言也不愧为国手称号，他的每一步棋，都堂堂正正，自然流畅。双方你来我往，各展所学，一时难分高低。棋越下越慢，汗从两人的额头渐渐渗出。

下至三十三手后，棋局依然势均力敌。该轮到顾师言落子了，只见他两眼一眨不眨地直视棋盘，双眉紧锁，手中的棋子越捏越紧却迟迟没有投下，时间一分一秒地过去，场上一片寂静。原来日本王子刚才的一步棋突施杀手，同时向自己左右两处的棋发动了攻击。假如没有两全之策解救而贸然应对，总有一处会被围吃，此时任何一处的损失都将导致满盘皆输。面对岌岌可危的形势，顾师言绞尽脑汁，冥思苦想，寻找化险为夷并进而取胜的对策。终于，经过万无一失的仔细计算，顾师言落子了，"啪"的一声响，沉闷寂静的气氛被一扫而空。日本王子急忙低头一看，这枚棋子不左不右，不上不下，恰恰针锋相对放在了"镇神头"的位置上，犹如一把出鞘的利剑，直刺自己的胸腹要害，而原来以为将被围吃的对方左右棋子反倒像预先设置的伏兵，截住了自己左右突围的路线。王子越看心越慌，原来自己颇以为得意的胜招被顾师言一步"镇神头"，竟然变成了无可挽救的败招。眼见回天无力，王子只得心甘情愿地投子认输了。

棋局结束后，日本王子向陪同自己的鸿胪寺官员问道："待诏（指顾师言）棋艺绝妙，在贵国名列第几？"其实，鸿胪寺官员知道顾师言的棋艺国中第一，无人能敌，但是他却故意回答道："他的棋艺名列本国第三。"欲使日本王子更加心服。王子听了便说道："第三尚且如此出色，第一不知多么高超了！我希望能让我与第一国手见上一面，手谈一回。"鸿胪寺官员忙称："王子若能胜了第三，才能见到第二;若能胜了第二,才能见到第一。你连第三都不能战胜,就急着要见第一,这怎么行呢?"日本王子这才感叹万分地说道:"小国之第一,不如大国之第三,我现在才明白了这句话的深刻意义啊!回国之后,我一定要加倍努力,钻研棋艺,争取将来有朝一日能向贵国第一讨教一番。"

后来,有一些好事者把顾师言与日本王子的这局棋谱传了开来,称之为"顾师言三十三下镇神头图",成为围棋界的一大佳话。(《太平广记》 沈习康)

119. 惩治国舅

唐宣宗朝韦澳任京兆尹。他上任不久就发现京城豪强仗势不肯交纳或拖欠国税,偌大一个京城上交国税竟还抵不上一个县!韦澳想,一定要找一个有代表性的人物狠狠刹一下这股不正之风。不久,遇到一件事:宣宗的舅父郑光许多年拒交国税,也没有哪个官府衙门敢向他催讨国税。韦澳深知射人先射马、擒贼先擒王的道理,这个郑光可是一个财大势大的国舅爷呀,拿他开刀,京城豪强谁还敢抗交国税!? 他令人将郑光捉拿归案。郑光做梦也未想到会有人胆敢把他投进铁窗,气得他暴跳如雷。京师震动很大,京兆尹韦澳竟敢依法拘捕当今皇帝的舅父,真是一件稀罕事,也有人为韦澳暗暗捏了一把汗。

求情的文书和信函雪片似的飞来,韦澳把它置之案头,看都不看。不久,宣宗在延英殿向韦澳问起郑光被拘捕的事,韦澳就把郑光违法拒交国税的事一五一十地禀奏宣宗,并说:"郑光目无法纪,影响极坏,现京城豪强拒交国税都是学的郑光的样子,必须对郑光绳之以法!"宣宗说:"可以宽免吗?"韦澳回奏:"不得宽免。法乃国家的根本,不可因人而异,否则形同虚设,危害国家!"宣宗见韦澳态度坚决,也就无言以对。回到宫中,宣宗据实禀告太后,说:"国法不可犯,儿臣也没有办法替舅父说情。"太后无法可施,只好令郑光家中速速补交历年所欠国税并依法罚款,保证今后决不拒交或拖欠国税,郑光这才被释放回家。

这事重重打击了京师豪强的嚣张气焰,拖欠国税者纷纷补交国税,以免尝受铁窗滋味。他们想:这位京兆尹大人连国舅爷也敢碰,还有谁硬过国舅爷的呢?(《新唐书》 张跃中)

120. 羊群攻城

唐僖宗光启元年(885),卢龙兵裨将刘仁恭奉主帅李全忠之命率兵攻易州(今属山西)。刘仁恭诡诈多端,令士兵佯装攻城,暗中却派人在城边挖地道进入

城内,守兵光顾在城上防守,不曾想敌人从地道中涌出,易州被攻陷。

卢龙兵占领易州后,兵骄将怠。这时,义武节度使王处存率兵悄悄来攻易州。易州城上守兵寥寥。夜晚,守兵甲对守兵乙说:"弟哟,你看城下那是啥物件呀,白花花的一大片?"这夜月色朦胧,只见一群白色的东西在向城门移动。守兵乙仔细望了半天,说:"兄哟,我看那好像是羊群啊。"守兵甲闻言来了精神,这时城下那片白花花的东西也愈来愈近了。他惊喜地说:"弟哟,真是一群羊呢!嘀,有几千只啊!可怎的不见牧羊人呢?"守兵乙道:"兄哟,你真蠢!这儿打仗,那牧羊人还不逃命去吗?"这时羊群已来到城门口,像是要进城的架势,城上守兵看得清清楚楚的,还隐约听到"咩——咩——"的叫声。于是一传十,十传百,顿时城上守军都吵嚷起来,有的人口中流涎大叫道:"这下子肥羊美酒可够俺们弟兄享受的了!快开城把羊放进来啊!"有人犹豫地说:"没有将令不得开城啊!"又有人说:"没关系的,李帅见我们抓住这么多羊,只怕还要嘉奖我们呢!"于是这群约一百多个卢龙兵把城门打开,朝羊群扑去。就在他们到"羊群"跟前时,这些"羊"却忽然站了起来,"前脚"都拿着武器,一顿猛砍猛刺,顿时就把这百来个卢龙兵送上了西天,接着拥进城门。睡梦中的卢龙兵不知有变,被斩杀无数,敌将李全忠、刘仁恭乘乱逃出城去。原来这三千头"羊"是王处存的蒙着羊皮的精兵所扮。

易州失而复得。(《资治通鉴》 张跃中)

121. 妙治逃兵

唐僖宗时,大臣高仁厚受命统兵二万进攻谋反的东川节度使杨师立,大军在德阳(今属四川)城外安营扎寨。

深夜二更时分,杨师立部将郑君雄等率领精锐部队偷袭城北行军副使杨茂言的营寨,杨茂言猝不及防,抵挡不住,与部众弃营而逃,旁边的营寨一看副使逃跑,也望风而逃,敌人于是直逼中军。

主帅高仁厚获得急报后,非常镇定,他命令让营门大开,两边点燃火炬,他亲自领兵埋伏在两侧。郑君雄见此情景,疑有伏兵,不敢冲杀进去,就掉转马头,开始撤退。高仁厚一声令下,伏兵喊杀震天,尾随而出,郑君雄的队伍惊慌失措,溃散逃走了。

高仁厚想到部将中临阵而逃罪当论斩的为数不少,于是吩咐掌文书簿记之职的张诏说:"你立即带几十个探子分道去追那些逃跑的人,以你的口气劝告他们,就说幸好高仁厚在城里的官署中,没有进城外的营寨,对发生的事一点也不知道,你们赶快回去,明天参拜如常,不必害怕担心。"张诏一向被大家尊为长辈,逃跑者果然都听信他的话,不到天明,已陆陆续续返回了军营。只有杨茂言溜得

太快,探子直追到一个叫张把的地方才把他给诓了回来。高仁厚听到各营地的更鼓恢复正常,笑着说:"全回来啦。"

第二天,各部将领到主帅帐中行参见礼,他们都以为高仁厚对昨夜的实情茫然不知呢。交谈了老半天,高仁厚突然对杨茂言说:"昨晚听说副使身先士卒,跑到了张把,有这回事吗?"杨茂言大吃一惊,一转念,心想高仁厚也许只是听到点风声,对实际情况并不了解,就强作镇静回答说:"昨夜的情报说,敌人袭击中军和左右大营,主帅已撤退,所以我策马赶紧追随而去,不久察觉到这一情报不实,便又赶了回来。"高仁厚听他竟想狡辩,厉声叱道:"我高仁厚和副使都是受天子之命领兵讨伐逆贼的,我要是先逃跑,副使应当斥我下马,用军法处置我,代行主帅之职,然后上报朝廷。如今,副使率先逃跑,还想欺瞒上级,该当何罪?"杨茂言听了这番话,自知罪责难逃,于是俯首自认:"该当死罪。"高仁厚点头说:"这就是了。"随即命人推他下去斩首。其他曾跟着逃跑的将领们都吓得浑身发抖,高仁厚却没有追究他们。高仁厚接着又把昨夜抓获的几百名俘虏都释放了。

敌将郑君雄听到这些后,惊恐地说:"高仁厚军法如此严明,我们又怎能打败他呢?"自此再不敢出兵。后来郑君雄反戈杀死杨师立,投降了朝廷。(《新唐书》何小颜)

122. 惩治群盗

唐僖宗乾符初年崔安潜任西川节度使时,境内多盗,民不得安。于是他心生一计:从国库中取出一千五百缗(成串的铜钱,古代一千文为一缗)钱,分别置放在三市,并张贴榜文道:凡军民人等若能捕得一盗,赏钱五百缗;若捕盗者本人是盗匪同伙,就释免他的罪行,并同样赏钱五百缗。

不久,果然有人捉住一盗到官府领赏。只见那个盗匪口中骂骂咧咧地说:"你和我都是同伙,一同干了十七年偷盗之事,所盗之物都是你我平分的,你怎么竟敢捉我来官府邀赏呢?不怕官府一样治你的罪吗?"那个人竟被他说得犹豫起来了。崔安潜忙道:"你既然已经看到府衙的榜文,为什么你不抓他来?那样就是他应得死罪,而你却应该受赏了。现在既然你被他抓来了,自然就该伏法受死了,还有什么可说的呢?"这番话把那个盗匪说得无言可答,眼睁睁地看官府把五百缗赏钱给了那个捕他的人,而那个盗匪则被绑赴街市斩首示众了。

这一来,境内群盗相互猜疑,成日疑神疑鬼,唯恐被同伙捕送衙门邀功请赏,都惶惶不可终日。没多久,群盗就纷纷逃离西川节度使所辖之境了。(《益智编》张跃中)

123. 白面糊墙

唐朝末年,李茂贞占据凤翔(今属陕西),朱温(即后来的梁太祖)占据汴州(今河南开封),互相争雄。一家东院的主人预感到世事将乱,于是每天用石磨把大豆和小米碾成粉,调上水和成糊砌抹在屋墙上,又用木材加固本来就已经很结实的屋架。邻院的人看到他忙进忙出干这些事,都笑他,以为他精神失常。

终于战乱发生了,粮尽柴绝,老百姓在地窖中收藏的粮食都被李茂贞的军队抢走,许许多多的人饿死了。东院的主人每天敲下一块粘在墙上的豆米粉涂层,加上水,再拆下增固房屋的木料作为柴火,煮成稀粥为食,渡过难关活了下来。

陇右(今青海乐都)也有一家富户,预先在屋中做了夹壁,把可以收藏的食物干燥后贮于夹壁间,躲过乱军的搜掠,也没有遭受饿死的厄运。(《智囊》 何小颜)

124. 装病杀延寿

唐昭宗(李晔)朝,杨行密任东面诸道行营都统,他手下有一员大将朱延寿,因战功擢升奉国军节度使。当时唐朝已濒临覆灭,天下大乱,昭宗避难在凤翔(今属陕西)。这个朱延寿看到叛将朱全忠(即朱温)势力强大,因而产生了降朱的念头。他与业已降朱的叛将田頵(yūn)暗中勾结,对田頵打招呼说:"田将军有所作为时,不才愿为将军执鞭随镫。"田頵闻言大喜,这个朱延寿是杨行密的头号大将,能使他投降是可喜可贺的啊!于是二人密谋如何除掉杨行密。杨行密得知朱延寿的阴谋,心中暗暗吃惊,他决定用计来除掉朱延寿。他假装双目得病,看不清东西,有一次故意一头撞在柱子上摔倒在地。他的妻子赶忙去扶起他。杨妻是朱延寿的姐姐。杨行密佯装哭泣说:"我失了双目,已成废人,诸子又都年幼,如果能让他们的舅舅来代替我统率全军我就无忧了。"过了一天,杨行密果然派人到寿州(今安徽寿县)去召朱延寿来扬州议事,想要朱代替他。朱延寿闻报不由犹豫起来:若能代杨行密掌管三军,那当然是他求之不得的事,值此天下大乱之际,凭此资本做皇帝也有可能。但他深知杨行密多谋善断,智勇双全,他想会不会是杨行密已得知自己暗中所为,故意要诱他上当呢?朱延寿迟疑不决,可这事事关大局,万不能同人商量,所以他急得在厅堂里来回团团转。就在这时,他的姐姐暗中派密使来报,说杨行密真的双目失明,要他去代替掌管全军。朱延寿一听姐姐的话,几天来的疑云顿时全消,赶快疾驰扬州。见到杨行密,参拜还未完,廊下武士已冲出来刺杀朱延寿。原来杨行密早就知道其妻是朱延寿的坐

探,故意施计装瞎,骗过其妻,终于除了朱延寿这个内奸。(《旧唐书》 张跃中)

125. 赋诗讽钱镠

唐末,镇海军节度使钱镠(liú)割据浙江,俨然王者。在他幕府中,有个叫罗隐的名士,长相丑陋,但能诗善文,滑稽诙谐,常以诗歌讽谏,颇得钱镠欢心。

钱镠喜讲排场,斗豪奢,因此用度极大。这可苦了老百姓,得承担很重的赋税,连养鸡养鸭都要缴税。杭州西湖产鱼,每户渔民每天要上交好些鱼,如果捕不到那么多鱼,必须掏钱到市上买鱼,凑足规定的数额献送钱府。此税有个名称,叫"使宅鱼",谁敢抗税,就要挨鞭子,缺三斤抽三下,缺十斤抽十下,按所缺斤两量刑。渔民叫苦不迭,怨声载道。罗隐对百姓的疾苦深表同情,鞭子抽在渔民身上,痛在他心里。他想劝说钱镠,但又恐激惹钱镠的火暴性子,招来杀身之祸。如何达到既能劝谏钱镠又能保全自己的目的呢? 罗隐一时还想不出两全的方法。

一天,钱府设宴招待宾客,罗隐陪坐。酒兴正浓时,钱镠瞥见屏风上的《磻(pán)溪垂钓图》,画面是吕望垂钓渭水而遇周文王的情景,便命罗隐据图意赋诗。罗隐由太公钓鱼想到钱镠的"使宅鱼",随口吟道:

吕望当年展庙谟,直钩钓国更谁知?
若教生在西湖上,也是须供使宅鱼。

这首诗的大意是说,姜太公隐居渭滨,未遇文王时,无人知道他有经天纬地之才。如果他生在西湖,人们也会把他当作一个普通的渔民,照例要向钱大帅缴纳鱼税。诗人将古今之事扯在一起,让一位帝王之师听命于地方割据势力,显然十分荒诞可笑。他巧借谐谑之语讽刺现实,却给了钱镠的面子。钱镠听了,非但没有发火,反而哈哈大笑,下令免去了"使宅鱼"。(《西湖游览志余》 夏咸淳)

126. 计擒孙儒

唐昭宗景福元年(892),孙儒从扬州率50万大军渡过长江包围宣州城(今安徽宣城)。宣州观察使杨行密派部将田頵、刘威与孙儒交战,但是每战都失败。杨行密想撤出宣州。他的门客说:"孙儒兵力很强,气势汹汹,其锋难挡,但是可以使其受挫。如果就此撤出宣城,等于被活捉!"杨行密又问:"如果我们闭城不出,又会怎样呢?"门客劝其问刘威。

这时的刘威因吃了败仗而被杨行密关进了监牢,而且快要不行了。于是杨行密命令释放刘威,问刘威有什么好主意。刘威说:"孙儒焚烧了扬州城,一路上又烧杀不绝,气焰十分嚣张,不可和他硬打。我想,我们可以派精兵到扬州去,把孙儒的军粮抢过来,分给扬州的饥民。"杨行密便派兵到扬州,把数十万斛粮食分给了饥民,同时派奸细到孙儒的军队里,告诉扬州籍的士兵说,杨行密给了家里粮食,家人也都在。那些扬州籍的士兵得此消息人人思归,已无心打仗。接着,杨行密又派将军拦截运往孙儒兵营的粮食,同时又切断了各处的粮道。刘威见此计已行,又说:"现在孙儒粮草将尽,肯定能活捉他了。只要我们坚守城池,他马上就会陷入绝境。"

这时,孙儒的军营被瘟疫袭击,他自己也生病不起,士气低沉。杨行密见时机已到,便于一天清晨杀出城门,一口气攻下了孙儒五十座军营。孙儒被活捉。

孙儒临刑之前看见刘威,说:"听说是你为杨行密出了这个好计才打败了我,要是我有你这样的人,怎么会有今天的下场啊!可不?现在我的脑袋不用多久就要送到京师去了!"(《新唐书》 严春林)

127. 智擒陈夜叉

周德威,小名阳五,是个智勇双全的将军,在朱温与李克用相争时期,周阳五的勇敢天下闻名。

唐光化二年(899)三月,朱温部将氏叔琮率兵围困太原,并在军中发布命令说:"谁能活捉周阳五,谁就当太原刺史。"梁军中有一个骁将叫陈章,十分勇猛,大家都叫他"陈夜叉"。他喜欢骑白马,身披朱红色的盔甲。他在阵前叫喊要活捉周阳五。晋王李克用提醒周德威说:"陈夜叉要活捉你,来换个刺史做,你见了那个骑白马披朱红色盔甲的人要当心。"周德威笑着说:"陈章爱说大话,这刺史不是他能当的。"于是,周德威告诫部下说:"你们看见骑白马披朱红色盔甲的人,要假装逃跑避开他。"

到了对阵那天,周德威穿着士兵的装束混杂在队伍中。陈章前来挑战,周德威部下见了骑白马披朱甲的人都往后逃。陈章见此情形,便挥起长矛追杀过来。周德威等陈章冲过自己身边,乘其不备,挥起铁锤击中陈章,陈章堕下马来,被晋王的士兵活捉。(《新五代史》 严春林)

128. 一字救千人

张居翰是一个宦官,在唐昭宗年间为范阳军监军。他和节度使刘仁恭很合

得来。唐天复中,梁王朱温大杀唐宦官共七百多人。刘仁恭将张居翰藏匿于大安山的山谷中,才躲过这次劫难。

在后梁与晋王相争的时期,张居翰协助晋王立下了战功,晋王以张居翰为昭仪监军。庄宗灭梁以后,诏天下求访流散在各地的唐朝宦官,并多加重用。张居翰与郭崇韬都为枢密使。但郭崇韬以后渐渐独揽大权,张居翰不被重用,只是默不作声,以求自保。

后唐同光三年(925),庄宗命皇子魏王继岌为帅,郭崇韬为副帅,攻伐前蜀。十一月,攻入成都。第二年,蜀主王衍率全家及一千多人前往洛阳朝拜庄宗。走到一个名叫秦川驿的地方的时候,被庄宗派去镇压邢州、沧州兵变的李嗣源在魏州拥兵自重。庄宗闻讯,便率兵东征李嗣源。临行之前,他估计在这个节骨眼上,王衍会趁机逃回四川去,就下诏书命继岌杀掉王衍,以绝后患。

诏书已经写好了,张居翰打开来一看,见诏书中有一句话"杀死王衍一行人"。张居翰想,王衍他们一千多号人已经向庄宗南面称臣了,把他们全杀了的话,未免太过分了。于是,他揩去诏书上一个"行"字,改为一个"家"字。随即派人骑快马持诏书赶到秦川驿。魏王继岌依诏杀了王衍全家人,其余一千多人都免于一死。他们哪里知道,是张居翰改了一个字,救了一千多条命。

庄宗被杀,明宗(李嗣源)即位后,恨宦官诬陷大臣,作威作福,便诏天下捕捉宦官并一一杀掉。那些宦官有的逃亡到深山,有的削发为僧,逃到太原的七十多个宦官全被杀死,血满都亭驿。而张居翰因为人仁善,得以幸免。他向明宗请归故里,活到了七十一岁。(《新五代史》 严春林)

129. 改画钟馗

孟昶(chǎng)做后蜀皇帝的时候,有人献给他一幅吴道子画的钟馗(kuí)像。这幅画非常有名,画上钟馗身穿蓝色长衫,头上缠着头巾,但头发散乱,腰间插竹笏,脚蹬皮靴。他左手抓住一个鬼,正眯着眼睛,伸出右手食指,要去剜鬼的眼睛。这幅画笔迹遒劲有力,十分传神,是唐代不可多得的杰作。孟昶见了,非常喜欢,把它挂在寝殿中,不时地观赏、研摹。

可是,忽然有一天,孟昶把当时的著名画家黄筌叫来,让他改这幅画。他说:"人人都说吴道子画的钟馗好,可是我觉得如果画上是用拇指掐鬼的眼睛,会比用食指有力得多。你把画拿去,帮我改改。"黄筌领命而去。

过了几天,黄筌把画拿来了。孟昶一看,画面一点都没改动,不由得很生气,责问黄筌:"我要你改画,你怎么不按我吩咐去做?"黄筌答道:"吴道子所画的钟

馗,全身的力量、精神、气息、情感,都集中在食指上。要改的话,不仅食指要改,其他部分全要改。如果仅仅改动指头,不仅各个部分不能协调,吴道子原画的韵味也就全没了。所以请主上恕臣不能遵旨。不过我又另画了一幅。"说着,他又从身边取出一幅画给孟昶看,"这幅画虽然比不上古人,但却是按您的意思,画了钟馗用拇指掐鬼眼,而且全身的精、气、神,都集中在拇指上。"

听了这番话,孟昶才释然。他很赞赏黄筌的见识,不仅没有责怪他,反而又赏赐了他许多金帛。(《野人闲话》 孙冰)

130. 伶人救县令

后唐庄宗十分喜爱狩猎。一天,庄宗带着侍从来到中牟(今属河南)狩猎。猎场外围是大片农田,由于人马众多,争先恐后,霎时间把满是禾苗的农田践踏得一片狼藉。中牟县令实在看不下去,立即跑到庄宗的马头前跪下苦谏:"民以食为天,农田乃百姓衣食根本。陛下视民如子,岂能以狩猎一时之娱,致使民田遭践,禾苗受殃!"庄宗此时正在兴头上,见中牟县令胆敢劝阻自己狩猎,顿时大怒,立刻命令左右将中牟县令抓住,准备开刀问斩。

优人镜新磨在旁边看得一清二楚,不由对中牟县令为民请命的举动深为敬佩,同时也对他的生命安危大为着急。他赶忙领着几个伶友奔到中牟县令面前,将中牟县令一把抓过来,装出一脸严肃的样子责问道:"你身为县令,自然可以指挥一县之事。难道你不知道陛下爱好狩猎吗?为什么你要故意纵使百姓种地,从中取得赋税供给朝廷呢?为什么你不肯让老百姓忍饥挨饿,留着这一片空地不种庄稼,预备给陛下放马驰骋呢?现在你既妨碍了陛下狩猎时的犬走鹰飞,又不能反省自己的罪行,还敢在陛下面前信口胡言,我看你真是罪该万死,死有余辜!"周围的优伶也一齐嬉笑着附和镜新磨,七嘴八舌地数落中牟县令的罪责,请求庄宗处死中牟县令。

庄宗看了镜新磨与诸伶的配合表演,从滑稽胡闹中感觉到了自己的理亏,满腔怒气化为一笑,随即下令饶恕中牟县令,放他回去。(《新五代史》《彀山笔麈》 沈习康)

宋 金 元

1. 以愚困智

在南唐为官的徐铉、徐锴、徐熙并称"三徐",他们是江南的著名文人,博学多才,就是地据北方的宋人也都对他们非常佩服。其中尤以徐铉的名气最大。

南唐后主李煜(yù)做皇帝时,建都汴梁(今河南开封)的宋王朝已非常强大,每年南唐都要遵循惯例向宋王朝进贡财物。这一回,南唐派出的使节是大名鼎鼎的徐铉。北宋朝廷按外交礼仪,须得派一名官员先到南唐,然后陪同徐铉一道负责押贡来宋。没料到,满朝文武都自认为口才不及徐铉,一个个推来让去,就怕选中自己,担心万一陪伴徐铉时理屈词穷而落下风,失面子还算事小,朝廷怪罪起来,没准还会把乌纱帽给丢了呢。

看着这些官员如此一副窝囊相,宰相赵普也拿他们没办法。想想也是,这并非简简单单派个人应付便可了事的,毕竟还关系到朝廷的荣誉和尊严。然而,堂堂一个大国,竟会国中无人,不益发让人耻笑吗?这真难为了赵普。不得已,他把这个棘手的问题向宋太祖赵匡胤(yìn)作了汇报,请皇上定夺。

太祖听了,挥手对赵普说:"你暂且退下,使臣由我亲自考虑挑选吧。"

没过多久,太监传圣旨到殿前司,命令殿前司的长官在司内找出不识字的殿侍共十人,把他们的姓名抄录下来进呈皇上。当名单送上后,只见太祖朝这些人名上大笔一点,说:"这人可以。"站在两边的朝臣们都极为惊讶,要知道,殿侍可是武阶中最低的,且还大字不识一个,这究竟是怎么回事?宰相赵普一看皇上已作了决定,也不敢再生别论,遵旨宣令下去,这个被点的殿侍不明就里,便去了南唐。

在殿侍的陪伴下渡长江一路北行时,徐铉口若悬河,滔滔不绝,谈锋犀利,妙语如珠,随行众人都惊愕异常。只有大宋殿侍,面上毫无表情,口中含糊其词,细听不过是哼哈之声而已。徐铉心想,宋廷派来的使者决非凡庸之辈,必定胸有城府,我偏要激将他,看看他究竟肚里有多少货色。心里这样算计着,口中更是一句紧似一句,当真是锦心绣口,才高八斗。殿侍实在是一句也听不明白,见他如此卖弄,益发不得吭声。徐铉与对方搭不上一腔,更以为对方高深莫测了。几天下来,徐铉越来越觉得尴尬,话儿也越说越少。最后,他就像那位殿侍一样,沉默

不语了。(《智囊》 何小颜)

2. 安得两处吃饭

宋太祖赵匡胤以汴梁(今河南开封)为都建立宋朝时,尚有后蜀、吴越、南唐、荆南、南汉、北汉等割据势力。赵匡胤是个雄才大略的皇帝,他称帝后,加紧了统一全国的步伐。

偏安于江宁(今江苏南京)的南唐后主李煜,听说宋政权要出兵南下,很是恐慌,便急忙派徐铉出使北方,希望通过外交途径来制止宋朝的动武。徐铉是江南名士,早年与韩熙载齐名,善诗文,精文字学,博学多闻,很有辩才。李煜即位后,他颇得重用,历官尚书右丞、兵部侍郎、御史大夫、吏部尚书等职。为了不辱使命,他即刻登程出发了。

赵匡胤在供休憩宴乐的宫殿里接见了这位使臣。只见徐铉恭恭敬敬上殿行礼后,朗声说道:"我主江南李氏没犯什么罪过,陛下师出无名呀!"赵匡胤从容端坐,没有回答他的话,却问起了江南近事。徐铉见宋主顾左右而言他,以为占了上风,于是得寸进尺,振振有词地继续说道:"我主好似大地,陛下好似苍天;我主好似儿子,陛下好似父亲。苍天是能够覆盖大地的,而父亲也是应该庇护儿子的! 陛下怎能加刀兵于江南呢?"不料这看似巧妙的比喻却被机敏的宋主赵匡胤抓到了漏洞,他立即截住话头,反驳道:"既然咱们是父子关系,哪里又有在两处吃饭的道理呢?"徐铉张口结舌,竟无词以对。

后来,南唐在宋军的打击下灭亡了,徐铉随后主李煜投降了宋朝。由于徐铉的文才颇受宋太祖赏识,所以受到了优待,官至给事中、散骑常侍。(《谈渊》 何小颜)

3. 杯酒释兵权

赵匡胤称帝后,石守信、王审琦等功臣宿将执掌禁军兵权,犹如他当年担任北周殿前都点检一样,所以他总是担心他们有朝一日也被士兵"黄袍加身",来抢夺自己的宝座。于是便采取了赵普的建议,开始考虑如何削夺他们的兵权了。

北宋建隆二年(961)七月的一天晚上,赵匡胤特留石守信、王审琦等老将共饮,酒酣气振时,他忽然屏退侍从护卫,直接向他们披露了自己的最大心事。这些老将没想到赵匡胤居然担心他们将来会进行"陈桥兵变",个个惊恐万状,赶忙跪倒在地,恳请赵匡胤赐给他们一条"可生之途"。赵匡胤见计谋得逞,就以温和的语气告诉他们,只有"释去兵权""多积金钱""多置歌儿舞女",白天晚上"饮酒相欢,以终天年",才能使"君臣之间,两无猜疑"。石守信、王审琦等老将岂敢违抗赵匡胤的旨意,只得连连点头称善。第二天,他们都称有病在身,请求赵匡胤批准他们交出兵权,永不统率禁军。赵匡胤自然准奏,立即下令解除他们领兵宿卫京师的大权,只给他们一个节度使的空衔而已。

此事过后不久,王彦超等拥有重兵的藩镇大将入京朝拜赵匡胤。赵匡胤在后花园宴请他们,又如法炮制,只是言语之间略微婉转些。他对王彦超等人说:"卿等为朕戎马半生,理应早归田园,永享荣华!如再征鞍不解,常年奔走沙场,朕心何忍?"王彦超听出了赵匡胤的这番话的弦外之音,当即表示愿意解甲归田,以娱晚年。武行德等四人尚不知趣,竟然争先恐后地表起功来,请求赵匡胤依然命令他们统领兵马。赵匡胤对他们笑着说:"卿等所言之功,皆为旧功,而朕岂不知卿等如顺从朕意,岂非再建新功!"直到这时,武行德等四名不知趣的藩镇大将才明白赵匡胤的话中意,不得不点头称是。第二天,赵匡胤即下旨免除王彦超等人的军职,只授予一个空衔。

赵匡胤仅在杯酒之间就解除了石守信等人的兵权,罢去了王彦超等人的藩镇之职。从此他一人独掌禁军兵权,直接指挥各藩镇的军队,改变了中唐以来宿将握大权、藩镇据一方的局面。(《涑水纪闻》 赫崇政)

44. 夜袭滁州

赵普是北宋的开国功臣,曾对宋太宗赵光义说:"臣以半部《论语》帮助太祖取天下,以半部《论语》帮助陛下致太平。"他的这两句名言,知者甚多。但赵普与赵匡胤定交在何时、何地,却鲜为人知。

当初,赵匡胤做周世宗柴荣的殿前都点检时,有一次跟随周世宗征讨淮南。周世宗命令赵匡胤领兵数千攻打滁州(今安徽滁县)。滁州四面皆山,离南唐都城江宁(今江苏南京)又近,所以是保卫江宁的屏障。南唐国主李璟命令大将皇甫晖提兵十万,扼守此地。赵匡胤统领的北周军与皇甫晖统领的南唐军,在离滁州三十里的清流关交战,北周军大败。赵匡胤为此愁眉不展,反复思索,仍拿不出破敌之法。一天,听村民说附近有个教书先生赵学究,很有智谋,便去微服私访,看看能否从他那儿求得教破敌之策。

这个赵学究就是赵普。他认为皇甫晖威镇南北,来势凶猛,如果北周军与南唐军正面开战,一旦被南唐军断了后路,北周军必遭灭顶之灾。赵匡胤很赞同赵普的看法,恭恭敬敬地向他请教破敌良策。赵普说:"我有奇计,可以转败为胜,

转祸为福。"赵匡胤忙问何计。赵普说:"清流关下有一条小径,隐藏在大山的背面,直通滁州城下。这条小径十分偏僻,连无孔不入的斥候(侦察兵)也不知道。现在皇甫晖刚刚取胜,必然骄傲轻敌,认为您刚败之后,不敢紧接着进军。再加上最近西涧涧水猛涨,波涛汹涌,他就会更加有恃无恐,以为没有人敢贸然渡涧。如果您能乘他解甲休兵、毫无防备的有利时机,由山背后的小径直抵西涧,再渡过急流进军城下,那么,强敌可破,滁州可得了!这就叫兵贵神速,出其不意啊!"赵匡胤大喜,立刻决定依计而行,并请赵普做前导。赵普欣然应允。

当夜,赵匡胤率兵穿小径,渡西涧,直抵滁州城下。敌军果然毫无防备,北周军斩关入城,易如反掌。皇甫晖得知城破的消息,才匆忙披甲上马,与北周军展开巷战。南唐军不知底细,以为北周军的主力到来,惊慌失措,自相践踏,死者不计其数。皇甫晖恃勇力战,多处受伤,仍不投降,终因孤掌难鸣,力尽被擒。北周军大获全胜,占领了整个滁州城。滁州之捷,就是赵普出山的第一功。(《默记》赫崇政)

5. 撤军避主忌

北宋建立三年后,宋太祖赵匡胤开始进行统一全国的战争。他软硬兼施,恩威并用,先后攻灭或威服了南方几个割据势力,最后把矛头指向建都在太原的北汉。

北汉是"十国"中唯一建立在北方的割据势力,它本不是北宋的对手,但因得到契丹的策应,才打退了宋军的多次进攻,连宋太祖御驾亲征都无功而返。

有一次,宋太祖任命曹彬、潘美为正副统帅,令他们率领大军征讨北汉。这回北汉没有得到契丹的支援,节节败退。宋军进攻势如破竹,很快就兵临北汉的京城太原,并把它团团包围起来,昼夜攻打。太原眼看失守,北汉君臣急得如热锅上的蚂蚁,焦灼不安。就在这个紧要关头,宋军主帅曹彬却忽然令大军后退。潘美不解其意,反对后退,力争继续进攻。曹彬不但不肯,反而下令撤军。当大军快到北宋京城开封时,潘美再也忍耐不住,他一个劲地追问曹彬撤军的缘故。曹彬略一沉吟,便悄悄告诉潘美:"当年皇上亲征北汉,都没有把太原攻下,你我如果获得了成功,还不是自寻速死吗?"潘美至此才恍然大悟,连声赞赏曹彬的自保之计。

曹彬和潘美回到京城,马上进宫向宋太祖汇报战况。宋太祖问他们为什么拿不下弹丸之地太原。曹彬回答说:"以陛下的神武和圣智,尚不能攻下太原,臣等又如何能攻下它呢?"宋太祖听过曹彬的话,一言不发,只是不断地点头。

正因为曹彬等大将怕遭宋太祖猜忌而不敢建功,故至宋太宗赵光义继位后,北汉才被宋攻灭。(《随手杂录》 赫崇政)

6. 寻印窘县令

许仲宣为人性格大度,能够宽容别人。他举止豪爽,不受礼法拘束,办起事来,常能显露出卓越的才干。

宋朝开国之初,许仲宣跟随大将曹彬出征南唐。一天,曹彬突然召他进见,要他立刻采办数万只陶器灯具,发给部下将士作点灯照明之用,限期办成。这可不是一件容易完成的事情。想不到许仲宣早就发现问题,已经预先准备了充足的货物,接到曹彬的命令,他随即开仓取货,迅速发往军营,事后颇受人们称道。然而更能体现他富有心计的事情却是发生在他担任济阴县主簿的时候。

济阴县县令喜好女色,除了正室夫人外,新近又娶了一位如花似玉的姨太太。不料这位姨太太进门没几天,为了争宠夺爱,竟然与县令的正室夫人吵了起来,事情闹得不可开交。县令两边劝架,非但制止不了,而且惹火烧身,反遭怪罪,索性任其吵闹,躲在一旁。正室夫人见丈夫不响,倒也罢了,姨太太见县令如此,心中更气,情急之下,忽然想出一个办法来故意让县令难堪。

原来,根据当时通行的惯例,县衙的大印由县令和主簿分管。这一天恰好是县令主管期满移交主簿管理的日子,趁着无人注意,姨太太偷偷取出印匣,拿掉其中的县印,随后又依原样将印匣封好放回原处,外表上看不出丝毫被人动用过的痕迹。晚上移交县印的时候,县令取出印匣交给许仲宣,许仲宣倒也没有想到这是一只空匣。

事有凑巧之处。第二天早上,县衙有件公事要办,需要用上县印,县令让许仲宣取来。不料印匣打开后,众人吃了一惊,原来县印已不翼而飞。顿时之间,县令火冒三丈,责问许仲宣县印的下落,言词之间,顾不上同僚脸面,颇有粗鲁之处。许仲宣见县印已失,本也摸不着头脑,如今县令责怪,反倒冷静下来,细想起来:印匣昨晚接到,今晨送来,若是有人偷印,无非是最有可能接触过印匣的人。听说县令的夫人与姨太太争宠吵闹,迁怒于县令,会不会是她们故意藏了起来呢?于是,他语气委婉地把自己的想法告诉了县令。县令听后,觉得很有道理,即刻下令将接触过印匣的县吏以及自己和许仲宣的家人逮来审讯。果然,县令家主管厨房的家人供称,昨晚天黑后曾看见姨太太将一砖形物丢入烟囱。县令当即派人回去查验,很快就从烟囱中找到了县印。

面对找回的县印,县令羞愧不已,仓皇失措,为了自己的粗暴,为了自己的家

丑,更为了自己的失职,恨不得一下躲入地底。许仲宣却泰然处之,仿佛没有发生过什么事。只见他走到县令身边,稍稍劝慰了几句,继续办起了公事。人们知道后,深深佩服他的心计细密和宽宏大量。(《宋史》 沈习康)

7. 持重安梓州

乾德三年(965),冯瓒以庐州知州的身份充当枢密直学士。

这时四川剑阁一带刚刚平定,突然有一群亡命之徒流窜作案,弄得地方不宁。朝廷即派冯瓒担任梓州知州。没过多久,原来后蜀的军校上官进带领亡命之徒三千多人,还强迫几万名老百姓跟着他们,一起来攻打梓州城。

城里人十分恐慌。但冯瓒分析说:"上官进一伙匪徒乘着黑夜突然前来攻城,看样子情势十分危急,对我们不利。但是,我们应当看到,他带来的一伙人是一群乌合之众,其中大多数是平民百姓,被棍棒所逼迫,不得已而来的,一定不会死心塌地跟着上官进。我们恰恰可以利用这一点,采取持重的态度,镇定不动,挨到明天早晨,他们也就不攻自溃了。"

这时城里面只有云骑兵三百人,冯瓒把他们分在各城门把守,自己则高坐在城楼之上临阵指挥,暗地里让打更的人把更次之间距离缩短一点,还没有到半夜就让他们敲五更的钟鼓。上官进一伙听到已报五更,生怕天亮后城中兵马出击,连忙离城逃跑。冯瓒发现敌人退兵,立即下令追击,活捉了上官进,并把他斩首示众。然后用诱降的办法把上官进的一千多个党羽召来,赦免了他们的罪责,要他们安分守己,做个良民。

这样,梓州境内太平了。(《宋史》 张贞忠)

8. 智守空城

李谦溥少年时就通习《左氏春秋》,见识非凡。后周世宗征讨刘崇时,辽州守将张乙坚守城池,一时难以攻克,于是派遣李谦溥前去劝降。李谦溥不负所望,单人独骑进入城中,凭着一张三寸不烂之舌,巧为游说。不久之后,张乙开城出降。李谦溥因功升任为晋州兵马都监。

显德四年(957),隰州刺史孙义去世。当时世宗正亲自率军出征淮南,由于军情繁忙,一时派不出合适人选继任隰州刺史。李谦溥认为隰州乃是边关重镇,不可一日无将,于是就对担任义雄军节度使的杨廷璋说:"大宁(当时属隰州管辖,在今山西省西部)是军事上的一个咽喉之地,万万不能缺少守将。如今皇上远征淮南,假如要等到皇上得胜班师后再来处理此事,恐怕隰州孤城早已被敌人占领了。"杨廷璋觉得李谦溥说得有理,当即任命他为代理隰州刺史。

李谦溥赶到隰州任上,果见城防松懈。他立即命令疏浚护城河,加强军事守备,前后总共才有八天,并州敌军果然派出数千骑兵前来攻城。李谦溥接到敌情报告后,丝毫不见惊慌之态,他先是写了一封求援信,派人火速送往杨廷璋处,然后带着随从登上城楼观察敌情。

这时正当大热天,城外的敌人正在准备器械攻城,忽然发现城楼上李谦溥身穿一件单衣,手中摇着扇子,步履轻松地巡查城防设施,时而停下来与守城军士说上几句话,仿佛是他在布置战役进攻而敌人陷入被动防守,完全是那种成竹在胸、胜券在握的架势。攻城的敌人开始担心了,他们生怕城内城外埋伏着生力军,终于不敢贸然攻城,无可奈何地向后撤退,他们也许根本没有想到这是李谦溥唱的一出"空城计"。

十多天后,敌人总算弄清城中虚实,再次前来攻打。李谦溥这次已预先征募了一百多名敢死队员,乘着夜色,他们手持利器,身披铠甲,无声无息地缒城而出,直袭敌人营寨。恰巧杨廷璋的援军也在此时赶到,于是两军会合,四面夹击。敌人没有料到,顿时军营大乱,招架不住,只得弃营而逃。李谦溥乘胜追击,消灭了一千多名敌人。(《宋史》 张贞忠)

9. 树木布疑兵

宋太祖开宝七年(974),赵匡胤认为时机成熟,开始进行战略部署,准备消灭南唐政权,王明即在此时被任命为黄州刺史。

王明这个人办事干练,有勇有谋,前几年在平定南汉政权时立有大功:当时他任职随军转运使,率领着数万名丁壮劳力,克服了山路险绝、舟车不通的困难,保证了部队的军需供应。兵至贺州,就在诸将是否攻城犹豫之际,王明已挺身而出,带领部下一百名护送辎重的士卒和数千名丁夫以铁锹畚箕取土,填平了贺州城前的护城河,迫使城中守军投降。广州决战前夕,又是王明乘着夜晚大风,命令丁夫手持火炬焚毁敌营,为决战胜利立下首功。赵匡胤知道后,赐衣赠马,加官晋爵,对王明予以嘉奖。

王明此番上任前,赵匡胤又特地将他召来密谈,把自己的战略意图告诉了他,嘱咐他到黄州后加紧战备工作,同时不要泄露军事机密。果然,王明上任之后,立即对城防进行修缮加固,严格训练马步士卒。众人以为黄州并无敌情,很不理解他的做法。不久,朝廷派遣大军从荆渚乘着战舰顺江而下,同时任命王明

为池州至岳州江路巡检战棹都部署,负责指挥作战。王明率领部队,接连在鄂州、武昌、江州、湖口等地打了好几个胜仗,消灭了不少敌人,夺取战舰五百艘。

南唐大将朱令赟(yūn)奉命率领十五万大军从长江上游沿流而下,高大的舰船铁索相连浑如一体,气势浩荡,十分壮观。他计划到达采石地段后焚毁江上的浮桥,断绝宋军的通道,然后再赶赴金陵,增援被围困在城中的守军。

王明此时正率领部下屯驻在独树口,得知敌情通报后,他知道正面拒敌未必有利,于是派出他的儿子火速赶至京城,奏请朝廷添造战舰三百艘,以便袭击朱令赟。赵匡胤闻奏后说道:"造船需费时日,不是一时半刻就能造好的,而朱令赟很快就会赶到金陵,恐怕这里的战船尚未造好,那里朱令赟已解了金陵之围,因此这不是应急良方,需要另谋妙计,才能拖住朱令赟,取而胜之。"于是,他暗地里派了一名使者前往王明处密授计谋。

由于一路上未遇宋军阻截,朱令赟心情十分轻松。这一天正在船舱中饮酒取乐,忽然哨兵前来报告:沿江两岸前后发现宋军大队人马及战舰。朱令赟顿时心中一紧,丢下手中酒杯走出舱外观看。果然,远处洲浦间,桅杆林立、帆影恍惚。于是他立即下令暂停前进,做好战斗准备,防止宋军袭击。原来,王明接到赵匡胤的密计后,连夜派人在水渚间树立起高大木杆,伪装成埋伏着战舰的模样,布置了疑兵之阵。

朱令赟中计之后,王明迅速调集各路兵马,互为犄角,然后率领战舰不断袭击朱令赟。数日之后,又与各路兵马形成合围之势,在小孤山江面发动最后总攻。结果,朱令赟被生擒活捉,他的部下有一大半跳水而死。不久,金陵被攻克,宋军取得了重大的战役胜利。(《宋史》 沈习康)

10. 石狮子打鬼

北宋都城汴梁(今河南开封)有家药铺,平时经常围着一簇人,不时发出嘈杂的叫好声。

药肆门前,摆着一张桌子,一位画师正在挥毫泼墨。只见他浓抹淡染,不一会儿,一幅带雨墨荷便画好了。未待墨干,就被一位看客买走了。再画一张。画师轻挑快勾,信手几笔,片刻工夫,一幅扬鬣(liè)飞蹄的奔马图告成了,马上被另一位捷足者抢走。

这位画师名叫高益,原是涿郡(今河北涿县)契丹人,身怀绘画绝技,尤其擅长鬼神、佛像。宋太祖时,天下初定,高益渴望施展自己的才艺,由北宋敌国辽国潜逃至汴梁。刚落脚时,人地生疏,无人赏识他的画艺。为了糊口,便在市场上开了一家药铺,贩卖南北药材。但是生意清淡,收入甚微。高益想来想去,觉得不能丢了自己的长技,还得靠绘画来谋生。他终于想出了一个妙法:谁来买药就送谁一张画。果然来买药的人多了,他的画名也传出去了。有些爱画懂画的人,看他的画挺有意趣,便奉资求购,只是不买他的药材。行市中人,都知道有个叫高益的辽国药材商人画得一手好画。

消息传到贵戚孙四皓耳里。他是皇弟赵光义的姻亲,精通书画,喜结文士艺人。四皓要来高益的几件作品,审视一番,觉得气韵生动,非同凡笔。于是特以厚礼相邀,二人倾谈移日,只恨相见太晚。为了感激知遇之恩,高益画了一幅《鬼神搜山图》酬谢四皓。过了几天,又献上一轴《钟馗打鬼图》。四皓十分高兴,就在大厅上张挂起来,供宾客观摩,人人称赞叫绝,说有吴道子风韵。四皓也深服作者功力深厚,但总觉得还缺了点什么,拈须思量,乃有所悟,说道:"钟馗打鬼,全凭一股气势和力量,此画笔墨力度似嫌不足,显得温和了一点。"原来高益揣想达官贵人赏画多喜温雅祥和一路,所以没有画成惊雷滚石、狰狞可怖的样子,以免吓着神经脆弱的贵宾娇客。

"这有何难,快取笔来!"高益喝一声,将衣袖捋至肘上,横眉怒目,须发尽张,像要赶赴战场拼杀一样。待神完气足,即从侍者手里夺过一支笔来,濡墨直扫,墨渖(shěn)淋漓,不一会儿,掷笔叫道:"好了!"

又一幅钟馗图张挂起来了。顿时,厅堂上的人全都惊呆了。瞧那钟馗,怪目圆睁,怒发冲冠,一足踏地,一足提起,双手高高举起一只沉重的石狮子,对着两个缩作一团青面獠牙的恶鬼猛砸过去。最奇怪的是,那个石狮子恰如掷向观者似的。众宾客见了,都不免胆怯,手里捏着一把汗,脚步连连后退。待到缓过神来,才体会到这幅画的妙处全在那石狮子上。

不久,赵光义登极为帝,是为太宗。他也喜爱书画,将高益召进宫廷,担任专职画师。又命高益到天下名刹相国寺,画巨幅壁画《阿育王战像》。从此,丹青长留,名播四方。(《圣朝名画评》《图画见闻志》 夏咸淳)

11. 善待李母

宋初,党项人李继迁(西夏建国后,追谥为神武皇帝,庙号太祖)骚扰西部边疆,宋朝保安军(今陕西志丹县)的驻防部队向上面汇报说,抓获了李继迁的母亲。

宋太宗赵炅(jiǒng)知道这个情况后,打算杀了她,但又拿不定主意。于是他把主管军政的枢密副使寇準单独招了去秘密商量。寇準离开后,经过相府,遇到了宰相吕端。吕端猜想寇准可能是同皇上议论国家大事，就把他请进相府，问他说："皇上有没有告诫过你，不要把你们的谈话内容透露给我？"寇准说："没有。"吕端便说："边防常事，我不必非得知道，但如果牵涉到军国大计，我居宰相之位，就不应瞒我！"寇准想想也是，就把皇上与他商议的事说了出来。吕端连忙问："决定怎么处置呢？"寇准说："准备在保安军北门外将她斩首，以惩戒李氏凶逆。"吕端一听，觉得这个决定很不妥当，说："这么做决不是好办法。你暂缓采取行动，我再去同皇上商议。"

吕端赶紧入宫面见太宗，奏道："从前西楚霸王项羽抓住汉高祖刘邦的父亲太公，想烹煮他以要挟刘邦，刘邦却说：'愿意分得一杯羹。'凡图举大事的人，是不会因亲情而让步的，更何况像李继迁这种大逆不道、犯上作乱的人呢？陛下今天把他母亲杀了，难道就能在明天抓到李继迁吗？如果不能，那就徒结怨仇，更增强了他反叛的决心了。"太宗觉得很有道理，说："那又怎么办呢？"吕端看皇上已被说动，于是不慌不忙地陈述了自己的意见："以臣愚见，稳妥的办法是把李继迁的母亲安置在延州（今陕西延安），使人好好看待她，以招安李继迁。即使李继迁不会很快归降，却始终可以牵系他的心，因为他的母亲生死命运操在我们的手中啊。"

赵炅高兴得拍着大腿连连称好，说："要不是你来，几乎误了我的大事。"后来，李继迁的母亲病死于延州。过了不久，李继迁也死了，他的儿子竟纳款请命，归附了宋朝。说到底，这都是吕端的功劳啊！（《宋史》 何小颜）

12. 画幛

大将曹翰因为犯了罪被宋太宗贬谪到汝州（今河南临汝），在那里一待就是几年的时光。

有一天，有一个太监要到京西去公干，他利用上朝的时机，向宋太宗辞行。宋太宗悄悄地跟他说："你到了汝州，一定要替我去看一看曹翰，问问他近况好还是不好。但是，有一点你要特别注意，就是见了曹翰，千万不要说出你去看他是我的意思。"这个太监当即点头称是。

太监到了汝州办理完公事之后，就去了曹翰的家里。他们过去也很相熟，这次见了面都有一种不胜今昔的感受。太监刚一看到曹翰，几乎有些不认识了，又老又瘦，精神很不济，当年那种趾趾武夫的气概一毫也看不见了。一种苦涩的沧桑感不禁袭上太监的心头。

曹翰紧紧地握着太监的手，眼里噙着泪花，激动地哽咽着说："谢……谢，老……公……公。"太监赶忙加以劝慰："曹将军,我来看你,是完全应该的,请不要客气;太客气,反而见外了。"这样一说,曹翰最初的激动也过去了,举止神情也自然平和了一点。

这时,太监深情地望着曹翰说："曹将军,要是我没有记错,我们该有多年不见面了。真没有想到将军出京,竟拖了这么长时间,我真好想念您啊!您受苦了吗?"

曹翰听到太监这么一说,似乎更加伤心,眼泪扑簌簌地流了下来,动情地说:"老公公,我犯了很大的罪,即使万死也不足以补赎。幸而皇恩浩荡,宽恕了我,得以苟延残喘,活到今天,我到死都无法报答皇上的深恩大德,哪里还能向老公公说个'苦'字呢?"

说到这里,曹翰又略微顿了一顿,接着说:"要说有什么难处、苦处,就是我目下的吃口太重,手头不宽裕,日子过得艰难。现在承蒙您公公关心我,同情我,我想拿自己的一点旧衣服来换公公的一吊钱,过几天吃上饱粥饱饭的日子,不知道行不行啊?"

太监连忙说:"曹将军有需要,我哪敢不答应,要多少我给多少,可千万不要提什么'交换'这个字眼,我们难道还要做什么生意吗?"

曹翰坚持要拿衣服换钱币,太监说服不了,只好向曹翰让步。于是曹翰走进内室,忙乎了一阵子,终于拿出一件包裹,说是里面装了一件夹衣,郑重地交给了太监。太监当即付了曹翰一吊钱,然后彼此告别。

太监回到京城,向宋太宗回复了有关出外办差的事,然后说起了在汝州见到曹翰的事。宋太宗听说曹翰在汝州混得不得意,并且生活还很艰难,心里也觉得不怎么自在。又听说他居然要拿衣服来跟太监换钱,就更觉得心里有点酸酸了。

也许是出于好奇心或是别的什么,他要太监把曹翰装夹衣的包袱打开来,翻出了那件夹衣。夹衣才被抖开,宋太宗不禁吃了一惊,原来这夹衣不是别的,而是六幅画幛连缀而成的一幅组画,总题名叫《下江南图》。

宋太宗这才不无悲伤地想起当年曹翰在平吴时所立的战功,也才知道曹翰以"夹衣"换钱的用意,于是当日便下旨把曹翰召回京师,恢复他做了金吾将军。

一幅组画改变了曹翰的后半生。(《宋朝事实类苑》 张贞忠)

13. 列阵焚草

雍熙三年(986),宋太宗大举伐辽,任命张齐贤为代州(今山西代县)知州。张齐贤上任后,即写了一封信给潘美,请他按信上约定的时间,率领并州(今山西

太原)兵马来代州会合,以夹击辽兵。不料送信人在归途中被辽兵擒获,致使潘美的回信落入敌手。张齐贤见机密泄露,十分焦急,唯恐敌人在半路上伏击并州军。所幸潘美的使者及时赶到,告知并州军已中途撤回,他这才放了心。原来,东路的伐辽大军在君子馆失利,宋太宗只得命令并州军固守城池,不许出战。潘美在半路上接到圣旨,不敢迟延,立即撤军回并州。

正在此时,辽兵满山遍野地杀向代州。张齐贤闻报,镇静异常,不慌不忙地对众将说:"现在,敌人只知道潘美要来与我会师,而不知道他早已回师。"于是,他选派百名士兵,命令他们各执一面旗帜,各背一捆干草,在半夜出发,赶到代州城西南七十里处列阵布旗,焚草照空,以迷惑敌人。此计果然灵验,辽兵遥见火光之中,旌旗招展,以为是潘美的部队点着火把,连夜驰援代州,当即惊慌起来,急忙向北逃遁。张齐贤料知敌人必如此,预先在土镫砦(zhài)埋伏两千名精兵。当辽兵撤退至此地时,伏兵齐出,出其不意地把敌人杀得大败。此一战,生擒了辽国北大王的一个儿子,斩杀了几百个敌军将士,夺得了两千匹战马,大大地鼓舞了宋军的士气。(《宋史》 赫崇政)

14. 易宅息讼

宋真宗时,有一次,皇后的两家亲戚为争夺财产而打起官司来。官府作出判决,替他们分割了财产,可是他们两家都认为对方分得的份额太多,自己分得的份额太少,所以不肯罢休,越吵越凶。由于是皇亲国戚,官府不敢得罪他们中的任何一方,案子拖了很久还未能了结。最后闹到朝廷上,连皇帝都被搞得头痛了,可还是无可奈何。

这时,宰相张齐贤对皇帝说:"这个案子不能像平时那样判,搞得不好,还要影响皇后的名声。请陛下让我来处理吧。"皇帝巴不得有人代他办这事,就同意了。

张齐贤把双方当事人召进相府,对他们说:"你们告状告个不停,是不是因为你们都觉得自己分的财产太少,吃了亏,对方分的财产太多,占了便宜呢?"双方都回答:"是的,请宰相公断!"张齐贤要他们在供词上签字画押,然后说:"现在,我作出判决:你们双方都立刻搬家,甲方搬进乙方的住宅,乙方搬进甲方的住宅,财产不动,只把财产文契交换一下,也就是甲方得到乙方的财产,乙方得到甲方的财产。这样,你们都该满意了吧!"

双方当事人一听,愣了半晌,无话可说,只好服从判决,一场官司就此平息了。

事后,张齐贤把案子处理结果上报皇帝,皇帝听了大笑起来:"判得妙,判得妙,我早知道,只有你才能处理好这个案子!"(《涑水纪闻》 程维荣)

15. 拔茶植桑

张咏是北宋的名臣,宋太宗太平兴国五年(980)初任崇阳(今属湖北)知县时,就已经显露出远见卓识。

崇阳地处湖北东南的丘陵区,盛产茶叶,县民大都靠种茶养生。张咏刚刚上任,就对茶民说:"茶叶的价格高,利钱大,官府必将实行官营官卖,到那时你们就无利可图了,趁早改弦易辙,另谋生路吧!"他于是下令茶民一律拔掉茶树,改种桑树,违令者严惩不贷。

崇阳的茶民世世代代仰仗茶叶谋生,对茶叶的生产技术如数家珍,如今张咏命令他们抛弃老本行,干他们本来不熟悉的养蚕和织绢的行当,他们自然感到苦不堪言,对张咏又怎能不心怀敌意呢?但他们知道张咏的性子急,做事干脆利落,说到做到,所以没有人敢违抗他的命令,只得忍气吞声。

不久,北宋政府果然实行茶政官买官卖的政策。凡是种植茶树、生产茶叶的"园户",都得把茶叶交给官府专卖。除了本钱外,他们只能从官府那里收到利息。这种茶叶官卖政策,虽然增加了北宋政府的财政收入,但却导致大量茶民失业。一时之间,各地的茶民纷纷破产,衣食无着,只有崇阳的茶民改行改得早,才没有遭此厄运。相反,他们每年生产的一万匹绢盈利十分可观,足以使他们生活安定。这时,他们方才服了张咏的深谋远虑,由原来的满腹怨恨变成了交口称赞。(《宋史》 赫崇政)

16. 少年告状

宋咸平二年(999),张咏离京调任杭州知府。到任不久,便有一少年击鼓告状,状告姐夫侵夺他的家财。少年的父亲是杭州当地的大家富户,生有一女一子,后来富户不幸染病,不治而死。临终的时候,因为儿子只有三岁,于是把万贯家财都托付给了女婿,让他照管经营。一晃十多年过去了,当年的幼儿已长大成人。于是少年向姐夫要讨回家财,姐夫不肯,只愿归还财产的十分之三,说是岳丈有所遗嘱。少年哪里肯答应,于是诉知州府,请张知府明断。

张咏听完少年的申诉以后,又传令富户的女婿到堂。女婿的述说与少年无异,并且当堂拿出岳丈的遗嘱来。张咏一看,白纸黑字,的确写得明明白白:托

孤抚幼,由女婿经管财产,等儿子长大后,将家财三七开分,三分归儿子,七分归女婿。少年哭着争诉,一口咬定,那遗嘱不是父亲的实情。天底下哪有把自己的家财大部分传婿而不传儿的,于情于理都不顺通。

张咏听了以后,觉得这件案子虽然简单,但判起来却不容易。女婿拿出来的遗嘱是实,少年的申诉也合情理,怎么办呢?他沉思了一会儿后,说道:"你们双方说的都在理,本官一时也难决断,现在只有一个办法,待我亲口问问你们的父亲岳丈,他的初衷原意究竟如何,本官就好决断了。"说完,便命人端杯酒来。

一杯酒送上来后,张咏轻咳一声,神色庄严地举起酒杯,对着空中念念有词,然后弯腰,把一杯酒洒泼在地上。洒完后,便侧耳倾听着什么。过了一会儿,就面带微笑,对女婿说道:"刚才我已经问过你岳丈了,那遗嘱的确不是他的本意。当时因为儿子幼小,怕你见财起意害了幼儿的性命,所以才立此遗嘱,以安你心。现在幼儿已经长成,财产当然要还归于他。但你岳丈念你这十几年经营门户、抚育孤幼的辛劳,更兼女婿亦是半个儿子,所以财产仍是三七开分,三分予你。"

判决下来,原告、被告都心悦诚服,无话可说。这件事流传开去,竟成了街头巷尾的美谈,没有人不称颂张咏的。(《宋史》 陶湘生)

17. 推敲入井

宋朝自建国起,就经常遭到东北部契丹族建立的辽国侵扰,因此出现了很多抗辽英雄。朝廷上最有名的抗辽英雄就是杨家将,民间的抗辽英雄更是不计其数。宋太宗端拱年间(988—989),真定府(今河北正定)北边七里的小集镇唐河店上,就发生一件老妇人智杀辽兵的事。

唐河店一带是宋朝北部边境,与辽国接壤,平时辽兵常窜到镇上吃喝休息。宋和辽开战后,宋兵虽有所防范,但辽兵不把宋兵放在眼里,依然常来常往。镇上有个老妇人,孤身一人独住家中。一天,有个辽兵来到她家门口,把战马系在门上,拿着弓箭,坐在石凳上,喝令老妇人到井边打水给他喝。老妇人拿着汲水绳,吊着小木桶打水,连着几次都没有把水打上来,就对这个辽兵说:"大王,汲水绳太短啦,我的力气又太小,实在没有办法把水打上来,还是你自己来吧!"辽兵不得已,只得把汲水绳系在弓端,走到井边,弯着身子去打水。这时候,老妇人乘其不备,在他的背后突然用力一推,就把辽兵推到井里。辽兵在井里拼命挣扎,怎奈井陡水深,不一会儿就淹死了。

当老妇人骑着那匹辽兵带来的战马,赶往府衙缴纳战利品时,一路上观者如堵,大家看着那匹马还披着铠甲,鞍后还悬着那个辽兵抢来的猪头,没

有一个人不被这位老妇人的机智勇敢所感动,都啧啧称叹不已。(《唐河店老妪传》 赫崇政)

18. 斜塔

喻浩是北宋初最著名的建筑家,曾担任杭州都料匠,负责营建事务。宋太宗太平兴国七年(982),他奉旨构建当时京城开封府(今属河南)最高的开宝寺灵感塔,历时八年时间,于宋太宗端拱二年(989)竣工。

开宝寺在北宋开封城东北角安远门内的小土山夷山上,本名独居寺,创建于北齐天保十年(559),唐开元十七年(729)改名为封禅寺,宋开宝三年(970)改名为开宝寺。宋太宗信奉佛教,又在寺中建造了这座塔。此塔八角十三层,高三百六十尺,金碧辉煌,为北宋塔中之冠。

喻浩巧思绝伦,他建开宝寺塔时,根据开封的地理特征,故意使它略向西北方倾斜。京城人看到这座身子不正的宝塔,都流露出大惑不解的神情,纷纷向他请教。喻浩笑答道:"诸位岂不闻塔高招风吗?京师一年四季多刮西北风,但地势平坦,四周又缺少高山阻隔,如果塔身不略倾西北,能禁受住主要风力吗?我估计不要一百年,那塔身会自然扶正的!"

喻浩对建筑设计和建筑施工都精心如此,所以他能成为北宋建国以来最有成就的能工巧匠,当时和后世的其他能工巧匠没有不把他的营造法作为准绳的。喻浩还有一个最大长处,这就是他不像绝大多数能工巧匠那样喜欢技术保密,甚至宁可失传也不肯传人,他非常愿意传授自己的宝贵经验。为了让更多的能工巧匠掌握他的营造法,他花了整整一年时间写成了一本《木经》,毫无保留地把自己的营造心得介绍给世人。可惜这本书今已失传,这不能不说是我国建筑史上一大损失。(《归田录》 赫崇政)

19. 冰城

杨家将抗辽的传说,家喻户晓,妇孺皆知,但史书里记载的杨家将,只有杨业、杨延昭和杨文广数人。杨延昭是杨家第二代抗辽名将,他在宋辽边界为北宋守边二十多年,屡破辽兵,立下了赫赫战功!

宋太宗淳化元年(990)九月,辽圣宗与其母亲萧太后率领辽兵二十万,大举南侵,渡易水,越狼山,直抵遂州(今河北遂城)城下。当时,杨延昭正以缘边都巡检使身份镇守此处。遂州城小,守军尚不满三千。杨延昭见辽兵势大,孤城难

保,就一边派人向河北东西两路告急,请求增援;一边带领全城军民,坚守阵地。河北两路畏辽如虎,不敢发兵击辽。杨延昭见求援无望,便下定了独御强敌的决心。辽兵把遂州围得如铁桶一般,由萧太后亲自督战,猛力攻城。城内军民见辽兵势众,攻势如潮,难免心慌意乱,坐立不安。杨延昭却镇静自如,指挥若定。在他带动下,全城军民精神大振,同仇敌忾,誓与遂州共存亡。

遂州军民坚守到十月,仍不见朝廷派一兵一卒来援救,可辽兵的攻势有增无减,大有不破遂州决不罢休之势。杨延昭见此情形,暗暗筹划着退敌良策。恰恰在这时,北方有一股寒潮南下,遂州一带的气温骤然下降,杨延昭见状,眉头一皱,计上心来。他命令全城军民连夜挑水浇灌城墙,要求浇遍浇透。第二天,辽兵见遂州城晶莹耀眼,仿佛是一座水晶宫,不仅城墙光滑难攀,就连城墙根也无法站立,禁不住目瞪口呆。精明能干的萧太后对此一筹莫展,只得下令解围,改攻满城(今属河北)。

杨延昭见敌人后队变成了前队,撤兵而去,立即率领守军开城出击。敌人自恃强大,怎能想到杨延昭敢开城出击,忽见他杀来,还没来得及迎战,就被打得落荒而逃。杨延昭大获全胜,急忙收兵回城。从此,他威震边关,使辽兵闻名丧胆,再也不敢轻犯其锋。由于辽兵围攻遂州久攻而不能克,故遂州城获得了"铁遂城"的美称。(《宋史》 赫崇政)

20. 斩死囚吓船夫

宋真宗景德元年(1004)驾临澶(chán)州(今河南濮阳)督战。丁谓时任郓(yùn)州(今山东东平)知府,兼齐州(今山东济南)、濮州(今山东鄄城北)安抚使。这时辽萧太后与辽圣宗亲率大军南下,深入宋境。这一带的老百姓很是惊慌,争先恐后跑到杨刘渡过河逃命。摆渡的船夫见状借机刁难,故意让船在河中顺流漂荡,不急于靠岸,或载了人后慢吞吞地划着船桨,以便从急于奔命的老百姓手中敲诈勒索更多的钱财。

丁谓知道后,想出了一个惩治这帮见利忘义的船夫的办法。他派人从监狱中押出一个已判了死刑的囚犯,把他装扮成船夫,让他摇橹在杨刘渡摆渡并勒索登船的老百姓。丁谓来到岸边,厉声指斥这个假船夫的行为,命人当场把他抓起来斩首示众。

船夫见此情景,都害怕起来,于是所有的渡船不敢怠慢,在渡口汇集了起来,很快,大批老百姓渡过了河。丁谓于是把这些逃难的老百姓组织划分成一支队伍,白天手擎旗帜,夜里敲击刁斗,轮流沿河岸巡视,以防辽军渡河侵袭。辽人

见河南岸警戒森严,无隙可乘,就撤兵走了。(《智囊》 何小颜)

21. 一举而三役济

运筹学是近代才发展起来的科学,可是在很早的时候,我们的古人就已经懂得运用它的原理去处理事情,收到事半功倍的效果。这里要讲的就是这么一个故事。

宋真宗在位的时候,有一年宫中发生火灾,大火把荣王元俨宫殿烧成一片焦灰,到处都是残垣断壁。

火灾过后,丁谓被皇上指定负责宫室的修复。丁谓接到命令后,就监督下属积极地行动起来。可是,虽然从上到下,大家齐心协力,夜以继日地拼命干,工程进度还是十分缓慢,光是每天从很远的地方运土这事,就很费时费力。

丁谓看到每天要派这么多人去运土,觉得十分浪费。他想,如果我们能就近挖些土,那不是省去很多力气和时间了吗?于是,他就让手下人直接找近处不大有人走的大街挖土取方。这样过了没几天,修房所需的土就差不多了,可是城中的一些大街也变成了条条深沟。丁谓干脆命手下把汴水决开,然后引汴水流到沟中,大街一会儿就变成了纵横交错、四通八达的小河。这时,丁谓再让手下把盖房所需的砖、瓦、木材等各种材料用船载着,顺着小河一直运到了宫门口。材料源源不断地运来,工程进度也加快了。

过了没多久,宫殿修好了,可还留下一大堆废弃的瓦砾,烧焦的灰壤。于是丁谓又让工匠再把这些垃圾堆到沟里,把沟填平,这些小河又变成了可以行走的大街。就这样。丁谓这一招把取土、运材、处理废物三个难题巧妙而顺利地解决了。(《梦溪笔谈》 孙冰)

22. 危言促亲征

北宋景德元年(1004)冬天,辽承天皇后和辽圣宗耶律隆绪率大军入侵宋境,直趋黄河沿岸的澶州(今河南濮阳),形势严峻,枢密院一夜之间就五次收到军方的告急文书。当朝宰相寇準却安之若素,照样饮酒谈笑,就像没发生任何事一样。

第二天,大臣们向宋真宗报告了辽军入侵之事,真宗听了大为震惊,把寇準召去询问应付的计策。寇準似乎早已胸有成竹,说:"陛下要想结束战事,用不着五天!"他提出要真宗御驾亲征,并请求立即出发。

只见真宗面露难色,不打话就想起座转回内宫。寇準一见不妙,高声说道:"陛下现在一进入内宫,臣就无法见到陛下了,抗辽大事只怕一耽搁便再难挽回。请陛下不要回宫,亲征要紧!"真宗不得已,只得召来群臣,共商大计。

这些朝中大臣七嘴八舌,各持己见。江南人王钦若,建议真宗避退金陵(今江苏南京),四川人陈尧叟建议真宗迁移成都,全是些不战而逃的话。寇準怒火中烧,力排众议,对真宗说:"哪一个为陛下出这类主意,罪当斩首!如今陛下天纵圣明,文臣武将协和团结,若能御驾亲征,敌人必望风而逃。岂可丢弃国家社稷,远避楚、蜀呢?人心一旦崩溃,敌人就会乘虚而入,天下又如何能保得住呢?"这番义正词严的话,终于说动了真宗,同意立即起驾登程。

宋军到了黄河岸边,渡河前那天夜里,随行的皇室眷属对着皇上大哭起来,闹得真宗手足无措,心神不宁。派人去叫寇準,寇準身边的人却说他酒醉后正鼾睡不醒。第二天,有人重提退避南方的主张,真宗又动摇起来。寇準坚持既定方针,臣僚们议论不休,又拖了好几天。寇準明白这样下去要误事,就跑到烈武王高琼的营帐中,对高琼说:"公任上将,难道眼睁睁看着国家危难而不发一言吗?"高琼却不阴不阳地推辞了。

在一次会议上,真宗表示南下的打算。寇準反对:"这是抛弃中原啊!"真宗又改变了主意,想隔河而守。寇準又反对:"这是抛弃河北啊!"真宗摇着头说:"文官不懂兵法。"寇準于是召来各军统帅。烈武王高琼到后说:"蜀地偏远,王钦若迁金陵的主张是正确的。陛下与后宫乘楼船沿汴河而下,数日内就可抵达了。"众臣都赞同起来,寇準惊得目瞪口呆。却不料隔了一会儿,高琼又道:"臣说了是死,不说也是死,与其亡国的事发生后而死,不如眼下说真话而死。今陛下只要离开京城一步,京城中就会有人自立为王了。我们的战士都是中原之人,父母妻小都在京城脚下,他们都会返回去侍奉新主,谁肯护送陛下到成都去呢?就是金陵都别想叫他们去呢!"寇準听了,大喜过望:"公既然懂得这个道理,为何不早说呢?"真宗这才明白利害所在,便不再犹豫,随三军渡过了江。

到了澶州北城门楼,远近宋军见到了皇上车马上的黄盖,军心大振,踊跃欢呼,声闻数十里。辽军见此情景,顿觉气馁,阵形都乱了。两军相持了十多天,辽军大将萧挞览亲出督阵,却被伏弩射中额头而亡。辽军折将受挫,澶州久攻不下,于是与宋王朝签订了历史上著名的"澶渊之盟"。(《宋史》 何小颜)

23. 荐李及

宋真宗时宰相王旦,用人唯贤,办事公正,深得宋真宗的信任,凡是他推荐的人,没有不批准的。

名将曹玮镇守秦州(今甘肃天水)多年,思归心切,屡次上表给宋真宗,请求朝廷派人接替自己。宋真宗召来王旦,叫他推荐一个代替曹玮为帅的人。王旦略一思索,即推荐了朝臣李及。宋真宗接受王旦的推荐便派李及到秦州上任。文武百官听见此事,都很惊讶,议论纷纷,认为李及的品行端正,做事认真,但缺少文韬武略,不是镇守边关的将才,推荐他为帅,是王旦的失策。诗人杨亿当时与王旦同朝为官,他把文武百官的议论告诉给王旦,王旦只是微微一笑,不发一言。

李及到了秦州,曹玮部下的将吏很轻视他,也认为他没有统率三军的才干。这时,驻守在秦州的禁军里,恰好有人白昼抢劫妇女的银钗,被李及的帐下属吏抓住,押送到李及处听候发落。李及正在聚精会神地看书,忽然听到他接管的部队中,竟然有人上街抢劫,心里十分愤怒,但不露半点声色。他只略加审问,那个上街抢劫的禁军就已经低头认罪。李及也不再派其他官吏审讯,立刻令人把他斩首示众,然后继续看书,好像从未发生这件事一样。众将吏闻听此事,震惊不已,都认为李及胸中别有玄机,莫测高深。从此,李及的名声大振,西北边陲的宋军将吏,再也无人敢藐视他了。

这个消息传到了京师,文武百官为之鼓舞,都称赞王旦有知人之明。杨亿见状大喜,急忙把朝臣的新看法告诉给王旦,并对他说:"相公刚任命李及为帅时,文武百官都说他不胜其任。现在见他有如此才器,又都称道相公推荐得人了!"王旦听罢,不再隐瞒他推荐李及的初衷,笑呵呵地对杨亿说:"文武百官的看法怎么变得这么快啊!这是一件平常事,我当初之所以推荐李及代曹玮,决非看中他执法严明这一点。你想,那曹玮镇守秦州七年,事事处置得法,这才使党项羌不敢垂涎中原,边境赖以安宁。如果派别人去秦州,必然自矜聪明,改变曹玮的原有法度,那边境不就乱了吗?李及为人厚道,我料他镇守秦州必将萧规曹随,使边境能保持原来的平静局面,所以才极力保举他啊!"杨亿听过王旦的这番话,恍然大悟,更加佩服他的深谋远虑了。(《皇宋事实类苑》 赫崇政)

24. 计惩叛逆

曹玮是北宋开国功臣曹彬的儿子,机智聪明,年十九即入朝为官。宋真宗时,他先后镇守过渭州(今甘肃平凉)和秦州(今甘肃天水)等边关要地,遏止了党项羌人的入侵,成功地保卫了大宋的西北边境。

曹玮用兵善于出奇计,神妙莫测,常使敌人防不胜防。他镇守秦州时,宋营

有些士兵禁不住党项羌人的引诱,竟叛逃而去。曹彬为此十分烦恼,决计改变这种状况。有一次,他正与幕僚下围棋,军吏忽来报告,说军营里又有十几个士兵叛逃到党项羌人那里去了。曹彬听过报告,心生一计,于是故意装作没有听见的样子,继续下棋。军吏还真认为他没有听见自己的话,又重复了一遍。这时,曹彬才猛然抬起了头,直瞪着军吏说:"你嚷什么!他们都是我派去摸底的,你为什么大惊小怪啊!"说完,他又恢复了常态,若无其事地下起棋来。军吏信以为真,不敢多说,只好诺诺而退!

党项羌人首领见宋营一连有几伙士兵来降,原以为曹彬不得军心,而自己又特别具备吸引力,才使他们乖乖地归顺呢!岂料他正在暗自得意时,密探突然来报,说此次投降的宋营士兵全是曹彬派来摸底的奸细。敌酋勃然大怒,立刻下令将他们全部斩首。事后,他又怀疑先前投降的宋兵也是曹彬派来的间谍,便补发了一道诛杀所有归降者的命令。就这样,宋营叛逃到党项羌人那里的士兵,都被曹彬这一条妙计除掉。从此,宋营士兵再也没有人敢投敌了。(《宋史》 赫崇政)

25. 敌疲我打

曹玮是宋初著名大将曹彬的小儿子,父亲举贤不避亲,向宋太宗推荐他当上了渭州(今甘肃陇西东南)知府。那一年他才十九岁,然而他治军严明,用兵犹如老将。他多次击破羌族诸部,统兵近四十年,从未失败过。

一次,曹玮率军与敌人对阵,打了一场漂亮的遭遇战,敌人撤退了。曹玮等敌人撤远后,就命令收军回营,一路上把缴获的牛马辎重等战利品带上,但要部下故意走得慢吞吞的,显得全军不胜重负。敌人很快就察觉到曹玮虽然得胜,却因为带了很多牛马器物,行军速度极为迟缓,而且队形也混乱不整。敌将认为这是一个打回马枪的好机会,于是掉转马头,追袭而来。

曹玮对敌人的行动了如指掌,他正设下圈套等着他们呢。见敌人中计而来,乘其立马未稳,便派使者带了一封亲笔信送去给敌方主将,信中说:"贵军长途跋涉而来,一定疲惫不堪。我军不愿乘人之危,决定暂缓攻打贵军,你们不妨让战士和坐骑先休息片刻,再进行决战。"

敌将看了这封信,以为曹玮是那种喜欢标榜所谓"仁义之师"做做表面文章死要面子的将领,心想我军确实疲乏已极,你要面子让我们休息,这个建议来得正好,我们就按你说的办,借机喘口气也好。很快,敌军各部接到命令,原地解除兵甲,休息待命。士兵们都高兴极了,坐的坐,躺的躺,把武器扔在一边。

过了一阵子,曹玮又派使者送信告诉敌军主帅,说:"你们已休息够了。双方可以决战了。"于是两军对阵,曹玮的军队鼓声大作,喊杀震天,直冲敌阵,敌军抵挡不住,溃散而逃,曹玮大败敌军,取得了决定性的胜利。

事后,曹玮就这次胜利对部下总结说:"我军开头取得小胜后,我注意到敌人已非常疲乏,后劲不足,如果再同他们打一仗,他们必败。所以我故意让我们的部队装成因贪图战利品而军纪涣散,好像失去了战斗力,以此来引诱敌人,使他们撤而复返。当敌军尾随而至时,他们一去一回已足足走了近百里的路程了。但他们刚抵达我军阵前时,士气还很旺盛,如果这时同他们战斗,要取胜恐怕我军也要付出较大的代价。以我的经验,刚刚长途跋涉过的人,要是坐下来稍事休息,腿脚反而会麻木,甚至一时站都站不起来,全身好似散了架子一般,气力全无。我就是觑准了这一时刻,向敌人邀战,所以很容易就取得了胜利。"(《梦溪笔谈》 何小颜)

26. 西夏小子

宋朝天圣年间(1023—1032),曹玮任真定府定州都总管,镇守西北边疆。这一天,同知枢密院事王氎(zōng)路过真定,曹玮设宴招待他。酒过数巡,曹玮便对王氎说,希望他能够多多留心西北边防的事。王氎一听,就问,是不是边疆上有了麻烦。曹玮回答,目前倒没有什么事,但将来一定会有大麻烦。王氎就问为什么。

"因为西夏出了一个人。"曹玮回答,"此人见识超群,智力过人。"

"是谁?"

"当今西夏首领赵德明的小儿子赵元昊。"

接着,曹玮说了一件事——西夏盛产良马,赵德明常常令人用良马来换取汉人的特产。有时候,因为换来的东西不合他的心意,赵德明就怪罪经办的人,并处之以死。赵元昊为此就劝告他父亲说:"我们西夏是个马背上的少数民族,靠马来生活,靠马来打天下的。马是我们的珍宝,我们的性命。现在您不懂得珍惜它,反而用它去换取那些并非生活必需品的东西,这实在是一种不聪明的做法。现在您又要因此而乱杀一些经办的人,这就更不对了。照这样下去,是会失掉人心的。"赵德明觉得他儿子的话很对,就不再用良马易汉物了。

王氎听完后,就问道:"赵元昊有多大了?"

"现今十一二岁。"

王氎笑了起来:"我还以为是个了不起的大人物呢,原来只是区区一西夏小子而已。"接着又说道:"小孩子不过随意说几句罢了,一传到这里,便变得神乎其神,将军不必信之。"

一晃几年过去了，王骥由同知枢密院事升任为知枢密院事，由副职变为正职，成为执掌大宋朝廷军事的首脑。而赵元昊，也成了西夏的首领，自己称帝，立国号为大夏。在他的治理下，大夏国力强盛，于是不再称臣宋朝，并率军向宋朝开战，宋朝连遭败绩。当宋仁宗问及西夏的情况及战事，由于王骥一向忽略西夏，所以讷讷无言以答。皇上一怒之下，便撤了王骥的官职，贬谪出京。

此时，王骥想起了几年前曹玮的警告，在后悔的同时，不由得对曹玮的识见万分叹佩。（《宋史》 陶湘生）

27. 旧案

宋代的刘沆(hàng)，生性倜傥侠义。在他出任衡州知府的时候，常常穿上百姓的服装，穿街走巷，一来了解地方的民情风俗，二来闲适心情。有一天，他来到郊外的一个集镇，坐进一家茶馆。此时已近中午，茶客稀少，刘沆要了一壶茶，便歇脚慢饮起来。忽然，他注意到靠墙角的茶桌上，呆然坐着一位年轻茶客，似饮非饮，神情凄怨。在续茶水的时候，刘沆便轻声问起店家来。这一问便问出一种事情来。

原来，这衡州地面上，有位姓尹的财主，拥有田地几百亩，但还不满足，偏偏又看中了邻家老翁的几亩肥田，便暗暗地伪造了一张假的卖地契。过了几年，那老翁死了，欺他儿子幼小，又无有权势的亲戚好友，就把几亩肥田夺了过来。后来，老翁的儿子长大了，数次告到官府，要把那几亩肥田要回来，但是没有用，因为尹姓财主手中握有假的卖地契为凭，官府也奈何他不得。这年轻人就是那老翁的儿子。

刘沆听完以后，就对店家说："为什么不到衡州府去告他呢？听说新来的刘知府断案是很有办法的，也许能把这种旧案弄清爽。"

"难、难、难。"店家连连摇手说道，"除非刘知府是活神仙，让老翁与中间人活过来，否则这种案子是谁也没有法子了。"

话虽然这么说，但过了几天，那年轻人还是把状子递了进来。刘沆下令把原告和被告都传唤到公堂上。那尹姓财主早有准备，不慌不忙又把那张假卖地契拿了出来。刘沆把卖地契展开一看，这张卖地契果然是合规合矩，买卖双方都签着名，中间证人也签着名，一点破绽都没有。

刘沆看完卖地契，抬起头来说："你们一方说这张卖地契是假的，另一方说是真的，各执一端。此事已经过了整整二十年，卖方与中间人都过世了，死无对证，本官也一时难断。"说到这里，刘沆停了停，然后望着尹姓财主，"不过，办法也是有的。根据本朝的法律,买卖田地必须征询村上所有人家的意见,时间虽然已经过了二十年,但村子上活着的老人还有,只要问问他们就清楚了。"

刘知府这一说,尹姓财主立即慌了。他制造这张假的卖地契,本来就是偷偷摸摸不让人知道的,哪里会征询村上人的意见呢?于是磕头求饶,把费尽心机制造假卖地契的经过都一一吐了出来。

二十年的陈案,终于重见天日。百姓称赞,说是刘知府比神仙还灵。(《宋史》 陶湘生)

28. 实话直说

宋代的户部员外郎鲁宗道,刚正不阿,敢于说话,而且说起话来不加丝毫文饰,实话直说。这样,往往会得罪一些人。后来,连原先赞赏他的宋真宗也厌烦他了。但他依然如故,不改本性,同僚们都认为他很"戆"。

有一天,宋真宗突然有事要找他,便派了一名太监到他家里去唤他。谁知鲁宗道不在家,左等右等,太监在他家坐了半天,才见他穿着便服,喝得醉醺醺地回来。一问,原来他到酒楼喝酒去了。太监说了皇上的意思,然后告诉鲁宗道,他自己先回宫中复命,让鲁宗道换好官服随后再进宫。临走时候,太监忽然又说:"皇上一定会问起你迟迟不到的原因,我该怎么回答呢?"鲁宗道想也不想地回答道:"你就实话直说,我喝酒去了。"太监看了鲁宗道一眼道:"这怎么行呢?皇上肯定要生气的,不如你现在先想好一个原因,我们好统一口风。"鲁宗道马上摇摇手:"不行不行,喝酒,这是人之常情,不过小错;而饰过欺君,可是不能赦免的大罪!"

太监回到宫里,宋真宗早就等得不耐烦了,问起迟迟复命的原因,太监就实话直说:"鲁大人喝酒去了。"宋真宗一听,气得脸都发白了。

过了一会儿,鲁宗道进宫来了。宋真宗劈头就问:"你到哪里去了?"鲁宗道不慌不忙地回答道:"臣喝酒去了。""堂堂朝廷大臣,不在家里喝酒,却一定要到酒楼喝酒,是何道理!""启奏圣上,"鲁宗道依旧坦坦荡荡地说道,"臣有个好朋友从家乡来,臣本想在家里招待他,只因臣家穷,杯盘碗盏不能齐全,无法招待。不得已,只好带着朋友上酒楼,一尽地主之谊了。"

鲁宗道的回答,大出宋真宗的意料。本来他以为,鲁宗道一定会找个理由来搪塞文饰的,没有想到他连半句假话也不说,天底下这样忠诚可信的人难得!于是怒气全消,转而为喜,大大地赞扬了鲁宗道一番,并升了他的官职。

这事一经传出,同僚们方才明白,实话直说,也是一种大聪明。(《宋史》 陶湘生)

29. 不动声色

北宋大将李允则一日在军营中大摆宴席犒赏将士,突然下属报告说,兵器库失火了。李允则听了,不动声色,照旧在座上饮酒作乐。不久,大火熄灭,李允则命令把焚毁的武器库用土埋了,又秘密派遣一队人马带上他的亲笔文书,直奔瀛洲(今河北河间)。这队人马在当地领取了大量的兵器,装入当地放茶叶的大竹笼中以作掩护,悄悄地把它们运回军营。不到十天,李允则部队的兵器又恢复到原先那样充足完备了。这件事做得神不知鬼不觉的,竟一点也没有走漏风声。

后来,枢密院(国家最高军事机关)向宋真宗打了份报告,告发李允则失火那日纵酒误事的严重失职行为,要求予以惩罚。宋真宗却说:"李允则一定有他的道理,不妨先去问问他,再作论处。"枢密院的官员只得去向李允则打听他为何不救火的原因。

李允则果然是有所考虑的。他解释说:"军营中收藏兵器的地方,防火措施是非常严格的。而那天全军宴会才刚刚开始,兵器库就碰上了火灾,必定是敌方奸细的行动。如果我离开宴席率将士去救火,不测之事就有可能发生。"他说的不测之事,是指一旦兴师动众地去救火,会暴露军营的秘密,敌人由此可以确定全军的要害所在。武器装备已被摧毁,敌人要是乘虚而入,宋军就会处于极度危险的境地了。枢密院的官员听了这些话,才知道错怪了他。(《昨非庵日纂》 何小颜)

30. 墨茶惊八王

北宋时,李迪应进士试高中榜首,步入仕途。后来,他得到宋真宗的赏识,被提拔当了宰相。受此恩遇,他就更加尽心尽力地辅佐宋王朝了。

有一次,宋真宗生了大病,李迪作为宰相留在宫中陪伴。八大王赵元俨听说宋真宗病重,也急忙到御榻前殷勤探视,并且住在宫中,一连几天都没有回王府的意思。这八大王是宋太宗的第八子,当今皇上宋真宗的亲弟弟,很有威望,声名传播四方邻国。此人生性颖悟,一表人才,有凛然不可犯的气概,据说民间小孩夜啼,父母就哄吓说:"别哭!八大王来了!"面对着这样的人,李迪等辅政大臣怎能不心存戒备?如今见他不肯离宫,就越发怀疑他别有用心。又过了几天,李迪见八大王仍无去意,不免焦灼起来,但一时之间又想不出什么好办法把他请出皇宫。其他大臣也都无良策,唯有静观其变而已。八大王仿佛丝毫没有觉察李

迪等大臣的心意,依然常守在御榻旁,似乎要在宫中长住下去。

有一天,八大王在自己的住处静心养气,忽然感到口渴,当即传唤内侍为他取水。说来也巧,这个内侍端水回来,正好碰到从御书房里走出来的宰相李迪。李迪见内侍手托玉盘,玉盘内放着一个黄澄澄的金碗,就顺便问了一句:"端此物何用?"内侍不敢怠慢,恭恭敬敬地回答说:"金碗里盛的是八大王要的水!"李迪灵机一动,猛然间想出一条逐王的妙计。他于是问内侍说:"你忠于皇上还是忠于八大王?"内侍赶忙回答说:"当然忠于皇上!"李迪说:"好!跟我来!"内侍跟他进了御书房,只见他把一支饱含墨汁的笔,突然插在金碗中,那碗清水,立即变得如墨汁一般。内侍愣了一会儿,才缓过神来问:"这是为何?"李迪严肃地说:"休要多问,你把它送到八大王处,就是你为皇上立了大功!"内侍心神不安地把这碗黑水献给了八大王,八大王揭开碗盖一看,吓得面如土色,心想:这一定是宫中有人怕我乘皇兄病危时篡位夺权,才送来一碗毒药谋害我的性命,三十六计,走为上计,这宫中不能再逗留了!想到此,便慌忙离开座位,带着护卫,一言不发地走出皇宫,骑上快马,一口气奔回自己的王府。他从此下定决心:不是皇帝宣召,我决不轻易入宫!

李迪等大臣听到了八大王离宫的消息,都长长地呼了一口气,个个额手称庆说:"我皇洪福齐天!"(《鹤林玉露》 赫崇政)

31. 通州赈灾

吴遵路是北宋的能吏,善于见微知著。他当通州(今江苏南通)知府时,曾凭着这种智慧,使一州之民免受了旱灾和蝗灾的困扰。

宋仁宗明道二年(1033)初,吴遵路通过一些蛛丝马迹,预见到当年可能发生灾荒,便不顾属僚的怀疑和反对,一心一意地准备着救灾工作。他向全州的缙绅富户募捐,得到了一万贯钱,又以身作则带动了属僚捐款,得到了几千贯钱,然后用这两笔款子购买了救灾物资,添置了救灾设备。

吴遵路派人分头行事:有的人乘船到苏州、秀州(今浙江嘉兴)采购粮食,有的人驾车到各地购买食盐和蔬菜,有的人到野外建造茅屋。一切准备就绪,他才安下心来。果然不出吴遵路所料,这年夏季干旱无雨,秋天又蝗虫四起,各州县都几乎颗粒无收。吴遵路这才号令州民到郊野砍柴刈草,并在衙前设点收购。隆冬到来,天寒地冻,吴遵路又把这些柴草按收购价卖给州民,让他们用来烧饭取暖。结果州民受益匪浅,官府也没有丝毫亏损。对于外州涌进来的灾民,吴遵路先把他们安置在一百间茅屋里,再拿出食盐和蔬菜救济他们。灾民中有生病的,吴遵路便派医生治疗,灾民中有思乡的,又派人赠送小船和路费帮助他们还乡。

这一年,全国的灾情十分严重,各州无力自救,都向朝廷告急。朝廷来不及救济,致使哀鸿遍野,饿死和冻死者不计其数。然而,吴遵路治理下的通州却别有一番景象,州民安居乐业,没有一个挨饿受冻的人。通州州民听说其他州灾情严重,看到本州如此安定,人人把吴遵路奉为神明,像对待自己的父母一样爱戴他。

宋仁宗景祐元年(1034),范仲淹奉旨视察和安抚东南地区的灾民,目睹了吴遵路的政绩,当即上表给宋仁宗,汇报了此事,请求给予嘉奖。宋仁宗准奏,立刻降旨各州,通报和表彰了吴遵路的卓越政绩。(《渑水燕谈录》 赫崇政)

32. 伪怯擒盗

宋仁宗明道末年,桑怿任右班殿直、永安县巡检。是年,京西路发生旱灾和蝗灾,弄得大地荒芜,民不聊生,匪盗四起。当地有二十三名盗贼更为猖獗可恨。

这日,枢密院把永安巡检桑怿召回京城,交给他二十三名大盗的名单,令他务将盗贼捉拿归案。

桑怿办案远近闻名,便对枢密院长官说:"盗贼害怕我的名字,得知我去捕捉,他们必然逃遁,反倒难于抓获了。不如伪装胆怯,以麻痹强盗。"

不日,桑怿来到京西路,首先将军营栅门关闭,而后严令军中将士不得擅自出去。部下将士不知长官是何用意,几次摩拳擦掌,请求出营抓贼,却总遭桑怿呵斥,更加迷惑不解。数日过后,军营毫无动静。

一日夜晚,星淡月昏,正是盗贼出没的好时机。桑怿便带上几名亲兵,一律换上盗贼惯穿的黑色夜行服,潜出军营,逶迤来到盗贼经常出没之地。见路边有一幢民房,便猛力砸开大门,冲将进去故意做出抢劫的样子。

房中却空空荡荡,不见人影,在后房中只寻见一老妇人。桑怿令老妇人为他们张罗饮食,言语中一副盗贼嘴脸。后又归军营,关门三日,复又至老妇人家,并带去很多吃喝的东西和物品,送给老妇人,完全是一派打家劫舍的腔调。

如此一来,老妇人以为他们是真的强盗了。桑怿却慢慢接近老妇人,谈一些关于盗贼的事情。老妇人说:"开始他们听说桑殿直来了,吓得全都跑没影了。近来又听说桑殿直不过是个胆小怕事的昏官,整日闭营不出,故都又回来了。"并告诉他一些贼人的下落。

三日后,桑怿复归,送了很多东西给老妇人,并告诉他本人就是桑怿,正在设

计捕捉盗贼,请老妇人帮助了解二十三个盗贼的住处。

又过三日,老妇人将打听到的盗贼住处全都报告了桑怿,桑怿据此情报,部署军队,一举将盗贼全部捉拿归案。(《宋史》 董德兴)

33. 壮言稳军心

北宋仁宗宝元元年(1038),西夏党项人军队围困延安府(今陕西延安)已整整七天,城池几次处于差点就要被攻破的险境。侍御使范雍是守军的统帅,他忧心如焚,整日里愁眉不展。守城的将士见主帅如此,一个个也都心绪不宁。

有一个老兵去见范雍,说:"我出身边关行伍,近似这样被围困于城中的险恶经历已有数次了。据我的经验,党项人不擅长攻城,所以他们最终是奈何不了我们的。我敢担保,城池定然平安无事!如果我说的不合事实,就请杀我的头好了。"范雍听他说出这番豪言壮语,很是赞赏。此事一传开,守城将士的情绪也稳定多了。

党项军队见久攻不下,终于撤兵,延安守城的战事结束了。那个老兵,因被认为懂得兵法,料敌在先,受到了重赏和提拔。有个熟悉他的人却对他说:"你竟敢胡言乱语,万一预言落空,我军失利,你可要被杀头的呀!"老兵笑着回答:"这结果我压根儿没去想过。如果城真的被攻陷的话,到那时谁又有空闲向我问罪来杀我呢?我讲那番话,不过是想暂且安定一下军心罢了。"(《智囊》 何小颜)

34. 信结诸羌

种世衡是北宋名将,曾扼守西北边庭,与党项族建立的西夏国对峙多年。由于他信誉卓著,威名远震,致使党项族中某些部落背夏归宋。

种世衡任环州(今甘肃环县)知州时,归服的党项羌中有一支称牛家族,其首领叫奴讹。此人一向傲慢,从不迎谒(yè)宋朝官员,但对种世衡却礼数有加,另眼看待。有一次,他听说种世衡来访,急忙到郊外迎迓(yà)。种世衡与他相约,说自己明日必至其营劳军。不料当晚天降大雪,把通往牛家族的道路全部堵塞。第二天清晨,部将都劝种世衡说:"道上积雪足有三尺来深,艰险难行,主将宜保千金之躯,万万不可轻往!"种世衡不以为然地说:"诸羌之所以肯结交于我,是看重我守信用。我今天如果爽约,诸羌必失望,这对大宋不利。我岂能只顾个人安危,而不考虑国家大计呢?我意已决,诸君勿阻!"于是轻车简从,涉险前往牛家族。

奴讹以为大雪塞途,种世衡必不敢来,所以高卧帐中,不做准备。忽听部下报称种世衡踏雪入营,十分吃惊,慌忙迎出帐外。他见种世衡风尘仆仆、笑容可掬的样子,不禁动情地说:"从前没有一个大宋官员肯来我族慰问,今您不避险阻,如期赴约,足见您信义昭昭,光明磊落,既不轻视我小邦,又不怀疑我有二心,我岂能不心悦诚服!"说罢,即率领其族罗拜帐下,恭听种世衡的号令。

此消息一传出,在归降的党项羌各族中引起强烈反响,纷纷致书种世衡,表示永不背叛大宋。(《宋史》 赫崇政)

35. 反间斩野利

西夏国王元昊手下有一猛将名叫野利,文武双全,还是元昊的重要谋臣,常年驻守天都山,号称"天都大王"。但他与元昊的乳母白姥姥有矛盾。

这一年除夕,野利带兵巡视边界,侵入了北宋境内,数日不归。白姥姥见有机可乘,便在国王面前进谗言,说野利要叛国投宋,引起了元昊的疑心。

这时,宋朝大将种世衡驻守西边,知道了这一情况,心中大喜,决定施反间计除掉野利。

种世衡曾听说元昊赐给野利一把宝刀,便想把野利的这把宝刀盗到手加以利用。恰巧在上次战争中,种将军抓到过西夏一个部落首领的儿子叫苏吃囊,而苏吃囊的父亲又恰好是野利宠幸的将领。种将军待他非常好,现在决定派他去盗野利的宝刀,并答应事成之后让他成为大宋镇守边关的大将,奏请皇帝赐予锦袍和金腰带。

苏吃囊果然将野利的宝刀偷来献与世衡。种世衡大喜,得宝刀后到处扬言,说野利因白姥姥进谗言已被元昊杀掉,同时,他故意在边界的险要处设下祭坛,写刻祭文,说当初与野利相见时彼此如何融洽。到了晚上,种世衡又令士兵为野利烧纸钱,以超度亡灵。烧的纸钱很多,把整个边界的山谷映得通红。

西夏军队夜间看到火光,不知发生了什么事情,急派骑兵前来窥探。宋军奉主帅之命故作害怕之状,纷纷搁下祭器、祭物往回逃跑,又一路把几千两的银子撒落在山谷荒路上。西夏兵丁看见这么多被抛弃的银两、银器,都跳下马背你争我夺。混乱中,他们把野利的那把宝刀也捡去了,并且还看到了那篇被烧得只剩下数十字的祭文,那数十字依稀可辨,是宋将种世衡对野利的祭文。于是,西夏兵回去以后将那把宝刀和祭文一并交给了国王元昊。

西夏国王元昊听了乳娘的谗言已经对野利产生怀疑,但仍为证据不足而烦恼。如今军兵献上野利的宝刀,接过一看正是自己当年赐给他的那把宝刀,再看看烧祭剩下的祭文,虽不足数十字,种世衡对野利的情谊却字字真切,盛怒之下,更对白姥姥的谗言深信不疑,认定野利与宋将种世衡暗中勾结,背叛西夏,罪不可赦,遂下令将野利赐死。野利大呼冤枉,饮恨而亡。

种世衡得知野利已被赐死,心中大喜。因为野利骁勇异常,为宋朝之心腹大患,如今不费一兵一卒除掉野利,真是一大胜利。(《梦溪笔谈》 董德兴)

36. 黄昏退敌

王珪,开封人,年幼时就喜欢使拳弄棒,长大后精于骑马射箭,以铁杵、铁鞭这些硬家伙作为自己随身的兵器。

康定元年(1040),西夏赵元昊发兵入侵镇戎军,王珪奉命带领三千骑兵从瓦亭赶往师子堡,半路上突然遭遇西夏大队兵马。仗着人多势众,西夏军从四面包围过来,里外数层,想要一口吞掉王珪的兵马。情况危急,王珪率军竭力抵抗,浴血奋战,好不容易杀出重围,来到镇戎城下,并立即派人进城请求增派援兵,共同对付追敌。想不到城中守将见追敌声势浩大,唯恐自身难保,不肯答应发兵增援,但又经不住来人再三请求,终于同意拿出一些干粮来,然后分别装进竹筐,用绳子缚紧后从城楼上吊下去,解决王珪兵士的饥饿问题。

看到城楼上吊下干粮,王珪心中已经明白,这是城中所能给予的最大支援,不可能再有进一步的指望了,要想解除目前的困境,只有靠自己设法。好在西夏追兵见王珪兵马背靠城楼,也怀疑城中随时会派出援兵,一时不敢贸然进攻,暂且安兵驻下。乘着这短暂的安定时间,王珪令部下抓紧时间吃饱肚子,然后告诉他们说:"兵法上有这么一句话:'以寡击众必在暮。'现在我们兵力单薄,只有趁着黄昏时分突袭敌人,打他个措手不及,然后才能乱中取胜,击退敌人。"士兵们其实也很明白眼下的困境,如今听王珪这么一说,陡然觉得增加了不少生机,纷纷表示愿意竭力杀向敌营。

傍晚时分,疲倦的西夏军正准备烧火煮饭,突然听到军营前杀声一片,原来这正是王珪带领部下奋勇杀了过来。西夏军本以为这是一块口中的肥肉,万万没想到王珪敢以少击众,顿时乱了阵脚,纷纷四散躲避。有一个颇有几分武艺的西夏骁将仗着自己的本领,手持一面白旗立枪于地大声叫骂道:"宋军混蛋们,谁敢过来和我交手!"王珪听见后,立刻挺身上前。那个西夏骁将随即举枪向王珪的胸部刺来,王珪闪身一让,胸部虽然没有被刺着,右臂却挂了彩。他强忍剧痛,用左手挥舞起铁杵砸向那个西夏骁将,一下子就把那家伙的脑袋砸碎了。这时,又一个西夏将领趁机把枪刺了过来,王珪来不及闪身,一把抓住

刺来的枪杆,一手挥起铁鞭,顿时将其击毙于地。那些在场的西夏兵士见王珪转眼间连除自己的二员大将,一个个吓得屁滚尿流,惊呼而逃。王珪率领部下乘胜扩大战果,西夏兵斗志尽丧,只得弃营而去,王珪也因坐骑中箭下令收兵,大胜而还。

宋仁宗知道王珪退兵立功后,特地派遣了一名使者前来抚慰,同时颁下诏书公布王珪的功绩予以表彰,激励边塞将士再立战功。(《宋史》 沈习康)

37. 五百户

宋朝庆历年间(1041—1048),武昌军节度使程琳带兵镇守陕西。这一天下午,突然有一位大夏国的五百户,赶着一大群牛羊,来到大营,要求归降宋朝。他对程琳说,北方的契丹,大举入侵西夏,现今已经占领了他们的都城兴庆,大夏国内已乱成一团,他没有办法,只得越界来投诚大宋,要求得到保护。程琳听了以后,想了一想,便严肃地对五百户说道:"契丹入侵,国内大乱,你身为五百户,应该设法保护你部属下的百姓子民才对,你现在却只顾自己个人安危,子民不顾,家属抛弃,单人只身逃亡而来。像你这样的人,我们大宋朝是不欢迎的!"说完,就命值营的卫士把他赶走了。

待赶走了五百户后,程琳立即重新部署军队,坚固营栅,布置防御,枕戈待旦,随时准备迎击入侵之敌。部下的将士有些不解,问程琳,现在契丹入侵,大夏正处在生死存亡之际,哪会有暇来入侵我大宋。程琳笑着回答道:"那五百户不是已经来报告过了吗,而且入侵就在眼前。"众将士更加不解了,程琳解释道:"契丹既然已经占领了大夏的首府,说明大夏全国都被占领了,哪容得五百户再能赶着一大群羊牛慢慢悠悠地来投降呢?而且又是独身而来,连妻儿都不带一个,天下哪有这样的情理,不是诈降是什么?既是诈降,必有所图。想以国内大乱的谎言来迷惑我,搞突然袭击,攻我不备。谎言只能一时,所以我断定大夏入侵在即。"

果然,第二天,二千西夏骑兵突然飘然而至,声称要捉拿投降宋朝的叛逆。当他们来到程琳的军营前,只见军营设防严密,刀枪明亮,知道宋军已经识破他们的计谋,早已严阵而待,企图难以得逞,便悻然退军而去。(《宋史》 陶湘生)

38. 巧识窃贼

北宋仁宗时,孙沔(miǎn)在杭州知州任上,曾碰到一件案子。有个人家的

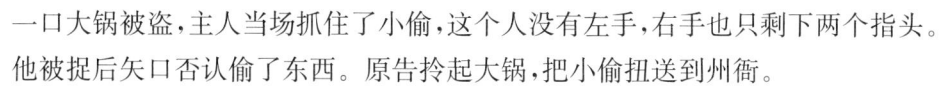

一口大锅被盗,主人当场抓住了小偷,这个人没有左手,右手也只剩下两个指头。他被捉后矢口否认偷了东西。原告拎起大锅,把小偷扭送到州衙。

大堂上,还没等原告把经过说完,小偷就高举伤残的臂膀对孙沔说:"大人,他诬陷我偷了他的锅,可是我这没手的人怎么可能偷东西呢?"

孙沔听后,说:"不错,你确实不可能偷大锅。"他又转向原告斥责道:"你真是胡扯,断手的人难道还能做窃贼?来呀,给我轰出去!"

小偷见此,心里暗暗高兴。只见孙沔又微笑着对他说:"你肢体残缺,生活不便,日子一定过得很艰难,我干脆把这口大锅判给你,如何?"

小偷心虚,连忙推辞:"不必了,不必了。"

"这锅可以煮饭烧水,也可以换钱,本官好心帮助你,你不必客气。"说着,孙沔就起身从侧门走进后房。

小偷听孙沔这么说,又见他离开了大堂,放下心来,以为捡到了便宜,就用右手剩下的两个指头夹住大锅,再用左臂膀帮忙,慢慢地把锅提起来,像戴帽子一样倒扣在头上,然后直往门外走去。

"站住!"小偷刚刚走到门口,就有两个差役追出来,雷鸣般吼了一声,吓得小偷打了个寒战。原来,孙沔并没有走开,他躲在内房门帘后窥视着,小偷的一举一动全都在他眼中。瞥见小偷把大锅带走,就立刻派人把他追了回来,厉声质问他:"现在你还说自己不能偷东西吗?"

小偷这才明白中了计,可是已经无法抵赖。他腿一软,瘫坐在门边。(《折狱龟鉴》 程维荣)

39. 剪发平宫变

宋仁宗庆历八年(1048)闰正月某夜,皇宫内有十几个卫卒,突然发动叛乱,攻打寝宫,企图挟持宋仁宗,以达到他们的险恶目的。

当时,正宫曹皇后侍寝。她处变不惊,听到这个坏消息,立即担负起保卫宋仁宗的重任:一方面派人潜出寝宫,调兵平叛;一方面吩咐左右侍卫和太监准备足够的清水,待命灭火。不出曹皇后所料,叛卒果然火攻寝宫,但在曹皇后的水御面前,始终不能奏效。曹皇后见水御成功,又亲自操动剪刀,把侍卫和太监的头发一一剪短,并告诉他们说:"你们要全力护驾,英勇御敌,明晨可凭此短发上朝领赏!"侍卫和太监受此言鼓舞,人人奋战,以一当十,多次打退叛卒的疯狂进攻,还配合救驾部队,平定了叛乱。

宋仁宗赖曹皇后之力,转危为安,自然按照她的意思,论功行赏。第二天早

朝时,他重重地奖励了那些被曹皇后剪为短发的侍卫和太监。(《宋史》赫崇政)

40. 杭州赈荒

北宋皇祐二年(1050),江浙一带由于连下暴雨,洪水泛滥成灾,致使庄稼颗粒无收。大水过后,饥饿像瘟疫一样在这块富饶的土地上蔓延,只有一些大户依靠囤积得以保命。很多村子的农民为了活命,纷纷出外乞讨为生。道路的两旁时时可以见到因饥饿而倒毙的灾民。

这时,范仲淹正在杭州做知州,接到周围乡里的报告说死亡人数急剧上升,心急如焚。他一面打开官府的粮仓,在衙门前开设粥厂,赈济灾民,一面又贴出告示,动员乡间的富户出卖富余的粮食给官府,救济百姓。但这些措施十分有限,还是有大批人难以糊口。

怎么办?范仲淹为此茶饭不思,如何能让更多的人都有饭吃呢?终于,他有了主意。

这天,衙门前贴出一则文书,说要举行龙舟大赛,各县以乡为单位组织人手制作龙舟,到时知府大人要亲临观战,看哪乡的船最快,第一名有赏。告示一出,各乡的乡绅跃跃欲试,纷纷招募人马,摆出竞赛的架势。到了赛船的日子,围观者人山人海,湖中大小船只鼓棹竞发,范仲淹亲率各界名流,到场助威擂鼓。这里本是水乡,一向有赛船的传统,城中居民空巷而出,盛况空前。

在这期间,范仲淹又召来城里城外大小寺庙的住持。他知道这里的人喜欢诵经拜佛,庙中的香火一向很旺。他建议这些住持说:"我看你们的庙墙已有些破败,你们何不趁今年饥荒,工价低廉的时候,招一些人手来翻修一下呢?"这些住持觉得范仲淹说得有理,机会难得,回去后,纷纷大修佛寺,雇工叮叮当当干了起来。

范仲淹自己也雇用了很多人翻修粮仓和衙门。

这些事后来被监察司知道了,上表皇帝,弹劾范仲淹,指责他不体恤百姓,在荒年嬉游无度,大兴土木,劳民伤财。

皇上看到奏本,十分生气,马上传范仲淹问话。范仲淹这时也正好上了一个奏本,申明自己在杭州采取这些措施,使许多人得到了就业机会,用自己的劳动换取衣食。政府只不过利用多余的财力加以调度。仅这两项,就使大约几万人有了事做,每天有饭吃。两浙地区只有杭州一带没有出现民不聊生、外出乞讨的现象。

皇上调查了一番,诚如范仲淹所言。以后灾年兴利赈荒便成为一种有效的政府措施。(《梦溪笔谈》 孙冰)

41. 山神庙掷钱

宋仁宗皇祐四年(1052),侬智高起兵反叛朝廷,攻下邕州(今广西南宁),建立所谓"大南国"。宋仁宗任命狄青为宣抚使,带兵前往邕州平叛。

狄青率领大军行至桂林南,到了一座神庙前。这座神庙供奉的神灵,据说灵验得很。于是他下令三军停止前进,并告诉将士说:"我要进庙去,请求神灵预告此去作战的吉凶。"诸将随着狄青进了庙,只听他在神像前祈祷说:"如果此去大胜,请神灵让弟子撒出的铜钱枚枚阳面朝上!"诸将听罢不觉大惊失色,他们认为撒出的钱不可能枚枚阳面朝上,这岂不是长敌人威风、灭自己志气吗?于是不约而同地苦苦劝阻,但狄青不听,只见他从腰间取下一个鼓鼓的钱袋,然后把袋中钱通通地撒向地面。诸将定睛一看,齐声叫绝,原来一百余枚铜钱枚枚阳面朝上。消息传出庙外,士卒欢声雷动,军心大振。狄青见祈神佑护使三军深受激励,也面露喜色。于是他派人取来钉子,把这一百余枚铜钱钉在地上,声称凯旋之日再到神庙谢神。

狄青率领士气高昂的雄兵,把侬智高的叛军打得落花流水,溃不成军,一举攻下了昆仑关。再乘胜前进,一路之上势如破竹,所向披靡,很快地收复了被叛军侵占的全部土地。

班师之日,狄青路过神庙,率领诸将再次入内,当着他们的面,揭开了神灵示吉的谜。诸将看过翻个身的铜钱,枚枚也是阳面朝上,这才恍然大悟,原来他们的主帅领兵出发前,就预先造好了这么多正反均为阳面的铜钱。(《智囊》 赫崇政)

42. 美颜膏

狄青是宋代的名将。有一年西夏入侵渭州,狄青领兵打败敌军。当狄青胜利归来后,宋仁宗大为高兴,赏赐了他大量的财物,并升了他的官职。在高兴之余,宋仁宗也有一点遗憾,当他每次御见狄青的时候,他脸上所刺的黑字,使仁宗很不舒服。虽然这黑字不是狄青有意所为,是狄青入伍时留下的印记(根据宋代的法律,士兵入伍时脸上要刺黑字),但现在狄青的地位不同了,凛凛一位将帅,威令三军;堂堂一位大臣,朝廷上进进出出,脸上却刺着个黑字,成什么样子!所

以宋仁宗越见越不顺眼,一心要消除它。

这一天,宋仁宗把狄青召进宫里,笑微微地对狄青说道:"爱卿乃是朝廷重臣,朕的良将,脸上所刺黑字,与卿的身份实不相称。朕早就想为卿消除,只因卿戎马倥偬,无有机会。现正边疆无事,间有空余。朕已命太医调制得解毒美颜膏,特赐予爱卿,可涂搽消之。"说完,回头示意,太监便托出一只盘子来,盘中放着一个锦盒。狄青赶紧叩头谢恩,从太监手中接过美颜膏。但他并不起身,又叩了几个头,对宋仁宗说道:"臣有个请求,请皇上恩准。""爱卿快快起身,有事尽管说来,朕一概答允。"宋仁宗笑着说道。

"请求皇上恩准,让黑字在臣脸上留下。"

宋仁宗一听,瞬时愣住了,脸上的笑容也没了。爱美之心,人人皆有,难道脸上刺着个黑字有什么好看的?他之所以不肯消除,定然是对朝廷有所不满,使朕尴尬,好个狄青,居功自傲,才敢于违旨。宋仁宗本想发作,但他还是忍了,问道:"难道是朕的美颜膏不抵事?"

"不。"狄青朗声说道,"臣深感圣上美意。只是臣想到,臣本是一介草夫,入伍以来,皇上凭我的战功,不断地提升我,并不因为臣出身低微而另眼相看,使我从一名普通士兵成为一名朝廷的将军,所以脸上的黑字,是皇上不拘一格重视人才的标记,也是臣所以取得今天成功的原因,留下它,将会激励更多的将士为国建功立业,勇敢杀敌。所以臣请求让它留下。"

宋仁宗听完,脸不由得由阴转晴,说道:"爱卿说得好,说得好,只可惜这美颜膏辜负了。"

"不,皇上。"狄青说道,"美颜膏臣将永远珍藏,传之久永。"(《宋史》 陶湘生)

43. 以饮食断案

北宋欧阳晔以国子博士知端州(今广东高要)桂阳监时,曾审理过一起案子,为他赢得了声誉,后来欧阳修在为他所撰的墓志铭中,也将此事大书特书了一笔。

有一年,桂阳的两个家族因争夺船只发生了一场斗殴,闹出了人命。官府知道此事后,便把所有参加打斗的人都抓了起来进行审讯。但审了好久,案子总未能了结,谁是杀人凶手仍不清楚。看看下属官员这般无能,欧阳晔只好将手头的繁忙公务暂时搁一搁,亲自来办这个案子了。

看过案卷后,他做了一件让衙役们感到奇怪的事:他把那些有犯罪嫌疑的人都放出囚牢,让他们坐到大堂上,解开戴在他们身上的枷锁,给他们端来好酒好菜和米饭馒头,吩咐他们快吃快喝。他自己声称不能为了他们中有一个人是凶犯而让其他人都受到不公平的待遇,所以才这么做。在那些嫌疑犯饮食的时候,他坐在交椅上不动声色地仔细观察。为了遮人眼目,他做出一种很悠然自得的闭目养神姿态,暗中却眯着眼来回扫视。等他们吃喝完,欧阳晔逐一将他们叫到跟前安慰几句,然后都将他们放了,独独留下一人。那个留下来的人见别人都已走完,不禁变了脸色,惊惶地四处张望。欧阳晔也不去管他,让他手足无措地站了一会儿,无形中给他增加些压力,然后神色严峻地说道:"杀人的就是你了!"囚犯听了,惊得跳了起来,分辩道:"我没杀人!大人凭什么这么说呢?"欧阳晔冷笑道:"我看过案卷,死者是被人用刀插进右边的胸肋间致死的,说明杀人的很可能是个左撇子。我摆下酒菜让你们吃喝,发现其他的人都用右手拿刀切熟肉,唯有你却是用左手。这不就足以证明你便是那杀人凶手吗?你还有什么可说的?"那囚犯一听,便跪到地上哭了起来,说:"那人确实是我杀的,大人真是明镜高悬!唉,拖了那么长时间没结案,连累了同族中不少人,真是作孽呀!我甘愿认罪伏法,不再累及他人。"于是欧阳晔便吩咐衙役取纸笔录下口供,让他画押。一桩别人甚感棘手的案子,就么这解决了。一旁看着他办案的衙役和属吏,都啧啧赞叹不已。(欧阳修《尚书都官员外郎欧公墓志铭》 鹏肩)

444. 保州兵变

北宋庆历四年(1044),保州发生兵变,朝廷任命欧阳修为龙图阁直学士、河北都转运使,参与保州的平乱工作。待兵变平定之后,他又机智地处理了朝廷大将李昭亮强抢民女的事情,在保州赢得了非常好的政誉。

这一天,欧阳修去拜访宣抚使富弼,两人本来就相熟,见面后,富弼设下便宴,两人把酒交谈。富弼感慨地说:"学士文章冠绝天下,不想处理政事也如此了得。"欧阳修听了以后,摇摇手说:"大人过誉了。不过我一向认为,作文的目的是修身养性,好与不好,是个人的事。而政事却是关系到苍生百姓的大事,事关天下,岂敢有一丝随意。"两人喝喝谈谈,不觉已经夜深。欧阳修正要起身告辞,富弼把手摆了一摆,屏退了左右,压低声音,告诉了欧阳修一件事。欧阳修一听,不由大吃一惊。

原来,在保州兵变的时候,为了瓦解叛兵,朝廷许下诺言,只要叛兵投降,一概赦免其罪行,不再以死罪论处。结果有二千多叛兵放下了武器,使兵变顺利地得到了解决。平叛以后,叛兵被分散到各郡监管起来。现在,富弼担心这二千叛兵,终是祸患,随时都会突发出事情来,因此他准备下令各郡,在某日某时,同时

处死这些叛兵。

欧阳修定了定神,然后说道:"您的担心也不是没有一点道理。不过天下人都已知道朝廷的许诺,现在再来处死已投降的士兵,岂不失信于天下!难道还有比失信于天下更大的灾祸吗?更何况,这些叛兵,只不过是一些胁从,并非主犯,于法于理,本该从轻发落,再杀,这就是失义了,而且要杀的又是二千之众呢。"停了一停,欧阳修又说道:"此次行事,您并没有请示朝廷,秘密行事,万一个别郡府不听从您的命令,上告朝廷,一定会生出事来。为安天下人心,杀晁错以谢天下的事,说不定又会发生在您身上了,难道您一点都没有想到吗?"

富弼听完,顿时醒悟,不由得背上冷汗直冒,赶紧立起身来,向欧阳修一拜:"幸亏学士及时相教,险些铸成大错。"

欧阳修的一席话,救了二千人的性命。(《宋史》 陶湘生)

45. 何必刻意求深

北宋时,著名文人宋祁与欧阳修共同主修《新唐书》。《新唐书》是奉皇帝敕命所编的一部记载唐代历史的著述,本为补正刘昫《旧唐书》的舛误缺漏而作,号称"事增于前,文省于旧"。可是宋祁修史有一个毛病,就是喜欢用一些艰深的词句,所以字虽简洁,有时意思反而变得晦涩起来。欧阳修见了,很不以为然,几次想当面劝说,总觉难以启齿,恐怕伤了和气;尤其是宋祁年齿长于自己,出道比自己早,处理不当,更易给人留下话柄。怎么办呢?欧阳修想了好久,终于有了主意。

一天,他在自己的家门口题了两行大字:"宵寐匪祯,札闼洪休。"然后,去请宋祁来他家吃饭。宋祁高兴地乘着马车来了。刚下车,欧阳修便迎上前去,一面同他寒暄几句,一面带他走向大门。在近大门口处,欧阳修故意叹了口气,说:"连日忙于撰写《唐书》,总是半夜三更才入睡。睡的时间少倒也罢了,可还有噩梦来侵扰我,真令人难受。这不,昨夜又做了一个怪梦,所以今天一早就赶拟了这么两句话题在大门口,图个吉祥,希望能够禳解噩梦作祟。"宋祁不听他说这番话倒也罢了,听了这话,不由得向壁上的题词扫了一眼。他见这两句话写得那么艰涩,很有些好笑,拍拍欧阳修的肩膀说:"这不是'夜梦不祥,题门大吉'的意思吗?何必刻意求深,写得如此诡异呢?"欧阳修正要他说这样的话,马上逮住话头,顺着他的意思,联系他自己撰《唐书》喜欢用艰深之句的事实,劝他说修史是为了给人们读的,不该使用古奥的文句。那样做的话,一则一般人难以理解,二则故作艰深,又有什么好处——"我把'夜梦不祥,题门大吉'写成'宵寐匪祯,札闳洪休'，你要笑我，不知天下又将有多少人读了《唐书》要笑你自己呢！"

听了欧阳修这一番话，宋祁不由耸然动容。他知道这是欧阳修的好意，不但没有责怪欧阳，反而拉着他的手表示衷心的感谢。就这样，欧阳修用八个字解决了一桩难事。(《宋稗类钞》 鹏肩)

46. 岁赐

宋朝多边患，北面有契丹，西边有西夏，战争连年不断。这一年，西夏国王赵元昊突然派来特使，愿意和大宋和议，但提出一个条件，必须增加每年的"岁赐"。所谓"岁赐"，就是宋朝为了求得边疆的安宁，每年送给西夏和契丹的大量钱币和绢帛。朝中的大臣本来就惧怕和契丹、西夏的战争，见赵元昊主动来求和，自然是求之不得，惊喜若狂。朝议的时候，纷纷劝说宋仁宗，多花一点钱，能换得边疆的和平是值得的；并劝宋仁宗，为确保和议的成功，增加"岁赐"的数量一定要多。宋仁宗听了，一时拿不定主意。

宫中有个叫余靖的人，他是职掌侍候皇上起居、记叙皇上言行的官员，常与皇上在一起。见皇上散朝后神思不定的样子，知道他一定是为西夏和议的事烦恼。于是就对宋仁宗说道："我不是朝中的大臣谏官，向皇上进谏不是我的职责，但对西夏的事我想越职对皇上说一句话：与西夏和议可以接受，但'岁赐'万万不能增加。"宋仁宗一听，就问为什么。余靖分析道：

西夏与我朝的战争已经进行了六七年之久，为什么赵元昊现在突然提出和议？这是因为他们感觉太累了，国力不允许他们这样无穷无尽地消耗下去。虽说我们也感到累，但他们感到更累。如果我们增加了"岁赐"，西夏的国力就会因此而增强，我们的国力就会因此而削弱，"和议"最终将成为一纸空文。再说，赵元昊是个贪得无厌的人，今天增加了一千，明天就会要求增加一万，如果不答应，就会用武力来威胁，国家的财力是有一定限度的，哪里经受得了这无休无止的增加呢？麻烦还不尽止于此，西夏的"岁赐"增加了，契丹也会要求增加"岁赐"，如果不满足，又会加兵于我。这样一来，我们大宋将灾祸无穷，还会有一天的安宁吗？

宋仁宗听了余靖这一说，觉得非常有理，顿时精神一爽，采纳了他的意见。(《宋史》 陶湘生)

47. 舟浮铁牛出

河中府(今山西永济)有一洲名中潬(dàn)，居住着不少人家。洲中凿有一

口井,洲上还建有舜庙。唐玄宗时,洲陆之间造了一座浮桥,以便人们的往来。

这座桥很特别。工匠用生铁铸成八只铁牛,每只铁牛重达数万斤,将铁牛各四只分置于河的两岸,固定于铁砧之上,砧下连有铁柱,深埋于河岸土中,用大缆系舟于两岸铁牛之间,这就成了一座浮桥。

北宋仁宗朝,由于黄河水暴涨,桥的两岸坍毁,八只铁牛被扯出数十步远而沉入河中,从此洲陆间的居民来往很是艰难。历届河中府的长官都想到,修复这座桥,必须首先把铁牛从河中捞取上来,可是如此沉重的铁牛要把它们弄上岸来,谈何容易。他们都想不出任何可行的办法,只好贴出告示,征求能人献计献策。直到英宗治平初年,才有一位来自真定(今河北正定)的僧人怀昺(bǐng)解决了这一难题。

怀昺的做法是,在每年水浅时,以两艘巨船并排停于铁牛沉没处,并用土石压舱,两船之间置大木梁,从梁上挂下绳索,让人潜入水中把绳索紧紧系在铁牛身上。当河水进入汛期,借浮力的作用,水涨船高,陷在河床淤泥中的铁牛被拔了出来,再去掉船中压舱的土石,铁牛就会露出水面,这样便可把它们拖上岸了。

治平四年(1067),一座新的浮桥展现在人们的眼前,只见桥的两头依然是那八只黑疙瘩,岿然不动,牛气冲天,好不威风。来来往往的人们说到新桥,都对真定僧人怀昺赞不绝口,怀昺也因修桥之功,获得了英宗皇帝颁赐紫色袈裟的荣誉。(《能改斋漫录》《宋史》 何小颜)

48. 灌水取球

文彦博是一代名臣,享年九十二岁,先后在北宋仁宗、英宗、神宗、哲宗四朝担任要职达五十年之久,是个名闻中外的四朝元老。一个契丹使者见到他,曾惊叹他是"天下异人"。

文彦博年幼时,即表现出不平凡的才智。有一次,他与一群同伴进行蹴球游戏,不料那只球竟被一个小伙伴踢进了门柱的洞穴中。大家正踢得起劲,忽然碰到此事,个个垂头丧气,七嘴八舌埋怨那个闯祸的小伙伴。那个小伙伴闯了祸,又急又怕,不禁哇哇大哭起来。

这时,文彦博忽然推开大家,走到这小伙伴的身旁,亲切地安慰他,并对大家说:"你们不要急,我想出了一个办法,准能把球取出来。"大家一听,立刻七嘴八舌地问:"你有什么好办法,快说呀!"文彦博笑了笑说:"你们快回家去,每人拿一盆水来!"这群小伙伴没有一个人能猜透他的用意,只觉得新奇好玩,又急于看个究竟，便纷纷照办。文彦博见水已取来，忙指挥大家排成一队，依次把水灌进洞里。不一会儿，球就随着水流浮上来了。大家欢呼雀跃，一齐竖起了大拇指，连声夸奖文彦博会动脑筋。那个闯祸的小伙伴，也重新露出了笑容。接着，一场充满童趣的蹴球游戏又开始了。(《宋史》 赫崇政)

49. 砸缸救人

北宋名臣司马光，自幼就聪明过人。七岁时，一言一行已俨然像个成年人了。他听别人讲解《左氏春秋》，非常喜欢，便默默将那人所讲的记在心里，回到家里与家人讲解，竟然已经能够掌握书中的大要。从此手不释卷，勤奋读书，甚至不知饥渴寒暑。但他好读书，却并不像有些人那样只知钻故纸堆，相反他常能将读书所得融会贯通，知识既丰，智慧尤增。

一天，一群儿童在庭院里游戏，玩起捉迷藏来。一个小孩子跑来跑去，躲不过小伙伴的追逐，便跳上了一口大缸，沿着缸口边缘窜来窜去。不料匆匆忙忙中一脚踩空，一个倒栽葱栽入了缸里。大缸三四尺高，装满了水，那孩子掉到里面，便被水淹没了，只露出两只小手在水面上拼命乱舞。孩子们见有人落水，都惊得大叫起来，急忙围到水缸边，却干瞪眼想不出救人的办法。有几个胆子大些的马上去找大人，那些胆子小的，见到这情景，都十分害怕，纷纷转身便溜。

司马光听到儿童们的呼救，跑出去一看，只见那孩子的小手正慢慢没入水中，而水面上的气泡"咕嘟咕嘟"地响得更急了。他虽然自己也不过是个小孩子，但却非常镇静沉着，眼珠子转了两转，便计上心来。"大家不要跑，帮我一起救人！"他一面呼喊，一面迅速找来一块自己能够搬动的大石头，狠命向大水缸的缸壁砸去。"哐当"一声，水缸被砸了个窟窿，水从破口流了出来。缸中水面很快下降，一眨眼的工夫，掉到缸里的小孩已经露出了脑门子。这时逃得不远的儿童也回到庭院里帮司马光砸缸。三下两下，大缸被砸成碎片，水全流光了，小伙伴也得救了，孩子们都欢呼起来。胆大的孩子找来了大人，却已经起不了什么作用了。在大人们带着责备之意的目光下，胆小的孩子低头垂手，感到与司马光相比，自己惊慌失措，竟弃同伴于不顾，实在很不应该。而司马光呢，面对众人的一片赞扬夸奖，大方地笑了笑，说："这没什么好夸耀的，换了别人也会想到这么做。"掉到缸里的孩子的亲人也赶来了，更是千恩万谢。

这事很快传了开去，京城(开封)与洛阳一带就有人画了他砸缸救人的图挂在家里，来教育自己的孩子。(《宋史》 鹏肩)

50. 妙语劝富弼

司马光认为佛道二家学说荒诞不经,不但自己不喜欢,而且希望别人也与僧人道士少来往。王安石变法时,司马光与富弼、吕公著的政见相同,于是相继避居洛阳,以此表示他们不与正在推行新法的王安石合作。当时,道学家邵雍也住在洛阳。此三人十分敬重邵雍,经常去拜访他,还购置园宅送给他安居。

有一天,洛阳僧高颙(yóng)修大师准备设坛讲经,富弼、吕公著闻讯,都意欲前往聆听。司马光本欲劝阻,但考虑到他们二人年长于己,一时难以启齿,便决定请邵雍帮忙。他单独造访邵雍,开门见山地说:"吕公著酷爱佛学,劝他不去听讲,恐怕徒劳口舌,他十之八九是会婉言谢绝。可是富弼根本不相信佛法,如果他去听讲,岂非不合情理?我比他们年纪小,对此不敢说三道四,您德高望重,何不设法阻止他去听讲呢?"邵雍略一沉思,旋即表态说:"好,我不妨试试看!"

第二天,邵雍前往富府,谎称宋神宗有重新起用富弼为相的意思。富弼信以为真,忧心忡忡。因为他当初不愿与王安石同朝为官,才上表十次,称疾求退的。后来又以不晓新法为由,辞去汝州知府的任命,托言归隐洛阳养疾。现在宋神宗对王安石信任有加,他如果拜相,势必与王安石同朝共事,所以他仍以衰疾为借口推辞说:"您看看我如此衰弱的病体,怎能担负起如此重任!"邵雍自然明白其用意,便乘机进言说:"既然如此,您恐怕就不宜去听颙修大师的讲法了。否则,如果有人上奏一本,说您接到圣旨拜相称疾拒命,可和尚开堂讲经却急忙赶去听讲,显然有大不敬之罪,到那时您将如何辩解?由此可见,您原先要听讲经的念头,不是有些欠妥吗?"富弼听罢此言,不觉一惊,连忙拱手说:"我确实没有想到这一步,谢谢您的提醒,我不去听颙修法师讲经就是了。"(《智囊》 赫崇政)

51. 巧谏罢征民车

北宋熙宁年间(1068—1077),守边的官员向朝廷报告说北方的辽国将要入寇。宋神宗听到这个消息,便派出亲信的宦官去专办战备物资,首先要征用两河(河北、河东地区)的民间车辆。城乡一时大受惊扰,老百姓对此十分不满,怨声载道。朝廷里自宰相以下的各级官员,认为此事不便施行的不计其数,但到皇帝面前一说,都碰了钉子。宋神宗自忖:我可不是无道昏君不管民间疾苦,征用这些民车虽暂时对老百姓的利益有损害,但为了保家卫国,作些牺牲也是必要的,抗敌御侮,最终受益的不还是老百姓吗?又何必斤斤计较于眼前?

当时沈括任太常丞、同修起居注,一天正侍立御座之侧,皇帝对他说:"爱卿可知向民间借车的事吗?"沈括假装糊涂,回答道:"不知道啊,车又有什么用处呢?"皇帝带着非常自信的口吻,像是在教诲臣下:"北方的胡虏以战马众多取胜,唯有用车战才能有效地抵挡他们哪!"沈括便故意大声称赞向民间征用车辆的举措,说:"胡虏要是来了,老百姓妻子儿女、祖宗坟墓、田产房屋都会不得不抛弃,哪里还顾得上车呢?朝廷先向他们借车来用一用,又不是取之不还,有什么关系呢?"皇帝听了,心里很高兴,觉得沈括果然有眼光,同自己的看法一致,当下便夸奖起来:"爱卿言之有理啊,可叹那些不明事理的家伙们却总是跑到朕面前来絮絮叨叨,令人生厌。"沈括却又在一旁自顾自慢悠悠地说:"车战的好处,见于历代的史书:战国巫臣教吴起用车战,遂称霸中原,唐代李靖用偏箱鹿角车,也擒获突厥颉利可汗。不过眼下臣倒有一事不明,还望陛下开导。古代的所谓兵车,是一种轻型马车,操纵灵便,折旋自由,运动迅速,符合军用作战要求。可现在民间所用的辎车,却笨重得很,以健壮的公牛来拉这样的车,一天也走不了三十里,一旦碰到雨雪天气,道路泥泞,更是寸步难行。所以俗称民间的载重车为太平车,可见这种车应该在天下太平无事的年代使用,恐怕用在军事上不太合适吧?"皇帝初闻此言,不由一怔,细细一想,觉得颇有道理,当场嘉勉沈括:"别人劝我不要征用民车,没人能讲出这样的道理,你这番话,倒叫朕不得不重新考虑一下了。"第二天,皇帝便下令不再向民间征车。

事后,宰相等官员好奇地问沈括:"你是以什么妙术,立谈之间便让皇上改变主意的?"沈括笑答:"圣明的君主可以用说理的方法来与他讨论,而不能用带有感情色彩的言语与他争执啊!"其实,沈括先投皇帝之所好,赞赏车战,继而对用民车作兵车质疑,最后有意使用"太平车"这样使皇帝听了很舒服的词儿来否定征用民车,决不是一般的说理,而是熟读《左传》《战国策》,总结了其中的巧谏经验后所掌握的一种高度技巧化的说理。(《邵氏闻见后录》 鹏肩)

52. 分流减洪

宋神宗熙宁年间(1068—1077),睢阳(今河南商丘)一带大旱,当地官府把汴河大堤开个缺口,引河水灌溉农田。不料汴河上游水势猛涨,滚滚洪流一泻而下,冲得缺口处塌方一片,如不及时补救,整个大堤有崩毁的可能。当地官府也曾派人补救,无奈水流湍急,各种抢救方案均告无效。情况异常紧急,当地官府惊慌失措,不知如何是好。

这时,朝廷派都水丞侯叔献亲临险地视察,并责成他采取措施修复河堤。侯

叔献是当时著名的水利专家,有丰富的治水经验。他知道汴河上游几十里外遗留一座城墙,是无人居住的废城,于是下令在此废城与汴水之间挖了一条引水沟,让上游的洪水宣泄到废城中。这样一分流,下流水势骤减,侯叔献这才不慌不忙地派人抢修大堤,只用一天时间即大功告成。

第二天,废城已灌满了水,等城里的水位与汴河上游的水位相同时,上游的水又开始流向下游。侯叔献知道此时引水口四周水流缓慢,如在此时堵塞引水口,易如反掌。于是他不慌不忙地派人堵塞引水口,只用了半天时间便全部竣工。

侯叔献利用汴河上游的废城分流,终于修复了汴河下游的河堤,使睢阳周围的百姓免遭洪水之灾,得到了朝野上下的一片赞扬,大家都很佩服他在治水中所表现出的高超智慧。(《梦溪笔谈》 赫崇政)

53. 修龙船

北宋初年,两浙地区向皇帝贡献龙船。龙船长二十多丈,上面建有宫室层楼,楼内放置专供皇帝寝卧的御榻,以备皇帝长时间乘船游览时休息睡眠。可是年岁一长,这艘豪华游船的腹底被河水浸泡得腐朽了。由于船在水中,无法进行施工修理。

神宗熙宁年间(1068—1077),太监黄怀信向朝廷提出了修船的办法:在金明池北岸凿出一个可以容纳船体大小的水塘,在塘底打上许多柱子,柱子架起一根根大木梁,然后放水入塘内,用大索把龙船牵引到大木梁上,再用提水工具戽(hù)斗将水塘中的水排出,于是龙船就凌空高高搁在横梁上面了。这就解决了修理上的难题。

黄怀信还建议,待龙船修理完成后,引水入塘使船浮起,拆去横梁和柱子,在水塘上造一屋顶把它覆盖住,便成为一座船库,再也不用为龙船暴露在外受风雨的侵蚀而担忧了。(《梦溪笔谈》 何小颜)

54. 智辨张三翁

在汉语中,"翁"就是老头的意思。说起这个字,古代还有一段巧破诬诈案的故事呢。

这是北宋学者程颢(hào)担任晋城知县时发生的事。当地有个姓张的富商死了,留下一大笔家产。张家刚忙完丧事,就有个陌生老头来到门口,对张家儿子打量了一阵,说:"我是你的生身父亲,今后要和你住在一起了。"望着张家儿子

惊疑不定的神色,老头好像很痛苦,一边回忆一边说:"你不知道哇!当年,我是江湖郎中,专门给别人治病。不料妻子生下你后,因为家里贫穷,无法抚养,只好在某年某月让某人把你抱走,送给了张家。"老头说着说着,呜咽起来。

张家儿子将信将疑,只好带老头来到县衙,请求知县判断真伪。

程颢听老头把事情一说,心里就明白了七八分。他想,要揭开这个谜,关键在于找到对方的破绽。于是他不动声色地问:"事隔多年,你怎会记得那么清楚呢?"老头连忙说:"当时我怕忘记,就把这事记在处方册的背面。"说着,他从怀中掏出一本处方册递了过来,程颢一看,上面写着"某年某月某日,某人将儿抱走,送与张三翁"的字样。

程颢笑了起来,问张家儿子:"你今年多大岁数?"回答说:"三十六岁。"又问:"你父亲多大年纪?""七十六岁。"程颢转过脸来对老头说:"你这把年纪叫'翁'还差不多,当时他父亲才四十岁,别人难道会叫他'张三翁'吗?"

老头听了,张口结舌,回答不上来,只好供认自己伪造证据企图讹诈、骗取张家钱财的罪行。(《折狱龟鉴》 程维荣)

55. 画闽人说话

北宋著名画家李公麟的人物画,能生动地表现出人物的神情意态。他有一幅掷骰(tóu)图,画的是六七个人围着一只大盘子赌博:盘中的五个骰子是"六",还有一个骰子在转动;盘边站着的那个人在张口疾呼,坐着的几个人在神情紧张地注视旋转的骰子。

宋哲宗元祐年间(1086—1094)某一天,黄庭坚、秦观等苏轼门人在一起评画,对李公麟这幅掷骰图赞不绝口,但只能说出画中人物传神。苏轼到来后,只看了一眼就说:"这幅画中是闽人在说话!"众人不解,都向他请教。苏轼说:"各地人呼'六'是合口,只有闽人呼'六'才开口,现在盘中有五个骰子已成'六'的定势,如果那个旋转的骰子再成'六'的定势,岂非全局大胜?所以,那个站着的人必在呼'六',而他呼'六'是张口,可见画家是画闽人在说话!"

当时,李公麟也在场,听了苏轼的这番评述,不发一言,只是连连点头。众人对苏轼的卓越见识,无不拍手称善。(《宋稗类钞》 赫崇政)

56. 妙对

北宋大文豪苏轼,因遭人指控为"谤讪"朝政而获罪,在宋神宗元丰三年

(1080)春被贬到黄州(今湖北黄冈)任团练副使。由于他名声大,又一向喜欢提携后辈,所以每天从四面八方来黄州向他拜师求教者不绝于路。苏轼是来者不拒,有问必答,深受学生的爱戴。

一天,有个平时嫉恨苏轼博学多才的京官路经黄州,听说苏轼遭贬后竟未受冷遇,依然门庭若市,不觉妒意大发。于是,他借拜访苏轼之机,想通过难倒苏轼的崇拜者,给苏轼一个难堪,以削弱其影响。他来到苏轼的住所,恰巧庭中有座古塔,便一指古塔,当场出个对子考苏轼的学生。只听他摇头晃脑,阴阳怪气地说出了下联:"宝塔尖尖,七层八面四方。"学生一听,都摇摇手,表示对不出。见此情景,他不禁扬扬得意,看看苏轼,眼中露出轻蔑之意。不料苏轼笑了笑说:"如此简单的上联,怎能难倒我的学生,他们已用手势回答您了。"说到这儿,他故意缓了缓,然后一字一顿地告诉那京官:"上联不就是'玉手摇摇,五指三长两短'吗?"

那京官见苏轼才思敏捷,怕对方出题难自己,急忙起身告辞。学生见老师机智地为他们解了围,啧啧称叹不已,更加倾服他了。(《宋稗类钞》 赫崇政)

57. 钉壁藏珍

苏轼书画兼妙,所到之处多有题作。宋徽宗爱惜其才,一登帝位即下诏召回贬至儋(dān)州(今海南省)的苏轼。苏轼北归,定居在常州。这时,常州报恩寺僧堂刚刚建成,为便于题诗作画,方丈特意用木板贴壁。苏轼每逢暇日,必到报恩寺僧堂题壁,久之墨迹累累,蔚然可观。方丈爱如奇珍,平日以绢帛遮盖,不肯轻易示人。苏轼仙逝不久,有几个憎恶苏轼的人执政,搜毁苏轼书画墨迹不遗余力。报恩寺方丈急中生智,买来厚纸,连夜把板壁钉满,再涂上一层重漆,使苏轼的墨迹得以保存。

宋高宗非常喜爱苏轼的书画,于绍兴年间(1131—1162)多次诏令天下,广求其墨迹。此时,报恩寺方丈已圆寂多年,所幸有一老僧尚知这一秘密。常州太守从老僧口中得知此事,亲临报恩寺僧堂,派人除去壁上漆纸一看,苏轼的字画宛然在目,不觉喜出望外。他急忙延请当地书画高手,逐一临摹壁上真迹,然后献给宋高宗。由于报恩寺的苏轼书画,全是他去世前一年创作的,所以宋高宗尤其珍爱,重赏太守和老僧。(《鹤林玉露》 赫崇政)

58. 獐旁是鹿,鹿旁是獐

王雱(páng)是王安石的爱子,不到二十岁已著书几十万字,可惜有才无寿,三十三岁即病死。

王雱自幼聪颖,九岁那一年,有一天他正陪伴父亲闲坐,恰巧有客来访。这个客人献给王安石小獐小鹿各一只,它们分别关在笼子里,正津津有味地吃着草。王雱觉得这两只小动物很可爱,仔细看个不停。客人见他人很伶俐,有意考考他,便问道:"你能分辨出哪一只是獐,哪一只是鹿吗?"獐和鹿都是鹿科动物,二者极相似,一个九岁孩童如何分辨得出?但王雱好胜,从不轻易服输,他假意地端详一会儿,说:"这有何难!獐旁是鹿,鹿旁是獐,对不对?"

客人听罢,连声称赞说:"这孩子可真机灵,将来必成大器!"(《宋史》 赫崇政)

59. 巧言救贤才

宋神宗元丰二年(1079)七月间,苏轼被人指控为写诗谤讪朝政,遭捕入狱。人们普遍认为苏轼必死无疑。

宋神宗的祖母太皇太后曹氏,是北宋开国名将曹彬的孙女,不但性情慈俭,而且见识超群。她听到这件事,便对宋神宗说:"你祖父宋仁宗通过科举考试,得到苏轼、苏辙两兄弟,非常高兴,曾言这是给子孙物色了两个贤能宰相。现在,我听说苏轼因作诗而身陷囹圄(líng yǔ),他莫非遭受仇人的诬陷而获罪?否则,由诗里搜集出来的罪证,即使全是真的,也微不足道,又怎能将他关进牢狱?如今,我的病情沉重,恐不久于人世,更不能制造冤案,使中正祥和的气氛遭受破坏。所以,苏轼一案务须仔细勘查,千万不能草草定案!"宋神宗听了祖母的话,掩面而泣,下诏赦免苏轼出狱。他虽被贬为黄州(今湖北黄冈)团练副使,但幸免于死罪,已是不幸中之大幸了。

在封建社会里,皇上有无上威权,即使贵为皇上的祖母,也不能指令皇上如何如何,否则即有干预朝政之嫌。所以,聪明的曹氏只能采取迂回的办法,开导宋神宗赦免苏轼。她首先示之以孝,以宋仁宗对苏轼的器重,来启发宋神宗,使他感到如严治苏轼,有负于祖父宋仁宗的知人之明;其次晓之以理,以作诗嘲讽时政无非区区小过,来告诫宋神宗,使他感到如严治苏轼,只是小题大作,有损于皇上的英明圣断;再次动之以情,以自己身染重疾更宜积善积德,来打动宋神宗,使他感到如严治苏轼,有愧于祖母曹氏的一生慈爱。(《宋史》 赫崇政)

60. 识奸捉真凶

元绛这个人从小就很聪明,五岁时已能作诗,九岁时写的文章受到了荆南太守的欣赏,并向朝廷作了推荐。果然,长大后他考中进士,被授任江宁推官,代理上元县令。

上元县有个外号叫王豹子的恶霸,此人强占百姓田地,掠夺良家女子,为非作歹,无恶不作。当地曾有人向官府控诉王豹子的罪行,但结果却是王豹子杀人灭口,以致人心恐惧,没人再敢告他状了。元绛上任之后,很快就从蛛丝马迹中发现了王豹子的罪行,于是立即派人捕捉到案,一经审讯,迅速绳之以法。恶霸一除,上元县人人称快。上任伊始,元绛就露出了精于办案的漂亮一手。

一天,甲和乙二人在一起喝酒。两个人都喝醉了,为了一句话,先是争吵,而后是大打出手,而且出拳都很重,最后在旁人的劝阻下才歇手回家。甲回到家倒头便睡,不料到了夜里,他的脚被强盗砍了。第二天一早,甲的老婆指定是乙干的,报告到里长那里。里长就派乡民把乙绑了起来,押到了上元县衙。才进大堂,有人来报告说甲已经死了。

元绛知道案情严重,立即升堂。甲的妻子边哭边说,把甲、乙喝酒互殴的事情从头至尾说了一下,然后就指责乙丧心病狂,杀了她的丈夫,让她终身守寡,说到气愤处,甚至要动手打乙,乙则竭力辩解其无罪被冤。两边各执一词,一时很难说个是是非非来。于是,元绛把乙叫到一室讯问。过了一会儿,他又叫过乙的妻子,吩咐她说:"你先回去给甲治丧,乙已经承认他杀了你丈夫。"

甲的妻子见案件已审明,就擦去眼泪回家了,想不到元绛却派人暗中跟着她。不久,甲妻快到家时,只见一个和尚老远迎了上来,接着两个人有说有笑,密谈了好一会儿。元绛立即派人把和尚抓了起来,然后再传唤甲妻,严加审问,果然是淫僧与奸妇合谋杀害了甲,案件告破。

有人向元绛请教判案的根据,他说:"我在公堂上审理甲妻时,发现她哭得声音虽高,但似乎并不悲哀,况且她与丈夫同睡一床,丈夫被乙杀害,她身上理应有些血迹血块,然而她的衣襦干干净净,于是我认定这是一起情杀案。"闻者无不点头称是。(《宋史》 张贞忠)

61. 妙析伪契

元绛在上元县办案有术,安抚使范仲淹很欣赏他的才干,上表向朝廷推荐,不久,朝廷即任命元绛担任永新县令。

话说永新县有一户龙姓富家,儿子龙聿自幼不学好,斗大的字不识一个,但吃喝嫖赌样样精通,在地方上也可算得上是一个无赖。最叫人头痛的是,他不但自己不学好,而且还要勾引一些人跟他一起学坏,不少良家子弟跟着他走上了邪路。

目下,龙聿正和一个叫周整的少年打得热火朝天。周整的父亲早已亡故,周

整和母亲靠父亲留下的二十亩田产过活。孤儿寡母过日子已够艰难了,不想周整因无严父管教,渐渐地有些好吃贪玩,不求上进。本来和一些浮浪子弟在一起斗鸡走狗,已经叫人摇头了,自从和龙聿搭识以后,更加让人侧目寒心。有人在他母亲面前提出过警告,然而可怜的寡妇说:"谢谢你们的关心,可我那不孝的儿子不听我的话呀,叫我有什么办法呢!"

一天,龙聿和周整在酒店吃酒赌钱。龙聿嗜赌有术,而周整学而不精,何况龙聿是存心要算计周整,因此,自己酒喝得很少,却拼命灌周整酒。周整不喝酒已经不堪应付,喝了酒更加糊涂不清,结果是越赌越输,越输越惨,最后,不仅现钱输光了,而且还欠了龙聿不少钱。

这时,周整头脑还有点清醒,他对龙聿说:"龙大哥,小弟输了这么多钱,就不要再赌了吧。"龙聿摇摇头说:"不成,不成!你只是失手,只要细心一点,你会赢的。"周整经不起龙聿灌的迷魂汤,就又赌了起来,当然赌运也就更加不好了。

于是,龙聿对神志不清的周整说:"小阿弟,你不要担心还钱,你家不是有二十亩地吗?其中的十亩地和你赌输给我的钱正相等,我已准备了一份卖田契,你在上面签个名字就可以了。"周整当时也就糊里糊涂地写上了自己的名字,然后歪歪倒倒地回家了。

不久,周整的母亲知道此事,立刻来到县衙告状。县里也不怠慢,当即立案审查。但龙聿掌握的卖田契手续俱全,上面还有他母亲的手印儿,这可是个铁证,官府只能表示不能受理此案。周整的母亲当然不肯罢休,她又把官司打到州里、府里,甚至到京城击登闻鼓,但因龙聿握有田契,始终未能把官司打赢。

元绛到了永新县后,这位母亲先前已听人传说新县令断案如何神明,于是又来县衙起诉,希望新县令能为自己讨回公道。元绛拿到卖田契仔细看了一下,终于发现问题所在,于是厉声斥责龙聿说:"这张卖田契上的年月日字迹写在周整母亲的手印之上,肯定是你这刁民在别的什么文件上看到手印后撕下来,然后贴到这张田契上伪造成的,是不是这样,你必须老实招来!"说罢,他把惊堂木拍得山响。龙聿没有想到新来的知县大老爷这么英明,知道再也不能隐瞒,于是就一五一十供认不讳。案件审理完毕,元绛当场令龙聿把田产归还周整,龙聿收监待判。周整被元绛狠狠教训了一顿,后来终于改邪归正,奉养老母,这是后话不提。

(《宋史》 张贞忠)

62. 观牙断子

李南公是北宋的能吏,为官六十年,以精明干练著称。他任长沙知县时,曾

当堂巧断一起争子案,充分显示了他的过人才智。

当时,长沙有个寡妇,带着两岁的小儿改嫁他人。七年之后,故夫的族人前来认领此儿,寡妇舍不得,谎称此儿非故夫之子。双方争持不下,便告到长沙大堂。

公堂上,族人说此儿九岁,寡妇说此儿七岁。李南公把小儿唤到跟前,看了看他的牙齿,又问寡妇说:"此儿何时换掉乳齿,长出恒齿?"寡妇回答说:"去年。"李南公对寡妇微笑着说:"男孩八岁换齿,女孩七岁换齿。此儿去年换齿,今年应是九岁,你说对不对?"寡妇哑然,只是流泪不止。李南公将此儿断给族人,并对他们说:"母子心连心,何况此儿又由生母哺育了九年,他们怎忍一旦分离?你们要将心比心,过个一年半载,再领此儿回去不迟!"族人和寡妇听罢此言,皆大喜,连忙叩头称谢,然后带着此儿,一齐离开了县衙。

李南公断子一事,很快传遍了长沙的大街小巷,大家都称赞他断得果断,断得合情合理,从此更佩服他了。(《宋史》 赫崇政)

63. 无牛黄可取

北宋政和初年,宋泽在莱州掖县(今属山东)任知县时,朝廷财政部门委派提举司的官员到各地收购牛黄。牛黄是黄牛或水牛胆囊里的结石,性凉、味微苦而后甜,中医把它用作药材,可以清热、解毒、定惊。由于京城惠民和药局急于用牛黄配药给宫里用,这些官员向地方上催办得甚紧。

掖县的百姓迫不得已,只好准备忍痛宰杀自己的牛以取牛黄。本来,牛胆结石总是取自供食用或其他原因而被杀的牛,眼下却仅为割取牛黄而屠牛,实在是莫大的浪费。牛是百姓干农活时的重要帮手,把这些牛杀了,将严重影响他们的生计。掖县的百姓很快发现,即便杀光全县的牛,也不够交差的数额,于是大家纷纷凑起钱来,打算用这些钱去买通朝廷派来督办的官员,希望能网开一面,放过他们。

知县宋泽深知百姓的疾苦,他想,百姓拿钱去贿赂这些京官,很可能是行不通的,得另谋办法。

他写了一份状子,派人送交提举司,内中说:"牛调疫病流行,才会多生毛病,形成病态的胆囊结石。而今正是太平盛世,且持续良久,天下充满了祥和的气氛。鄙县境内,无病无灾,牛皆壮硕,又哪会有牛黄可取呢!"由于他在状子中将"太平盛世"作为其议论的前提,层层推进,最后得出"无牛黄可取"的结论,提举司的官员竟心存顾忌,不愿去追究他的申诉是否确属实情,因为谁又敢担当否定当今是"太平盛世"这样的罪名呢?结果,宋泽管辖的整个掖县被免除了这桩坑

害百姓的差事。(《昨非庵日纂》《智囊》 何小颜)

64. 巴巴地讨来都焦了

北宋徽宗宣和年间(1119—1125),皇帝好奇花异石,设奉应局于苏州,由朱勔(miǎn)掌管,大事搜刮,以舟车运往京城汴梁,号为"花石纲",民间服役者往往因之家破人亡。

钧天乐部有一个名叫焦德的优人,以善于说笑话打趣,颇受皇帝喜欢。他又经常在谐谑之中寓以讽谏,其作用甚至不下于专司规谏的台谏官。见"花石纲"害民严重,便找机会予以讥刺。

朱勔运到京师的奇花异石,都被移植或放置在皇城里一座专门垒起来叫作"艮岳"的山上。因为从很远的地方移根而来,那些奇花异草在途中被风吹日晒,已经憔悴不堪,栽在艮岳,又不服水土,没多久就枯槁焦朽了,经常要换上新鲜的花草,进贡花纲也就特别的繁忙。一天,皇帝于宫中举行宴会,有人捧着一盆梅花在殿外走过,一个与焦德很要好的艺人便指着梅花问焦德:"这是什么东西啊?"焦德看了一眼,却回答说:"那是芭蕉。"过了一会儿,又有人捧着一盆五针松走过,那艺人又问焦德:"这又是什么东西呢?"焦德凑上去端详了一会儿,跑回来眨巴眨巴眼睛,一本正经地说:"那也是芭蕉。"第三次,一个人捧了桧树经过,焦德还是称盆中那玩艺是"芭蕉"。最后,那艺人等有人抬着一丛湘妃竹走过,再问焦德:"看看清楚,那到底是什么东西?"焦德也没过去再瞧一瞧,二话不说,瞪着眼一口咬定:"那还是芭蕉。"

"啪"地一下,焦德脸上挨了那艺人一巴掌,他恶声恶气地数落焦德:"第一次是梅花,接着是松树与桧树,最后是竹子,你怎么瞎了眼似的都说成是芭蕉?当着皇上你也敢胡说八道,胆子还真不小!"谁料,焦德却从从容容讲了这么几句话:"我但见这些花草竹木巴巴地讨来,都焦了,说得简括一些,不是'巴焦'又是什么?"皇帝宋徽宗听了这话,不由得同众人一起大笑起来。他心中有无愧悔,人们无从猜测,但有一点可以肯定:他对焦德与其艺人同道合演的双簧中所表现出来的巧智,是颇为欣赏的。(《中吴纪闻》 鹏肩)

65. 三十六髻

北宋徽宗宣和四年(1122),枢密使童贯被皇帝任命为河北、河东宣抚使,准备乘金兵破辽中京、屡获大胜之机,与金国夹攻辽国。五月间,童贯率军伐辽,为

辽国大将耶律大石所败,狼狈逃窜而回。消息传到宫中,一些平时就对奸臣童贯的所作所为十分憎恶但却无可奈何的伶人们,悄悄商议要在皇上面前表演一个节目,揭露童贯的丑恶面目。

一天,宋徽宗在宫中设内宴,教坊司进伎,派了三个伶人在筵席间演出。三个伶人都是年纪不到二十的窈窕少女,明眸皓齿,朱唇樱口,一登场那种风姿便令人深感怜爱。奇怪的是,她们都是婢女打扮。服饰有别倒还罢了,三人三种不同流俗的发髻,尤其显得新颖别致,席上诸人看了都觉有趣。

表演开始了,第一个女伶当额为髻,娉娉袅袅地在场中转了一圈,黄莺巧啭般地曼声道:"妾乃蔡太师家人也。"听者点头:这扮的是当朝太师蔡京家的婢女。第二个女伶髻偏左,同第一人一样转了一圈后,也用同样的声调说:"妾乃郑太宰家人也。"听者又点头:这扮的是退职太宰郑居中家的婢女。第三个女伶满头为髻,如同小儿,走起来却如狼奔豕突一般窜呀窜的,并且故意把满头的小发髻摇来摇去,她说话的声音也怪怪的,调门不阴不阳:"妾乃童大王家人也。"听者一边点头:这扮的是当朝执掌军事的枢密使童贯家的婢女,一边纳闷:这女孩怎么梳这样的发髻?前面那两个女孩子的发髻又有什么名堂?

"你们的发髻怎么跟一般女孩子梳的不大一样啊?"有人忍不住问。"大人容禀,"自称是蔡家婢女的女伶微微一笑答曰,"我家太师入宫觐见,瞻陛下之清光,此髻便叫作朝天髻。"接着,第二个女伶对云:"我家太宰受皇上优礼,奉祠就第,此髻便叫作懒梳髻。"众人觉得这两种髻,一借取朝见天子之意,一隐寓家居赋闲之意,都很贴切,心中暗暗称妙。

轮到所谓"童大王家人"开口解释她那满头小髻了。只见她面带惊恐之色,好像身后有虎狼追赶似的,东张西望一番后,才用颤抖的声音说道:"我家大王正在对辽用兵,此乃三十六髻也。"话音刚落,笑声顿起。原来俗话有"三十六计,走为上计"的说法,因此这位女伶智借"髻"与"计"的谐音关系,巧用歇后语狠狠地讽刺了童贯。后来,童贯知道了此事,咬牙切齿,却也无可奈何。
(《齐东野语》 鹏肩)

66. 铜磬闹鬼

洛阳有个寺庙,寺内有架铜磬——一种做佛事用的法器,不论是白天还是黑夜,常常会"嗡嗡"地产生自鸣之音。寺里的住持以为是鬼怪在闹事,成天战战兢兢,终于生起病来。他请了许多降妖术士,他们施行了各种驱魔的方法,都没有用,铜磬照旧时不时地发出响声。

与住持交情很好的曹绍夔(kuí)听说老和尚病了,就入寺来看望他。住持于是把这桩怪事的来龙去脉一五一十地告诉了曹绍夔。曹绍夔是个不信邪的人,听了老朋友的话,产生了好奇心,但他不认为那是鬼怪在作祟。他在寺庙里转来转去,想找出其中的蹊跷。无意之中,他撞了斋房内的大钟,只听到铜磬也跟着震颤起来,他一下子便明白了个中缘由。他笑着对住持说:"明天,请你备好筵席,我一定会为你们把这个妖魔除掉。"

第二天,住持分派寺内的小和尚,烧的烧,煮的煮,置办了一桌丰盛的素餐,以招待曹绍夔。虽然老和尚并不太相信曹绍夔的话,但还是抱着一线希望,不妨试他一试。曹先生全不客气,放开肚皮大吃,举箸有如风卷残云。吃完,他一抹嘴巴,不慌不忙从怀中掏出一把锉子,站到铜磬前,用锉子在铜磬上找几个地方猛锉了一阵,便对老和尚说:"我答应你的事办成了,我告辞啦!"果然,铜磬从此不敲不响,不再作"祟"了。

没过多少日子,寺庙住持遇到曹绍夔,问他其中的奥秘。他答道:"贵寺的铜磬与寺中的铜钟声律相合,所以当贵寺的和尚撞击铜钟后,这架铜磬就会同声相应,振动起来,发出音响了。"老和尚听了很高兴,心中的疑惑顿时消除,病也就痊愈了。

原来,曹绍夔是一位深通音律的行家,他发现原因后,便用锉子改变铜磬的外形,同时也就改变了铜磬的振动频率,避免了与铜钟产生谐振。(《刘宾客嘉话录》 何小颜)

67. 血衣

宋代耒阳县(今属湖南)曾经发生一件案子,有强盗杀人劫财后逃之夭夭。过了几天,县尉到州里报告,声称已经捉到了凶手。

知州苏涣仔细阅读案卷后,觉得十分可疑,就问县尉是怎样捉到凶手的。县尉回忆了一下,答道:"当时现场附近的山坡上,一个正在搜捕的弓手发现草丛中有件血衣,马上招呼前后左右的同伴去看,后来就抓住了在不远处行走的凶犯。"

苏涣听了,一边思索一边说:"弓手看见血衣,按照常理,应该立即加紧搜查,以便自己立功,为什么还要呼唤那么多人来看呢?"县尉听后,回答不上来。

"这其中一定有鬼!"苏涣判断道。于是把那弓手拘捕起来审讯。他无法抵赖,只得供出自己为了冒功领赏而伪造血衣,陷害无辜的罪恶行径。没过多久,真正的凶犯被抓到了,而诬陷好人的弓手和昏聩渎职的县尉,也受到了处罚。(《折狱龟鉴》 程维荣)

68. 针刺胎儿

北宋朱新仲住在桐城(今属安徽)的时候,有位亲戚生孩子时难产,已折腾了七天,孩子就是迟迟不肯出来,产妇精疲力竭,奄奄一息,一家大小束手无策,惊慌万分。

恰好这天名医李几道来朱家拜访,朱新仲当即就请他去看病。李几道看了,说:"这种情况用什么药都没有用了,也许可以试试针灸。"大家绝望的心里又出现一丝生机,就请李几道为她治疗。但李几道为难地拒绝了:"这需要很高明的技术,只恐怕我的医术还没有到这个地步,不敢轻易下针,否则后果不堪设想。"望着众人的目光又转为黯然,李几道略为迟疑了一下,又说:"不过,我倒可以推荐一个人。"大家忙问:"谁?""我的老师庞安常。"

这时庞安常恰好在李几道家做客,听了这件事,马上随同他一起到朱家。

到了家中,才见产妇,庞安常就连连说:"不死!不死!"当下让家人去灌了热水,暖在产妇的腰间。他沉默不语,用手在产妇的肚皮上上下下抚摸,仔细揣摩。过了一会儿,手停在了一个地方,取出针,看准那儿一针扎了下去。这时,孕妇感觉肠胃隐隐作痛,就在她呻吟的当口,一个婴儿呱呱坠地,母子都安然无恙,在场的人也顿时松了口气。

朱家人没有想到竟然绝处逢生,欣喜若狂,连连向庞安常作揖道谢,简直把他当作神仙下凡。不过,他们又很纳闷,不知庞安常用了什么仙术。安常笑着说道:"这没有什么奇怪。当时小孩子已经出来,但有一只手却缠住了母亲的肠胃,不得解脱,只需让他手松开,但是用药却不行。我刚才就是先隔着肚皮摸到胎儿手的位置,再用针刺手的虎口穴位,他一痛,手自然松开,于是马上就生下来了。"大家听了,才明白安常刚才的意图。他又让人把小孩抱来,大家一看,果然右手虎口上还留着针刺的印痕。(《夷坚志》 孙冰)

69. 半月诗

宋代正皎法师,俗姓朱,鄞县(今属浙江)人。他天资聪颖,出家后,勤奋修习,严格遵守"过午不食"的戒规。他擅长说法讲经,辩才无碍;对于各家学说的长短得失,讲得头头是道。他经常强调"解必有行",即真正的理解必须通过实践去验证和完成。因此,正皎深受大家的敬重。师父慈室老和尚也很器重他,把他升为首座。不久,正皎就出任慈溪观音寺的住持。

当时,浙江有位翰林学士楼钥,博通经史,广有文才,常去观音寺向正皎请教佛法。正皎别号叫"月窗",他在居室的窗间画了半个月亮,人皆不解其意。一次楼钥来访,见到那半个月亮,莞尔一笑,沉吟片刻,赋诗一首云:"不要作圆月,才圆便有亏。不如作一半,却有向圆时。"正皎看了这首诗,点头赞许。从此,这首"半月诗"便流传开去,脍炙人口,正皎的名声也更大了。(《佛祖统纪》 李明权)

70. 实数

宋代明州(今浙江宁波)有三座大寺,分别称为天童寺、阿育王寺和雪窦寺。这三座寺名声相侔,规模相仿,是明州最负盛名的禅院。

雪窦寺住持叫行持,滑稽多智,道德高尚,是当时著名的高僧。有一天,他与天童寺、阿育王寺住持一起拜谒明州新知府。四人闲聊之间,新知府忽然依次询问天童、阿育王和雪窦三寺的僧人数目。天童寺、阿育王寺住持为抬高身价,皆夸大其词,一个谎称一千五百名,一个谎称一千名。行持却一拱手,据实禀告说:"一百二十名。"新知府诧异地问:"这三座大寺的名声和规模相当,为什么僧人数目竟相差如此悬殊呢?"行持认为出家人不打诳语,今见新知府发问,便有意趁此机会,含蓄地戳穿天童、阿育王二寺住持的谎言,于是又一拱手,幽默机智地回答说:"敝禅院是实数!"

新太守明白其意,情不自禁地拍手大笑起来。天童、阿育王二寺住持十分尴尬,为了摆脱窘境,只好陪着新太守大笑不止。(《老学庵笔记》 赫崇政)

71. 彻底清

宋代有个人叫王叔,他任苏州知府时,嗜财如命,贪婪成性。然而,他偏给自家所藏酒取名"彻底清",以象征他为官清廉,一尘不染。

有一次,王叔大宴宾客,请来两个艺人助兴。艺人早知他贪婪,决心乘此机会讽刺他一下。酒过三巡,演出开始。艺人甲手里拿着一坛酒,对满座宾客说:"我这坛酒清可见底,所以取名彻底清,不信请看!"说完,便取过一只大海碗,倒给大家看。宾客们定睛一瞧,不由哄堂大笑,原来那是地地道道的浊酒。艺人乙在一旁讽刺说:"你的酒既然叫彻底清,为何如此混浊?真可谓名不副实,于此为甚!"宾客一听,又是哄堂大笑。

这时,高踞上座的王叔,脸上一阵红,一阵白,恨不得把艺人抓起来,定个诬官之罪。但他碍于脸面,不能发作,只有苦笑而已!(《齐东野语》 赫崇政)

72. 平抑物价

靖康二年（1127），金军攻破东京（今河南开封），虏徽宗、钦宗北去，北宋灭亡。同年，康王赵构在南京应天府（今河南商丘）即位，改元建炎，是为宋高宗。他即位后，任用宗泽为东京留守兼开封府尹。

东京经过金人大肆掳掠后，社会秩序混乱，物价暴涨，军民因此生活艰难，人心极不安定。宗泽上任之初，就对手下人说："民以食为天，如果我们首先做好平抑食品价格这件事，其他的事就不怕解决不了。"

宗泽暗中派人到市场上了解米麦的价格，发现估算米麦价格的标准与从前并无多少变化，米麦的价格倒是没怎样增高。宗泽于是让兵府厨师按市面卖的馒头、米酒仿制，然后分别估算它们的成本，得出馒头每个成本六钱，酒每斛七十钱，再对照市价，却是馒头二十钱，酒二百钱。

宗泽命人叫来民间作坊的馒头师傅，问他说："打从我考中举人来到京城，至今已三十五年了。记得当时馒头只有七钱，如今却要二十钱，怎么回事啊？难道是麦子的价钱翻了一倍吗？"馒头师傅听了很不以为然，说："京城遭难后，米麦价钱涨落无常，我只能随大流，跟着市场走，大家都抬价，我又怎肯自个儿贱卖呢？"

宗泽见他强词夺理，当场把兵府厨师做的馒头让那馒头师傅看，并斥责他说："这馒头与你卖的在大小分量上是一模一样的，而我用市价的面粉价，加上人工费，每只馒头不过六钱。如果售价八钱，就能赚二钱的利润。今天我要发布命令，馒头每个售价限制在八钱以内，胆敢擅自抬价的，罪当斩首。现在就暂借你的脑袋来惩戒哄抬食品价格的人。"

可是，馒头师傅被斩首示众后，市场上的物价仍然居高不下。第二天，宗泽又把负责官方酿酒和售卖的官员任修武找来，问他："如今京城里的糯米并没有涨价，酒价却涨了三倍，是什么道理？"任修武战战兢兢地答道："官营酒业，涨价也是迫不得已。因为京城遭劫后，皇家宗室和当朝权贵为了赚钱，都在私下里酿酒在黑市上高价倒卖。我们不敢去禁止，只好也抬高价钱，否则就无法应付官粮以及工役油烛的开销了。"宗泽说："这样吧，禁止黑市私酿的不法行为由我去办，你负责把官酿每斛减价一百钱。如此，官办酒业还有利可图吧？"任修武笑道："如能这样，由于薄利多销，酒徒自然会群集于市的，生意兴旺，我们也就有钱周转经营下去啦。"宗泽盯了他老半天，又警告说："暂把你的脑袋寄放在你的脖子上。回去后，命令你的人把酒价立即降为百钱，不用担心私酿会抢你们的买卖。我明天就贴出告示，凡擅敢私自酿酒者，一律处以极刑。"

宗泽说到做到，律令严明，再加上任修武依计配合行动，很快官酿就降价，黑市绝迹了。豪饮之士闻风而纷至沓来，官卖酒店门庭若市。没过几天，酒价和馒头价都跌回了从前的水平，其他物价自然也下跌了。外地商人纷纷来做生意，京城集市重新出现一派兴旺景象。（《智囊》 何小颜）

73. 巧讽皇帝

南宋建炎年间(1127—1130)，宋高宗赵构有一天想吃馄饨，就吩咐御厨给他去做。不料，不知哪个环节出了问题，可能是厨师多加了些虾仁、蟹粉、鲜贝之类的馅料，也可能是厨师包皮儿时故意显本事捏了许多花样使皮儿厚了些，也可能是当天使用的煤、柴有些受潮发火不旺，当厨师把一碗香味四溢、热气腾腾的馄饨端上来后，宋高宗才咬了一口，就大发脾气："混账！怎么敢给朕吃半生不熟的食品！"左右侍立的太监赶忙迎上来问皇帝如何处理这事。高宗肝火正旺，瞪着眼吩咐将几个厨师押解到大理寺（审理案件的机关）去，定他们个"大不敬"之罪，关进牢房。

仅仅因为一个小过错，御厨就被捕入狱，这引起了许多人的不满，但他们又不便替御厨说情。只有几个供奉宫廷的优伶决心仗义救出那几个可怜的御厨，他们准备借表演节目的机会进行讽谏。

恰巧第二天，宋高宗大宴群臣，席间又招了优伶演出。只见两个优伶打扮成相貌各不同的士人走上场来，紧接着又蹿出第三个优伶，他向坐在龙椅上的皇帝和两旁的官员们施礼后，便问第一个优伶："先生是哪年出生的呢？"那人回答说："甲子生。"他又转身问第二个优伶："您又是多大年纪哪？"那人笑道："我是丙子生。"第三个优伶听了两人的回答，非常生气，大步跑到宋高宗的御座前，高声嚷道："启禀圣上，此二人都应该下大理寺问罪！"宋高宗没闹明白是怎么回事，拈着胡须问："这是为何呀？"优伶振振有词地说："饺（音甲）子（饺子是一种面粉做的食品）生、饼（音丙）子生，性质与馄饨不熟是一样的，岂不都应该治罪吗？"

群臣听了，忍不住掩口而笑。宋高宗也知道这是优伶借"生"的双关意义和"饺""饼"与"甲""丙"的谐音关系在做文章。他干笑几声，把尴尬相掩饰了过去。第二天，他就下令把御厨给放了。（《霏雪录》 程维荣）

74. 反间除刘豫

南宋建立以后，叛国贼刘豫在金国的扶持下建立了齐国，替金朝统治中原，

并作为金朝的急先锋,常常举兵南侵。因此,南宋人民非常痛恨这个卖国贼。

这一天,南宋军队正好抓住一个金朝四太子兀术部中的密探,岳飞心中大喜,顿时计上心头。因为他知道刘豫在金国的靠山是粘罕,有粘罕撑腰,刘豫才能为非作歹,肆无忌惮。而金朝中央的另一个权臣即四太子兀术十分厌恶他。如今岳飞手中抓住了兀术手下的一个密探,正是施用反间计、借兀术之手除掉刘豫的大好机会。

岳飞即刻升帐,喝令:"带密探!"

不一会儿,军卒押着密探推至岳飞帐前令其跪下。

岳飞张目朝下一看,喝声:"探子,抬起头来!"

那探子刚将头抬起,岳飞惊呼:"啊呀!你不是我军中的张斌吗?"

那探子被岳飞如此一问,兀自一愣,心想:岳元帅怕是认错人了吧。

不料,岳飞脸色突变,怒气冲冲地喝道:"好你个张斌!我原先派你到齐国去,约刘豫把四太子兀术引诱来让我捕杀的,你竟然一去就没有回来。"

那探子听得呆头呆脑,丈二和尚摸不着头脑,愣愣地看着岳飞。

岳飞一拍桌案又道:"我后来又派人去问刘豫何时能诱捉四太子。刘豫这才答应我在今年冬天以合兵进攻长江的名义,把兀术诱引到清河去。"

这时,那探子方明白岳飞是认错人了,把自己当成了什么张斌,要与刘豫密谋杀害我家四太子,我何不将错就错,把情报送给四太子,立一大奇功呢!

只听岳飞又一声怒喝:"张斌,你拿了我的信竟然敢不送到,我问你,你为什么要背叛我?"

密探即刻朝岳飞叩头求饶,并编出一套谎话来骗岳飞,称自己如何早已把信送给刘豫,自己又如何逃出金营来向元帅汇报,等等。

岳飞听了,知其中计,心中暗笑,便道:"本帅现在饶你一次,派你再去齐国,询问刘豫起兵日期。"并令人将密探大腿剖开,把蜡封的信藏进去,告诉他千万不得泄露机密。

密探出营直奔金朝,把密信交给兀术。兀术大惊,骑快马奔皇宫,把信交给父皇,于是刘豫被废。(《宋史》 董德兴)

75. 处变不惊

南宋绍兴六年(1136),大将刘光世任江东淮西宣抚使,驻守一方。他的部下军纪很差,当地给搅得鸡犬不宁。次年,宰相张浚总督军务,部署沿江、两淮诸路军马大举北伐,便奏请皇上下诏罢免了刘世光的军职,派遣都督府参谋军事吕祉去庐州(今安徽合肥)接替他节制全军。刘光世虽然打仗不怎么样,当初金兵逼近扬州,他领兵迎击,未接战便溃败,但他驭下有术,颇得军心。吕祉是进士出身的儒者,对朝廷忠贞不贰,唯不知权变,一到军中便颁布条令,严格管束将士,有寻衅滋事者,格杀勿论。本来,如恩威并用,既申军纪以戒众,又问寒暖以收心,大约还不至于出乱子,可吕祉却没能这样做。兵士们散漫惯了,一时哪里收得住性子,都对吕祉怀恨在心。

吕祉这时又暗中向朝廷奏请罢免原刘光世部下的重要将领郦琼,夺其兵权。郦琼听到这消息,顿时怨气冲天。他可不像刘光世那样老谋深算,善于以屈求伸,哪肯受吕祉摆布,一怒之下,拔剑而起,率众闯入衙署,将吕祉五花大绑,臭骂一顿,然后把他扔上马背,领着部下人马径自渡过淮河投奔伪齐刘豫去了。

张浚在都督府宴请僚佐,忽听远处传来急骤的马蹄声。不一会儿,一个探子气喘吁吁地进来报告:"郦琼叛我大宋,挟持吕祉大人引军投了刘豫。"听得此言,座上众人脸色一下子都变了。张浚却镇定自若,仍是满面春风,慢悠悠地道:"诸位莫要惊慌,这其中是有奥妙的,只恐让敌人知道就坏事了。"于是大家仍然欢饮。直到夜半,张浚才撤宴,回房写了一封蜡书,派遣一名敢死之士送去给郦琼,嘱咐道:"如此如此……"

信没送到郦琼那儿,却落到了一个敌将手中,他赶忙送去给刘豫。捏碎蜡丸,取出信一看,上面写着:"事可成,成之;不可成,速全军以归。"刘豫吃惊不小,心想如果郦琼真是诈降以作内应,那就糟了,宁可信其有,不可信其无,便把郦琼的兵马分散到各军中。郦琼大窘,想发作,却手中无一兵一卒,真是哑巴吃黄连,有苦说不出。南宋的边境,因此得以安宁。

原来,这是张浚使的一招反间计,要不密信怎么会轻易到了敌酋的手中?几十年后,张浚的儿子张栻谈起此事,还是眉飞色舞,说:"先公心法,如何可学?"
(《鹤林玉露》 鹏肩)

76. 竹筒困金兵

宋高宗绍兴十年(1140),南宋与金国缔结了和约,金国将开封还给南宋。宋高宗任命刘锜(yǐ)为东京副留守。刘锜率领八字军赴任,于五月间行至顺昌(今安徽阜阳),恰逢金兀术毁约南侵,前锋已逼近顺昌。于是,刘锜决定与顺昌知府陈规合力守城,从而揭开了宋金顺昌大战的序幕。

当时,刘锜与陈规的部队合起来仅四万多人,而金兀术所统率的部队有十余万人,且有号称"铁浮图""拐子马"的精锐兵种。面对着如此强大的敌人,刘锜的

部将中,有不少人主张弃城南撤。但刘锜不为所动,激励将士矢志御敌。刘锜富有谋略,屡出奇计,不时地歼灭敌人的有生力量,终于以少胜多,以弱克强,击退了来势汹汹的敌人,取得了顺昌大捷。

在宋金顺昌大战中,刘锜所施的一着"竹筒计",使敌人吃足了苦头,损失惨重。事情是这样的:有一次,刘锜吩咐部下赶制了大量的竹筒,并要求在每一个竹筒里装满香气四溢的熟黄豆。将士们都不解其意,个个暗自纳闷。正在此时,刘锜率领部队出发,命令将士们人人带上一个竹筒,等杀入敌阵时,即把它抛在战场上,然后马上撤退。两军交锋,将士们依令而行,只见竹筒满地乱滚,黄豆四处散落,他们仍猜不透主将葫芦里装的是什么良药。敌人见宋兵撤退,不知是计,意欲策马疾追。岂料坐骑饥饿难忍,禁受不住豆香的诱惑,只顾低头觅食。还有一些战马踩在竹筒上,站立不稳,结果人仰马翻。刘锜见敌人狼狈不堪,便指挥将士们重新杀回。敌人进退不得,人与马都被歼灭在阵地上。至此,刘锜的部将才悟透其主将的玄机,大家都佩服得五体投地。(《智囊》 鹏肩)

77. 临安商人

宋高宗绍兴十年(1140)七月中,京城临安(今浙江杭州)曾发生一起特大火灾,烧毁了城内外屋宇数万间,往日充满欢笑的繁华城市,顿时出现了哀痛阵阵、瓦砾(lì)处处的惨象。

这时,有位姓裴的老商人正寓居临安。火势蔓延,眼看他在大街开设的典当铺和珠宝行不保,可他全然不顾,而是叫伙计赶紧分头前往江下和徐村大量采购建筑材料。他也跑到北关之外,凡是遇到竹木、砖瓦、芦苇、椽桷(chuán jué)等建筑材料,不论多少,也不论尺寸大小,一概按价买下。

火灾被扑灭的第二天,宋高宗即下旨说:为解杭州百姓重建家园的燃眉之急,所有运往京城内贩卖的建筑材料,都免于征税。由于裴老商人有先见之明,所以赚了大钱,其赢得之金额,远远超过了他损失的金额。(《夷坚志》《宾退录》 赫崇政)

78. 如何取得他三秦

南宋高宗绍兴十一年(1141),大奸臣秦桧以"莫须有"罪名害死抗金名将岳飞,一时权势炙手可热。次年,由同中书门下平章事(宰相)加太师,进封秦、魏两国公。当年省试,秦桧的儿子秦熺与侄子昌时、昌龄,皆高中进士。人们私下议论纷纷,都愤愤不平,但在公开场合,谁也不敢斥责秦氏。

转眼到了绍兴十五年(1145),春闱在即。省试之前,优人们在戏场上扮演节目,为应试的士子们助兴。有几个对秦桧的倒行逆施深恶痛绝的优人,不约而同聚在一起,商量起如何借演戏之机讽刺一下秦氏。很快,他们想出了一个绝妙的主意。第二天,他们扮成士子,开始演戏了。演的是士子赴南宫(考试地点),互相推论、猜测知举官(掌考试的官员)为谁。几个优人七嘴八舌,你一言,我一语,或指某位尚书,或指某位侍郎,或指某位中丞,说了各种职衔的官员,却没有一人被公认将在这次省试中做主考官。看着他们闹哄哄的样子,一位年长的优人很不以为然,朗声道:"诸位不必胡乱猜测了。据老朽的推论,今年的知举官必是彭越无疑。"

众优人听了,你看看我,我看看你,想了片刻,都嚷:"当今朝廷上没听说有这么一位官员,你老兄可不要诓骗我们。"老优人神色不变,徐徐道:"此位彭越乃汉高祖所封梁王是也,诸位还未省得?""他是古人啊,死了有一千多年,如何能来我大宋朝做知举官?"几个优人哄笑起来。却见那老优人忽然变得一脸诡秘之色,故意压低嗓门,可又字正腔圆,一板一眼地说:"前一任知举官为韩信,也就是汉高祖所封的楚王,他与彭越是同一等级的人,所以我说今年的主考是彭越。"问他的优人听了这话,越发笑得前仰后合。"姑且不论是不是妄语,您这番高论究竟有什么根据呢?"一个貌相忠厚淳朴的优人忍不住好奇地问。谁知老优人也哈哈大笑起来,又提高了声调,竟唱了这么一句代答:"若不是韩信,如何取得他三秦?"顿时,场内外一片寂静。看戏的士子们恍然大悟:三秦,不就是指秦桧的儿子和侄子秦熺、秦昌时、秦昌龄三人吗?优人们是在讥嘲秦氏营私舞弊、把持考试啊!因怕贾祸,众人不敢多言,忍着笑一哄而散。没多久,此事传开了,秦桧知道后,虽恼羞成怒,却也不敢公然去惩罚那些优人,老百姓们则都拍手称快,赞赏他们的智慧与胆气。(《夷坚志》 庞坚)

79. 二胜环

南宋绍兴十五年(1145),宋高宗赵构把临安望仙侨一带的宅第赏给太师秦桧,又赐了他银子一万两,绫罗绸缎一万匹。

这天,秦桧在新宅第大摆酒席,请了许多王公大臣赴宴,还命令教坊的演员前来演出助兴。酒席上,人声喧哗,觥筹交错,热闹非凡。

不多时,表演开始了。只见一个参军(一种诙谐的角色)走上前来,称颂秦桧功德。秦桧正在得意,另一个优伶(演员)双手捧着一把镂花交椅也走了上来。

他放下交椅,与参军说唱逗趣,引得主宾大笑,参军取过赏钱,拱手道谢后,准备往交椅上坐下。他一回头,戴在脑袋后的头巾忽然掉了下来。众人看见他的头发是用一种双叠的大巾环束起来的。

只见优伶问参军道:"你脑后戴的叫什么环?"

参军回答:"叫二胜环。"

优伶忽然做出要打参军的样子,口里道:"你只想着坐太师交椅,收取银两财物,却把二胜环掉在脑后,真是可恨!"

众人一听,忽然悟出了什么,不觉面面相觑。秦桧的脸色都变了。

原来,当时高宗的父亲徽宗赵佶和哥哥钦宗赵桓都被金朝掳去北方未归,高宗偏安江南一隅,不思收复中原,引起爱国志士和广大人民强烈不满。优伶正是巧妙地用"二胜环"谐音"二圣还",讥讽赵构和秦桧忘记国耻、屈膝苟安的行径。

当下秦桧果然十分震怒,下令将这两个演员逮捕入狱,并且严禁再有攻击朝廷的言论。但是他未曾想到,这两个演员不畏权势、机智勇敢地鞭挞卖国者的故事在人民中长久地流传了下来。(《桯史》 程维荣)

80. 在钱眼内坐

南宋建炎年间(1127—1130),与韩世忠、岳飞、刘锜齐名的大将张俊,迎合高宗、秦桧旨意,力赞和议,首先请求交出兵权,遂受到高宗宠遇,得授枢密使,进封清河郡王。他很会聚财,解除军职后,一下子便收得租米五十万斛(宋时一斛为三十三升),富甲浙中。他家里银子实在太多,一锭锭存放,查检不便,干脆每一千两铸一球,取名为"没奈何"。而他又排挤刘锜,参与谋害岳飞,做了不少坏事,当时老百姓就对他非常不满,后世更遭到人们唾弃。

绍兴年间张俊晚岁尊贵至极的时候,有一次朝廷举行宴会招待百官,照例由官方掌管伎乐歌舞的部门派出优人来作表演,以侑酒助兴。一个优人扮成精通天文的占星家,上场后自吹自擂说:"世间的达官贵人,都上应星象,我能一一看出来。通常的方法是用浑天仪(一种天文仪器),架设玉衡,然后调好角度,对着那人观察,透过仪器,则看到的便是星星而不是那人的本来面貌。现在仓促之间不能架设玉衡,那就用铜钱一文代替浑天仪也行。"听了他这一番话,大家都觉得有趣,便纷纷嚷起来,要他赶快表演,一名侍卫从身边掏出一个铜钱递了上去。

于是他便拿着铜钱从当中的方孔开始窥探起来。自然首先要看皇上上应的是什么星。优人装模作样看了一眼,马上说:"我看到的是一颗帝星。"接着众人令他看看宰相秦桧是什么星,他看了一会儿,说是相星。下面又轮到老将韩世忠,优人仔细看了看,说:"那是将星。"众人一面笑一面又让他去窥看张俊上应什么星。优人慢悠悠走到张俊跟前十几步远的地方,举起铜钱眯着眼对他窥视起来,只见他聚精会神瞧了老半天,还是一声不吭。众人颇为不解:前面几个人他都看得很快,怎么看张俊要费这么大的功夫?有几个官员忍不住便问了起来:"你看到了什么星哪?"不料优人回过头来竟说:"没见什么星星。"众人都感到很惊骇,堂堂一个郡王怎么会不上应星象呢?令他再看,看了一阵子,却听他说:"终不见星星,只见张郡王在钱眼内坐。""哄"地一声,殿上百官都笑了起来,这才知道优人是在讥嘲张俊贪财。张俊满脸通红,十分尴尬,皇上连忙向大家劝酒,把在座众人的注意力引了开去。(《武陵闻见录》 鹏肩)

81. 采石大捷

南宋高宗绍兴三十一年(1161),金国完颜亮征集四十万兵马,分四路大举进攻宋境。宋高宗任命老将刘锜为淮东路总指挥,王权为淮西路总指挥,领兵抵抗南下的金军。王权贪生怕死,不愿从命,借口劳军,将家里的金银财宝装了好几艘官船运走。他不肯驻守寿春,又放弃庐州、和州,致使完颜亮的大军如入无人之境,不到半个月的时间就由淮河北岸进至长江边上。宋、金两军在采石镇隔江相持。

就在这危急之秋,宋高宗任命文官虞允文参谋军事,并代表朝廷慰劳采石的驻军。由于采石一带无人负责,秩序混乱,士气低落,人心惶惶,有些明哲保身的人就劝他转回建康,但是他坚决不肯:"我是朝廷的命官,如果退回建康,听任金军渡江,国家就很危险了。国家如果保不住,个人还能有存身之处吗?今天的事情是有进无退的了!与其坐以待毙,不如战死沙场。为国捐躯,正是我平生志向!"

虞允文坚定地挑起了抗金的重担,对防务作了周密的部署。他针对敌强我弱的形势,首先从振奋士气入手,召集将士讲话,勉励他们说:"长江天堑现在还控制在我们手里,地势对我们是有利的,只要我们鼓起杀敌的勇气,就能死中求生!如果让敌军渡过大江,我们即使后退也没有生路。再说,国家养兵三十年,我们就不能一战报国吗?"一席话,使将士们无不欢欣鼓舞,精神振奋。人心调动起来了,虞允文决定采取以逸待劳、后发制人的办法对付金军。他下令大营坚守不动,把兵船分为五队,两队分布在大营的东西两侧,阻挡敌船登岸冲击大营;最精锐的一队驻在长江中流,内伏奇兵,准备冲撞敌船,两队藏在附近的小港叉内,做袭击敌船和援助前阵之用。

这一年的十一月初八,完颜亮亲自指挥金军渡江,虞允文不急于反击。金军船只快到岸边时,才发现岸头高地的后面隐伏着队伍整齐的宋军,异常震惊。他

们欲退不得,只有小部分登陆,大部分耽在江中漂荡。这时候,虞允文拍拍猛将时俊的后背说:"人人都夸说你的胆略四方闻名,现在还站在阵后做什么?"时俊闻听此言,便手挥双刀,大喊一声:"好男儿跟我来!"带着士兵冲向敌阵,杀死了许多金兵。这时,宋军战船也向敌舟发动了猛烈的反攻。一只只海鳅船如同锋利的钢刀一样向金军的船群直冲过来,把敌船队伍拦腰斩断,然后分别加以围歼。宋军一面痛歼金军,一面高呼:"我们的军队得胜了!"厮杀声、欢呼声响彻采石江面。被围困在江心的敌人,一半掉在水里淹死,一半游回江北逃命。正当两军大战方酣之时,恰巧有一队从光州(今河南潢川)撤退下来的宋军路过采石,虞允文立刻把他们留住,发给他们旗鼓,让他们从山后转出来到江边,诈充疑兵。完颜亮本来就心神不定,忽听对岸鼓声震天,远望又看不清楚,以为宋军大批接应队伍来到,丧魂失魄,慌忙收拾残军,弃舟登岸。

虞允文取得胜利后,料到敌军必将卷土重来,于是连夜布阵,把一部分海鳅船调到上游,准备等敌人来进攻时顺流往下冲击,另派一部分兵力去把守形势险要的杨林渡口。第二天,金军果然来了,他立刻命令部将盛新带领一批优秀射手,指示兵将:"决不能让敌船逃脱一只。如果敌船不出河口,就远射岸上的金兵。"同时,他又派人到杨林渡口上游处放火袭击敌人,烧掉金军剩余船只。宋军在虞允文的正确指挥下,终于全歼残敌,大获全胜。(《宋史》《金史》 王福金)

82. 烛泪辨盗

南宋绍兴年间(1131—1162),有一个富豪宴请客人。直到夜晚,客人们才散去。喝得醉醺醺的主人回到卧房,倒下便呼呼大睡起来。

不一会儿,有一群穿白衣的蒙面强盗从大门冲了进来,将富豪家正在前堂做活计的丫环都驱赶到一起。一个粗壮的强盗手执雪亮的大刀,压低嗓门威胁道:"快把仓库钥匙交出来!不然的话,明年今天就是你们的周年!"几个丫环吓得心惊肉跳,过了一阵子,不知是谁用颤抖的声音应道:"钥匙是蓝姐保管的……"

"谁是蓝姐?"强盗瞪着眼睛问,晃了晃手中的大刀。

"是我,钥匙可以给你们。"只见一个年轻女子从后面的一排丫环中沉着地走了出来,将手中的钥匙递给了强盗。

强盗大喜,又说:"快领我们去仓库!"

"好的,只是你们不要吓着别的丫环,也不要惊醒了我家主人。"蓝姐一边说,一边点燃桌上的一支蜡烛,擎在手中。强盗们簇拥着她,借助烛光来到仓库。一打开库门,强盗们便争先恐后地冲入,将其中的金银首饰等财物席卷而去。

第二天早晨，主人醒来，才知道这事，急忙去报官，又担心抓不到蒙面盗。蓝姐告诉他："那些强盗都穿白衣，我擎蜡烛时，趁人多混杂，悄悄用烛泪玷污了他们每一个人的后背。官府只要查验白衣背上的烛迹，不难捕获盗贼。"

不出两天，县衙果真据此抓获了那几个强盗。(《智囊》 程维荣)

83. 筹瓦

南宋孝宗淳熙七年(1180)，任潭州(今湖南长沙)知州兼湖南安抚使的辛弃疾，给皇帝上了一道奏章，略云："军政之弊，统率不一，平居则奸民无所忌惮，缓急则卒伍不堪征行，乞依广东'摧锋'、荆南'神劲'等例，别创一军，以湖南'飞虎'为名，专听帅臣节制调度。"宋孝宗读了奏章，便下诏由他去规划实行。

辛弃疾于是在马殷营垒的旧基上，起盖砦(zhài)栅，招收步军二千人，马军五百人，战马铁甲也都很快备齐。其中五百匹马是以缗钱五万从广西买来的，为表支持，皇帝又下诏命令广西安抚司每年代买三十匹马送至湖南安抚司。这时，主管全国军务的枢密院中有人对辛弃疾受皇帝信任，得以自整地方军备，感到非常不满，经常找些借口给他增加麻烦，企图阻挠组建"飞虎军"。可是辛弃疾根本不理会他们那一套，干得更加起劲。军营建设的费用很大，这也难不倒辛弃疾，经他巧妙筹划，各项资金很快安排到位，事情因此办得很顺利。

不料，毁谤他的人竟向皇上进谗言，说他聚敛搜刮，假公济私。皇上居然相信此话，下了御前金字牌，勒令辛弃疾克日停办"飞虎军"。辛弃疾藏起金牌，召来监工，责成他在一个月内完成"飞虎军"营寨的建筑工程，如有违反，以军法治罪。当时已是秋季八月，淫雨绵绵，监工愁眉苦脸地说："这怎么成呢？别的都还好办，可瓦片现在没法很快烧制出来呀！"辛弃疾问："要多少瓦片？"答曰："二十万。""勿忧，勿忧，保你有瓦片用就是了。"辛弃疾口气很轻松地安慰他。

第二天，长沙城内外的居民都得到命令，要求除了官廨、神祠之类建筑外，家家户户从各自的屋顶上靠近檐沟处取下二十片瓦，然后用草绳捆扎好，由各乡各里集中起来，限二日内送到"飞虎军"营址前的广场上，每家当即付予瓦价铜钱一百文。百姓们平日在辛弃疾治下，政宽人和，如今见他需要大家帮助，而且近檐处瓦片取下一些也不影响遮风蔽雨，又有铜钱补偿，都踊跃前来。不到两天，"飞虎军"营基边瓦片已堆积如山，远远超过了建筑工程所需之数。辛弃疾的僚属们见了这番光景，都深为叹服。瓦片既已凑齐，军营很快落成，辛弃疾开陈本末，绘图缴进，皇帝看了，也回嗔作喜，那些诬陷好人的家伙谣言不攻自破。

"飞虎军"不久便练成，雄镇一方，被公认为江上诸军之冠。(《宋史》 鹏肩)

84. 樊恼自取

南宋光宗时，权相韩侂(tuō)胄为巩固自己的地位，建立所谓的不世之功，便转念北伐攻金。但此时宋朝积贫积弱，久无战备，轻举妄动，只会招致失败。果然，宋宁宗开禧二年(1206)，宋伐金失利。韩侂胄面对前线传来的告急文书，愁得胡须鬓发都变白了，困顿郁闷，不知怎么办才好。

一天，皇上赐宴百官，韩侂胄自然也在席上。饮至半酣，皇上见韩侂胄愁眉苦脸，想让他高兴高兴，便召来宫中的优人们献艺。三个优人走上红氍毹(qúshū)，分别扮演三个角色。第一人是相貌清奇、服饰简古的书生，第二人是威风凛凛、形体粗壮的武将，第三人是一个穿着公服的官员，只是看不出品级。三人出场后，站着不发一言。众人正纳闷间，又有一个优人笑嘻嘻地走了上来，跑到前面三个优人面前，一一与他们问答起来。

只见他先作揖向第一人问道："你叫什么名字？"那人回答说："樊迟。"又问："谁与你取的名字？"对道："夫子所取。"问话的优人肃然起敬地下拜，叫道："原来是圣人门下的高足弟子啊！"大家恍然大悟，第一个优人扮的角色便是孔子的学生樊迟。接着，又揖问第二人，那人称自己名叫樊哙(kuài)，问谁取的名？答曰是汉高祖。问话的优人又赶紧下拜，赞叹道："真是汉家的名将啊！"大家马上也明白了那优人扮的角色是鸿门宴上助刘邦脱险的勇将樊哙。最后，他走向第三人，作揖问道："你叫什么名字？大概也是个有名的人物吧？"那人神情木然，再问一遍，才回答说是自己名叫樊恼。问话的优人这时故意做出一副很惊讶的样子，上下打量他一番，接着问道："那你却是何人给你取的名字呢？""樊恼自取。"第三个优人这样回答。

听了他的话，座上诸臣马上想到"樊恼自取"不就是"烦恼自取"吗？不由得对优伶们的巧思深为欣赏，老成一些的脸露微笑，几个性格比较粗犷的武将则哈哈大笑起来。只有韩侂胄一人脸色阴沉，双眼射出恶狠狠的目光。他知道这不是一般的插科打诨，而是在嘲讽自己仓促伐金，妄启战端，结果损兵折将自取烦恼。再看看高高在上、端坐龙椅的皇帝，似乎也若有所思。不久，宋金议和，皇上下密旨杀了韩侂胄。(《四朝闻见录》 鹏肩)

85. 儒将除暴

宋理宗时，四川利司都统王夔(kuí)恃功骄横，桀骜(ào)不驯，到处劫掠百姓,残害无辜,民众无不切齿痛恨,背后呼他为"王夜叉"。朝廷虽然也知他行为不法,但奈何他不得。

淳祐三年(1243),余玠(jiè)以兵部侍郎的身份出镇四川,其官船刚泊岸嘉定(今四川乐山),便见王夔率领疲兵弱卒约二百人,站在码头上迎接。余玠立于船头,暗含讽刺地对他说:"久闻都统一向统领强兵劲卒,不想今日一见,竟大失所望!"王夔傲慢地说:"我所指挥的自然是精兵良将,唯恐惊吓您的随从,我才命令他们暂避一时!"余玠略等片刻,果闻鼓声震天,王夔的部下从四面涌来,列队江边,旌旗蔽日,戈戟如林,确实气势不凡。船上之人见此声威,不寒而栗。余玠却神色自若,不慌不忙地吩咐属吏犒劳王夔的部队。王夔见状,为之折服,回到大营即对部将说:"真没想到读书人中竟有这样沉着胆大的人!"

余玠早想擒诛王夔,为地方除害,但因此人握有重兵,故决计待机智取,以免引起兵乱,贻害蜀民。考虑成熟后,一夜,他派人召王夔过府议事,却暗遣部将杨成代领其兵。王夔不知是计,欣然前往。他才离大营,杨成已单骑闯入,当众宣布了余玠之令,并晓以利害。营中诸将知王夔失势,怎敢违令,都拜倒在杨成面前,表示愿受节制。王夔闻变,急回大营,然而为时已晚,还未等他问个究竟,即被杨成喝令甲士拿下,斩首示众。杨成等军心安定后,又查办了几个助纣为虐、民愤极大的首恶之人。至此,为害地方多年的王夔及其爪牙,终于被智勇双全的余玠翦除,蜀民无不拍手称快!(《宋史》 赫崇政)

86. 向里飞

金章宗时,妃嫔李师儿非常受皇帝的宠爱。她的哥哥李喜儿,虽然曾经做过强盗,但因其妹之贵,也做了大官。她的弟弟李铁哥,年纪还不大,已被皇帝提拔到显要的近侍之位。一时间李家兄弟姐妹权势倾动朝廷,真可谓是炙手可热了。四方趋炎附势、贪利竞名之徒,纷纷投到他们的门下。

章宗原来的钦怀皇后去世后,皇后这个位置空了很久,章宗虽然很想将李氏由妃嫔进为皇后,但因李师儿出身很微贱,故一直犹豫不决,恐怕给人留下话柄。这一回,他下决心要立李氏为皇后了。大臣们知道后,都固执地不愿赞同此事,御史台与谏院的官员尤其反对,纷纷上章进谏。皇帝没办法,只好将李师儿的封号改为元妃,虽然比皇后低了一级,但位势熏赫,却已不下于皇后了。

一天,章宗在宫中设宴招待百官,席间招来一个诨名玳瑁头的优人,在大家面前作一番表演,以侑酒助兴。他上场后手舞足蹈,挤眉弄眼,让别人提一些问题,再借之弄些噱头,引在座众人发笑。有人问他:"我们大金国有什么吉兆祥

瑞?"玳瑁头便说:"你难道不知道凤凰吗?"那人称:"知道是知道,但未闻其详,你不妨仔细说说,凤凰出现到底有什么预示,也让大家开开眼界。"玳瑁头故作神秘地说:"这可是人们知之甚少的秘闻哪,我今天也不再卖关子了,就告诉你们吧!"

"那凤凰不是凡鸟,它有四种飞法,相应的吉祥兆头也就各不相同。要是它向上飞,那便预示风调雨顺;要是它向下飞,那便预示五谷丰登;要是它向外飞,那便预示各国来朝;要是它向里飞,那便预示加官晋爵。"玳瑁头一本正经地侃侃而谈。说到最后两句,声音特别响亮。

座上百官中几个聪明些的,听到"向里飞,那便预示加官晋爵",知道他是在借机讽谏皇上,都笑了起来。因为"里"与"李"同音,"飞"与"妃"又同音,"向里飞"不就是指那些奔竞之徒投靠李师儿,以此为进身之阶吗?玳瑁头寓警于谐的一番表演,既体现出他的机智巧思,又体现出他的忠肝义胆,皇上听了,也为之感动,笑着向他点头。(《金史》 鹏肩)

87. 巧拒恶媒

元好问是金代著名的文学家,写过许多出色的诗词。他的妹妹也是女中豪杰,不仅人长得非常出众,文章也写得很好。

她的才名传到了当朝宰相张平章的耳里,便想娶她为妾。于是,托人带话给元好问。元好问慑于他的权势,当面不好说不行,只说事情成不成要看妹妹的态度,只要她应允就行。

张平章听了回话,喜不自胜,想道,以我的地位和才学,多少豪门想把女儿嫁给我,这是别人求之不得的事,哪有不答应的道理。他修饰一番,兴冲冲来到元府,探元小妹的口风。

这时,元小妹正在家中补天花板,见张平章来了,就停下手中的活,让他进来坐。张平章见元小妹如此美丽动人,暗暗高兴。一面打量,一面装作很风雅、谙熟诗词的样子问元小妹:"最近可有什么大作,让在下拜读?"

元小妹微微一笑,应声吟道:"这儿有一首:补天手段暂施张,不许纤尘落画堂,寄语新来双燕子,移巢别处觅雕梁。"张平章一听之下,脸色大变,十分愠怒。

那么,元小妹这首诗讲的是什么意思呢?原来,她从眼前补天花板的事情提起,说我的房子现在光洁明亮,容不得一点微尘,因此奉劝新来的小燕子,你最好还是到别处去筑巢,不要弄脏了我的画堂。这里元小妹把张平章比作小燕子,其实是婉转地拒绝了他的求婚。

即使再笨的人,听了这首诗,也明白是碰了钉子,张平章因此才脸色大变。他对元小妹的才华又惊又怕,回去以后,再也不敢提求婚的事了。(《山房随笔》 孙冰)

88. 巧计灭汪罕

公元1203年,克烈部汪罕率大军攻打铁木真,铁木真因寡不敌众,败退至班朱尼河(今呼伦湖西南)附近。经过一段时间的休整,兵力逐渐恢复,铁木真决定与汪罕一决胜负。

铁木真的弟弟哈撒儿曾居住在哈剌温山(今大兴安岭南脉),妻子、儿女被汪罕掳去。铁木真为了迷惑敌人,大军出发之前,先派两名使者伪装成哈撒儿的部属前往汪罕处诈降。使者见到汪罕便说:"大汗,我们的头领让我们转告您,他的哥哥铁木真现在不知在哪里,他的妻子儿女又在您这里。他现在孤身野宿,以树为床,以土为枕,实在不想再过这种生活,想来想去,即使去投靠他人,可又到哪里去呢?假如大汗您尽释前仇,不计他的过错,他便来投靠您。"汪罕见使者确实是哈撒儿的部属亲信,哈撒儿迫于势穷来投降,便相信了。汪罕认为铁木真已远走他方,从此无人与他为敌,就派一个心腹头目随铁木真派来的使者前往哈撒儿处,想歃血以结同盟。

铁木真见使者回来,就将汪罕的心腹头目抓起来,让原来的使者在前面引路,乘着夜色掩护,飞速前进,直抵汪罕扎营的折折运都山。铁木真仔细观察了一下地形,决定让前锋部队以迅雷不及掩耳之势直捣汪罕的中军,自己则率领大队人马绕出山后,扼住敌人的去路。

汪罕自从送走铁木真的假使者以后,认为铁木真这次必败无疑,便放松了戒备,连日在营中搭起帐篷,设宴狂饮。正当汪罕和部将喝得酩酊大醉、东倒西歪之时,忽听帐外号角长鸣,铁木真的骑兵像潮水一般杀入营中。汪罕大吃一惊,人不及甲,马不及鞍,根本无法指挥部队御敌。士兵们失去了指挥,纷纷向后山夺路而逃。刚逃到后山,铁木真大队人马已严阵以待,汪罕的士兵叫苦不迭,只好硬着头皮上前厮杀。谁知杀开一重,又是一重,杀开两重,又添两重,铁木真的阵地犹如铜墙铁壁一般,无法冲开。激烈的战斗一直持续了三天,汪罕全军覆没,只有汪罕和儿子亦剌合侥幸逃脱。不久,汪罕在途中被乃蛮部将领杀死,亦剌合逃至西夏,也被人杀死。(《元史》 王福金)

89. 陷阱

公元1206年,铁木真在斡难河(今鄂嫩河)畔被推举为大汗,称成吉思汗

("成吉思"是蒙古语"强大"的意思)。从此以后,本部元老札木合看到铁木真的势力越来越大,唯恐削弱了自己的力量,便对他怀恨在心,必欲置之死地而后快。

有一天,铁木真骑着骏马,背着弓箭,架着猎鹰,带领一些士兵到孛儿罕山去打猎。札木合得知这一消息后,决定设计将他害死。札木合命令仆人在铁木真打猎回来的路上搭了一个漂亮的雕花帐篷,帐篷里挖了一个很深的陷阱,陷阱里插满了尖刀,然后又在阱口装上陷板,上面铺上地毯,帐篷里还准备了许多美酒佳肴,使人看不出有什么破绽。

铁木真打猎回来,正巧途经札木合的帐篷。札木合立刻迎了上去,对铁木真热情地说道:"十几年前我们曾在这里结拜为兄弟,当时你送给我的礼物,我至今还保存着。今天我们又在这里相见了,请你走进帐篷喝杯酒,来庆祝这个难忘的日子好吗?"铁木真立即翻身下马,同札木合手牵着手一起走进帐篷。正当铁木真来到桌旁入座时,他的猎鹰突然飞进来,落在地毯上,追赶一只钻入地毯下的老鼠。札木合一见大惊失色,急忙割了一块肉扔给猎鹰吃。就在这一瞬间,铁木真已发现了这里有陷阱,但他仍装出一副若无其事的样子,恭恭敬敬地对札木合说道:"你我兄弟三次结盟,今天又重祭盟日,使我深为感动,此处可封为圣地,作为永久的纪念。"札木合一听,连连点头说:"对,对,可留作千古纪念。"铁木真又说:"你是长兄,应当坐上席。"札木合执意不肯,铁木真便用力一推,把他推到上席座位上,只听"扑通"一声巨响,札木合掉进了陷阱,尖刀刺得他鲜血直流,痛得哇哇惨叫。

铁木真又命令侍从们把札木合救了上来,一言未发,便骑马飞奔离去。(《元史》 王福金)

90. 既是钟神,何故投拜

元至元十三年(1276),蒙古铁骑攻陷南宋京城临安(今浙江杭州),忠于宋室的臣民纷纷逃亡。有位姓金的内廷供奉伶人,不愿向蒙古人献艺卖笑,流落民间,日子过得很艰难。

一天,他外出遇到一队人马,众军士簇拥着一员大将。定睛细看,是当年南宋的殿前副都指挥使范文虎。金氏知道此人是南宋奸相贾似道的心腹,去年他在安庆降元,摇身一变,成了元将,如今协同蒙古将军忙兀台镇守临安。当下金氏掉头就走,却被范文虎认出叫住。范文虎当年统领禁军,频繁出入宫廷,熟知金氏的技艺,打临安沦陷后,伶人散失很多,像金氏这样才艺出众的人还真难找。范文虎自知遭人唾骂,心里很兀塞,需要伶人为他逗乐打趣,排解烦恼,便劝金氏:"你且留下,不会缺你吃的穿的,过几天我家里要举行宴会,你又可以重新登场施展技艺了。"金氏沉吟许久,才答应下来,跟着范文虎走了。

宴会那天,来宾很多,大家都想重睹金氏的风采。在一片欢呼声中,金氏登场了,他说了这样一段笑话:

某地有座庙宇,钟楼上挂着一座大钟,但小和尚都不敢上楼撞钟。方丈询问是何缘故,小和尚说:"钟楼上有巨神,常常显灵,所以不敢登楼。"方丈不信,亲自登楼去看个究竟,果真遇到巨神。那巨神并不可怕,却跪在地上求饶。方丈不解地问:"你是什么神?"答曰:"钟神。"方丈便道:"既是钟神(谐音"忠臣"),何故投拜?"

在场的人听出故事的弦外之音,个个笑得前俯后仰。范文虎装作若无其事,随众人"嘻嘻"一笑,可心里极不痛快。这样辛辣的冷嘲比骂他一顿还难受。自然,宴会一结束,金氏就被逐出了范府,但他的气节和机智却在群众中传扬开了。
(《稗史》 夏咸淳)

91. 铜锤击权奸

阿合马是元世祖忽必烈在位时的权臣。他依仗世祖对他的宠信,专权纳贿,夺取民田,残害忠良,引起朝野上下的不满。益都千户王著平素嫉恶如仇,以天下为己任,见老百姓为阿合马的贪酷所苦,便自制了一个大铜锤,发誓要击死阿合马。

至元十九年(1282)三月,元世祖依照惯例前往上都开平府巡视,叫皇太子真金也陪同前往,命阿合马留守大都。王著认为这是击死阿合马的好机会,便和高和尚秘密商议了一个锄奸办法。十七日,王著、高和尚先分派一部分人控制大都要隘居庸关,另一部分人则由王著、高和尚亲自指挥,簇拥着假扮皇太子的仪仗队,诈称皇太子要回大都做佛事,浩浩荡荡地向建德门进发。他们在早晨先派两个番僧去中书省,通知中书省今晚皇太子与国师要做佛事,请准备好斋品供物。担任守卫皇太子宫中警卫的高觿(xī)不认识这两个番僧,心中怀疑,便用番语问道:"皇太子及国师在什么地方?"二僧大惊失色。高觿又用汉语问他们,二僧仓皇失措,无言以对。高觿便令手下拿下二僧,又与忙兀儿、张九思召集卫士,各拿刀箭准备应付突变。

将近中午时,王著又派人假传皇太子旨谕,让枢密副使张易发兵,当夜驻扎在太子宫外。接着,王著又骑马飞驰去见阿合马,通知他皇太子将回大都,命他集合中书省官员到太子宫去等候。阿合马得到命令也颇感疑惑,当即派遣中书右司郎中脱欢察儿领数骑出健德门,探听虚实。脱欢察儿一行出城十多里,正与拥着仪仗乘轿而来的假皇太子的大队人马相遇,结果都被杀死。王著即命令队伍急速前进。这时高觿已调集卫兵在太子宫前等候。正赶上张易也领兵前来。

高觿问张易到底发生了什么事情,张易说:"到晚上你就知道了。"高觿再三追问,张易才附耳低语道:"皇太子要来杀阿合马。"

到了夜里二更,高觿等人忽然听见人喊马嘶,假皇太子的仪仗队伍来到太子宫西门外。队中一人高声大叫:"快快开门,我们是皇太子部下。"高觿答道:"太子回宫,必派完泽、赛羊为先遣。请这两人出见,再开宫门。"假皇太子见赚门不得,便转至南门,在宫前下马。这时阿合马早已率部属官员在宫外迎候。那假皇太子骑在马上,呼唤省官前来,当众责问了阿合马几句。正当阿合马手足无措,迷惑不解之时,站在旁边的王著用力将阿合马拉过一边,赶紧从袖中抽出早已藏好的铜锤,向阿合马的头猛击过去,阿合马顿时脑碎毙命。

王著后来虽然被擒,但临刑时却神情自若,大呼:"我王著为天下除害,今日被处死,这是死得其所。将来必定会有人为我竖碑立传。"(《元史》 王福金)

92. 卖畚箕

元朝末年,江苏浏河边上有座村落,村上有个驼背,是个手艺人,专门编制竹畚箕。这东西看似平常,却是生产中不可缺少的一样工具,干农活、造房子,都要用到它。驼背手艺好,编的畚箕牢靠扎实,经久耐用。本村和邻乡的农家都愿买他的畚箕,镇上的贩子也上门订货,成批向外运。每当农忙的时候,生意特别好,里外张罗,忙得不可开交。因此三口之家生活过得蛮不错。

不幸的是,至正十八年(1358),浏河一带发生瘟疫,死了很多人,劳力缺乏,田园荒芜。畚箕卖不出去,驼背家里的存货越积越多。偶尔也有贩子来,但价钱杀得很低很低,问驼背卖不卖,驼背摇摇头。"那就留着自己用吧!"贩子嘴一撇,便扬长而去。驼背并不在意,照旧编他的畚箕。畚箕越编越多,家里快放不下了。家境日渐艰难,老婆孩子干着急。邻里亲友劝他还是减价卖掉算了,也有人笑他"大傻瓜""死脑筋"。驼背不理不睬,有时发急了,也直愣愣回敬两句:"农活总要干,房子总要造,畚箕总是有人要的,急啥!"

说来也巧,就在第二年,张士诚之弟张士信为了抵御朱元璋的进攻,征集大批民工紧急加固杭州城墙,因运土筑城之需,到处收购竹畚箕,一时价钱看涨。远离杭城数百里的浏河,也缺此货。再加上生产渐渐恢复,畚箕供不应求,驼背家的畚箕一销而空,可赚大钱了。

这回有话传开了:"别看驼背傻乎乎的,还真有先见之明。"有位名士听说此事,认为这个驼背不以行情暂时下跌而削价乃至改业,远见卓识非常人所能及。(《半轩集》 夏咸淳)

明　清

1. 江东桥

占据江西、湖广一带的陈友谅野心勃勃,想除掉雄踞应天(今江苏南京)的朱元璋,于是致书占据平江(今江苏苏州)的张士诚,相约联手攻打应天。他调集了水师,修造了舰船,亲自率军,从江州(今江西九江)出发,舳舻千里,旌旗蔽空,沿着长江,一面缓缓而下,一面等待着张士诚出兵的消息。

消息传到应天,应天震惊。朱元璋连夜召开会议,商量对敌之策。有人主张投降张士诚;有人主张据守钟山,与陈友谅一决雌雄;较多的人则主张袭取陈友谅所占要地太平(今安徽当涂),以牵制敌军,使其无暇顾及应天。朱元璋听了以后,摇手说道:"你们说的虽然都有一定的道理,但均不可取,我倒是嫌陈友谅来得太慢,要叫他快点来。"众人一听,都吃了一惊。有个叫李善长的问道:"陈友谅来,躲避都躲避不及,主公为何反倒要他早来?"朱元璋笑了笑说道:"陈友谅来得早,一斗一;陈友谅来得迟,一斗二。如果能趁张士诚未来之前,先击败陈友谅,根据张士诚胆小偷安的性格,他就不敢动手了,金陵即可太平无虞。"经朱元璋这么一说,众人觉得非常有理。

这天傍晚,陈友谅的水师前漂来一叶扁舟,来人带来了一封书信。陈友谅拆开来一看,原来是他旧日的老朋友康茂才的来信,信中大骂朱元璋,希望投靠到老朋友的麾下效力,愿作内应,并把朱元璋军队布防的情况,详详细细地告诉了陈友谅。陈友谅看完信,不由大喜,又问来人:"康茂才驻军在什么地方?"来人回答:"江东桥。"于是约定了接头的暗号,重赏了来人,请他连夜速回,报告康茂才。

陈友谅有康茂才作内应,便不再等待张士诚的消息,鼓足风帆,水师船队,如离弦之箭,不过一两天时间,便到了金陵江面。行至大胜港水域,发现港口狭窄,只能供两只船并行进出,又见岸上旌旗猎猎,有重兵把守,于是退出港口,不再耽搁,直驶江东桥。到得江东桥,派人上岸,按照原先约定的暗号,在桥边大喊:"老康!老康!"可任凭喊破喉咙,不见有人答应,方知事情不妙,中了圈套。赶快拔锚离岸,再往前驶去,到得龙江地面,见空旷无人,便下令靠岸,命士兵上岸树栅驻营。栅栏还未全部树好,忽然西北风起,乌云密布,接着便是大雨如注。就在这个时候,朱元璋的军队忽然从天而降,拔寨毁营,两军便混战起来。一会儿雨

停了,忽听鼓声大振,又有几彪人马冲来,左有常遇春,右有徐达,背后又有水师张德胜、朱虎从江面上杀来,内外夹击,四面受敌,陈友谅哪里还支持得住,败兵向江边逃去。刚下过雨,江滩泥泞,兵士双脚陷在泥中难以自拔,一阵箭雨,又死伤了不知多少。刚刚逃上船的,恰巧又遇上大江退潮,船只都搁浅在江滩上,作了俘虏。陈友谅乘上一条小船,侥幸夺命而逃。这一仗,朱元璋歼敌万人,生擒七千多,俘获船舰一百多艘,小战船有几百条。

在清理战利品中,在陈友谅的帅船中,居然还搜到了康茂才给他的那封信。
(《明史纪事本末》 陶湘生)

2. 对策定王业

元朝末年,江浙儒学副提举刘基,弃了乌纱官帽,归隐到了他的老家浙江青田。喝酒、下棋、著书,静观着时局的变化。

至正二十年(1360)二月,春暖花开,这天刘基刚刚午睡醒来,便有人来求见。原来是刚刚攻占了金华城的朱元璋派来的特使,带了五千两银子,邀请他出山。刘基微睁着眼,摇摇手说,自己懒散惯了,不堪世务的繁杂,把重金退了,把使者也回了。没想到才过了两天,他的老朋友孙炎来找他,告诉他,朱元璋非是一般的草莽英雄,他求贤若渴,礼贤下士,每到一处,决不烧杀抢掠,乃仁义之师,是的确可以辅佐的明主,自己也在他手下当了个总制的官职。接着把朱元璋亲笔写的一封邀请书交给了刘基,刘基答允了。

到朱元璋的营栅,气象果然不同一般。朱元璋对他非常恭敬,开口闭口都以"老先生"相称,连他的姓氏都不敢加呼,虚心地向他讨教平定天下大乱、一统王业的策略。于是刘基条分缕析地说道:"现在天下群雄蜂起,张士诚在吴地,徐贞一在蕲州,明玉珍在巴蜀,方国珍在浙东,陈友谅在江楚,但大多不足虑,真正能与我们争天下的,只有张士诚与陈友谅两家。两人之中,张士诚闭门保守,目光短浅,也不足图大事,只有陈友谅才是我们真正的敌手。他劫持了徐寿辉,僭位号令部下,又占据了江楚有利的地形,狡诈凶悍,时时想吞灭我们。故当今之计,应先灭除陈友谅。陈友谅一灭,张士诚势单力孤,一举可灭。然后挥师北上中原,进据北平,千秋王业,就功成名就了。"朱元璋听完,大喜过望,恭恭敬敬作了一揖:"承蒙先生不吝赐教,如拨云见日,老先生真是当世的张子房!"

从此,刘基一直留在朱元璋身边,出谋划策,帮朱元璋建立了大明皇朝。
(《明史纪事本末》 陶湘生)

3. 计破陈友谅

元朝至正二十年(1360),朱元璋率军南下。正当他在浙东取得一系列胜利的时候,忽然陈友谅出兵,乘机从其背后袭取了太平城。同时有消息传来,陈友谅已经集结了水陆大军,正准备从江州出发,沿江而下,夺取建康,一举把朱元璋的老窠端掉。朱元璋听到这个消息,惊得脊骨都凉了,当即召集部下将士,商量对付的办法。

"陈友谅凶悍如虎狼,狡诈如狐狸,"一位谋士说道,"陷安庆,破龙兴,取邵武,兵入抚州,连得建昌等五州,连战连胜,势如破竹。如今占有江西、湖广,得地势之利。他去年杀了徐寿辉,自行立国称汉皇,又有了名号,天下英雄,无人能与其争锋。今又联络苏州张士诚,为其帮凶,其势更壮。审时度势,依顺为上。"又一位说道:"宁可玉碎,不作瓦全。与其依顺,不如拼死一争。钟山虎踞龙盘,有王者之气,弃建康,守钟山,与陈友谅一决胜负,方为上策。"朱元璋听了,只是皱皱眉头,他张眼望望谋士刘基,想听听他的意见,可刘基就是一言不发,睁着眼睛,只是看着别人议论。

散会以后,朱元璋请刘基单独留了下来,作礼说道:"老先生未曾开口,一定另有话说,愿听高明。"刘基听后爽快地说道:"不论劝主公依顺者还是占钟山者,都该斩。""此话怎说?请老先生一一道来。""陈友谅此次倾巢而来,兵势虽强,但志骄气傲,正可诱其深入,然后以逸待劳,击而溃之,毕千秋之功业在此一举。这是千载难逢的好机会,岂能白白坐失!"朱元璋听后,高兴得握住刘基的手,赞叹道:"老先生真是诸葛孔明之再世!"

当夜,朱元璋把刘基留在军帐中,点着蜡烛,边饮酒边商量,制定了具体的作战方略,一直到东方发白。

依照刘基的方略谋划,朱元璋果然消灭了陈友谅。(《明史纪事本末》陶湘生)

4. 智消千人狱

明朝开国初年,江西南康县发生了一起仇家斗殴牵涉千人的案件。

王琼辉和罗玉成因为琐事结下仇恨,大概是感到自己吃了亏,心头咽不下这口气,就找了一个机会把罗玉成的家人抓来鞭打侮辱。罗玉成的侄子闻讯后不胜愤怒,立即纠集了一千多个血气方刚的年轻人赶去,将王琼辉的家团团包围,

然后打进门去救出家人。王琼辉见来人气势汹汹,知道不妙,赶紧拔腿就跑。然而来人太多,他没能逃出去,被捆绑起来,一阵棒打,昏死过去。罗家的人见此情形也慌了手脚,赶快把他丢在一旁,溜走了。

王琼辉兄弟共有五人,眼见他被罗家的人打成重伤,心里当然异常愤怒,于是就聚在一起断指发誓:豁出命去也要报此深仇! 经过仔细商量,他们决定到县衙报案,与罗家打场生死官司。

南康县县丞吴履,为人机智敏锐,办案干练果决,接到王家的状纸后,见涉案人员多达千余名,显然非同寻常,自然不敢掉以轻心。经认真研究,他发觉事情起因并不严重。若是自己吹毛求疵,一个涉案人员也不放过,一来审理此案所花时间需大大延长,小案倒要办成大案;二来时间一长,人员一多,万一出现差错,变生不测,后果不堪设想;三来……经过反复考虑,他决定把此案化大为小,尽可能地圆满解决。

他派人把王琼辉召来问道:"事情发生之时是否只有罗家的人围住了你的住处?"王琼辉回答说:"不止罗家的人,另外还有一千多人。"吴履又问道:"那一千多人都对你进行了侮辱殴打吗?"王琼辉说:"没有,真正行凶的大概只有几个人。"吴履听后,这才耐心地劝告他:"既然行凶的只有几个人,那么你真正愤恨的也不过就是那几个人。因那几个你所愤恨的人,牵连到一千多人,这个官司你不是打得太大了吗? 当然,你坚持要把官司打下去也不是不可以,但是有句话叫'众怒难犯',假如这一千多人见你不肯放过,索性不顾一切铤而走险,把你一家人全都杀了,虽然县衙可以尽力追捕凶手,将他们依法惩处,然而这对你又有什么好处呢?"听了吴履的劝告,王琼辉恍然大悟,连忙叩头说道:"谢谢大人指教,官司一事,全凭大人秉公办理,小人无不遵命。"

于是,吴履令人将棒打王琼辉致伤的四个行凶犯抓来,当着王琼辉的面杖打几十下,直至血流一地,算作对打伤王琼辉的惩罚;然后又把罗玉成叔侄等人唤到县衙,当面向王琼辉道歉赔罪,取得王琼辉的原谅。

一件很可能引发出大案的殴人致伤事件,就这样被吴履平息了,南康县百姓知道后,无不对吴履的大仁大智充满敬佩之情。(《智囊》 沈习康)

5. 日记破案

明初江南各省的巡抚中周忱名气最大。单说周忱对公事用心的程度,就没有人能比得上。

周忱有一册日记,每天发生的事情,事无巨细,都记录在案,就连每天是天阴还是天晴,刮风还是下雨,都记得清清楚楚,一丝不苟。比如说,某日,午前晴,午后阴;又比如,哪天东风,哪天西风,哪天白天西风晚上东风,都不厌其烦地写在日记本上。

开始,大家都不理解,周忱干吗要记得这么详细,可后来发生了这么一件事,才使大家明白了他记日记的重要性。

有一天,有个押运粮船的人,神色慌张地跑来向周忱报告,说运粮船在回来的途中被风浪击沉,粮食尽数沉入水底。

周忱听了,问道:"船是哪天沉的?"

"十一月初十。"

"午前还是午后?"

"大概是午后。"

"那天刮的是东风还是西风?"

"唔,唔……是东风。"

周忱一听,拿起惊堂木一拍说:"大胆狂徒!居然敢欺骗本官,盗取粮船。"

那人还想狡辩,周忱拿出日记本,翻到初十这一页,指给他看:"初十,晴,午后西风。"

这人本想诈称船沉,将粮食贪污,哪里知道他们的巡抚如此心细,拆穿了他的鬼把戏,只得认罪伏法。

周忱的这本日记帮助他在判案时做出了准确的判断。大家到这时才明白,这些风雨之字也是公事呀!(《菽园杂记》 孙冰)

6. 破竹忘刀

建文年间(1399—1402),扬州发生了一件命案。有户百姓家深夜被盗,男主人被窃贼杀死在屋里,尸体旁边留下了行凶的一把刀。县令得到报案后,没过半天就把这个案子破了。因为事有凑巧,在这把刀的刀柄上刻有一个印记,而这个印记就是死主隔壁邻家常用的记号。县令毫不迟疑地把邻居抓了起来,但那邻居却不肯承认,大叫冤枉,分辩说,刀的确是他家的,但这把刀遗失已有半年多了。当时因为晾衣要根竹竿,便到屋后小竹林里砍了一根,结果竹子是砍了,刀子却忘在竹林子里,等第二天想起再去找,刀子就不见了。县令问他,有谁可做证,邻居想来想去,实在无人可证。县令把惊堂木一拍:"一派谎言,休想蒙骗本官!"令箭一扔,便上大刑,邻居果然老实了,承认了死者是他所杀。案子结案,上报刑部,只等批文下来,就行死刑。

刑部侍郎刘季箎，接到扬州送来的案卷，细审之下，觉得这个案子十分蹊跷：岂有罪犯把带有记号的凶器自己留在现场的？这不是明白告诉罪犯是谁吗？而砍竹忘刀，却是极为正常的。于是从金陵来到扬州，从死牢里提审了这个邻居，又向县令要了凶器。

过了两天，在案发村子的周围邻村里，来了一个竹匠，挑着一副担子，担子上挂着日用竹器，每到一个村子，便停下来，摆开工具，劈竹剖篾，既卖新的竹器，也修旧的，引得村姑孩童，团团围观。这天，竹匠正在劈竹，忽然人群中有个小孩叫了起来："这把刀子是我家的，我认得。"竹匠就让小孩把他领到家里，一下子就把小孩的父亲抓了起来。再仔细一审，果然，那杀人的窃贼就是他。

原来，那邻居砍竹把刀忘在竹林里，被盗贼经过捡走了，一直放在家里不敢用，怕被人认走。那夜外出作案，就顺手带了这把刀，杀人后便把刀留在现场，以转移目标。（《明史》 陶湘生）

7. 船队遇险

永乐六年（1408）九月，郑和率领庞大的船队，乘风破浪，下南洋诸国，亲善邻邦，同时暗访被废的建文帝的下落。这一天，船队来到了南洋的锡兰山国。国王亚烈苦奈儿热情欢迎郑和的到来，坚请郑和上岸，在国内通商贸易，游览旖旎风光，参观壮丽寺庙。郑和见国王如此热情，于是就抛锚把船队停留在锡兰山国的港口，除留下部分将士看守船队外，自己便亲率二千名将士上岸，暂驻在锡兰山国京城的郊外。

就在这一天的半夜，郑和刚刚睡下，突然船队来人求救，亚烈国王派兵攻打船队。郑和一听，犹如五雷轰顶，方知中了亚烈国王的奸计，热情相邀是假，诱骗郑和带队上岸是真，想乘机劫夺船队，掳掠郑和船队所带的大量钱币珍宝。这是一条非常阴险的毒计，而且是来得这么突然，怎么办？

郑和镇定了一下情绪，想了一想后，立即命令二千将士执锐披甲，马上出发，袭取锡兰山国的京城。有人提出异议，应该先救护船队要紧，万一船队一失，岂非成了瓮中之鳖，再也别想回国了。郑和回答说："要是先去救护船队，我们就真的连一点生还的希望都没有了，现在只有乘虚先袭取京城，方能保护船队，化险为夷。"

情况果如郑和所说的那样，亚烈国王料定郑和必定回救死战，所以把国内的主力精锐都调至港口，京城只留少量军队。郑和突袭京城，一举而下，然后直奔王宫。亚烈苦奈儿正和大臣们在宫中欢饮作乐，等待捷报的到来，没想到等来的竟是郑和的突然降临,他和他的大臣顿时成了郑和的俘虏。

郑和生俘国王后,迅即又率领人马出京城,埋伏起来。且说那攻打郑和船队的军队,眼看就要得手,忽然京城传来了失守的消息,便放弃对船队的攻打,匆匆回救京城。才到得半路,忽地里杀出郑和兵马,一场混战,把国王的精锐杀得个稀里哗啦,都溃散了。

郑和粉碎了亚烈的阴谋,保住了船队,维护了国家的尊严,受到了永乐皇帝的赞扬封赏。(《明史》 陶湘生)

8. 吴江医生

明朝年间,吴江医生盛寅,一路行医到北京。这一天,盛寅正在琉璃厂流连游玩,忽然有人喊他。他抬头一看,见面前那人有点面熟,竟想不起是谁来了。那人见他一时愣在那里,便笑嘻嘻地说道:"盛医生,您还记得那年寻到您家来治病的宫中老刘吗?"经那人一说,盛寅这才记起来。三四年前,这位在宫中做事的老刘公公,到苏州来督采花鸟,谁知到了江南,竟生了胀病,自以为必将客死苏州。后来经人介绍,找到盛医生的家里,几帖药下去,竟然把他的病治好了。今日不意在此一见,自然高兴非凡了。

找了一家酒楼坐了下来,点了几样北京的宫菜,便边吃边叙谈起来。到了末了,老刘公公对盛寅说,今天在这里能见到盛医生,真是天意,否则的话,想要到吴江去请他了。盛寅问起缘由。原来,宫中主管采购花木的王太监也生了胀病,御医们下了好多帖药,就是不见好,自然就想起了吴江的盛医生,没料竟这样巧。下了酒楼,两人就直奔王太监那儿,王太监躺在床上,肚子胀得鼓鼓的,呼吸也很困难,盛寅开了七帖药。七帖药下去,竟然把个临死的王公公也救活了。

这一天,刚巧成祖到西苑射猎,王太监也跟去侍候。皇上一回头,猛然见王太监也跟在身后,不由得吃了一惊,就问道:"我还以为你生胀病死了,你怎么又会好好地活着?"王太监连忙把看病的经过说给皇上听。皇上听后,下旨把盛寅召进宫来,要请他号脉。盛寅替皇上号了脉,回禀皇上说,圣体有风湿病。皇上一听,马上就赞叹他诊断得准确。盛寅开了几帖药,皇上服后大见成效,于是又下旨把盛寅请进宫来,宫中从此多了一位御医。(《明史》 陶湘生)

9. 贵妃有孕

还是在明仁宗当太子的时候,张贵妃十个月不来例假。宫中众多的御医把

脉后，一致诊断为有孕，纷纷向太子祝贺。只有御医盛寅认为不是怀孕，对太子说，虽然张贵妃的肚子日渐胀大，但那不是胎儿，而是经血在肚中凝聚结块，并详细说了张贵妃现在的症状。张贵妃在房中听到了盛寅的话，就把太子叫进来，对太子说："盛医生说的症状一点不差，我的病状就是这样子的。宫中有这么好的医生，为什么不早点让他来替我诊病呢？"于是就请盛医生开处方。盛寅开出的药方是破血剂。太子一看，非常生气，不信他的贵妃会生这种怪病，一定是盛寅诊断错了，于是把盛寅的药方撕了。

过了些时候，张贵妃的病越来越严重了，命盛寅再次诊视，结果开出来的处方仍是破血剂。贵妃命令照盛寅的处方进药。太子不放心，怕盛寅开错了药方，把肚中的胎儿打落了，就命人把盛寅上枷锁，关在空房里，当作人质，如果错了，论罪斩首。

盛寅被关押的消息从宫中传出后，盛医生全家都急得茶饭不思，觉也睡不好，认定这次是凶多吉少，恐怕是难逃杀头的一劫了，整天胆战心惊。谁知熬到第三天，只听门外阵阵喧闹，一会儿就见红仗前导，盛寅坐着宫中的马车，被太监簇拥着，神气十足地被送回来了。太子还赏赐了很多很多的银两珍宝。盛寅夫人急忙一把拉住盛寅的衣袖，问贵妃的情况。盛寅告诉她，一帖破血剂下去，流了许许多多的紫血，待大血停止了以后，贵妃的肚子平复如常，病情立即就好了。
（《明史》 陶湘生）

10. 治理苏州

新上任的苏州知府况钟正式办公了。他刚刚坐下，一群府吏立刻上来团团围住，不分轻重缓急，把各自管理的事务一股脑儿推给他，并装出一种事情紧急的样子，要他立刻批文处理。况钟看了一眼，心知府吏故意刁难，索性将计就计，摆出一副什么也不懂的面孔说道："本府初到此地，人事生疏，各位久居苏州，办事熟练，今日所呈事务，各位就照规矩办吧。"府吏们听了况钟此话，不由心中大喜，都认为这位新任太守与前任太守相差无几，不过是一个昏庸易欺的糊涂虫。于是就七嘴八舌，提出了各自的意见。每当况钟略有疑辞，他们又群口反驳，嘈杂的声音淹没了况钟的声音。见此情形，况钟索性越加表现得软弱无能，听任府吏们各行其是。

三天之后，府吏们各自在家起床不久，有的尚未盥洗完毕，就见府中差役跑得满头大汗地前来催叫："知府大人有紧急公务要办，请你们火速赴府，不得迟误。"不一会儿，府吏们都赶到了知府衙门，只见况钟端坐公堂，一班衙役威风凛凛地侍立两旁,森严的气氛与往日大不相同。府吏们不清楚究竟发生了什么事,不由得紧张起来。"你们都来了,各人所办的事怎样了?"况钟的问话冷冷地射来,声音中带着令人心寒的威严,与三天前相比,仿佛换了一个人。府吏们毕竟在衙门混熟了,见此状况,再也不敢多嘴多舌,只得乖乖地把所办的事项禀告上去。但见况钟不断地皱着眉头,一肚子的不高兴。待府吏们说完,况钟沉下脸来喝道:"怎么,你们故意要和我捣乱?该办的不办,不该办的却偏偏去办!看来你们一贯营私舞弊,欺压百姓,真是罪该万死!来人哪,给我拖下去狠狠地打!"一阵刑杖声中,这些平时刁钻恶劣的府吏们全被打得皮开肉绽,有几个竟被当堂打死。接着,况钟又严厉训斥了那些或畏葸(xǐ)懦弱,或贪虐冷酷的僚属,将他们全都革职逐出府衙。事情传开后,整个苏州府为之震动。

继对知府衙门的清理整顿之后,况钟又深入民间调查,废除了各项苛捐杂税,重新核定赋额,铲除豪强,扶植良善,办学礼儒,赈荒济农,办了一系列兴利除害的实事,在他的任期内,整个苏州府的面貌发生了根本的变化。明英宗正统六年(1441),况钟任满待迁,苏州百姓两万余人聚集在巡按御史张文昌府衙前,请求留任况钟,得到了明英宗的批准。第二年十二月,况钟病逝于苏州知府任上,苏州吏民悲痛聚哭,如丧考妣,为他建立了祠堂以资纪念。(《明史》《万历野获编》 沈习康)

11. 五窍壶

景泰三年(1452),黄河在兖州的沙湾大洪口决堤,导致京城赖以供粮的漕运会通河淤塞,朝中大臣一致推荐右金都御史徐有贞负责治理。

此时已是农历冬月,河水暴涨,许多船只都聚集在那里,治河的几万士兵在那里待命。徐有贞到了兖州后,不急于动手,而是命令治河的士兵暂且回营,请他们过两个月再来。他自己带几个随从,乘上了一只便船,从济水、汶水到卫水,然后沿黄河而上,一直到范、濮而回,把黄河仔仔细细考察研究了一遍,然后向皇上写了个报告,说明黄河屡屡决堤的原因,提出了先疏上流使水势平缓,然后治堤决,再疏淤沙的三步方案,并加了三个具体做法:置水闸,开支河,疏通运河。皇上恩准了。

谁知刚刚开工,督漕都御史王竑就提出,应该先塞决口,清淤会通河,以保证漕运通畅,京城粮足。皇上听听有理,叫徐有贞照此办理。徐有贞马上上疏,现在先塞决口,而不疏上流,春天大水一来,黄河照例必决,会通河照样淤塞,徒劳无益。皇上想想还是徐有贞说的是,就又下旨还是按徐有贞的方案办。谁知又

有人提出，黄河应该以筑堤堵决为是，怎么还可开支河，河水不是更难控制了吗？皇上听听又是，于是派了个太监去问徐有贞。徐有贞也不说什么，叫人拿来两把壶，一把壶有一个口，另一把壶有五个口。两壶都装满了水，五口壶一会儿水就流光了，而一口壶水流了很长时间。太监把所见报告了皇上，皇上一听明白了，以徐有贞开支河泄水势为是。

徐有贞用了三年不到的时间，把兖州一段的黄河治好了，在以后很长的年头里都没有决过口，解决了朝廷多年治黄所没有解决的难题。（《明史》 陶湘生）

12. 状告门达

明朝天顺年间(1457—1464)，北京城里有个名叫杨暄的手艺人，精通彩漆技艺，为人十分正直，遇事颇有智谋，常常出头为人打抱不平。他得知锦衣卫指挥门达迫害袁彬的事后，不由得义愤填膺。他搜集了门达二十多件违法之事，写成一篇长长的状词，跑到朝殿门口悬挂的登闻鼓下，猛力敲击。鼓声惊动了有关官吏，他们急忙前来查看，只见杨暄高举状纸，口中大呼袁彬冤屈。事关重大，官吏们也不敢怠慢，急急跑进皇宫向明英宗报告。这时英宗正在和太监裴当打球游戏，玩兴正浓，哪有心思处理这种事情，还未等人报告完毕，他就挥手说道："把那个告状的人抓起来送到门达那里去审讯。"到了门达面前，门达对他严加拷问，并恐吓他，然后要他招出状纸上的二十多件事是从那里听来的。杨暄神色不变，对状纸上的内容全都答称不知其事。接着他又对门达说道："我不过是一个地位低贱的手艺匠，既不知书识字，又与你毫无仇怨，怎么会写了状词告你呢？请你屏退左右的人，我有秘情告诉你。"门达见状，立刻叫手下人退出室外。杨暄见只有门达一人，故作诡秘地说："这本状纸是阁老李贤所写，他对你一直抱有不满，故意差人叫我告你，其实他究竟写了些什么我根本不知道。"门达听了，不由一阵暗喜，忙问杨暄："既然这是李贤所为，你敢与他对质公堂吗？"杨暄故意犹豫不决，门达又道："有我在，你怕什么，到时你尽管说出来就是了。"杨暄这才点头答应。于是门达立刻叫人送来酒肉，并亲自陪杨暄吃饭。

原来大学士李贤是当朝宰相，他对门达的为非作歹早有所闻，曾多次劝谏英宗处治门达。门达心中非常仇恨李贤，一直在寻机陷害。尽管他以前也向英宗诬告过李贤接受贿赂等罪名，但英宗并未相信，这一次他想一定能狠狠地报复李贤一下。

第二天上朝时，门达向英宗奏报李贤指使杨暄害他，请求英宗派人审理。英宗听后，半信半疑，当即下令朝中大臣在午门外会审杨暄，同时派了太监裴当监视会审情况。

不一会儿,杨暄被押至午门,门达想把李贤抓起来审讯,裴当说道:"李贤是朝中大臣,不可随便侮辱。"众大臣问杨暄:"李贤指使你害门达,此事究竟如何?"不料杨暄的回答出人意外,他说道:"根本没有这回事。我不过是一介小民,哪里有资格面见李丞相?是门达把我叫去,以酒肉招待,教我这样说的。如果你们不信,当时有某某人看见我和门达一起吃喝,你们可以叫来问问。至于状词,完全是我一人所写,不信,我现在就把其中内容讲给你们听听。"说着,杨暄把门达的二十多件违法之事一一抖落出来。顿时,门达呆若木鸡,一句话也说不出来。众大臣见状,一起说道:"门达指使杨暄诬告李贤,此罪难逃。"门达被逮下狱,论律当斩。最后经英宗御批将门达充军广西,不久就死在那里。(《寓圃杂记》《明史》 沈习康)

13. 装病救冤民

明天顺六年(1462)五月,山西汾州(今汾阳)官兵捕获了十六个造反的人,经审问,他们供认的同谋者竟达千余人。很快,这些同谋者被陆续捕获,不料在审讯时,他们却异口同声高呼"冤枉"。审讯官告诉他们是在押的十六个人指供的,他们都说这十六个人和他们一直怀有仇怨,故意借机报复。面对如此局面,参加审讯的绝大多数官员都不愿仔细分辨,竟想把被捕者全以"逆党"之罪处死,只有藩台祝颢持异议。在商量结案时,祝颢对其他官员说道:"既然十六个在押犯指证了那些同谋者,那么这些同谋者为什么不和他们同时参加造反的行动呢?这十六个人又为什么这么快就供认出这么多的同谋者呢?其中定有蹊跷。即使这些人参与造反,按照朝廷法律,凡造反者,首恶必究,胁从不治,更何况这些被牵连的人呢?"祝颢把自己的意见奏报朝廷,经重新审理最终释放了这一千多人,祝颢办案的名声也传播开了。

不久以后,祝颢又奉命与朝廷派来的使臣赴崞(guō)县监斩七个死囚。刽子手依次杀了五个,轮到最后两个时,不料他们连呼"冤枉",恨恨不已。祝颢见了,连忙制止刽子手用刑,叫人把那两名死囚押到面前来。祝颢开口问道:"你们既已死到临头,为什么大呼冤枉?"这两名囚犯回答道:"我们都是安分守法的小民,根本就没有犯下死罪,只因熬不过严刑拷打而被迫承认。今天我们见大人亲临,又听说您非常仁慈,才敢衔冤呼救,请大人仔细辨明案情,还我们清白之名。"祝颢听后对使臣说:"看来此案还需重审,若仓促行刑,恐怕会误杀无辜百姓。"使臣心中虽然并不赞同祝颢,但也不便坚持原判,只得同意将两名

囚犯带回重审。

回到衙门后，祝颢调来全部案卷仔细研究，发现案件果有疑问，但要完全证明这两名囚犯无罪，最主要的证据一时难以到手。他也知道使臣心中本来就不服，若无有力证据在手，使臣不会就此罢休。祝颢陷入了沉思。

第二天，使臣本想和祝颢审理案子，忽然来了一名差役，告诉他祝颢生病推迟审期。使臣以为既然祝颢病了，推迟几天审案也无关紧要。不料祝颢这一病，毫无痊愈迹象，使臣出于关心与礼貌，来到祝颢家中探病。到了祝家，使臣发现祝颢并未病倒在床，而是在仔细阅读案卷，心里觉得十分奇怪，赶忙上前询问祝颢的病情。祝颢说："其实我并没有生病，只因为有两名无罪者被判处死刑，我一时不能为其辨明冤屈，这才是我的心腹大病啊！"使臣恍然大悟，不由被祝颢认真负责的精神所感动。后来，在使臣的协助下，祝颢查明实情，终于将两名被冤枉的百姓无罪释放。（《寓圃杂记》 沈习康）

14. 审石追纸

明朝成化年间(1465—1487)，有个叫易贵的人被派任辰州（今湖南沅陵）知府。

一天，有个人挑着一担纸走得累了，就在路旁歇息，背靠一块大石头打起瞌睡。他醒来后发觉纸担被人挑走了，连忙来到府衙哭诉道："我家上有老，下有小，这些纸是准备拿到市场上去卖的，如今被盗，叫我如何养家糊口……"

易贵沉吟了一下，叫人把丢纸地方的那块大石头抬到衙署内的台阶下，然后公开宣布要审判石头，追回纸担。人们还是头一次听说审讯石头的新鲜事，都拥进衙署看热闹。只见易贵坐在堂上，几个衙役手持竹板，使劲击打石头。

过了一会儿，易贵叫人关上大门，然后对大家说："经过审讯，这块石头认了罪，是由于它给卖纸人当靠背才丢了纸担。不过，热闹看完了，大家总该拿些钱资助卖纸人才是。"于是人们纷纷掏出一点钱交给卖纸人。

等大家散去，易贵悄悄问卖纸人："你的纸有记号吗？"卖纸人忙回答说："有。""那你就在衙门外住几天，等候消息，但不要被别人看见。"易贵嘱咐道。

"知府审石头"的消息不胫而走，人们只把它当作茶余饭后的话题，都认为案子已经审完，谁也不再把它放在心上了。过了几天，城内外贴出许多告示，说官府高价收买纸张，要纸商把纸送去。纸商们听说后，就把一捆一捆的纸送进衙署，同时按照要求在纸上写了各自的名字。易贵叫卖纸人暗暗辨认，果然认出他丢失的纸。易贵从纸上的名字下手追查，终于擒获了窃贼。在罪证面前，窃贼不得不供认伏法。（《棠阴比事》 程维荣）

15. 阿丑

明宪宗成化年间(1465—1487),太监汪直受到皇帝宠信,势倾天下。他利用手中掌握的西厂特务机关,敲诈勒索,迫害良善,横行无忌。朝廷中不少大臣先后上疏,请求宪宗将汪直逮捕问罪,为国除害,却遭到了汪直的残酷打击,包括大学士高辖(心)在内的十几位大臣纷纷被削职罢官。与此同时,汪直又在党羽王越、陈钺的挑动下,妄起边衅,发动战争,企图借此转移人们的视线,巩固自己的地位。一时之间,朝政混乱,真正称得上小人得势、君子遭殃。

宪宗身旁有个名叫阿丑的小太监,他生性幽默滑稽,专以说笑为宪宗解闷除忧。别看阿丑微不足道,只是供奉皇帝娱乐而已,他的为人却十分正直,常常在说笑之中夹入现实时事,寓寄褒贬,讽谏明宪宗。曾经有一次,阿丑与几个伶人在宪宗面前表演六部大臣挑选候补官员到地方任职。先是经过精心选择,初步挑中了三个人,然后阿丑扮成主持铨选的官员把他们召来问话。第一人上来后,阿丑问道:"你叫什么名字?"那人回答:"我叫公论。"阿丑马上就说:"当今之世,公论已经无用!你不能担任此职。"第二人上来了,阿丑又问:"你叫什么名字?"那人回答:"我叫公道。"阿丑冷笑道:"现时公道也难以行得通!你也不能担任此职。"最后一人神气活现地走上来,阿丑对他说:"你把名字报上来。"那人得意地自称:"我名叫胡涂。"阿丑听了后,立刻从座上走下来说道:"啊呀!真是难得,治理地方,还真要靠你这个胡涂了。"说完,就将官印授予了胡涂。宪宗看了阿丑的表演,明知他讽刺吏治不清,却不以为,只是微微笑了一下,权当笑话听听而已。

汪直及其党羽的横行不法,阿丑看在眼里,记在心里,他一直在想如何讽谏宪宗。这一天,他终于找到一个机会,又与几个伶人在宪宗面前表演了一段节目。阿丑装扮成一个酩酊大醉的闹事酒鬼,周围好多人劝解都没用。一个人故意吓唬他道:"巡城御史来了!"阿丑仿佛没有听到一样,躺在地上依然吵骂不休。又一个人大声喊:"皇上驾到!"阿丑口中喃喃,仍旧不肯起来。最后一个人轻轻地说:"汪太监来了。"阿丑顿时如受雷击,吓得连忙从地上爬起来,一下子服服帖帖,酒意全消。旁边的人见到阿丑如此慌张,十分不解地问他:"刚才有人说皇帝驾到,你倒一点儿也不惧怕,怎么一听到汪直的名字,反而吓成这副模样呢?"阿丑扮的醉鬼答道:"我只知道有汪太监,不知道有天子。"

宪宗看了阿丑的表演,恍然明白汪直的权势已经到了无法容忍的程度,这才开始逐渐疏远汪直,一改以往的盲目宠信。后来,在大臣们的交章弹劾下,宪宗

终于撤了汪直的职。

汪直被罢免后,宪宗并未追查他的党羽,王越、陈钺等人依然官居高位,丝毫没有受到什么牵连影响。阿丑心中明白,斩草要除根,去恶务须尽。一天,他又演了一场拿手好戏,手持双斧,跟跟跄跄地在宫中乱跑。周围的人见他怪模怪样,连忙上来问他为何如此,他模仿汪直的声音道:"我带兵打仗,全靠着这左右手两把斧钺。"旁人问道:"这两把斧钺有什么名堂?"他神色诡秘地道:"一把叫王越(钺),一把叫陈钺,端的威力无比。"明宪宗在一旁听了,微微一笑,知道阿丑又在讽谏自己。没多久,王越、陈钺就遭到了贬谪。(《琅玡漫钞》 沈习康)

16. 病后吐舌

凌云是明代的名医,特别是针灸的医术,几乎到了出神入化的地步,一针下去,针到病除。他的哥哥大凌医术也不差,在当时也非常有名气,人称大小二神针。

一次,有位病人来请凌云的哥哥看病,此人的病非常奇怪,不痛不痒,只是一条舌头伸出口外,无法收缩进去。病因也极简单,只是在生了一场大病后,就变得这样怪异。病人到处求医,无人能治。大凌进行了一番诊问以后,心中渐渐有了底,但由于第一次碰到这种怪异,怕万一有差错,好在自己兄弟就在隔壁,于是请病家略等一会儿,自己便立起身来,走到凌云屋里,与弟弟凌云讨论起这个病例。

"以我诊见,这是病人在大病以后,身体还没有复元,就急于频频房事,肾水枯竭,导致虚火急升,才造成舌头外伸的。病在阴虚,应该采取以阳攻阴的办法,针右股太阳穴,你意如何?"

凌云听了以后,对哥哥点了点头:"我也觉得是这样,你的诊断是对的,就按你的办法治好了。"

大凌回到自己屋里,便针了病人右股太阳穴。但病人的舌头依然如故,仍旧缩不回去。大凌不由一惊,难道我们兄弟俩的诊断错了?于是又来到凌云的屋里。

凌云听完了哥哥的叙述后,就笑了笑说道:"你的诊断一点也没有错,只是你性急了一点,针右股太阳穴虽是泻去了他的虚火,但阴虚仍旧,须得再补一补才行。"

大凌一听,拍了拍脑袋说:"啊哟,我怎么没想到这一点。"于是给病人开了几帖补剂。补剂吃完以后,病人果然舌复如常。(《明史》 陶湘生)

17. 熟蹄与五更啼

明弘治十二年(1499)己未科的会试主考官是翰林学士程敏政,他的仆人中有几个不肖之徒,乘应试的士子前来打通关节的机会,怂恿主人索要贿赂。一些举人因此夤缘欲窃高第,求取考试题目。考试结束后,给事中华昶发现有营私舞弊行为,便上章弹劾程敏政,指责他卖题给唐寅、徐经等人。皇帝下诏将程系狱审查,一时承办此案的官员多曲意回护,华昶反而被坐以妄用不实之词攻讦他人的罪名,有为华昶辩解的,也因之获遣。当时朝廷上虽然也进行过辩论,但大官们都为翰林学士讳,因为他们原先都是翰林出身,故而此事始终没法澄清。

想不到后来优人的两场演出,却成了解决此事的转机。一天,明孝宗于宫中设宴,一个优人扮成叫卖熟食的贩子,捧着一个木盘,上面放着一只熟猪蹄和一把切肉刀,边走边招呼:"卖蹄啊,卖蹄啊!"另一优人扮成顾客,凑上去问价钱。扮贩子的优人大声嚷道:"一千两一个!不减价!"扮顾客的优人惊道:"怎么这样贵哪?"卖者笑笑说:"这都是熟蹄,不是生蹄啊!"座中人,一听"熟蹄",便想到了"熟题",这不是借谐音讽刺程敏政高价卖题么?当场他们都哄笑起来。皇帝听了,若有所悟。

过了几天,有一个大官举办酒会,请了包括程敏政在内的一批官员赴宴。席间照例有优人应召前来献艺。一个优人扮成卖鸡的贩子,手里提一只活鸡,扯着嗓子大叫:"我有一只鸡,谁要买呀?卖价一千两,卖价一千两哪!"旁边一个优人扮成市民跟在他后面责问:"你这鸡是谁家的?竟卖这么贵的价钱?实在太没有道理。"扮贩子的优人回答道:"这是程学士家的鸡,卖价贵就是因为只卖他一个五更啼!"众人一听,这"五更啼"与"五经题"谐音,"五经"即《诗经》《尚书》《周易》《礼记》和《春秋左传》,与《大学》《中庸》《论语》《孟子》"四书"都是科举考试出题的依据,原来又是优人机智地借谐音巧妙地对程敏政泄露考试题目进行讽刺,大家免不了又发出会心的笑声。程敏政在场窘得恨不得地下有个洞钻进去。

消息传到明孝宗那儿,他想起几天前的那场表演也是针对程敏政的,更觉得事出有因,马上下诏,亲御午门,会同刑部、大理寺、都察院等有关部门重新审理此案,查明真相,处理了程敏政,削去了他的官职。(《西园杂记》《七修类稿》 鹏肩)

18. 摔跤比赛

明朝正德年间(1506—1521),明武宗驻跸南京,带随的禁卫军有十来万人。

他们自恃身份特殊,进了南京城后,恣肆无忌,在城中喝酒闹事,抢掠财物,调戏妇女,殴打百姓,地方官对他们毫无办法,弄得南京城中人心惶惶,商家不敢开门做生意,百姓不敢在大街上行走。不久,寇天叙接任了南京府尹,他决心治一治这些禁卫军。

这一天,大街上贴出了告示,禁卫军与南京百姓各选摔跤高手,进行公开比赛。禁卫军看到这布告,都高兴得如同要过节日似的。这些禁卫军都是从辽东、宣府、大同、延绥一带选调来的驻军,个个长得人高马大,腰圆膀粗,力大无穷,长于摔跤,在边远的军营中无以为乐,就以摔跤为戏。来南京后,见南方人大都文文瘦瘦的,习文不习武,所以根本不把南方人放在眼里。在他们看来,同南方人比赛摔跤就如同儿戏。看来是寇府尹有意讨好禁卫军,让禁卫军威风威风,所以他们个个都盼比赛的这一天早点到来。

比赛这一天,寇天叙和兵部尚书乔宇都到了赛场。禁卫军站在台左,百姓站在台右,人头攒动,闹闹嚷嚷。比赛开始了,禁卫军出场的是他们的头等好手,身高六尺,赤膊穿一件杏黄坎肩,肌肉虬结,台上一站,犹如一座小山,禁卫军中发出一阵叫喊声。南京百姓的好手也上场了,是一个十四五岁的少年,瘦瘦小小的,高不及禁军好手的肩膀。这还用得着比吗?禁卫军中又发出一阵叫喊声,直把赛台下的南京百姓羞得抬不起头来。比赛开始了,禁卫军好手伸出铁臂,一把抓将过去,眼看这少年的肩骨,转眼就要粉碎,百姓都"呀"地一声把眼睛闭了起来。谁知少年身子灵闪得很,禁军好手连抓了几抓,都没有抓到。这时候,台下的百姓才看出这少年有点来历,大声为他鼓起劲来。禁军好手几抓落空,觉得没了面子,又经台下百姓的一轰,又气又怒,一腔热血直冲天灵盖,便使尽全身力气,像老鹰抓小鸡似的走扑过去。说时迟,那时快,只见少年身子往下一矮,突地伸出双手,台下还没看清怎么一回事,只见那禁卫军好手庞大的身躯,就像一段烂木头似的离地从少年头上向后直飞出去,一冲几丈远,"扑"地一声,直通通飞到了台外地上,跌得昏死了过去。台右的百姓中,顿时崩出雷鸣般的欢呼,台左的禁卫军,瞬时委顿如秋草,都羞愧得低下了头。

从此,禁卫军在南京城中,再也不敢骄横霸道了。那少年,自然是寇天叙暗中寻访来的武林高手。(《明史》 陶湘生)

19. 巧拒索贿

明朝正德年间(1506—1521),皇上驾临南京,随行的官员与禁卫军有十万多人,南京府每天为此所耗费的钱银达几万两。更加使人头痛的是,这些随行的官员不时求贿索贿，公开向南京府尹伸手要钱要物，而且索贿数目巨大，比南京府每天的开支还要多几倍。南京府再富庶，也承受不了这班贪官硕鼠的搜刮，但又不敢拒绝他们，因为这些人都是皇上身边的权势人物，只要他们去皇上面前稍微鼓嘴弄舌几句，你的官帽就会丢掉。为此，南京府尹齐道宗，又愁又怕，不几天就死了。朝廷任命寇天叙接任府尹。

上任的第一天，就有人来拜见。寇天叙一看传进来的名帖，原来是皇上最宠信的权臣江彬派来的特使。寇天叙沉思了一下，便脱下了官服，叠得整整齐齐的，放在面前的案桌上，又除下了官帽，摆在官服上，然后传令求见者进来。

那使者进得堂来，见寇天叙身穿青色便衣，戴着黑色便帽，而官服官帽却叠放在案桌上，觉得非常奇怪，就问起原因。寇天叙说道："我这个官马上就要当不成了，所以先除了下来。"使者一听，满心喜欢，机会来了，于是开口道："大人不必担忧，只要大人肯花银子，江将军一高兴，在皇上面前美言几句，还有什么事情办不成的？"寇天叙叹了一口气，说道："事情就难办在这里，我无法讨得江将军的欢喜。你是知道的，南京不比京城，老百姓很穷，官府库房里又是空空的，应付皇上驻跸的日常开支尚且拮据，哪里还拿得出多余的银子来送江将军呢？我知道，我这样大不敬，必定得罪江将军，罢官是一定的了。好在我也并不害怕丢官，所以先把官服官帽除下来，专门等待上面来文罢我的官了。"那使者一听，愣愣的，碰到不怕丢官的官，有什么办法呢？

从此，再也没有人来向寇天叙求贿索贿了。（《明史》 陶湘生）

20. 佯狂脱险

唐寅是个才华横溢而又放荡不羁的诗人和画家。曾获乡试第一，得到学士程敏政的赏识。但由于程泄试题一案受牵连，弃官回乡。经此打击，唐寅回乡后，终日饮酒赋诗，倒也潇洒自如。然而他毕竟是一个知识分子，也有报效国家的远大志向。当他游伍子胥庙时，不由发出"眼前多少不平事，愿与将军借宝刀"的感叹。当时，江西宁王朱宸濠有反叛之心，为博得好贤之美名，扩大自己的影响，需要招纳一批名人贤士为其装点门面。而唐寅正是那个时代远远闻名的风流才子，姿貌潇洒，能诗会画。宁王久慕其名，不惜以隆仪、重金相邀。古语云：良鸟择木而栖，贤才择主而事。唐寅见宁王如此看重自己，当下欣然前往，孰不知自己已不慎落入虎穴。

一天，宁王与其属下一起参观新建的亭台，看着这座奇伟宏丽的建筑，宁王不由喜上眉梢，笑向身边近侍："诸位看这亭台与皇室宫殿相比，如何？"众随从连

声答道："自然可与皇宫相媲美。"唐寅听了，不由心头一颤：莫非宁王有取明之意？再看宁王，对随从们的妄议，非但不加斥责，反而哈哈大笑。后来，宁王又派人用重金贿赂朝中的要臣，使他们依附自己，而那些不肯服从者，则不是被排挤就是莫名其妙地死去。唐寅料宁王必反无疑，深为自己的处境担忧，必想，虽然朝廷在科场案件上冤屈了我唐寅，但我绝不可背叛朝廷。转念又想：一旦宁王起兵反叛，若不从，必遭杀害，应尽早离开此是非之地。于是称病，请求宁王允许他还乡。宁王执意不肯，一来是因为放他回乡，恐世人嘲笑其容纳不了贤才；二来是怕他泄露机密。唐寅也猜透了宁王的心思。如何才能使宁王消除这两点疑虑呢？他殚思竭虑，不禁心头一亮，计上心来。主意已定，就开始进入角色。他整日纵饮无度，时而神色恍惚，喃喃自语，时而哭天喊地，口出狂言，甚至屎尿污身，弄得满屋狼藉。他一向对奴仆和善，但近来喜怒无常，打骂是常事。奴仆不堪其苦，吓唬他道："宁王来了！"唐寅闻之，反而更加肆无忌惮，大笑道："宁王是何许人？不过像冬天的虱子，越捉越多。唐寅乃玉皇大帝的孙子，天下大才子也。宁王算个屁！"奴仆听了，将此话报与宁王。宁王甚是不悦，他近来也得知唐寅的种种疯癫言行，可不知是真是假，便遣人送去一盒糕饼。唐寅正赤裸着身子，看见来人，手舞足蹈地奔上去，夺过盒子，用力一扔，里面的糕饼都散落在地上。看着这地上的糕饼，唐寅似乎非常气恼，一边用脚踩，一边大叫："想毒死我吗？想毒死我吗？"并往地上撒尿，然后腿一叉坐在地上，不断地抓起被踩得稀烂的糕饼往嘴里塞。一边吃，一边美滋滋自语道："这下没毒了，这下没毒了！"宁王暗中察其行状，觉得唐寅果然疯了，想来他已无任何用处，就打发他走了。不久宁王反叛事发，事平之后，其党羽一一被杀，而唐寅则因及早脱身而未受牵连。

此次虎口脱险使唐寅真正认识到自己周旋于狼虎之间不仅痛苦而且危险，不如放浪江湖，自行其乐。他在苏州城外建了一所房屋，以卖画为生。"我也不登天子船，我也不上长安眠。姑苏城外一茅屋，万树梅花月满天。"这首《把酒对月歌》正是唐寅孤高品格和淡泊情志的写照。（《明史》 李涛）

21. 桌围藏吏

明代王守仁在担任知县时，抓到了一个强盗头子王和尚。根据他的供词，又逮捕了其同伙多应亨、多邦宰。他们都对自己所犯的罪行供认不讳，案件似乎已经审理清楚，就等着判决了。

就在这时，多应亨的母亲忽然向州衙门递上一张状纸，由州衙转批到县里，其中引用王和尚的话为证，说多应亨等人根本不是强盗，应该为之昭雪；同时控告王守仁冤枉好人。王守仁接到状纸后,思索了一阵,认为这一定是王和尚偷偷接受了多母的财物,答应做假证,为他们开脱。于是王守仁决定略施小计,戳穿他们的伎俩。

这天,王守仁在县衙后堂摆了一张桌子,桌子四周用厚布围起来,然后将三个强盗一起提到后堂复审。刚刚审了几句,守门的衙役按照事先的安排,进来向王守仁报告说有宾客在门外等候。王守仁装着答应一声,留下三个强盗,自己匆匆走了出去。

过了一会儿,王守仁又回到后堂,三个强盗还站在那里。王守仁问:"怎么样,你们还有不服吗?"多应亨等人连忙争辩:"我们确实没干什么坏事……"话音未落,桌子底下冷不防钻出一个衙吏来,三个强盗大惊失色。原来,这个衙吏是王守仁事先藏在桌下的,只见他向王守仁报告说:"刚才他们的密商我都听见了,王和尚对他们两个说:'暂时忍耐一下夹棍,等我为你们解脱罪行。'"三个强盗知道阴谋败露,浑身战栗,只好低头认罪。(《智囊》 程维荣)

22. 火灾之后

明代,有一年紫禁城发生火灾,凶猛的火势烧及三殿和其他许多建筑。皇帝下令各部大臣商议重修事宜,同时指派一个叫郑晓时的官员负责监督上万名禁军清理废墟。

郑晓时查看了灾情,发现到处都是碎砖乱瓦,要将它们从紫禁城中清理出去,工作量太大。于是他对主管内务的司礼太监建议道:"我以为这些砖瓦不必全部运出紫禁城,可以按其毁坏程度的不同分别就近堆放。那些烧成石灰的汉白玉大理石和那些焦土也可如此堆放,岂不节省人力?"

过了几天,工部提出要重修端门外两边的廊房及厢房,同时在城中乾清宫前砌一道高墙以拦断内外。众大臣商量着要从城外运进建筑材料,初步测算需要征用小车五千辆。郑晓时就说:"一下子征用那么多小车,势必骚扰百姓。其实,这几天皇城内已经堆放了大量的旧砖瓦及石灰,正好可以利用。堆在午门以外的,可以交工部修建端门廊房与厢房;堆在午门以内的,可以用于修砌乾清宫前墙。"

司礼太监一听,连连称好,当即采纳了这个办法。

郑晓时又说:"砌墙除砖瓦以外,还必须用黄土。如果从城外运进,极费人力,而且难以集中那么多的黄土。况且紫禁城各门狭窄,用车运必然造成阻塞。如今端门、午门边各有大片空地,不如直接从那里挖掘黄土砌墙,然后命士兵用就近堆积的焦土填上,再铺一厚层的黄土,如此,则省时省力,又不妨碍城中

气象。"

郑晓时又说:"按往日惯例,烧焦的木材都要被搬到琉璃、黑窑二厂,来回需走四十里。此次火灾所烧木材大多十分粗长,难以运出城门;而城边官员居住的内房,则有许多被火延烧,或者年久失修的。我以为只需将这些木材移至城门边停放,任凭官员家人剥取焦皮以充木炭,或者将可用的木材锯断取回修房,以城内的材料修建城边的内房,岂不美哉?"

司礼太监和众大臣听后,都感叹道:"如此绝妙的主意,可不是一般人所能想得出的啊!"(《智囊》 程维荣)

23. 巡河南

明朝正德年间(1506—1521),监察御史毛伯温,奉命巡察福建、河南,弹劾了地方上一些专说空话,不干实事,惯于拍马奉承,倾轧正人君子的官员,使他们丢了乌纱帽。这一下触怒了监守河南的张太监,因为这些人都是他的爪牙。他认为毛伯温这么做是有意侮辱他,便赌咒发誓要给毛伯温颜色看。前几次来河南巡察的御史,不就是被我赶跑的吗?找个罪名向皇上告他状就成了,他想。

这一天,张太监在府中正闲着无事,忽然门卫传报,毛伯温来拜见。张太监心里不由一怔,莫不是知道了我的意图,上门来兴师问罪?咱家根本就不怕你。他马上命手下人开门迎接,自己也站起身来,迎了出去。

进了府里,到得厅上,宾主坐下寒暄几句后,张太监问道:"毛大人今天来访,不知有什么重要事情?"毛伯温答道:"事情倒是有一点,不过也不是什么大事情。"张太监一听,心弦绷紧起来,知道关键的话就在下面。谁知毛伯温却说:"今天一早起来,我没有来得及吃早饭,现在肚子饿了,刚好经过公公府前,顺便进来讨顿饭吃。"原来是这等事,张太监心里不由暗骂起来。

生气归生气,张太监还是立即命手下摆上了饭菜,强装着笑脸,请毛伯温用膳。毛伯温看了看,哂道:"公公真是个实心实肚肠的人,毛某讨的是美酒佳肴,还要乐舞助兴,才能开怀畅饮饱食,这等粗劣之物怎能下口?"

张太监没有办法,只得换了上等酒席,又叫来歌舞伎献艺侑觞,自己在一旁陪酒。

酒越喝越多,毛伯温的话也越来越多。酒已经喝得有六七分醉了,毛伯温又举杯喝了一大口说道:"我听得外边传闻,说是公公对我很有点意见,要拿点颜色给我看看,万万没有想到,公公却能这样好酒好菜款待我,实在令人感动!"

张太监一听,顿时羞惭得满脸通红,就恨地上少个洞,否则早就一头钻了进

去。他连连摇手说："没有这个话,没有这个话,毛大人不要误会了。"

毛伯温笑着说道："我本来就知道公公不会这样。我听说公公以前为了参告御史,用掉了两万两银子,方才把御史扳倒了。可御史虽然被你扳倒了,他的名声却因此更响了。在这件事上,失了银子的是你,赢得声誉的是他,而且使天下人人都痛恨你,赔了夫人又折兵,有什么合算呢?公公是个聪明人,肯定会在这件事上吸取教训,怎么还会重犯第二次错误呢?"

张太监听得冷汗直冒,站起身来,深深一揖,诚惶诚恐地说道："请毛大人放心,张某绝不会再做这样的事了。"

毛伯温也站了起来,敬了张太监一杯,自己也斟满酒杯,仰面一饮而尽,辞别而去。(《昨非庵日纂》 陶湘生)

24. 保境安民

明武宗南巡的消息传开了。各州县官吏为了准备迎驾,竭力搜刮民脂民膏,忙得不亦乐乎,而老百姓却被迫关门闭户到处逃匿。只有泗州知州汪应轸凝然不动,泗州城也一片安宁。有人不明其故,特来询问。汪应轸说:"我与本地士民一向彼此信任,如果皇上真的驾到,旦夕之间就可征集起有关费用。现在还不知皇上何时才能驾到,就急急忙忙派人四处措办银两,难免出现衙吏乘机渔利之弊,而一旦银两征集好了皇上却不来,那可怎么办?"

玩玩停停,厌倦了再行,武宗的龙船慢慢地接近了泗州。为了侍候皇上,沿途州县早就征派了数千差役守在运河两岸。每到夜晚,这些差役每人都要手持一支火炬整夜守候。然而此时已近冬季,皇上又迟迟不来,连续几十天下来,差役们又冻又饿,病了好多。汪应轸则与其地州县不同,他叫人把火炬用绳子系在岸边的榆、柳树上,每晚派出一人掌管十支火炬,轮流替换,既没有人冻饿而病,火炬又显得很整齐。

龙船所到之地,武宗都要派遣不少使者下船与各地联络,这些使者乘机勒索,贪得无厌。汪应轸想了一个妙计,专门对付这些使者。当龙船到达泗州境内,只见河岸上排列着一百多名身强力壮的大汉,他们一见龙船临近,便一起呐喊呼啸,此起彼伏,声震远近。那些准备下船联络的使者不明原因,正在船上犹豫不决时,汪应轸已经指挥大汉们牵起龙船上的绳子飞速地往前跑去,不多时就走了百里之远,离开了泗州境地,等使臣们醒悟过来勒索不到银两时,只得自认晦气作罢。后到的船队联络人员,知道前情后都不敢放肆,汪应轸反而对他们以礼相待,这些人也都指责前面的使臣,深深佩服汪应轸的德行。

十二月底,武宗到达南京,谕令泗州进献数十名能歌善舞的美女。汪应轸很快就上疏回奏:"泗州土地荒瘠,妇女貌陋,近日又多流亡在外,实在选不出美女满足圣旨所需。现在只能将以往招募来的若干名桑妇进献宫中,倘若皇上有意,让她们在宫中管些蚕事,实在对王化大有裨益。"武宗见到汪应轸的上疏,也无可奈何。(《明史》《智囊》 沈习康)

25. 井中尸首

明代润州(今江苏镇江)有个人家的丈夫外出数日,没有音讯,只有妻子一人在家。这天,忽然有人惊慌地推门进来说:"不好了,菜园的井里有一具尸体!"妇人连忙跟着那人跑过去,朝井里一看,立刻号啕大哭起来:"这是我丈夫啊!你这样就死了,让我怎么活呀……"

事情报到官府,知州张杲卿亲自审理此案。他命令妇人的邻居都集中到井边,察看死尸是不是妇人的丈夫。大家趴在井沿,伸长了脖子往里探望,都说井太深,只看见尸体的形状,根本分辨不清是谁,请把尸体捞上来验看。

张杲卿说:"大家都说没法辨认,为什么这妇人一看就知道是她丈夫呢?"还在一旁哭泣的妇人一听大惊,顿时面色如土,冷汗直流。张杲卿将她带回衙门,严加审讯,终于讯问出是妇人与别人通奸,杀死了丈夫,抛尸井中。(《益智编》 程维荣)

26. 弹劾严世蕃

御史邹应龙上疏弹劾严嵩父子,结果严嵩被罢官放归故里江西,严世蕃被流放到边远雷州。谁知严世蕃未到雷州,在半路上就折回到京城,回京后居然大造园林,一点不加收敛。御史林润等怕他东山再起,又拟写了奏章,准备再次上疏弹劾。为了加强弹劾的力度,又增添了严世蕃许多条新的罪状,其中特别加了冤杀杨继盛、沈炼的罪状。严世蕃的同党听到了这个消息后,忧心忡忡地来找严世蕃。严世蕃听后,一拍案桌,高兴地说道:"你们怕什么,这是一个天大的喜事,我无罪了,等好消息吧!"

这一天,林润等人来到了礼部尚书徐阶的府上,把写好的奏章请徐尚书最后过目,准备第二天就上奏皇上。徐阶逐条逐条地把奏章看完,然后问道:"你们写这个奏章,是想让严世蕃活呢?还是想让他死?"众人都说:"加沈、杨等事,就是为了让他抵死。""如果是这样,这个奏章非但不能让他死,反而救了他一命。"众人一听，都愣住了。徐阶分析道："杨继盛、沈炼的被害，都是严嵩父子巧妙地让皇上出面下的圣旨。现在你们把这两件事翻出来，皇上就会认为你们是借弹劾严氏之名，而暴露皇上不是，皇上能同意吗？这样一来，你们会大祸临头不说，严公子反倒又可以因此而升官，骑着高头大马在京城里出出进进了。"众人一听，都拍着额头惊出一身冷汗来。徐阶拿起笔，把奏章中杨、沈之事都统统画去，只留下严世蕃卖官受贿，在南昌私造王府，私招亡命之徒，收纳叛逆同党五百人，勾结外番，交通倭寇，准备起事叛反朝廷等。

同党又把徐阶修改奏章的事报告了严世蕃，严世蕃一听，愣了半天，拍案长叹："我死定了。"

奏章上疏，严世蕃果然被定死罪，杀了头。（《明史》 陶湘生）

27. 智擒假锦衣

明代滑县（今属河南）某一任知县有一次升堂时，一个衙役慌慌张张地前来报告："有两位锦衣使到！"转眼间，只见两个穿着锦衣的人气势汹汹地闯了进来，站在堂下。

谁都知道，锦衣卫是直属皇帝的特务机构，锦衣使在各地缉查，可以便宜行事，任意用刑，不受地方官府约束。如今这两人突然光临，莫非真有什么变故不成？知县正在疑惑，忽听锦衣使中的一个胖子厉声大喝："你这知县好大胆子，怎敢对我们傲慢无礼！"知县连忙脸上堆起笑容，离开座席，作揖施礼。另一个瘦子冷笑一声："我们奉旨而来，恕不还礼了！"知县试探着问："圣旨是要逮捕我吗？"胖子道："倒不是要捉你，而是要抄没耿主事的家财！嗯，这里不是说话的地方，到后堂去谈！"原来，滑县过去有个姓耿的人，在朝中任主事，因罪被捕入狱。不过此案早已了结，为何突然又要抄没其家财？又为何非要到后堂说话？知县越想越不对劲。

一走进后堂，瘦子急忙关上门，胖子"嗖"地从怀中抽出一把明晃晃的匕首架在知县脖子上，恶狠狠地道："你不认识我们吗？告诉你，我们是任敬、高章！今天特来向你借用县衙帑金一万两，如不顺从，这刀子可要白的进去，红的出来！"知县终于明白这两个家伙就是被通缉多年的盗首。他们过去欺压百姓，横行乡里，如今又冒充锦衣使劫掠官财，真是胆大包天。不过，对这两个穷凶极恶的人看来不能力取，只可智胜。县令想到此，镇静下来，假作苦笑道："你们拿刀逼着我要财物，本官怎会为吝惜公财而丢了性命。其实你们即使不动刀子，我一个人又能把你们怎样？我倒担心万一别人看见你们凶神恶煞般的样子，要起疑心呢!"

那两人一听,面面相觑,只好收起匕首。见对方中了缓兵之计,知县又说:"滑县是个小地方,官衙哪有一万两金子,你们的胃口太大了!"胖子瞪眼想了想,说:"我们一共五个弟兄,得给五千两,不能再少了!"知县装出一副无可奈何的样子叹道:"好,那就依你们。不过,你们两人怎么背得动这么多金子,又如何出得了这衙门和县城?"瘦子狡黠地一笑:"这有何难?你准备一辆大车载金子,盖上草席。我们把你捆起来,就说是奉旨逮人,不许别人跟从,等出了县城,我们再放你!"

知县一听,暗忖:这贼人如此狡诈,我必须另寻良策。于是说:"官府帑金编有号码,容易被人认出,恐怕你们不便使用。好在城中颇有一些富豪,不如召他们前来,由我向他们借五千两金子,再转交给你们。这样既不会使我难以向上司交待,又能让你们高枕无忧。"两个贼人一听,大喜过望。知县当即召来一个衙役,当着贼人的面对他说:"本官触犯国法,按律当入狱。幸好这两位锦衣使老爷宽厚仁慈,答应赦免我。我感激不尽,准备送五千两金子酬谢他们。"那衙役是个有心计的人,一看堂上情形,心中就猜到了几分,却故意吐着舌头问:"可是,从哪里弄这许多金子呢?"知县悄悄踩了一下他的脚,说:"城里不少人富而好义,一定肯帮忙。现在你去把这些人叫来,我要当面向他们借金子。"知县边说边在纸上写了九个人的名字递给他,衙役领命而去。

这边,知县斟酒与贼人共饮起来。不久,果然见那衙役率领着九个衣着华丽、手捧黄金的人来到县衙。原来,他们都是知县暗示衙役去招来的身强力壮的捕快,乔装打扮成富豪,身上暗藏着兵刃。贼人听说富豪们来了,十分高兴,胖子连忙开始收取金子,瘦子却一步不离地紧挨着知县。知县笑道:"你难道不去帮着称称金子的分量?"瘦子不知是计,稍一转身,知县已突然跑向一旁,同时大喊:"捉贼人!"说时迟,那时快,众捕快立刻掏出兵刃,蜂拥而上,把两个目瞪口呆的贼人捆翻在地。不久,另外三个贼人也被捉拿归案。(《智囊》 程维荣)

28. 逐猴

明代天衣寺僧众在山上开辟了一片土地作果园、菜圃,种植了许多蔬菜、水果,还种了一些粮食作物。山里猴子很多,它们喜欢打闹,又爱偷吃水果,寺院僧人种下的东西,都被乱采乱摘,践踏蹂躏得一片狼藉。僧人们十分气恼,虽说出家人四大皆空,不得妄动嗔意,但被这些畜生如此搅扰,把自己的劳动成果轻易糟蹋,也实在难以忍受。大家轮流拿着棍棒守在田边,不让猴群靠近。但这些猴子鬼得很,根本拦不住,那些蔬菜水果仍被劫掠破坏一空。怎么办?有一个法名唤作法聪的老僧,下决心改变这种尴尬的局面,便整天跟踪观察那群猴子,琢磨它们的一举一动,思忖怎样抓住它们的弱点,把它们抓起来或者赶走。终于,他想出了一个好办法。

他先布下一个陷阱,以香甜的食物为诱饵,逮到了一头老猴子。接着他又为这头猴子特地制作了一套颜色鲜艳的衣裤鞋帽,这套衣服料子特别坚韧,针脚缝得特别细、特别牢,任谁也不能把它抓破。做完这些,法聪叫来几个身强力壮的青年僧人,将擒获的老猴子从笼子里放出来,牢牢地按倒在桌子上,强迫着给它穿上那套特制的衣服,再将上衣的下摆与裤子的上端缝合起来,又将帽带、鞋带扎紧,然后让它逃走。

老猴子喜脱樊笼,又蹦又跳,忙着去找同伴,看到林中的猴群,便窜了过去。那群猴子见到它那一身人的衣裤鞋帽,以为真是一个人在追它们,吓得不敢让老猴子靠近,纷纷发出尖叫声示警,从这棵树的树梢跳到那棵树的树梢,逃了开去。老猴子本以为可以回到同伴们中间,不料它们竟避而不纳,让它没法回到群体中,不由得发起急来,追得更紧。老猴子追得紧,群猴越发害怕,逃得也越快。一追一逃,越跑越远,每天跑出百里地,没几天,那群猴子已在四五百里之外。僧寺周围清静了,僧人们种下的各种粮食、蔬菜、水果长得非常茂盛。到了收获的季节,他们把最硕大的果实都送给法聪,说如果没有他巧设此计,决不会吃到长得这么大的果子。(《涌幢小品》《寄园寄所寄》 鹏肩)

29. 木偶

明朝嘉靖五年(1526),戚贤授任归安县知县。县内有一座肖总管庙,据说这肖总管神灵得很,百姓非常敬畏,整日香火不断。更可笑的是,几乎天天都有赛神庙会,弄得百姓连农事都顾不上,还常常因此发生出许多无端的事来。戚县令上任后,决心治一治这个状况。

这一年,归安县久旱不雨,田地都干裂了。县里贴出了布告,县令将亲临肖总管庙,上香求雨。到了这一天,庙里庙外挤满了百姓。戚县令向肖总管塑像上香、磕头、祷告,请求它体恤百姓疾苦,恩降甘霖。三天过去了,归安县没有降一滴雨。戚知县又来到庙里,对众百姓高声说道:"我听说这庙异常灵验,所以特地来此礼拜求雨。但几天下来,滴雨全无,看来肖总管是浪得虚名,并不灵验,不过只是木偶一尊,白白浪费了我县百姓的香火财礼。这样的神像,供它做什么!"于是一声令下,几个公差走上前去,把肖总管的神像,从座上掀了下来,抬出庙门,

"扑通"一声,把神像扔进了庙外的河中。

过了几天,戚县令的船路过这里,突然,浮在河中的木偶跳上了县令的船。这一下,船上的人都惊得目瞪口呆,觉得一定是神像显灵了,连忙跪下磕起头来。这时候,戚县令却慢慢地笑着说道:"你们不要怕,只是因为没有把它烧掉罢了。"马上命人去把木偶烧掉。然后又暗暗地叫几个机灵的公差留下来,躲在岸边的土地庙里,如果见河里有人出来,立即把他捉拿到县里来。果然不出戚县令所料,等他的船离开不久,河里就冒出几个人来,被暗伏的公差一并拿住。一审问,原来是有人出钱让他们这样做的。再把那人提来,一审,原来肖总管的种种灵验都是他制造出来的,目的是骗取钱财。(《明史》 陶湘生)

30. 捕蝗

初夏时节,大田里的秧苗已经长到一尺来高,暖风吹过,漾起一层绿浪。见此光景,庄稼人心里甜滋滋的,看来,今年收成一定不差。

滁州州官郑庆,刚到任就遇上这样一个好年景,也十分喜悦。民以食为天,百姓足食,仓廪充实,做官就顺当多了。

可有谁料到,新官上任没有几天,就碰上特大蝗灾。一天,日头高照,忽然西北方出现一大块乌云,霎时天昏地暗,一大片蝗虫扑腾腾从天而降,落到田里,嫩穗被吞食,青茎被咬断,植株成片倒伏,如遭暴风冰雹袭击一般。庄户人家心惊肉跳,急急拿起一切可以扑打的工具,又是敲锣打盆,纷纷奔向田头,男女老少都出动了。但是各人自扫门前雪,各管各的田地,力量分散,难以遏制蝗虫的肆虐。

郑庆也是心如火燎,却镇定自若,当即挑选出十余名精干的吏卒,命他们分头到各乡各村组织农民统一行动,火速赶到蝗虫最密集的地块扑打,又三令五申,严守法纪,不得扰民。因为部署得当,灭蝗紧张而有序,人人尽力,扑打的扑打,掩埋的掩埋,焚烧的焚烧,来势凶猛的蝗灾很快被扑灭下去了。

秋天,收成也还不差。冬季来临,郑庆不敢有丝毫怠慢,他知道,蝗虫繁殖极快,飞蝗落地,必留遗种,来年孵化成虫,又会造成灾害。他传令各地,趁冬闲时深掘土,灭蝗卵,决不让遗种留毒本土。结果,挖出的虫卵堆积如丘。尽管如此,第二年开春,田里还是生出不少幼虫。郑庆再次发动各地农民抓紧捕杀,规模比去年夏天更大,部署也更周密。他把衙门里的官员和一切办事人员统统赶下乡,协助农民一起捕蝗,只留几个门子在家守卫。又发出布告,捕杀一斗幼虫,奖励五升谷子,捕杀一石幼虫,奖励五斗谷子。于是人人争先,杀灭幼虫多达数百石。

由于灭蝗彻底,加之其他助农措施也很得力,郑庆任职的第二年,滁州获得了大丰收。那些原来惯于安坐衙门、懒得动身,在灭蝗中被弄得精疲力尽而心怀怨恨的官吏们,此时也不得不佩服郑庆的智识与才干。(《枣林杂俎》 夏咸淳)

31. 治巫

明朝京都北京城里,不少人家都对女巫十分相信,万一家中有人生病,往往是请女巫降神消灾,而很少去请医诊疗。有个在军营中当差的武人陈五,从不相信女巫的神力,对家人迷信女巫十分厌恶。每次看见家人请女巫来装神弄鬼,都设法劝阻,然而效果不大。因此,他决定采取有力手段,断绝家人对女巫的盲目崇信。

一天,陈五嘴里含了一颗李子,告诉家人说自己腮部肿痛,连饭也不能吃了,然后就躺在床上装病。陈五的妻子见他卧病在床,赶忙近前观察照料,只见陈五腮部凸起,果然有一肿块。妻子心中一急,想到陈五昨晚还是好好的,今日却成如此模样,恐怕是中了邪,随即叫人去请女巫来家禳解。

不一会儿,女巫来了,她装模作样地看了看陈五肿起的脸腮后,故作神秘地对陈五的妻子说:"你家官人患上了疔疮。这都是他平时不尊敬神灵,故而神灵要给予他惩戒。既然神意如此,恐怕我也无法救治。"说完,就装出一副无可奈何要准备走的样子。陈五的妻子急忙拉住女巫请求道:"请您务必施展法术,为我家官人祈福消灾,供神所需香烛,我们一定会加倍奉上。"其他家人也都围住女巫苦苦恳求。见陈五家人如此恭敬,且有银两入账,女巫这才答应留下救治。

对女巫的表现,陈五全都看在眼里,却始终一声不吭,如今见女巫要为自己治病,不由暗自发笑。他装出疼痛难忍的样子发出呻吟,一声高过一声。家人听见,连忙上前询问安慰。陈五说:"我疼痛难忍,快请大师过来救我。"女巫走到床边坐下,刚要低头察看,不料陈五突然张嘴把李子吐在她脸上,斥责道:"你这个骗人的巫婆,满口胡言乱语,什么神要惩罚我,你看看清楚,我到底有什么灾?有什么病?"说着,一骨碌从床上跳起。女巫见势不妙,赶紧夹着尾巴溜出门外。家人见陈五并无灾病,才知道女巫的骗人伎俩,从此再也不信什么神鬼了。(《菽园杂记》 沈习康)

32. 三江口大闸

山阴、会稽、肖山三县的河道,都汇集于三江口入海。每当潮汐来临,潮水汹涌,倒灌入河,挟石拥沙,沉积在河道中,形成一个个丘陵。遇到暴雨骤降,河水被丘陵所阻,无法迅速泄洪,堤岸冲决,使千顷良田成为汪洋,三县百姓深受其

害。历属官府,虽想尽办法,终不能根治其害。嘉靖十四年(1535),绍兴知府汤绍恩决心根治此害,在他亲自考察了三县河道之后,决定在三江口建造大闸,防止潮汐倒灌。

三江口两岸,两山对峙,水底石根相连,是建闸的好地方。汤知府先命令把大块大块的铁石投下去,作为闸基。然后再用破缸烂瓮碎屑装填的竹笼子,一个个投下去,作为闸身。开始时,工程非常顺利,谁知工程进行到一半,待潮水一来,那再投下去的竹笼,被急速汹涌的潮水冲得无影无踪,眼看着工程无法进行下去。此时,怨声四起,责怪汤知府造大闸是为了自己扬名立传,不顾劳民伤财,要他停手息工。汤知府听了,只是一笑而已。

闲话为闲话,问题还是要解决。他向船工渔民打听,了解到一月之中,总会有一两天是近乎无潮。于是汤知府就把大量的竹笼准备好,等待无潮的一天到来。这一天果然到来了,江上顿时千船竞发,竹笼快速密集地抛扔下去,经过整整一天的急速施工,闸堤终于露出了水面,挺立在三江口。

汤绍恩建的三江口的大闸,闸门有二十八扇,应天上的星宿;又在闸内修筑了内闸,以防大闸万一冲溃;再在闸外筑了一条四百余丈的石堤,来阻挡扼制潮汐的水势,减轻大闸的压力,确保大闸的安全。他还在石头上刻下水线,根据水线的高低,来决定闸门的开闭。

大闸一成,三县的几百里良田,再也不受水患。百姓为了感谢汤知府的恩德,特意在闸的左边造了一座庙,四季香火不断。(《明史》 陶湘生)

33. 知县救灾

明朝嘉靖年间,江苏句容县发生灾荒,饥民遍地,粮价暴涨。知县徐九思连连向上告急,请求开仓救灾。江苏巡抚回文,允许开仓放粮,但粮食不是无偿发放,要以平价卖给饥民,所得钱银,必须回交官库。

徐知县接到这个回文后,觉得十分为难。虽说平价粮要比当时的市场价便宜一半,但对于广大的遭灾农民百姓来说,即使再便宜,还是无钱来买粮,能买的只是少数的富户而已,这怎么能救得了大批的灾民百姓呢!他知道,救灾赛过救火,如果再向上说明,要求更改成命,时间上来不及,而且,上司也很难会收回已下达的成命,这如何办呢?

徐九思想来想去,终于想出了一个办法,为什么不能在上司所允许的范围内稍微变通一下呢?这样,既可以使官库不少收一文钱,富户也并不吃亏,更重要的是,广大的饥民可以免费得到救济。这么一想,说做就做。徐知县下令把救灾粮的一半,投放到市场上,以时价卖,卖得的银钱回交到官库里,刚好平了仓账。再把另一半,每天煮成粥,免费施舍给灾民。

这一做法,缓解了句容的灾情,救活了许多饥民,句容的百姓都称颂徐知县的恩德。(《明史》 陶湘生)

34. 治伤释狱

明朝中叶,蒲州(今山西永济)知州叶南岩以其敏于断案,为百姓所信服。

一天,有一群人互相斗殴大打出手,结果其中一人受到重创,头上被打开一个窟窿,血流满面,生命危在旦夕。受伤的一方紧紧扭住凶手赶到州衙报案。叶南岩见受伤者伤势严重,立即命人将伤者抬至后房,亲自找出医治伤口的刀疮药,为伤者敷上,然后委派两名衙役看护伤者,并吩咐他们:"你们给我负责看护好伤者,千万不能让他的伤情恶化,无论什么人,哪怕是伤者的家属都不能让他们进来探视。如果这个人死了,我拿你们问罪!"随后,他又回到前衙,对事情的前因后果略加审讯,把凶手当场逮捕入狱,而将其余的人训斥了一顿后全都放了。

此时正好有一个叶南岩的友人前来拜访,见叶南岩如此处置,远不如其他官员那样严厉,心中觉得有点奇怪,就向他问道:"你怎么把那么多同案犯给放了?又为什么不让伤者的家属探望?"叶南岩回答道:"凡是人们争吵斗殴时,心中都有一股仇恨之气,因此出手伤人也势在难免。如果不马上对这个受伤的人进行急救,那他肯定会因伤而死。此人一死,事态就会扩大,凶手将依法偿命,他的妻子将成为寡妇,子女也将失去父亲。更何况受到案件牵连,许多人证物证要搜寻到案。如此下去,恐怕不止一家人家要倾家荡产,陷入困境。如果这个伤者治好,身体康复,这个案子充其量不过是一桩斗殴事件,有关人员至多犯了斗殴罪而已。再说人心总想打赢官司,即使是骨肉亲情之间,往往也会因利害问题打起官司,倾家荡产也在所不惜。如果我让这个伤者的家属看见他的伤势,他的家属肯定要打人命官司。所以我不让他的家属与伤者见面,家属不知伤势如何,人命官司也就打不起来了。"友人听后,不觉为之折服。

果然,过了一段时间,伤者恢复了健康,一场大官司也就被平息了。(《智囊》 沈习康)

35. 捕盗

明世宗朱厚熜(zǒng)晚年笃信方士之言,仅存的两个儿子裕王载垕(hòu)

即明穆宗)、景王载圳(zhèn)都不能与他见面。嘉靖四十年(1561)二月,景王奉诏离开京城回到封地德安(今属江西)。

带了大量金银财宝缓缓南下的景王一行过于炫耀,引起了一个江洋大盗的注意,他派出了五百盗徒进行跟踪,准备在天津至鄱阳(今江西波阳)这条景王必经之路上寻机抢劫。

淮安(今属江苏)知府范槚(jiǎ)一向勤于吏治,自从得到景王南下途径淮安的消息后,免不了也要预做准备,加强治安,以尽保护之责。

一天晚上,范槚刚刚办完公事,准备退衙休息,忽然有一个门卒匆匆进来报告:"奉大人之命监视城中来往人员,刚才我们发现有一个气派豪华的贵客带着女眷进城,直奔潘姓人家的一所空宅院住下了。"范槚听后,立即问道:"他们是否预先向衙门作过报告?有没有合法的官府证明文书?"门卒回答说:"没有。"范槚便命他赶快再去暗中探看,若有什么异常情况,马上报告。

过不多久,门卒赶回来禀报:"那个贵客的随从很多,只见他们在潘姓宅院内外出入频繁,不知究竟在忙什么。"范槚听后,心中大疑:若来人真是贵客,时已晚上,正该休息睡觉,似乎没有什么事可忙碌不停。眼下景王即将到达淮安,听说有盗贼企图行劫,莫非这些人就是盗贼?想到这里,范槚不觉警惕起来。他暗中挑选了数十名身强力壮的士兵,让他们换上普通农夫的衣服,吩咐道:"你们分别到各条街道上走走,如果发现那伙人中有在酒楼喝酒的,就拉着他一起喝。喝的时候,故意找些借口挑起争斗,然后扭着他告到衙门来。"士兵们得令后,分散往各街道去了。

又过了一段时间,范槚吩咐衙役备轿,声称要去西门拜会客人。当衙役抬轿出衙不久,前面街道上就有两个酒徒互相斗殴扭着前来告状。范槚见其中一人是自己暗中派出的士兵,明白他正按照自己的计策行事,马上令人将他们带至衙门,听候审讯。就这样一路行来,等范槚再从西门返回衙门时,前前后后共有十七对斗殴的酒徒被带至衙门。范槚知道,这些人肯定有同党在暗中探听审讯情况,为了不打草惊蛇,他故意装作十分愤怒的样子骂道:"景王的船只刚刚到达本地,我忙于接待,连吃饭的时间都没有,哪里有空来管你们这些喝醉酒打架的琐事呢!来人哪,先把他们关进牢里再说!"

到了半夜,范槚把关着的士兵放了出来,再把那十七个嫌疑犯押来审讯。毕竟做贼心虚,他们经不起严审,终于交代了准备抢劫景王船队的计划。事情果然不出范槚所料。他迅速下令捕盗。等士兵们到达潘姓宅院时,已经贼去屋空。原来,贼首见有十七个同伙被关押,害怕露馅,唯恐抢劫不成,倒要锒铛入狱,便赶紧带领贼徒逃走。

范槚得知确情,火速派人骑马传报徐州、扬州沿线捕快缉拿漏网盗贼,并把关在狱中的十七个盗贼依法就地处决。那帮贼党听到消息后,无不胆战心惊,很快就溃散瓦解了。(《智囊》 沈习康)

36. 逼债

明朝年间,梅衡湘任固安知县。固安县里太监多,这些太监都是朝廷派下来监视地方官吏的,自恃来头大,不把知县放在眼里,稍微不顺他们的意,便会给你颜色看,所以当官的都怕跟他们打交道。但梅衡湘自有一套对付他们的办法。

一天,有位太监来拜访他,还带来了一条猪腿作为礼物。梅知县一看就知道有什么烦难的事了。于是一面收下礼物,一面问太监有什么事可以帮忙。太监气呼呼地告诉他,有个人欠了他的债,要请梅知县帮他讨回欠账,并好好地惩罚他一下。梅知县听了后,满口答应,便马上派差役去抓人,又命厨房里切猪腿炖蹄膀,准备酒宴。太监见知县为他办事十分卖力,又待他十分客气,气平了好多。

大约过了半个多时辰,猪蹄炖熟了,人也抓来了,是个四十来岁的穷汉子。梅知县命他跪下,一面与太监喝着酒,一面便审讯起来。他责问那汉子为什么欠债不还,汉子说,因为家里贫穷,实在还不起。梅知县一听,便一拍桌子,厉声说道:"你不看看,欠的是谁的债,公公可不是个平常的人,他是朝廷的贵人,怎么敢因为贫穷就欠公公的债不还呢?"

"欠公公的债不还是有罪的,"那汉子说着不住地叩头,"但我实在无法,家里可以卖的都卖光了,米无一粒,席无半张,灶膛里已经几天没有烧过火了。妻儿都饿得蜷缩在土炕上。望大人、公公开恩。"

"既然知道有罪,还啰唆什么?今天一定要把债还清,要是再拖拖拉拉,马上把你打死在乱棍下面!"

汉子听得此言便痛哭起来,随即踉踉跄跄地朝外面走去。

梅知县转过头来,替太监斟满了酒杯,笑着说道:"公公放心好了,他今天要是不还清债,我是不会放过他的。"然后举杯,向太监劝酒。

看了刚才一幕,太监神色有些不忍,没心思喝酒了。

"回来。"梅知县一看太监的表情,把举起的酒杯放了下来,对那汉子叫了一声。待汉子重新回到面前时,他就蹙着眉头说道:"我知道你的确太穷,但你还有妻儿可以卖,现在你马上回去,卖了妻儿来还公公的钱。"说到这儿,他稍微停了停,叹口气又道:"话虽然这样说,但我毕竟是你的父母官,哪里能忍心看你们骨肉分离。这样吧,我就宽限你一天时间,回去与妻儿好好聚一聚。一旦卖了人,

尘海茫茫,恐怕今生今世,你们一家人就谁也见不到谁了。"

"天啊！天啊！"汉子凄厉地叫喊着,一下子晕了过去。

"算了,算了。"太监有如芒刺在背,站起身来,向梅知县揖了揖:"谢谢你帮忙,这债我就不讨了。"说完,从身边摸出债券,随手撕成碎片,头也不回就走了。
(《昨非庵日纂》 陶湘生)

37. 借猴破倭

"轰隆隆",往日十分宁静的山区,突然变得喧闹起来。原来,这是戚继光率领新军来此训练鸟铳、火鼠之类的火器。剧烈的爆炸声震动了大地,也惊动了山林中的猴群,这些平时嬉嬉闹闹、灵活异常的动物开始也被铳声吓得不敢乱动。但几天下来,那种天生的顽皮与好奇又激发了它们的胆量,每当士兵们习放火器之时,它们居然躲在一旁暗中窥探,揣测模仿,后来竟然在士兵们休息之际,索性跑到火铳之前动手操作了。士兵们开始还前来驱逐猴群,后来一者因猴子行动灵活,驱赶不易;二者猴群虽来摸弄,但只要将火药藏好,并无大碍,且猴群所带来的生气,扫除了单纯训练的枯燥乏味,也就眼睁眼闭,任其玩弄了。久而久之,这些猴群竟也学会了操弄火器。

一天,戚继光与往常一样,率领部队在山中放铳,恰逢倭寇前来附近地区抢掠,大概是轰鸣的炮声,引起了倭寇的警觉,大批倭寇闻声而来。接到哨兵的报告后,戚继光迅速对眼前形势作了判断：敌众我寡,正面交锋必然于我不利,只有出奇制胜,才能击败倭寇。稍经思考,一个全新的作战方案形成了,戚继光随即对部队进行了战斗部署。

不一会儿,倭寇大队人马气势汹汹地扑来了。突然,前方不远处出现了一支官兵队伍挡住了他们的去路。这些倭寇以前曾和官兵多次作战,每仗必胜,因此根本就不把官兵放在眼里,如今见前面竟有官兵挡住去路,立即乱嚷乱叫着围了上去,双方随即厮杀起来。战不多时,官兵开始择路而退,倭寇在后紧追不舍。官兵退到了一处四周全是悬崖的绝地,眼见倭寇将要追来,便将火器丢弃山坳四散逃命。

倭寇追至山坳,忽然看见大群猴子从山林中跳跃而出,纷纷奔至官军丢弃的火器旁边。倭寇一时不明就里,正准备上前察看,不料那些猴子居然像人一样开始射击。原来,猴群已经与官兵混熟了,今日突然看见大批倭寇追赶官兵,且服饰装扮与往日所见者大不相同,以为是别的什么动物前来为害,恐怕危及自己,所以拼命燃放火器。由于距离太近,火器威力倍增,倭寇避让不及,一下子就被打死许多，其余的慌忙后退。在这狭窄的地形中，你跌我撞，又有不少人被踩死踩伤，整个队伍完全乱了套。看着倭寇狼狈逃命，溃不成军，戚继光一声令下，埋伏在悬崖上面的精兵呐喊杀下，于是大获全胜。(《明史》《万历野获编》 沈习康)

38. 鹊聒

嘉靖二十五年(1546)除夕之夜，塞上守边的军营里，灯火通明，一大盘一大盘的牛羊肉发出诱人的香味，整坛整坛的酒也打开了封泥，众将与士兵们正准备痛饮一番，来庆祝这除夕之夜。忽然，从大营传来了三边总督曾铣(xiǎn)的命令，命众将士立即穿甲上马，出营巡边。众将士听完命令，都一下子愣住了：怎么早不来迟不来，偏偏这个时候来这个军令呢？而且，近期来边界一直平安，并无敌情，何必非要在这个时候出巡呢？有人终于想出了一个两全其美的办法：曾铣有一位随军的小妾，非常得宠，可以向她求情，让她对曾大帅说一说，等将士们喝完了酒再出巡。大家觉得这个办法很好，于是用银子买通了军营中掌铃的一名军卒，去疏通大帅的爱妾。

曾铣的大营不远，大家等待着好消息的到来。不过才喝一杯茶的时间，消息来了，曾铣派人来传令，命众将士立即披甲上马，不得有误，如再有半点迟疑，立斩不论。传令官说完，当场抖开一个包袱，一颗血淋淋的人头"扑"地滚了出来，大家定睛一看，就是那先前的铃卒。

队伍立即出发了，消失在沉沉的夜幕之中。当这支队伍巡行过二十多里的时候，果然发现一支入侵的队伍，悄悄潜来。他们算定除夕之夜，军营里一定会庆祝欢饮，防备松懈，于是就解下马铃，深夜奔袭。要不是曾铣及时命将士出巡，后果不堪设想。到得此时，众将士才冤气尽消，不得不佩服了。

一仗下来，击溃了来犯之敌。晨光微熹之时，将士们带着战利品回到了军营，向曾铣报告胜利的消息。有人向曾铣讨教，怎么会预知敌人来偷袭的呢？曾铣笑着说道："事情非常简单，我听到了乌鹊聒噪的声音。入夜，应该是乌鹊落巢歇息的时候，它们惊噪起来，一定是有异常情况惊扰了它们，所以才料定是有敌人来偷袭了。"(《明史》 陶湘生)

39. 巧惩胡公子

明嘉靖三十七年(1558)五月，海瑞奉调来到浙江省淳安任知县。上任伊始，海瑞就励精图治，并针对以往淳安县每逢达官贵人路过本地都要馈赠财物的陋习,断然作出了新规定:凡过往本地大小官员,一律据朝廷有关条文接待。

浙江总督胡宗宪有个刁蛮成性的小儿子,平时总是仗着父亲的权势作威作福,百姓们一见到他的影子,就要慌忙躲避,唯恐祸从天降。这一天,胡公子又像往常一样,带了不少随从来到淳安,住进了驿馆。刚坐下不久,他就觉得有点不对劲:过去每次来这里,驿馆里前来服侍的人络绎不绝,而今天却冷冷清清,半天也不见有人前来招呼。受惯奉承拍马的胡公子顿时大发雷霆,气呼呼地叫随从将驿吏找来。

不一会儿,驿吏来了。胡公子劈面就骂:"混蛋,本公子到此多时,为什么不来侍候,你眼瞎了?"驿吏忙道:"公子息怒,我正按照有关规定,给你准备伙食呢。"驿吏还没说完,"啪"的一声,脸上已挨了重重的一巴掌,但他还是说了下去:"公子,新来的海知县作了规定,凡过往本地官员,只能按朝廷条文享受各等待遇。你是督爷亲属,我们不知该如何招待你。""什么什么!气死我了!"胡公子的鞭子随即没头没脑朝驿吏抽去,一面恶狠狠地咆哮:"老子今天先教训教训你,再去会会海知县,倒要瞧瞧他到底是个什么样的人物!"鞭打之后,胡公子还觉得不解气,又命随从把驿吏倒吊起来。

驿馆中的差役见胡公子如此凶恶霸道,悄悄地派人急奔县衙报告了海瑞。海瑞闻讯气愤异常,当即调集了衙役赶往驿馆。一到驿馆,海瑞便下令:"把这些狂徒捆起来,一个也不许放过。"胡公子从未碰到有人敢如此对待自己,一时也吓呆了。随从中有人慌忙叫道:"海知县,我们是总督府的家人,这是总督大人的爱子。我们今天路过此地,驿吏大胆,竟不来招待,还请大人明鉴。"海瑞听了,冷冷一笑,随即说道:"总督大人十分清廉,是他亲口吩咐不准越礼招待过往人员。你们这些狂徒,居然不知总督大人的指示,一到本地就侮辱驿吏,败坏总督清誉,我看八成是假冒的!来人哪,给我搜!"

不一会儿,衙役们抬着几件胡公子的箱笼来到海瑞身旁,打开一看,全是金银珠玉和珍宝古玩。海瑞知道,这些全是敲诈勒索来的民脂民膏。他把脸一沉,厉声喝道:"好一个假冒的胡公子,竟然藏有如此巨额银两和奇珍异宝,这断然不是总督大人给你的零花钱,快老实招供,这些东西是哪儿来的?""这……这……"没等胡公子回答出来,海瑞又命令道:"把人犯押回县衙去审讯!"

回到县衙,海瑞明白此案非同小可,如果处理之际稍有不慎,胡总督一定会寻机报复。经过一夜考虑,他想出了一条巧妙的计策。第二天一早,海瑞给胡总督写了一份公文,详述了案犯非法吊打驿吏及没收案犯金银财宝的情况,其中特别提出:"因案犯涉嫌假冒贵公子招摇撞骗,有妨总督声誉,故将人犯押送总督府,再行严审定案。"

收到海瑞的公文,望着宝贝儿子被押回来的狼狈相,胡总督明知吃了大亏,想报复找不到借口,又怕事情张扬开来惹人笑话,真是哑巴吃黄连——有苦说不出,只好把儿子臭骂一顿了事。(《明史》 沈习康)

40. 巧勘床下贼

明代安吉(今属浙江)有一人家娶媳妇,请了很多客人,又摆宴席又放鞭炮,热闹非凡。有一个小偷趁人多之际混入洞房,钻到床底下,想等天黑以后行窃。没料到洞房里一连三日通宵燃烛,灯火明亮,门外又时常有人来来往往,小偷始终找不到机会下手。他趴在床下,饿得头晕眼花,肚皮贴到了脊背上,只好钻出来往外跑,立刻被人捉住了。

在官府审讯的时候,小偷争辩说:"我不是盗贼,是郎中。新娘身上有病,要我跟随着她,时常上药。"县官再三审问,小偷对新娘和她家里的事说得很详细。这下县官被搞糊涂了,他要新娘到堂上对证,可是那家公婆、新郎都一再恳求县官不要让新娘出面。县官不肯,就找来一位老吏商量。

老吏听县官把案情一讲,便说:"小偷知道新娘家的事并不奇怪,这一定是他伏在床下听两口子说了私房话。不过,新娘刚出嫁就碰到这种事情,又要出庭打官司,无论是输是赢,对她都是不体面的,所以不应该让她出来。"

县官问:"还有别的什么办法吗?"

"我想,小偷趁乱潜入洞房,一直躲在床底,以后又突然逃出来,恐怕不会认识新娘。如果用另一个妇人出庭做证,小偷要是误以为就是新娘,不就可以揭穿他的谎话了吗?"

县官说:"这真是个好主意!"

于是找来一名妇人,穿上嫁衣,打扮成新娘的样子,用轿子抬进衙门与小偷对证。小偷一见,就大喊起来:"你请我治病,为什么又诬陷我是贼?"县官见此情形,不由得大笑起来,马上把事情点穿。小偷知道再抵赖已毫无意义,不得不招供犯罪事实。(《益智编》 程维荣)

41. 瓜田纠纷

明朝某一年夏季,冠氏县(今山东冠县)赤日炎炎。一天,有个怀抱孩子的妇人路过瓜田,蹲下来摘了一个西瓜打算给孩子解渴,忽然听到有人大吼:"好哇,你竟敢偷我的西瓜!"妇人吓了一跳,抬头只见一个五大三粗的汉子站在面前。

妇人知道是瓜主来了,连忙站起来赔笑道:"对不起,我只摘了一个西瓜给孩子解渴,我会付钱给你的……"

"不行!你得跟我到衙门去!"瓜主恶狠狠地说。他一转眼,又思忖道:"她只摘了一个瓜,不能治罪。我何不告她偷了许多瓜,就可以让衙门判她刑了。"于是瓜主弯下腰,骂一句,摘一个瓜,很快就摘了三十来个。这时看热闹的人越来越多,有一个人忙跑去报告知县。

不一会儿,知县赶来了。那瓜主还在骂个不休,见知县来到,声称妇人正要偷他三十个西瓜,被他捉住了。

知县看了看地上东一个西一个的西瓜,问道:"妇人偷瓜时带了什么筐子吗?"瓜主说:"没带。""好。"知县又对瓜主说,"那你就学一学妇人偷瓜给我看。妇人不是怀抱孩子吗?你就先抱起孩子,再抱那三十个西瓜。"

瓜主不敢违命,只好抱起妇人的孩子,再从地上捡西瓜,还没捡上几个,就再也抱不住了,西瓜从他怀中一个个"扑通""扑通"掉在地上,滚得到处都是。瓜主汗流满面,狼狈不堪,只好承认是自己恃强凌弱,企图诬陷妇人。(《益智编》 程维荣)

42. 智斗倭寇

有个姓王的渔民,是福建人,因古时把船工称为"长年",所以当时人们都称他为王长年。他精于行船捕鱼,而且从小就以胆大出名。

当时东南一带经常有倭寇出没,他们所到之处,烧杀掠夺,民不聊生。有一次,倭寇又来侵犯福州沿海,王长年和乡亲们奋起抗击,终因寡不敌众而被俘。倭寇又四处搜寻财物,然后带着抓来的人开船向匪巢驶去。

海盗船不紧不慢地在海上航行,王长年等人心里十分焦急。过了几天,海盗们见这十几个人好像很老实,王长年又常说些好听的话哄他们,渐渐放松了对他们的看管。后来干脆连捆绑也松了,让他们在船上走动、干活。在这茫茫大海上,他们逃又能逃到哪儿去?

一天吃饭的时候,王长年看周围没有海盗,就对低头吃饭的同伴说:"你们还想回家吗?"大伙点点头,那还用说。王长年道:"我有个办法,只要肯照我说的办,咱们肯定能逃回去。"众人听了,都表示只要能回去,就跟着他干。王长年便低声向众人吩咐如此这般……

这天晚上,倭寇们把船停在海上休息。眼瞅着就快到家了,海盗们不免喜形于色。头领一高兴,就和贼众一起喝起酒来。这时,和王长年同来的几个妇女手持酒壶纷纷向他们劝酒,开始头领还有戒备之心,可禁不住一劝再劝,也就开怀畅饮起来。妇女们又唱起民歌助兴,众贼高兴得忘乎所以,又叫又跳,个个喝得酩酊大醉,不省人事,躺倒在船舱中。妇女们看看时机已到,互相使个眼色,打开舱门,将王长年一干人引了进来。刀起头落,众贼还在梦中就糊里糊涂被送上了黄泉路。

王长年见船上海盗已消灭干净,便率众驾船,掉头驶向家乡。其他船上的倭寇发现了这边的动静,马上追了过来。王长年早已料定当天晚上正好刮东北风,船借风势,势如急箭,加上王长年又有精湛的驾船技术,敌船被远远甩在后面,哪里追得上。

王长年他们终于回到了家乡,大家都十分高兴。王长年招呼大家别忙着回家,先把倭寇的头砍下再说。大家想也好,可以送到官府去论功行赏,就挥刀干了起来。王长年又割下他们的舌头,另外藏好。

大家提着倭寇的首级,带着缴回的财物,刚上岸就碰上了十几个穷凶极恶的官军。他们不分青红皂白拥上来把王长年和众乡亲逮住,五花大绑送到守城的将军那儿,声称抓到了倭寇。王长年等人提着的首级、带回的财物也尽数被他们掳去,送到将军府去邀功请赏。众人分辩,他们听也不听。

将军听了下属的报告,当即下令,把王长年等人推出辕门外斩首,上报朝廷请功。王长年非常着急,大声用家乡话讲述他们杀贼逃命的经过。幸好将军和王长年是同乡,听他这样一说,便有些迟疑,问道:"你说你杀了倭寇,那你有什么证据呢?"长年伸手从怀中掏出先前藏起的舌头,给将军看:"我们杀的倭寇嘴里都没有舌头。"将军唤人把首级取来,果真没一个有舌头在。这下真相大白,那些贪功冒赏、诬陷好人的士兵受到将军的严厉惩罚。

后来这事上报浙江巡抚,巡抚打算留长年做副将,长年坚辞不受,巡抚便馈赠了许多金银布帛给他,敲锣打鼓送他和伙伴回乡。(《涌幢小品》 孙冰)

43. 助夫

明代嘉靖年间(1522—1566),苏州有个唤孙太学的读书人,颇有些祖传家财。他爱上了风尘女子杨氏,两人如胶似漆,感情很深。孙太学发誓要娶杨氏,他花了不少钱财,才把杨氏从烟花巷里赎出来。可是孙太学平日嗜酒如命,两人还没成亲,余下的钱财竟被他挥霍一空。面对日益贫困的生活,他几乎绝望了,成天郁郁寡欢。

杨氏知道后,找到孙太学问道:"相公还记得自己当初是怎么说的吗?"

"唉!"孙太学长叹了口气,"无奈我命薄,家财耗尽,娶不得你,你还是另择佳婿吧!"

听到此话,杨氏变了脸色,严肃地说:"你堂堂七尺男子汉,怎能不思进取、被小事难住,说出这等没志气的话?"

孙太学听了,满面羞愧。

于是杨氏变卖了自己所有的珠宝首饰,交给孙太学,让他充作聘礼,两人终于结成夫妻。杨氏每每以粥度日,又日夜纺纱织布。过了几年的节俭生活,孙太学也改掉了嗜酒挥霍的恶习,家境稍稍好了一些。

这一年的乡试又要举行了。孙太学有心去应试,可是从家乡到省城路途遥远,前去应试需要一大笔钱。眼看考期日益临近,孙太学还是想不出个办法,急得半夜蒙在被窝里啜泣起来。

"夫君有什么伤心事?"杨氏问。

"我想去应乡试,却凑不足费用。都怪我以前乱花钱,以致今日囊中羞涩,我是痛悔不及……"孙太学说着,又哭了起来。

杨氏看了他一阵,说:"夫君不必伤心,请随我来。"孙太学摸不着头脑,只好止住哭泣,披衣跟着杨氏来到她平日纺纱处。杨氏叫他用铲子掘开地面,孙太学一看,惊呆了,下面竟埋着满满一坛银子!

"这是……"

"这是我平日替别人纺纱织布换来的。"杨氏说,"过去,你不知道节俭过日,常常挥金如土,我不得已瞒着你把平日积蓄一点一点地埋藏起来。如今你既然知道自己的不是,就把这些银两拿去应试吧。这样一可报效国家,二不辱没祖宗,又不辜负了自己平生所学。"

孙太学听后,方才醒悟妻子的用心,不觉感慨万分,第二天就上路了。他果然考中了举人,后来当上县尉,又升到按察司经历,为官清廉正直。

可是当时君主昏聩,朝纲紊乱。几年后,杨氏就叫孙太学弃职还乡了。靠着积下的一些俸银,夫妻俩琴瑟相谐,过着安稳的生活。(《智囊》 程维荣)

44. 放粮

明代某一年,开州(今河南濮阳)发生水灾,大片农田被冲毁,许多农民饥寒交迫,朝廷于是下令开仓赈恤。

散发救济粮那天,府衙前人头攒动,挤满了衣衫褴褛、饥肠辘辘的灾民。知府陈霁岩一见这情形,下令按照灾民名册给每人发一面标有号码的小旗,灾民凭小旗依次而入。这样一来,果然秩序井然,灾民虽然上万,却没有人敢拥挤抢先了。

陈霁岩自己则坐在府衙门边核对姓名,不时抬头看看进来的灾民,并且在名册上做些记号,直到散发完毕。

第二年春天青黄不接时,朝廷又紧急下令赈济灾民中穷困断炊者。怎样组织救济呢?有人建议重新核实登记灾民情况,陈霁岩笑道:"不必如此费事,本官已经知道应该救济哪些人了。"说着,他打开了灾民名册。原来,上一次放粮时,灾民们都是匆忙到府衙领取,谁也顾不上换衣修饰,所以都很自然地显露出自己的家境如何。陈霁岩在一旁观察了每一个人的衣服容貌,在极贫者的名字边做了记号。

于是府衙立即召来极贫者发粮,其速度既快,对象又准确,得到了朝廷的褒奖。当地人不知其中缘故,都把陈霁岩奉为神明。(《智囊》 程维荣)

45. 建祭堂

明代有一年,皇帝的女儿永宁长公主死了,出殡时要在野外搭建祭奠用的殿堂房屋三百余间。按照旧例,这些殿堂房屋都用草席和杉木为材料,出殡以后都会被太监拆去卖掉,以饱私囊。

这一次奉旨负责督造的是工部郎中贺盛瑞。他在山谷间选定地点后,下令开工,并规定用铁棍穿过每一根柱子下端的缆眼,埋在地里;每一张草席之间也用麻绳互相连接。工匠们听了以后,都感到好笑:"这些屋子都是临时搭建的,何必如此当真?"

"谁知道呢?也许贺大人是吃饱了撑的。"

贺盛瑞并不理会这些议论,只是督责赶快施工。

大殓结束后,果然太监们又来收取木材了。没想到柱子竟然如此牢固不可撼动;草席也一张张互相连接,即使用力扯断一两根麻绳,还是不能将草席取走。太监们气得干瞪眼,只好悻悻离去了。

山谷间的气候说变就变。这不,一会儿的工夫就见乌云翻滚,电闪雷鸣。贺盛瑞大声对工匠们说:"这些天来,你们日晒雨淋地干活也真够辛苦,如今暴雨又要来了,别无他处可以躲避,这些屋子就暂时让你们避雨、食宿吧!"

工匠们十分高兴,齐声道:"感谢大人恩典!"

雨过天晴,工匠们纷纷出来,开始拆除殿堂屋宇,拆下来的木材、草席堆得如小山一般高。只听贺盛瑞又大声说:"这些材料要是再搬回原来的地方,简直浪

费人工,不如折抵你们的工价。如今官价每张草席一分五厘,我只算作七厘,其余杉木、麻绳也另行折价,让你们各自搬回家中,如何?"

工匠们听说有如此便宜的材料可买回家,都欢呼雀跃起来。

贺盛瑞也是满面春风。(《智囊》 程维荣)

46. 巧治刁学生

明神宗万历年间(1573—1620),宰相张居正建议皇帝遴选吏员分任各地知县,杨果因办事敏捷能当重任而被授为山东费县知县。

费县的县学生员们得知新来的知县出身吏员而并非科举,以为他不通经史,十分看不起他,杨果到任多日没有一个生员去见他,这在当时实际上表示了对杨果的侮辱。杨果知道生员们故意与自己为难,也不急于申斥,而是想了一个法子来对付。

这一天,生员们接到了县衙送来的一份通知,约定某日举行季度考试。他们以为这不过是例行公事,准备在参加考试时看看县官有何举动。

到了考试那天,生员们都到齐了。杨果对本县的教谕说:"我的出身不过是刀笔小吏,对科举之事完全不懂,但又不敢因此废除国家规定的这项制度,今天考试,还是请先生来出题,望先生务必留意。"这一天供应考生们的膳食,全都由县衙中的厨师烹调,菜肴也特别丰盛。等生员们考完后收卷上来,只见满纸都是涂改墨迹。看其内容,有的不过短短数行,有的戏为俚词俗语,却都是嘲谑知县之文。

杨果毫不在意,他把试卷集中起来装进一个小箱子里,当晚写了一封信给山东督学,内称:"我不是科举出身,对考卷难以评定上下;请县学教师评阅,又恐怕他们师生关系过于亲密,评阅结果杂有私人感情。因此不揣冒昧,请督学大人亲自批阅,判定优劣。"生员们听到这个消息,一个个吓得胆战心惊,赶忙穿上囚服,跑到县衙跪下哀求:"学生们的试卷,务必请县太爷亲自批阅,您老人家批阅的结果,我们没有不心服的。从今以后,我们一定洗心革面,痛改前非,一切全听您的安排,再也不敢捣乱。"县学中的两个教师也赶来代学生恳求。杨果这才叫他们起来,当场将试卷评阅完毕,尽展其生平所学,生员们无不心服。(《万历野获编》 沈习康)

47. 头肠蹄卖千金

明神宗万历三十四年(1606),蒋检讨、萧给事二人受命担任浙江乡试主考官。一个姓董的有钱有势的举子,花了一大笔银子买得试题,考中了举人。主考官在考试的那一天,又侮辱杭州人,因此得罪了全郡士民,大家都十分恼恨他。考试结束,发榜公布中举名单后,照例举行宴会,宴请主考官及各位考中举人的士子。有一个市民为郡人出了个主意:在筵席间串通伶人在演戏时讽刺一下营私舞弊的主考官,让郡人出一口恶气。可怎么样才能把这事办好呢?那个市民请来将在那天演戏的伶人,商量起来。

那一天,宴会开始了,席上群伶先演的是《荆钗记》,没什么可以借题发挥。演到《承局寄书》那一出,机会来了。扮剧中角色李成的伶人问扮承局的伶人:"足下打哪儿来呀?"承局答道:"从京城来。"李成又问:"有什么新闻可以说来听听呢?"承局讲了好些有趣的事,李成却只是摇头,说这些事根本算不得新闻。承局便道:"有一事说出来你肯定会惊奇。""什么事?"李成好奇地追问。"关白他纳款了!""这算什么让人惊奇的事,我早知道了。"李成不耐烦地说。"他还进贡东西了!"承局又说。"什么东西?"李成开始有点感兴趣了。

这时承局卖起关子,不肯直说,让李成猜。李成急切地再一次追问:"到底是什么东西啊?"不料承局回答说进贡的东西是一头猪。李成嚷起来:"猪有什么奇特之处?值得进贡?"承局笑嘻嘻地说:"绝大、绝大、世上稀有,所以珍奇无比。"李成道:"那也不过驴子那么大罢了,你胡吹些什么!""哪能呢?比驴大得多!"李成听了,不服气地道:"有牛那么大?"承局答称还不止。李成瞪大眼睛道:"总不至于有象那么大吧?"不料承局竟连连摇头,说:"还不止、还不止。""哪会有比象大的猪?陆上的兽畜没有大过象的。"李成根本不信。"它大得不可思议,不讲它全身,只是这猪头、猪肠、猪蹄,你道要值多少银子?"承局神色诡秘地说。李成问:"值多少?"承局一字一顿地道:"只这头肠蹄,就值一千两银子!"李成惊道:"谁买得起?"承局笑道:"一个做古董生意的人买去了!"

两人你一言我一语,巧妙地嘲讽了董姓士子贿赂主考官买得"头场题"(谐音"头肠蹄",第一场的试题),蒋检讨,萧给事二人坐在下面听了,气得说不出话来。
(《古今谭概》 鹏肩)

48. 遇盗免难

明兰阳处士丘晓,为山西布政使丘陵之子,以经商为业,常往来大江南北,阅历丰富,机敏过人。虽所带仅家僮数人,无力与强人相抗,但他善于用计,每每逢凶化吉,遇难呈祥。

有一次,他到吴中地区做生意,抵达丹阳后,便雇船沿江而下。晚上在一处

小港暂泊时,来了一个人,愿出高价搭船。船家巴不得多赚钱,一口答应。丘琥见那人目露凶光,眼珠子总在船上堆着的箱笼上打转,知道他必然是个强盗。本待拒绝他上船,一转念他不上船也可另雇小艇尾随于后,瞅准时机,再杀上来抢我财物,便爽快地答应船家愿与此人同船而行。可怎样才能防止那个隐藏真实身份的强盗来劫掠自己的财物呢?他陷入了沉思。

开船了,扬帆起锚,风劲潮急,一会儿船儿驶入了一片宽阔的水域。那强盗从船舱里钻了出来,衣衫下鼓鼓囊囊地凸现出一个长形器物的轮廓,显然是一柄朴刀,或是一支铁剑。丘琥心跳不由得加快,暗道:"糟糕,我还没想出对付他的办法来呢!怎么办?"忽然,他眉头一皱,计上心来。

于是他从容走上船头散步,俯仰江天,连声叹赏,又假装不慎将一枚发簪落到水里。"哎哟,这可怎么好!"他一面叹气,一面理着散披下来的头发,叫出僮仆帮他从所带箱子里再找一枚簪子。他故意大开箱笼,把里面的东西随随便便一件件拿出来,堆在一边,找了半天,才找出一枚发簪。再自己解下衣服,以示身上没带什么值钱的东西。另又让家僮与那个强盗酌酒对饮,夜里便睡在那强盗的身边,一点也不加防范。那个强盗眼见他翻箱倒箧折腾半天,里面并没有贵重的东西,又见他懵懵懂懂,一点不像是个行走江湖的行商,便不准备为难他们,第二天借辞离去了。其实丘琥是带有贵重东西的,那强盗如果杀了丘琥主仆,然后一搜便不难到手。但丘琥这么以进为退,巧施计谋,那强盗也就轻易上当了。

不久,那强盗在别的地方杀人劫财,被官府捉拿,关入牢狱中。他告诉别人说当时原是想杀了丘琥再抢东西的,但一看就那么些衣服之类的生活用品,便觉得白刀子进红刀子出没什么必要,一走了之。说罢,还连连称赞丘琥的智慧,说如果现在有机会杀丘琥,他已经不忍心下手了。(《啸虹笔记》《寄园寄所寄》鹏肩)

49. 取珠灯

明代大凡元宵节举行灯会,总是十分热闹,观灯的人扶老携幼,摩肩接踵,熙来攘往,笑语不绝。而每一年的灯会,照例会有一些趣闻奇事,成为街谈巷议的话柄。

某年,有一个太监突发奇想,请工匠做了一盏十分漂亮的珠灯,挂在一根长竹竿顶上,扛到灯市中竖好,号令说:"谁能够不用梯子或不手脚并用爬上去,又不把竿子放倒下来,就将珠灯取到自己的手中,那就将这盏珠灯送给他,任他自己拿走。"

这珠灯扎得精巧不说,灯上镶嵌的珍珠个个圆润晶莹,价值昂贵,任是谁见了,都会喜欢。于是不一会儿,竹竿附近里三层外三层围了个水泄不通。可大伙儿眨巴着眼珠子想了老半天,谁也没能耐做到那太监所要求的两点。一些素称有经验有见识有智谋的老者,也连连摇头,泄气地对周围跃跃欲试的小伙子嘟囔着要他们别白日做梦,空费心思。可说也怪,尽管没人能够既不用爬上竿子,也不必放倒竿子,就把竿顶的珠灯拿下来,但每天仍有不少人围着竹竿凝神观看。

就这样过了几天。一天晚上,人群中忽然走出一人,慢悠悠走到竹竿前,把竹竿举直了往前从容走去。众人看了直纳闷,这是怎么一回事呢?莫不是他想要那珠灯想疯了,来抢东西的?可不像啊,他走得很慢呀。大家正狐疑间,只见那人早已走到一口水井前,揭开井盖,将竿子插到井里,然后悠然一笑,将挂在竿顶而现已伸手可及的珠灯轻而易举地拿到手中。"噢,原来是这样!真是匪夷所思。"大家恍然大悟。那人将珠灯向大家摇了摇,然后扔开竹竿,捧着珠灯,在人们的簇拥下兴高采烈地离去。那个太监坐在楼上看了这一幕,也大笑起来,十分欣赏那人的智量。(《啸虹笔记》《寄园寄所寄》 鹏肩)

50. 驱恶少

明代嘉定县的一个村庄里,有个叫陈星卿的青年,为人勇敢有谋略,但不为别人所知,只是默默无闻地做一个私塾先生。

村里有个寡妇,带着一个襁褓中的幼儿,靠亡夫留下的几间房屋、百来亩薄地度日。谁料她侄子秉性险恶,有心欺负孤儿寡母,偷偷把寡妇家的产业卖给了邻乡一个富豪的少爷,换得一些钱财后溜之大吉。那少爷新得了房屋田地,立刻派奴仆前来驱赶寡妇。寡妇听得此事,如雷轰顶,手足无措,只是抱着孩儿在门口哭泣。乡邻们都摇头叹息,却也想不出个办法。

这时恰巧陈星卿路过,问清原委后愤愤地道:"世间竟有这等不平之事!"他略一思索,对寡妇说:"我有主意,保你家业平安。"寡妇和乡邻都十分惊讶,姑且听从他的安排。陈星卿吩咐寡妇暂避他村,又对众乡邻如此这般耳语了一番。

次日,少爷带着一帮门客、仆人,坐着画舫,鼓乐喧阗(tián),来到村中。上岸后直奔寡妇家,指挥众人打扫房屋,挂上匾额,又将原来的佃客召来训话。忙乎一阵后,就在田间搭灶烧火,饮酒野炊。

这时,陈星卿带领一群身强力壮的乡民赶到河边,七手八脚用斧头、锤子劈砸那画舫。船夫吓得奔到田间向少爷哭诉。少爷没想到有人竟敢抄自己的后

路,情急之中,连忙带人赶回河边,却见船只早已沉没。少爷扑了个空,气得脸色铁青,双眼冒火。忽听得有人喊:"看那边啊!"只见远处新占的房屋前聚集着一群人,正在那里嚷嚷。少爷眼睁睁地看到他们把悬挂在正门上的匾额扔下来砸了个粉碎。正在发愣,忽见那些人又抄起斧头、扁担朝河边冲来。少爷惊恐万状,连忙带着随从找条小路落荒而逃。原来这是陈星卿定下的计策,避实就虚,攻其不备,先挫其锐气,后趁胜势驱之,果然一举成功。

两天后,少爷正在家里写诉状准备呈送县衙,忽听得衙役前来传唤,顿时傻了眼。原来,那日少爷仓皇逃窜后,陈星卿就抢先一步,立刻写好诉状送往县衙。诉状文笔畅达,义正词严。知县读后当即派人前往核查并传唤少爷。少爷虽然竭力申辩,并不惜重金行贿,但知县上任未久,正想锄强扶弱,有一番作为,不肯营私枉法。最后,县官将少爷家的奴仆及寡妇的侄子判以徒刑,田地房屋重归寡妇所有。

一桩财产案就此了结。从此,陈星卿遐迩闻名。(《智囊》 程维荣)

51. 五千铜钱

一个瞎子和一个小贩同住在旅舍。夜里,瞎子偷了小贩的五千铜钱。第二天早晨,小贩说瞎子手中的钱是他的,瞎子不承认,双方吵起来,告到了官府。

知县审讯时,问小贩:"你说这五千钱是你的,你说得出钱上有什么记号吗?"小贩回答:"钱是日常用的东西,随时会花掉,有什么记号!"知县又问瞎子,瞎子不慌不忙地说:"有记号,我的钱都是有字的正面对正面、无字的背面对背面串起来的。"大家一看,果然如此。小贩急得汗都出来了:"这钱确是我的啊,请大人明鉴!"

知县不动声色,忽然命令瞎子伸出手掌,察看一番后,笑着对瞎子说:"你的手掌上都是青黑色,上面还清清楚楚地有一道道铜钱摩擦的痕迹,这不证明了你是夜里摸索铜钱的形状将它们串起来的吗?"

瞎子一听,张口结舌,不得不认罪。于是知县责罚了瞎子,让小贩把钱领回。(《折狱龟鉴补》 程维荣)

52. 门上女尸

在一座山脚下,住着甲、乙两家,素来有嫌隙。一次,甲家夫妇吵架,妻子一时气恼,寻了短见。甲见妻子上吊而死,非但不悲伤,反而思忖道:"这下我可以叫乙尝尝苦头了。"趁着夜色,他悄悄把妻子的尸体背到乙家门口,用绳索悬吊在门上。

第二天清晨,乙起床开门,冷不防迎面撞着一具女尸,吓得丧魂失魄。正当他手足无措不知如何是好时,甲走了过来,看到尸体,顿时大哭起来,随后报告官府说:"我与乙向来关系不错。昨天因为家里揭不开锅了,就叫我妻到他家借米。直到半夜还不见回家,我心里疑惑,一直睡不着觉,今晨发现我妻竟然已经在他家门上自缢身死。这里头一定有文章,乞求官府追查,为小的申冤!"乙是个老实巴交的人,听到甲的控告,只是哆嗦着说不出话来。

官员来到乙家,勘验尸体后,又仔细地察看了一遍现场,然后对甲说:"这不是乙的罪过,而是你自己移尸至此!"

甲一惊,连忙抹着眼泪鼻涕,高声说:"这不可能,我明明今天早上才看到尸体在乙家门口,怎么会是移尸在此?"官员说:"你不必强辩,你做得虽然很隐蔽,可惜忽略了一点:昨天晚上下大雨,直到现在路上还很泥泞,人走过,鞋子上必定沾泥,而你妻子的鞋底却只有一些干土,如果尸体不是被你从别处移来,又是怎么回事?"

甲像当头挨了一闷棍,无话可说,只好招供是自己诬陷好人。(《折狱龟鉴补》 程维荣)

53. 山路上的骡队

一次,有几个陕西客商带着很多财物外出做生意,路过湖北钟祥县的山地时,被一伙强盗洗劫一空。客商跌跌撞撞地逃进县城,来到官衙报告。知县董质生听后,皱着眉头说:"本县历来太平,不可能有什么强盗。这一定是你们带着主人的财物外出,却到妓院赌馆尽情挥霍,钱花完了,就来报告说遭到抢劫,这能骗得过谁?"客商们正要争辩,董质生下令将他们每人打五记耳光责罚。客商们捂着火辣辣的脸,愤愤不平,连喊冤屈。

董质生命衙役将他们带下去,随后暗暗找来几个能干的仆人,嘱咐他们到集市上租十多头骡子,把行李、竹筐驮在骡背上,假扮成生意人的样子往山路上走。董质生自己则带着几十个健壮的士兵,悄悄地从小路出城,没有别人看见。

那几个仆人赶着骡子,在山路上果然被一群手持刀棍的强盗拦截。正在这时,董质生带着人马赶到,抓住了这些人,原来不过是些小喽啰。问他们盗首在哪里,回答说是在山上的寺庙中。董质生立即指挥士兵连夜包围寺庙,将那帮强盗一网打尽,陕西客商的财物也全部被追回。

第二天,董质生把客商叫来,对他们说:"强盗已经被捕获。昨天我责罚你们,委实让你们受了冤屈,但如果不这样,就会泄露机密,可能破不了案。现在你们把原物领回吧!"客商们又惊又喜,深深佩服知县的机智果敢,纷纷叩头拜谢。
(《折狱龟鉴补》 程维荣)

54. 尤老板

已经是小年夜了,街东头那家当铺生意冷冷清清的。这一天下午,店里忽然走进来一位四五十岁的男子,衣衫单薄,脸色菜青。他把一张当票往柜台上一放,开口便道:"把我的东西拿来!"伙计拿起当票一看,的确是本店的,于是等着那人把赎金交出。那人却不耐烦了,眼睛一瞪,咆哮起来。伙计勉强地笑了笑说:"要赎取归物,先要交出赎金,这是小店的规矩。""什么规矩不规矩的!"没等伙计说完,那人恶言恶语骂了起来。伙计再也忍耐不住了,两个人便火爆爆地吵了起来。

这时候,当铺的尤老板正在里面准备过年的东西,听到店堂里的吵闹声,便从里面走了出来。一看,原来是店伙计与一位客人在吵架,那客人有点面熟,像是街坊邻居。店伙计见老板出来,便指着客人对老板说道:"这个人,到典当来赎取东西,一文钱都不带不说,还要骂人,世界上竟然有这种不讲道理的人!"那人一听,便跳过来连同老板一起骂了起来。

尤老板听了,一点也不生气,却和颜悦色地对客人说道:"您来这里,不过是新年到了的缘故,一点点小事情,街坊邻居的,有什么好争的。"说完,便吩咐店伙计把那人所典质的东西拿了出来,共有五六件衣物。尤老板指着一件棉衣说:"冬天天寒,这件棉衣少不得。"又指着一件袍子说:"新年到了,外出拜年是必定要穿的。"尤老板让那人先把这两件急用的衣服先拿回去,其余几件衣物当前不用,暂时先留在店里。那人见尤老板这种态度,也无言可说,便拿着两件衣服默默地走了。

第二天,传来消息,昨天来典当铺吵闹的客人,在夜里竟然死在别的一家店铺里。为这件事,客人的家属与店家打了一年多官司,最后那店家赔了一大笔钱才算了结。原来,这个人因为负债累累,无法生活下去,看准尤老板富有,因此先服了毒药,来当铺无理挑衅,企图诱尤老板与其争斗,然后死在当铺,再让家人来与尤老板理论,以敲诈钱财。由于尤老板的忍让,没有成功,只能把目标转移向别家。

后来有人问尤老板,你怎么会预先知道他服了毒来的。尤老板摇摇头说道:

"我哪里知道。我只是觉得,凡是有人没端由地把事情弄到你的头上,他必然是怀有某种目的的,如果你不能一时忍让,就会大祸临头。"

众人听了,都不得不佩服尤老板识见的高超。(《昨非庵日纂》 陶湘生)

55. 张一包

明代浙江永康有个大盗卢十八抢劫了官库的银钱,由于行踪诡秘,过了十多年尚未被捕获。张淳任知县后,接过了案子,并向上司保证,一定在三个月内破案。

张淳先大量印发并在城里城外贴满通缉布告,仍然没有发现强盗的踪迹。他就放出消息,说事情已经过去那么多年,强盗早已逃得不知去向了,再找也是枉费心机,在明里停止了追捕。

县里有个叫杨龙的衙役,他妻子暗地里和卢十八私通,杨龙有时也为卢传递消息。这一次,杨龙又设法把知县的态度转告给卢十八,卢十八仿佛吃下定心丸,从此放松了戒备。想不到张淳暗中加紧追查,掌握了杨龙勾结卢十八的线索。

几天后,张淳故意命人告发杨龙拖欠别人钱财不还,派人把他公开逮捕入狱,随后又秘密将他带进后堂。

"你知道为什么要抓你吗?"张淳问。"小的未曾欠钱不还,不知犯了什么罪。"杨龙回答,声音却在颤抖。张淳冷笑一声:"别装蒜了!你勾结大盗,这可是杀头的重罪!"杨龙一听,知道事情败露,吓得趴在地上直磕头:"小的有罪,小的该死!"于是把自己和卢十八的关系一股脑儿供了出来,又说:"那卢十八来无影,去无踪,小的妻子也不知什么时候才能见着他,乞求大人饶小的一命!"张淳道:"要活命也不难,只看你愿否听本官之命……"张淳向他低声吩咐几句,杨龙连连答应。

第二天,县城内外又贴出布告,说衙役杨龙因欠钱不还被捕,官府经其再三请求,同意将杨妻暂收监中代为抵罪。卢十八混在人群中看了布告,心中忐忑不安,唯恐与其相好的杨妻遭受皮肉之苦。于是他择个日子,假冒别人的名字前去探监。刚走进狱门,就被杨龙指认出,众衙役忽然蜂拥而上,卢十八措手不及,被打翻在地,捆了个结实。

原来,这是张淳定下的欲擒故纵、诱鱼上钩的计策。屈指一算,从接案到破案一共不到两个月。从此,当地百姓认为张淳破案简直像包公那样神明,都管他叫"张一包"。(《明史》 程维荣)

56. 富家女儿

明朝年间,苏州有家富户,女儿得了一种奇怪的毛病。四肢萎缩麻痹,全身软绵绵的,一点力气也没有。眼睛瞪得大大的,定呆呆的。吃东西也要靠别人帮助,整天躺在床上,一动也不动。家里四处为她延请医生,可就是没有医生能识得她的病。药也用了好多,但一点用处都没有。家人焦急万分。

有一天,忽然来了一位医生,一介绍,方知就是大名鼎鼎的葛乾孙医生。他是江南名医葛应雷的儿子,子承父业,医术不在他的父亲之下。只是他有一个坏脾气,他看不看病是凭他的兴趣。他不愿意看时,请他都不到;他愿意时,不请也会到。但一经他出手,常常是手到病除,会有意想不到的疗效。

富家把葛乾孙引进女儿的闺房,房中摆设华丽,浓香袭人。葛医生把脉诊断以后,便请主人把所有的门窗都打开,把窗帘门帘全都卷了起来,然后又吩咐把房里的香奁、流苏、熏炉等香物统统清除出去。又叫来几个健仆,在房中挖了一个大坑,坑中铺了一张草席,让小姐躺在草席上。这一切做完以后,葛乾孙便泡了一壶茶,在小姐房中自斟自饮起来。等茶喝够了,时间也足足过了半天,那坑中的小姐,手脚开始动了起来,口中也哼哼唧唧起来。葛乾孙不慌不忙立起身来,从身上摸出一颗药丸,叫人让小姐吞服了下去,然后吩咐富家,房中门户窗棂都不要关闭,小姐也让她睡在坑中,直到她自己爬出坑来为止。吩咐完,便飘飘逸逸地走了。

到了第二天,富家女儿果然自己爬出坑来,病也痊愈了。

后来有人问起这件事。葛乾孙说,那富家女儿并没有什么大病,只不过分喜爱香味,一直处在浓香之中,脾脏被香气侵蚀坏了,因此得了这个毛病。因为病症奇特,所以也只能用奇特的方法治疗。(《明史》 陶湘生)

57. 借词救人

明末崇祯年间(1628—1644),左都御史刘宗周闻知姜埰(cǎi)、熊开元以言事被皇帝下诏囚禁锦衣卫狱中,便约同九卿共救。入朝议事时,听说皇帝已下密旨要杀姜、熊二臣,他便慷慨陈词,认为大明王朝自立以来,一直奉行"言可用用之,不可置之"的政策,没有言官曾受到过这种处分,现在这样做破坏祖宗成法,很不应该,况且有罪的话,也应交司法机关处理,直接下诏狱,有伤国体。崇祯皇帝是个刚愎自用的人,哪里听得进去,反而被激怒,立即将刘宗周革职拿问,交刑部审议定罪，很有可能被杀。一些朝中大臣再三恳求皇帝开恩，都不管用。

这时，礼部尚书兼东阁大学士蒋德璟毅然再次入宫面奏，为刘宗周开脱。他知道崇祯帝性子峻刻严苛，不能从正面去游说，只能借古讽今，旁敲侧击，方不致触天子之怒。他在皇帝面前进言道："以前唐太宗讨厌魏征直谏，认为扫了他做皇帝的颜面，几次想杀魏征，回到宫中还怒气未平，嚷着定要杀了这个田舍翁。而长孙皇后却在此时穿上朝服出来祝贺道：'君王仁义则必然臣子忠直，恭喜皇上啊。'"话未说完，崇祯帝忽然板着脸道："唐太宗的大才朕自然大有不如，但这种关起门来的德行，朕也不想去学他。"蒋德璟笑了笑，又奏道："皇上是尧舜那样的君主，怎么肯去学唐太宗？这唐太宗又有什么大不了的？他只是巧于取名罢了。"崇祯皇帝听了这话，不由得觉得奇怪，马上问："什么叫作巧于取名？卿不妨给朕解释一下。"蒋德璟从容地整一整衣冠，跨前一步，曼声道："人臣敢于直言的，用之，则名在人主；罪之，则名在臣下。唐太宗本来就不喜欢魏征，却故意优容他，以自成其虚怀若谷，善于纳谏之名，所以说唐太宗巧于取名啊。"崇祯帝知道蒋德璟这番言语，意在救刘宗周，但想想事情确如他所说的那样，将直言进谏的大臣治罪，反而会成全他们的忠义之名，而皇帝自己必被后世加上文过饰非、伤害忠良的恶谥。唐太宗巧于取名而有英主之称，我不妨这次就学他一次吧。

于是，皇帝下诏，刘宗周免于治罪，仅削职为民。（《崇祯杂录》《寄园寄所寄》鹏肩）

58. 识破奸计

侯方域，字朝宗，河南商丘人，明末与方以智、陈贞慧、冒襄并称"四公子"，与吴应箕、陈贞慧均为复社骨干，交情十分亲密。侯方域在南京结识了名列"秦淮八艳"的名妓李香君，双方郎才女貌，情投意合。他住在李香君那里，或与复社文人讨论时事，或与三朋五友诗酒相会。李香君见他所交多为英杰，心里也非常高兴。

然而，最近一段时间里，李香君发现侯方域经常与一个过去几乎没有什么往来的王将军在一起，要么是王将军带着美酒佳肴前来饮宴，要么是侯方域与王将军相约外出游玩，这不能不引起李香君的警觉。一天晚上，侯方域与王将军游玩后回来，李香君见他满口酒气，知道他又与王将军喝了不少酒。她倒了一杯茶给侯方域，然后坐在侯方域身旁关切地问道："郎君最近一直与王将军交游，可知王将军到底是个什么样的人？"侯方域呷了一口茶说："他的底细我倒不知道，不过人看来倒也不错，你知道他的情况吗？"李香君沉吟了一下说道："王将军的人品

怎样,我也不十分清楚,但据我所知,他并不富裕,甚至可以说是较为贫困的吧。照理说,他根本就不是一个挥金如土结交朋友的人,如今却在你身上如此花费,你为什么不找个机会问他一下呢?"侯方域听了,觉得非常有理。

第二天,王将军又带了酒肴来请侯方域,三杯下肚后,侯方域开口问道:"最近以来诚蒙兄台看得起我,日日相处,饮酒游玩,花费了不少银两。但兄台家境不富,却如此与我结交,是否别有原因?万望实告。若有用得着小弟之处,小弟自当效力。"王将军开始并不肯说,但经不住侯方域再三催问,终于请侯方域屏去闲人说道:"其实与先生结交所花费的银两,并不是我的,而是阮大铖(chéng)阮公的,我不过是受他所托,想请先生帮助调解一下他与复社诸君之间的矛盾而已。先生一者名高望重,二者与复社骨干吴应箕、陈贞慧等情深谊厚,正是最恰当的中间人,只要你肯出面调解,问题恐怕不难解决,务请先生帮忙了。"侯方域听后连忙说道:"事关重大,让我考虑考虑,明天再作答复吧。"王将军见不便多坐,随即起身告辞。

晚上,侯方域把王将军的来意告诉了李香君。李香听了问道:"你究竟考虑些什么?难道你真的愿意当调解人么?"见侯方域仍在犹豫不决的样子,李香君忍不住说道:"我也认识陈贞慧,他是一个很有正义感的人;吴应箕我虽不认识,但多次听人说他也是一个疾恶如仇的君子,而阮大铖呢,大家都知道他是一个奸人。你既然与陈贞慧、吴应箕交谊深厚,怎么可以为了阮大铖而背弃朋友呢?何况以你的家世名望,又如何能去为阮大铖办事呢?你是一个读破万卷书的聪明人,难道就没有看出这是阮大铖的阴谋诡计吗?我不过是一个没有多少知识的妇道人家,你的见识怎么会落在我的后面!"李香君的这番话,犹如醍醐灌顶,令侯方域茅塞顿开,不由连连点头称是,对她十分敬佩。

第二天,王将军得知侯方域拒绝为阮大铖做调解人时,灰溜溜地跑去告诉了阮大铖,阮大铖虽然又恼又羞,却也无可奈何。(《虞初新志》 沈习康)

59. 秀才赶考

崇祯十五年(1642)四月,张献忠攻克六合城以后,准备再取卢州城。但要攻取卢州城,可不是一件容易的事,卢州城墙高大坚固,护城河又阔又深,而且守卫又十分严密。先前张献忠曾经两次派兵去攻打过,都无功而返。怎么办呢?就在张献忠再三盘算斟酌的时候,忽然传来一条消息,朝廷的一位督学御史来到了卢州城,要在卢州开科考试,从秀才中选拔官员。张献忠听了以后,不由高兴得"嘿嘿"笑了起来。

且说卢州开科取士的消息传开以后,四方的读书人都纷纷赶到卢州城来。他们穿着长衫,带着书籍文具,使得本来十分紧张的卢州城顿时热闹起来。张献忠从他的部队里挑选了几万名士兵,均是卢州周围的人氏。一个个都脱下铠甲,穿上长衫,放下武器,扮作秀才,拿起书籍,斯斯文文地坐车的坐车,步行的步行,来到了卢州城。城门口盘查的官兵,听他们说的全是本地口音,便毫无怀疑,放他们进了城。他们一进城,就寄住在城中的各个旅舍里,安分读书,练习文章,足不出户。

到得科场开考的前一天夜里,三更刚到,张献忠便率领人马,将士不穿铠甲,马儿摘去铃铛,悄悄打开了六合城门,便轻装风驰电掣般地向卢州城疾驰而去。不过只一个多时辰,便到了卢州城下。此时,寄寓在城中各处旅舍里的"秀才",早已脱去长衫,拿出准备好的武器,一部分直奔城门,乘守城兵将熟睡之际,一举夺下城头,打开城门,放下吊桥。另一部分便在城中四处放起火来,顿时卢州城内大乱起来,火光烛天,喊声四起。张献忠便乘乱毫无阻拦地冲进了卢州城,一场混战厮杀以后,知府郑履祥死在乱军之中,备兵副使蔡如蘅与督学御史,乘乱逃出了卢州城。不过一夜工夫,第二天早晨,卢州城头上,便飘扬起了张献忠的大旗。(《明史记事本末》 陶湘生)

60. 传艺

夏日的午后,骄阳似火,镇上的大人还有儿童,手持蒲扇并带一张小杌子,三三两两走向镇东的一座古庙,去听说书。

大殿上已经到了几百人,后来者赶紧找个空位子坐下。尽管外面热烘烘,在高敞的殿宇内却很凉快。今日书会,由本府松江闻名遐迩的莫后光先生主讲。

莫先生端坐前台,台上一方惊堂木,一壶清茶。先生面目清癯,五十光景,他向周围扫视了一下,凝神定气,润润嗓子,便开始说《水浒传》林冲故事。从发配沧州开讲,一路娓娓说来,曲尽其妙。说到风雪山神庙一节,更是形容尽致,朔风呼呼作响,大雪纷纷扬扬,将在座的听众一下子从六月里带到腊月里,只觉得寒风嗖嗖,暑意顿消。这场书直说到太阳落山,散场时,听众纷纷拥到台前,掷上几枚铜钱,有些人还凑到莫先生跟前,端详一番,攀谈几句。莫后光早已唇焦口燥,仍不时点头致意,至于钱嘛,给与不给,给多给少,都不在意。

这是他最快乐的时刻。听众喜欢他、热爱他、理解他,便是对他最好的回报。他一介书生,满腹诗书,人品、识见、文章皆足可称,但在考场上却没有人赏识他,几次名落孙山。于是决计退出狭隘的科场,回家开馆教书。他没有一般塾师的

酸腐气，教学生动灵活，有声有色，潜移默化，寓教于乐，好像说书一样。有时兴起，也客串几场。因他学养深厚，所以造诣很高，非一般江湖艺人所能及。他借说书宣泄胸中的愤懑，也从中寻到了欢乐。

听众都已散去，莫后光刚刚跨出殿门，一个后生迎面跪在地上，恳求说："请先生收下徒儿！"

莫后光急忙上前将年轻人扶起："礼重了，礼重了，快起来说话！"这后生瘦瘦的身材，长挑个子，满脸麻瘢，可眉宇间透着一股灵气——是块说书的料子。

"小子柳敬亭，泰州人氏，决心学说书，在外流浪数载，没有寻到合适的师傅，后闻先生大名，特地过江拜访。学生已连听三场，钦佩之至，真乃吾师！"

莫后光见柳敬亭不辞辛劳，远道而来，诚心诚意学说书，便答应收他为徒，要他权且寄居庙里，一边听书，一边接受点拨。

开始传艺时，莫后光指出，学说书先要练舌头，这是基础，练就三寸不烂之舌，方可登场。柳敬亭在家乡曾跟一个先生学过几段书，有点底子，现在得了名师指点，加上自己勤学苦练，从早到晚在庙后的树林里掉舌弄声，因此进步很快。一个月下来，中气充足，吐字清晰，高下疾徐，起止应接，无不如意。模仿各地方言、动物昆虫叫声，乃至风声雨声雷声，都惟妙惟肖。

第二步，练表情。又一个月过去了，柳敬亭的眉眼口鼻都能传神，就连面皮也能随意抖动，表现喜怒哀乐之情。尤其是他的那双眼睛，流光溢彩，最是动人。

接下去，是练身段、动作。一月过后，莫后光请了二三十个老听众，来观摩徒弟说书。柳敬亭今天上场特别郑重，表演也特别精彩，有时一声不发，全场歇响，一举手一投足，就将人物表现得活灵活现。莫后光十分欣慰，暗暗说道："行了！行了！"一段书说完，老听众们赞扬说："过瘾，过瘾，如今出了个莫后光第二！"

柳敬亭学艺期满，要与老师离别，真有点依依不舍。临别之际，莫后光叮嘱说："你可以闯天下去了，但艺无止境，还须在茫茫人海中细心体察世情的深微。可要继续努力啊！"柳敬亭自得莫后光调教后，技艺大进，又广交三教九流各色人等，饱尝人间冷暖炎凉、酸甜苦辣，后来终于成了明清之际评书大师。（《虞初新志》 夏咸淳）

61. 饮酒观画救陈秀

明末江南一带有个著名说书艺人柳敬亭，他为人豪爽热情，又很机智幽默。因其技艺超群，不但平民百姓喜欢听他说书，许多士大夫也愿意与他折节相交。

南明弘光朝时，他在宁南伯左良玉的幕府中，深为左良玉所礼重。

左良玉脾气急躁,火气上来时无人劝得住。他手下有个爱将陈秀,多年追随左右,对他忠心耿耿。有一天,陈秀无意中触犯了军规,左良玉知道后火冒三丈,决定严肃处理,将他斩首。幕僚中有几个与陈秀关系较好的人听到消息后,纷纷前来说情,劝左良玉从轻发落。然而左良玉此刻正在火头上,不管谁来说情,全都给挡回。柳敬亭平时与陈秀并无深交,但对左良玉要处死陈秀也觉得有些过分,凭着自己对左良玉脾气性格的了解,他知道如果自己此刻就去劝解,恐怕不但于事无补,而且还会火上加油,适得其反,只有等左良玉火气退了,再设法婉转解说,才有一线成功希望。

　　晚餐时,左良玉因心情不好,一个人在营帐中闷闷喝酒,忽然听到侍卫传报:"柳先生前来拜见。"话音未落,柳敬亭已进入帐中,行了一礼,说道:"今天下午,有人给我送来一坛陈年好酒,我想,将军是品酒高手,与其由我独自牛饮,不如拿来与将军一起品味,请将军指教一番。"说完,双手捧上那坛好酒。左良玉见了,立即吩咐下属:"速添樽箸,我与柳先生共品美酒。"一会儿,酒菜也都到齐。柳敬亭打开酒坛,顿时酒香四溢,果然不同凡响。

　　几杯过后,柳敬亭见左良玉心情舒畅,知道自己说话机会到了。他站起身,又给左良玉倒了一杯,然后说道:"此酒固然醇美,但是若无物助兴,未免有点遗憾。听说将军颇富珍藏,尤以书画为最,不知能否请将军展示一下,一来让我开开眼界,二来可以聊助酒兴。我想把酒赏画,那才是风雅无比啊!"左良玉听了,连声笑道:"柳先生真是雅人深致!"随即令侍从取来珍藏的书画。

　　第一幅画打开了,那是一位名家所绘的青年左良玉肖像,戎装佩剑,英气勃勃。左良玉看了看画像,拿起一面镜子照了一下自己,不由感叹道:"左良玉啊左良玉,你当初真可称得上天下健儿,而今却变成了一个可怜的白发衰翁!"语调中流露出无穷的伤感。过了一会儿,他打开另一幅画告诉柳敬亭:"这就是我的归宿了。"柳敬亭上前仔细观赏,只见画面上老年的左良玉穿着衲衣,手扶筇(qióng)杖,周围有几个少年相随,其中最靠近左良玉的一个背负瓢笠的少年就是陈秀。原来,左良玉有意在天下安定后入山隐居,便请人画了此图。柳敬亭斜视了一眼,故意问道:"这个少年人是谁?现在何处?"左良玉告诉他那人就是陈秀。然后把陈秀追随他的经历统统讲给柳敬亭听,最后又说了陈秀犯法之事。

　　柳敬亭等左良玉说完,缓缓道:"听将军说来,陈秀是您的爱将。他如果忘恩负义故意犯法,将他处死也是应该的,但现在他只是无意中触犯军规,罪行并不十分严重,您若因此将这样一个亲信处死,恐怕不很妥当,况且将军既有意让陈秀陪您归隐山林,他若一死,此画岂不残缺不全了?"听到这里,左良玉恍然大悟,不由得连连点头。

第二天一早,左良玉派人把陈秀叫来,教训了几句后将他释放回营。(《虞初新志》 沈习康)

62. 面讥洪承畴

清顺治四年(1647)四月,南明坚持抗清的将领陈子龙策反清松江提督吴胜兆,不料吴军内部生变,起事失败,陈子龙被清兵捕获押往南京。舟过松江跨塘桥时,趁看守不备,陈子龙扭断绳索跳入水中殉节。到了六七月间,他的弟子夏完淳也因参与其事而在松江家里被捕,随即被押往南京。

自从被捕后,夏完淳就决心以身殉国,写下了大量诗文,表现出视死如归、英勇不屈的凛然正气。

审问夏完淳的是清招抚江南总督洪承畴。他曾任明朝兵部尚书等职,崇祯十四年(1641)率十三万明军与清兵大战松山,失败后被俘,降了清。洪承畴早就知道夏完淳是江南出名的神童,有心软化他归降清朝,审问时故作关心之态假惺惺地说道:"你是一个少年童子,还不谙世事,怎么会起兵造反呢?我看你是误听了别人的奸计。如果你能够归顺本朝,我保你不失高官厚禄。"

夏完淳明知审问他的人是洪承畴,却故意装作不认识,厉声叱道:"我常听人说亨九先生(洪承畴的字)是本朝人杰,当年松山、杏山一战,他身先士卒,壮烈牺牲。先皇帝(指崇祯皇帝)闻讯震动不已,亲自悼念予以褒恤,天下为之感动。我一直仰慕他的忠烈精神,虽然年龄不大,但杀身报国之事,怎么可以落在他的后头。"

周围的清朝官吏以为夏完淳真的不认识洪承畴,赶忙插嘴说道:"堂上问话的正是洪大人哪。"

夏完淳装作不相信,继续怒斥道:"亨九先生早已为国捐躯,天下没有一个人不知道。当时先皇帝亲读祭文,泪流满面,悲痛万分,满朝大臣向空遥拜,呜咽不已。你们这些大逆不道的家伙,胆敢假冒亨九先生污辱忠魂!"接着,他又跳起来指着洪承畴大骂不已。

当着那么多人的面,洪承畴见夏完淳口口声声称自己是明朝的忠臣烈士,已经壮烈牺牲,那真是比直接骂他为叛徒还要尖锐百倍。他想发火,可又无言以对。一时之间,羞恼交加,哭笑不得,简直想钻到地缝中躲起来。愣了半晌,才转过神来,有气无力地令手下将夏完淳带回牢去。

这年九月十九日,夏完淳在南京西市被害,临刑之际,口中高呼"高皇帝"(即明太祖朱元璋)英勇就义,年仅十七岁。(《皇明四朝成仁录》《童心犯难》 沈习康)

63. 手掌上的"赢"字

有个客商投宿一家小旅店,早晨醒来,发现包裹被人打开过,里面少了五十两银子。当时旅店里除他以外并无别的客人,因此客商怀疑是店主夫妻偷的,就告到县里。知县审问时,因为没有证据、赃物,店主坚决不承认。

知县见状,知道不能用强,他心生一计,对店主说:"你到底有没有拿别人的东西,谁也不知道。你若想证明自己清白,得依我一件事,让我用笔在你手心上写一个'赢'字,然后给我跪在台阶上晒太阳。晒到傍晚,如果'赢'字还没有褪去,就算苍天有眼,是你赢了官司,如何?"店主一听,愣了半响,还是揣摩不透知县大人葫芦里究竟卖的什么药。可是为了让自己能逃脱罪责,店主咬一咬牙,就同意了。

随后,知县悄悄派个差役去旅店,对店主的妻子说:"你丈夫已经承认偷了客人的银子,我是奉命到这儿来取赃物的。"店主妻子很狡诈,装作什么也不知道,差役就把她也带到县衙公堂。知县又对她重复一遍:"你丈夫已经承认偷了银子。"那妇人还是装傻不回答。忽然,她嘴巴张得大大的,怔住了。原来她看见丈夫正跪在门外台阶上,被太阳晒得汗水淋漓。妇人想与丈夫讲话串通,可在众目睽睽之下,她又不敢说什么。

正在她着急时,知县忽然对她丈夫大声叫道:"你手上的'赢'字还在不在?"店主急忙回答:"在!"知县故意把音咬得不太准,妇人误把"赢字"听为"银子",又听丈夫回答"在",以为丈夫真的已经交代了偷银子的事,就不敢再隐瞒,全供认了。

知县立即命令差役押着妇人到旅店中,果然从屋后的泥土里挖出了五十两赃银。(《折狱龟鉴补》 程维荣)

64. 反间袁崇焕

明崇祯二年(1629)十月,后金(后改称清)大汗皇太极率军南下,特意绕开宁远、锦州等明军防守重地,兵分三路,直袭明朝都城北京。

督师蓟辽的明朝兵部尚书袁崇焕,接到后金军袭击北京的消息后,知道事关重大,心急如焚,立刻率军抄近道疾行三百余里,日夜兼程两昼夜,及时赶到北京。接着又不顾急行军的劳累,与其他增援北京的明军一起投入了激烈的战斗。

北京城外,炮火轰鸣,厮杀之声震天,连皇宫中的一些殿阁都被震动得发出

声响。一场激战之后,后金军失利,被迫后退十余里,袁崇焕也随即将兵马分别布置在京城周围,扎下营寨。

皇太极回到营中,想起多年来与袁崇焕交战屡遭挫折的往事,心里非常清楚:只要有袁崇焕在,就无法攻下北京。经过反复思考,他想出了一条反间计,随即把参将鲍承先和副将高鸿中找来,向他们耳语了一番。鲍承先和高鸿中得到密计,立刻赶回营寨中布置了一番。

当天晚上,有两个被俘的明朝太监正在关押他们的营帐中商量逃脱之计,忽然从火光中看见两个敌军将领走来,他们以为自己的行动有所暴露,吓得连忙装睡。来人正是鲍承先和高鸿中,见俘虏装睡,他们故作不知,一个先说道:"今天交战时咱们撤兵后退,并不是打不过明军,而是大汗设下的计谋。"另一个问道:"如此机密之事,你怎么会知道?"那人回答:"刚才我看见大汗独自一人骑着马向明军营寨走去,明军营寨中也有两个人骑马过来,他们和大汗谈了好长时间才离去,大汗回来时面露喜色。听说那两人是袁崇焕派来密议的使者,袁崇焕已经约定好献出北京城的日期了,看来大事已获成功。"这一番对话,两个装睡的太监听得清清楚楚,心里不由感到异常震动,恨不得立即就能逃回北京城去报告崇祯皇帝。第二天早上,趁看守军不备,两个太监偷了两匹马骑上就逃,后金人马假意在后面追逐了一阵,任由他们逃去。进了京城,他们急忙把昨夜偷听到的消息报告了崇祯皇帝。

后金军突然兵临京城,本来已使京城上下惊慌,一些袁崇焕的政敌借机造谣,说袁崇焕故意放敌军南下,其中隐藏着不可告人的阴谋。崇祯皇帝本来就生性多疑,听了两个从敌营逃回来的太监的报告,不由异常恼怒,随即传旨令袁崇焕进宫。袁崇焕接旨进宫,立即被侍卫们捆绑起来,他想分辩也没有用。

经过几个月的监禁,崇祯皇帝终于下旨将袁崇焕处死。袁崇焕死后,天下有识者无不为之感到冤屈,预感到明朝气数已尽,然而对皇太极来说,他的计谋顺利成功,则是一大幸事。(《明史》《清实录》《清史稿》 沈习康)

65. 智献破城计

从大同(今属山西)至宣府(今河北宣化),有四五百里的路程,且多为山路,崎岖难行。清天聪八年(1634)闰八月,在大同任参谋的明将张文衡,身带简单行囊,孤身一人,跋山涉水,从大同来到宣府清军营中谒见清太宗皇太极。

此时,皇太极刚率领大军进入宣府地界,正准备与盘踞在宣府和大同的明军大战。听说有明将求见,当即便让人唤进帐中。张文衡进来行完礼后,皇太极示意赐坐,并说:"朕不似明主,凡我臣僚,皆令侍坐。君臣共议政、同饮食,不必拘于礼节。"

张文衡听后,甚为感动,便把来意和盘托出。他说,当今明朝,文武大臣贪赃枉法,欺下瞒上,结党营私,一片乌烟瘴气。历史上的各个朝代,每到这时,必有圣明的君主顺应天意,出来改朝换代,拯救黎民于水火之中。为此,他独自一人,徒步前来拜谒太宗。张文衡还表示,他自幼熟读经书和各家兵法,一直想为国效力,可惜未遇明主,今日赶来拜见太宗,就是想一展自己的抱负。

太宗见张文衡书生打扮,言辞恳切,颇有建功立业之志,当即便收为幕僚。第二天,张文衡向太宗上疏,进献攻城之计,他说:"大同城池虽小,但防守坚固,切忌强攻,宜先攻关而后攻城。攻关时,可采用挖地洞的战术。宣府城大而散落,宜决开河堤用洋河水淹灌。如此,两城皆唾手可得。"

张文衡这一攻城之策颇有见地,从表面看,宣府城大、大同城小,前者难破,后者易攻,而实际则相反。张文衡身为大同明军参谋,深知底细,他"知己知彼",所献之策,自然能针对要害。

清军采纳了张文衡的攻城之策,果然夺取了宣府、大同战役的胜利。(《清史稿》 戴云云)

66. 谋划攻心策

锦州之战,是清兵入关前的一次重大的战役。锦州(今属辽宁),包括邻近的宁远、松山、杏山等地,是进入山海关之前必须打通的要道。但是,自崇德四年(1639)以来,清兵屡攻锦、宁诸城,屡次失利。崇德五年(1640),太宗又命亲王诸大臣以义州(今属辽宁)为基地,轮番出师骚扰松、宁、锦诸城,仍不能成功。

此时,驻守锦州的明将是祖大寿。清将张存仁屯兵广宁(今辽宁北镇),扼守着宁远、锦州的门户。张存仁见久攻锦州不下,便向清太宗奏言,提出攻心之策。他说,观今日情势,锦州为必争之地,但"略地得利易,围城见功难"。古人说,凡用兵之法,全国为上,破国次之。今日攻城,应是全城为上,贵在既得人又得地,不贵在得空城。为此,首先应该大振我方军心,准备与明军作持久战。另一方面,要千方百计瓦解敌人的军心,注意截获敌人的情报,防止我方人员的逃亡。这样,远不过一年,近不过一月,必当有可乘之机。

张存仁还特别分析了锦州守将祖大寿的处境和心理特点。祖大寿原为明朝重要将领,崇德四年,兵败大凌河。清太宗招降祖大寿,祖大寿提出的条件是投降后让他回锦州与家人团聚,届时伺机与清军里应外合,共破锦州。清太宗答应

了他的请求,但他降清后回到锦州,便食言违约,复归明军。现在,又为明廷坚守锦州。因此,人们都以为祖大寿背恩失信,必然死心塌地守卫锦州,无颜再降。然而,张存仁却不这样看,他分析道,一方面祖大寿为人骄横跋扈,又畏罪惧诛,自然不会轻易离开他的老巢;另一方面,此人又极端自私,"其心无定,唯利是图",形势稍稍有利,便得意忘形,一旦危急,为保身家性命,一切都会置之不顾。

针对祖大寿的品性特点,张存仁提出了一个从其内部攻心的策略:祖大寿所依靠的都是临时招募来的蒙古兵,不得不处处防备。防备得严,必有离心,一有离心,便会思变。我方可派出一支精锐部队,逼近锦州城,去做蒙古兵的分化瓦解工作。再放一些蒙古兵俘虏回城,揭露祖大寿的背信弃义,宣谕大清皇上的英明和宽厚。蒙古兵肯定会成群结队地出城受降。这便是最好的"攻心之策""得人得地之术"。

崇德七年(1642年),清军攻破松山,俘获洪承畴,继而破锦州,总兵祖大寿降清。整个锦州之战的过程证实了张存仁"攻心之策"的正确。(《清史稿》 戴云云)

67. 谋攻山海关

努尔哈赤披荆斩棘、风餐露宿几十年,终于统一了建州女真各部,并且夺取了辽东。当皇太极即位时,他的目标就是夺取中原了。但山海关不破,无法进中原;而宁远、锦州不破,不能得山海关。崇德五年(1640),皇太极命亲王大臣轮流进攻松山、杏山、宁远、锦州一带,可是,久攻不得。当时,松山总兵吴三桂等步步设营,以守为战,使清军擅长野战的优势得不到发挥。皇太极破城无望,甚是苦闷。

十二月的一天,正在围攻锦州城的清将张存仁求见皇太极。皇太极赐坐后,张存仁不谈战事,竟说要讲故事为皇上解闷。皇太极觉得好奇,就姑且听之。于是,张存仁娓娓道来:"早在殷商时代,有一天汤武王外出,看到野外有人在四面张网,并且祷告说:'天下四方都入我网。'汤武王听后感慨地说:'哎呀,太过分了,这岂不是想一网打尽吗?'于是叫这人将三面的网撤夫,并且祷告说:'要左的就向左,要右的就向右,不听命令又无主张的,就到我的网里来。'诸侯们听到这事后,都赞叹道:'汤的品性太伟大了,连禽兽都顾及到了。'这就是汉语成语'网开一面'的出典,不知皇上听到过吗?"皇太极听到此,笑了,说:"张副将今日兴致真好,竟来和朕谈成语的出典。"张存仁也笑了,说:"刚才所说的只是一个引子,正题还在后面,容臣慢慢道来。兵法上说,'困坚城者,必留其隙'。

这就是说围困坚固的城池,必定要留有空隙,让敌方退有后路。如今,松山、杏山、塔山三城,好比是锦州的羽翼,也像是宁远的咽喉。塔山城紧靠西山山麓,从西山山巅上向下发炮,就很容易攻破塔山。塔山被攻破,就好像羽翼被折断、咽喉被堵塞,锦州城也就指日可破了。当然,对皇上说来,锦州城算不上很坚固的城池,但在合围中还应留出山海关作为缺口,这就叫'网开一面'。在锦州的守军中辽兵少而蒙古兵多,只要有一个士兵中箭逃入山海关,都会引起守关士兵的惊恐而动摇军心。攻城重在攻心,当蒙古兵人心思变时,皇上趁势攻关,岂有不胜之理?"

张存仁原是明宁远副将,与总兵祖大寿同守大凌河,在天聪五年(1631年),皇太极攻打大凌河时降清。最初,仍授予副将之职。自从他向皇太极提出谋攻山海关的妙计之后,皇太极开始对他另眼相看。后来,张存仁因屡立战功而官至兵部尚书,兼右副都御史,成为清朝的两代元老。(《清史稿》 戴云云)

68. 巧探洪承畴

洪承畴是明代著名将领,明万历年间(1573—1620)的进士,他谙熟兵法,善于治军。作为朝廷的兵部尚书,他曾俘获农民起义军领袖高迎祥,大败李自成,为明王朝建立过赫赫战功。

清崇德七年(1642)二月,清军攻克松山城(今辽宁锦县西南),擒获洪承畴。清太宗皇太极知道洪承畴是个难得的将才,就命人将他押至盛京(今辽宁沈阳)。洪承畴绝食数日,以死明誓。清太宗便命范文程去劝降。范文程原是明朝名臣之后,在清太祖努尔哈赤时代归顺了清廷。

范文程来到洪承畴住处,见洪正光着脚在那里谩骂。范文程避而不谈归降一事,只是海阔天空地泛论古今之事。谈着,谈着,忽然屋梁上有尘土落下,恰好落在洪承畴的衣服上,只见洪承畴用手指将灰尘掸了掸。范文程见状,暗自欢喜,稍微敷衍几句,就告辞回宫。他禀报太宗说:"洪承畴不会死的,他对衣服都那么爱惜,何况是对自己的生命呢?皇上派人去劝降,必定能成功。"

此后,太宗派多人去劝降,洪承畴都不听从。这时,太宗的宠妃庄妃博尔济吉特氏自告奋勇地担起了这个重任。庄妃是蒙古科尔沁部草原人,她长得国色天香、美貌绝伦。这天,她脱去宫服,换上婢女装,独自一人来看望洪承畴。洪承畴紧闭双目、面壁而坐,根本不理她。庄妃将人参汁灌入一小壶,捧到洪承畴的唇边,柔声地说:"将军绝食多日,志薄云天,令人可敬可佩。我特地为将军备了人参汁,将军稍饮几口再就义也不迟呀!"语意娇婉凄楚。洪承畴张开嘴稍稍饮

了一口,庄妃再加劝慰,洪承畴又连饮几口。就这样过了好几天,在庄妃的努力下,洪承畴终于开始进食了。

一天,太宗亲自来探望洪承畴,见他衣衫单薄,就脱下自己的貂裘大衣披在洪承畴身上,并亲切地问:"先生还冷吗?"洪承畴惊诧地看着太宗,过了好久,才仰天长叹一声:"有这样的真命天子,明朝的灭亡也是天意了!"说罢即下跪叩头,请求归降。(《清史稿》 戴云云)

69. 深谋远虑获"向导"

清太宗见洪承畴愿意归顺,心中大喜。当即赏赐洪承畴钱财无数,还摆酒设宴,请来乐工、舞姬、戏班、杂耍助兴,大大热闹了一番。

诸大将对此感到不快,不免有人在太宗面前发怨言:"洪承畴不过是一个俘虏,竟受到皇上如此的器重!"还有人埋怨:"我们为皇上出生入死,建下汗马功劳,还从未受过这么隆重的款待呢!"太宗闻言,反问道:"我们栉风沐雨,流血流汗,征战数十年,究竟为的什么?"诸将道:"自然是为了征服中原。"太宗笑着说:"对了,我们的目的是得到中原。但是,中原对我们来说是陌生的,就好比走路,你们都是瞎子,怎么能走到中原去? 现在,洪承畴归顺我朝,我们有了一位求之不得的向导,怎么不叫人高兴呢? 我们又怎么能亏待他呢?"众将领一听,方才领悟了太宗的深谋远虑以及千方百计劝洪承畴归降的一番苦心。

过了数月,太宗召洪承畴等降将入见。洪承畴跪在宫门外,说道:"臣为明率兵十三万增援锦州,被皇上打败,后又退守松山,被皇上俘虏,罪该万死,皇上不杀臣反倒如此厚待。今日召见,臣知罪,不敢贸然进殿……"太宗道:"你说的是事实。不过,当时你与我交战,各为其主,朕哪里会介意。你如果知恩,当为朝廷尽力就是。"洪承畴这才入殿。太宗命洪承畴上殿坐,赐茶后问道:"朕看你们明朝,一旦宗室被俘,你们的君王置若罔闻,从不设法营救;将帅力战被俘,或力屈而降,他们的妻子不是遭杀戮,就是没收为奴。这是老规矩,还是新办法?"洪承畴答道:"过去不是这样的,是最近有些朝臣蓄意密告,才造成了这种局面。"太宗叹道:"君王昏庸,臣子欺下瞒上,必然枉杀无辜。"洪承畴流着泪叩头道:"皇上此言真是至仁至爱之言啊!"

从此,洪承畴尽心尽力为清朝效命。顺治元年(1644),洪承畴随多尔衮伐明,首立战功。进京后,仍被任命为兵部尚书兼右副都御史。在清朝建立之初,洪承畴率师南征北战,立下了赫赫战功。洪承畴的知恩图报说明皇太极的这个"向导"是找对了。(《清史稿》 戴云云)

70. 巧治怪病

俞嘉言本姓朱，是明朝宗室，明亡后改姓俞，侨居常熟，善医病，与江南名士钱谦益交往甚厚。

一次，钱到亲戚家赴宴回来，下桥时，轿夫被绊了一跤，他从轿中摔到地上。回到家里，他忽然得了一种怪病，只要上身挺起，眼睛就会不由自主地朝上翻，头却摇摇晃晃地向下倾斜。这病害得他头晕眼花，脖子酸痛，只好一天到晚躺着。他派人去请俞嘉言，却得知其到外省出诊了；又请了其他几位医师，都说平生从未见过这种病。他们绞尽脑汁配了药让钱谦益服下，却毫不见效。

过了几天，俞嘉言总算回来了。他问清病的因由后，对钱谦益说："这病不是用药所能治好的。但不必担忧，我自有办法。"他又吩咐钱府管家："准备一桌酒饭，再找几个身强力壮、善于奔走的轿夫来。"等他们到齐后，嘉言说："你们先饱餐一顿，过一会儿要叫你们卖力气呢！"那些轿夫丈二和尚摸不着头脑，也顾不了许多，放开肚子就大吃起来。钱谦益躺在床上，听管家把事情一说，也猜不透是怎么回事，心里好生纳闷。

饭后休息了一阵，嘉言就吩咐轿夫们把钱谦益抬出来。嘉言先叫两个轿夫从左右两边挟着他的胳膊，从东奔跑到西，再换两个轿夫，从南奔到北。这样反复轮换，钱谦益被挟持着奔跑，浑身像筛糠般地颠簸，汗水淋漓，嘴里一边呻吟一边喊："行、行了，老夫……老夫受不了啦！"嘉言却不理会，反而催得更紧。

过了好一阵，嘉言才让轿夫停下来。这时钱谦益已经累得浑身瘫软，倒在太师椅上直喘粗气。歇息了一会儿，嘉言请他起来。钱谦益使劲一站，忽然觉得自己眼睛也不向上翻了，头也不向下斜了，只感到浑身舒畅，精神倍增。他大喜过望，连忙请教其中缘故。

嘉言道："这是因为您下桥时跌了一跤，有一片肝叶抽搐曲折，导致头、眼不正。我让人挟持奔跑，意在抖动您的经络，使肝叶舒展。肝叶既然复位，则气畅而头、目安舒。这可确实是不能用药治好的啊！"（《清稗类钞》 程维荣）

71. 冰水治疫病

清代前期，每年春末到秋天，京师一带都要发生瘟疫，官署医生束手无策，民间却有个叫陈典的郎中擅长治疗疫疾，患者只要听说陈典前来，就认为是救星到了，庆幸自己得以不死。

有一年，安徽名士方苞北游京师，仆人染上了疫病。方苞想起陈典，连忙把他请来，想领教一下他究竟用的什么灵丹妙药。那陈典诊视了患者后，却并不马上开药方，而是命人买来冰块，放在瓦罐里。等冰块刚开始融化，陈典就让患者将彻骨寒心的冰水喝光；到傍晚，再配了药让患者服下。患者顿时大汗淋漓，很快就痊愈了。

方苞惊奇地问："这是怎么回事？"

陈典答道："要知其中缘由，首先应了解疫疾的根源。此地百姓多吃腥膻的食物，与牲畜共同生活，家里又没有厕所。周围沟渠里满是污浊之水，却无法通过久已干涸的城河排入大江大湖。初春时，地面的污秽之气开始上升；其后，要么是阴雨连绵，要么是酷暑难当，毒气难免进入人的膈臆，人们焉能不染上疫疾！"

方苞听了，点头道："说得有理。不过，为什么要用冰水治病呢？"

陈典笑道："冰气剧寒而容易下渗，非此不能杀灭疫病。您一定知道，古时常用储存的冰块供宾客饮食，或者用于丧祭的场合，所以不大听说古代有疫疾，我只不过是从中受到启发罢了。"

方苞听后，叹服道："这种治疗方法，恐怕不是一般人所能想得出的啊！"（《清稗类钞》 程维荣）

72. 书额打钟庵

清朝初年，北京城里，一座名叫"打钟庵"的小寺庙修成了。但山门上的匾额还空着，方丈请求傅山题署庵名。傅山不但书法精妙，而且能诗善文，精于医道。清廷屡次征召，他坚持气节，决不出山，无论才能与德操，都为世人所称颂。如果由他来题写庵名，小小的打钟庵自然会扬名于世。但傅山厌恶方丈为人庸俗，拒绝了他的要求。

傅山喜欢喝酒，常在离他隐居处不远的小酒店里自斟自饮，听听耕夫樵子、旅人贾客的言谈，有时遇着求医的，也顺便开个方子。

这一天，傅山正在小酒店里自饮，忽然从门口走进来一个人，一看，原来是多日不见的朋友钱南山。

傅山还没有来得及打招呼，钱南山已自己在桌子对面坐了下来，把一只坛子放到桌上，叫店家拿过两个空杯，说道："朋友从远方带来一坛好酒，钱某舍不得独自享用，特来找兄台一醉。"说完，钱南山打开封口，一股扑鼻的异香，顿时弥漫了整个小酒店，引得店家也禁不住叫了声"好酒"。

足足喝了一个多时辰,两人已有七八分醉意。钱南山忽然诗兴大发,吟起一首诗来:"月落霜打天,渔火愁点点,寄客姑苏庵,钟声独难眠。"这算什么诗!傅山一听,不由得笑了起来:"你醉了。""谁说我醉了,"钱某显然是醉了,"我还要写下来,刻到我家新漆的屏风上,岂不妙哉!"说完,叫酒家拿纸墨来。

钱南山展纸提笔,蘸饱墨汁,便在纸上写了起来。他本不擅书,醉了更写得歪歪扭扭,十分拙劣,一气便把纸撕了。再写,再撕,一连写了三张,撕了三张,还是不能满意。

傅山看着他的醉态,笑得几乎不能自持,看他正要写第四张,便说道:"你再写下去,恐怕这京城里的纸都要被你撕光了,不如我来代你试试看。"

傅山站起身来,也有点摇摇晃晃,从钱南山手里接过笔,略一凝思,笔落纸上,一气呵成,如枯藤铁线,比他平常写的字还要胜过几分。

"好字!好字!"钱南山拍手赞道,接着又说,"何不顺手署上兄台的大名?"

傅山又在诗后题上自己的姓名。

过了几天,傅山行医经过打钟庵,抬头一看,那匾额已经题好了,正是自己的手迹。想想从来没有替打钟庵题写过寺名,怎么会是我的字呢?于是停下了脚步,再仔细一看,那寺名下,不是还明明白白地题有自己的大名吗?一点儿不错!再仔细一想,恍然大悟,大呼:"上当,上当!"

原来,方丈遭到傅山的拒绝后,并不甘心,想到自己的熟人钱南山是傅山的朋友,便去求他帮忙。碍于情面,钱南山只好答应。于是他巧设一计,把"打钟庵"三个字巧妙地嵌入了五言诗中,趁醉赚了傅山的字。(《里乘》 陶湘生)

73. 毡帽救同乡

从家乡山西阳曲去京城北京的路上,傅山碰到了同乡李某,见他急于赶路的样子,便问他是否有什么事。李某告诉傅山,他最近在京城里突然得了头痛的毛病,请太医院里的沈太医看了,告诉他务必在一个月内赶回家去,否则将会客死异乡,所以现在要日夜兼程行路。傅山听后,不由得一惊,如果真是这样,事情就非常严重了,于是请同乡伸出手来,替他把脉。

傅山认真把了一阵子脉后,不由得紧锁眉头,无可奈何地叹了一口气道:"沈医生不愧是位国手,他的诊断一点都不错。"

傅山是明末清初的名医,医术不在沈太医之下。所以同乡听傅山这一说,不由得眼泪直流,呜咽着请求傅山无论如何也要想办法救他一命。

傅山一声不响,低着头,苦苦地想了好一阵子,然后抬起头来说道:"让我来

试试看吧。"傅山把治病的方法告诉了同乡。接着又叮嘱他,如果病治好了,请他再到京城走一趟,把治病的方法告诉沈太医,对沈氏会有用的。同乡转忧为喜,谢了傅山,便赶忙回乡去照方治病了。

几个月过去了,同乡回到京城,找到傅山,千恩万谢。傅山见同乡果然病愈,心里感到万分欣慰。第二天一早,同乡就去见沈太医。沈氏看见李某突然到来,吃惊得睁大了眼睛,简直不敢相信,半响才说出一句话来:"你的病好了?"

于是,李某把傅山治病的方法,前前后后、详详细细地都告诉了沈太医。沈氏听完后,不由赞叹道:"傅先生真是神医,我比不上他。"

原来,李某得的病是脑髓亏损。按古代医方,只有用活人的脑子作药引才能医好。活人的脑子哪里去找呢?岂不是没法可治了吗?但傅山让李某回乡去寻找十几顶壮健少年戴旧了的毡帽,用它来煎成浓汤,再漉成膏,早晚吞服,来替代活人的脑子,成功地医好了李某的病。

从此,沈国手闭门歇业,不再替人看病,因为他觉得,医术不精,是把人命作儿戏,李某要是不路遇傅山,他的性命不就误送在自己手里了吗?(《里乘》 陶湘生)

74. 偕使实勘免徭役

大顺永昌元年(1644)九月,多尔衮将顺治帝由盛京(今辽宁沈阳)迎来北京。自此,大清帝国便将北京定为国都。父辈们披荆斩棘、出生入死地打下江山,子孙们理所当然地坐享其成。不久,顺治帝下令大兴土木建造太和殿,特派使臣去广西柳州采伐木料。

消息传开,柳州百姓寝食不安,惶惶不可终日。他们决定推选几位德隆望尊的老人去向柳州知府江皋请愿。江皋正在为近日民情的骚动而感到不解,见老人们来访,忙问其详。原来明朝时朝廷也曾派人来柳州采办木材,为了完成朝廷摊派的任务,结果摔死了无数采木的乡民。在悬崖峭壁上至今还存有累累白骨。柳州百姓每当回想起那些摔死者脑袋开花、肢体分裂的惨状,就毛骨悚然。那年木材运走后,留下了无数个孤儿嫠(lí)妇。他们那呼天抢地、啼饥号寒的哭叫声,令人惨不忍闻。老人们再三恳请知府大人为民请命,恳求朝廷收回成命。江皋长长地叹了口气,无可奈何地说:"这是皇上的命令,谁能违抗呢!"

不久,奉旨来柳州采木的使臣到了。江皋以礼相待,只字不提老人请愿之事。他对使臣说柳州的树木繁多,比比皆是,最好能实地勘察一番,亲自选取采伐的地点。地点选定后,再派民工进山砍伐。使臣觉得江皋言之有理,当即答

应了。

第二天,江皋命当地老乡做向导,自己和使臣骑马向深山进发。广西天气炎热,树木茂盛,这些树大都长在崇山峻岭里,远远望去,树木郁郁葱葱,似乎举手可及,可当走到跟前时,却发现这些根本高不可攀,因为粗大的树木全都长在陡峭的山崖上。一行人走了没多久,前面就没路了。江皋拉使臣下马,一起援草牵棘,慢慢向上攀登。可是越爬山越陡,后来连脚踩的地方都没有了。使臣低头往下一看,吓得胆战心惊、大汗淋漓。原来下面是深不可测的山谷,谷底下还隐隐约约能看到累累白骨。这时远处传来的凄异的猿鸣声,更令人不寒而栗。使臣抬头望见绝壁上的怪柏和自己还有一段距离,伸伸舌头说:"这样的木材怎么能采呢?"这时,在一旁的江皋趁机说:"大人,我们还是下山吧。大人万一有闪失,小人担当不起啊。"

使臣回到京都,把自己实地勘察的经过奏明皇上。皇上身居深宫,哪会知道伐木竟是如此危险的事,就同意免去柳州百姓采木的差役。圣旨下达的这天,柳州百姓欢呼雀跃。他们不约而同地汇聚在知府衙门外,称颂知府大人的聪明智慧。(《清史稿》 戴云云)

75. 诓兵释夫

清顺治二年(1645)的中国大地上,战争频仍,硝烟四起。四月,清军攻打扬州,史可法困守孤城,终因寡不敌众而被俘遇害。五月,清军攻入南京,俘虏了福王,消灭了弘光政权。此后,清政府颁发薙(tì)发令。令一下,江南百姓此起彼伏地掀起了反薙发斗争。六月,海宁举人周宗彝在县东部的硖(xiá)石起兵,当地百姓纷纷响应,但不久就陷入了困境。八月十五晚上,官军从北关攻入了硖石。

话说硖石镇有一对恩爱夫妻,男的叫沈华区,女的姓潘。他们家虽不十分富裕,但因潘氏持家有方,小日子过得很热火。谁想到就在皓月当空的中秋佳节,官兵攻进了硖石。不到一个时辰,镇内到处烈火熊熊、尸横遍地。贼兵也闯进了沈华区的家,眼看死劫难逃了。但潘氏的美貌使贼兵垂涎三尺,一个小头目想把她占为己有,所以没有杀她。至于沈华区,因为长得魁梧健壮,正好充当民工,所以也没被杀。

贼兵押着这对夫妻往河边走去。经过南市桥时,潘氏望着桥下深不可测的河水,想挣脱绳索投河自尽。沈华区发现了,赶紧止住她,并悄悄地对她说:"你不能死,你一死,他们就有可能杀我。"潘氏一想也是,自己即使要死,也要死得值

得。于是,她对那个小头目说:"大爷,请你把我的丈夫放了吧。只要你放了他,不管你叫我做什么都可以。"小头目听到潘氏的这番话,真是乐不可支。想到日后把这位美人拥在怀里的滋味,他的心都醉了。"好,好,美人,你说什么我都依你。"他立即命手下人放了沈华区。

潘氏被押到了船上,船缓缓地沿河航行。一路上,小头目不断对潘氏动手动脚,只是碍于手下人在,不敢太放肆。船行十八里后,到达了王店,这是一个市面繁荣的村镇,镇上行人熙来攘往,很是热闹。这时,潘氏趁人不备,突然冲到船头,对着岸边围观的群众高声喊道:"乡亲们,我是硖石镇沈华区的妻子,不幸落到这帮强盗手里。今天,我宁愿死也不愿受他们的侮辱。"话音刚落,就纵身跳入水中。一个士兵赶紧拽住捆在她手上的绳索,拼命往上拉,而潘氏奋力自沉,使绳子都被拽断了。一个浪头打过来,把潘氏吞没了。待浪花散去,河水复归平静时,潘氏已消失得无影无踪。

潘氏以自己的死换取了丈夫的生,而且死得清白。她的行为感动了官军中的一位副将,他出钱把她安葬了。(《清史稿》 戴云云)

76. 智擒王昌

清朝顺治年间(1644—1661),永年县新任知县李时茂上任才几天,忽然有人投帖拜见。李知县拆开一看,心不由得怦怦乱跳起来,原来来人正是永年县境内的一只"恶虎",名叫王昌。

说起王昌,永年县无人不知,他纠集地方上的无赖流氓,敲诈勒索,杀人劫财,奸淫妇女,无恶不作。他有两宝,一是一杆枪,枪法高超,无人可敌;二是一匹马,日行五百里,疾如卷风。他凭着这两宝,横行乡里,谁也奈何他不得。他非但凶狠无比,而且还狡猾异常,用抢掠来的钱财,结交当朝显贵做他的靠山。官府非但不敢抓他,反而见了他就怕。

李知县看完投帖,想了一想,说了声"来得正好",便对亲随说了几句,然后传令大开府门,迎接贵客。

府门前,聚集着二十来个无赖汉子,都身藏着兵器。为首一人,就是王昌,身高体壮,满脸横肉,狡黠的目光,闪烁不定。身旁有人替他擎着一杆铁枪,身后另有一人替他牵着一匹暗红色的马。知县迎出门来,笑吟吟地把王昌请进府中喝酒叙谈。

王昌今天是来试探摸底的,没有想到新知县初次见面,竟对他这样客气,毫无戒备,原来紧绷的心,一下子松了下来。

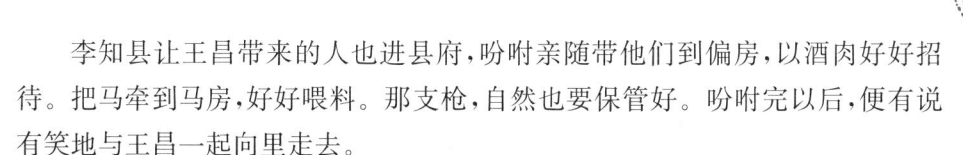

李知县让王昌带来的人也进县府,吩咐亲随带他们到偏房,以酒肉好好招待。把马牵到马房,好好喂料。那支枪,自然也要保管好。吩咐完以后,便有说有笑地与王昌一起向里走去。

官府的门庭向来是很深的,进了几重门以后,到了一间内室,李知县随手把门一关,一手便去挽王昌。王昌心里忽然一动,说声"不好"便向一旁跳了开去。这时门外冲进来十几名捕快,一拥而上,把王昌拿住了。

李知县当即升堂,把惊堂木一拍,一件件列数王昌的罪恶。王昌自恃有靠山,大叫大骂。李知县也不答话,命差役打大杖二百。差役平时对王昌作恶多端无可奈何,现在有此机会,便着力狠打,等二百大杖打完,王昌已是气若游丝,当夜便死在狱中。

事后有人非议,说捕杀王昌应该先上报而后行动。李时茂听后笑了笑说:"杀恶虎怎么可以慢呢,他爪牙众多,一慢,杀虎不成,反受其害。"(《蝶阶外史》陶湘生)

77. 巧判冒婚案

俗话说:"十里不同风,百里不同俗。"就说婚姻习俗吧,尽管中国古代都是"父母之命,媒妁之言",但各地也还有自己的特点。这里要说的是江西永新县的订亲风俗。那里的男孩和女孩长到一定年龄,就由媒人做媒,订下亲事。男女亲家把对方孩子的生辰八字写在帛书上,然后装帧成卷轴,珍藏好。几年后,凭这幅卷轴,男婚女嫁,喜结良缘。这种习俗流传了许多许多年,一直相安无事。可是到了清朝顺治年间,却出了件麻烦事。有两户人家,原本是近邻,一户有个女孩,一户有个男孩。那个女孩长得水灵乖巧,讨人喜爱,而那男孩却生性愚顽、招人厌烦。两个孩子年龄相仿,男家就托媒人去提亲,女家当然不允,但邻居家抬头不见低头见,总觉得很尴尬。不久,女家就搬走了。孰料三年之后,男家拿出写着女孩生辰八字的婚书,要发花轿迎娶那女孩。女家大惊失色,矢口否认写过这份婚书。两家争执不下,众乡邻劝说无效,于是官司打到县衙门。

县衙门新来的知县大人不是别人,就是当时永新县大名鼎鼎的"黎青天"黎士弘。黎士弘,福建长汀人氏。清顺治十一年(1654)应乡试夺魁,被任命为江西广信(治所今上饶)府推官,后又提升为知县,先后管辖过江西玉山县和永新县。他为人耿直,疾恶如仇。在任期间,他查办贪官污吏,整顿地方恶霸,深得民心。有一次,由于他明察暗访,善于断案,使数百名无辜百姓免受冤狱。当时流传着这样一句话:"遇到黎大人,性命就有救。"

接受了诉讼状后，黎士弘并不急于升堂审理此案。他带着家人微服察访，从男家的邻居口中了解到男女两家原本是邻居，后女家因拒婚而搬迁的情况，黎士弘心中有了底。几天后，县衙门审理此案。大门外人头攒动，看热闹的人不计其数。

黎知县传讯媒人上堂。媒人早先收了男家的贿赂，是和男家串通一气的。此刻，她颤颤巍巍地走上堂来。

"本官问你，这门亲事，可是你做的媒？"

"是，大人。"

"订亲之时，女方收受了男方多少聘礼？一一道来。"

假媒人没料到知县大人会问这个问题，急得额头冒汗。在众目睽睽之下，又不敢回答说不知道，只得胡乱报了几样，搪塞过去。黎知县心中有数，但不揭穿她。媒人下去后，差役把男方家长领上了堂。

"本官问你，当初定下这门亲事时，你家拿出了多少聘礼？想仔细了，不得说漏一样。"

男方家长也没料到知县大人会问这个问题，情急之中，也胡乱报了几样。他说的内容和刚才假媒人说的内容当然不会一样，当时就逗得众人哄堂大笑，而黎士弘没有言语，只微微一笑，令差役取过婚书。只见他慢慢地掰开卷轴，发现用作卷轴的竹子是青的。黎士弘的脸色顿时严厉起来，他把惊堂木一拍，大声呵斥道："大胆刁民，你说你儿子订婚已三年，怎么卷轴的竹子还是青的？分明是你为了诬告女方而临时伪造的。"

男方家长狡辩道："大人，婚书应以生辰八字为准，既然生辰八字没有写错，就说明这婚书不是伪造的。"

黎士弘仰天大笑，继而脸一沉，训斥道："事到如此，你还不肯认罪。本官早已作了调查，女家和你家原本是邻居，他家主妇临产时，你妻子还去帮过忙，这婚书上的生辰八字当然不会错。你伪造婚书，诬骗本官，该当何罪？"

男方家长无言以对，只得低头认罪。（《清史稿》 戴云云）

78. 欲擒故纵

永新县县城不大，而南来北往的过客却不少。黎知县巧判冒婚案的消息一下子就在县城内外传开了，当地的老百姓纷纷赞扬黎知县足智多谋，办案有方。这些赞扬的话被一个左氏老太听到了，左老太得知县衙门里来了新知县，赶紧去找隔壁邻居——一个在书塾教书的老先生，求他代写状子。

左老太是何许人？她状告何人呢？这要从头说起。

左老太的丈夫本是永新县的首富，他家原有良田千亩，宅院数座。夫妻俩恩恩爱爱，安度时光。但遗憾的是，膝下无子，只有一个侄儿，名叫左梅伯。这个左梅伯从小好吃懒做，不思上进。长大成人后，在县衙里捐了个差事混日子。他依仗着自己是叔父财产的唯一继承人，在外吃喝嫖赌，无恶不作。为了还赌债，他勾结当地盗贼，在一个风高月黑之夜，摸进叔父的宅院，杀死叔父，夺走了钱财。事发后，县衙门立即派人追捕杀人凶犯，但只捉到盗贼，而让左梅伯漏了网。之后县衙曾悬赏缉拿逃犯，但无结果。三年过去了，这件案子被不了了之地搁在一旁。如今，左老太听说来了新知县，重又燃起了报仇雪恨的希望。

第二天，在县衙"明镜高悬"的大匾额下，左老太递上了状子。黎士弘看罢，怒从中来：杀人者抵命，此乃天理，岂能让凶犯逍遥法外？但转念一想，凶犯目前不知藏匿何处，切忌打草惊蛇。他故意淡漠地对左老太说："这是几年前的旧案，前任知县大人悬赏缉拿凶犯都未有结果，本官又有什么办法呢？"左老太满怀希望而来，没想到会失望而归。从此，她终日以泪洗面，心中忿忿不平地抱怨："什么黎青天？糊涂官而已。老头，你死得冤啊！"

其实，从黎士弘做官赴任的第一天起，就抱定宗旨要惩强抑豪，为民做主。他退堂之后，仔细审阅有关案卷，并命小吏和差役四处查访，终于探听到左梅伯躲藏在京城里极有权势的宦官安福家里。黎士弘不发拘捕令，他不露声色地等待时机。

又是几个月过去了，没有任何动静，左梅伯以为此案已经平息。他的贪婪欲使时时记挂着左家的房产和田产，便悄悄地潜回永新县。左老太得知侄儿回来，又去告状。黎士弘仍不下令拘捕左梅伯。这下，左梅伯的胆子更大了，他气焰嚣张地领了一帮人闯进左宅，扬言要收回叔父的田产，并要将左老太逐出家门。左老太彻底绝望了，她跪在县衙门的庭院内，斥责黎士弘说："大人自称公正廉明，现在杀人犯就在眼前，你却不去拘捕他，反而容忍他霸占寡妇的田产，你算得上什么公正廉明！"黎士弘闻听此言，脸色一沉，佯装大怒，在其状子上批了"只问田土，不问人命"八个大字，命人将左老太逐出衙门。

此事传到左梅伯耳里，他得意扬扬而忘乎所以了。他忘记自己是个杀人犯，竟然明目张胆、肆无忌惮地来到县衙门，状告左老太剥夺他的财产继承权。黎士弘端坐在大堂之上，阅毕诉讼状，把状子轻轻一放，微笑着对左梅伯说："本官已经在此等候你整整三年了！"说罢，提起朱笔，在状子上写下"只问人命，不问田土"八个大字。

直到此时，左梅伯才清醒过来，知道自己上了黎士弘"引蛇出洞"的圈套，竟

会白白地从京都赶来送死。但事已至此,他除了招供伏罪,又能怎么办呢?

大堂上的风云突变使左老太懵住了。待醒悟过来后,她不住地叩头请罪说:"黎大人,你真是名不虚传的黎青天哪!"(《清史稿》 戴云云)

79. 依法镇乱卒

福建兴化(治所今莆田北)濒临南海,远离中央,吏治松弛。当地一些土匪和盗贼打家劫舍,掠夺民船,称霸一方。清顺治十二年(1655),朝廷开始对东南沿海加强管辖。兴化镇镇将奉命招抚这帮盗匪,并将他们整编为伍。这些平时横行不法、鱼肉乡里的匪徒不受军纪的约束,经常惹是生非,滋生事端。一天,有个小军官寻衅闹事,抢走了张家仆人用以购物的钱财,并对他拳打足踢。张家主人说,打狗还得看主人,将一张状子告到官府。镇将为严肃军纪,下令对小军官处以鞭刑。谁知这个"杀一儆百"的办法并未奏效,反倒惹出了更大的麻烦。小军官的部下一哄而起,冲进张家大门,把古董摆设、家具字画砸了个七零八落。一个士卒声嘶力竭地煽动说:"打我们的头领就是打我们,让我们冲到镇将家去,把他抓起来,叫他向我们道歉。"

镇将听到风声,好汉不吃眼前亏,赶紧躲避他处。这伙士卒扑了空,不肯善罢甘休,竟把那个被鞭打的小军官勒死,将他的尸体丢弃在张家门口,诬陷张家仆人杀了他,妄图制造更大的混乱。张家仆人当然不肯认罪。就在双方闹得不可开交时,刚升迁为福建福宁(治所今霞浦)道参政的于朋举到任了。他一上任就受理了这桩命案。于朋举是浙江金坛人,进士出身,他不畏强暴,公正廉明。经过上查下调,遍访知情人,终于查明真相,找出了元凶。

为了整肃军纪,严明法纪,一天,于朋举把兴化县所有的文武官员都请来,共同审问凶犯。那些参与作乱的士卒都是些亡命之徒,在厅堂上竟然毫无怯意,个个佩带钢刀,眼中充满杀气,逼视着于朋举。

于朋举不为所惧,从容镇定地对这伙士卒宣布:"你们犯了军法,罪行严重,念你们过去一贯无拘无束,这次就不予追究。但杀人者,一定要按军纪论处,不可饶恕。"话音刚落,几个满脸凶相的士卒手握钢刀想冲上来。这时,于朋举厉声道:"来人,替我把凶犯拿下!若有违令者,格杀不论。"一群士兵拥了上来,将三名首犯五花大绑。这情景使作乱的士卒吓得面如土色,但他们还想诬赖杀人者是张家仆人。于朋举呵斥道:"在本府的厅堂上,你们的气焰还敢如此嚣张,真是胆大包天。试问,你们的头领有你们这么多人保驾,他单身一人怎么可能将头领夺走并勒死呢?"当即传讯目击证人,证人有于朋举撑腰,个个清除疑虑,道出实情。在事实面前,这伙士卒只得低头认罪。

从此,兴化县的治安改善了许多,这伙收编来的士卒再也不敢违法乱纪了。
(《清史稿》 戴云云)

80. 智擒鳌拜

　　康熙皇帝玄烨(yè)十四岁那年开始亲政了,但大权实际上仍然掌握在辅政大臣、三朝元老鳌拜手里。玄烨八岁登基时,还是个乳臭未干的小孩,连穿衣撒尿都要人照料,一切军国大事须经鳌拜等四大臣议决(后由鳌拜一人独断)。如今他已经做了七年皇帝,少年老成,颖异过人,自然不甘再做傀儡,任人摆布。他要做一个名副其实、确能君临天下的大清皇帝。

　　玄烨收回君权的最大障碍,便是专横跋扈、权倾朝野的鳌拜。他系满清贵族,出身将门,年轻时就随皇太极南征北讨,立下赫赫战功,又奉顺治遗诏,受顾命之托,在朝经营多年,盘根错节,党羽繁密。要铲除这个政治集团,谈何容易!举措稍有不慎,必然招来猖狂反扑,后果不堪设想。打蛇不着,反被蛇咬,必须先稳住他,瞅准时机,打他个措手不及。

　　玄烨依然像往常一样敬重鳌拜,屡屡晋爵加封,又赐及其妻儿。一次,鳌拜称病不朝,玄烨亲临探望。鳌拜起身参拜,御前侍卫和托见他神色反常,一个箭步跨到榻前,掀起席子一探,果然藏着一把明晃晃的匕首。鳌拜顿时脸色煞白,有口难辩。玄烨喝令侍卫退下,毫不介意地说:"刀不离身,本是我们满洲习俗,何必大惊小怪!"又安慰了鳌拜几句,劝他好生将养,不要操劳过度。鳌拜见皇帝对他未生疑忌,也就消除了戒心。

　　玄烨又在宫中玩起"布库"之戏,从八旗子弟中挑选出百余名勇健机灵的少年,练习摔跤,其实是在暗中组建一支贴心可靠的卫队,随时应付突发事件。朝中大臣都以为,当今皇上年少好动,不脱小儿习气,喜欢同小伙伴一起玩耍取乐,连老奸巨猾的鳌拜也给蒙了。经过一个阶段的调教和训练,"布库营"纪律严明,个个身手矫健。一天,鳌拜将入宫议事,玄烨传下圣旨,命布库营紧急集合,片刻工夫,便集合完毕,队列刷齐。今日宫中气氛特别紧张,玄烨神色严峻,问道:"朝廷文武百官都怕鳌拜,你们都是我的心腹,怕不怕鳌拜?"回答一个声:"不怕!"玄烨当即宣布鳌拜的罪状,作了捉拿鳌拜的布置。少年们摩拳擦掌,誓死保卫皇帝,为国除奸。不一会儿,鳌拜大摇大摆来了。当他进入内殿后,玄烨摔杯为号,少年们一拥而上,按头抱腰,扳手拗脚,很快就制服了这个骄横的权臣。

　　经过亲王康杰等大臣审讯,鳌拜罪大恶极,按律当斩。玄烨念他毕竟是个有

功的老臣,问他还有什么要求。鳌拜解开衣衫,手指身上的刀创箭伤,哀求说:"望皇上还念罪臣救护太宗的微功,饶臣一命。"玄烨降旨免去他的死刑,改判终身禁锢。鳌拜不久死于囚所,其死党也都受到惩处。至此,这一盘根错节的政治集团就被铲除了,其时玄烨年仅十六岁。(《归田琐记》《啸亭杂录》《清鉴》 夏咸淳)

81. 纵马识凶手

清初最著名的诗人是王士祯。王士祯有个得意门生叫汪懋麟。汪懋麟自小聪明好学,富有才干。康熙六年(1667),他中了进士,被任命为内阁中书。上任后,他勤于政务,忠于职守。由于思维敏捷、目光锐利,许多疑难案子到了汪懋麟手中就迎刃而解。

一次,有个姓武的后生一早乘车外出办事,中途由于车子抛锚,耽搁了时间,他来不及在当天赶回家中,就去朋友董之贵家借宿。武生和董之贵虽已相识多年,但相互间并未真正了解。其实,董之贵是一个好逸恶劳、不务正业的地痞流氓。他妻子因为他的狂饮滥赌和暴戾脾气而离开了他,如今三间破瓦房只有他一人居住。董之贵正闲得无聊,看到武生来投宿,十分高兴。他殷勤地为武生从车上卸下行李,当他拾起一个小包裹时,武生告诉他这包裹里装的是银锭和铜钱。武生说者无心,董之贵听者有意。他掂了掂分量,知道这笔钱财不是一个小数目,一个歹毒的念头在他心中萌生了。这夜,武生因为白天奔波劳累而睡得很熟,董之贵偷偷潜入武生的房间把他杀了。当即,他把尸体拖上马车运到荒无人烟的郊外,扔在了乱草丛中。为了消灭罪证,他又用鞭子狠抽马背。这匹马伴随主人多年,竟然像懂得人性似的,围着主人的尸体绕了一圈,仰头长鸣几声,然后拉着马车急驰而去。

武生的老父亲因儿子没有按时回来,一宿未合眼,第二天晨曦刚露就出外寻找。方圆数里都让他找遍了,哪里有儿子的踪影。中午时分,跑得气喘吁吁,腰酸背痛的武老汉停在一棵大树下歇息。当他缓过气、定过神时,他依稀发现前方一户人家门前的马车很像是自家的。他赶紧跑过去,仔细一看,果然是儿子的马车,车座上还留有斑斑殷红的血迹。武老汉痛不欲生,爱子不明不白地遭人暗算,他定要让凶手以命抵命。一打听,马车所停的房宅主人姓刘。于是,他就去衙门控告刘家杀了自己的儿子。

汪懋麟受理了这桩案子。他觉得事情有些蹊跷。如果确实是刘家人谋财害命的话,为什么还要将死者的马车停放在自家门口呢?是因为刘家人贪小,舍不得丢弃这辆马车吗？但是，既使最最贪小的人也不会这样傻，因为这样一来，不是不打自招了吗？汪懋麟横想竖想，总觉得凶手不可能是刘家的人。

次日，汪懋麟脱下朝服，换上便服，乘着死者的马车进行私访。他放松缰绳，任由马随意地往前走。当马拉着车来到三间破瓦房前，突然，马将头后仰，前蹄抬起，朝天长啸，再也不肯向前赶路了。汪懋麟好生奇怪，他下了马车，向街坊四邻打听这家主人的情况。得知此人姓董名之贵，是个游手好闲、劣迹斑斑的恶棍，他心中有了底。回衙门后，他立即派差役拘捕董之贵。董之贵到了衙门大堂，大堂里森严肃穆的气氛把他吓得瑟瑟发抖，还未等用刑，就全盘招供了。

汪懋麟借助一匹马巧破疑案的故事很快地传开了，百姓们纷纷赞扬道："聪明绝伦的汪懋麟大人不愧为王士祯大人的得意门生。"（《清史稿》　戴云云）

82. 谋绝粮道困平凉

康熙帝坐在金碧辉煌的乾清门内听政，心情很沉重，他刚得到王辅臣反叛的消息。王辅臣是陕西提督，而西北的重要将领大都是汉人，素来和吴三桂有联系，有可能一反俱反。此外，王辅臣起兵响应吴三桂，等于给吴三桂开辟了一条通道，让他可以从侧面进攻北京。这样一来，情况就会变得很严重。所以，康熙帝决定派重兵围剿驻扎在平凉（今属甘肃）的王辅臣。

这时，右佥都御史田六善进殿上本，提出了堵绝粮道以围困平凉的建议。他在奏章中分析道：圣上派去平定叛乱的大军不日就将抵达平凉。王辅臣虽有一定的实力，毕竟敌不过声势浩大的官军。俗话说"困兽犹斗"，负隅顽抗的叛军绝不能等闲视之。一旦两军交战，我方必有伤亡。即使杀敌百人，实际上也抵不了我方失去一人的损失。《孙子兵法》上说："以近待远，以逸待劳，以饱待饥。"我军不妨先在平凉城外驻下，做长期围攻的准备。同时，派兵急速攻打固原（今属宁夏）。固原一收复，就扼断了叛军的粮道。平凉自古以来土地贫瘠荒芜，不像湖南，土地肥沃，粮食充足。湖南被围困，敌军可持久，平凉则不行。一旦粮道不通，平凉城必定军心涣散。到弹尽粮绝之时，说不定有人会拿了王辅臣的首级来向我军投降。这样，不战而屈人之兵，岂不是坐收其利吗？反之，如果贼兵从东门出，我们赶到东门打，贼兵从西门出，我们赶到西门打，我军被叛贼牵着鼻子走，整天疲于奔命，怎么可能打胜仗呢？而叛贼却有可能解除固原之围，更加不可一世。此乃臣的一孔之见，望圣上三思。

田六善是清廷中有名的智多星，他特别擅长于出点子。康熙帝不禁回想起前不久田六善提出的另一个建议。当时兵部请求皇上下令裁兵，要求裁去三分

之一的军队。田六善认为不妥,他说,所裁之兵倘若武艺高强的话,一旦无以为生,很容易沦为盗寇,这样对社会的安定不利,还不如逐渐淘汰老弱病残者,使军队自动减员。这个建议提得很好,被采纳了。如今,康熙帝读着田六善的这份新奏章,更感到他的见解的高明。有这样的智多星为自己出谋划策,还怕不能平息叛贼作乱吗?想到此,康熙帝不禁转忧为喜了。(《清史稿》 戴云云)

83. 夺刀杀贼报夫仇

康熙十二年(1673)十一月,吴三桂在云南发动叛乱,耿精忠和尚可喜先后起兵响应。康熙十五年(1676),耿精忠的军队进入浙江,攻陷了开化,开化城的居民仓皇出逃。在逃难的人群中有一对夫妻,男的叫刘章寿,女的姓徐。刘章寿带了妻子匆匆逃到郊外,听见身后有马蹄声,赶紧躲进草丛中,但是还是被发现了。贼兵头领将刘章寿从草丛中拽出,举起大刀,一刀把他砍死了。当他再向徐氏砍去时,他的大刀停在半空中不动了,这个北方大兵从未见过如此俏丽秀美的江南女子,他看呆了。而徐氏见丈夫已死,痛不欲生,只等钢刀落下,好和丈夫共赴黄泉。可是她没有被杀,而是被押进了贼巢。这贼巢原是一所大户人家的府第,庭院深深。徐氏被关在楼上,由两名士卒严密看守着。

徐氏整日掩面痛哭,不吃不喝,只求一死,但求死无门。贼兵头领派人传下话来,要她准备准备,明日即和她成亲。徐氏既悲伤又焦急,心想自己一个弱女子,如今羊落虎口,光哭无济于事,只有用计谋才能使自己免遭贼人的蹂躏。她擦干眼泪,对门外看守她的两个士兵说:"事情到了这个地步,我也只好认命了。请告诉你们的主子,他若真想娶我的话,就应该做到礼仪周全。"小卒子闻听此言,非常高兴,连忙下楼报告头领。头领得知徐氏肯顺从自己,顿时变得飘飘然起来。他立即换上锦袍,佩带着腰刀,威风凛凛地上楼来了。徐氏迎上去,向他道了万福,又为他让坐。贼兵头领见徐氏如此温柔,兴奋得简直不辨东西了。他解下腰刀,脱去锦袍,想把徐氏往床上拉。徐氏将他用力一推,嗔怒道:"慢着,你既然想和我拜天地入洞房,就应该按规矩办事。现在你自己穿上了新衣,怎么不替我准备礼服和首饰呢?"贼兵头领嘻皮笑脸地回答道:"小娘子息怒,在下马上去办,请稍等片刻。"他抓过锦袍往身上一披,就"噔噔噔"地下楼置办去了。这时,徐氏迅速拿起桌上的腰刀,拉开门扉,用力向背对自己的卫兵刺去。毫无防备的卫兵应声倒地,另一个卫兵冲过来夺刀,但已经来不及了。徐氏用刀往自己脖子上一抹,倒在了血泊之中。

贼兵头领兴冲冲地赶上楼一看,顿时吓得目瞪口呆。(《清史稿》 戴云云)

84. 县衙主婚断邪念

康熙十九年(1680),云南昆明来了个新知县。新知县姓张名瑾,江苏江都人氏。张知县上任不久,就招募流民,开垦荒田,疏通河道;又设法驱逐隐匿在城外废墟中的盗贼,使当地百姓的生活逐渐安定了下来。

俗话说:"衣食足而思淫欲。"生活安定了,歪门邪道的事也就不时地冒出一两件。

昆明城四季如春,气候宜人。一方水土养一方人,那里的女孩到了一定的年龄,个个出落得水灵灵的,招人喜爱。其中有一个女孩尤其长得婀娜窈窕,引人注目。一天,巡抚仆人的儿子撞见了这女孩,顿时害起了相思病。他死缠着父亲派媒人去求亲。巡抚仆人爱子心切,当然是百依百顺。谁知这女孩儿早就和一个秀才订了亲,两人青梅竹马,相知相悦。媒人虽然有三寸不烂之舌,仍然打不动女孩的心。巡抚仆人听说媒人求亲不成,勃然大怒,对女孩儿家放出话说:"倘若不肯允亲,日后自有苦头吃。"照理说,他不过一个仆人而已,哪敢这般狂妄,但狗都要依仗人势,何况他的主人巡抚大人的权大势大,所以他也敢气焰嚣张、为非作歹起来了。可怜那女孩儿一家乃平民百姓,无权无势,听到这威胁,直吓得瑟瑟发抖。特别是那女孩的母亲,整天只知啼哭。这件事一传十、十传百地传到了知县大人的耳朵里。张瑾素来痛恨那种仗势欺人的行径,决定设法治一治那个巡抚仆人。

张瑾命人在县衙门的厅堂里张灯结彩,贴上大红"囍"字,再派人购置两套结婚用的喜服。仆人们不知县大人葫芦里卖的什么药,嘴里说"遵命",心里却直犯嘀咕。几天后,张瑾派人请来了那女孩儿一家和她未婚夫一家。他让双方家长端坐上方,又命女孩儿和秀才换上喜服,当着双方父母的面拜天拜地,又行了交拜礼。礼毕,张瑾面对挤得里三层外三层看热闹的群众说:"本知县今日为这对新人主婚,祝愿他俩今后夫唱妇随,百年好合。按照国家法律,谁也不得娶有夫之妇。这个女孩既已和秀才行过婚礼,就是他家的媳妇。现在请新娘坐上我的轿子,请新郎骑上我的马,让衙役伴送他们回家。今后若还有人胆敢强占这位有夫之妇,不管他是何人,我一定严惩不贷!"这番言辞使新婚夫妇感激得喜泪纵横,也使看热闹的群众高兴得欢呼雀跃。

不久,有人把这件事编成了一首歌谣。这首歌谣在昆明城流传了很久。
(《清史稿》 戴云云)

85. 巧革门税

清康熙年间(1662—1722),一天,江西按察使刘荫枢正在官署中伏案批阅公文,忽然之间,耳中听到两个衙役在门外对话,不由引起了他的注意。只听见一个衙役说道:"张三,你知不知道,从昨天开始,凡进入城门者,都要缴纳城门税?"张三叹了一口气说道:"知道了,昨天下午,我有个亲戚从乡下进城来做客,被看守城门的兵士拦住要收城门税。我的亲戚觉得奇怪,就向守门兵士询问原因。那些兵士告诉他:'这是本城镇将的命令,任何人进城都要缴纳门税,才能进入城中。'我的亲戚无法,只得缴了门税进城。唉,进城要缴门税,恐怕百姓无钱缴纳,连城门也进不了了!"刘荫枢听了,连忙开门把两个衙役叫进来询问详情,待事情证实后,又从熟悉门税内情的衙吏口中得知,原来这是本城镇将私自征税,并非朝廷规定。刘荫枢心想:征收门税显然是害民之举,理当革除。但自己若轻易下令,一来不知镇将征收门税的钱归于何处,二来不与镇将商量恐怕会引起同僚不和。怎样想个办法既能妥善处理,又不留下后患呢?他陷入了沉思。

第二天早上,刘荫枢暗中叫来两个衙役,吩咐他们各自带着布和麦在中午时进城,并告诉他们:"假如守城兵士要你们缴门税,你们就把布和麦抵押给守城兵士,然后跑到衙门来告状。"两个衙役按照刘荫枢的吩咐分头去做准备,刘荫枢又令人去请本城镇将及知府来自己的衙门喝酒吃饭。

中午时分,本城镇将及知府都到齐了,刘荫枢和他们客套了几句,命令家人布置开宴。突然,有两个衙役急匆匆地跑进来报告说:"奉大人之命,我们去购买布麦之物,不料在过城门时,却被守城兵士硬要收缴门税。我们说这是公差,但他们仍坚持要收门税,由于身边银两已买了布麦,没有余钱缴纳,只好将布麦抵押在守城士兵那里了。"当着本城镇将和知府的面,刘荫枢勃然大怒:"什么门税不门税,居然有这么厉害!你们这些公差买的布麦,也要被扣下抵押,其他的人还不被剥下一层皮!那些百姓究竟还要不要过日子了?去打听一下,到底是什么人设的门税,赶快回来报告。"然后他回过头来对镇将和知府说道:"你们知道这是怎么回事吗?"镇将心中有鬼,赶忙接过口来说道:"不用去打听了,恐怕是我的部下胆大妄为,待我回去立刻查办。"刘荫枢见镇将寻找借口推卸责任,也就不说什么了。镇将急于赶回去处理善后事宜,不待吃完饭就告辞起身,刘荫枢客气了一番,让他回去了。

第二天,镇将下令革去门税。刘荫枢知道后,随即派人去请来镇将,让他上座,然后施礼道:"将军爱民如子,断然革去门税之弊,百姓受惠不浅。为表敬佩之心,特设家宴,以示庆贺,请痛饮数杯。"镇将听了,心中十分高兴,也就把革除门税的一点不痛快全都忘了。(《清史稿》《清朝野史大观》 沈习康)

86. 微服私访惩县令

江苏巡抚宋荦(luò)为官清廉,十分注意体察民情。康熙三十六年(1697)的一天,他身着布衣上街散步,忽见前面来了一顶大轿,浩浩荡荡的仪仗队在前面开路,煞是威风。路上行人纷纷躲避,而宋荦不仅没有让路,还大模大样地站在街上看热闹。差役大声呵斥,他也全然不顾。差役发怒了,把宋荦一顿拳打,并拉到轿前,要他向县令认罪。县令揭开轿帘一看,竟然是巡抚大人,连忙从轿中走出,跪在路旁请求宽恕。宋荦扶起县令,说道:"本来那些差役就不认识我,不必责怪他们。我经常出来走走,今天碰巧遇上你,也让我开了眼界……"宋荦转眼一想,何不带县令一起走走,也好让他了解了解民间疾苦,便说:"你去换一套衣服,陪我一同走走。"县令忙换了衣服,宋荦一见,就说他的衣服太新,要他再换一套,县令只得照办。

宋荦与县令来到一家酒店坐下,要了点酒菜,两人对饮。宋荦问店主生意如何。店主说生意倒还好,只是因为税收太多,所以常常亏本。宋荦说这些年皇上一再下令减税,怎么会说税重呢。店主不知来者是何人,便把积压在心中的苦水全部倒了出来。他说:"客官有所不知,我们的知县老爷爱财如命,他变换花样规定了各种税收。他手下的那些差役个个如狼似虎,百姓见了他们,命都吓掉了半条,还敢不缴税吗?"接着又诉说了好几件知县唆使差役欺压百姓的事。县令听了,气得脸红脖子粗,但又不敢发作。宋荦一声不响,算过酒钱后,便和县令一起离开了。一路上,县令诚惶诚恐,非常紧张。而宋荦却安慰他,说这些话仅仅是店主的一面之词,不能作定论的。

待返回县城后,宋荦想,县令肯定会回去找店主算账的。于是,他借口还要到别处去,让县令先回衙门,而自己又匆匆赶回酒店。酒店已经关门,店主听到敲门声,开门一看,见是刚才的客官,便问有何贵干。宋荦说要在店中暂借一宿。店主不肯,说小店只卖酒,不借铺。宋荦只好直言相告:"今晚酒店将有大祸降临,我是来为酒店消灾的。"店主将信将疑,只好留他住下。宋荦让店主进屋,自己则睡在柜台上。

半夜,屋外响起了猛烈的敲门声,宋荦刚打开门,就闯进几个大汉,不由分说地把他捆绑起来,押回县衙。

县衙的大堂上挂着"明镜高悬"的匾额,县令坐在匾额下,他把惊堂木一拍,厉声喝道:"你这个混账酒保,竟敢辱骂本官,你知不知罪?"这时,只见下面跪着的人慢慢站起身,抬起头,面对县令说:"你仔细看看,我是谁?"县令定睛一看,不由得"啊呀"一声,赶紧下堂,匍匐在地上,请求宋荦饶命。宋荦气愤地说:"我这才认识你了,你无法无天到了极点,竟连我也不放过。昨日听了酒店主人的话,我还半信半疑,现在你还有什么好说的?"

第二天,官府贴出告示,罢免县令的职务,责令其回原籍。百姓听说恶县令丢了乌纱帽,无不拍手称快。(《北东园笔录》 戴云云)

87. 设诈辨真盗

清康熙五十三年(1714),山东曹州(治所在今菏泽)来了一位新的知州大人,他姓文名乾,字元统。文大人精明干练,耿直正派,办事果断泼辣,善动脑筋,尤其擅长审理各种疑难案件,故而深受当地百姓的称颂。

曹州城市面繁华,南来北往的客商很多,但全城仅几家客栈,所以常常爆满。一天,某客栈因实在无空房可安排,只得让五位投宿者同住一室。这五位客人考虑到夜深人累,同意将就一宿。次日清晨,其中一位客人清点行李,准备赶路,突然发现随身所带的金银不见了,他想窃贼肯定在同室的四人中间,就立刻赶到州府衙门告状。文乾命差役把那四人押解到堂后,立即升堂审理。文大人逐一审问,而这四人异口同声地表白自己的忠厚老实,从不贪图不义之财,而且都说自己昨晚因疲劳至极,是一觉睡到大天亮,从未见过同宿者有什么金银财宝。文乾为难了,俗话说"捉贼捉赃",如今没有证据,要叫窃贼自己招供,这怎么可能呢?他的目光一遍遍地从这四个人的脸上扫过,心想审理此案不能使用常规方法,而应该采用攻心战术。他的脑子快速地转动着,顿时计上心来。堂上跪着的那四个同宿者,见知州大人端坐在"明镜高悬"的匾额下,一语不发,都感到迷惑不解,但又不敢吱声。大堂上一时间静寂异常。突然,文大人威严宏亮的声音在堂上响起:"本大人已算出谁是盗金者了,盗金者留下,其余人可以离开。"那四人中有三人你看着我我看着你,似乎没听明白是怎么一回事,仍跪着不动。只有一个人反应特别灵敏,文大人的话音刚落,他就拔腿往外跑。只听文乾大喝一声:"赶快替我将这个盗金者拿下!"已经跨出门槛的此人听到这声吆喝,两腿一软,"扑通"跌倒在地。两旁差役趁势将他捆了起来,一审问,果然是他偷了金子。

文乾利用"做贼心虚"的特点,略施小计,就辨出了案犯。在衙门外看审案的百姓连连称赞文乾断案如神。而那个被盗者看到失而复得的金子,感激得说不出话来,只会对着文大人磕头不已。(《清史稿》 戴云云)

88. 约民负粟救饥荒

康熙五十五年(1716),年老的清圣祖玄烨在和周围的大臣们闲聊时,要他们谈谈本朝最清廉爱民的官员是哪几位。大臣们推荐了四人,其中有一个是山东诸城人刘棨(qǐ)。

刘棨为官数十年,政绩卓著。他不仅爱民如子,处处替百姓着想,而且肯动脑筋、善施良计使困难迎刃而解。康熙三十七年(1698),为官清正廉明的刘棨由湖南长沙县令升任陕西宁羌(清州名,属陕西汉中府,民国改州为县,今废)知府。刚刚上任这一年,刘棨就面临了严重的考验:河南一带遭遇到特大的灾荒,宁羌的灾情尤为严重。州府的粮仓里早已空空如也,没有一点存粮。百姓们挖草根,吃树皮,无以为生。民有饥色,野有饿殍。作为父母官的刘棨为此忧心忡忡,寝食难安。他派人去邻县借粮,邻县也同意借贷。可是宁羌地处高山深壑之中,车马无法通行,有了粮食也运不进来,怎么办?刘棨一闭上眼睛,乡民们那种饥饿的眼神、骨瘦如柴的形象就在脑中浮现。山外有粮,而山里的百姓却要饿死,难道就此坐以待毙,别无他法了吗?蝼蚁尚且偷生,何况是人呢?人人都有求生的欲望,而这种欲望可产生巨大的能量。想到此,刘棨的思绪豁然开朗,他有了办法。

第二天,宁羌知府衙门外贴出一张布告,布告上说宁羌府已从邻邑借得粮食若干,但因道路险阻,无法运来。本地乡民若能从该地背一斗米来,自己可得三升,余下七升上缴官府。

消息一传开,就像阴霾蔽日的天空中射出了一线阳光。人们看到了生的希望。他们互相邀约、互相鼓励,结伴去邻邑背粮。蜿蜒曲折的山路上绵延着一支由各种年龄、不同性别的乡民们组成的运粮队伍。这支队伍看不见头,也看不见尾,天天有人加入进来。有些青年和壮年男子,跑了第一趟后,有了粮食填饱肚子,接着再跑第二趟。不到十天,宁羌府就从邻邑运来了三千石粮食,缓解了饥荒危机。

这个以民救民的办法被刘棨的上司知道后,他极为赞赏,就下令推广到其他受灾的州县。各地试行后,都说这种做法既简单易行又效果好。

这件事已经过去了十八年。今天,当康熙帝和大臣们议论起朝中官员的政绩时,大家还纷纷赞扬刘棨当年的点子出得好。(《清史稿》 戴云云)

89. 断食诱捕凶手

清康熙年间,山东文登有个孩子叫徐士林,他幼年丧父,和寡母相依为命。因为家庭贫困,无钱上学,徐士林只好留在家中帮母亲干些杂活。可是每当听到邻近私塾里传来的琅琅读书声,心中就非常羡慕。一天晚上,他终于憋不住了,就跪在母亲面前,要求上学。母亲被他的至诚之心所感动,答应今后节衣缩食,供他读书。徐士林知道自己能上学实属不易,所以他天天早起晚睡,刻苦攻读。皇天不负有心人,康熙五十二年(1713),徐士林中了进士,先任内阁中书,后又升任礼部员外郎。清雍正十年(1732),又调任福建汀漳道道员。

漳州(今福建龙海西)面临南海,自古以来民风强悍,渔霸专横,乡民们喜好械斗,一言不合就动刀动枪,从不把杀人偿命这条法律放在眼里。徐士林一上任,当地就发生了命案。死者家属到州府报案,州府派出吏役去捉拿凶手。谁知凶手闻风而逃,并且纠集一帮地痞流氓逃到附近山上落草为寇,据险拒捕。面对这伙凶狠的盗贼,吏役们无可奈何,只好空手而归。

徐士林很感烦恼,自己刚上任,若不拿此事开刀、杀一儆百的话,以后怎么治理漳州?身旁的师爷提议,可派军队进山搜捕凶手。徐士林认为不妥,说:"这小股盗贼躲进崇山峻岭,就像蟑螂藏匿在家中,即使翻箱倒柜,一时也难以找到。看来不宜动用军队,还是应以智擒为上策。"这时,婢女受夫人的差遣,又来请徐士林去后厅吃饭。"吃饭"两字一下子给了徐士林灵感,他有了捕盗的办法。

第二天,徐士林把乡里一些身强力壮、安分守己的村民召集起来,命令他们分别把守住通往各座山岭的路口,只准进山,不准出山。三天过去后,徐士林估计这伙盗贼手头的粮食已经吃得差不多了,就派师爷进山,对他们进行软硬兼施的劝降。师爷说:"漳州位于偏僻之地,乡民自以为天高皇帝远,从不把王法放在眼里。如今来了徐大人,他执法如山,素以威严闻名。不过,徐大人说了,念你们不懂王法,这次可从宽发落,只要你们徒手出山,官府绝不追究。常言道'识时务者为俊杰',希望你们好自为之。"又是两天过去了,躲进山里的盗贼被饥饿逼得逐渐下了山。徐士林早就料到这一天,他安排被害人家属隐匿在山下的路口旁。当盗贼下山时,由他们辨认凶手,再由旁边的吏役当场拘捕归案。几天过去后,杀人凶手无一漏网。乡民们惊叹不已,直夸徐大人办案有方。

从此以后,漳州的杀人案犯再也不敢据山拒捕了,而那里聚众械斗的民风也随之改变了不少。(《清史稿》 戴云云)

90. 定计拈阄查钱粮

清康熙末年，各地国库钱粮大都亏空。雍正皇帝即位后，诏令清查，凡被查出亏空者，该处官员严惩不贷。一时之间，各地官员，尤其是那些钱粮亏空地的官员，无不胆战心惊，惶惶不可终日。

浙江巡抚李卫接到诏令后，知道自己下属的一些州县也有钱粮亏空之事，有的是战争、灾荒造成的，若被清查出来，这些官员难免要遭受无妄之祸。为了保护他们，李卫把幕僚们召集起来商量对策。幕僚们听说朝廷要来清查，一个个瞠目结舌，半点主意也拿不出。李卫见状，首先开口说道："朝廷要派人来浙江清查，我这个总督也无权过问。若任凭来人行事，恐怕大祸难免。我看你们赶快起草一篇奏章，尽量说明浙江废弛不治的种种困难，然后写上由本地官员协助朝臣，才能更好地完成清查事项。"众人听了，无不称好。

奏章写成后，李卫立即差人送往京城，同时假称自己生日来临，大开筵席，接受部属祝贺。浙江七十二处州县官，也正为清查之事一筹莫展，闻知李卫生日，无不前来赴宴，借以打听有关情况。开宴之日，张灯结彩，百戏杂陈，一片喜庆气氛。等这些州县官喝完酒后，李卫把他们全召到密室，明确告诉他们："皇上派遣的清查大臣要来了，你们若有亏空的话，赶快老老实实告诉我，我想办法救你们。若现在不告诉我，将来被清查大臣查出来要杀头，可别怪我事先没打招呼。"这些州县官听了，一个个流泪谢道："我们一定将情况查实后向大人如实报告。"几天后，李卫果然收到了各处送来的详细报告，他认真一看，有半数州县存在亏空，于是将其默记心中。

不久，朝廷圣旨下发，同意由李卫协助清查大臣一起工作。又过了几天，清查大臣户部尚书彭维新到了浙江。在此之前，彭维新在江南清查，由于他天性险曲，在清查中严考密求，不少州县官员被查出亏空后受到斩首、流放、监禁、追赔等处罚，江南总督又不敢插手其事，弄得江南官民都苦不堪言。这一次到浙江，他自以为无人敢得罪他，气势更加骄盛。不料李卫迎彭维新进衙后，立即拿出雍正皇帝的圣旨，并对他说："既然皇上要我参与清查，我就给你个忠告，希望不要把浙江当作江南。"彭维新见有圣旨，骄气只得收敛。

一天，李卫设宴招待彭维新。酒至半巡，李卫执杯而叹："我这个人性格粗鲁，好与人争，屡次蒙皇上教诲。这次与彭大人共事，我发誓改掉坏脾气，但不知如何才能做到，请彭大人不吝指教。"彭维新本来就不想与李卫共事，免得受到束缚，听了李卫的话，他略一思索说道："其实这也不难，只要将各州县一分为二，你

我各管其一,就不会有什么争论了,李大人以为如何?"哪知李卫听后连声叫好,当即令人将各州县分抄在小纸条上,揉成豆子大小,放在盘中抓阄(jiū)以决。李卫早已差人在纸上做了暗记,自然很容易地先把那些亏空州县全都抓在手中,而彭维新不知底细,手中抓的全是那些没有亏空的州县。

抓阄分管清查后,彭维新又像在江南时一样刻意盘查,然而这些州县本无亏空,任他怎样尖刻,甚至终日拨算盘手指上生了茧,也查不出什么来。而李卫在自己分管的那些亏空州县中想方设法,利用搁置的闲款、缴上的罚款、没收的赃款以及盐税盈余等补足了亏空。他还故意派人问彭维新查出些什么,彭维新只能回答说没有。而当彭维新来打听李卫的清查结果时,李卫则装作喜出望外的样子告诉他:"我也什么没查出。"

不久,清查之事结束,彭维新与李卫同时奏报朝廷,浙江一省没有钱粮亏空州县。雍正皇帝阅后大喜,对朝中大臣说道:"不少人听到清查都忧愁不已,只有李卫敢张灯设宴,这是因为他治理有方,自信十足。"而浙江的百姓,也因未受清查的骚扰,都对李卫深为感激。(《清史稿》《清朝野史大观》 沈习康)

91. 拜师

年羹尧已经十三岁了,但仍然大字不识一个。他父亲年遐龄,官做得不小,颇有权势,请来过不少名儒课子,但儿子太顽皮捣蛋了,就是不肯读书。老师对他客气了,他不听;对他严厉一点,他就想出种种刁钻的方法来,把老师捉弄得狼狈不堪。所以请来一个,气走一个。最后,年遐龄干脆不给他请老师了。

一天,府中忽然来了一位先生,自荐愿教公子。来的这位先生,看上去有七十多岁年纪,银发如雪,穿着一件青布长袍。他对年遐龄说:"如果大人肯相信我这个老头子,按照我的要求去做,三年之后,在贵公子的身上,您会看到我给您的报答的。"

按照老先生的要求,一座花园在一个偏僻的乡村建造起来了。园中的布置与一般的花园没什么不同,有池沼山石,有花草竹木,只是楼阁中堆满各类书籍,经史子集,无所不备;厅堂上排满各式兵器,刀枪剑戟,一应俱全。花园的围墙砌得特别高,整座花园没有一扇门,只在围墙上开了个小洞,一日三餐,作送饭递水之用。园中只住教书先生与年羹尧一老一小两人,此外没有一仆一婢。

这位老先生教书的确与众不同,整天只管自己读书,对年羹尧不闻不问,连话都不跟他说一句。而年羹尧呢,觉得这正合自己的胃口,老师不管他,父母管不到他,在这个无拘无束的天地里,正可以率性而为,高兴做啥就做啥。于是挖池塘,填沟壑,移栽花木,搬运假山,全凭着自己的兴趣,天天忙得不亦乐乎,玩得痛快淋漓。

时间过得很快,从春天到了秋天。整座花园,被年羹尧搞了个翻天覆地。池塘挖了又填,填了又挖;花草树木,移东栽西,又移西栽东;假山拆了又叠,叠了又拆,渐渐地他玩腻了。

一天饭后,老师正在读书,年羹尧站到老师旁边,站了大半天,老师竟然一无所觉。年羹尧觉得十分奇怪,自己连这么大的花园都玩腻了,老师的书怎么读不腻? 而且越读越有精神,这是什么道理? 便忍不住脱口问道:"老师每天读书,一点不觉厌烦,难道书本真的这样有味吗?"

老先生随口应道:"味道极好,不是你能知道的,快去玩吧,不要来纠缠我。"说完,老师又低头只顾读起书来。一股羡慕之情,从年羹尧心底升了起来。

"老师,你教我读书吧。"年羹尧说道,"不过,老师教我以前,我想再问一问,读书究竟有些什么好处?""好处很多。"老先生严肃地说道,"上可以使你成为大圣大贤,垂教百世;中可以帮你建功立业,彪炳千秋;下可以为你取得富贵,恩及妻儿。"年羹尧想了一会儿,说道:"大圣大贤,我是不敢想;寻常富贵,我是看不上眼的;希望老师教我建功立业的本领吧。"

老先生见年羹尧要读书了,非常高兴。于是先取来经史典籍,每天与他讲习;又取来兵书阵图,与他分析。早晚之间,便教他舞剑使枪,传授武艺。年羹尧天性聪颖,一经专心,学无不精。

三年过去了,园墙破开。年遐龄见儿子英迈俊爽,举止有礼,不再如从前那样佻达蛮横。与他谈及学问,文韬武略,识见竟然在自己之上。他的高兴劲头,就不用说了,当即决定大摆宴席,聊表敬意,并要以千金之礼作为酬谢。老先生双手拱了一拱,说道:"一番美意,我心领了,至于酬谢,那就免了吧!"说完,便头也不回地飘然而去。

后来,年羹尧果然成了清朝一代名将,戡乱安邦,开拓边疆,建立了不朽功业。(《里乘》 陶湘生)

92. 闻雁声设埋伏

清雍正元年(1723),青海罗卜藏丹津反清,清帝命大将军年羹尧统领大军前去镇压。

一天夜里,全营将士都已安寝,只留下几个巡哨在营帐间游动警戒。三更时分,年羹尧突然从行军床榻上跃起,二话不说,便跑到帐外,叫出传令官传下将

令：分兵数队，离营十里埋伏，又另派帐前将官，带兵接应，并声称本帅已知四更时将会有敌军来劫寨。众将士听他这么说，都有些茫然不知所以。但年羹尧素来军令严苛，他的一句话，在军中比皇帝的圣旨还威风，大家哪里敢多嘴，虽然心存疑团也只得乖乖遵命。

谁知四更时分，大批敌军果然掩袭而至。他们人人衔枚疾进，马蹄也裹上布条，一点声息都没有。要不是预先设伏，早有应战的准备，清军可真不知会被打得多么狼狈。而现在敌人的突袭反在明处，一切行动都被对方掌握，自然要吃败仗了。只听清军主将一声令下，埋伏的士兵一涌而出，先是放一阵乱箭，接着是马队挥刀冲锋砍杀，最后是步兵挺枪合围攒刺。敌军被这出其不意的一击杀得溃不成军，丢下无数尸首，仓皇逃去。清军大获全胜，不由得都对主帅年羹尧佩服得五体投地。

第二天，众将入大帅营帐拜贺大捷，一位参赞军务的官员问道："我们与大帅同在营中，杳无所闻，不知大帅何以预知敌兵将至？且时间也算得这么准？"年羹尧自负地一昂头，哈哈大笑，非常得意地说："有送信者为我通报，只是你们自己没感觉到罢了！"众人听了，越发不解。年羹尧见大家仍是一脸疑惑之色，便解释道："昨夜在营帐中，我忽然听见近处群雁飞过发出嘹唳之声。你们知道昨晚是月黑之夜，没有月光，大雁早就该歇宿了。如果它们半夜飞起来并高声鸣叫，必定是有人惊醒了它们。大雁栖宿的地方总是在水边，而离此百里之外恰好有一个小湖泊，那是敌兵进犯我军的必经之路。此地人烟稀少，三两个人不至于将一大群雁儿都惊动。深夜群雁飞鸣，那就肯定是敌兵乘夜色昏黑前来偷袭我们。大雁飞得快，三更听到近处的雁鸣，估计远处的敌人大约会在四更赶到，所以我立刻下令在险要处设下埋伏，给敌人一个迎头痛击。为稳妥起见，再另拨兵马作为接应，必使敌方大败才算事了。"众人听他这么一分析，都啧啧嗟叹，深感年大帅果真是一代将才，用兵如神。（《南亭笔记》 鹏肩）

93. 用兵有玄机

清乾隆间，阿桂屡次奉命出征，定伊犁，讨缅甸，平金川，皆有功，为当时名臣之冠，封诚谋英勇公，官至武英殿大学士。

出征金川时，一天全军已安营扎寨，他忽然传令迁移。众人大惑不解，部下诸将都以为天色已晚，迁移不便，力加劝阻。阿桂勃然作色，拔出令箭下令道："军令如山，违者立斩！"全营将士无可奈何，只得按他的命令行动，虽嘴上不敢说什么，心里不免怨恨。不料，到了夜深时分，忽然下起了瓢泼大雨，没迁移前的营址积水深达一丈有余,如果当时全军仍在原处,肯定全都被水淹没。大家这时才赞叹主帅的英明,尽皆诧之为神奇之术。阿桂却对众将说:"这并不是我有什么未卜先知的法力,只是观察到群蚁移穴,知道地热将雨罢了。"

木果木失事后,阿桂代领大军。一天,太阳将要下山的时候,他率十余骑战士登高阜观察敌军屯驻的情况。不知不觉在山岗上转了几道弯,已临近敌方营寨。敌兵望见有小队清军窥营,便由一员猛将带着劲骑几百人,环绕着山阜从西南方奔驰而来,想把阿桂等追上全歼。阿桂面对这样的险情,非常冷静沉着,回头看了看自己身边为数不多的战士,毫不犹豫地命令道:"下马!"战士们听了不由一惊,心想敌人已在全力追赶,我们为什么还要下马? 但服从命令是士兵的天职,他们不敢多问,遵令下马。"解衣!"阿桂再次发出命令。"好吧,就听你的。"大家无可奈何地脱下衣服。光脱外衣还不够,阿桂竟又下令解去里衣。脱下全身衣服后,战士们又得到命令将这些衣服撕成一寸宽的长条,并下马赶到山岗的高处,杂乱地挂在树木枝杈上。战士们做完这些后,阿桂又喊道:"大家都束好腰带。"士兵们很快按他的吩咐做完。"上马!""向南面的山阜缓辔而下!"阿桂不断地下达新的命令,一切似乎都很有条不紊,但这能阻挡住敌骑的追击吗? 士兵们心里根本没有底。

不一会儿敌军的骑兵已经赶到,距离阿桂他们刚才窥探敌营的地方仅二十步远。这时暝色已浓,野外光线昏暗,敌将忽然发现山岗的转折处旗帜飘扬,络绎不绝。他怀疑这是清军的后援部队已经从山后赶到,便谨慎地勒住马不再仓促进逼,派出侦察兵四出打探,等待敌情明了后再作打算。而这时阿桂已带着十余骑人马回到了大营。他笑着对还没明白过来的士兵们说:"这就是用兵的玄机啊! 天色已晚不易看清东西,给我提供了一个将衣服撕成布条伪装旗帜的极好机会,以迷惑敌人。不然的话,敌兵比我们多出十来倍,我们怎么能够脱身呢?"
(《清朝野史大观》 鹏肩)

94. 智判雷击案

清雍正年间(1723—1735)的一个夏夜,雷鸣电闪,大雨倾盆。第二天,县衙接到报告,说昨夜城西有个村民被雷打死,他的妻子回娘家探亲去了,幸免于难。知县立即前往现场,仔细勘验一阵后,下令收殓了尸首。

过了半个月,知县忽然拘捕到一个人,审讯道:"你买火药做什么?"那人回答:"用来打鸟。"知县追问:"用铳打鸟,只需几钱火药,打一天也只要两把。你却买了二三十斤火药,为什么?""我买了打算用许多日子。""你买火药到现在还不

满一个月,最多用掉二三斤,剩下来的都放在哪里?"那人瞠目结舌,额头上不断渗出汗珠。最后知县终于查明被害人妻子与那人有奸情,合谋用假雷害死其夫的罪状,凶手双双落入了法网。

属吏都十分惊讶,问知县怎么知道这是一起假雷杀人案。

知县说:"这很清楚。如果是雷击,都是从上面击穿房屋,地面不会开裂。而现在屋顶内外的苫(shàn)草、横梁却飞了出去,炕面也被掀掉,所以我判断雷火是从下面起爆的。此外,那天夜里我在县城注意到雷电虽然猛烈,却全在天空里盘旋飞绕,而出事地点离县城很近,自然也不会被雷击中,所以这只能是假雷杀人。"

"那么,大人又如何肯定这个人就是罪犯呢?"属吏又问。

"谁都知道,要制造假雷,至少必须用几十斤火药,而制造火药又只能用硫黄。如今是六月,人们一般不会像过年那样大量购买硫黄造爆竹,我就暗中派人到市场上查问当时谁买了大量硫黄,人们都说是一个工匠,再一询问,知道是有个人要向他买二三十斤火药,这样我就追查到了凶犯。"(《阅微草堂笔记》 程维荣)

95. 巧救妇婴

清代雍正、乾隆年间,吴县(今属江苏)有个叫叶天士的医师,因其身怀绝技,人们都称其为神医。

一次,叶天士路过镇上,恰逢有个人家送葬,便让在路旁观看。只见丧家悲痛欲绝,又见棺底渗漏出滴滴鲜血。叶天士连忙上前拦住出殡队伍,丧家认识他,便停了下来。

"棺材里的人是什么时候死的?"叶天士问。

"昨天傍晚。"丧家凄切地回答。

"是男是女?"

"是难产妇。"

"哦",天士略一沉吟,"赶快把她抬回家,或许还有救。"

产妇的丈夫一听,连忙哭着叩头:"倘能起死回生,大恩大德没齿不忘!"众人急忙七手八脚地把棺木抬了回去。镇上看见这情景的人都将信将疑,纷纷前往产妇家门口等候音讯。

进了屋后,天士吩咐打开棺材,将产妇抬至床上,脱去殓服。他坐在一旁搭了一阵脉,欣喜地说:"可以救。"他取出一根银针,往产妇胸前当心一刺。不一会儿,只见产妇身子动了动,开始有了微弱的气息;又一会儿,听得"哇"的一声,一个男孩呱呱坠地了。

产妇的家人又惊又喜,一个个抹着眼泪向叶天士道谢。等他走出里屋,在外等候多时的街坊邻舍一拥而上,争着问道:"您是如何知道产妇可能没死的呢?"

天士答道:"这并没有特别神秘的地方。在外面,我看见棺内渗出的血色鲜红,就估摸着她未死。搭脉诊断后,我已经知道是腹中胎儿将她的脉络缠住了。这脉络近心,所以产妇心痛晕厥。我就用针刺胎儿的手,胎儿畏痛缩手,产妇自然得以复苏,胎儿也就生了下来。当然,进针的位置不能相差毫厘,这可不是常人所能掌握的了。"

众人听了,连连点头:"真是神医,名不虚传啊!"(《清稗类钞》 程维荣)

96. 开方医贫

苏州名医叶天士,许多人的疑难杂症,一经他的手,便治愈了。有一天,叶天士乘了轿子外出行医,轿子刚刚出城门,便有一个乡民在路旁等着他。见是叶天士的轿子,就上前拦住了他,要求看病。叶天士停下轿子,叫乡民伸出手来,替乡民一把脉,不由得说道:"你六脉均匀调和,哪里有什么毛病?"乡民苦笑了一下,说道:"我毛病是有的,只是从来没有人请您治过这种病,我生的是穷病,您是位名医,不知道我的穷病您能不能治?"叶天士听后,想了想,然后笑了笑说道:"你生的确实也是一种毛病,要治好也不难,晚上就到我家里来取方子吧,服一帖药就会好的。"

到了晚上,乡民敲开了叶天士的家门,向叶天士讨医穷的药方。叶天士告诉他,苏州城里有的是青橄榄核,把橄榄核拾来后,种到地里,等苗出来后再来告诉他。一定能致富。

乡民遵照叶天士的话,在苏州城里拾来了许多青橄榄核,把他家所有的地都种上了。不久,地里便长出了苗,绿油油的一片,待苗长到半尺来高的时候,乡民便跑到城里,告诉了叶天士。叶天士对他说道:"你的病很快就会医好。记住,当有人来买橄榄苗的时候,一定不要贱卖。"乡民答应了,并留下了地址。

自此以后,叶天士在替人治病开药方的时候,每帖药都用橄榄苗作为药引。苏州一带地方是不种橄榄的,哪来的橄榄苗? 于是病家都按地址找到城郊,向乡民买橄榄苗,乡民的生意天天红火。半个月以后,一大块地的橄榄苗已经卖去大半,而求苗的人愈来愈多。物以稀为贵,橄榄苗的价钱也成倍地增长,乡民赚的钱数都数不清。等到乡民的橄榄苗卖光,叶天士的药方里,也不再开橄榄苗作为药引了。

事过之后,乡民为了感谢叶天士帮他脱贫,便准备了丰厚的礼品上门拜谢。叶天士笑着问他:"你的毛病好了吗?"乡民回答道:"全靠您的医道高明,我的毛病好了。"

从此,叶天士能医穷的故事,便在苏州城里传扬了开来。(《香饮楼宾谈》陶湘生)

97. 作诗巧解围

清雍正、乾隆间有一位著名的书画家、诗人名叫金农,号冬心,与郑燮(号板桥)齐名,是"扬州八怪"中排名居前的重要人物。他曾客居扬州多年,在当地有很高的知名度。扬州有好多财大气粗的盐商,他们每每喜欢附庸风雅,请一些文人墨客饮宴,行行酒令,搞一些吟诗作对的游戏,以示自己也可算是儒者,避免别人讥笑他们只知铜臭,不知书香。每次集会,盐商总慕名来请金农,为他们脸上贴金。金农虽知他们的用意,但他也想借欢宴之机结识四方名士才子,便往往答应去参加他们的宴会。

有一天,某盐商在平山堂宴客,把金农请来尊为首座。酒席上,盐商们故态复萌,又开始行起酒令来,每人要说一句古人的诗句,且必须中间有"飞"与"红"二字,说不出的便要罚酒。几个资格老些的盐商,久经此阵,早有准备,自然容易应付。差一些的,即使稍一犹豫,也有扮成仆人的教书先生在边上悄悄做个手势,打个暗号为其解围。可轮到一个年轻盐商时,却发生了意想不到的事。他见别人都应对如流,自己苦苦思索却找不出一句有"飞""红"二字的古诗来,心中十分焦急。偏偏他倒是个老实人,不懂作弊,没人给他打圆场。众人正议论着要罚他喝酒,他惶恐之下,竟不由自主地脱口而出说了一句:"柳絮飞来片片红。"

"哗!"满座大笑。柳絮怎么是红色的呢,它不明明是白色的吗?只听说人们将漫天白雪比喻为柳絮飞舞,却从没见有人把柳絮说得跟桃花似的。"杜撰!杜撰!""荒唐!荒唐!""要大罚!要大罚!"众人纷纷嚷道。只有金农坐在首座不发一言,他想:这个小盐商看上去是个憨厚的小伙子,我应该帮他个忙,使他不致于太受窘。于是,他咳了一声,表示有话要说。众人见冬心先生要发话,哪敢怠慢,忙静下声来,听他说些什么。只见金农缓缓地站了起来,说道:"难得这位小兄弟知道这首诗!这是元代一位诗人咏平山堂的诗句呀,今天在平山堂饮宴,引用此诗,真是再贴切不过了!好!好!"在座诸人听他这么一说,不敢不信,又不能全信,几个墨水喝得多一点的便大着胆子表示异议:"冬心先生,我们可没所说有这么一首诗呀,您能否把全篇读出让我们见识见识?"金农莞尔微笑道:"不妨,不妨,听我道来:'廿四桥边廿四风,凭栏犹忆旧江东。夕阳返照桃花渡,柳絮飞来片片红。'如何?如何?"众人听了,疑团冰释,纷纷赞扬金农的博洽。其实,这是金农急中生智,自己口占一诗为那个盐商解围。只见那盐商愣在一边说不出话来,双眼流露出又惊又喜的神情,金农向他微微点头,示意他不要自己露出破绽,便又端坐到椅子上。于是大家继续欢宴。第二天,那个盐商送来了千两银子作为答谢之礼。(《新世说》 鹏肩)

98. 巧释亲仇

在湖北省的滠水流域,有一座县城叫黄陂。那里出产稻、麦、棉花、芝麻、花生等农作物,每到收获季节,各地商人纷纷前来收购,车水马龙,煞是热闹。

乾隆元年(1736),黄陂县来了一位新知县。新知县姓邵名大业,浙江余姚人氏。他办事细致,勤于思考,特别擅长于断案。而他的前任恰好是个糊涂官,这位前知县大人只会用刑讯逼供,结果使黄陂县冤狱丛生。

邵知县到任的消息不胫而走,鸣冤喊屈的告状人纷至沓来。他不顾旅途劳顿,一一受理。每天他闭门谢客,秉烛阅卷至深夜,到了白天,又明察暗访,追踪寻迹。由于他的努力,不几天,就将多年积累下的案件审理完毕。正当邵知县庆幸自己可以从宗卷中解脱出来,进而处理其他公务时,这天,衙门外又有人击鼓告状了。

来告状的是一对争夺家产的亲兄弟,两人的年龄都已不轻,双鬓已经斑白,但仍像年轻人一样,容易激动。

邵知县好言规劝道:"兄弟之间,应以和睦为贵,不要为争家产而反目成仇。谁多一点、谁少一点,都无关紧要。何必分得那么清楚呢?"

老大怒气冲冲地说:"不行。俗话说:'人为财死,鸟为食亡。'我是长兄,理应多得家产。"

老二也不甘示弱地说:"他虽为长兄,但常年离乡背井在外经商。家中双亲的养老送终,都由我一人承当。就凭这一点,也应该让我多得点家产。俗话说:'树争一张皮,人争一口气。'要是让他多得家产,我坚决不同意!"

兄弟两人针锋相对,互不相让。这时,邵知县不再相劝,却命人从里屋取来一面大镜子,要两兄弟站在镜子前。众人满脸疑惑地看着知县大人,只听他说:"老大和老二,你们再走近些,看看镜中的二人长得像不像?"这兄弟俩丈二和尚摸不着头脑,只管双眼定定地看着镜子:镜中的两个老汉,一样的眼,一样的鼻,一样的四方脸,一样的高矮胖瘦。"很像。"两人据实回答。"我看也像,"邵知县

以此为题,在大堂上拉起了家常,"我原本也有一个弟弟,我们兄弟俩自幼在一个私塾里读书,在一个院子里玩耍,好得形影不离。长大后为了谋生而各奔东西,但也经常鸿雁传书,互诉衷肠。谁知天有不测风云,前些日子我弟弟突然去世,留下我形单影只。现在看到你们兄弟二人头发都已经白了,还能彼此健在,我真是羡慕万分啊!"一番话情真意切,使在场的人深受感动,有的人甚至掉下了眼泪。而两兄弟的心中更是感慨万千,想起童年时代的互相体贴、互相谦让,成年以后为支撑门户的同甘共苦,两人的泪水夺眶而出了。这时,邵知县又说话了:"手足之情啊,是任何金钱都买不来的,岂能为争一点家产而反目成仇呢!"

兄弟俩羞愧得无地自容,立即撤回了诉状。(《清史稿》 戴云云)

99. 急难显智能

清乾隆年间(1736—1795),河北曲周县有户姓王的人家,娶了一个好媳妇。媳妇娘家姓岳,不仅模样长得好,而且性情温和,做事勤快。左邻右舍都夸王家好福气。可这媳妇也有不尽如人意的地方,尽管她不是哑巴,却像个哑巴,平时只知埋头干活,从不多说一句话。

几年后,她丈夫王懃(qín)赶往天津做生意,把妻子和父母迁往山东临清居住。可是刚迁往临清不久,就遇到了王伦起义。起义军所向披靡地攻下了寿张、堂邑、阳谷等县,随即准备攻打临清。

临清百姓闻讯后争着离家出走,以逃避战乱。王家两老因为儿子不在身边,急得团团转,收拾好细软后,也准备逃往他乡。这时,轻易不开金口的王岳氏说话了:"依我看来,现在逃跑不是上策。既然起义军想把临清作为根据地,就不可能杀害这里的百姓,因为没有了百姓,根据地就成了无水之源。再说,眼下这么多人一窝蜂地逃难,两老年迈体弱,即使不是在路途中饿死累死,也会被人群践踏而死。我看,我们还是留在家中看看情况再说。"公婆觉得她言之有理,就留下了。果不其然,当时临清县十室九空,大批逃难的人拥挤在一条崎岖的小路上,有人被挤下水淹死了,有人被后面涌上来的人踩死了,其状惨不忍睹。

王伦起义军占领了临清,当地的局面稳定了下来。正当留下的人在暗自庆幸时,王岳氏却对公婆说:"现在我们应该离开这里了。因为起义军已来了多时,官军也该到了。外面的起义军正在做抵抗官军的准备,他们已没有精力去捕捉逃跑的百姓了。再说,临清的人已走了十之八九,路上空空如也,不必担心被踩死了。最要紧的是,我们现在不走,一旦官军来了,很可能会把我们当作通敌分子。"王岳氏分析得头头是道,两老听了连连点头。当晚,三人打点好行李,悄悄潜逃出城,回到了曲周老家。

不久,王憨从天津赶了回来。左邻右舍见到他,都夸他媳妇聪明能干,有主见,不随大流。王岳氏听到后,低头微微一笑,就忙着干活去了,她仿佛又成了一个哑巴。(《清史稿》 戴云云)

100. 真假卖身契

清乾隆年间(1736—1795),苍梧(今属广西)知县李文,是个勤政廉明的好官,县内发生的案子,都能及时审理清楚,了断结案。但是现在,他却被一宗案子难住了。

其实案情也很简单。原告余阿吕,控告邱以诚,说邱在康熙五十九年(1720)卖身于余阿吕的父亲当奴仆,到乾隆二年(1737),余父死了,家里变穷,无法养活奴仆,邱以诚就外出自己谋生。现在邱以诚富了,而余阿吕穷了,余便要邱以诚赎身,邱非但不肯,反而一顿拳脚,把余阿吕打伤了。余把身上的伤给李县令看了,又递上了一张邱以诚当时的卖身契。李县令又把邱以诚传来一问,邱说此事实在冤枉。自己开了家米店,余阿吕常来赊(shē)米,账上已欠了十几笔钱,现在又来强赊,邱不肯,两人便打了起来。至于说到以前是余家的奴仆,那完全是没有的事。李知县叫邱以诚照抄了几行卖身契,字迹竟然一样,于是要邱以诚承认卖身的事实。邱以诚痛哭流涕,死活不肯承认。看情景,邱也的确像是冤枉的。那么究竟谁是谁非实在难以断定。

退堂以后,李知县就与幕友钟灵泉商量。钟灵泉对着那张卖身契看了好久好久,然后又拿来了《康熙字典》,以及清代的法令条文等翻阅了一通,脑子一拍,对李知县说道:"这张卖身契是假的。"

为什么?

钟灵泉分析给李知县听。历来只有姓丘,没有姓邱,只是到了雍正年间(1723—1735),皇上尊孔,为了避孔子(名丘)的讳,丘姓才加上了"阝",变成了邱,而这张卖身契是在康熙五十九年(1720)立的,雍正年号在后,康熙年号在前,当时"丘"还未改成"邱",而卖身契上却写成"邱以诚",不是后来的伪作又是什么呢?李知县一听,豁然开朗,连连称是。钟灵泉又补充说,邱以诚现今四十八岁,算一算,康熙五十九年立契时,仅是十岁,十岁小孩,哪能写出契上这种端严的楷书来呢?所以卖身文契定然是伪造的。至于字迹,那是可以模仿的。

李知县传来余阿吕,一加严审,果然是他企图敲诈钱财而模仿邱以诚笔迹伪

造了卖身契。(《听雨轩笔记》 陶湘生)

101. 巧借言辞惩恶霸

郑板桥又名郑燮,是江苏兴化人,乾隆元年(1736)中的进士。他曾在山东潍县任知县,后辞官回家作画,尤擅长画兰竹,是清朝著名的书画家。

郑板桥在担任知县期间,他以帮助农民胜诉而闻名遐迩,当时,许多有冤屈的农民都到他那里去告状。潍县张家庄庄西头有一个寡妇的女儿,经常受到庄上张恶霸的调戏。张恶霸横行霸道,无恶不作。那姑娘实在没有办法,只好到县衙去告状。

郑板桥将张恶霸传进县衙,问道:"你为何想强占那寡妇的女儿?"张恶霸狡辩道:"大人,我可怜那寡妇娘儿俩,我想照应她们,是一番好意,怎么说得上强占呢?"

郑板桥说:"这么说来,你倒是一个行善的好人了?"那恶霸不知郑板桥说的是反话,还"呵呵"地笑着应答。这时,正好来了两桩官司,郑板桥叫恶霸站在一旁,听候发落。

第一桩官司是告借钱人欠债不还。被告是个穷人,他说不是不还,只因孩子太多,家里穷得揭不开锅,实在没钱可还。郑板桥听了,笑着说:"有大善人在此,这事好办。"接着,转身对站在一旁的张恶霸道:"张善人,你做做好事,替欠债人还了这笔钱吧。"那恶霸没法,只得点头同意,为那穷人如数还了债。

第二桩官司是老人告儿子不孝,可那儿子早就吓跑了。郑板桥佯作大怒状,说:"儿子不孝,当重责五十大板。可人不在,打不成;但是不打,老人气难消,怎么办?"说着又转向张恶霸:"张善人,你再行行善,替老人的不孝儿子挨五十大板,让老人出出气吧。"

衙役们不由分说,举板就打,张恶霸哭着喊道:"大人,我不是什么善人啊,以后我再也不敢欺负那姑娘了。"郑板桥并不下令"住手",让张恶霸实实足足挨了五十大板。从此以后,张恶霸在乡里就变得老实多了。(《板桥集》《清史稿》 戴云云)

102. 急中生智答乾隆

清代有一个著名学者名叫纪昀,不过在民间,还是他的表字晓岚更为人熟知。纪昀是乾隆朝纂修《四库全书》的总纂官,学术价值很高的《四库全书总目提

要》主要就出自他的手笔。他的博学多才,极为乾隆皇帝所赏识,而关于他的急智故事,流传尤为广泛。

有一次,纪昀和几个文臣在朝房等待上朝。大概是起得过早了,觉没有睡足,再加上皇上迟迟不来,大家都感到非常疲倦,有的甚至打起瞌睡来。纪昀等得也有几分心焦,因为平时和这几个文臣颇为友好,说话比较随便,就开口说道:"老头儿怎么到现在还不来?"原来文臣们早就背地里叫乾隆皇帝为"老头儿"了,听到纪昀说"老头儿",也都知道指的是皇帝。不料,众人还没来得及说话,就听到"托托"的鞋声从后面传来,回头一看,正是乾隆皇帝走了过来,只见他满脸不高兴,迅速地扫了众人一眼,厉声责问道:"谁在骂我是'老头儿'!这'老头儿'三字该作什么解释?"众人见皇上生气,倦意一扫而空,却被吓得呆呆地站在一旁答不出话来。只见纪昀从容上前,脱帽叩首行了一个礼,然后说道:"万寿无疆称为'老',顶天立地称为'头',父天母地称为'儿'。普天之下,能称为'老头儿'的人,恐怕非皇上莫属。"听了纪昀的解释,乾隆皇帝顿时回嗔作喜,一旁的大臣,心中也暗暗佩服纪昀,庆幸得脱困境。

又有一次,纪昀陪同乾隆皇帝南巡。皇帝坐在龙船上,沿江而下,观赏两岸风光。不时指指点点,问纪昀此为何山,此为何景。纪昀不慌不忙,一一道来,果然是无所不知,无所不晓。乾隆皇帝初时不住点头,继而也有些不服,心想:我就不信你什么都行,倒要出个难题考考你。忽然,他看到江中一艘渔船鼓棹而来,顿时心生一计,便道:"久闻爱卿甚有捷才,朕现在便让你一显身手,命你以这渔船为题,限用十个'一'字写一首诗。若不能,趁早承认,朕也不会怪罪于你。"纪昀当下叩谢圣恩,微一沉吟,猛地一拍手,说:"有了,听我道来:'一篙一橹一渔舟,一个梢头一钓钩。一拍一呼还一笑,一人独占一江秋。'微臣不才,还请皇上赐教。"乾隆皇帝听了,不得不折服。(《清朝野史大观》《清稗类钞》 沈习康)

103. 问佛字遇对手

清代有位学者毕沅,曾经主持编纂《续资治通鉴》等书。他是乾隆年间(1736—1795)的进士,在出任陕西巡抚期间,路经五台山,便登山朝拜。

台怀镇北侧有一座建于东汉明帝永平年间的显通寺,是五台山中最古老的佛寺。寺中有一座唐代的经字塔。相传当时有位蓟州(在今河北省)的居士,不远千里步行到五台山上,日日为新建的佛塔刻写《华严经》经文。历时十二个春秋,终于大功告成。那位居士索性出家,在寺中削发为僧,与经字塔为伴,诵经礼佛。武则天听说这事,一度敕令将寺名改为"大华严寺"。直到明太祖朱元璋时,

才更改为"大显通寺"。

那年,毕沅也慕名来到显通寺,方丈出迎,毕沅问方丈:"你们在山寺中修持,常常念经吧?"方丈合十答道:"贫僧们出家无家,每天早晚也就是念经拜佛。"毕沅忽发奇想,指着那座经字塔说:"大和尚博通经论,可知道塔上所刻的一部《华严经》上,有多少个'佛'字?"这一问,可把方丈难住了。他心想:你毕大人才高八斗,善诗能文,可是你跑到深山野寺中,和我们出家人开什么玩笑呢!不回答吧,却又失礼,方丈略为沉吟,急中生智,双手合十恭敬地说:"贫僧钝根,深感惭愧。大人上应文曲星,悟性超卓,不知您熟读过的四书五经中,有多少个'子曰'?"毕沅一怔,然后大笑道:"好,对得好!显通寺,显灵通达,真是名不虚传呀!"说罢吩咐随从,布施重金,把显通寺修得焕然一新。(《秋灯丛话》 李明权)

104. 语激未婚夫

清乾隆十五年(1750)的一天,秋阳高照,和风拂面。浙江海宁县的城墙上贴出了秋闱中榜的名单,红榜下人头攒动,人声鼎沸。当人们在乡试中举的名单上读到"李家勋"时,禁不住议论纷纷:

"瞧,李家勋中榜了,杨老爷在九泉之下该瞑目了。"

"是啊,杨家母子从门缝里看人,把人看扁了。这下没话说了吧。"

"杨小姐不以贫富论人,真是慧眼识英才啊!"

距离看榜人群的不远处,站着一个衣着破旧的年轻人,在他那黝黑但不失清秀的脸庞上挂着两行热泪。这个年轻人就是秋闱中举的李家勋。

李家勋出身贫寒,祖上世世代代是佃户,到了他父亲这一代,家境仍未好转,全家租种海宁财主杨老爷的几亩薄田勉强度日。他们起早贪黑地辛勤劳动,节衣缩食,日子仍过得很艰难。迫于生活,李家勋小小年纪就当上了放牛娃。可他天性聪颖,从小就喜欢读书。看到别人家的孩子背着书包去书塾学习,他从心底里羡慕,可自己没有上学的福分,只好常常站在书塾的窗外看别人读书。

一天,他一边放牛,一边口中念念有词地背诵着前一天偷学来的诗句。"孩子,你多大了?"一声问话把李家勋吓了一跳,他忙回过身去,见问话的是一位面目慈祥、衣着整齐的老人。李家勋深深地一鞠躬,很有礼貌地回答说:"先生,我今年九岁了。""你是谁的孩子?"李家勋报出了父亲的名字。第二天,一个杨家的仆人来到李家,说是奉杨老爷之命来送李家勋去当地的私塾读书,并说学费由杨老爷资助。这时,李家勋才恍然大悟,前一天在田间遇见的长者原来就是杨

老爷。

　　进了私塾,小家勋如鱼得水,他发奋学习,不久就脱颖而出,成了老师的得意门生。一晃六年过去了。十五岁的李家勋升入乡学当了一名童生。他父亲带了他前往杨府叩谢老爷的恩典。杨老爷在书房接见了李家父子。看到当年的放牛娃已长成一个文质彬彬的美少年,而且富有才华时,杨老爷满心欢喜,他预料李家勋前途无量,决不会屈居人下,就提出要把自己年方二七,待字闺中的掌上明珠许配给他。李佃户吓得连连叩头,说:"小人不敢高攀。"杨老爷忙将他扶起,说:"自古英雄不问出身。家勋满腹经纶,又长得一表人才,正好与小女相配。"他命仆人把小姐请下绣楼,出来拜见公公。杨小姐不仅长得窈窕可人,而且知书达理。她平时听父亲谈起过李家勋,心中早有敬佩之意。尽管他是佃户之子,但杨小姐毫无嫌贫爱富之意,当下认了这门亲。

　　杨老爷和李家订下婚约后,势利的杨夫人和杨少爷非常恼火。杨家母子原本想把杨小姐嫁入官宦人家,这样杨家就财势双全了,如今希望泡汤,好不懊丧。母子俩一唱一和地责骂杨老爷说:"天下哪有这样的老糊涂,如花似玉的千金小姐难道会嫁不出去吗,偏偏要把她许配给佃户的儿子。"杨夫人哭着闹着,甚至以绝食相威胁,要杨老爷退婚。杨老爷非但不退婚,而且还派人把李家勋接到杨府读书迎考。

　　孰料过不多久,杨老爷溘然去世。失去老泰山后,李家勋在杨府的地位一落千丈。除了杨小姐,阖府上下的人都看不起他。杨家母子用冷言冷语讽刺他,杨府仆人们用冷菜冷饭敷衍他,而李家勋虽然觉得屈辱痛苦,但想到未婚妻对自己一往情深,就默默地忍受着。

　　一天晚上,李家勋照旧在书房读书,谁知读了没多久,灯油耗尽,灯熄灭了。李家勋忙唤仆人点灯,但连喊数声也没一人答应。正当李家勋唉声叹气之时,门外传来了杨小姐的声音:"堂堂男子汉大丈夫,不能靠自己的发奋努力攀登上既高又亮的地位,却偏要处在黑暗之中仰人鼻息地讨生活,这种男人好不窝囊!"这番话使李家勋彻夜未眠。次日清晨,他就告别杨家母子,另找住处发奋攻读去了。

　　今天,中了举人的李家勋想到杨小姐的激将法,心中因感激而流下了眼泪。要不是杨小姐的激将法,李家勋就不会有扬眉吐气的这一天。想到此,李家勋擦干眼泪,拨开人群,赶紧去杨府找杨小姐报喜去了。(《清史稿》 戴云云)

105. 率民就讯陈冤情

　　清朝乾隆年间(1736—1795),山东范县(今河南范县)有两个豪绅,一个叫孟

兴璧,一个叫黄吉昌。论门第、论声望、论财富,两家不相上下。正因为不相上下,所以谁也不服谁。日子久了,孟家和黄家之间的隔阂和宿怨越来越深,竟发展到不共戴天的地步。为了拔去眼中钉,孟兴璧上书给朝廷,诬告黄吉昌图谋造反,并开出名单列举了三十多人作为谋反的同伴。

朝廷接到上书信后,极为重视,立即派侍郎高朴和巡抚赶往范县调查此事。

一抵范县官署,两位钦差大人就向知县吴焕彩出示了告发信及谋反者的名单,并责问他:"为何如此重大的事情不及时向朝廷禀报?"

吴焕彩是乾隆二十五年(1760)的进士,任范县知县以来,他不仅整肃吏纪、革除弊政、兴修水利、开垦荒田,而且还修订了保甲制。连坐保甲后,村中谁好谁劣,官府掌握得清清楚楚。现在听说辖区内有人谋反,吴焕彩惊诧莫名,忙说:"谋反乃杀头之大事,岂可儿戏?卑职确实从未听说过此事。""难道是圣上冤枉你不成?"脾气急躁的高大人责问道。而巡抚大人追问了一句:"黄吉昌可是你范县里的人?"黄吉昌是县里有名的绅士,吴焕彩怎会不知?他不再吱声,而是低头细读名单。这一读,就读出了问题。原来名单中的一个人早已去世了,此外,某某是某某的父亲,某某是某某的儿子,这些都是安分守己的良民,绝对不可能造反。他把这情况向两位上司反映后,又表示:"倘若大人不信,那么卑职就派人去召他们前来,让大人亲自审问。"巡抚说:"你派人去通知,难保不打草惊蛇,不如派军队前去捉拿归案。"吴焕彩极力劝阻道:"此举不妥。若派军队前往,那些乡民不是吓得四处逃散就是自尽身亡。到时,此案无从调查,这责任又该由谁来承担呢?"

当天夜里,吴焕彩单身独骑赶到村里,召集村里人说明了情况。顿时,村内响彻了鸣冤叫屈的哭喊声。老实善良的村民们被这无中生有的"谋反罪"吓得惊慌失措。有些人急忙回家收拾细软,准备外出避祸。吴焕彩拦住了这些人。在黑暗中,他用嘶哑的嗓音喊道:"你们逃走的话,就是承认了自己的谋反罪。要想洗刷这不白之冤,就请跟我一起到县城去,当着钦差大人的面,把事情讲清楚。否则,杀身之祸真的就要降临了。"

这一番话使吓懵了的乡民们冷静了下来,他们自发地排好队,跟随知县大人来到县里。

在县衙门大堂前的院子里,巡抚大人按着名单查点人数,发现少了两个人。吴焕彩立即加以解释:这两个人中的一个前年去世了,另一个有事外出,不在家里,现已命他哥哥速去找他回来。话音刚落,大门外急匆匆闯进一个人。他才进门就跪下,边磕头边说:"小人来迟了,请大人恕罪。"

至此,"谋反"名单上的成员全部到齐。这使两位钦差大人不得不相信吴焕

彩的话是真的。经过认真审讯,终于弄清这是一桩诬陷案。为此,高大人恼怒得拍案骂道:"刁民孟兴璧,胆大包天,竟敢欺骗朝廷,愚弄本官,罪该万死,立即派人将他逮捕归案。"

两位钦差大人要回京城复命了。临上车时,巡抚大人拍着吴焕彩的肩膀,感慨地说:"知县、知县,知道一县之事,你真的称得上是知县了;知县、知县,老百姓的父母,你也称得上是老百姓的父母了。"(《清史稿》 戴云云)

106. 凭年号识伪契

湖南衡州府清泉县,有个叫谢嗣音的,是当地的一家富户。有人因向他借钱不畅,便诬告到官府,说他的祖父谢升,原是广西桂林府兴安县某家的奴仆,偷了主人的钱财,潜逃到清泉县落了户。现在谢升虽然已经死了,但他生前并无赎身,所以他家的子孙仍然是某家的奴仆,要求官府捉拿谢嗣音,送回兴安县某家当奴,并有谢升当年的卖身文契为证。谢嗣音得到官府传讯后,惊得目瞪口呆,家祖从未在兴安县住过,怎么会生出这个枝节来呢?真是做梦也没有想到。但有什么办法呢,人家是有证有据的。谢嗣音急得到处请讼师,但不管找到谁,都是摇头叹息,说有文契为证,当然不可挽回。

这一天,谢嗣音正在家急得六神无主的时候,忽然有人登门请见。谢嗣音一看,来者是个六十多岁的老人,清清瘦瘦的。几句寒暄以后,老人便自我介绍说,他叫吴讷斋,本县西乡人,听说府上碰到冤屈之事,所以特地跑来,希望能看一下官府案卷和卖身契的抄录件。谢嗣音都给了他。

老人翻看了好久好久。开始的时候,只见他一面翻一面摇头,最后他的头忽然不摇了,转过脸来对谢嗣音说:"你大可不必着急,此案乍看起来好像很严密,但中间有个大大的漏洞,只要一指出来,你就可以转败为胜,对方就会得个诬告良民的罪名。"

谢嗣音听了,顿时转忧为喜,请吴先生快快把漏洞指点给他听。

老人不慌不忙,把案卷往桌子上一放,然后说:"可以,但此事一经说破,便一文不值。请先付酬金一千两银子,然后再说。"

谢嗣音一听,不禁犹豫起来。给吧,万一受骗呢?不给吧,要是他真有那个能耐呢?

老人似乎看透了他的心思,又道:"如果我的话不能说中关键要害,原物尽可收回,我是一定不会无功受禄的。"谢嗣音当即拿出一千两银子,放在桌子上,请老先生指点迷津。

这时候,客堂里已来了好几位客人,见谢嗣音出此重酬,都吃了一惊,便抢着案卷细细翻看起来。翻了半天,却找不出一点漏洞。这时老先生才不慌不忙地侃侃而谈:"你们只知道考察此案各环节是否周密,其实此案的漏洞却不在于案情。本县向来是属于衡阳县,直到乾隆二十二年(1757),才把衡阳的一半划出来,有了清泉县。现在对方所呈的卖身契是立于雍正间,雍正年号在乾隆年号之前,当时清泉县还没有设立,契上应当写衡阳县人才对,怎么能称清泉县人呢?两字之虚,即可断全案为伪。用这一点去驳斥,对方是无法辩解的。"众人一听,茅塞顿开,都佩服得不得了。

老先生替谢嗣音写好了驳辩的状子,拿了一千两银子走了。谢嗣音果然赢了这场官司。(《听雨轩笔记》 陶湘生)

107. 智辨真假皇孙

乾隆四十二年(1777),乾隆帝下江南巡游。数月来,他一直陶醉在江南的如画美景和水灵窈窕的美女中。直到车驾启程返京,他还念念不忘江南。一天,浩浩荡荡的帝王车驾行至河北涿州。乾隆帝端坐在轿内斟酌诗句,想为此番南巡留个纪念。突然,左右太监的呵斥声打断了乾隆帝的思路。他揭开轿帘一看,只见轿前跪着一个和尚和一个男孩。那和尚慈眉善目,一副虔诚的模样,而那男孩长得白白净净,颇有富贵相。这时,后面的武士赶了上来,想要驱赶这一老一少,乾隆帝喝退武士后,和颜悦色地询问那和尚有何冤屈。和尚五体投地地趴在地上,从容不迫地答道:"贫僧拦御驾告状,罪该万死!只是不忍心让皇孙长久沦落于草巷之中,才敢冒死前来告状。"

乾隆帝十分惊奇地问:"皇孙?此处何来皇孙?"

那和尚指着身边的男孩说:"他就是皇孙,他父亲是履端亲王永城,他母亲是亲王侧室福晋王氏。他生下后,因为八字克母,就被王氏派人丢在寺庙外,是贫僧捡到后将他抚育成人的。"

侧室福晋竟敢丢弃皇孙,这样的事,大清建立以来从未有过。乾隆大为恼火,回北京后,立即传讯王氏,谁知王氏在前年已得急病去世。乾隆又派人把永城亲王的正室福晋伊尔根觉罗氏找来。伊尔根觉罗氏虽长得不怎么样,但为人忠厚老实。她禀告皇上说,那年侧室福晋王氏确实生下一个男婴,但过了两个月,孩子就出天花夭折。当时,永城亲王不在京城,是她操办了孩子的后事,所以,那皇孙绝对是假冒的。

乾隆帝知道自己受骗了,他怒不可遏,令人速将和尚和孩子押解到京,由军

机大臣负责审问。

审讯的那天,厅堂上坐满了朝廷的要臣。和尚和孩子被押上来了。那和尚低垂着眼帘,手持佛珠,口中念念有词。而那孩子昂首正视各位威严的大臣,丝毫没有胆怯的样子。军机大臣问孩子的父母是谁,他坚持说父亲是履端亲王永城,母亲是福晋王氏,并且还一一指出在座各位大臣的名字。那些见多识广、阅历丰富的大臣一时间被这孩子搞糊涂了,他们交头接耳、窃窃私语。这时,军机处官员保成一个箭步上前,左右开弓打了那孩子两个耳光,呵斥道:"大胆孽种,我早就知道你的底细了。此时此地,你还敢胡言乱语,难道你不想活了?"孩子被这突如其来的打骂吓得"哇"的一声哭了起来,终于承认自己家在农村,是刘姓农夫之子,因受那和尚教唆才敢冒充皇亲的。那和尚为了要成功此事,多年来下功夫掌握皇室的内情以及各大臣的相貌特征,如今,自以为火候到家,可以马到成功了,谁知却败在保成手中。审讯结果,和尚被斩首示众,孩子被发配伊犁充军。

事后,有人问保成,在满座是亲王、郡王的情形下,他怎么会有这样大胆的举动的。保成笑了笑,说:"这也是穷极生智。孙子兵法中有一计是'攻其不备,出其不意'。那孩子尽管看上去胸有成竹、从容沉着,实际上内心是空虚怯弱的,这种外强中干的人是最不堪一击的呀。"(《清史稿》 戴云云)

108. 察情惩淫妇

清朝嘉庆年间(1796—1820),江西武宁县(属南昌府)有一个女子,年纪虽已不轻,但姿色不减当年,凤眼樱唇、轻盈苗条,是当地有名的美人。她仗着自己的美貌,不甘心在家操持家务,整天在外游荡。时间一长,竟和两兄弟勾搭成奸。三人不顾廉耻,纵情玩乐,只恨她丈夫在家,不能天天成其好事。为了除去这块绊脚石,三人一起合谋杀死了该女子的丈夫,并把尸体移至大路上,伪装成遇盗身亡的样子。案子报到官府,恰好知府大人忙于办移交手续,就把此案作谋财害命案处理了。

几天后,新任南昌知府张敦仁到任,他检查刑事卷宗,第一桩就查到这件谋财害命案。复审时,只见那女子呼天抢地地号叫,哭丈夫死得冤,死得惨,却不见有眼泪,张敦仁心中很是纳闷;再看那个站在妇人身旁的小儿子,尽管仅十岁左右的模样,却哭得远比母亲伤心,他的眼泪像断线的珠子,把胸前的衣衫哭湿了一大片,这使张敦仁更感到奇怪。他为官多年,遇到过形形色色的案件,凭着经验,他知道这里面有问题。

张敦仁派人请来前任知府,两人一起审问那孩子。那孩子起先只是默默流

泪,不肯说一句话。张敦仁对那孩子说:"你哭得这么伤心,是因为你知道杀你父亲的凶手没有得到应有的惩罚,我猜得对吗?"那孩子还是不肯开口。张敦仁又耐心开导说:"你不说出杀死你父亲的凶手,他在九泉之下就不能瞑目。你是他的儿子,你对得起你父亲吗?"一番话使那孩子的默默饮泣变成号啕大哭,他终于说出了实情:那天半夜,父亲的一声惨叫惊醒了他,他爬起来从门缝里张望,只见两个男人的身影拖着他父亲的身体向门外走去,他被吓得躲在屋角里直哆嗦。第二天早上,邻居来报,说在大路上发现了他父亲的尸体。

冤情大白了。奸夫淫妇得到了应有的制裁。而那孩子为报父仇供出了母亲,成了无依无靠的孤儿。后来,他被一对心地善良又无子女的夫妇收作了养子。(《清史稿》 戴云云)

109. 游宴赋诗袭强贼

清嘉庆年间,永昌府(今云南保山)湾甸土州知州因病去世,他的族人景在东运用卑劣的手法窃取了他的职位。景在东在州内实行土政策,成了一个地地道道的土皇帝。当初,康熙帝为了缓和阶级矛盾,下令废除延续了两千多年的人头税。而景在东不顾朝廷法令,继续收取人头税,并擅自增加名目繁多的捐税。老百姓稍有反抗,就被投入大牢,轻者致残,重者致死。

这种肆无忌惮、滥杀无辜的暴政统治持续了五六年。当地官吏惧怕景在东的蛮横和残暴,对他听之任之,不敢采取措施。老百姓求告无门,只得悄悄离开此地。几年下来,湾甸土州的人口大减。

永昌知府宋湘上任不久,就得知这种情况。他对景在东目无朝廷的行为极为愤慨,决心对他绳之以法。他召集各镇驻军的头领开会,想请他们联合起来讨伐逆贼。但各头领怕景在东报复,竟然不敢来赴会。宋湘很失望,他想,现在只有靠自己用计谋来除掉景在东了。

在一个天朗气清、惠风和畅的日子里,宋湘邀请各级文武官员来到风光秀丽的栖贤山。面对青山碧水、繁花翠竹,众人心旷神怡,雅兴大发,你一联我一联、你一首我一首地赋诗唱和。中午,宋湘命人在凉亭里设置美酒佳肴,让大家边饮酒吟唱,边欣赏美景。这顿饭自艳阳高照,一直吃到暮色苍茫。

当永昌府的大小官员会聚在栖贤山流连忘返时,宋湘早已派士兵暗中赶回湾甸土州。因为沿途驻军头领都会聚在栖贤山,所以士兵们一路上畅通无阻。傍晚时分,他们犹如天兵下凡似的突然降临在知州府外。这时,知州府里鼓乐齐鸣、热闹非凡,景在东正抱红拥翠地在饮酒作乐。官兵的闯入使他猝不及防,结果是束手就擒。

宋湘用明修栈道、暗度陈仓的办法,为湾甸土州除了大害,所以当地百姓称颂宋湘是他们的再生父母。(《清史稿》 戴云云)

110. 明断兄弟财产案

清嘉庆年间(1796—1820),新任湖广总督百龄刚赴任不久,衙门中就接到一桩状告谋夺财产的案子。原告被带上大堂后,百龄一看,原来是个年过花甲的老汉,满头白发,一脸风霜之色。

据老汉诉称:他本是江西人,多年来一直在汉口经商,每逢积攒到一定银两,就托人带回家乡,令其在家乡读书的弟弟购置田产,累计下来,倒也颇具规模。前几年,因为年已花甲,念及半生萍踪浪迹,终须落叶归根,就收拾起身,回到家乡。本想凭仗田产安度余年,不料其弟心怀不良,早就将老汉所购田产归为己有,田产契据全是其弟姓名。老汉回家后,其弟非但侵吞了他多年积蓄的田产,而且不容他住下,将他赶出在外。老汉无法,只得重返汉口,再操旧业。然而一者本钱缺乏,二者运气不佳,蚀了几笔生意,眼下非但度日艰难,而且欠了不少债。想起垂老萧条,胸中郁闷,常常情不自禁地唏嘘哀叹,伤心落泪。

听到老汉说完,百龄问道:"你弟弟现在拥有的田产,有可能是你的祖上遗产,也有可能是他自己赚钱购进,凭什么说他侵吞了你的田产呢?"老汉答道:"我家祖上素来贫寒,并无遗产,父母去世后,只留我兄弟二人。我出外经商,弟尚年幼,一直赖我寄钱抚养,直至读书成人。弟弟并无其他谋生之道,哪有钱款购置田产?"至此,百龄了解了本案的大致情形,这才接过状子,随手交给身旁的江夏知县,吩咐道:"这件案子就有劳知县审理了。"

江夏知县接到案子后,第二天就开始着手办理,但此案牵涉到隔省拿人,他无权越职,况且证据难查,几天下来,依然一筹莫展。只好来到总督衙门,见了百龄,把自己无法办案、请求帮助的意思说了一遍。百龄听了,说:"这件事其实很容易办,你只要在盗窃案中列上他的弟弟为窝赃者就行了。"江夏知县遵命随即写了一篇公文,百龄当天就令公差飞传江西巡抚,要他赶快缉捕案犯,派人押解至湖北。

江西巡抚接到公文,立即派捕役按图索骥,不由分辨,将案犯押解上路,不几日就到了湖北。案犯押至,百龄亲至大堂审讯,劈面厉声呵斥道:"秀才家应该遵守名教,懂得国法,你贪图不义之财,竟敢为强盗窝赃,情节严重,国法难容,还不赶快从实招出,免受皮肉之苦!"这时老汉的弟弟早已吓得魂不附体,一心只想保全性命,连忙指天发誓道:"学生家产,全是哥哥多年经商所置,根本没有为强盗窝赃而发横财暴富之事。"百龄听了,心中已经明白,接着又问道:"既然是你哥哥经商置产,那么你的哥哥现在何处?"其弟答道:"哥哥现居汉口。"百龄当堂差人将其哥哥传讯到案,两下对质,真相大白,这才作出判词:革去其弟秀才功名,家产悉数归还其兄,今后只准听兄随时赡给,不准分外妄求。兄叩头称谢不已,弟亦俯首遵依。

一件事隔数年的跨省疑案,不过数语之间就审得一清二楚,时人无不钦佩百龄的明察。(《清朝野史大观》 沈习康)

111. 治本息私斗

福建漳州远离京都,在古时候,常常是犯人流放的地方。那里的民风强悍,习俗野蛮。老百姓一有纠纷,就聚众斗殴。受伤者轻的变成残废,重的命归黄泉。这种风气越演越烈,到了清朝嘉庆年间,漳州竟成了全国有名的难以治理的地区。为此,朝廷伤透脑筋。吏部考虑再三决定派有着"浙中第一良吏"美誉的李赓芸去漳州担任知府。

李赓芸赴任时,在漳州郊外看到几处新坟,几个年轻的妇女披麻戴孝地在墓碑前焚香烧纸。马车夫一边挥着马鞭,一边感叹道:"真是作孽啊!每打一次架,就多出几个小寡妇。"李赓芸感到很奇怪,乡民们明明知道械斗的结果不是你死就是我伤,还要热衷于斗殴,这是为什么呢?他把知府衙门里的吏属召集起来,对他们说出自己的困惑。原来前任知府老爷办案非常不力,一件民事诉讼案也许一两年都判不下来。在这期间告状者要花大量人力财力,而判决的结果往往是混淆黑白,颠倒是非。有理的人打不赢官司,反被官司所累。时间长了,还有谁愿意到知府衙门来告状呢?"原来如此。"李赓芸摸着胡须,自言自语道。

夜晚,他独坐书房陷入了沉思。他想,斗殴之风不禁绝,漳州的治安就搞不好,治安搞不好,生产不会发展,市面不会繁荣,所以决不能等闲视之。而要杜绝械斗之事,必须从根本上治理。那就是要让百姓的冤屈有地方申诉,是非黑白有地方澄清。

第二天一早,他命人在衙门外贴出一张告示:"本知府来漳州任职以后,保证做到对案件及时处理,决不拖延;断案时一定秉公执法,决不偏袒任何一方。倘若对判决不服者,尽可提出申诉。自告示贴出之日起,若再发生械斗之事,本知府对为首者定将严惩不贷。"告示下方署上了"李赓芸"的大名。

告示一贴出,引来了许多围观者。百姓们议论纷纷,他们说:"新官上任三把火,且看新知府的火怎么个烧法。"就在告示贴出后没几天,县城里又发生了斗殴事件。双方大打出手,棍棒刀枪全都使上了。李赓芸接到报告后,怒火中烧,立即派士兵前去捕捉带头械斗的人,并判他以重刑,甚至把他家的房子都烧了。这一举动使老百姓大为惊恐,真正领教了知府大人的威严。

李赓芸深谙宽猛相济的为官之道。在严惩的同时,他又尽量创造条件让百姓有苦诉苦,有冤申冤。他每天端坐在知府衙门的大堂上,在"明镜高悬"的匾额下处理公文。府衙的重重大门全都敞开着,让告状者可以畅通无阻地进入公堂。公堂上还放置着笔砚纸墨,告状者可以当场书写状纸,而不用花费一文钱。同时,李赓芸派人紧跟着告状者,以监督他是否贿赂有关办事人员。如果要招被告上堂,也有个时间限制,过了时间还没到堂,就要受杖刑。这样一来,被告者就没有时间去打通关节了。待原告、被告都到齐后,李赓芸就立即进行调解裁判,判决完毕就退堂,干脆利落。其实,平时械斗的起因大都是一些小事,凭着李赓芸的公正和严明、智慧和能力,很少不能当场解决的。百姓们见李大人可以主持公道,有了纠纷后再也不愿意拼着性命去武斗了。从此,漳州城为械斗而死的冤鬼绝迹了。百姓们高兴地说:"李大人真不愧是浙中第一良吏啊!"(《清史稿》 戴云云)

112. 擒盗却追徒

清朝道光八年(1828),湖北襄阳府城外有个大盗叫梅权,他是个畏罪潜逃的亡命之徒,也是个凶悍狡猾的杀人魔王。他带着一大帮盗匪霸占了附近好几个山头。他们打家劫舍,焚烧民居,残杀无辜,并把良家妇女掳掠上山,分配给大小喽啰做"压寨夫人"。方圆数十里的百姓为此家破人亡,妻离子散。襄阳知府多次派军队前往捕捉,都未能成功。官府的士兵派少了,根本不是这伙盗贼的对手,盗贼占着居高临下的优势,能轻易地击退围捕上来的官兵;官府的士兵派多了,团团围住梅权所在的山头,而他在喽啰的掩护下,利用熟悉地形的优势,竟多次从官兵的眼皮底下溜走。官兵们劳而无功,反被盗匪们讥笑为"饭桶兵"。为此,襄阳知府因"办事不力"而受到上司的呵责。

不久,湖南进士郑敦允出任湖北襄阳知府。他吸取前任教训,决定不兴师动众地用武力攻打,而是使用谋略智擒。他故意在表面上把捕盗一事搁置在一边,让梅权从思想上放松警惕。日子一久,梅权果然中了圈套。他自作聪明地认为,新知府忙于其他公务,已无暇顾及肃匪之事。一天夜晚,久居巢穴的梅权窜下山来,寻找他的姘妇寻欢作乐。这姘妇专为梅权通风报信,所以没有上山做压寨夫

人,而这次她的消息不灵了。埋伏在附近的官府探子侦察到了这情况,立即向知府报告。郑敦允亲自率领一队人马悄悄地包围了那屋子,轻而易举地抓到了匪首梅权。就在郑敦允和士兵们押解着梅权赶往官署的途中,突然身后有数百个盗匪举着火把,拿着刀枪向他们蜂拥而来,他们紧追不舍地想夺回梅权。郑敦允见官兵寡不敌众,情况危急,就勇敢地转过身迎着匪徒走去。他大声喝道:"如果你们再敢追上来抢夺罪犯的话,我就命人一刀结果他的性命,把他的尸体扔还给你们。"这话极有威力,众匪徒见势谁也不敢继续追赶了。

作恶多端的梅权被押进大牢后,前来控诉他罪状的老百姓络绎不绝。他们悲愤填膺地说:"这些年我们所受的苦从来不敢向人诉说,谁说了,他就把谁家的房子烧掉。梅权的罪行罄竹难书,就是千刀万剐也不解我们的心头之恨。"郑敦允感慨地说:"这个盗贼真是害苦了我们的百姓啊!"于是他命人将梅权带枷示众三天,然后就地正法。

郑敦允凭智慧和胆略为襄阳人民除了大害。(《清史稿》 戴云云)

113. 庙中擒奸

清朝道光年间(1821—1850),河南临漳县(今属河北)有一个深受百姓爱戴的知县老爷,名叫姚柬之。他自赴任以来,多次破获疑案,查出凶手,被当地乡民称作"神人"。可是,有一次这个"神人"也遇到了棘手的案子。县城里常家的媳妇常姚氏被人掐死在床上,却找不到凶手。姚柬之亲自带人去现场勘查,见大门关得好好的,既无足印,又无凶器。看来罪犯极其狡猾,作案后竟没有留下一点蛛丝马迹。没有疑点,就不能顺藤摸瓜,想起死者老母伤心欲绝的样子,姚柬之感到焦急和内疚。身为父母官,理应替天行道,可如今,这"道"在哪里呢?事不凑巧,这几天,县里为了替朝廷选拔人才,正在举办考试。书案上一厚沓试卷等着姚柬之连夜批阅,于是他只得将疑案暂搁一旁。

经过一个通宵的奋战,姚柬之终于将试卷批阅完毕,他心里稍许感到轻松些。这次阅卷,他发现了一个人才,此人姓杨,写得一手好文章,所以被定为第一名。

第二天是县试复试的日子,姚柬之顾不得一宿未睡,又走进考场当起了监考官。奇怪的是,第一名杨某竟然没有来复试。爱才心切的姚柬之觉得可惜,派人把他找了来。当杨某走进县衙门时,眼神不定,显得很紧张。姚柬之为稳定他的情绪,和他拉起家常,问他住在哪里。谁知杨某恰好住在常家隔壁,姚柬之心中"咯噔"一下,疑窦顿起。

当地有个习俗,老百姓家中如果遇上灾祸,就会去城隍庙求签卜卦,祈求神灵保佑。姚崇之找来一个身材和常姚氏相仿的妇人,叫她用牲畜的血涂在脸上,穿上常姚氏的衣裙,躲在城隍老爷的背后。这天夜里,杨某果然走进了城隍庙。当他磕完头抬起头时,眼前赫然站着披头散发、血污满面的"常姚氏",杨某吓得匍匐在地,不迭声地喊:"娘子饶命,娘子饶命!"这时,隐藏在幕帘后的差役一拥而上,对杨某拷上了枷锁。

原来杨某是常家的紧邻,他对常姚氏的美貌垂涎已久,多次挑逗未成。一天夜里,他趁常姚氏的丈夫不在家,赤了足翻过隔墙,潜入常姚氏的卧房,企图奸污她。孰料常姚氏生性刚烈,坚决不从,杨某便把她杀了灭口,然后又翻墙回到家中。所以案发后,常家的大门还是关得好好的,而门外又无足迹。

县试缺考和凶杀案,看起来是毫不关联的两件事,然而,由于姚崇之的细心敏锐,从中发现了破绽,进而破获了一桩无头案。(《清史稿》 戴云云)

114. 智断拾银案

清朝道光十三年(1833),曹谨奉调来到闽县(今福建闽侯)担任知县。到了闽县后,他勤于政事,秉公办案,治绩斐然,受到当地百姓的普遍尊敬。

有一次在半路上,曹谨遇到两个人在争论,周围聚集了不少人看热闹。见知县经过此地,两个争论者一个放低了声音,而另一个却加倍提高了声音,激动异常。曹谨见状,吩咐衙役将争论者带回县衙处理。一些围观者出于好奇心理,也跟在后面来到县衙。

大堂上,曹谨刚刚要开口讯问,那个声音高的人抢先说道:"小人路上遗失一百两银子,恰被此人拾去,小人向他索取,他只肯还五十两,赖去五十两,请大人做主,断还一百两银子给小人。"说完,回过头来对拾银人得意地笑了一笑。曹谨听后,转问那个拾银人:"既然你拾了他的银两,为何要赖去五十两不还?"那个拾银人叩了一个响头,说道:"小人路过此地,见地上有一包东西,拾起来打开一看,才知道是五十两银子。小人拿回家告诉母亲,母亲教导小人:'这是别人不慎遗失的银两,你怎能据为己有呢?如果他急需这笔数量不小的银两办事,发觉银两遗失,必然急得不知所措,甚至自寻短见也说不定,你赶快带着这些银两回到原处去等候失主来找。'因此小人重回拾到银两的地点,等候失主。果然这个失主找了来,我便把银子还给了他。不料他对失银看了一会儿,突然说还有五十两,硬要我一齐还给他。我明明只拾了五十两,若不信,可去我家向我母亲取证,如今他竟要我还一百两,这不是借机敲诈吗?因此小人和他争论起来。请大人做

主,秉公明断。"

听了拾银人的话,曹谨心中已经明白事情的曲直了,他只是点了点头,然后回过身来问那个失主:"你丢失的银子真是一百两吗?"失银者赶忙答道:"真的是一百两。"曹谨于是对失主说:"你拾了五十两银子,他丢了一百两银子,两者数量不合,看来你拾的银子是另外一个人遗失的。现在那个失银人还没来寻找,你姑且把这些银子取回去,等待另一个失银人。"接着又对失主说:"你丢了一百两银子,过一会儿,恐怕也会有人拾到送来,你就在此等候吧。"那个拾银人谢了一声,拿了银子回家去了。而失主却一下子愣住了,半天也说不出一句话来,因为自己贪心,本来属于他的五十两银子得而复失,使他十分懊丧。赶来看热闹的人无不称赞曹谨断案明决。(《清史稿》《清朝野史大观》 沈习康)

115. 智救落水人

清咸丰年间(1851—1861),有一年,江南举行乡试。在浙江省的一个渡口,聚集着十几个赶考的书生,翘首等待着渡船。一会儿,船从对岸划了过来,十几个书生争先恐后地挤上了渡船。

这时候,远远地来了一辆马车,车上坐着一位书生,身边放着一个大包裹,一只箱子,看样子也是赶考的。等到马车在渡口停下时,船夫竹篙一点,船已经离岸。书生没有办法,眼睁睁地看着船向河中心划去,只能再等下一渡了。

船到了河心,忽然一阵飓风,把船刮得溜溜地转了起来。船小人多,本来船就不稳,再经这风一刮,船上的人惊慌起来,你推我搡,乱作一团。只听得一声惊叫,船便倾侧翻身,一船人都跌入了河中。可怜这些书生不会游泳,拼命在水中挣扎,脑袋一会儿露出河面,一会儿又沉了下去,情况十分危急。

忽然,岸上的书生指着马车大声喊道:"我这包裹箱子里都是银子,救一人,酬银二十两。"

渡口沿岸,住着好几户人家,又刚好是秋收季节,四周田野里,农夫不少。听到有如此重赏,顿时奔过许多人来,一齐"扑通""扑通"地跳下河去。把落水的人,一个个都救了上来。

被救的人,一个个互相庆贺,向救他的人道谢。而救人的人,围着书生,讨酬谢的银子。

书生不慌不忙地指着马车,笑着说道:"我的银钱统统都在车上,你们自己取吧。"

众人把包裹解开来,里面是一床半新不旧的布被,再把布被展开来,里面仅有几十个铜钱。又打开他的箱子,箱子里也只有几件替换的衣服、几本书,哪里有什么银子。

这一下,把众人气坏了,纷纷责骂书生骗人。但他却诚诚恳恳地说:"我决不是有意欺骗你们。刚才许诺酬银二十两,是我为救人一时情急,脱口而出的,只有请大家多多包涵。如果你们不肯原谅,好在你们救上来的人都在这里,再推下水去也不迟。"众人一听,都大叫道:"你是不是发疯了? 天底下只有救命,哪有害命的道理!"

"既然是这样子,"书生诚恳地说道,"你们就当做了一件好事吧,也不必计较银钱多少了。"说完,就把几十个铜钱统统都捧了出来,"几个小钱是我对大家的一点敬意,请大家收下吧。谢谢大家了。"(《里乘》 陶湘生)

116. 避而不见

一天下午,清两江总督陶澍的府衙前,来了一位青年书生。他把一封谒见的帖子,交给了门公,请传送进去。这位青年书生名叫左宗棠,与总督同是湖南人。此次从家乡出发到京城应试,会试完毕后,想一览江南旖旎风光,一路到了江宁府(今江苏南京),盘缠已经用尽,于是想到总督是同乡人,而且有爱才之名,慷慨大方,何不登门拜访一下,既能解决盘缠问题,又可以一睹总督的风采,这样一想,就来到了府衙。

不多时,府里便传出话来,请左宗棠进府。到得里面,就有人接待了他,告诉说,现时总督公事繁忙,无法亲自接见,请左先生先安歇在府衙中,待总督一有空暇,即刻接见。于是,左宗棠便在府衙里住了下来。

第二天,来了一个人,说是今日总督还是没有空暇,怕左先生寂寞,特地来陪伴先生的。两个人坐了下来,一面喝着茶,一面便随意地谈起来。自然先是向及一路的情况,以及湖南的一些事情,随后就谈起《十三经》《廿四史》《资治通鉴》来。左宗棠本来就不是做死学问的人,一贯注重实学,学以致用,对国家的政治、社会,平时都很关心,有自己独到的看法,在湖南有三"亮"之美誉,湖南当今三诸葛之一。他与来人纵论天下大事,滔滔不绝,一直谈到掌灯时分,方才分手。

第三天,又来了一个人,与左宗棠谈论起天下的山川地理。左宗棠对地理天文一直是精心研究的,从《禹贡》《山海经》《水经注》到《徐霞客游记》,都能指出精要,旁征博引,说得头头是道。

从此,天天有人来陪他,喝茶饮酒,谈论学问,上至天文,下至地理,政治形势、古今变迁、兵法运用、河山治理,乃至于阴阳八卦,无所不谈。

就这样,左宗棠在总督府中一住就是半个月,虽说天天有人奉陪,不觉寂寞,款待也很好,但就是始终不见陶澍露面,总是说公务繁忙。左宗棠不禁愤然,看来这位总督的架子太大了,所谓喜欢结交贤士、提拔后进的美誉是虚有其名,懊悔不该到陶府来,还是早点走吧。于是打点打点行李,写了一封辞别的信,准备第二天就上路。

第二天一早,忽然听到敲门声,开门一看,只见陶澍身着便服,手持折扇,满面笑容地站在自己的面前。左宗棠不由一愣,正要行礼,陶澍一把抓住他的手说道:"迟迟没有拜访左先生,因为公务缠身,没有办法,请左先生见谅。"坐定之后,陶澍又道:"先生所谈的一切,幕僚们都已经告诉我了。左先生才高志远,年轻有为,是国家难得的栋梁人才。三十年之后,名位定在老夫之上。"

至此,左宗棠方才明白,前几天陶总督之所以没有露面,是在对他考察。至于盘缠,不用借了,陶总督把他留用在府衙里了。(《清朝野史大观》 陶湘生)

117. 兵少旗多

清咸丰九年(1859)十二月,朝廷派重兵包围天京。三个月过去后,城内的粮草告罄,弹药告罄,形势十分危急。此时,在天京主持朝政的是洪秀全的族弟洪仁玕。他是一个颇有见地的人物,知道若再不设法挽救危局,天京必亡无疑。于是,他召来李秀成,两人合谋出一个解救天京之围的妙计。

次年三月,李秀成率领一支轻兵锐卒,神不知鬼不觉地来到杭州城外。在一个伸手不见五指的黑夜,太平军用地雷炸开了清波门,攻进了杭州城。等守城的卫兵发现时,大势已去。杭州巡抚罗遵殿率部下奋勇抵抗,最后全部战死。太平军的威力被一传十、十传百地流传开了。清军的各路援兵不知太平军的虚实,只知他们在一夜之间攻占了杭州,都吓得半路撤回去了。其实,李秀成的小分队只有一千二百五十人,因为天黑,当清波门被炸开时,太平军如潮水般地涌入,清军压根儿算不出有多少人。

几天后,清军将领张玉良率领大批援军从江南大营匆匆赶来,驻扎在杭州城的武林门外。江南大营是清将向荣在1853年创立的,位于天京城外的孝陵卫,它是清军的主力部队之一。张玉良率部一走,清军对天京的包围形同虚设。李秀成接到情报后,喜上眉梢,他高兴地对部属说:"清军果然中了我们的调虎离山计了。"他当即下令连夜撤出杭州城。但因为太平军的人数总共才一千多人,怕清军探得底细后会组织兵力攻城,到时无法突围,所以李秀成又想出了一个计策。他命部下连夜赶制出许多面旗帜,将它们插在城楼上。驻扎在城外的清军远远望去,只见旌旗招展,耳边哗哗作响,以为城内有着千军万马,一时不敢轻举妄动。而当清军在迟疑不决时,李秀成已经带领人马悄悄地撤出了杭州城。他们迅速赶回天京,会合陈玉成、李世贤的部队,一举摧毁了清军的江南大营。天京之围被解除了。(《清史稿》 戴云云)

118. 焚烧名册

同治元年(1862),同治帝登基时,正值清王朝的多事之秋。继太平天国起义后,全国多地多族群众纷纷响应,北方的捻军、南方的天地会先后揭竿而起,使得曾国藩、左宗棠、李鸿章等朝廷肱股大臣率领着湘淮军,南征北战而疲于奔命。在动荡的社会中,一些不法分子趁机结党营私,占山为王。他们掳掠百姓,袭击官府,成为地方上的一大祸害。同治三年(1864),安徽定远县就有这样一个盗贼王叫雍秀春,他手下有着许多匪徒,这帮匪徒烧杀抢掠,无恶不作。当时定远县县令是江苏常熟人朱根仁。朱根仁多次派人捕捉雍秀春,都被他侥幸逃脱。一次,官军攻占了匪巢,可又未捉住雍秀春,只查获一本记载着党羽名字的簿册。军吏如获至宝,立即上缴朱根仁。朱根仁身旁的师爷建议他赶紧按名册将这些匪徒一一逮捕归案。朱根仁沉思许久,迟迟不下逮捕令,等师爷催急了,朱根仁才说出自己的想法:"现在战乱尚未平息,老百姓人心惶惶。下逮捕令是容易的,但是,一旦出动官兵挨家挨户地搜查,就会将这些匪徒逼到极端。狗急尚且要跳墙,万一他们叛乱起来,势必牵连到百姓,到时还抓得完杀得尽吗?将匪徒一网打尽,我虽然可以博取办事干练的名声,但我怎忍心以惹起民变作为代价呢?"说完后,竟用烛火将名册点燃了。左右侍从眼看一团烈火吞噬了他们视为战果的厚厚的簿册,既不敢去抢夺,又心存狐疑:知县大人销毁名册,不是放虎归山吗?

事情的发展完全出乎他们的意料。那些匪徒听说此事后,感动得热泪盈眶,表示今后要弃邪归正,改过自新,再也不跟随雍秀春干坏事了。雍秀春一下子成了光杆司令,不久就被官兵擒获。这下,县衙门的人都佩服朱大人的名册烧得好。(《清史稿》 戴云云)

119. 开城门诱捕马贼

清朝同治六年(1867)的一天,安徽蒙城县的军营里丢失了一匹骏马。此马膘肥体壮,毛色油光发亮,四蹄坚挺有力,尽管白天长途跋涉,但到了夜晚,只要给它除去马鞍,饮水喂料后,第二天照旧能奔跑千里。这天,马夫半夜起来喂料,

一见马厩里少了此马,吓得出了一身冷汗,赶紧报告军曹。军曹自知罪责难逃,就去县衙门报案。县令李炳涛在睡梦中被唤醒,知是骏马丢失之事,却毫不着急。他想,军营中的马匹被马夫豢养多年,不可能自己跑掉的,肯定是被盗马贼偷走了。他拈着胡须笑吟吟地安慰军曹说:"不急,不急。"接着传令下去:黎明时县城的四个城门只准打开一个。

晨曦初露,天色还是灰蒙蒙的。李炳涛从县衙门来到城门口,命小吏打开城门。当厚重的大门刚一拉启,只见城里有一匹高头大马飞驰而来。李炳涛定睛一看,那匹马上备有鞍子却没有辔头,他赶紧命差役将马强行拉住,牵往别处。他对站在身旁的军曹说:"你等着,盗马贼马上就要出现了。"果不其然,他的话音刚落,只见前面来了一个中年汉子,他臂弯上挎着一只沉甸甸的包裹,边走边回头张望,神情极不自然。李炳涛吆喝一声:"赶紧替我将此人拿下!"左右差役一拥而上,把这个汉子捆绑起来,随即打开了他的包裹,里面正是那副马辔头和其他一些赃物。

当天色大亮时,知县大人开城门诱捕盗马贼,使骏马失而复得的故事就已经在蒙城流传开了。(《清史稿》 戴云云)

120. 锐眼识伪情

清同治十年(1871)李炳涛被调往安徽亳州任县令。一天清晨,李炳涛跟平时一样,早早起身,坐在书房里批阅公文。忽然,差役来报,说有一老农前来投案。李炳涛立即升堂审理。那老农头发斑白,满脸皱纹,老泪纵横地跪在堂前诉说案情。原来昨夜他和儿子为了一些小事发生争执,今晨在井里发现了儿子的尸体。他认定儿子是因为和自己争吵而投井自杀的。他只有这么一个儿子,原指望儿子能养老送终,现在儿子死了,他追悔莫及,前来投案。

李炳涛立即带人去现场验尸,只见那儿子的全身上下并无一点伤痕,不像是被人杀死后投入井中的。据此判断,应属投井自尽。但是,井旁的一部汲水器引起了李炳涛的怀疑。他想:夜晚并不是打水的时间,再说,既然想投井自尽,哪里还顾得上拿汲水器呢?断没有先汲完水再投井的道理。他把死者的妻子叫来询问。那妻子二十出头,虽是村妇,却长得颇有几分姿色。奇怪的是,丈夫死了,她脸上竟无一点泪痕。大人问一句,她答一句,神情冷漠,毫不悲痛。

事后,他派人暗地里调查这妇人的情况。邻居们纷纷反映这妇人和邻居家的妇人往来密切,有事无事总往隔壁跑,而且一进去就是半天,关系不正常。李炳涛派衙役去传讯那邻家的妇人。那妇人一见衙役就吓得浑身哆嗦,一到公堂,就匍匐在地,连声呼喊:"大人饶命,大人饶命!"原来杀人凶手正是她和她弟弟。事情是这样的:那死者家境贫寒,他妻子嫁过来后,总认为自己是一朵鲜花插在牛粪上,心有不甘。那邻家妇人的弟弟年近三十,仍是光棍一条,仗着祖上留下的一点薄产,整日游手好闲。两人相识后,一来二往地就勾搭上了,常借邻家妇人处幽会。日子一久,就不满足于偷偷摸摸的,想做长久夫妻。奸夫姘妇每每偷情后,就想下手除掉那个丈夫,苦于没有机会。那天夜里,邻家妇人听到隔壁父子吵架,认为时机已到,就想帮弟弟除掉这块绊脚石。她准备了一些菜肴,把坐在屋外唉声叹气的那妇人丈夫拖进屋内,一杯杯地劝酒。等他喝得不省人事时,姐弟俩合伙把他抬出屋外,投入井中。为了制造假象,让人们相信死者是打水时失足掉入井中的,他俩故意把一只汲水器放在井边。没想到弄巧成拙,反被李炳涛看出破绽。

投井疑案真相大白了,凶手们得到了应有的惩治。(《清史稿》 戴云云)

121. 审筐抓窃贼

清同治年间(1862—1874),一天,南海(在今广州)知县徐赓陛外出办事,忽然看见一个儿童在路边伤心地大哭。徐赓陛见他很可怜,就叫身边衙役将他带至轿前,问他为何要哭。那孩子指着随身带来的竹筐告诉徐赓陛:筐里装有二百文钱,不知被何人偷窃,所以伤心哭泣。徐赓陛问道:"你是干什么的?"孩子答道:"我是卖油果的。"徐赓陛又问道:"你的油果呢?"孩子提了提筐,答道:"已经卖完了。"徐赓陛接着问道:"这筐是用来装油果的吗?卖得的钱也放在筐里吗?"孩子点头称是。徐赓陛这才对孩子说:"你不用哭了。既然这只筐没有为你看守住钱,我来为你做主,带到县衙去审一审。"

就在徐赓陛和孩子一问一答之时,已经有不少路人觉得奇怪,停住脚步围观,现在又见徐赓陛要带孩子到衙门去审筐,更加惊异,纷纷传言:"徐青天要审筐了!"人们听后,争先恐后跟着来到县衙,要看徐赓陛究竟如何审筐。

不一会儿,到了县衙。徐赓陛升堂入座,令衙役端来一盘清水,放在面前的桌子上,随后传令下去,允许百姓入衙看审,但每人须从东阶上来,投一文钱于水盘中,然后从西阶下去,等候一旁。同时令数名衙役监视,不许乱说乱动。看热闹的人认为花一文钱看徐知县审筐确实值得,也没有什么怨言,按着顺序,一个个由东向西,将钱投入水盘中。

徐赓陛高高在座,监视着一个个投钱入水的百姓。忽然,徐赓陛指着一个刚刚投钱入水准备往西去的人,喝道:"此人就是偷钱的贼,拿下!"衙役从那人的身

上果然搜出二百文钱来。那人也叩头认罪，不敢声辩。接着，徐赓陛当堂判决，将搜出的二百文钱及水盆中的钱一齐送给孩子，对盗贼依法处置。

观看的百姓见徐赓陛这么快就抓住了窃贼，惊奇之余不免有些疑问。一个胆子大些的人问道："大人破案神速，小民敬服不已，但小民愚钝，不知大人如何知道那人是偷钱的贼？"徐赓陛知道众人想知道其中奥妙，就告诉他们："其实并无什么诀窍。这个孩子将钱放在筐里和油果混杂在一起，这钱上肯定会沾上油污，我让你们把自己的钱投到水中，钱上有油的就会浮出油花来。我在一旁仔细观察，看见有油花浮上来，就知道谁是偷钱的贼了。"那人又问道："大人又怎么知道偷钱的贼一定会来呢？"徐赓陛笑了笑说道："我故意扬言要审筐，路人争相传开，那个窃贼心中恐怕会认为我很愚蠢，怀疑我有点失常，所以也想来看看热闹。假如他不来，观看我审筐的人至少有几百人，每人所投的一文钱，也足以补偿那孩子失窃的钱了。"众人听罢，都从心底里对徐赓陛佩服不已。(《清朝野史大观》沈习康)

122. 赔鸡还米

清同治年间(1862—1874)，浙江鄞县有个农民因父亲生病，进城来请大夫医治。心情焦急，脚步便迈得飞快。不料道旁米店中，突然窜出一群小鸡，农民避让不及，一脚下去，踩死了一只刚孵出不久的鸡雏。米店店主见小鸡被踩死，赶紧跑出来，一把抓住农民，要他赔偿。农民无奈，只得赔钱。哪知米店店主竟索要九百文铜钱，而农民身上仅有三百文，不足赔偿鸡钱，于是，两人在街上争论起来，顿时聚集了许多人来围观。

鄞县知县段广清，这天恰巧有事外出，经过此地，忽然听到前面人声喧哗，不知发生了什么事，立即差了两个衙役前去打听。不一会儿，衙役将米店店主和那个农民带到轿前。段广清便问："你们为何大声喧哗？"那个农民连叩了几个头，把情况说了一下。段广清又问道："雏鸡能值多少钱，怎么要赔九百文呢？"农民答道："我也是这样说的，可米店店主却声称雏鸡虽小，但它是良种，只要饲养数月，就可长到九斤重。现在鸡价每斤百文，九斤鸡就是九百文。"段广清转过头来问米店店主："他刚才所说是真的吗？你还有什么要补充？"米店店主赶忙道："他说的全是真话，我没有什么可说。"段广清于是对那个农民说："既然是你走路不慎，踩死了他的雏鸡，理应照价赔偿，他提出要赔九百文的数字，似乎也言之有理，你为什么不赔呢？"那个农民听了忙叫屈："不是我不肯，只是我仅有三百文钱，怎么赔他？"段广清便给他出主意："钱不够，可以把身上穿的衣服典当出去凑

些钱来,如果还不够,本县可以为你补足差额。"

围观的人们听了段广清的话,心中都愤愤不平,暗骂县官昏聩糊涂,天下哪有这种道理!那个农民无奈,只得解下自己的衣服去当了三百文钱。段广清见合起来不过六百文钱,令衙役再拿出三百文来,凑成九百文当场赔给了米店店主,并且笑着对他说:"你真是一个善于做生意的人,一只雏鸡居然能换回九百文钱,如此手段,本官倒也十分佩服。"米店店主接过钱来,面露喜色,叩头谢了一声,转身就想走。

这时,段广清忽然叫道:"且慢!我还没把话说完呢。"众人一听,都不明白段广清葫芦里卖什么药,情不自禁向前走近了一步。只见段广清仍是笑嘻嘻地对米店店主说道:"刚才我还只判了一半,现在我要判另一半了。"米店店主听了,以为还有利可图,连忙伸长脖子仔细倾听。"你养的雏鸡,品种固然不错,数月可长至九斤,但现在实际上还没有养到九斤重。俗话说:'斗米斤鸡。'也就是说,养鸡一斤,需要一斗米来喂,你的雏鸡已被踩死,不需要再去喂养,岂不是省下来九斗米吗?既然你的死鸡已经得到赔偿,如今又省下九斗米来,总不能处处都占便宜吧。我看还是这样,你把九斗米还给这个乡下人,事情才算公平合理。"段广清说完这番话,米店店主顿时变了脸色,却又作声不得,只好乖乖地遵从判决,拿出九斗米来给那个农民。农民喜出望外,接过米来,千恩万谢地去了。围观众人这才如释重负,齐声称赞县太爷断事廉明,嘲骂米店店主黑心,偷鸡不成反蚀了一把米。(《清朝野史大观》 沈习康)

123. 低价赎土地

四川素称天府之国,不仅盛产大米,而且盛产煤炭。从江北到合州,方圆几百里的地底下蕴藏着丰富的煤矿。当时,欧美各国争先恐后地在中国掠夺矿藏。一年,英国商人和江北奸商相互勾结,以重金购得了当地的龙王洞。清廷外务部不希望矿山长期被外国人占有,就想和英国商人商议,议订出一个出租期限。谁知"贪如狼,狠如羊"的英国商人蛮不讲理,不仅不同意签订租期,反而要求当地政府把整个江北的矿藏开采权全都交给他们,而且还要求把他们买下的矿山地界扩展到石牛沟。如果这样的话,川东和川南就都落入了他们的势力范围。此消息一传开,四川人民奔走相告,群情激愤。他们准备好枪支弹药,表示要和英国商人决一胜负。川东道员陈遹(yù)声怕事态扩大,赶紧到英国领事馆据理力争。英国领事十分狡猾,强调买卖自由,他说,英国商人既已付款,石牛沟和龙王洞就应该属于英商所有。尽管陈遹声说得口干舌焦,仍无用处。陈遹声回到官

署,静下心来,头脑就清醒了许多,他为自己的单纯而感到可笑。要英国商人退回石牛沟和龙王洞,无异于要饿狼把已到嘴的美食吐出来,这是绝对不可能的。与虎谋皮只能是白白浪费时间和精力。他找来下属,询问石牛沟周围土地的归属情况。当他知道这些土地还无主人时,顿时喜上眉梢,计上心来。他差人把当地那些既有爱国心又有经济实力的开明绅士都请来,把情况向他们说明,请他们出资把石牛沟和龙王洞附近的土地全部买下来。这个办法得到了爱国绅士的积极响应,他们慷慨解囊,购下了那些无主的地产。

这下,形势发生了急剧的变化。英商购得石牛沟和龙王洞后,原指望用来开矿的,但后来就犯了愁。他们很快就意识到,买了这两块地就如同买了两块不能耕种的石田一样。因为它们是无法开采的,如果要开采,就必定要侵犯别人的地盘。他们的资金被套牢,好事变成了坏事。于是英商对陈遹声和四川百姓软硬兼施,威胁利诱,但谁也不买他们的账。英商黔驴技穷,只好放弃开采石牛沟和龙王洞的打算,将它们转让出售。陈遹声趁机压价,结果以低于原价的价格收回了这两块地方。英商偷鸡不成反蚀把米。(《清史稿》 戴云云)

124. 见鹤得路

清光绪十九年(1893),是中日甲午战争正式爆发的前一年,这时的形势已经十分严峻,战争到了一触即发的地步。

清政府应朝鲜国王请求,派遣直隶提督叶志超、太原总兵聂士成率兵去朝鲜,驻守在牙山。光绪二十年(1894)七月,中国的运兵船"高升号"被日舰的鱼雷击沉,一千多名中国士兵全部壮烈牺牲。聂士成得到海战失利及日军要攻牙山的情报,立即去见叶志超。叶志超吓得没了主意,要聂士成想办法。聂士成说:"海路已被堵塞,牙山成了绝地,不宜再守。公州那地方背靠高山面临大江,地势颇为有利,我们胜了能守,败了能撤,不如转移到那里去。"叶志超是个胆小鬼,听说在公州能撤,正中下怀,当即命令聂士成率一千人马扼守牙山东北五十里的成欢,而自己则带兵驻守在牙山东南的公州。

成欢左右都是山,前面是一条大河,河的南北两岸都是池沼水田,地势十分险要。当聂士成率众到达成欢时,不料遭遇到日军的埋伏。战士们对地形不熟,再加上长途行军,体力得不到恢复,所以伤亡不小,全靠聂士成身先士卒,拼死抵抗,才冲出了包围圈。他们想撤回公州,但走了没多远,就迷失了道路。只见四周都是荆棘丛生的山岗,不时有乌鸦从其间"磔磔磔"地飞起,每听到这种声音,士兵们就惊慌得面无人色,以为又遇到了敌人的伏兵。天色越来越黑,聂士成忧心如焚,倘若走不出这块危险地带,后果真是不堪设想。战士们披荆斩棘,胆战心惊地走着、走着。突然,在蓝黑色天幕的衬托下,远方出现了两个小白点。聂士成走近仔细一看,原来是两只白鹤。这两只白鹤有红的顶、洁白的羽毛和细长的腿,它们很悠闲地在山岗上散步。看到白鹤,聂士成的满脸愁容变成了满脸笑容,他高兴地对士兵们说:"放心吧,这里不会有敌人的伏兵。如果有伏兵,早就将白鹤吓跑了。"消除疑虑后,战士们变得心明眼亮了,不一会儿,他们就辨清了前进的方向。聂士成终于带领部队走出了险境。(《清史稿》 戴云云)

125. 清晨袭豪民

清光绪年间(1875—1908),江苏山阴县有一个奸诈的富豪,他是一个假道学、伪善人,家中挂着"诗礼传家""乐善好施"的匾额,实际上内心卑劣险恶。他成天到各村庄转悠,看到眉清目秀的穷人家女孩,就以介绍到大户人家帮佣为名,将她们骗到家中,然后卖给人贩子,从中牟取暴利。几年来,有许多人受骗上当。一些人家见女儿走了多时,音讯全无,就来找他要人。而富豪说:"她在有钱人家有吃有穿,不肯回来,我有什么办法?"时间一长,不免有人起疑心,有些家长就告到官府,要求知县大人替民做主。当时的知县大人恰好回乡奔丧,衙门里的事全由浙江仁和人陆元鼎代理。

陆元鼎不是科举出身,因而只当个代理知县。但他为人耿直、不畏权势、主持正义,深得百姓信任。他接到举报后,曾多次下令拘捕这个富豪,然而,狡猾的富豪贿赂了衙门里的差役,每次来抓他时,都有人给他通风报信,让他提前逃走。

陆元鼎很恼火,发誓要抓住这个作恶多端的坏蛋。但是,周围有富豪的耳目,他必须用计谋将富豪逮捕归案。

一天清晨,陆元鼎早早起身,对夫人说他有一位多年不见的好友昨天到达此地,要去拜访他。这天,平时衣着简朴的陆元鼎变得特别挑剔,衣服换了一套又一套,还决定不了穿哪一套。不多时,老爷要出门访友的事传遍了里里外外。终于,陆元鼎穿上一件华丽的锦袍,带着随从出门了。一行人兴冲冲地往城外的方向赶,途中经过那富豪的家,陆元鼎连看都不看一眼,仍然匆匆往前赶路。又走了两里路模样,陆元鼎突然转身往回走,说是有重要东西忘在了家中。随从不明就里,也跟着往回走。当走到富豪家门口时,陆元鼎一脚踢开门闯了进去。仆人还来不及通报,陆元鼎已冲进了内室。只见富豪正搂着小妾在床上抽鸦片。陆元鼎命令随从将富豪抓起来,富豪惊魂未定,只得乖乖就擒。随后,陆元鼎率人遍搜富豪住宅,在后院柴房里搜出了十多个被骗来的年轻女子。

几天后,陆元鼎派人将这些女孩的父母找来,让他们把女儿领回去,并当众开庭审判富豪。富豪因犯拐骗罪和贩卖人口罪,除没收全部家产外,还判他终身监禁。百姓们高兴地说:"富豪再狡猾,也逃不过陆老爷的法网啊!"(《清史稿》戴云云)

126. 七岁识凶僧

江西铅山有一座寺庙,它前有山门,内陈弥勒佛、韦陀、四大金刚。庭院内栽着的松柏、梧桐,根深叶茂,绿枝掩映。释迦牟尼等三尊佛像端坐在大雄宝殿内,神态各异的十八罗汉站立两厢。此寺庙虽不像名刹古寺那般气势恢宏,但因年代久远,闻名遐迩,所以香火颇盛。

蒋坚自小聪明伶俐,读书过目不忘,被左邻右舍誉为神童。这天,七岁的蒋坚随同叔叔前来进香,寺院内外善男信女络绎不绝。

叔侄俩随着人流拾级进入山门,穿过庭院,见大雄宝殿外坐着几个县衙的差役,他们正七嘴八舌地议论着什么事情,旁边围满了看热闹的香客。小蒋坚出于好奇,也挤进了人群。一听,方知昨夜寺院里出了命案。一个和尚在禅房里被杀,血流满地。县官大人得到消息,立即派差役前来缉查凶手的踪迹。而奇怪的是,事发时寺庙的大门关得严严的,禅房内也无外人的足迹。差役们找不到凶手的蛛丝马迹,正感到疑惑不解。

小蒋坚听了一会儿,就被叔父拉出去拜佛进香了。大雄宝殿内庄严肃穆、香烟缭绕。几个身披袈裟的老和尚正双手合十双目低垂地坐在禅垫上喃喃地诵念经文。小蒋坚一边叩头,一边默默祈祷菩萨保佑父母早日安康。当他叩完头,转过身去时,无意中和一个和尚的目光相遇。才一刹那,这和尚就惊慌地收回目光,垂下眼帘,装出专心念经的样子。小蒋坚若无其事地随叔叔迈出大雄宝殿的门槛,但他并不走开,而是躲在门外,偷偷朝里窥望。只见那和尚狡黠的目光在浓黑的八字眉下左顾右盼,耳朵警觉地听着门外差役的议论声。小蒋坚看了一会儿,心中有了底。他悄悄地把叔叔拉过一旁说:"叔叔,我敢断定昨夜的凶手就在这大殿里。"叔叔听罢,吓了一跳,忙斥责道:"小孩子别胡说八道。"小蒋坚胸有成竹地说:"我不骗你,真的,凶手就在这大雄宝殿里。""这是真的吗?那么你说的凶手是谁?"叔叔将信将疑地问。小蒋坚踮起脚跟,贴着弯下腰的叔叔的耳朵,把自己对那和尚的怀疑全盘说了出来。叔叔边听边从门缝里偷偷观察那个老和尚的神情,觉得他表现确实反常。于是他找到差役头目,把小蒋坚的话转告了他。差役头目正愁无法回去向县官老爷交差,听到这番话喜出望外,马上派人把老和尚抓来审问。老和尚做贼心虚,衙役们只审问了一次,他就全盘招认了。

七龄童火眼识凶僧的故事很快就在铅山一带流传开了,乡民们纷纷赞扬小蒋坚的聪明和智慧。(《清史稿》 戴云云)

127. 执法不失其情

夜深人静,山西广灵知县朱休度坐在书房里读书。可他眼睛看着书,思想却停留在白天审理的一件案子上。事情是这样的:

当地乡民刘杷子因为庄稼歉收,生活无着,外出谋生已数年。刚离家时,他还不时托人捎回钱粮,可不久就渺无音讯了。他妻子张氏在这颗粒无收的荒年拖着一对儿女,度日如年。后来,为了生存,经人撮合,张氏带着儿女改嫁到邻村的郭添保家。这个郭添保经常在外做些小买卖,家境比一般村民略好些。

刚过门没几天,一天清晨,张氏在厨房里烧饭,隐隐约约听到窗外有私语声,仔细一听,原来是郭添保在和人说话。她听不真切,只听到这样一句:"好,就这个价,一言为定!"张氏吓得脸色煞白,心"怦怦"直跳。她想这一定是郭添保在找买主卖掉自己。在这个人人为争食而不惜相互残杀的地方,她不相信会有这样的好心人肯收留他们母子三人。与其让儿女被卖到他处当奴隶,不如让他们早日离开这个苦难的世界。想到此,张氏神志恍惚地拿了一把菜刀进屋杀死了两个亲生儿女,然后自刎而死。朱休度前去验尸时,张氏还未断气,只见她两眼盯着郭添保,连说了两声:"你卖,卖!"因为没有发现谋杀的迹象,朱休度把它定为自杀案。原以为此案就此了结了,谁知几天后,多年浪迹在外的刘杷子回来了。在乡亲们的怂恿下,他到县衙门状告郭添保的谋杀罪。

此刻,朱休度就是为此事在烦恼。他理解刘杷子的心情,作为一个男人,一下子失掉妻子儿女,这种"复仇"的迫切性是可以想象的。但不能为了满足刘杷子的"复仇"心,就定郭添保的死罪啊!那不是玩忽职守,草菅人命吗?

第二天,朱休度命人将刘杷子找来,向他讲述了张氏被迫改嫁的前因后果。当朱休度讲到张氏靠树皮草根为生,一双儿女嗷嗷待哺时,刘杷子失声痛哭了。当朱休度继续讲到郭添保出于好心收留张氏母子,到头来反被诬告时,刘杷子满脸羞愧,他流着泪说:"这一切只能怪我回来得太晚了,岂能冤枉他人呢!"他向朱休度磕头感谢,然后就撤走诉状回家去了。

朱休度慎重断案,决不错判一个无辜者,而对于有罪者,他也一定要认真调查,最后量罪定刑。

广灵县有个薛石头,此人憨厚鲁莽,靠着祖上留下的薄产度日。一天,薛石

头带着妹妹去县城看戏,回家途中,遇见了童年时代一起玩耍的伙伴。此人见昔日瘦小难看的薛小妹变成了妩媚窈窕的女郎,惊讶万分。他张着嘴,双眼呆呆地望着薛小妹,说不出话来。薛石头连喊几声,他都没有反应。薛石头不禁大怒,拔刀就向他左胸刺去。谁知一刀就把人刺死了。在县衙门的大堂上,薛石头招供说:"看到他那色迷迷的样子,我就想杀掉他。现在总算如愿了,我死也无憾。"

照理杀人抵命,此案很快就可了结。但是,朱休度不愿简单从事。第二天,他再次提审薛石头,问:"薛石头,据本官了解,你平时不习武艺,怎么会一刀就把人刺死呢?"薛石头说:"我刺的时候,并没料到一刀就会刺死他。"朱休度又问:"既然你没料到一刀就会致人死命,为什么不再刺一刀呢?"薛石头说:"当时我看到他流血不止,心里很害怕,哪里还忍心再刺第二刀啊!"这次审讯使朱休度断定薛石头不是一个杀人不眨眼的顽凶,尽管他口气强硬,实际上心中还存有一点良知,于是就以误杀罪论处,将原定的死刑减为充军罪。

朱休度常对下属说:"北方干旱、寒冷、贫瘠、强悍,南方湿润、温暖、富庶、柔婉。北方的案件大都是法重情轻,南方的案件大都是法轻情重。我们断案时,既要秉公执法,又要酌情处理。为民做主的父母官,可不能有一点疏忽啊!"(《清史稿》 戴云云)

128. 投钱水中判窃案

一个夏日的午后,瞎子偷偷地溜进邻居屠夫的家。他知道屠夫一早起来做生意,此刻正在午睡。瞎子熟门熟路地摸到墙角边,把手伸进吊在那里的竹篮中——竹篮中放着屠夫一天卖肉所得的钱。这天屠夫的收入很好,瞎子拿着大把大把的铜钱往口袋里塞,心中庆幸此番可没白来。当他摸索着往门外走去时,不小心撞倒了门边的椅子。屠夫惊醒了,发现瞎子不请自来,很是惊奇,再一看,竹篮里的铜钱已不翼而飞。屠夫忙追上瞎子,说他偷了自己的钱。瞎子紧紧捂住口袋中的钱,耍赖地说:"你这是存心欺负我这个瞎子。我口袋里的钱是我自己的,难道你想抢走不成?"两人越吵越激烈,门外围了一大帮看热闹的人,最后众人把屠夫和小偷簇拥到了公堂。

公堂上坐着经洪承畴推荐而来湖南任职的赵廷臣。此人精明干练,治政宽猛相济,尤其善于审理疑案。赵廷臣问:"这些铜钱究竟是谁的?要从实说来。"屠夫当然说是自己的,小偷呢,也说是自己的。赵廷臣把惊堂木一拍,再问,两人还是同样的口供。围观的群众交头接耳、窃窃私语,都说享有盛誉的赵大人今天碰上了棘手的案子,都想看看他如何裁决。这些私语被风送进赵廷臣的耳中,他

笑了笑,没反应,只是手拈胡须、全神贯注地看着放在桌上的这堆钱。半响,他突然大笑说:"我有答案了!"于是他命人端来一盆清水,然后把桌上的铜钱一个个地投入水中。不一会儿,只见水面上漂浮起一层油花。此刻,赵廷臣把脸一沉,重重地把惊堂木一拍,斥责瞎子道:"好一个大胆的瞎子,明明是你偷了人家的钱,还不肯承认。来人,给我大刑侍候。"瞎子吓得瑟瑟发抖,一边磕头一边连声说:"小人该死,大人饶命!小人该死,大人饶命!"赵廷臣命人将瞎子押下去后,当堂将案桌上的铜钱悉数还给屠夫。屠夫瞪着眼睛,不解地问:"大人,请恕我愚昧无知,小人不懂,为什么你把铜钱投入水中,就说有答案了呢?"赵廷臣用手指着屠夫,哈哈大笑道:"真是一个蠢屠夫,你想想,你这个卖肉的人拿过的铜钱,哪有不沾油腻的?"

众人听到这里,也随之哈哈大笑起来,都说赵大人聪明得可敬可佩,而屠夫傻得可怜可爱。(《清史稿》 戴云云)

129. 智杀二贼

河北献县有个姓吴的姑娘,她幼年时,父亲吴士仁得病猝死,家中只留下她和母亲两人。几年过去后,吴氏女出落成一个亭亭玉立的大姑娘,登门求亲的人踏破了门槛。为了照顾年迈体弱的母亲,吴氏女不愿出嫁。

一次,敌寇进犯吴氏女所在的村庄,村民们纷纷外出避难。吴氏女不敢留在村中,也搀扶着母亲离开了祖屋。临出门前,她把一柄利刃藏在包袱中,以防不测。

大路上满是逃难的人们,挎着包裹的、背着行囊的、推着独轮车的……男女老少全都步履匆匆地往前赶路。突然,人流中挤进两个掉队的敌寇,他们嫌吴氏女的母亲挡了道,蛮横地将她推倒在地。老人气愤地骂道:"都是你们这帮祸国殃民的叛贼,害得我们离乡背井、有家难回。"被激怒的敌寇正要举刀向老人砍去,这时,吴氏女挺身而出,吆喝道:"不准杀我母亲!"敌寇见眼前的老妪变成了青春少女,一时呆住了。吴氏女对敌寇说:"只要你们不杀我母亲,我什么事都可依你们。不然的话,我也跟着母亲一道死。"敌寇岂会放过这飞来的艳福,当然同意了。

吴氏女搀着母亲,带着两个敌寇回到家中。她问敌寇是不是饿了,敌寇没想到还可饱餐一顿,高兴得直点头。吴氏女走进灶间,尽她所能做出一桌佳肴,还准备了一壶黄酒。在兵荒马乱的岁月里,能有这样的口福,两个敌寇高兴得手舞足蹈起来。一个时辰后,其中一个喝醉了。他摸进里屋,刚躺上床,就发出了呼

呼的鼾声。这时,吴氏女踮起脚尖,悄悄走到还在外屋喝酒的敌寇背后,拔刀从他的颈背猛刺过去,只听"哇"的一声,敌寇倒地身亡。吴氏女故意发出一阵阵的浪笑,造成两人在调笑嬉闹的假象,同时从死者身上拔出佩刀,蹑手蹑脚地朝里屋走去。这时,喝醉的敌寇已被外间的响声惊醒,他爬起身想出去看个究竟。吴氏女朝门旁一闪,待那敌寇刚迈进一条腿,就猛地上前一刀结果了他的性命。

一个弱女子凭借智谋和勇气,杀了两个敌寇,成为当时的一大奇闻。(《清史稿》 戴云云)

130. 公堂质奸僧

清朝时,安徽无为县有一个和尚耐不住清规戒律,和一妇人私通。某天,那妇人从后门进入寺院,偷偷溜进禅房,与和尚幽会。当时恰好有一个邻家小孩在庭院里玩耍,看见这妇人鬼鬼祟祟的样子,觉得好奇,就紧跟在后面。当他爬上窗台偷看时,被和尚发现。为了灭口,和尚把这个孩子杀死埋在后园里。孩子的父亲到寺院来找儿子,循着血迹发现了儿子的尸体,当即告到县衙门。和尚被拘捕后,知道罪证确凿,无法抵赖,只得招供。

谁料这和尚十分刁钻奸邪,他知道自己犯下杀人淫乱罪,肯定会被处死,就想多牵连进一些人,把案子搅混,自己可以拖延时间多活几天。于是他信口雌黄地把平时来烧香求佛的三十多个良家女子都说成是自己的姘妇。县吏按他所提供的名单,将这三十多个女子全都抓了起来。一时间,无为县整个儿乱了套,丈夫失去了妻子,孩子失去了母亲,县衙门外从早到晚围着一群人哭哭啼啼的。

在这三十多个女子中,有一个姓曹的少女,她父亲是当地有名的绅士。当衙役来拘捕她时,她说:"父亲,孩儿是被冤枉的。到了公堂上,我一定要将这件事讲清楚。"她父亲急忙制止她,说:"你一个女孩家,在这种事上怎么讲得清,还是让为父替你想办法吧。"

第二天一早,曹父赶到县衙门找知县大人商量解救女儿的办法。知县大人命人请出曹姑娘,问她可有勇气跟和尚当堂对质。曹姑娘回答:"既然我没有做亏心事,有什么不敢的?"

开庭审理的这天,曹姑娘神色自如地走上公堂。知县大人命狱吏押出和尚跟她对质。曹姑娘是当地的大家闺秀,经常去寺院进香,和尚当然认得她,所以一见面就先发制人地说:"你不是曹姑娘吗?"旁观者哗然,纷纷窃窃私语。只见曹姑娘不慌不忙地答道:"不错,我的确姓曹。"和尚得寸进尺地诬陷道:"曹姑娘,我最最喜欢你。在这些女子中间,就数我和你相好的时间最长了。"曹姑娘冷笑一声,说:"是吗?好,既然这样,那么我身体上有什么特征,你一定是清清楚楚的了。"和尚回答不出,便支支吾吾地把话岔开。这时,曹姑娘提出让狱婆到内室去检查自己的身体。原来,她下体上长着一个疙瘩,而和尚当然报不出来。这下,知县才明白这三十多个女子是被冤枉的,于是当堂释放她们,让家人来领回去团圆。那和尚在杀人、通奸罪之外,又多了一项诬告罪,知县将他定了死罪,上报刑部,待秋天问斩。

那些被解救的女子感谢曹姑娘为她们讨回了清白,纷纷前来拜访她,而曹姑娘拒不接待。她对闺密说:"我一个姑娘家,抛头露面到公堂上蒙受羞辱,并不是为了暴露身上的特征,而是为了保全三十多个姊妹的名节和性命。现在既然已真相大白,我再活着就没有意思了。不过,我想我的死是值得的,它可以告诫那些昏庸的官老爷今后在办案时不要胡乱定夺,草菅人命。"女友劝她切忌有轻生念头,但是,几天后仆人在房里发现小姐已经自缢而死。(《清史稿》 戴云云)

131. 智识赌徒拒借贷

从前有个姓谢的人,家中很有钱,许多商人做生意没有资金或是一时周转不开,都喜欢向他借贷,一般总能满意而归。

有一天,谢翁出门回来,发现有个少年跟在马后,似乎也是朝他家方向来,就问他,原来也是来向他借贷作本钱的。谢翁当时答应了,请他一道回家去拿。

进了家门,谢翁告诉管家去取钱,自己陪少年在客厅等候。少年闲着无事,边聊边东张西望,见身边茶几上放着十几个铜板,便顺手拿来把玩,一会儿把它们垒成高高矮矮几摞,一会又一字排开。这时,管家把钱取来,正要交给他,谁知谢翁却使了个眼色,回头对少年说:"真是抱歉,现在我也有难处,不能借钱给你了。"少年无法,只得怏怏离去。

管家很奇怪,不知主人怎么会出尔反尔。谢翁看出他的疑惑,说道:"他刚才看见这几个铜钱,情不自禁地就要起他的技艺了,我觉得他一定生性好赌,老于此道。把钱借给这样的人,肯定有去无回。"后来派人去少年的乡里查问,果然如此。(《聊斋志异》 孙冰)

132. 以情测奸妇

清代有一户人家,婆媳两人都守了寡。婆婆还在中年,不甘忍受寂寞,村里有个无赖就常到她那里过夜。媳妇很不满意,常和婆婆争吵。婆婆恼羞成怒,反

过来诬陷媳妇与别人通奸,并且告到了县衙。当时,通奸被看作是一种严重的犯罪。在县衙审讯时,婆媳两人互相指责。县衙又把那个无赖捉来审问,他起先坚决不承认,后来竟然说是与那媳妇关系不正常。媳妇被泼了一身污水,气愤已极,却是有口难辩。案子就这样一直拖了下来。

孙柳下接任知县后,又开始审理此案,决定用计策把案情搞个水落石出。他把婆媳两人叫上堂,简单地讯问几句,就命令把她们带回监狱中。随后,孙柳下又叫差役准备一些石块、刀子之类的东西,以便第二天使用。差役们都感到奇怪,心里嘀咕:要用刑,堂上有的是刑具,为什么要用这些律条上没有规定的东西呢?但他们不敢多问,只好奉命准备去了。

第二天,孙柳下问明东西已经备齐,就命令摆到公堂上,然后传唤原被告以及那个无赖上堂。他又简单地讯问几句,就对婆媳说:"这案子没有必要再审下去了。你们之中究竟哪个做了不光彩的事,前任知县弄不清,本官又怎么搞得明白? 不过,谁是奸夫倒是明确的。你们原来是清白人家,只不过一时被坏人所引诱,干下了糊涂勾当,祸根全在那个坏蛋身上。堂上已准备好了石块、刀子,可以任凭你们把那个坏蛋砸死、刺死,以解心头之恨。"

婆媳两人一听,愣住了,踌躇不前,唯恐一时失手打死人要偿命。只听孙柳下又说:"你们不必顾忌,出了人命也不要紧,有本官替你们做主!"婆媳俩这才走上前去。那媳妇被诬陷已久,恨得咬牙切齿,两手举起石块,把那人砸得抱住脑袋,东躲西闪,婆婆却只朝那人腿上随便扔了几块小石头。孙柳下又命两人用刀,媳妇操起一把尖刀直刺那人,吓得他大喊救命;婆婆却在一旁迟疑再三,颤抖着拿起一把刀却又不肯真的刺过去。

孙柳下见了,命令她们停下,说:"我已经破了这案子。"他严词审讯婆婆,果然审出真情,婆婆受到了处罚,那个无赖也被鞭笞。(《聊斋志异》 程维荣)

133. 巧锯河中树

清代尹见心做知县的时候,县内有一条河中生长着一棵大树,往来的船只常常不小心碰到它,被撞破船身。尹见心见了,感到很奇怪,就对船民们说:"为什么不把它砍倒呢?砍去大树,不就通行无阻了吗?"船民们苦笑着连连摇头,纷纷道:"回大人,这树横在水道中,让我们提心吊胆,我们恨不得把它劈成碎片,可它的根在水里,又怎能将它砍去呢?如果光砍水面上的树干部分,水下的树干、树根就成了'暗礁',那就更危险了!"

尹见心听船民们都在诉苦,思忖了一会,便道:"这事好办,我一定会很快就将这棵树连根砍掉,不让它再成为水上航运的障碍。"他回到衙门,就派差役去招募到一个水性很好的人,然后交代他潜到河里拿绳子去量一下那棵树在水面下的长度。接着尹见心又叫来木匠制作了一只没有底的宽大的杉木长桶,用老粉嵌塞桶上的缝隙,上好桐油,等着派用场。过了几天,河中水位降到最低点,尹见心便吩咐衙役抬轿出门,到河边去砍树。大家跟在知县后面,一面走一面心里嘀咕,不知他葫芦里卖的是什么药。

到得河边,尹见心叫来几个船民,嘱咐他们驾着小船划到河中的那棵大树前,先砍去树冠上的枝枝叶叶,只留下主干,再将那个杉木桶从上往下套住树干,直插到河底。接着他将做完这些事的船民叫回,再派第二批船民把那个杉木桶用大锤打入河床有一尺深。岸上众人见他费尽心机只是将一个圆桶套住树干,都有些纳闷。尹见心笑道:"你们还不明白我要干什么吗?不要急,很快你们就会看到结果了!"说着,他召回第二批船民,又让第三批船民去把那大桶中的水用巨瓢舀出。大桶里的水很快舀干了,第四批人又上去了,这回他们手里拿的已是锯子。他们跳到大桶的空腔里,围着大树使劲锯了起来,轻而易举地便把那棵本来无法砍去的大树连根锯断。

看到大树轰然倒向水中,又被拖回岸边,大家都明白了这是怎么一回事,纷纷跷起大拇指称赞本县的父母官是个能吏。(《臣鉴录》《寄园寄所寄》 鹏肩)

134. 指点石兽沉落处

清代沧州(今属河北)的南面,有一座临河的寺庙,一年,河岸坍塌,连同庙门和门旁的两只石兽,一起坠入河底。过了十多年,方丈募到了足够的资金,把山门重新修建一新,只是少了门前的那一对石兽,总不如旧日寺庙那样风光,于是决定把落入河中的石兽打捞起来。

方丈雇了人,在河面上打捞,但捞来捞去,总是打捞不到。一想,不由得笑了起来,河水是时刻在流动着的,石兽虽然沉重,但在水流的日夜推击下,总是要一点点向前移动的,十多年下来,怎么还会在原地呢?于是叫人驾着几条小船,拖着铁耙,在河中一寸寸地耙下去,顺流耙了十几里,但石兽依然踪迹全无。这下真的难住了方丈,到哪里去找石兽呢?

一天,有位老先生在寺庙里设坛讲学,他学问渊博,读书很多,在沧州地界上颇有名气。听到打捞石兽的事后,便当众对着方丈道:"你们这班人不知事物运动的道理。这又不是木片之类的东西,怎么能被洪水冲走呢?大石头的特性坚硬而沉重,泥沙的特性松散而轻浮,石兽沉落在泥沙上,自然越沉越深。顺着河

流去寻找它,岂不是缘木求鱼,荒唐透顶吗?"

一席话,引得台下众多的书生学子,万分佩服,觉得他分析得合情合理,纷纷鼓起掌来,而方丈满脸通红,心里又高兴又惭愧。

正在这时候,忽然有一个声音说道:"要是照了先生说的去打捞,也是白忙一场。"

众人回头一看,说话的是一位六七十岁的老河工。他正坐在走廊的矮墙上,吸着一杆旱烟。一个老河工懂什么?老先生有些恼了,但他毕竟是有涵养的人,虽然心中不快,还是作了一揖,请老河工说明道理。

老河工把旱烟袋在矮墙上叩了几下,插在腰上,然后说道:"先生知其一而不知其二。凡是掉进河里的大石头,应该到河的上游去找。正是因为大石头的特性坚硬而沉重,泥沙的特性松散而轻浮,水流无法冲走大石头,但它的冲力,却会把大石头前面的泥沙冲走,逐渐形成陷坑。陷坑越冲越深,冲到大石头一半悬空时,它必然会倾落在陷坑中。如此一再翻转不停,大石头就会逆水而上了。到下游去寻找石兽,固然荒唐;在石兽掉下去的地方去深挖,不更是荒唐吗?"

老河工的这一席话,又赢得满堂的掌声,但这次脸红的却是老先生了,而方丈连连向老河工合十道谢:"善哉,善哉!"

方丈按照老河工的说法去找,果然在几里外的上游,打捞到了两只石兽。
(《阅微草堂笔记》 陶湘生)

135. 下棋寄毛驴

清代扬州西门的大街上,有一家棋局,门口的牌子上写着:十两银子一局。

这天,一头驴子慢悠悠地从大街上走过,驴子上骑着一位清瘦的中年人,大概有四十多岁年纪。见了那家棋局,便跨下驴背,在门口的牌子前停了停,把驴子拴在门边的一棵刺槐树上,拍一拍身上的尘土,走了进去。

棋局主人的棋艺,在扬州城里颇有名气,来这里下棋的人,输多赢少,每一局棋的赌注又大,所以来下棋的人不多。此刻,棋局里冷清清的。棋主见有客人进来,便起身相迎。

棋盘本来就一直摆开着,棋主人让客人先走。落子如飞,连弈两局,棋主果然技艺不凡,下一局,赢一局。客人见赢棋无望,便把棋盘轻轻一推,站起身来,说道:"先生棋艺高明,今天连输你两局,理该付银二十两,只是身边没带,实在抱歉。"说完,他用手指了指门外拴在树上的驴子,又说道:"这样吧,就把这头驴子抵了银子,你看如何?"

有什么办法呢?既然人家没有带银钱,逼死了他,也是没有用。望了望门外那头驴子,毛色乌黑,虽然疲乏了些,但十分健壮,二十两银子虽不值,但也差得不多。棋主答应了。

过了个把月,这位客人又来了。

摆开棋盘,重又开局。连战两局,客人的棋艺,与一个月前完全不能相比了,变化神妙,玄机莫测。不到中局,便把棋主杀得落花流水,满头是汗,两局棋很快就赢了。

棋主拿出二十两银子来,送到客人的面前。客人摆了摆手,说道:"银子就不必给了,还是请你把我原来的那头驴子,还了给我吧。"

棋主当然高兴,牵来了驴子。经过一个来月的喂养,驴子比先前更加健壮神气了。

"先生棋艺实在精妙,世所少见,可以把名字告诉我吗?"

"在下范西屏。"客人说完,便不紧不慢地跨上了驴背,悠悠地消失在扬州的大街上。

范西屏!大清当今围棋第一高手。棋主吃惊得不知如何是好,愣愣地看着他的背影渐去渐远……

原来,这次是范西屏从家乡海昌,骑着驴子来扬州探亲。到了扬州后,忽然又想乘船到苏州去一游,但苦于驴子没有地方寄养,偶然看到棋局,便灵机一动,想出了这个寄养驴子的妙法。(《浪迹丛谈》 陶湘生)

136. 戏盗玉狮马

清代名将海兰察,与蒙古巴林郡王巴图是多年的朋友。一年秋天,皇上率领王公们在河北围场进行一年一度的狩猎习武,他们两人都去了。海兰察骑的一匹马叫"紫电",红黑色,高大雄骏,疾如闪电,是匹名马。蒙古郡王在他众多的骏马中,也有一匹名马,叫"玉狮子",通身雪白,神韵骏逸,轻捷如风。两匹马在狩猎的围场上出尽了风头。

这天,狩猎结束后回营地,郡王忽然向海兰察提出,以他的"玉狮子"换"紫电"。海兰察不肯,这倒并不是海兰察小气,也不是"玉狮子"不如"紫电",只因为"紫电"跟随主人东征西战,同生共死过不知多少回,主人对它感情深厚,所以即使是再好的马,海兰察也是不会拿它交换的。郡王见海兰察不肯,便笑着说道:"既然这样,我只有夜里派人来偷了,到时候你可不要发火。"海兰察一听,也笑了起来:"这主意好极了。"

黄昏以后，郡王果然派了名马夫去偷马。那人跑到海兰察的营地一看，好个将军，竟一点戒备都没有，只见那匹"紫电"，正在荒原上低头吃野草呢。四周静悄悄的，连个人影儿都没有，只有那天上一弯淡淡的新月，寂寞地印在天幕上。马夫心里不由得大喜，轻手轻脚地走了过去，用手顺着马颈轻柔地摩挲了几下，那马一动也不动。马夫一拉缰绳，正想跨上马背，绝尘而去，谁知这一拉，却像拔萝卜似的，从地底下拉出个人来。再低头一看，原来马前地上有个坑，那人是拉着缰绳躲在里面，只因月光暗淡，坑上又盖了草，所以没有看清。不等马夫开口，那人却先说了话："将军叫你带个信回去，下半夜该我们偷王爷的马了。"

郡王得到消息后，马上在自己的马栈里加点了几盏大灯笼，把个马栈照得如同白日，不要说人，就是进来一只老鼠也看得清清楚楚。然后又命令几个马夫下半夜不准睡觉，连眼皮都不许闭一闭，在马栈里看着"玉狮子"。接着又在马栈外，加派了巡逻的士卒，不停地巡视。布置完以后，看看已经防范得滴水不漏，便放心地睡觉去了。心想：看你个海兰察怎么个偷法？

不知睡到什么时候，王爷正睡得香时，忽然听到帐篷后有许多人大喊："玉狮子被人偷走了！""玉狮子被人偷走了！"接着整个营地里，所有的帐篷都乱喊乱叫，捉偷马贼。这时候，月亮已经下去了，在漆黑寂静的深夜里，这声音有如暴发的山崩海啸，把王爷的马都惊得逃出了马栈。栈里的马夫不知外面发生了什么事，忍不住到外面看看，等再回到栈内，那匹"玉狮子"已不知去向。

第二天，海兰察牵着"玉狮子"，笑呵呵地来到郡王大帐。"海兰察到底是海兰察！"郡王也呵呵大笑。然后两个人开开心心地喝了一整天的酒。酒后，郡王把"玉狮子"送给了海兰察。（《啸亭杂录》 陶湘生）

137. 智择新郎

西下的夕阳又红又圆，在夕阳下有一条青砖铺的街道，临街有家小饭店，饭店门口围着一群人，对着门口的一位少女指指点点，议论纷纷。这位少女看上去有十六七岁，虽然衣服破旧，头发散乱，但仍旧掩盖不住她美丽的姿容。她微微低着头，尽管周围有许多闲言碎语，不断地传进她的耳朵，她却一声不吭，既不辩解，也不回答，只是静静地坐在一张小凳子上。谁也不知道她叫什么名字，也不知道她从什么地方来。

据饭店的老板说，这少女上午就来了，在饭店里吃了午饭。饭后一算账，共计十八个铜钱。这虽然是个小数目，但少女身上分文没有。她对老板说，她是因为家乡水灾而逃出来的，她家里的人就在后面，很快就会到的，只要家里人一到，一定会付钱给他的。于是老板就拿出一张小凳子,让她坐在门口,等家里人来。

这时候,从街西走来了一位年轻后生,看到饭店门口围着一圈人,便好奇地挤了进来。围观的人都认识他,他就是街东头丝店里的小伙计。刚好老板叫他出来办一件事,办完事后正要回去。见是一位外乡少女,便不解地问她坐在这里做什么,于是有人就把饭店老板的话告诉了他。他听了非常同情这位少女,心想:家乡水灾,亲人失散,已经够可怜的了,而现在为了十几个铜钱,又在大街上被人围观了整整大半天,对一个少女来说,这怎么忍受得了呢? 于是他从身边摸出十八枚铜钱,正要伸手递过去,又一想,不行,我是一个青年男子,无亲无故,在大庭广众之下,她怎么好意思接受呢,岂非为难她么? 这么一转念,便从人丛中退了出来,悄悄请一位老伯伯帮忙把十八个铜钱转交给少女,自己便转身回丝店去了。

少女把钱还给了老板,围观的人无戏可看,也便纷纷散去。

当小伙计回到丝店的时候,没有想到少女也远远地跟进了丝店。店老板觉得十分奇怪,这个女要饭的跟来干什么? 于是起身问个所以,少女便把小伙计代她付饭钱的事告诉了老板,并对老板说,她逃荒已经走了两天两夜,再走还是没有一个归宿的地方,自己不能无缘无故受小伙计的恩惠,思前想后,还不如嫁给他吧,也算有了一个好归宿。

小伙计一听,连忙摇手:"不行不行,我是一个穷伙计,哪有钱来养家小。"少女说:"如果是这个原因,那倒没有关系。"说完,把衣袖捋了起来,只见手臂上套着两只闪闪发亮的金手镯。

店老板一拍手:"这个媒人我是做定了。"又赞美少女道:"你真是一个聪明的姑娘,有主见的姑娘。难得,难得!"(《虫鸣漫录》 陶湘生)

138. 巧断争妻案

县城里出了一件新闻:两个男人争一个妻子。事情是这样的,有个人出门做生意,一去十年,音讯全无。妻子带着个儿子,无法生活下去,便嫁给了一个裁缝,招赘上门,开了一家成衣店。谁知,现在丈夫突然回来了,见到这种情况,便写了一张状纸,到官府里告成衣店老板乘他外出做生意,霸占了他的妻儿。成衣店老板也写了一张状纸,告原来的丈夫弃妇弃儿,现在妻子已经嫁了人,又想夺走已属别人的妻子。两人都理由十足,知县难于断案,先把两人都收进了牢里。

这事顿时成了县城里的热门话题。妻子究竟应该属于谁? 众说纷纭。全城人都望着知县,看他怎样解决这个难题。

过了几天,知县开堂了。在公堂上,两个男人都述说了自己的理由,争着要

这个妻子，一点不肯相让。知县听完后，把惊堂木一拍，说道："你两个不必争着要这个妻子了，等我叫人抬了来，你们看了再说要与不要。"

知县一声令下，只见两个差役，用竹竿抬着一块门板，板上横着一具死尸，全身用一张芦席遮盖着。等死尸停好后，知县指着死尸说："都是因为你们争来争去，她羞忿难当，已于昨夜自杀死了。现在谁要，谁就领回去买棺葬了吧。"真是没有想到，争来争去，会争成这样一个结局。两个男人一下子都愣住了。

过了一会儿，成衣店老板先叩头说道："她本来就不是我的妻子，我已经白白地养了她半年，费了我许多银子，既然她丈夫回来了，就不该再由我去安葬她了。"

知县点了点头。原来的丈夫听后，也磕着头说："我外出十年，音讯全无，是我的不对。她改嫁也是万不得已，不能怪她。现在她死了，还是让我领回去葬了吧。"

知县听了，又点了点头。然后叫差役揭开芦席，妇人一骨碌坐了起来。知县判词下来：妻子归属原夫。原来的丈夫带着妻子，欢天喜地回家去了。县城里又有了新的热门话题。(《虫鸡漫录》 陶湘生)

139. 大白鹅招供

时近中午，临江府知府钱若赓正要退堂，忽然有人击鼓告状，传呼进来一看，原来是一个乡民。今天一大早，他进县城来办事，带了一只大白鹅，因为不方便，所以把白鹅暂寄在一家杂货铺里。谁知等他办完事，再到杂货铺取鹅的时候，杂货铺主却一口否认，指着家里的一群四只鹅说："这一群鹅都是我的，哪一只是你的？只要你指得出来，你就捉了走。"说完，要乡民指认出来。乡民左看右看，四只鹅一样雪白，一样肥大，哪里认得出来。无奈，只能来告状。

钱若赓听完以后，又问了一些细节，然后安慰乡民，叫他不要着急，事情是会弄清楚的。接着，就从签筒里抽出一根令签来，往下一扔，命令差役，立即把杂货铺主连同四只大白鹅一起带来。

不多时，铺主连同四只大白鹅都带了来。铺主一口否认，反告乡民诬赖他。于是钱若赓说道："你们二人，一个说有，一个说无，但是都拿不出确实的证据来，本府只有请大白鹅来说话了，它们是一定会照实招供的。"说完，就把惊堂木一拍，对着四只大白鹅说道："你们四个听好，主人喂养你们多时，对于主人的恩德，你们是不会忘记的，究竟谁是你们的真正的主人，现在本府命你们照实招来，不得有半点虚假。"说完，就吩咐差役拿来四个罩子。把四只白鹅分开罩起来。然后在每只笼罩里放上笔墨砚台及一张白纸，叫鹅招供。布置完以后，又吩咐差役们看好白鹅写供。自己便一转身，进后堂先用中饭去了。

等钱知府转身进入后堂,差役们都忍俊不禁,有的摇头,有的叽叽喳喳地议论开来。荒唐,哪有这样荒唐的知府,连人都弄不清的事,却叫大白鹅来招供,这真是古今从来没有听说过的稀奇事情!

钱知府中饭吃到一半的时候,吩咐一位仆人先到堂上来看看大白鹅招供了没有。仆人出来一看,四张白纸还是四张白纸,上面一个字也没有,倒是多了几摊粪污。便进去告诉了钱大人,白鹅还未招供。钱知府点了点头,说知道了。

用完中饭后,钱若赓从后堂走了出来,差役们都望着钱大人,鹅罩里四张白纸还是四张白纸,看大人如何说法。只见钱大人走到四个罩子边都看了看,然后笑着说:"它们四个果然都老实招供了。"说完,便指着一只白鹅告诉大家:"这一只便是乡民的。"

差役们一听,都惊奇得瞪大了眼睛,明明白白纸上一个字也没有,怎么说有呢？大人怎么会看得见,而我们却看不见呢？莫非他是神仙？正在大家疑惑不解的时候,只听钱大人说道:"白纸上的粪污便是大白鹅写下的供词。乡民的鹅,吃的是青草,粪污自然是青色的;店里的鹅,喂的却是粟米,所以粪污便是黄色的。你们看,这不是供得清清楚楚么？"

众差役一听,顿时叹服。乡民一听,连忙叩头谢恩。杂货铺主一听,连忙叩头求饶。(《坚瓠集》 陶湘生)

140. 戏富翁救灾民

江南有位公子,虽然并不富有,但家里收藏的名人书画很多。他还喜欢结交朋友,乐于救助穷苦之人。他隔壁有位邻居,是个富翁,生性吝啬。有一年江南灾荒,公子施粥、施药、施棺,并在地方上倡导为救灾出钱出力,但这位富翁却一毛不拔,就当没有看到听到一般。

这一天,公子家里来了几位朋友。公子置酒相待,在前堂上边喝酒边谈字论画。富翁不邀自到,也来凑趣。席间,大家评论起堂上挂的那幅画。这是公子收藏的一幅名画《关山行旅图》,烟岚稠密、山川高旷,其中有一匆匆行客。公子指着行客背上斜挂着的那把雨伞说道:"我看这把伞画得最妙,把行客急于回家、风雨无阻的心情,表达得淋漓尽致。"富翁根本不懂字画,听公子这么一说,也连忙装着说:"是,是。"

正在这时候,忽然下起大雨来,风夹着雨丝,濛濛地飘进堂内,公子急忙招呼大家先进内室书房坐坐。不到半个时辰,雨小了,公子重请大家到前堂,继续喝酒。才喝了两口,忽然一位客人大叫奇怪,径直走到画前,瞪大眼睛,盯着画中的

行客。大家跟着一看，只见行客的伞已从背上取了下来，打开撑在手上。这时候，大家方才真正体会到画的神妙，交口称誉，说这是世上无价的珍宝。

回到家里，富翁整个晚上都没有睡好。第二天一早，就央了个说客，愿以一千两银子买公子的这幅画。说客到公子家后回来报称：公子要开价一万两才卖。富翁嫌贵，但又很想占有那幅画，央求说客再去一趟，付了他五百两酬金。经说客再三的劝说，公子才勉强同意以五千两银子成交，然后依依不舍地把名画从壁上取了下来，包卷好，交给了说客。

富翁得到画后，高兴异常，立即把画挂在堂上。屋外正下着雨，画中的行客正撑着伞。富翁得意扬扬，盼早日天晴。到了晚上，果然云破月出，繁星满天，第二天必是好天气。于是连夜备酒菜，写请柬，要宴请亲友，炫耀他新买的宝画。

第二天一早起来，好个大晴天，彩霞满天，红日东升，但画上那位行客，依然撑着雨伞。富翁不禁大怒，招来说客，叫他去质问公子，为何要骗人。

公子一点也不慌，谈笑自若。命家人捧了另一画卷，随说客到了富翁家。坐下来以后，公子严肃地说道："以前我临摹了两张画，一张撑伞的，一张背伞的，不过是好玩而已，并非真心作弄你，弄成今天这个样子，也是由于你贪心想得我的名画所致，不能怪我。至于你所花去的五千两银子，我并没有放进自己的腰包。天灾流行，你不肯接济灾民，银子没有用到该用的地方，现在我替你做了件大好事，接济了灾民，用到了该用的地方。"说完，便把刚带来的一幅画交给富翁，叫他随天气的晴雨，把两幅画调着挂，画算是送给了他。

富翁一听，也没有办法，只好眼巴巴地看着公子离去。（《妙香室丛话》陶湘生）

141. 鼻烟治恶兵

清代北京崇文门把守城门的兵丁总喜欢为难过往的普通老百姓，若有带着食物经过的，则必然被这帮如狼似虎的恶人抢去吃个精光。百姓对他们的贪暴苛虐十分气愤，但人微言轻，告到衙门去也是瞎子点灯白费蜡，日子一久，对此也就忍气吞声了。

道光年间(1821—1850)，有个姓何的人，喜欢吸鼻烟，身上总是带着上好的鼻烟。一天，从外省来到京师，进城时，带着的那些鼻烟全被守门的兵丁夺去。他初来乍到，还不谙当地的人情世故，竟拖着兵丁论理，结果不但没讨回公道，还被辱骂了一通，并差点挨一顿打。找到旅店住下，他越想越气，却也无可奈何。这时，有一个行医的周姓朋友来探望他，听他一番诉苦，不由得义愤填膺，大声斥骂起来。过了一会儿,周某忽然不怒反笑,何某心里发毛,连忙问他为何大笑。周某神色诡秘地说:"没什么,总要报复一下狗崽子们,我一定不会让你白受这份罪,你等着好消息吧。"

第二天,周某扮成过客入城,守门兵丁又来搜身,从他身上搜出鼻烟,二话不说,你争我夺,早就抢了个一干二净。在兵丁们的推搡下,周某显出非常痛心的样子跟跄离开了。过了十来天,周某再次经过城门,见到那些守门兵丁都生起了疥疮,便得意地大笑起来。众兵丁围上来诘问,周某从容不迫地告诉他们:"谁让你们上次不管好歹乱抢我的鼻烟呢?知道吗,我在鼻烟里故意加了疥疮的痂皮磨成的粉末,专等你们来抢。吸了这样的鼻烟,不生疥疮才怪!"那些兵丁听了,个个怒气冲天,逼上来要抓周某。周某镇静自若,冷笑不止,那些兵丁一时莫测高深,倒也不再敢轻举妄动,只是各举刀枪恶狠狠地盯着他,看他怎么说。只见周某轻轻叹了一口气,说道:"上天有好生之德,我倒不想过分为难你们,只想让你们受些薄惩,牢记这个教训,不再无端扰害百姓。谁知你们不但不接受教训,竟还想加害于我,大概是活得不耐烦了!现在你们生的病已经毒到内脏,如果不由我加以治疗,马上就会像烂鱼一样死去。赶紧忏悔,痛改前非,还有一线生机。你们好好想一想吧!"

众兵丁听此一番话,个个吓得魂不附体,平素嚣张跋扈的气焰早就丢到爪哇国去了,拼命叩头告饶,哀求周某救他们一命。周某这才从衣襟里取出药来,告知服法与用量,并再三严词告诫他们不得再勒索行人,然后在旁观百姓们敬佩的目光中飘然而去。守门兵丁们服药没几天,疥疮痊愈,从此,他们不再敢公然为难过往百姓了。而周某巧治恶兵的故事,也传了开去。(《暝庵杂识》 鹏肩)

142. 解救妇女惩淫僧

江南某县有座寺庙,忽然出了个活佛。寺内的方丈,在县城边搭了座高台,宣布活佛将在某天当众在火中涅槃。消息传开后,惊动了四面八方,人们纷纷赶来观看。知县也决定亲自去一探。

到了那天,知县带着几个能干的仆役,微服出城,到了高台边。抬头一看,这台有一丈多高,台上的活佛,盘腿坐在蒲团上,双目紧闭,泪水从眼眶中不断地流下来。台下聚着一百多个和尚,敲打着法器,口里喃喃地念着经。和尚的身后,许多善男信女,一面跟着和尚念经,一面拈香膜拜,如醉如痴。台的前后左右,堆满了干柴,只等时辰一到,便点火送活佛升天。

知县心想,既然是活佛涅槃升天,他为什么要流眼泪呢?难道心里还有什么隐痛?倒要弄弄清楚。于是对仆役吩咐了几句,自己便转身回县城去了。

仆役走到方丈的面前，告诉他，知县听说活佛升天，高兴得不得了，今天要亲自来拈香观看，请慢些点火，等一等知县。

知县回到县衙，马上换上官服，坐上大轿，鸣锣开道赶来。众和尚见知县真的来了，赶紧合掌作礼，向前迎接。

到得台前，大轿停了下来，知县故意问道："活佛在什么地方？"方丈谄笑着，指一指台上："禀大人，盘膝坐着的就是。"接着，方丈向知县介绍了活佛的高深道行。知县听了，赞叹一番后说："查黄历，今天不是个吉利的日子，改个日期怎么样？"方丈一听，不由一怔，回称："这是活佛自己定的日子，是不便更改的。"知县笑着道："活佛疏忽了历书。本官是一县之主，可以替他改正。明天正是吉日，升天最好。"说完，便命仆役将活佛抬回县衙中。众和尚大眼瞪小眼，毫无办法。

知县吩咐将活佛安置在密室中。到了夜里，他独自进入密室，仔细询问活佛。活佛竟不会说话，只能用手指蘸着墨汁，写字回答。

原来，这所谓活佛是一介书生，偶尔到庙中游玩，无意中误触机关，闯入了密室，室内藏着妇女，和尚们正在淫乐。他们见秽行暴露，便将书生头发剃光关起来，给他灌了哑药，又每天淡食无盐。三个月后，变得又白又胖，但浑身无力，连握一支笔的力气都没有。于是将他装扮成活佛，既可灭口，又可以此来骗取善男信女的钱财。

知县听后，勃然大怒。第二天，他命令众和尚集聚台下等候，同时又派士兵包围寺庙，进行搜查。果然搜得好多妇女以及藏匿的大量金银珠宝、衣料玩物等东西。

知县得了罪证，又来到台下。众和尚早已等得不耐烦了，见知县一来，便急着要迎活佛。知县笑着说："活佛有令，他不来了，请方丈代替他升天。"方丈一听，顿时吓得跪在地上，叩头求饶。知县也不管他哭叫些什么，命令衙役将他和几个主要的帮凶绑了，一起扔上台去，开始点火。

火烈风猛，转眼间便把几个和尚烧成了灰烬。其他和尚吓得面如死灰，不知知县会怎样处理他们。

知县把寺庙的罪恶当众说了，在场众人没有一个不气愤异常，对知县的做法，个个拍手称快。

知县将众和尚人人打了三十大棍，令他们蓄发还俗，回家耕作务农，将寺中的妇女归还她们的亲属，又将寺庙改为学校，搏得的金银财物，变卖了作为学校的资金。（《里乘》 陶湘生）

143. 试真情断坟主

清代云南进士张静山，被任命为新安知县。刚刚到任的第一天，便接到了两张状纸,互相控告对方侵占了自己的祖坟。张静山查了查案卷,发现这原来是一宗旧案,官司已经打了三十年,心里不由得十分奇怪,为什么在这么长的时间里结不了案呢?便问了问身边的老文书。

文书告诉他,这个案子,每回新知县上任的时候,总是要互相来告的,只因为两姓都没有文契作证据,所以没法判断,只能放在一边,不去处理它。

张知县一听,怒声道:"天底下哪里有三十年不能了断的案子!"立即传令两姓,五日后登山验看祖坟,听候判断。

新安城里,有座城隍庙,传说十分灵验。第二天,知县沐浴斋戒,带了府中的文书仆役,来到了庙里,当众拈香祈求,说了案情,要求城隍在梦中告诉他真相,然后就独自在庙中住了下来。新知县的举动,在新安城里,顿时议论纷纷,成了新闻。

五天以后,知县坐着大轿,带着仆役,亲自上山就地判案。两姓告状人已经等候在那里了。张知县抬头一看,一个服饰华美,体态丰腴;另一个是老书生,年纪已经七十多岁,衣着寒酸,面容枯瘦,样子十分可怜。

知县大声说道:"你们两姓为祖坟打官司,已经打了三十多年,你们的孝心是应该赞扬的,可是害苦了你们的祖宗,因为打官司,都不允许对方祭奠先人,你们地下的祖宗不变成了孤苦无依的野鬼了吗?"两人一听,都跪了下来,连连向知县请罪。

知县又说道:"我查看了案卷,只因都无地契文据,无法判案,现今我已经求梦城隍,城隍已经告诉了我真伪,等会儿我就宣判。一经宣判,必有一家以后不再允许登坟祭祖。我同情你们两家的孝心,为此劳苦了整整三十多年,因而允许在判决前,最后再祭奠一次,你们以为怎样?"两人都叩头谢恩。此时坟地上,来看知县判案的人,挤得水泄不通。

先由老书生祭坟。他整了整衣帽,走到坟前,伏地叩了三个头,站起身来哭了一通,但没有眼泪,神态很勉强,嘴唇翕动着,却不知在说些什么。

轮到富裕的一姓,他还没有跪下,就泪如泉涌,伏地大哭道:"子孙为祖宗官司打了三十年,现在知县大人得梦,不知是真是假,会不会错。如果错了,子孙就不能再来祭拜了!"说到这里竟然晕了过去。观看的人众,都被他的真情所感动,有的叹息,有的流下了同情的眼泪。

知县笑着高声道:"看这两人祭坟的情况,谁真谁假,还要我来宣判吗?"

案子就此断明。

那么城隍究竟有没有示梦呢?没有。那只是知县略施小计:让两人告别祖坟,真子孙必然动真情,缠绵难舍,假子孙则必然勉强做作。在众多的人群面前,

一时之间是难于做假的。这是过了几年,张静山离任,酒后与朋友偶尔说起的。至于老书生为什么要抢祖坟,那是知对方久失契据,想骗占土地。而前几任官员不能判断,很大原因是见老书生寒酸,起了同情之心,疑富家以财势欺贫而已。

(《里乘》 陶湘生)

1444. 三天闲聊审大盗

山东莱州知府张问陶,是清代著名的诗人,而且书画也十分出色。大概是才高,所以不免有点自负。一次在言语间,偶然得罪了山东巡抚,巡抚就此想撤去他知府的职务,但找不到什么借口。这时候,刚好地方上捉住了一个大强盗,这强盗十分凶狠狡诈,对于口供今天承认,明天就推翻,屡供屡翻,弄得审讯他的官吏束手无策,一点办法都没有。

于是,巡抚就把这宗案子交给了张问陶,心想他如不能断案,就奏明朝廷,说他无能,免他的官。张问陶答应三天断案。

第二天,张问陶不在大堂正厅,而在偏房客厅开堂审讯。只见他随随便便地盘着双腿,坐在炕上,左手把着酒杯,右手翻阅案卷。一面喝着酒,吃着肉,一面问着:你是什么地方人?你今年几岁了?是住在城里还是乡下?父母还健在吗?有没有兄弟?是否已经娶妻?儿子几岁了?家中以何为业?就像平常谈家常似的,尽是些日常小事。

这时,巡抚就站在屏风后窃听,想看看他究竟有什么能耐,不料问的都是些无关紧要的事,不禁发笑,这张问陶诗名满天下,但办事能力实在差劲。

到了第二天,张问陶问的依旧是这些问题。巡抚在屏风后听了,几乎要笑出声来。

第三天,张问陶的同事部下都替他捏一把汗,非常紧张地问他:"你答应三天结案,今天已经是第三天了,真的能够结案吗?"张问陶却像没事儿一般,笑笑说:"我是从来不说大话的,今天下午一定能够了结。你们不必替我担心。"

张问陶一面传谕衙役,准备好刑具,听候结案,一面进了客厅,仍旧坐在炕上,喝酒吃肉,问前两天所问的问题。巡抚在屏风后听了,不由喜笑颜开:张问陶的莱州知府,做不了几天了。

到了下午,太阳西斜,张问陶命僮仆取来大酒杯,连饮三杯,然后叫把酒肉撤去,传集衙役,侍立厅堂。他的脸上一下子严肃起来,坐直了身子,对强盗说道:"现在正式审案。我看了案卷,前面主审的几位官员,所审都属实,你为什么屡供屡翻?"

大盗叩头道:"小人实在是没有做那些事。"

张问陶一拍惊堂木,厉声说道:"你不必再玩花样了。人家说你凶狠狡诈,这话一点不差。我与你聊了三天,所问的都是家常小事,你说的前后都不一样:今天说母亲还在,明天说母亲已无;今天说种田,明天说无业;一天说有两个儿子,另一天说一子一女。小事情尚且如此反反复复,更不必说正案了。你如果从实说来,还算得上是条好汉。如果强辩,我用这三天来你的答话,来证明你的反复无常,即可将你按律处死,你自己想想,不要自讨苦吃。"

大盗还想强辩,张问陶命令用大刑,死了不追究责任。大盗一听,急忙叩头求饶,愿意招供画押,决不再翻案。案子就这样了结了。巡抚没有想到张问陶竟有这样的才能,不由得大为叹服。(《里乘》 陶湘生)

145. 设计擒凶犯

沙河堡有一家客栈,傍晚的时候来了三位客人,其中一人挑着两只箱子。店主把他们安排在西偏屋。过了一会儿,又来了一个算命瞎子和一个贩卖沙壶的客人,刚好与西偏屋相邻的东偏屋有空,于是两个人一起住了进去。

半夜过后,整个客栈早已灯灭人静,店客都进入了梦乡。忽然瞎子被一种声音惊醒了,仔细一听,声音是从西偏屋里传出来的,好像是用斧头砍东西的声音,还夹杂着人呻吟的声音。不好,半夜里怎么会有这样的声音呢!于是他悄悄地推醒了卖沙壶的客人,把自己听到的说给他听。沙壶客一听,不由得也紧张了起来,但怎么办呢?还是瞎子有办法,对沙壶客低语道:"不如这样……"

忽然东偏屋里"哐啷"一声响,一只沙壶被瞎子狠狠地摔在地上,顿时粉碎。两个人便"哇啦哇啦"地吵了起来,越吵越凶。西偏屋三个人实在忍不住了,便过来劝架。瞎子说,他半夜里被偷掉了二千文钱,一定是沙壶客偷的。沙壶客不承认,说瞎子胡说八道,要瞎子赔他的沙壶。这时候,店主也跑进来劝架,瞎子要求店主搜沙壶客,沙壶客也不反对。店主一搜,沙壶客身上、行李中都没有二千文钱。瞎子又说道:"我是个瞎子,是个穷苦人,靠算命积了二千文钱,实在不容易。现在被偷走,就是拼了性命,也要把它查出来的。凡是现在在这房间里的人,全都要搜一搜他们的行李,否则我不答应。"西偏房的三个人一听,跳了起来:"我们是好心过来劝架的,反而怀疑我们是贼了,哪有这个道理!"瞎子说:"你们不进我的房间,我不会怀疑你们,既然进了这房间,我不能不怀疑。"这时候店主也开口对西偏屋三个人说道:"你们把箱子打开来看一看嘛,有啥关系,省得瞎子怀疑。"西偏屋三个人就是不肯。于是瞎子、沙壶客、店主越发怀疑了。店主叫起了全客

栈的人,说道:"瞎子的钱是在我们客栈里偷掉的,所有的客人都脱不掉干系,都要搜一搜,先要搜进东偏屋的人,沙壶客已经搜过了,现在只有西偏屋三位客人的行李不让搜。"众人一听,都吼了起来。不管三个人愿意不愿意,抢着把两只箱子打了开来。里面是两个大油纸包,打开来一看,竟是两具斩成块的尸体。众人惊惧之下,就把三人扭送到了官府。一经审问,原来是三个强盗。他们在路上碰到了两个贩猪的客商,刚巧卖掉了一群猪,赚了一大笔钱,于是其中的一个强盗装成卖花客人,另两个藏在花箱里。骗得了两个贩猪客的信任,晚上三个人一起住进了沙河堡客栈。半夜里,两个强盗从花箱里钻出来,三人一同结果了两个贩猪客的性命,劫了钱财。不想天网恢恢,恰巧被瞎子听到了,便设了此计,一举擒获了强盗。(《蝶阶外史》 陶湘生)

146. 豆浆治胖子

清朝杭州城外,有一个小镇,镇上有家典当铺,店主极有心机,所以财源滚滚,把个店主养得肥胖如猪。

这一年夏天,杭州特别溽热,如同置身火炉,人人都叫苦连天。这店主是个大胖子,自然更是难熬,整天如同焖在瓮中,连气都透不过来。他怀疑自己是得了什么毛病,于是多方请医生看病。医生一搭脉,总是开一些解暑清凉的药,店主吃了,还是觉得奇热。于是吃准自己得了某种怪毛病,怕就要死了,十分惊恐。

杭州城里,有个上海籍的医生,名叫王协衷,医术高明,在杭州城里是大名鼎鼎,无人不晓。店主早就想请王先生看病,只是这王先生有个怪脾气,为穷苦人看病,可以分文不收,但碰到典当铺老板一类人,如果不收取一大笔诊金,他就不叫王协衷了。店主生性悭吝,不到万不得已,是不肯请王协衷看病的。现在得了怪毛病,性命交关,不请是不行的了。

王先生请来了,店主述说了自己的病情,希望一帖药下去,立即病除。王协衷搭了店主的脉,又叫店主伸出舌头来,望了望,说:"我包你药到病除,但要收诊金三千两银子。"店主到这时,再心疼也只好答应。

王协衷叫店主准备两只大缸。店主立即吩咐伙计买来了两只能装七担水的巨缸。王协衷又叫店主在缸里装满豆浆,命几个身强力壮的小伙子用青竹竿不停地搅拌,泡沫越搅越多,用勺子把泡沫盛放到旁边的一只小缸里。待泡沫盛满了小缸,然后拿来一只大海碗,舀了叫店主尽量喝。咕咕几碗下肚,店主顿时觉得胸膈清凉起来,头也不昏沉沉了,眼睛也不糊涂了,一下子从床上爬了起来,连称先生真是神术,连忙付了三千两银子医金。

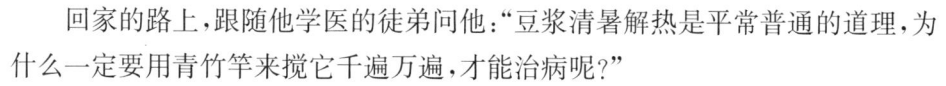

回家的路上,跟随他学医的徒弟问他:"豆浆清暑解热是平常普通的道理,为什么一定要用青竹竿来搅它千遍万遍,才能治病呢?"

王协衷笑道:"如果像你说的那样简单,人人都可以做神医扁鹊了,何必还要请你师父来看病呢?让守则奴破破财,用他的钱来医贫苦百姓的病,不更是一件令人十分痛快的事吗?"(《三异笔谈》 陶湘生)

147. 契约蛀洞

吴墨谦,是清朝松江(今属上海)城内有名的讼师。一天,他午睡刚刚起来,便有人来请他写状子打官司。那个人还没有开口,眼泪倒先掉了下来,吴讼师给他倒了杯茶,叫他慢慢的把事情原委仔细说给他听。

还是在好几年前,那人因有急事需要用钱,在万般无奈的情况下,便把几亩地低价抵押给了一家富户,当时写了张三十年内可以随时赎取的活契约。现在,当他凑齐了银钱,去赎还田地时,那富户却说,当时写的是张不能赎还的死契,根本不存在赎不赎还的问题。没有办法,只能告到官府。富户呈上了那张契约,当场验看,知县看完后,冷笑一声:"死契无疑,还有何话可说!"那人要过契约,自己一看,不由得倒抽一口冷气,当时明明写的是张活契,但此时却变成了张死契!看看那张纸,是原来的那张纸;那字迹,粗细浓淡与原来的一样;契约上的图章,也丝毫不差。还有什么话可说呢?

吴墨谦仔细听完以后,又问了几个问题,安慰了那人几句,答应一定替他想办法。

第二天一早,吴墨谦来到了府衙,找到掌管案卷的府吏,要求看一看那张契约。府吏笑着说道:"吴先生替人雪冤的本事,是让人佩服的,但要翻这宗案子,恐怕是不可能的了。"吴墨谦什么也没有说,只是接过契约,紧蹙眉头,将契约反反复复,仔仔细细地看起来。看了好久,忽然拍案一击,说道:"这张契约是假的。"府吏一听,赶紧凑过头来,吃惊地问:"何以见得?""你听我一说就明白了。"吴墨谦道,接着便将理由分析给师爷听。

大凡老百姓家里的契约,不可能悬挂在墙壁上,也不可能平铺在案桌上,一定藏在箱子或柜子里。随便藏在里面又怕弄坏弄脏,一般常把它夹在书本中,时间一长,就可能会被虫蛀。虫蛀的洞,上下几层纸都是重合的不差分毫,现在这张契约,是折叠着夹在书中的,按它原来的折叠痕迹叠起来,一个个蛀洞,东一个,西一个,无法重合起来,可见是假的。只要再令富户把夹藏契约的书拿来,将蛀洞一对合,就更可以明白了。

府吏一听,佩服得五体投地,叹道:"先生查案,明鉴如鬼神。"

于是吴墨谦替那人重写了状子,投到县衙。知县命富户把夹藏契约的书交来验看。富户无法交出,只得说出实情。原来富户贪心,想吞没价钱便宜的田产,便设法找了张与原契约用纸一模一样的旧纸,然后又精心模仿原契字迹,再请人仿契约上的钤印另刻一方印章,加盖上去,伪造了一张难辨真假的契约。

那人终于赎回了他的田产。(《三异笔谈》 陶湘生)

148. 当票

新安镇上有一家当铺。这天来了一个人,他大大咧咧地把一张当票往柜台上一放,说道:"赎珠。"

店伙计拿过当票一看,当票上写着:某年某月,某人典当珍珠一颗,典金五百两银子。店伙计将当票看了又看,票据上的印戳、票据的式样等,都验证无误,然后根据当票上典当的日期,打开柜子,将一本当月的典当记录簿找了出来。不料翻了几遍,月号簿上竟没有这笔生意的记录。这是怎么一回事呢?店伙计一下惊呆了。

客人告到了县衙,告店伙计有意不记月号簿,私吞了珠子,要求赔偿。根据当时典当的规矩,典十当五,当的是五百两,这颗珠子的实际价值就是一千两银子。一个穷伙计,哪里赔得起这么多银子呢!

店伙计正急得走投无路的时候,忽然想到了松江城内的讼师吴墨谦,许多疑难案件,一经他手,就便水落石出了,何不去求他呢?这么一想,伙计就带着当票,连夜赶到松江城里,找到了吴讼师。

吴讼师把那张当票仔细地看了看,笑着对伙计说道:"你放心,这张当票是假的。"

原来,每家典当店都有一个规矩,开出的当票,要经过四个人的手,每人都要附上一张票据,为了避免票据在传递过程中的散落,所以从第一张当票起,都要一道道将票据依次贯穿在一根木签子上。这样,当票上必然留下一个木签子贯穿的洞。而这张当票上没有,自然是伪造的了。

知县开堂审理这件案子的时候,店伙计申述了当票是假的理由,并请求知县吊取本店及其他各当铺的当票验对一下,以辨其伪。

那骗子一听,顿时无言可对,趁还没抓他,连夜逃走了。(《三异笔谈》 陶湘生)

149. 戏女治痘症

清朝年间，在上海松江城外，有一条小河，沿河是一个村落，河上高卧着一座弯弯的石拱桥。一天，太阳刚刚升起，照着河，照着桥，在桥的阴影里，放着一张织布机，一位乡村少女，正坐在河边飞梭织布。

过了一会儿，只听得"咿呀"桨声，一只小船靠了岸，从船舱里钻出两个人来。前面是位先生，后面是名僮仆。那先生远近都认识他，他就是松江泗泾乡的名医秦景明，看痘疹的专家，今日刚好受人之请，出诊路过这里。显然，他被眼前的这幅织布图的美景迷住了，望着那少女，不住地点着头，连上岸也忘记了。

突然，他转过头来，对僮仆说道："你偷偷地过去，不要让她知道，一下子抱住她的腰，亲亲她，跟她开个玩笑。"僮仆一听，哪里肯。先生说："有我在，你怕什么？"

于是僮仆上了岸，轻手轻脚地绕到少女背后，突然踊身一跃，双手抱住了少女的腰。少女正在专心织布，突然被僮仆一抱，吓得魂飞魄散，拼命地惊叫起来，一时惊动了整个村落，村人都涌了过来，卷袖挥拳，要痛打僮仆。

先生站在船头上高叫："别打别打，这是我叫他抱的。"众人回头一看，原来是大名鼎鼎的秦景明医生，于是停住了手脚，问先生为什么要这样做。

秦先生走下船来，问村人，这女孩子还没有出过痘吧？村人回答说，还没有出过。"这就对了。"秦先生说道："她马上就要出痘了，但她的痘毒深伏在肾脏里，一发后，无法治好，所以我有意惊吓她，现在好了，经这一吓，痘毒已经提升到了肝脏里，有办法治了。"众人一听，转怒为喜，一面感谢秦医生救命之恩，一面又请秦医生开药剂，为少女治痘。

先生拱了拱手说："我是出急诊路过这里，已经耽误了好多时间，再迟就来不及给那家病人治疗了。"然后告诉村人，离这里几里路，有个医生，医术不差，可以请他来治，一定能治好。说完，就带着僮仆，匆匆地走了。

村人请来了那医生。医生一到，看了看少女，高兴地说道，我早知她有痘症，非常危险，幸好现在已有转化，不再是绝症，可救了。村人将秦先生命僮戏女的事情，前前后后地说给他一听，医生方才明白，对秦先生的医术佩服得不得了，就登门去拜秦先生为师了。（《三异笔谈》 陶湘生）

150. 宝刀未老

江南某县，发生了一宗上门抢劫案，行商被强盗杀死在家里。知县限时限刻

要捕快抓住强盗。但强盗非常狡猾，作案地点连一点蛛丝马迹都未留下，使得捕快们无从下手。无奈之下，他们忽然想起了已经退休的老捕快，他经验丰富，阅历广博，或许能有办法。于是备了礼物，登门拜访。老捕快开始不肯，说是过了时节的花草，还有什么用呢，但经不住众人的央求，便答应试试看。

县内有条大河，是通向县外城镇的交通要道，商贾往来，舟楫繁忙。河边有家茶馆，临河开着窗子，茶客可以在此一面品茶，一面观看河上桨来帆去的景色，聆听船夫的号子和呵斥声。现在，老捕快成了茶馆的常客，一早就来，落日便去。

一天，有条船"咿呀咿呀"地从河那头缓缓地划将过来。是一只有舱房的木船，与河中其他有舱房的船没有什么两样，只是船尾上晾晒着一条绸被，在太阳下亮丽得惹人眼目。老捕快眯着眼，盯着那艘船，看着那船从远处经过窗下。忽然，他对身边的捕快说道："强盗就在那只船上，快去抓住他。"

捕快们截住了那只船，船上只有一男一女。一经严审，果然是杀死行商的强盗。两人以船为巢，在河上漂泊不定，流窜作案。

强盗是捉住了，但老捕快怎么能确定强盗是在河上呢？河上千船万船，老捕快怎么又能确定它是强盗船呢？众捕快想来想去想不出个道理来，于是又请老捕快说出个所以然来。

老捕快告诉他们：他之所以确定盗贼在河上，是因为被害的行商家在河边，作案那样快捷，那样干净利索，一点不留来去痕迹，当然是从河上来。而且，这条河四方客商云集，往来繁忙，本来就是盗贼作案藏身的好地方。我之所以能确定这只船，是因为船尾上晾晒的绸被传递了消息。许多苍蝇聚叮在上面，说明上面沾的血迹虽然已经洗去了，但血腥味一时却不能全去掉，所以才招来苍蝇。苍蝇这么多，定然是染上的血不少，要不是杀了人，哪来那么多的血？并且，船民再富，也从来不用绸被面的，说明船主不是真正的船民。再说，一般洗被子，都是被面与夹里拆开来分洗的，而那条被，却未拆开而并在一起洗的，自己的被子会这般糊弄？定是杀了人抢来的。把这些联起来想一想，船主不是杀人越货的强盗是什么？

经老捕快这么一分析，捕快们个个心悦诚服，觉得老捕快的确不简单。（《志异续编》 陶湘生）

151. 智赚酒饭

浙江有个财主，既贪心又刻薄，想尽办法盘剥佃户。凡租种他的地，非但要交押金，还要交二十两银子的上庄费。为了多得上庄费，他把地租给佃户种上一两年，便把佃户赶走，重新租给别的佃户，二十两银子便又轻轻巧巧地进账了。

佃户恨透了他,但没有办法。

有位姓吴的佃户,租种了两年,财主又要把他赶走了,想想实在气愤不过,在临走的那一天,他对妻子说,要让财主破费一顿酒饭,气气他。妻子一听,说道:"财主小气得连水都不肯给人喝一口,还想吃他的酒肉,不要太阳底下做大梦了。"佃户没有再说什么,径直往财主家走去。

财主见佃户来了,便沉着脸,瞪起眼斥责道:"我叫你走,你为什么到现在还不走,你还来干什么?想跟我作对?"

"我哪敢跟你作对。"佃户说道,"我今天来,一是向你告别,二是向你报喜。"

财主一听,面色便和缓了下来:"有什么喜事好报?"

"是这样,"佃户很谦恭地说道,"昨天二更睡觉的时候,忽然想起今天要走了,但园子里还有一畦(qí)萝卜没有拔出来。于是急忙起来拔萝卜,没有想到一钉耙下去,'咚'地一声,地里刨出个铜盘子来。揭开盘子一看,嗨哟,铜盘子下有个瓮,一瓮的银子。这不是喜事是什么?"

"这是你的福大,你拿了就是,来告诉我干什么?"财主将信将疑地说道。

"我是想这样,"佃户一拍大腿说道,"但银子上都刻着你的名字,我怎么敢拿呢?"

财主一听,眼睛便亮了起来,于是拿来了酒菜,与佃户对饮起来,一面喝酒,一面又试探着问:"你难道一点都没拿吗?"

"实不相瞒。"佃户夹了一块肉,一面说道,"见了银子,实在忍不住想拿,不过我只拿了一锭。"

财主一听,心里想道,这个人的话倒是可以相信的,非但见到银子的事不对我隐瞒,连自己拿了银子也肯对我说,老实,老实。于是又重新换上好酒,摆上特别的好菜。

佃户也不客气,敞开肚皮,大杯喝酒,尽挑好的菜吃。财主在旁边看看心痛,但为了一大瓮银子,有什么办法呢,而且脸上还要装得笑眯眯的,不住地劝吃劝喝。

酒足饭饱,佃户正要告辞,财主又小心翼翼地问道:"老实告诉我,你恐怕不止拿一锭吧?"

"我倒是想多拿一点的。"佃户打着饱嗝说道,"见银子谁不爱?虽然明知道银子是你的,但想熬也熬不住,正想伸手再拿一锭,没有想到老婆一伸脚,把我蹬醒了。现在我心里还闷闷不乐呢!"

财主一听,简直气得要晕过去了,吼道:"你刚才说的都是做梦?"

"谁说不是呢?"

财主大骂佃户是混蛋,但又有什么办法呢?破费了酒肉,还被人耍弄了一顿,这一气,病得在床上躺了足足半个月。(《志异续编》 陶湘生)

152. 审马褂

江苏无锡,发生了一宗盗窃案,人赃俱获。几经审讯,疑犯却屡供屡翻,虽发审局几位委员都认为那人是真盗,但还是无法定案。于是江苏按察使应宝时亲自到无锡接下了这宗案子。

开堂的这一天,应宝时高坐大堂正中,无锡知县等人则分坐两旁陪审。一会儿,被盗的事主和盗贼都被带了上来。应宝时一看,只见那事主长得又高又大,而盗贼却长得又瘦又小。应宝时反复盘问,那盗贼总是战战兢兢地答话,说不出什么新东西,那事主则翻来覆去唠叨赃物就是最有力的证据。应宝时便把赃衣一件一件地仔细翻看。忽然,他把一件马褂拎了出来,把事主叫到面前,问事主:"这件马褂真的是你的吗?"事主回答是。于是应宝时叫事主穿一穿,那件马褂显得又短又小,连纽扣都无法扣上。于是又命盗贼穿一穿,却是再合身不过了。于是应宝时把惊堂木一拍,厉声说道:"是事主的马褂,事主却穿不上。盗贼偷来的,倒反而非常合身。这究竟是怎么一回事,快快从实招来。"那盗贼一听,忽然放声大哭,一面磕着头,一面高声喊道:"今天真的盼到青天大老爷了,这衣服本来就是我的呀!"那事主一见,也连忙磕头请罪。两人就把原委供了出来。

原来这是一宗捕快制造的冤假错案。那疑犯根本不是盗贼,而是一个老实巴交的市民。原来因为那年无锡连续发生盗案,竟然无一破获。捕快难以塞责,无奈之下,抓来一人强诬为盗贼,又逼迫事主做伪证出来指认,并把那人家里的衣服掠来冒充赃物,制造了这起冤案,来敷衍上司。

案情大白,应宝时把捕快撤了职,再赏五十大板,送到牢里。又当堂释放了那市民,并叫人拿来一件长大的马褂,送给了事主,告诫他说:"你的案子以后一定会帮你破的,但千万不能再做替人诬陷好人的事了。"那事主又是感激,又是惭愧,连连答应着走了。(《庸闲斋笔记》 陶湘生)

153. 明断无头案

郡城里发生了一桩凶杀案。案情十分简单,有个人杀死了自己的妻子,他把尸体陈放在床上,而把头颅扔掉了。妻子娘家的人把他扭送到了官府,开始的时候,他还死不承认,后来终于招供了杀妻的罪行。既然凶手已经认罪,案子也就铁定了,再也无人怀疑,知府就把这件案子交给他手下的一位僚属去了结。

十几天过去了,案子还没有了结,知府大为不满:一件一两天内就可以办好的事,竟然拖延了这么多时日。于是便责备僚属。僚属不慌不忙地对他说:"我才能不足,难以称职,但对待工作总是尽心尽力。人死不能复生,如果有了疏漏,到时候再后悔也来不及了。这件案子,我请求再延缓一点时日,让我彻底弄清楚了再结案。"知府反问道:"照你这么说,这案子还有值得怀疑的地方?""是的,"僚属一点不退让地说,"案情从情理上说不过去。他们夫妻俩,平日里相敬相爱,丈夫怎么会突然杀死自己的妻子呢?而把妻子的头割下来,更是常人不忍下手的。再退一步说,即使丈夫对妻子有了怨恨,要害死她,也会千方百计地采取隐蔽的手法,来遮瞒自己的罪行,完全可以伪装成妻子是病死的,或者是突然死亡,怎么会留下尸体,扔掉头颅,堂而皇之地告诉人家,妻子是他杀的呢?"知府听了,觉得很有道理,沉吟了一下,便答应了他的请求。

僚属另外辟出一间房子,把"凶手"单独关押起来,又选了可靠的狱卒来看守他,使其与外界隔绝消息。给他酒食,让他热水洗澡,就像常人一样对待他。然后细细地盘问他,让他说出真实的情况。僚属又一个个查问了全城的忤(wǔ)作,让这些验尸与殡葬专业的能手,提供情况,启发他们回忆在与人办丧事时,有没有可疑之处。功夫不负有心人,结果有一个忤作反映说,有家富豪,死了一个奶妈,在办丧事时,他见抬的那口棺材很轻,其中不像有尸体。僚属一听,心里一亮:其中必有蹊跷。马上按照忤作提供的线索,挖开那奶妈的坟,开棺一看,果然是空的,内中只有一颗头颅。再把头颅与先前无首的尸首一合,果然合得起来。又请凶手的岳父母来一认,的确不是他们的女儿,而是奶妈。那么他们的女儿哪里去了呢?僚属把富豪抓来审讯,他无法狡辩抵赖,只得低头认了罪。原来富豪看上了那人妻子的美色,想占为己有,于是乘那人外出的时候,抢走了他的妻子,藏了起来,又杀死了自己家里的一个奶妈,割下了头,调换上那人妻子的衣服,把尸身抬到了那人家里,放到了床上,造成了这桩冤案。

案情大白,豪富被砍了头。那么那人为什么要承认杀了自己的妻子呢?这是因为他在狱中受不了严刑拷打,又无法分辨清楚,就想一死了之。(《玉堂闲话》 陶湘生)

154. 木蛋杀蛇

江南某地,有一家经营鸡蛋的商行,生意非常兴隆。但仓库里放满的一筐筐鸡蛋,每到月底结账盘点的时候,总是要少掉几百只。老板怀疑是伙计们偷的。

一个小伙计不甘心受这个不白之冤,决心要弄个水落石出,把真正的窃贼抓获。于是晚上等店铺关门以后,便偷偷藏身到蛋库里,躲在一只箩筐中,等待窃贼的到来。

蛋库里一片漆黑,声息全无。过了二更,小伙计正迷迷糊糊地要睡去,忽然听到窸窸窣窣的声音。贼来了,他顿时惊觉起来,注视着发出声响的地方。慢慢地看到梁上出现了两盏绿莹莹的小灯,两盏小灯又慢慢地从屋梁上挂了下来。好个狡猾的盗贼!小伙计眨一眨眼睛,伸出头来,想把盗贼瞧个清楚。谁知凝神仔细一瞧,竟把小伙计惊得差点昏了过去。原来是一条碗口粗的大蛇!只见那蛇挂到离蛋筐一二尺时,张口一吸,一个个鸡蛋便上升飞进了大蛇口中。等吸足后,那蛇又慢慢地引身上去,然后盘绕在梁柱上,尽力绞束,把蛋一个个绞破,然后蜿蜒而去。这时候小伙计才明白,原来使大家受冤屈的盗贼是它!

第二天,小伙计也不把昨夜见到的事告诉别人。他找来一些硬木块,砍削成一个个木蛋,到晚上,他把木蛋放在梁下的蛋筐上,上面稍许盖一层蛋,自己还是躲在箩筐中。到了二更时分,那蛇果然又来了,从梁上挂下来吸蛋。一吸,把木蛋尽都吸入肚里,然后又在梁上绞束,但此次再用力绞束,绞得梁柱格格响,也绞不碎肚中的蛋,痛苦得用尾巴乱挥乱扫。蛋库的后面是一个废弃的荒园,野草茂密。大蛇绞了好长时间,仍绞不碎木蛋,便窜进了荒园,不断翻滚,不断抽搐扭动,折腾了整整一个晚上,到早上才停息。

第二天一早,小伙计装得若无其事。别的伙计发现荒园中死了一条大蛇,惊叫起来。众伙计叫来了老板,一看,荒园中野草都已压平,园中横着一条几丈长的巨蛇。胆大的伙计找来了一把斧头,剖开蛇的肚子,只见里面都是碎了的蛋壳和十几枚木蛋。大伙这才想起日间小伙计做木蛋的事来,明白了偷蛋的贼是谁,都对小伙计智杀大蛇为蛋行除害称赞不已,连声感谢他为大家洗了冤。

老板也向伙计们道了歉。(《金壶七墨》 陶湘生)

155. 打簸箕

清朝有一清官,名叫忠若虚,他在浙江余姚做官时由于吏治清明,远近很有点名声。

这一日,他照例升堂办案,忽有两个人一边扭打着,一边争吵着来到官府,口口声声要大老爷明断秋毫。

当差的把两人押上公堂。忠若虚展目一看,是两个男人,便问道:"尔等何

人? 吵闹于市,成何体统!"

只听一个男人说:"小人是米店老板。"

另一个男人说:"小人是白面铺的掌柜。"

忠若虚看了两人一眼,又说:"尔等有何争执,不妨从实招来。"

那个自称是米店老板的人说:"青天大老爷,面铺主强占了我的簸箕。"

面铺老板一听,赶快反驳道:"那只簸箕原来就是我的,他硬说是他的,还要在青天大老爷面前诬我占他的簸箕。"

米店老板一听,急忙辩道:"当初是面铺老板向我借走这只簸箕的,我向他讨还,他总也不肯还我,他是想吞没我的财物,请老爷明断。"

忠若虚在上听完他们的争辩,只觉得好笑,两个老板为一只簸箕打起官司,实乃小人也。但既然来到公堂之上,我须把这案子断明白了,也不枉为一方父母官。

忠若虚喝声:"将物证呈上本官过目。"

衙役从老板手里拿过簸箕呈上去。忠若虚接过簸箕凝神细看,只见上面粘着不少麦麸,还沾了他一手。他复将簸箕交与衙役,令其拿好,自己却拍拍沾在手上的麦麸粉,忽然笑道:"啊呀! 两位店主,这原来不是你们的错啊,这是簸箕的错。"

众衙役与两店主听了都莫名其妙,不知老爷葫芦里卖的是什么药。

忠若虚又说:"既然是簸箕的错,该打的不该是你们,而应是簸箕。来人啊,给我打簸箕!"

衙役和店主想笑都没敢笑,见一衙役拿着簸箕到院中用木杖敲打起来。

打了一阵,忠若虚喝声:"停!"便走下公堂,亲自去院中观看。却说:"簸箕顽皮,再给我打!"

等打到数百下后,忠若虚升堂重新审问,他对面铺老板说:"这个簸箕肯定是米店里的,你为何想吞占人家的东西呢?"面铺主听了,直喊冤枉。忠若虚把簸箕放在他面前说:"刚敲打它的时候里面掉下来的都是麦麸,等麦麸没了,里面全是糠秕。可见当初是米店所用之物,以后被你借用,你还敢抵赖?"面铺老板无言以对,只好服罪。(《清稗类钞》 董德兴)

156. 审石追银

这是清朝时的故事。云南省有个官员,一次奉命带士兵押解饷银到了省城。打开装银的箱子,发现里面多出一块石头,却少了二百两银子。省衙门立刻追查,把带队官员逮捕入狱,还把赶骡的士兵捆起来拷打一顿,仍然查不出个所以

然。恰好楚雄县的知县彭永思此时因公在省城,他素来以擅长破案而出名,省衙门就把他请来处理此案。

彭永思仔细地观察那块石头,发现上面有不少虫窝,不是道路上常见的石头,便明白不大可能是押饷的官兵所为。他用手掂量了一下石头,问赶骡的士兵道:"你的骡子驮东西,两边的重量应该相等,但实际上一块石头比二百两银子轻。你是否在什么时候发现驮的东西往一边偏斜了?"士兵经他一提醒,回忆道:"确是如此,好像就在初五那天的早晨,我们走出吉顺旅店的时候,驮的东西就向一边偏了。"彭永思点点头,思忖道:"这下案子有眉目了。"

两天后,彭永思动身回楚雄县,他走的路有一段恰好就是骡队押解饷银的来路。彭永恩把那块石头带在轿子里,一路上见到相似的石头就拣起来,前后拣了十几块,但都没有虫窝。到了吉顺旅店的那天晚上,他特意到四处寻找,结果在屋后发现了不少与原先那块几乎相同,也有虫窝的石头,便拣了一块藏在袖子里。

第二天,彭永思把旅店主人夫妻两个,还有住店的一些客人都叫在一起。他扫视了一下大家,说:"前些日子,押解饷银去省城的骡队经过这里,有二百两银子被人偷偷换成了石头。"说着,他取出石头:"就是这块。今天我请你们来,就是要你们看我审问石头。"客人们正在迷惑不解时,彭永思又取出十几块石头问道:"你们瞧,这些与那一块像不像?"众人仔细一看,连连说:"不像。"接着,彭永思慢慢从袖子里掏出昨晚拣的那一块,众人看后,异口同声地说:"像!"彭永思突然转向店主夫妻,厉声问道:"为什么别的地方都没有这种石头,只有你们店的屋后才有?"店主夫妻吓得如雷轰顶,战栗不止。原来,果真是他们偷了饷银,现在只好认罪了。(《国朝先正事略》 程维荣)

157. 添笔救人命

清代通州(今江苏南通)有一次破获了一个共同犯罪案件,罪犯供认他们从大门进入一个人家,劫走了东西。口供经过记录、整理,即将上报。

当时官场腐败,官吏们为表白自己捕盗有功,常常夸大案情,陷人于重罪。可是通州一个姓胡的小吏却不这样。他想:这些人实际上都不过是由于贫穷无以为生,而被迫犯罪的,并非真的是猾贼巨盗。然而根据国法,纠集众人从大门闯入人家的,就算共同抢劫,都要处死,这岂不是太冤了吗?于是他对州官说:"这些人一被捕就招供,显然不是惯犯。如果依法将他们统统斩首,未免太严酷了。"

州官叹了口气:"唉!上天有好生之德,我何尝不知道这些,可如今上司催得紧,罪犯的口供又已经画押,来不及更改并重新誊写,只好将错就错了。"小吏说:

"我倒有个办法,不如在口供中的'大'字上添一点,变成'自犬门入',这样抢劫就变成了偷窃,可以免除他们的死罪。救人一命,胜造七级浮屠,您仗义好生,老天爷必有厚报啊!"

州官听后眼睛一亮:"你怎么不早说!"他当即采纳小吏的意见,提笔添改,从而救了十多个人的性命。(《冷庐杂识》 程维荣)

158. 柜中秘密

有一个瓷器商挑着担子,傍晚来到旅店投宿,和其他几个人同住一个房间。进店时,他偶然看见隔壁房间里已经住着两个卖布的客人;不一会儿,又看见有八个人抬着一只沉重的柜子走进店来,他们一个个贼眉鼠眼,东张西望,走进了隔壁的房间,和卖布的同住。

半夜里,瓷器商翻来覆去睡不着,脑子里总在想:那些人为什么好像心怀鬼胎?柜子里究竟装的什么东西?忽然,他隐约听见隔壁房间传来一阵阵声响,就把耳朵贴到墙壁上,只听有两个人哭着说:"我们所有的钱财都可以给你们,只求留一条生路,放我们回家……"瓷器商顿时警觉起来,接着听到有一个人好像答应了那两个人的请求,可又有一个人恶狠狠地说:"你不杀他们,今后他们就要杀你!"接着是一阵骚动,随后又寂静下来。

"这一定是杀人抢劫!"瓷器商判断着。他觉得应该立即把这事告诉店主,又一想:这些强盗杀人不眨眼,可千万不能打草惊蛇。于是瓷器商悄悄把睡在一起的另一个人弄醒,低声把听到的情况告诉他,嘱咐他假装起来解手,把瓷担踢翻,两个人就故意扭打吵闹起来。同屋的人都起来劝阻,两人却越吵越凶。店主被惊动了,跑来问是怎么回事。瓷器商瞅准机会,把事情悄悄告诉了店主,要他派人向官府报告。

天刚蒙蒙亮,隔壁房间的人就抬着柜子走了出来。店主故意问:"怎么少了两个人?"他们一齐回答:"房间夜里住十个人,现在还是十个人,有什么好问的?"店主一数,果然还是十个人,顿时傻了眼:难道什么事也没发生过?

那十个人嘴里嘟嘟囔囔地正要抬柜子走,忽然听到一声"慢",不禁打了个寒战。只见早已等在旁边的瓷器商冷笑一声,走上前来道:"让我见识见识柜子里装的什么再走也不迟。"说着,就用一根铁棍撬起柜门。那些人慌忙阻拦,瓷器商推开他们,使劲一撬,柜门"咣当"一声被打开了。店主和其他客人伸长脖子一瞧,里面竟是血肉模糊的两具尸体。

瓷器商问:"这是什么?"那十个人见状,凶相毕露,从怀里拔出刀子就扑过来。正在这时,官府的捕快赶到,强盗全部被捉拿归案,并交代出:他们事先得知卖布人带有重金,所以在柜子里藏好两个人抬进来,与卖布人住在一起。夜里,他们杀人后,把尸首放进柜子,第二天出店时还是十个人,以遮人耳目,不料被瓷器商识破,强盗最终受到了法律的制裁。(《虫鸣漫录》 程维荣)

159. 细断血案

湖州人赵三与周生商定一起去外地做生意。

到约定的那天,天还没亮,赵三便告别妻子,拎了一只沉甸甸的包裹来到河边,上了船。这时四周静悄悄的,只有船夫张潮在船头劈柴,准备烧火做饭。赵三与张潮也是熟人,就不加戒备,把包裹往舱中一扔,自己和衣睡着了。张潮见赵三的包裹鼓鼓囊囊的,猜想里面都是银子,寻思道:"现在四处没人,我何不干掉他,夺过银子,也好过几年快活日子。"主意已定,他操起斧头,悄悄走近赵三,一下子把他砍死了,然后打开包裹,里面果然都是白花花的银子。张潮喜不自禁,连忙把赵三的尸体绑上大石头沉到河底,又擦干船上的血迹,把包裹埋藏到岸边,自以为做得神不知鬼不觉。

天亮后,周生也来了,见船上只有船夫一个人,就问:"该动身了,赵三怎么还不来?""是呀,我也好生奇怪。这样吧,你在这儿等着,我到他家去叫一下。"

张潮为了掩人耳目,就装着去叫人。他来到赵家门前,喊道:"三娘子,天都亮了,三郎为什么还不走啊?"赵妻大惊,说:"他早就出门了,怎么没上船?"于是张潮带赵妻来到河边,周生也大为惊讶,与赵妻分头去找,一找竟找了三天,还是不见踪迹。周生只好报到县衙。知县怀疑赵妻与别人有私情,杀死了丈夫,可又找不到证据。

案子拖了很长时间,还是搞不清楚,只得上报到全国的案件审理机构大理寺。大理寺有个姓杨的评事受理了案子。他一面仔细阅读案卷,一面陷入了沉思:"敲门就叫三娘子,说明已经知道屋里没有赵三……这里一定有问题!"他立刻写下了批语。县衙根据这个线索重新审问张潮,张潮不能自圆其说,最后只得供出犯罪事实。(《疑狱集》 程维荣)

160. 巧破诬陷案

清代某年,有一个人刚从外地回来,就向县衙起诉说妻子吕胡氏被人拐走了。知县经过查访,得知吕胡氏正在不远处的一个村庄,就传讯她到案。又询问了其左右邻居,搞清楚吕胡氏是因为前夫(即起诉者)长期出门在外没有音讯,一个人孤苦伶仃地过着日子,邻居看她可怜才劝其改嫁的,并不是被后夫拐骗而逃。于是知县依据法律,将她判归前夫。陪同到案的媒婆也向前夫索取他妻子住在后夫家的饭钱,要前夫回去凑足钱来领回妻子。

  第二天,忽然有一个叫罗玉的小军官,押着一个人前来投案。据罗玉说,这个人非法贩卖鸦片,赃物俱在。等他被带进来后,知县一看,不觉吃了一惊,原来不是别人,竟是昨天来过县衙的前夫!只见他全身哆嗦,害怕得说不出话来。案情似乎一下子变得复杂起来了。知县叫人先把罗玉和前夫带下去,随后独自冷静地思考了一阵,心中有了底,便再次传唤吕胡氏和媒婆,进行隔离审讯。他对吕胡氏说:"你买通营兵,诬陷捉拿你的前夫,那媒婆已经招供了,你又何必抵赖?"又对媒婆也说了一通类似的话。两个妇人都以为事情已经败露,就各自供出了真情。

  原来,昨日判决后,媒婆陪同吕胡氏去向后夫告别。哪知因为后夫家境较好,吕胡氏舍不得离开。媒婆一看这情景,就说:"你们想再待在一块儿也不难。我有个叫罗玉的邻居,是兵营里的小头目,最能出点子了,何不去求他?"于是找到了罗玉。罗玉说:"当今朝廷禁鸦片最严,我看干脆告你的前夫私带鸦片,官府少说也得判他个几年徒刑,这样你们不就可以继续做夫妻了?"后夫与吕胡氏一听,觉得这主意不错,就答应事成之后送给罗玉七千钱作为酬谢。第二天早上,前夫带着钱来领妻子,路过罗家门口,在一旁窥伺多时的罗玉连忙叫住他,假意和他攀谈,突然把一把鸦片塞进他怀中,然后大叫:"此人私带鸦片!"不由分说把他捆起来送了官府。

  两个妇人供认的事实完全一样,真相大白。知县把她们连同后来传唤到的后夫训诫了一顿,重申了前一天的判决,又命令释放前夫,让他领回妻子。随后,知县把此事转报兵营的统领,以诬陷罪和私携鸦片罪将罗玉逮捕下狱。

  僚属对知县不到一天就破案十分钦佩。知县说:"这案子其实并不很难。罗玉报案时,从前夫身上搜缴的鸦片只有一钱多,却说是买卖鸦片,这怎么可能?所以他刚报案,我就有所怀疑,决定从两个妇人身上打开缺口,查清案情。等妇人一交代,罗玉的罪行就暴露无遗了。"(《梦谈随录》 程维荣)

161. 断句判产

  清代有一个称张老的商人,只有一个女儿,没有儿子,就招进女婿共同生活。谁知这个女婿心狠手辣,千方百计地占用岳父的家财。特别是张老的女儿死后,女婿更是变本加厉,成了远近闻名的恶棍,张老只好忍气吞声。

几年后,张老的妾生了个儿子,取名一飞。一飞四岁时,张老得了重病,眼看就要咽气了,就把女婿叫来,对他说:"妾生的儿子不该继承我的财产,我的财产可以送给你,但你要养活他们母子,使他们不致挨饿受冻而死。这样你就积了阴德,我在九泉之下也放心了。"女婿听岳父说要把遗产留给他,不觉大喜过望,连连答应。于是张老取出纸笔,用颤抖的手写道:"张一非吾子也家产尽与吾婿外人不得争夺。"女婿看了一眼,迫不及待地收起字条,等张老一死,就占据了家里的全部财产,还把张一飞母子赶出家门。他们只好流落街头,以乞讨为生。

后来,张一飞长大了,向官府起诉要求分享家产,但只要张老的女婿把字条呈上去,官府看后,就对张一飞的起诉置之不理了。

又过了好久,朝廷派来巡察的官员到了当地,张一飞又起诉了。官员了解了张老女婿的种种恶迹后,把他叫来说:"按照法律,女婿没有资格继承岳父遗产,因此你应该立即把财产还给张一飞。"

张老的女婿连忙说:"小人的财产,是岳父遗嘱给小人的,有字据为证。"说着,他从怀里掏出那张纸条递了上去。官员看了看,微微一笑,提起笔来在遗嘱上加了句读(dòu),变成:"张一非,吾子也,家产尽与,吾婿外人,不得争夺。"

张老的女婿看了大惊,只听官员又说:"你岳父明明写着'吾婿外人',你还敢非法占据他的遗产吗?"张老的女婿还不服气:"可是张一非并不是张一飞!"官员又说:"你岳父故意把飞字写作非字,是顾忌儿子还年幼,他们孤儿寡母要被你所害。难道这些年你的所作所为还不足以证明这一点不成?"

张老的女婿顿时像泄了气的皮球,无话可说,于是张老的全部遗产都被改判给张一飞,乡邻们无不为之拍手称快。(《不用刑审判书》 程维荣)

162. 成全婚事

清朝末年,上海乡村有个人家的女孩长大了,父亲就把她许配给一个姓赵的年轻农民,却没有告诉妻子。他妻子也不同丈夫商量,把女儿许配给了一个姓王的读书人。女孩的舅舅不知道这些事,又擅自答应一个姓沈的商贩,把女孩嫁给他儿子。不久,三家男青年都择定日期,送了聘礼过来。这下女孩家里可乱成一团了。父亲坚持要把女儿嫁给赵家,可是另外两方坚决不答应,事情越闹越大,结果告到了县里。

知县陆春江把三家的男青年和女孩及其父母都召来审讯,并且询问女孩的意愿。只见她哭得像个泪人儿,抽噎着说:"如果跟了一个,另两个就会认为我负心,叫我如何是好?"陆春江道:"一女嫁一夫,天经地义,有何负心可言?"女孩哭得更伤心了:"我实在忍受不了,恳求大人让我去死吧!"陆春江略一沉吟,问:"你果真愿意死吗?"女孩回答:"愿意。""你不后悔吗?""死就死好了,有什么可以后悔的!"陆春江就命令差役给她芙蓉膏(鸦片)喝,不一会儿,女孩就闭上眼睛,全身僵硬了。

女孩父母见状,顿时大哭起来,三个男青年也悲伤得泣不成声。这时只听陆春江问道:"有谁愿意收殓她的尸首?"王家和沈家青年正在踌躇时,赵家青年挺身而出说:"我愿意!"陆春江当即写下判决书,把女孩尸首给了赵家青年,并且把另外两家的聘礼也都判给了他,嘱咐他好好处理后事。

赵家的人刚刚把女孩抬出大堂,女孩的身子忽然动了动,过了一会儿,眼睛也张开,苏醒了过来。众人惊讶不已,这才醒悟陆知县给她喝的并不是真的芙蓉膏,而是另外一种能使人暂时昏死过去的药。原来知县是有意成全她的婚事啊!
(《新世说》 程维荣)

163. 泰山遇假盗

曲阜名士孔小山擅长弹琴,技艺出众,但他性格怪僻,从来不肯在别人面前弹奏,尤其憎恶别人偷听。有时朋友们请他喝酒,他也能在场面上应酬一番,但只要有人提到琴的事,他便皱起眉头,十分不高兴,甚至拂袖而去,弄得朋友们好不尴尬。

一次,有一些人在酒楼聚会。他们之中大半与孔小山相识,谈起他的琴技,都是仰慕已久,又感叹无缘亲耳聆听。席中有一个姓褚的客人,长得十分粗壮,而且诙谐多智。他听说此事后,笑道:"我有办法听到孔氏弹琴。"大家不信,褚某又说:"这有何难? 我还要让他专门为我与诸位弹奏!"众人说:"若果真如此,我们都愿意借光,事后再摆一桌酒席庆贺!"于是褚某与众人低声耳语一番,这才散去。

那孔氏平生爱好名山大川,尤其喜好泰山的峻伟。当时正值春日,景色宜人,孔氏又带着僮仆爬泰山了。到半山腰,僮仆坐下喘息,孔氏自己抱着琴一直爬到山顶。正当他极目远望、心旷神怡之际,忽听得背后一声大吼:"你是何人,敢在此地偷看!"孔氏吓了一跳,转身只见一个大汉对他怒目而视,又倏地举起手中一把大锤把旁边一块巨石砸成粉碎。孔氏吓得魂不附体,想逃走,却迈不开步,想喊叫,当时天色渐晚,周围并无他人。

那大汉喝道:"你如想活命,就留下钱!"孔氏哀求道:"乞禀大王,我是游客,并没带什么钱!""那就脱下衣服!""我所穿戴,尽是布衣,不值钱。""胡扯!"大汉更怒了,指着琴道,"你既然没钱,怎么会有这好玩的东西?"孔氏连忙说:"这是琴,寒士我用以自娱罢了。"大汉道:"既然如此,你可演奏一曲。奏得不好,当心

吃我一锤!"孔氏不敢违命,只好跪下抚琴。抚了一阵,大汉道:"不好不好!再给我换好的来!"孔氏无奈,只得从头弹奏。当时已经月色朦胧,山间笼罩着薄纱般的轻雾,琴声婉转悠扬,融入月色在山中飘荡。

曲音刚落,忽然从林中钻出几个人来,对着孔氏作揖道:"您受惊了!"他定睛一看,原来都是熟人。他正在惊诧时,那大汉却把锤子一扔,连声道:"在下愚鲁,多有冒犯,谢罪!谢罪!"又自报姓褚,并把前几天在酒楼商议的事说了一遍。众人连忙对孔氏说:"这也难怪。我等久慕孔兄琴技,无奈孔兄为天下名士,高雅孤傲,不肯显露一手,我等只好出此下策。然而要不是这样,我等又怎能一饱耳福、聆听高山流水?乞望孔兄鉴谅!"

孔小山听了,这才醒悟,脸上显出一丝愧意,苦笑道:"我不肯在人前弹琴,不料这次,真名士可碰上假强盗了!"(《清稗类钞》 程维荣)

164. 驱散香气

一次,有个富家的儿子得了一种怪病,浑身乏力,四肢瘫软,站立不起来,成天不吃不喝,只是昏睡在床上,有时叫他虽然也答应,却不说一句话。富家以重金延聘各地名医前来诊治,总不见效,后来又请了一个叫马小素的郎中前来。

马小素是扬州人,平日里脾气有些古怪,疯疯癫癫的。他每次替人诊病,从不问,也不喜欢别人告诉他症状。有时病家絮絮叨叨地告诉他,他便瞪起眼睛说:"你既然知道得这么清楚,干吗不给自己下药?"弄得病家好生没趣。然而他每次诊断出来的病情,总是与症状丝毫不差,而且药到病除,所以"癫医"的名声传遍四方。

这天,马小素来到富人家,走进内室,便闻到一阵阵的香气。他来到榻前,却不切脉,只是注视着病人的脸色。别人知道"癫医"的脾气,也不敢问。马小素看了好一阵,又环顾了一下屋里的摆设,说:"这公子其实没病,用不着吃药。"见主人将信将疑,马小素也不解释,只是告诉主人把屋里一切有香气的东西都撤去,然后在屋子中间放一只盛满好醋的盆子,用烧红的大锤放到醋里淬。

主人只好依计而行,把东西准备好,然后叫仆人将烧得通红的铁锤放进醋盆。只见锤子"咝咝"地冒青烟,醋汁很快沸腾起来,屋子里顿时弥漫着浓烈的醋味,人们被酸得捂住鼻子直抽凉气。病人在床上翻来覆去喊救命,折腾了大半夜。到第二天,酸气总算渐渐散去,病人却也痊愈了。

原来,这公子平素最喜欢焚香,屋子里一天到晚香烟缭绕,把他熏得昏昏沉沉而染上疾病。所以马小素设法驱赶香气,其病自然就好了。(《清稗类钞》 程维荣)

图书在版编目(CIP)数据

中国智慧全书/夏咸淳主编. —上海:上海社会科学院出版社,2018
ISBN 978-7-5520-2244-5

Ⅰ.①中… Ⅱ.①夏… Ⅲ.①中华文化-通俗读物 Ⅳ.①K203-49

中国版本图书馆CIP数据核字(2018)第034844号

中国智慧全书

主　　编：夏咸淳
责任编辑：陈如江
封面设计：王晓阳
出版发行：上海社会科学院出版社
　　　　　上海淮海中路622弄7号　电话63875741　邮编200020
　　　　　http://www.sassp.org.cn　E-mail:sassp@sass.org.cn
排　　版：南京展望文化发展有限公司
印　　刷：上海景条印刷有限公司
开　　本：710×1010毫米　1/16开
印　　张：35
插　　页：4
字　　数：630千字
版　　次：2018年3月第1版　2018年3月第1次印刷

ISBN 978-7-5520-2244-5/K·432　　　定价：88.00元

版权所有　翻印必究